Buch-Updates

Registrieren Sie dieses Buch
auf unserer Verlagswebsite.
Sie erhalten dann
Buch-Updates und weitere,
exklusive Informationen
zum Thema.

Galileo
BUCH UPDATE

Und so geht's

> Einfach www.galileodesign.de aufrufen
<<< Auf das Logo **Buch-Updates** klicken
· > Unten genannten **Zugangscode** eingeben

Ihr persönlicher Zugang
zu den Buch-Updates

017312240834

Monika Gause

Adobe Illustrator CS2

Das Handbuch zum Lernen und Nachschlagen

Galileo Press

Liebe Leser,

Adobes Illustrator ist ein Programm, vor dem man Angst haben darf, so viele Werkzeuge, Funktionen und Möglichkeiten warten auf den Anwender, der sich mit der Software vertraut machen möchte! Und doch: die Mühe scheint sich zu lohnen. Blättern Sie einmal durch dieses Buch, und Sie werden begeistert sein, was man alles mit Adobe Illustrator gestalten kann: Wunderschöne digitale Zeichnungen, hilfreiche Diagramme, Freihand-Skizzen – beeindruckend.

Aber natürlich verdanken wir die schöne Gestaltung des Buchs besonders der Illustratorin, die hinter Maus und Grafiktablett sitzt. Denn selbst wenn ich Illustrator-Profi wäre, könnte ich nie solch ein Zebra malen … Frau Gause ist talentierte Designerin, intime Illustrator-Kennerin und sie arbeitet als Dozentin und Software-Trainerin – so kennt sie die Probleme der Illustrator-Nutzer aus vielen Kursen.

Ich freue mich sehr, dass wir Ihnen dieses wunderschöne Buch präsentieren können und hoffe, dass es Ihnen bei der täglichen Arbeit weiterhelfen kann. Sollten Sie Anregungen oder Fragen haben, so freue ich mich über Ihre Mail.

Viel Spass nun bei der kreativen Arbeit mit Illustrator CS2.

Ruth Wasserscheid
Lektorin Galileo Design

ruth.wasserscheid@galileo-press.de
www.galileodesign.de

Galileo Press • Rheinwerkallee 4 • 53227 Bonn

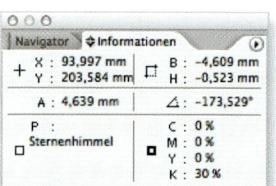

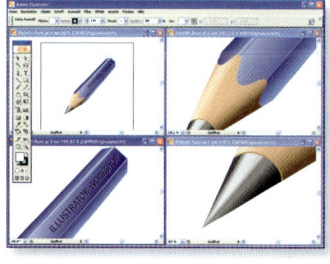

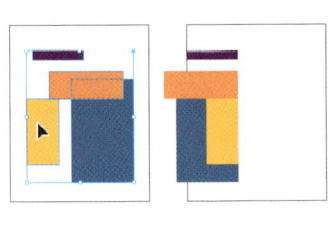

TEIL II: Objekte erstellen

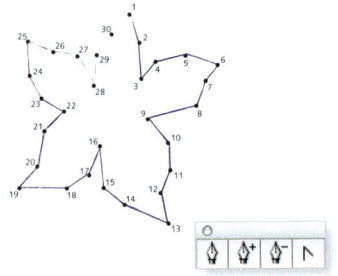

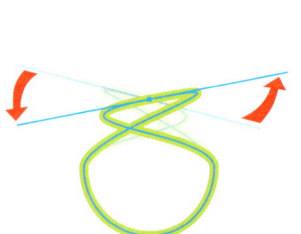

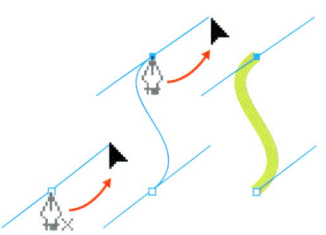

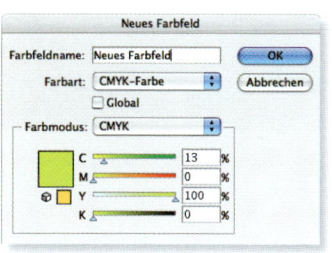

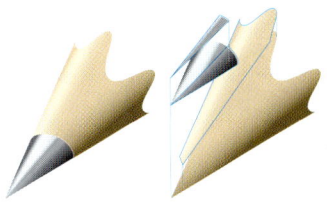

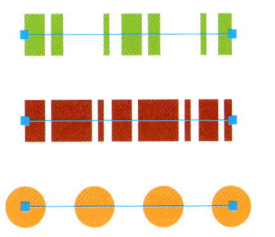

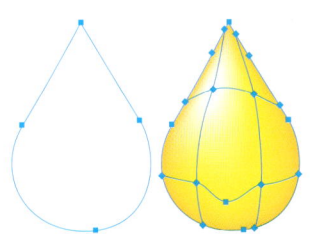

TEIL III: Objekte organisieren und bearbeiten

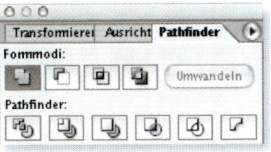

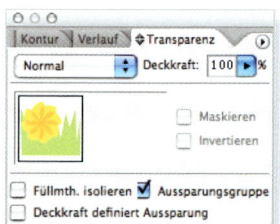

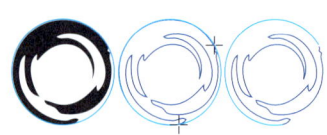

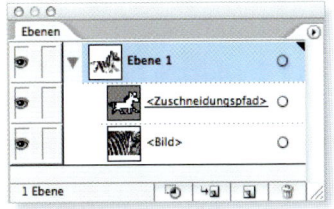

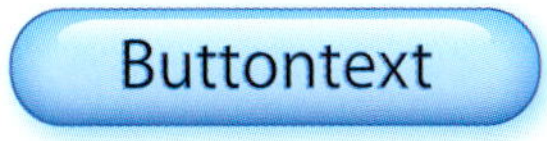

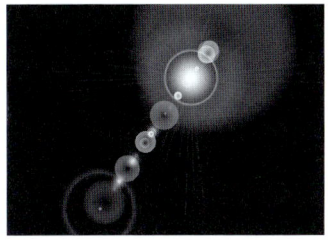

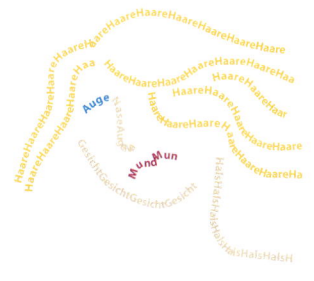

To design is much more than simply to assemble, to order or to edit. To design is to transform Prose into poetry.

Office-Software: *Tabellen-kalkulation, Textverarbeitung, Organizer, Präsentation, E-Mail*

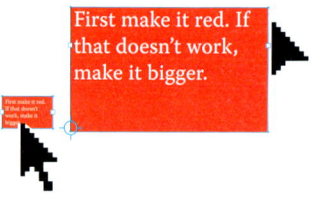

First make it red. If that doesn't work, make it bigger.

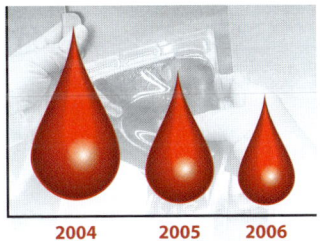

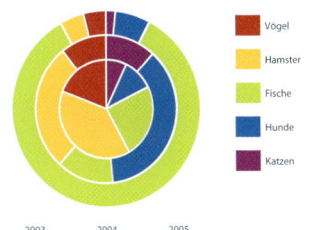

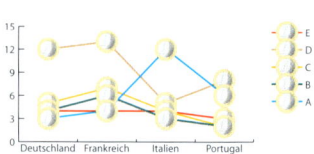

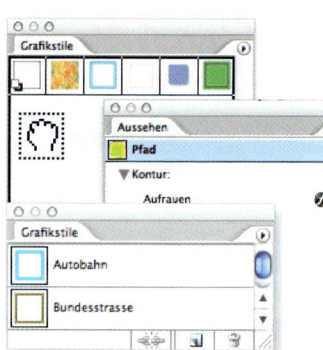

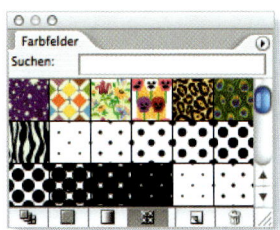

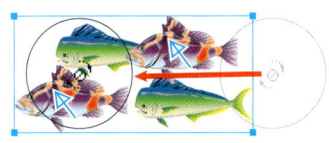

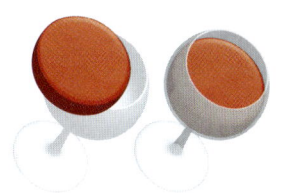

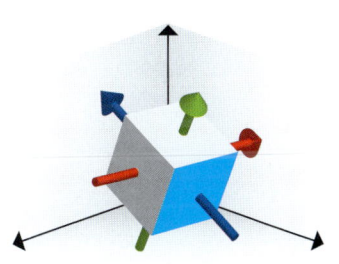

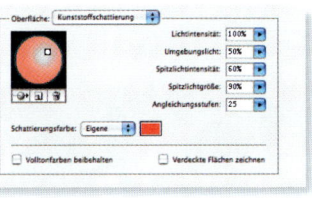

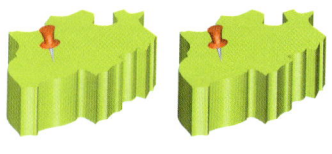

TEIL V: Ausgabe und Optimierung

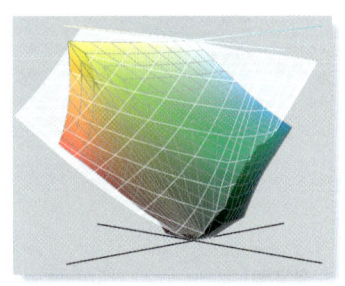

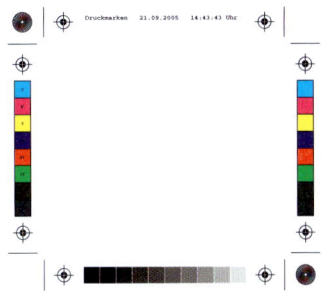

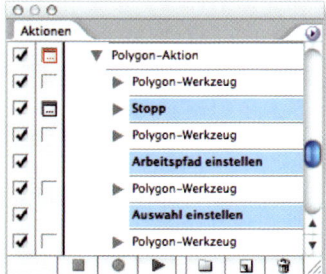

Video-Lektionen auf der DVD

aus:
*Adobe Illustrator CS2 – Das Video-Training auf DVD
von Karl Bihlmeier, Galileo Design, ISBN 3-89842-741-2,
Euro 39,90*

Schritt für Schritt: Muster und Symbole

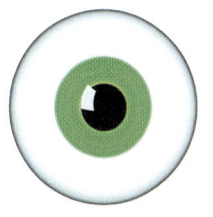

Schritt für Schritt: 3D

Schritt für Schritt: Mit Pixeldaten arbeiten

Schritt für Schritt: Austausch, Weiterverarbeitung, Druck

Schritt für Schritt: Personalisieren und Erweitern

TEIL I
Programmoberfläche und grundlegende Einstellungen

1 Die Arbeitsumgebung in Illustrator CS2

1.1 Moin, moin – Der Startbildschirm

Wie sagt man so schön – Glückwunsch – Sie haben die Installation, Produktaktivierung und Registrierung erfolgreich hinter sich gebracht, und Adobe würde noch dazufügen: Sie haben sich für das richtige Produkt entschieden. Deshalb ist Illustrator auch ganz freundlich zu Ihnen und empfiehlt sich beim ersten Öffnen mit einem **Startbildschirm** in erfrischenden Gelbtönen.

Der sinnvollste Bestandteil dieses Fensters ist allerdings das kleine Kästchen ganz unten, ganz links, denn alle Angebote dieser Seite erreichen Sie auch auf anderem Weg – und um mehr über Illustrator zu erfahren, dafür haben Sie ja dieses Buch gekauft. Also entfernen Sie das Häkchen, so kommt Illustrator zukünftig immer gleich zur Sache – ohne Begrüßung.

Na ja, und sollten Sie die virtuelle orange Blüte vermissen – stellen Sie sich lieber ein echtes Blümchen neben Ihren Bildschirm – das ist was Reelles.

▲ **Abbildung 1.1**
Startbildschirm

1.2 Die Arbeitsfläche

Der Arbeitsbereich mit der Zeichenfläche, der Menüleiste, der Werkzeugpalette, der Steuerungspalette sind zusammen mit diversen weiteren Paletten die Elemente in Illustrator, die Ihnen zur Erstellung Ihrer Illustration zur Verfügung stehen, in denen Sie Ihre Einstellungen vornehmen und Vorgaben sowie Eigenschaften verwalten.

Dokumentfenster

Illustrator öffnet seine Dateien in Dokumentfenstern, in denen die **Zeichenfläche** – umrandet von einer schwarzen Linie – mit der Grafik oder ein Ausschnitt davon in einer frei bestimmbaren Vergrößerungsstufe dargestellt wird. Die Größe der Zeichenfläche bestimmen Sie beim Erstellen eines neuen Dokuments.

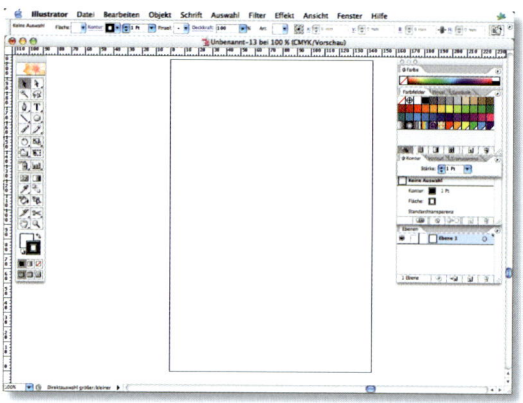

▲ **Abbildung 1.2**
Illustrator-Arbeitsoberfläche Macintosh- (links) und Windows-Version

▲ **Abbildung 1.3**
Wie bei der Arbeit am Reißbrett haben Sie um Ihr Illustrator-Dokument herum reichlich Fläche zum Ablegen zur Verfügung.

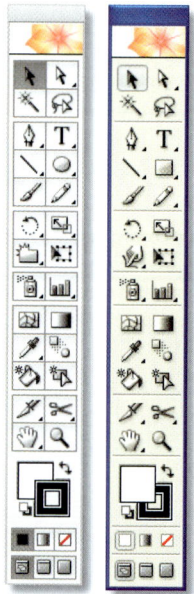

▲ **Abbildung 1.4**
Werkzeugpalette Mac OS und Windows

Der auffälligste Unterschied zu vielen anderen Programmen ist der Raum um die Zeichenfläche herum – die **Montagefläche**. Dieser Stauraum steht zum Erstellen kleiner Nebenzeichnungen oder zum vorübergehenden »Aufbewahren« von nicht benötigten Teilen Ihrer Illustration zur Verfügung, also grafischem Stückwerk, das nicht mit gedruckt werden soll.

Am unteren Rand des Dokumentfensters sehen Sie auf der linken Seite die **Statusleiste**, hier werden u.a. die Vergrößerungs- bzw. Zoom-Stufe und verschiedene andere Informationen über das Dokument angezeigt (Statusleiste siehe Kapitel 4).

Werkzeugpalette

Am linken Rand des Bildschirms finden Sie die Werkzeuge zur Erstellung, Bearbeitung und Auswahl von Vektorobjekten, zusammengefasst in der **Werkzeugpalette**. Mit dem Menübefehl FENSTER • WERKZEUGE blenden Sie die Palette ein oder aus.

Wie alle anderen Paletten können Sie auch diese mit dem Mauszeiger am oberen Rand »anfassen« und verschieben.

Wenn Sie den Cursor über dem Feld eines Werkzeugs still halten, wird der Name des Werkzeugs als Tooltip – in der deutschen Version »QuickInfo« genannt – eingeblendet, aber Sie lernen das gesamte Instrumentarium in diesem Buch natürlich noch kennen.

Um ein Werkzeug auszuwählen, klicken Sie mit der Maus darauf, oder verwenden Sie den Tastaturbefehl, der mit dem Namen angezeigt wird. Das aktive Tool ist grau unterlegt.

Auf vielen Werkzeug-Buttons ist rechts unten ein kleines Dreieck zu finden. Wenn Sie auf den Button klicken und die Maus gedrückt halten, werden weitere Werkzeuge angezeigt, die zusammen mit dem angezeigten eine Gruppe bilden. Bewegen Sie den Cursor mit gedrückter Maustaste bis zu dem gewünschten Werkzeug, um es nach dem Loslassen zu aktivieren.

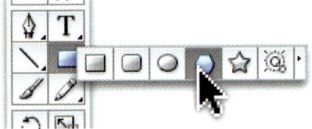 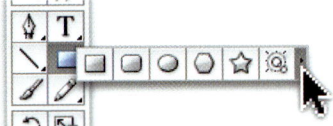

◀ **Abbildung 1.5**
Wählen Sie ein Werkzeug aus einer Gruppe, oder lassen Sie die Werkzeuggruppe als separate Palette darstellen.

Lassen Sie die Maustaste los, wenn sich der Cursor auf dem Pfeil am Ende der Palette befindet, wird die Werkzeuggruppe als eigenständige Palette »abgerissen«, die Sie dann durch Klicken und Ziehen der Titelleiste verschieben können. Mit einem Klick in das Schließfeld wird sie wieder geschlossen.

Sie können sich diese Paletten auch mehrfach »abreißen« und für Ihre Arbeit strategisch günstig im Dokumentfenster verteilen.

▲ **Abbildung 1.6**
Werkzeuggruppen: Schließ-Buttons links oben bei Mac OS und rechts oben bei Windows

Paletten

Die meisten Objekteigenschaften, alle Farb- und Muster-Bibliotheken, viele Werkzeug-Optionen und etliche Operationen werden über **Paletten** aufgerufen und gesteuert.

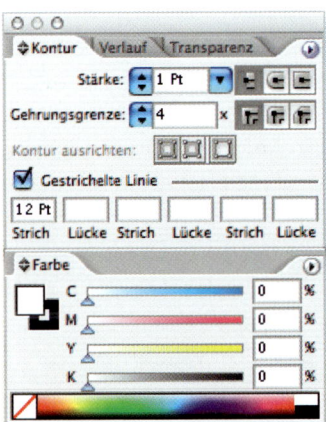 

◀ **Abbildung 1.7**
Palettengruppe aus Kontur-Palette, Verlauf-Palette und Transparenz-Palette mit »angedockter« Farbpalette

Rufen Sie die Paletten, die Sie für eine Operation benötigen, aus dem Menü FENSTER oder über den Shortcut auf, der im Fenster-Menü jeweils hinter dem Palettennamen angezeigt wird. Ein Häkchen vor dem Eintrag im Fenster-Menü bedeutet, dass die Palette aktiv ist.

Um Paletten wieder zu schließen, klicken Sie den Schließ-Button ❶. Statt sie zu schließen, können Sie Paletten auch auf ihre Titelleiste reduzieren – »minimieren« –, indem Sie den Minimieren-Button ❷ klicken. Betätigen Sie den Button erneut, wird die Palette wieder komplett dargestellt.

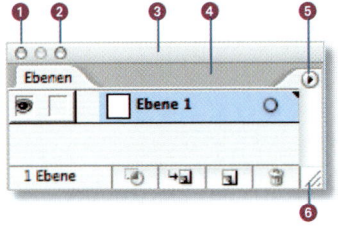

▲ **Abbildung 1.8**
Paletten in Mac OS …

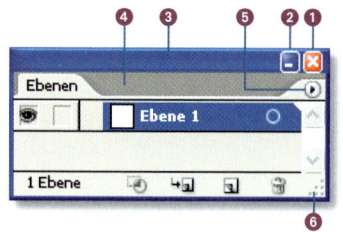

▲ Abbildung 1.9
… und Windows

Sie können Paletten frei über den Bildschirm bewegen und positionieren. Um eine Palette zu bewegen, klicken und ziehen Sie die Titelleiste ihres Fensters **❸**.

Einige Paletten lassen sich in ihrer Größe verändern, z.B. die Verlauf-Palette. Klicken und ziehen Sie dafür das Größenfeld rechts unten im Palettenfenster **❻**.

In der Standardansicht finden Sie in Illustrator mehrere Paletten zu Gruppen zusammengefasst. Dies ermöglicht eine platzsparende Handhabung der Hilfsfenster.

Wenn Sie eine Palette aus einer Gruppe in den Vordergrund holen wollen, klicken Sie auf den Reiter mit ihrem Namen **❹**. Um eine Palette aus einer Gruppe zu entfernen, ziehen Sie ihren Reiter aus der Gruppe heraus.

Abbildung 1.10 ▶
Gruppieren der Farbpalette mit der Ebenen-Palette. Ziehen Sie den Reiter in die Fläche der Palette.

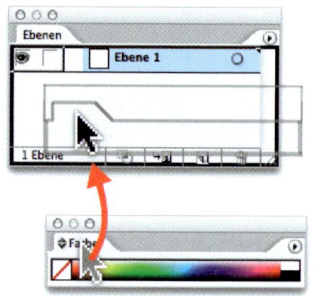

Ziehen Sie den Reiter einer Palette in eine andere Gruppe hinein, neben die bestehenden Reiter oder auf die Fläche der sichtbaren Palette der Gruppe, fügt das Programm die Palette dieser Gruppe hinzu.

Abbildung 1.11 ▶
»Andocken« der Farbpalette an die Ebenen-Palette. Sie müssen den kleinen Bereich unterhalb der Buttons am unteren Tabellenrand genau treffen.

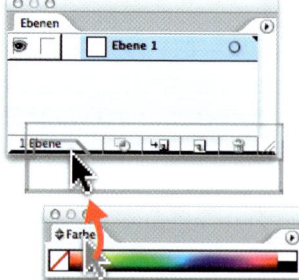

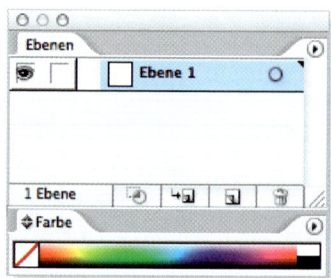

Unter eine einzelne Palette oder unter eine Palettengruppe können Sie weitere Paletten »andocken«, indem Sie deren Reiter unter die Funktionsbuttons des anderen Palettenfensters ziehen. Angedockte Paletten bewegen sich dann beim Verschieben der »Mutter-Palette« mit.

Jeweils ein Doppelklick auf den Reiter ❹ wechselt zwischen der Standardansicht der Palette mit allen Optionen und der Darstellung, bei der nur die Titelleiste sichtbar ist, hin und her.

Alle Paletten verfügen über ein eigenes Palettenmenü, das spezielle Optionen für die Palette und oft auch weitere Funktionen anbietet. Rufen Sie dieses Palettenmenü mit einem Klick auf den runden Pfeil-Button ❺ auf.

TIPP

Die Anzeige von Tooltips steuern Sie, indem Sie unter VOREINSTELLUNGEN • ALLGEMEIN... die Option QUICKINFO ANZEIGEN aktivieren bzw. deaktivieren.

Alle Paletten verstecken | Drücken Sie ⇆, um alle Paletten auszublenden. Um sie wieder anzuzeigen, drücken Sie die Tabulatortaste erneut.

Steuerungspalette

Die Steuerungspalette wurde mit Illustrator CS2 neu eingeführt, nachdem es dieses Hilfsmittel in InDesign und in Photoshop schon seit einigen Versionen gab.

Beim ersten Start von Illustrator ist die Steuerungspalette unter der Menüleiste platziert. Sie können sie am linken Rand an der angedeuteten Fensterleiste anfassen und wie andere Paletten an jeden beliebigen Ort auf dem Bildschirm verschieben. Da die Leiste in ihren Ausmaßen jedoch etwas unhandlich ist, ist es zu empfehlen, sie irgendwo am Bildschirmrand zu belassen.

▲ **Abbildung 1.12**
Die Steuerungspalette zeigt kontextbezogen – je nach ausgewähltem Objekt – wichtige Funktionen an. Von oben sind folgende Objekte aktiviert: Verknüpfte Rastergrafik, Interaktive Malgruppe (LivePaint-Objekt), Pfad.

In der Steuerungspalette bietet Illustrator zentral und situationsabhängig die gebräuchlichsten Transformations- und Bearbeitungsmöglichkeiten an, die Sie sich anderenfalls in Paletten und Menüs zusammensuchen müssten. Über die Steuerungspalette lassen sich aber auch die Spezialpaletten aufrufen, wenn Sie deren detailliertere Optionen benötigen.

TIPP

Klicken Sie auf einen blau unterstrichenen Eintrag in der Steuerungspalette, um die passende Palette aufzurufen.

Die Steuerungspalette passt sich an die Breite Ihres Bildschirms an, indem sie Optionen auslässt, für die kein Platz mehr ist. Sie können aber auch selbst Einfluss darauf nehmen, welche Optionen angezeigt werden. Rufen Sie dazu in der Leiste ganz rechts das Palettenmenü ⊙ auf und entfernen das Häkchen vor den Optionen, die Sie nicht benötigen, indem Sie die entsprechenden

Menüpunkte auswählen. Ein erneuter Aufruf der Menüposition fügt die Option der Steuerungspalette wieder zu.

Werte in Paletten einrichten

Für Einstellungen, die Sie in Paletten vornehmen, stehen Ihnen meistens verschiedene Wege offen. Entweder Sie wählen eine Position aus einem Ausklappmenü, oder Sie betätigen einen Schieberegler, oft bietet Illustrator auch Eingabefelder an, in die Sie alphanumerische Werte eintragen können.

Sie können solche Eingabefelder auch für einfache Berechnungen nutzen, mit den Operatoren + für Addition, – für Subtraktion, * für Multiplikation, / für Division sowie % für Prozentberechnung. Um den aktuellen Wert in die Kalkulation einzubeziehen, setzen Sie die Einfügemarke vor oder nach dem bereits eingetragenen Wert und geben einen mathematischen Ausdruck dazu ein. Bestätigen Sie Ihre Eingabe mit ⏎.

▲ **Abbildung 1.13**
Winkel- und Schieberegler sowie jeweils zugehörige Eingabefelder in der Dialogbox des Scribble-Effekts

Maßeinheit	Abkürzung
Millimeter	mm
0,25 Millimeter	Q
Zentimeter	cm
Zoll (Inch)	"
Punkt	Pt
Pica	Pc
Pixel	Px

▲ **Tabelle 1.1**
Abkürzungen für Maßeinheiten

Maßeinheiten in den Eingabefeldern

In den Eingabefeldern werden üblicherweise die Maßeinheiten verwendet, die Sie als Vorgaben in den Voreinstellungen oder im aktuellen Dokument bestimmt haben.

Möchten Sie in einzelnen Fällen andere Einheiten verwenden, können Sie diese direkt in Eingabefelder eintragen – Illustrator rechnet die Werte nach der Eingabebestätigung in die voreingestellte Maßeinheit um.

Die Maßeinheiten geben Sie mit einer der Abkürzungen ein, die in der nebenstehenden Liste aufgeführt sind.

Voreinstellungen

Unter Mac OS finden Sie die Illustrator-Voreinstellungen im Menü ILLUSTRATOR • VOREINSTELLUNGEN. Unter Windows sind die Voreinstellungen im Menü BEARBEITEN zu erreichen. Die Angaben im gesamten Buch beziehen sich meistens auf Mac OS.

Kontextmenü

Das Kontextmenü stellt Ihnen situationsabhängig die jeweils gebräuchlichsten Menübefehle zur Verfügung. Unter Mac OS rufen Sie es auf, indem Sie Ctrl drücken und die Maustaste klicken. Bei Verwendung einer Mehr-Tasten-Maus bzw. unter Windows erscheint das Kontextmenü mit einem Klick auf die rechte Maustaste.

Aufgrund der teilweise tief verschachtelten Menübefehle ist das Kontextmenü eine praktische Einrichtung. Damit Sie sich an die Verwendung gewöhnen, sollten Sie es in den unterschied-

▲ **Abbildung 1.14**
Kontextmenü

lichsten Situationen einfach »auf Verdacht« aufrufen und Befehle darüber auswählen, soweit sie zur Verfügung stehen.

Menübefehle verwenden

Viele Befehle und Steuerungsmöglichkeiten finden Sie in Illustrators Paletten – vor allem der Werkzeugpalette. Dennoch sind einige Funktionen nur über Menübefehle zu erreichen.

Shortcuts | Für etliche dieser Menübefehle haben die Entwickler Tastaturkürzel oder »Shortcuts« eingerichtet – diese sind jeweils hinter dem Menüeintrag angegeben, und wir haben sie natürlich in dieses Buch aufgenommen. Nicht alle im Menü aufgelisteten Shortcuts funktionieren in der deutschen Programmversion.

Die Tastaturbefehle können Sie an Ihre eigenen Bedürfnisse anpassen (Personalisieren siehe Kapitel 19).

Untermenüs | Ein Pfeil ▶ hinter einem Menüeintrag kennzeichnet diesen Eintrag als den Oberbegriff einer Gruppe von Befehlen, die Sie aus einem Untermenü auswählen.

1.3   Illustrator-Hilfe

Die Hilfefunktionen der CS2-Produkte sind im Adobe Help Center zusammengefasst. Das Help Center ist ein eigenständiges Programm, das Sie über das Menü HILFE • ILLUSTRATOR-HILFE… oder mit der Taste F1 öffnen.

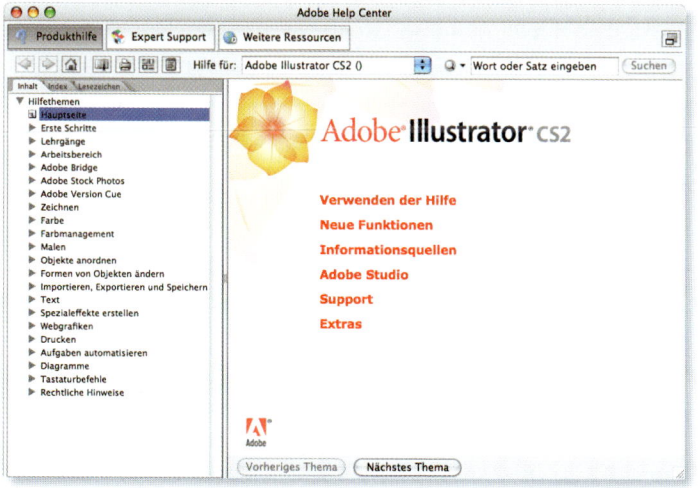

◀ **Abbildung 1.15**
Produkthilfe im Help Center

Die Funktions-Buttons unter der Titelleiste des Fensters ermöglichen Ihnen den Zugriff auf die drei Bereiche des Help Centers: PRODUKTHILFE, EXPERT SUPPORT und WEITERE RESSOURCEN.

Produkthilfe | Adobe Help Center

Über das Help Center haben Sie Zugriff auf alle Inhalte des gedruckten Illustrator-Handbuchs. Falls Sie weitere CS2-Applikationen installiert haben, können Sie hier auch die Datenbank für deren Programmhilfe aufrufen.

Einzelne Hilfeseiten wählen Sie in dem Menü in der linken Spalte aus. Klicken Sie auf einen der Pfeil-Buttons ▶, wenn Sie ein Kapitel aufschlagen wollen, oder auf das Seitensymbol 🗐, um die Inhalte zu lesen.

Falls Sie nicht wissen, wo bestimmte Themen zu finden sind, rufen Sie den Reiter INDEX auf. Darüber hinaus steht Ihnen eine Suchfunktion zur Verfügung, indem Sie im Suchfeld den Hinweis »Wort oder Satz eingeben« durch Ihr Stichwort ersetzen und anschließend ↵ oder die Eingabetaste drücken.

Expert Support | Adobe Help Center

Hier finden Sie Informationen zu Adobes Support-Angeboten. Wenn Sie einen kostenpflichtigen Support-Vertrag abgeschlossen haben, stellt Ihnen Adobe die Kontaktformulare in diesem Hilfebereich zur Verfügung.

Weitere Ressourcen | Adobe Help Center

Hier finden Sie direkte Links zu Adobes Online-Angeboten, wie Foren, Literaturlisten und Schulungsangebote, die Sie – wenn Ihr Computer einen Internet-Anschluss besitzt – direkt aufrufen können.

Interessant ist darüber hinaus die Möglichkeit, Ihre persönlichen Kontakte zu Support-Spezialisten sowie Webadressen im HELP CENTER zu verwalten.

Lesezeichen im Help Center

Sie können sich Hilfeseiten zur späteren Referenz mit einem Lesezeichen markieren. Klicken Sie dazu auf den Lesezeichen-Button 📖, und ändern Sie anschließend in der Dialogbox den Namen des Lesezeichens, falls Sie es wünschen.

Ihre Lesezeichen zeigt Ihnen das Programm unter dem Reiter LESEZEICHEN an.

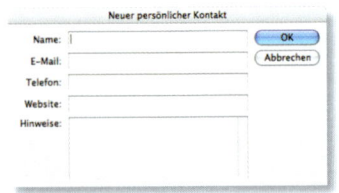

▲ Abbildung 1.16
Eingabefeld für einen neuen persönlichen Kontakt

1.4 Adobe Bridge

Mit allen Adobe-Programmen und mit der Creative Suite erhalten Sie Adobe Bridge, einen Dateibrowser, den Sie alternativ zur Oberfläche Ihres Betriebssystems verwenden können.

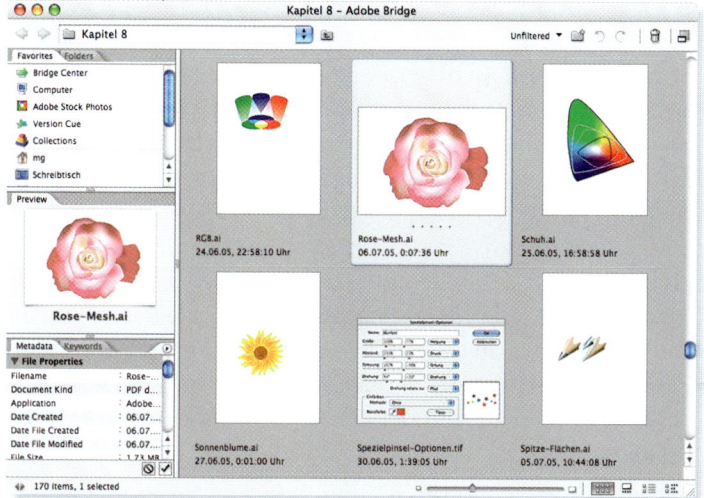

◄ **Abbildung 1.17**
Oberfläche von Adobe Bridge

Eine Vorschaufunktion für Adobe-Dateien und die verbreiteten Austauschformate sind integriert. Darüber hinaus sind die Shop- und Verwaltungsfunktion für Adobe Stock Photos, die Versions- und Projektverwaltung Version Cue sowie Bridge Center, die Steuerzentrale für die Creative Suite, Bestandteil von Adobe Bridge.

Illustrator aufrufen | Haben Sie in Bridge eine Illustrator-Datei aktiviert, öffnen Sie sie entweder durch einen Doppelklick oder indem Sie DATEI • ÖFFNEN MIT • ILLUSTRATOR CS2 wählen.

In Illustrator platzieren | Möchten Sie eine im Dateibrowser ausgewählte Datei in einer Illustrator-Datei platzieren, rufen Sie DATEI • PLATZIEREN • IN ILLUSTRATOR aus dem Menü auf.

Skripte und Stapelverarbeitung | Bei der Installation wurden bereits einige programmbezogene Skripte eingerichtet. Diese rufen Sie auf im Menü WERKZEUGE • ILLUSTRATOR.

Zu Stock Photos, Version Cue, Bridge Center wechseln | In der Favoritenliste links oben in der Bridge-Oberfläche finden Sie Verknüpfungen, mit deren Hilfe Sie die Teilbereiche aufrufen können.

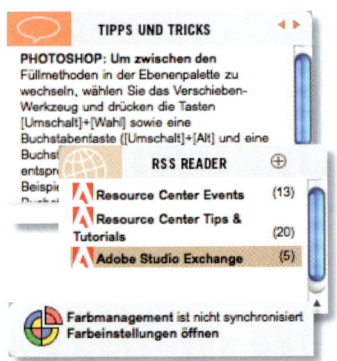

▲ **Abbildung 1.18**
Adobe Bridge: Ausschnitt Tipps und Tricks, RSS Reader und Farbmanagement

Bridge Center

In Bridge Center definieren Sie das programmübergreifende Farbmanagement der Creative Suite, steuern die Adobe-Programme mit Hilfe von Skripten oder richten Projektordner ein.

Außerdem lassen sich Favoriten verschiedener Art verwalten, RSS-Feeds lesen und Tipps und Tricks für Adobe-Software anzeigen.

Farbmanagement | Öffnen Sie Bridge Center und klicken unten im Fenster auf das bunte Passerkreuz-Symbol, um die Dialogbox für die Auswahl der Farbeinstellungen zu öffnen. Aktivieren Sie dort die gewünschte Einstellung (Farbmanagement siehe Kapitel 18).

Stock Photos

Platzieren Sie eine aus Stock Photos geladene Layoutdatei – Komposition genannt – in Illustrator, besteht über die Verknüpfungen-Palette eine Verbindung, mit der Sie die hochaufgelöste Version des Bilds bei Stock Photos kaufen können (Verknüpfungen siehe Kapitel 17).

2 Neue Funktionen

Mit der neuen Illustrator-Version bietet Adobe zahlreiche nützliche neue Features für die Grafikerstellung und -bearbeitung
sowie für Print- und Webausgabe – aber auch an der Benutzeroberfläche wurde sichtbar gearbeitet.

2.1 Grafikbearbeitung

Nachdem die Version CS mit einem 3D-Werkzeug glänzte, sind
die beiden spektakulärsten Neuerungen in CS2 wohl die Interaktiv-abpausen und -malen-Funktion. Mit Interaktiv-abpausen besitzt Illustrator endlich ein leistungsfähiges Autotrace-Tool.

Interaktiv abpausen – Live Trace

Diese Funktion ersetzt den Pausstift. Zum einen ermöglicht das
»Interaktive Abpausen«, Bilder auf einmal – anstatt Fläche für
Fläche – nachzeichnen zu lassen. Eine Vielzahl von Optionen
steuert die Parameter beim Erstellen einer Vektorgrafik aus einem
Pixelbild und – darauf weist der Begriff »Live« in der englischen
Bezeichnung des Features hin – die Verbindung zwischen Pixel-
bild, Paus-Optionen und Vektorzeichnung bleibt bestehen, so
dass Sie zu einem späteren Zeitpunkt durch Einstellen einiger
Variablen das Ergebnis verändern können (siehe Kapitel 17).

▲ **Abbildung 2.1**
Vektorisierung mit »Live Trace«

Interaktiv malen – Live Paint

Illustrator eröffnet Ihnen einen »natürlicheren« Umgang mit
Linien und Flächen. Bisher konnten Sie nur die Flächen einzelner
Pfade mit Farben und Füllungen versehen. Die Live-Paint-Werk-
zeuge erkennen auch Flächen als füllbar, die durch mehrere voneinander unabhängige Pfade begrenzt sind (siehe Kapitel 9).

▲ **Abbildung 2.2**
»Live Paint« vereinfacht das Kolorieren.

Erweiterte Konturenoptionen

Normalerweise legen Vektorprogramme eine Kontur beidseitig
eines Pfades an. Zusätzliche Buttons in der Kontur-Palette lassen
Ihnen jetzt bei geschlossenen Pfaden die Wahl, die Kontur innen,

▲ **Abbildung 2.3**
Konturenoptionen

außen oder in der Mitte zu positionieren. Kein Rechnen mehr mit »krummen« Werten, wenn Sie einen Rahmen genau auf eine bestimmte Größe bringen müssen (siehe Kapitel 8).

Kolorierte Graustufen

Platzierte Graustufenbilder lassen sich wie Bitmapbilder (1 Bit) einfach einfärben, indem Sie ihnen ein Farbfeld zuweisen – auch Volltonfarben. Das erweitert Ihre kreative Palette vor allem, wenn Sie auf wenige Druckfarben beschränkt sind (siehe Kapitel 17).

▲ **Abbildung 2.4**
Kolorierte Graustufenbilder

Filter- und Effekte-Galerie

Die Photoshop-Filtergalerie – eine Art Filter-Browser mit Vorschaufunktion – steht jetzt auch in Illustrator zur Verfügung. So können Sie komfortabel die rasterbasierten Filter und Effekte für das ausgewählte Element testen (siehe Kapitel 12).

Photoshop-Ebenenkompositionen

Beim Platzieren von .PSD-Dateien haben Sie jetzt zusätzlich Zugriff auf Ebenenkompositionen, die in der Photoshop-Datei angelegt sind. So ist es möglich, nur die Ebenen zu importieren, die zu einer abgespeicherten Komposition gehören (Kapitel 17).

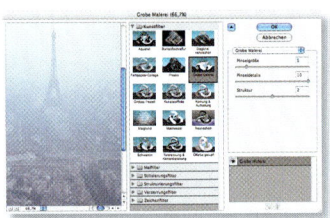

▲ **Abbildung 2.5**
Filter-Galerie

Wacom Intuos 3

Die Intuos 3-Grafiktabletts von Wacom bieten über die Erkennung des mit dem Stift ausgeübten Drucks hinaus weitere Eingabemöglichkeiten, die aus der Erkennung der Stiftneigung hergeleitet sind. Von diesen Optionen können Sie bei der Verwendung verschiedener Werkzeuge Gebrauch machen (siehe Kapitel 7).

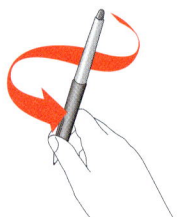

▲ **Abbildung 2.6**
Das Intuos 3 erkennt die Stiftneigung beim Zeichnen.

Verbesserte Volltonfarben-Unterstützung

Sie können jetzt anstatt des Farbwählers zu einer Auswahl der Farbfelder wechseln. Dadurch lassen sich Volltonfarben in Effekten wie Schlagschatten und Schein verwenden (siehe Kapitel 12).

2.2 Print-Produktion

Der »sichere CMYK-Workflow« vereinfacht mit der neuen Version den Einsatz von Farbmanagement. Die Unterstützung von PDF/X ermöglicht die Ausgabe standardisierter Druckdaten.

PDF/X

Das Portable Document Format Interchange ist ein ISO-Standard, der dazu entwickelt wurde, viele Probleme beim Druck zu beseitigen. Illustrator unterstützt PDF/X-1a und PDF/X-3 (Kapitel 18).

Sicherer CMYK-Workflow

Die Option FARBWERTE ERHALTEN in den Farbmanagementeinstellungen und beim Drucken/Exportieren erlaubt es, CMYK-Farbwerte ohne Transformation zu erhalten, wenn Quell- und Zielprofil nicht identisch sind (siehe Kapitel 18).

▲ **Abbildung 2.7**
Mögliches Problem bei CMYK-to-CMYK-Transformation

Darstellung und Ausgabe von Schwarz und Tiefschwarz

Mit aktiviertem Farbmanagement wurden Schwarztöne bisher in die entsprechenden RGB-Werte umgerechnet, so dass der Unterschied zwischen reinem Schwarz und »Tiefschwarz« in der Monitordarstellung erkennbar war. In der neuen Illustrator-Version haben Sie die Wahl, Schwarztöne exakt darstellen oder als RGB 0/0/0 anzeigen und ausgeben zu lassen (siehe Kapitel 18).

▲ **Abbildung 2.8**
Anzeige von Schwarztönen

Überlappende Seitenbereiche

Beim Ausdrucken übergroßer Grafik als Seitenbereiche können Sie die Breite der Überlappung selbst bestimmen (Kapitel 18).

Speichern mehrseitiger PDFs

So wie Sie übergroße Dokumente zum Ausdruck auf Kleinformat-Druckern automatisch auf mehrere Seiten aufteilen konnten, haben Sie jetzt die Möglichkeit, diese Einzelseiten auch in einem PDF zu speichern (siehe Kapitel 18).

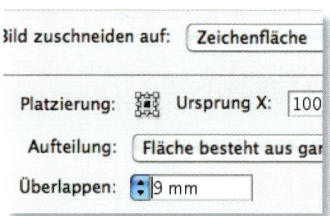

▲ **Abbildung 2.9**
Überlappung definieren

2.3   Webproduktion

Eher unauffällige Ergänzungen bringen für die Webproduktion neue Möglichkeiten und eine lang erwartete Vereinfachung.

Bessere Flash-Unterstützung

Dem SWF-Export hat Adobe einige zusätzliche Optionen spendiert – die interessanteste dabei ist wohl, dass Sie eine Animation aus den einzelnen Stadien einer Überblendung (Angleichung) generieren können, so lassen sich z. B. einfache 3D-Animationen erzeugen.

Eine weitere nützliche Option ist das Definieren von »Hintergrundebenen«, die beim Export nicht animiert werden sollen (siehe Kapitel 18).

▲ **Abbildung 2.10**
3D-Animation mit Hilfe einer Überblendung

Unterstreichen und Durchstreichen

Vor allem unter Webdesignern kursierten diverse Tutorien, die erklärten, wie man Unterstreichungen in Illustrator realisierte, obwohl das Programm es bisher nicht konnte. In CS2 ist es ganz einfach in die Zeichen-Palette eingebaut (siehe Kapitel 13).

To design is much more than simply to assemble, to order or ~~even~~ to edit. To design is to transform Prose into poetry.

▲ **Abbildung 2.11**
Unterstreichungen

Mobile Endgeräte

Illustrator CS2 unterstützt das Format SVG-Tiny, mit dem Sie besonders optimierte Dateien erzeugen können, die sich anschließend in Web-Workflows weiterverarbeiten lassen (Kapitel 18).

2.4 Benutzeroberfläche

Steuerungspalette

Mit der Steuerungspalette stellt Adobe ein äußerst praktisches Feature aus Photoshop und InDesign jetzt auch in Illustrator zur Verfügung – damit sparen Sie viele Mauskilometer. Die Steuerungspalette kennen Sie vielleicht aus Photoshop oder in ähnlicher Form aus anderen Programmen.

▲ **Abbildung 2.12**
Steuerungspalette

Sie stellt kontextbezogen die wichtigsten Funktionen aus verschiedenen Paletten und Menüs an zentraler Stelle – voreingestellt am oberen Bildschirmrand – zur Verfügung (Kapitel 1).

Adobe Bridge

▲ **Abbildung 2.13**
Adobe PhotoStore

Die Bridge ist ein eigener Dateibrowser (nicht nur) für Dokumente der Creative Suite. Über die Bridge steuern Sie darüber hinaus die Anwendungen der CS, stellen gemeinsame Vorgaben – z.B. des Farbmanagements und PDF-Export-Einstellungen – für die Programme ein, verwalten Ihre Dateiversionen mit Adobe Version Cue und greifen auf Online-Bildarchive zu (siehe Kapitel 1 und Kapitel 17).

Benutzerdefinierte Arbeitsbereiche

Illustrator ermöglicht es, z. B. für unterschiedliche Benutzer je ein eigenes Bildschirmlayout zu speichern, so dass Sie nicht bei Arbeitsbeginn erst einmal die Position jeder einzelnen Palette anpassen müssen. Selbstverständlich bietet sich die Funktion auch zur Speicherung von Bildschirmlayouts für verschiedene Aufgaben an (siehe Kapitel 19).

Venus

▲ **Abbildung 2.14**
Alternative »About«-Box

Kommen wir nach all den Neuerungen zu etwas Beständigem: »Venus« ist nicht vollständig von den bunten Blumen verdrängt. Sie finden sie, wenn Sie ⌥/Alt und ⇧ drücken, während Sie Über Illustrator… aufrufen.

3   Vektorgrafik-Grundlagen

Illustrator gehört zur Gruppe der vektorbasierten Grafik-Software. Das bedeutet, dass Linien und Flächen durch mathematische Funktionen beschrieben werden und nicht mittels einzelner Bildpunkte bzw. »Pixel«, die eine bestimmte Farbe besitzen. Auf diese Art definierte Formen sind die einzelnen Objekte, aus denen die gesamte Grafik aufgebaut wird.

[Pixel]
Das Kunstwort aus den Begriffen »Picture« und »Element« bezeichnet einen Bildpunkt als kleinste Einheit einer Bilddatei.

3.1   Warum wir mit Vektoren zeichnen

Wenn Sie schon einmal auf dem Computer ein Bild bearbeitet haben, kennen Sie sicher pixelbasierte Grafikformate, wie sie beispielsweise Digitalkameras oder Scanner liefern. Starkes Vergrößern macht solche Abbildungen oft unansehlich, denn entweder werden die Ränder und Kanten gezackt, also treppenartig abgestuft, oder das Bild wirkt nach dem Skalieren verschwommen. Der Computer kann vorhandene Bildpunkte vervielfachen, um sie zu vergrößern, was zu dem Treppeneffekt führt, oder er interpoliert zwischen zwei benachbarten Pixeln, das heißt, er lügt einen eigentlich nicht vorhandenen Wert dazwischen; das wiederum wirkt bei größeren Skalierungsfaktoren wie ein Weichzeichner, so dass das Bild alle harten Kanten verliert.

▲ **Abbildung 3.1**
Pixelgrafik: In der Vergrößerung sieht man die Bildpunkte, aus denen die Grafik zusammengesetzt ist.

In der Vektorgrafik dagegen, bei der, wie erwähnt, alle Objekte mit mathematischen Funktionen beschrieben und gespeichert sind, wird das dargestellte Bild erst im Moment der Ausgabe auf dem Bildschirm oder auf einem Drucker in ein Koordinatensystem von Bildpunkten umgerechnet – und zwar immer in der Auflösung, die das Ausgabegerät darstellen kann. Vektorgrafik ist also frei skalierbar.

Stellen Sie sich eine Schaufensterbeschriftung mit einem Logo und großen Lettern vor, die aus Folie ausgeschnitten sind. Früher haben Werbetechniker zu diesem Zweck eine kleine Vorlage groß projiziert, nachgezeichnet und von Hand ausgeschnitten. Heute macht das die Vektor-Software im Computer und eine Ausgabe auf einem Schneideplotter zum Kinderspiel.

▲ **Abbildung 3.2**
Bézierkurven: In der Vergrößerung sieht man eine scharfe Linie.

3.2 Funktionsweise von Vektorgrafik

Es gibt verschiedene Vorgehensweisen, Formen mathematisch zu definieren. Gemeinsam ist ihnen, dass immer die Außenbegrenzung einer Form bzw. der Verlauf einer Linie berechnet wird, unterschiedlich allerdings sind die Algorithmen, die dazu verwendet werden.

Illustrator arbeitet nach der Methode, die der französische Ingenieur Pierre Bézier für seine Arbeit bei Renault entwickelt hat. Das bedeutet, dass die Form jeder Linie mit einem Kurvenalgorithmus beschrieben wird, der nach seinem Erfinder als »Bézierkurve« bekannt ist. In Illustrator werden alle Linien, die aus einzelnen oder mehreren Kurven aufgebaut sind, als **Pfade** bezeichnet.

Kommen Sie mit auf einen kleinen Ausflug in die Welt der Geometrie, um besser zu verstehen, wie Vektorelemente konstruiert werden.

▲ **Abbildung 3.3**
Pierre Bézier in Bézierpfaden

Gerade Linien: Strecken

»Gehen Sie vom Leuchtturm 400 Meter geradeaus in Richtung Nordwest« beschreibt eine Strecke, also eine gerade Verbindung zwischen zwei Punkten. Allerdings ist diese »relative« Beschreibung mit Hilfe eines Startpunkts, eines Winkels – hier in Form der Himmelsrichtung – und der Streckenlänge unhandlich. Besser zu bestimmen ist eine Strecke, indem man zwei Punkte absolut in einem Koordinatensystem definiert.

▲ **Abbildung 3.4**
Streckenbeschreibung durch Angabe von Winkel (Richtung) und Länge

Geometrische Figuren

Wenn Sie mit mathematischen Angaben Strecken platzieren können, dann ist es damit auch möglich, Quadrate, Rechtecke, Sterne und andere geometrische Figuren darzustellen.

Eine weitere Herausforderung ist die Beschreibung eines Kreises, denn dabei reicht das Verbinden von Punkten mit Strecken nicht mehr aus, da der Kreis aus einer gekrümmten Linie besteht. Die Krümmung ist jedoch eindeutig durch den Radius des Kreises zu definieren.

Die angesprochenen Algorithmen reichen bereits aus, um viele verschiedene Objekte darzustellen, indem geometrische Figuren aneinander gereiht oder kombiniert werden. Allerdings versagen diese Methoden bei unregelmäßigen Krümmungen – hier kommt Herr Bézier ins Spiel.

▲ **Abbildung 3.5**
Der Flaschenumriss besteht nur aus Strecken und Kreissegmenten.

Freie Pfade

Um zu verstehen, wie Pierre Bézier beliebige gekrümmte Linien definiert, sehen wir uns einen Kurvenverlauf zwischen zwei Punkten an. Er verwendet dabei eine mathematische Methode mit vier Punkten, um eine *Näherung* jeder darzustellenden Kurve berechenbar zu machen.

Zwei dieser Punkte stellen die Begrenzungspunkte der Kurve dar, die beiden anderen sind die Endpunkte der Kurventangenten aus den Begrenzungspunkten.

In Illustrator – wie in manchen anderen Vektorprogrammen – bestimmen Sie den Kurvenverlauf intuitiv, indem Sie an den Tangenten-Endpunkten ziehen. Die Punkte werden in Illustrator »Griffpunkte«, die Tangenten »Grifflinien« genannt.

Wir wollen Sie hier nicht mit mathematischen Funktionen quälen, aber ein wenig wollen wir Ihnen schon erklären, wie Herr Bézier das Problem gelöst hat. Um nicht zu verwirren, gebrauchen wir dazu die in Illustrator verwendeten Ausdrücke Anker-punkte, Grifflinien und Griffpunkte – zur Veranschaulichung dient die Abbildung 3.6.

Wenn man aus zwei Ankerpunkten zwei Linien herauszieht, die Grifflinien, ergeben sich an deren Enden zwei Punkte, die Griffpunkte. Werden nun die Strecken zwischen Ankerpunkten und den zugehörigen Griffpunkten sowie die Strecke zwischen den beiden Griffpunkten halbiert und die entstehenden Punkte miteinander verbunden, ergibt sich eine »Kurve« mit fünf Ecken. Setzt man diese Halbierung der entstehenden Strecken mehrfach fort, kann man bereits den exakteren Verlauf der Kurve erahnen. Um die Krümmung exakt zu beschreiben, müsste man die Halbierung der Strecken *unendlich* lang fortsetzen. Aber dann würden wir mit Vektorzeichnungen nie fertig werden. Also hört das Programm eben irgendwann damit auf und gibt sich mit einer *annähernden* Beschreibung der Kurve zufrieden, die aber immer noch exakt genug ist, um ordentlich damit arbeiten zu können.

Objekte

Vektor-Software referenziert die Teile eines Bildes nicht als eine Anhäufung von Pixeln, sondern speichert die logischen Einheiten des Bildes als Objekte.

Das kleinste mögliche Objekt ist ein einzelner Punkt, normalerweise besteht ein Objekt mindestens aus einem Pfad, also aus mehreren Punkten. Objekte können miteinander zu komplexeren oder umfangreicheren Objekten kombiniert werden. Alle Kombinationen müssen durch Befehle ausgelöst werden – Objekte, die übereinander gelegt werden, kombinieren sich nicht automatisch, sondern bleiben in einem »Stapel« als eigenständige Objekte bestehen. Stellen Sie sich diese Arbeitsweise vor wie beim Arbeiten mit Formen, die Sie aus farbigem Papier ausschneiden und übereinander legen.

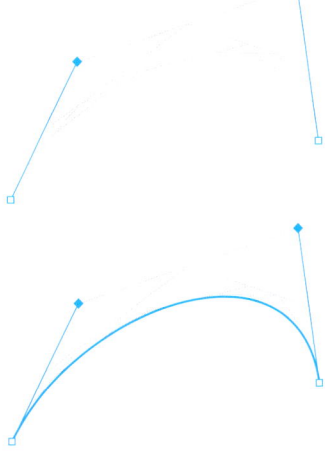

▲ **Abbildung 3.6**
Kurvennäherung

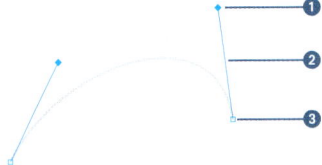

▲ **Abbildung 3.7**
Ankerpunkte ❸, Grifflinien ❷ und Griffpunkte ❶

Casteljau-Algorithmus
Die Kurvennäherung mit Hilfe der Unterteilungen wird nach Paul de Casteljau benannt. Er hatte noch vor Bézier eine äquivalente Methode entdeckt. Sein Arbeitgeber – Citroën – behandelte seine Entdeckung allerdings als Firmengeheimnis. Daher hatte Pierre Bézier den Ruhm.

▲ **Abbildung 3.8**
Papier-Collage

Eigenschaften

Die Merkmale eines Objekts werden als »Eigenschaften« des Objekts behandelt. Dadurch kann nicht nur die Form, sondern auch ihr Erscheinungsbild viel einfacher bearbeitet werden, ohne sich um die anderen Objekte kümmern zu müssen.

Moderne Vektor-Software ist in der Lage, einem Objekt nicht mehr nur eine Strichstärke als Kontur und eine Farbe als Füllung der Fläche zuzuweisen, sondern auch Verläufe, Muster, unregelmäßige Pinselstriche und diverse Effekte, die bisher eher aus der pixelbasierten Bildbearbeitung bekannt waren, als Eigenschaft zu verarbeiten. Darüber hinaus kann ein Objekt nicht nur eine einzige Eigenschaft aus jeder Gattung haben, sondern durchaus mehrere, die sich gegenseitig beeinflussen.

Seitenbeschreibung

Eine Illustrator-Datei basiert auf dem »Portable Document Format« – PDF. Dabei handelt es sich um eine Seitenbeschreibung, bei der Objekte mit ihren Eigenschaften in einem absoluten Koordinatensystem angeordnet werden können. So bleiben alle in dem Dokument integrierten Objekte frei im Zugriff und editierbar.

Das PDF-Format hat Adobe aus »PostScript« weiterentwickelt. »PostScript« ist eine Seitenbeschreibungssprache, die ebenfalls von Adobe stammt und die schon lange als Grundlage dient, auf der ein Computer mit einem Drucker oder Belichter kommuniziert.

4 Arbeiten mit Dokumenten

Die besondere Funktionalität eines Programms spiegelt sich natürlich in der Art wider, wie Dokumente angelegt und eingerichtet werden und welche Hilfsmittel für die Arbeit mit dem Programm vorhanden sind. Was Vektorgrafik über lange Zeit von Rastergrafik unterschieden hat, war die beruhigend hohe Zahl möglicher Rückgängig-Schritte.

▲ **Abbildung 4.1**
Illustrator CS2 Datei- und Vorlagen-Icon

4.1 Dokumente erstellen und öffnen

Falls Sie bisher andere Vektorgrafik-Software benutzt haben, besteht sicher der auffälligste Unterschied in Illustrators Einsatz von Farbmanagement. Beim Erstellen einer neuen Datei geschieht dies im Hintergrund – beim Öffnen einer Datei bemerken Sie es dagegen häufiger.

Neues Dokument erstellen
Es gibt zwei Möglichkeiten zur Erstellung neuer Dokumente. Erzeugen Sie ein vollkommen neues Dokument, so erhalten Sie eine Datei, die einige Standardvorgaben enthält.

Alternativ lässt sich eine Datei aus einer Vorlage erstellen. Wenn Sie eine Komplettinstallation von Illustrator durchgeführt haben, wurden einige Vorlagendateien auf Ihrem Computer gespeichert.

Eine Vorlagendatei ist wie ein Zeichenblock, von dem Sie ein Blatt abreißen, um darauf zu arbeiten. Eine aus einer Vorlage erzeugte Datei kann vordefinierte besondere Farbfelder, die für die Arbeit benötigten Grafikelemente oder auch Teile der Zeichnung enthalten (Arbeiten mit Vorlagen- und Start-Dateien siehe Kapitel 19).

Neue Datei erstellen | Um eine neue Datei zu erstellen, wählen Sie DATEI • NEU… – Shortcut ⌘/Strg+N. Anschließend geben Sie Ihre Optionen in die Dialogbox ein.

▲ **Abbildung 4.2**
Einige der installierten Vorlagendateien

Abbildung 4.3 ►
Dialogbox NEUES DOKUMENT

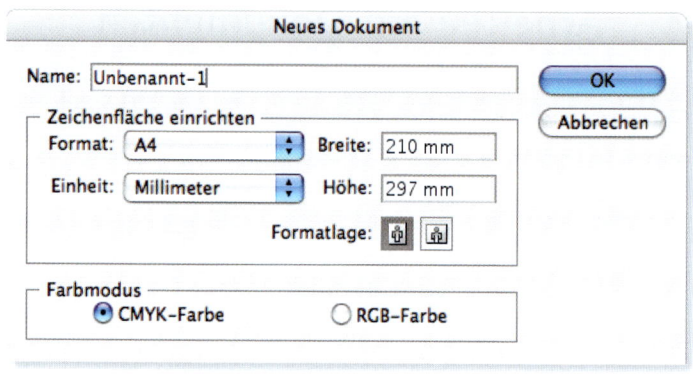

► FORMAT: In diesem Ausklappmenü finden Sie einige gebräuchliche vordefinierte Formate. Geben Sie die Maße direkt in die Felder BREITE und HÖHE ein, falls Ihr gewünschtes Format nicht im Menü ist.
Illustrator akzeptiert Werte von 1 bis 16383 Pt, das entspricht 0,3528 bis 5779,5586 mm. Sie können also Dokumente bis zu etwa 5,80 Meter Breite und Länge anlegen.

► EINHEIT: Geben Sie hier die Maßeinheit für das Dokument ein, die in den Seitenlinealen und in Dialogboxen verwendet werden soll. Die Angabe betrifft nur die allgemeine Maßeinheit z.B. zur Positionierung von Elementen – die Angabe von Schriftgrößen und die Breite von Konturen wird nicht beeinflusst.

► FORMATLAGE: Klicken Sie die Buttons für Hoch- oder Querformat, falls Sie die Angaben für Höhe und Breite gegeneinander tauschen möchten.

► FARBMODUS: Ein Illustrator-Dokument wird immer in einem der beiden Farbmodi CMYK oder RGB angelegt. Wählen Sie den geeigneten Farbmodus für die Aufgabe aus. Wählen Sie CMYK, falls das Dokument gedruckt wird, RGB für bildschirmbasierte Ausgabemedien (mehr zu Farben in Kapitel 8, Ausgabe siehe Kapitel 18).

TIPP

In der Dialogbox NEU AUS VORLAGE können Sie *jede* Illustrator-Datei auswählen – nicht nur als Dateityp Vorlage gespeicherte Dokumente.

»Normale« Illustrator-Dateien werden als Kopie geöffnet, die Sie unter einem neuen Namen speichern müssen.

Umgekehrt wird beim ÖFFNEN von Vorlagendateien *immer* eine Kopie erzeugt, selbst wenn Sie das Dokument über den Dialog ÖFFNEN... auswählen.

Ohne Dialogbox | Möchten Sie mit den für das zuletzt erstellte neue Dokument verwendeten Einstellungen eine weitere Datei erzeugen, drücken Sie ⌘+⌥+N bzw. Strg+Alt+N.

Neu aus Vorlage | Um eine neue Datei auf der Basis einer Vorlage zu erstellen, wählen Sie DATEI • NEU AUS VORLAGE... – Shortcut ⌘/Strg+⇧+N.
Standardmäßig zeigt Illustrator in dieser Dialogbox nicht wie im Öffnen-Dialog den zuletzt benutzten Ordner an, sondern den Vorlagenordner im Illustrator-Verzeichnis auf Ihrer Festplatte.

Navigieren Sie zur gewünschten Datei, und klicken Sie den Neu-Button (Vorlagen erstellen siehe Kapitel 19).

Dokument öffnen

Um ein Dokument zu öffnen, wählen Sie DATEI • ÖFFNEN... – Shortcut ⌘/Strg + 0. Navigieren Sie zum gewünschten Dokument und bestätigen mit OK.

Handelt es sich um alte Illustrator-Dateien, oder öffnen Sie Fremdformate wie z. B. Macromedia FreeHand-Dateien, enthalten diese ggf. Farbdefinitionen verschiedener Farbmodi. In diesem Fall zeigt Illustrator eine Dialogbox mit einem Warnhinweis, und Sie müssen sich für einen Farbmodus entscheiden. Die Farben des anderen Modus werden konvertiert.

Zuletzt verwendete Dateien | Um eines der zuletzt verwendeten Dokumente erneut zu öffnen, wählen Sie es aus dem Menü DATEI • LETZTE DATEIEN ÖFFNEN.

Durchsuchen | Der Befehl DATEI • DURCHSUCHEN... öffnet Adobe Bridge – eine Software, mit der Sie Ihre Dokumente verwalten können. Bridge lässt sich komfortabler öffnen, indem Sie den Button GEHE ZU BRIDGE rechts in der Steuerungspalette klicken.

▲ **Abbildung 4.4**
Button GEHE ZU BRIDGE

Dokumentformat ändern

Um nachträglich das Format eines Dokuments zu ändern, wählen Sie DATEI • DOKUMENTFORMAT... Aus dem Auswahlmenü der Dialogbox wählen Sie ZEICHENFLÄCHE und geben die gewünschten Maße ein. Das aktuelle Dokument wird von seinem Mittelpunkt aus vergrößert oder verkleinert.

Selbst wenn Sie ein Dokument verkleinern, gehen keine Objekte verloren – sie befinden sich lediglich außerhalb der Zeichenfläche und werden daher ggf. nicht ausgedruckt.

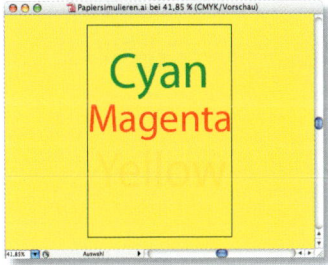

▲ **Abbildung 4.5**
Das Aussehen der Druckfarben auf farbigem Papier wird simuliert.

Papierfarbe simulieren

Wird Ihre Grafik auf farbigem Papier produziert, können Sie bereits am Bildschirm die Auswirkung der Papierfarbe auf die Druckfarbe simulieren. Auch diese Option finden Sie in der Dialogbox DOKUMENTFORMAT.

◄ **Abbildung 4.6**
Transparenz-Option im Dokumentformat-Dialog

Wählen Sie TRANSPARENZ aus dem Auswahlmenü, aktivieren Sie FARBIGES PAPIER SIMULIEREN, und klicken Sie in das obere der beiden Farbfelder, um den Farbwähler aufzurufen. Richten Sie dort die gewünschte Farbe ein. Die Farbe wird nur am Bildschirm angezeigt – nicht gedruckt.

Farbmanagement

Farbmanagement ist in Illustrator seit einigen Versionen fest integrierter Bestandteil. Die Voreinstellung für das Farbmangement in Illustrator wie in allen Anwendungen der Creative Suite ist *aktiviert*.

Erstellen eines neuen Dokuments | Erstellen Sie ein neues Dokument, wird das dem Dokumentfarbraum entsprechende Farbprofil in das Dokument eingebettet, sofern die Farbmanagement-Richtlinien entsprechend eingestellt sind.

Öffnen von Dokumenten | Bei aktiviertem und entsprechend eingerichtetem Farbmanagement erscheint eine Warnung, sobald Sie ein Dokument öffnen, das mit keinem oder einem anderen als dem aktuell von Illustrator verwendeten Farbprofil versehen ist. Das Farbprofil gibt an, für welche Ausgabesituation das Dokument erstellt wurde.

Sie haben drei Möglichkeiten, den Farbprofil-Konflikt zu lösen – halten Sie ggf. Rücksprache mit den weiterverarbeitenden Betrieben bzw. mit dem Ersteller des Dokuments:

▶ EINGEBETTETES PROFIL VERWENDEN: Behalten Sie das eingebettete Profil. Diese Option ist in den meisten Fällen zu empfehlen. Zu einem späteren Zeitpunkt ist es immer noch möglich, ein anderes Profil zuzuweisen.
▶ FARBEN DES DOKUMENTS IN DEN ARBEITSFARBRAUM KONVERTIEREN: Das eingebettete Profil wird verworfen und das in den Farbmanagement-Richtlinien eingestellte Profil stattdessen eingebettet. Die Farbwerte verändern sich nicht, die Darstellung der Farben auf dem Bildschirm und im Ausdruck kann ggf. einen deutlichen Unterschied zeigen.
▶ EINGEBETTETES PROFIL LÖSCHEN: Das eingebettete Profil wird entfernt – das Dokument unterliegt nicht mehr dem Farbmanagement.

Farbprofil ändern | Möchten Sie einem Dokument ein anderes Farbprofil zuweisen, wählen Sie BEARBEITEN • PROFIL ZUWEISEN… Die Optionen entsprechen den Einstellungen, die Ihnen zur Verfügung stehen, wenn beim Öffnen eines Dokuments ein Farbprofil-Konflikt auftritt.

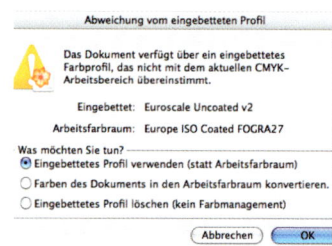

▲ **Abbildung 4.7**
Warnung bei Farbprofil-Konflikt

4.2 Im Dokument navigieren

Illustrator-Dokumente bestehen nicht nur aus der druckbaren Fläche – um die Zeichenfläche herum ist zusätzlicher Raum. Und es gibt weitere Besonderheiten, welche die Navigation innerhalb eines Illustrator-Dokuments von der Handhabung in anderen Programmen unterscheidet.

Zeichenfläche

Das Dokumentformat, das Sie in der Dialogbox Neues Dokument eingerichtet haben, sehen Sie als symbolisches »Blatt« vor sich im Dokumentfenster liegen ❷.

Dieses »Blatt« – es wird Zeichenfläche genannt – stellt den Bereich der Datei dar, in dem Sie Grafiken platzieren können, die gedruckt werden sollen.

Vorsicht: In Illustrator können Sie nur die eine und keine weiteren Seiten in Ihrem Dokument anlegen!

Begrenzung ausblenden | Falls Sie lieber ohne die Anzeige des Zeichenflächen-Begrenzungsrahmens arbeiten und ihre Grafik später an das Format anpassen möchten, blenden Sie die Zeichenfläche aus, indem Sie Ansicht • Zeichenfläche ausblenden wählen.

Tatsächlich druckbare Fläche anzeigen | Die Größe der Zeichenfläche und das Papierformat Ihres Druckers stimmen nicht immer überein. Wählen Sie Ansicht • Seitenaufteilung einblenden, um das im derzeit ausgewählten Drucker vorhandene Papierformat auf der Zeichenfläche anzuzeigen. Es wird mit Hilfe zweier gestrichelter Linien dargestellt: Die äußere dieser beiden Linien ❸ kennzeichnet das eingestellte Papierformat, die innere ❹ die Fläche, die der Drucker auf diesem Format bedrucken kann (Drucken siehe Kapitel 18).

Montagefläche

Der auffälligste Unterschied zu vielen anderen Programmen ist der Raum um die Zeichenfläche herum – die Montagefläche ❺. Die Montagefläche steht zum Zeichnen oder zum »Aufbewahren« von Teilen Ihrer Grafik zur Verfügung.

Beim Scrollen im Dokument kann es passieren, dass plötzlich eine leere Fläche vor Ihnen liegt. Dann ist meist nicht Ihre Zeichnung gelöscht – Sie blicken nur auf einen unbenutzten Teil der Montagefläche. Ihre Grafik holen Sie am schnellsten wieder in den Mittelpunkt, indem Sie den Shortcut ⌘/Strg+0 verwen-

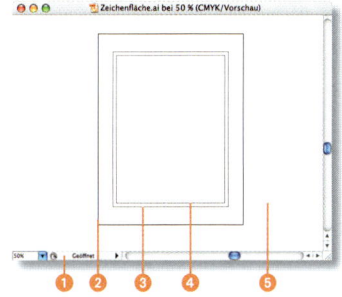

▲ **Abbildung 4.8**
Statusleiste ❶, Zeichenfläche ❷, Papierformat ❸, druckbare Bereiche ❹ und Montagefläche ❺

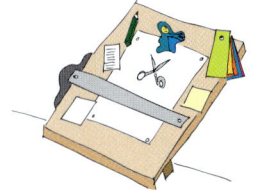

▲ **Abbildung 4.9**
Wie bei der Arbeit am Reißbrett haben Sie um Ihr Illustrator-Dokument reichlich Fläche zum Ablegen zur Verfügung.

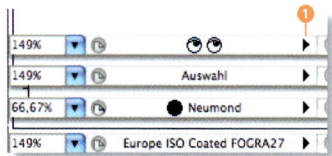

den. Dies natürlich nur unter der Voraussetzung, dass Sie auf der Zeichenfläche gearbeitet haben.

Statusleiste

Am unteren linken Rand des Dokumentfensters sehen Sie die Statusleiste ❶. In der Statusleiste wird die Vergrößerungsstufe angezeigt, und es steht ein Aufklappmenü zur Verfügung, um die Zoom-Stufe zu wechseln.

Darüber hinaus können Sie sich eine weitere Status-Information anzeigen lassen – rufen Sie ein Menü der möglichen Informationen auf, indem Sie auf den Pfeil rechts neben dem Anzeigetext klicken.

Modifikationsmöglichkeit | Drücken Sie ⌥/Alt und rufen das Menü EINBLENDEN auf, um einige zusätzliche Optionen zu erhalten, z. B. die Anzahl der Tage bis Weihnachten oder die aktuelle Mondphase.

Vergrößerungsstufe verändern/Zoomen 🔍

Jede Stelle Ihrer Illustrator-Datei können Sie in beliebigen Vergrößerungsstufen zwischen 3,13 und 6400% betrachten, also z. B. wie mit einer Lupe heranzoomen, um Details zu bearbeiten.

Zoom-Werkzeug | Wählen Sie das Zoom-Werkzeug 🔍 – Shortcut Z –, um die Ansicht eines Bereichs zu vergrößern oder zu verkleinern. Klicken Sie in die Mitte des Bereichs, an den Sie heranzoomen möchten. Zoomen Sie wieder heraus, indem Sie ⌥/Alt drücken und klicken.

Um schneller eine große Vergrößerung zu erhalten, klicken und ziehen Sie einen Auswahlrahmen um den Bereich, den Sie vergrößern möchten. Um den Auswahlrahmen während des Aufziehens zu verschieben, halten Sie die Leertaste und schieben den Rahmen.

Während Sie ein beliebiges Werkzeug verwenden, drücken und halten Sie ⌘/Strg+Leertaste, um temporär zum Zoom-Werkzeug zu wechseln. Drücken Sie zusätzlich ⌥/Alt, um herauszuzoomen.

Menübefehl | Wählen Sie ANSICHT • EINZOOMEN – Shortcut ⌘/Strg++ – bzw. ANSICHT • AUSZOOMEN – Shortcut ⌘/Strg+-, um die Ansicht in voreingestellten Sprüngen zu vergrößern oder zu verkleinern.

Die Ansicht der Zeichenfläche lässt sich mit dem Befehl ANSICHT • GANZE ZEICHENFLÄCHE – Shortcut ⌘/Strg+0 – in das Dokumentfenster einpassen.

Möchten Sie eine Darstellung, die der Originalgröße der Zeichnung zumindest annäherungsweise entspricht – siehe hierzu den »Hinweis« –, wählen Sie ANSICHT • AUF 100% ZOOMEN – Shortcut ⌘/Strg+1.

Navigator-Palette | Rufen Sie die Navigator-Palette unter FENSTER • NAVIGATOR auf, und stellen Sie die Vergrößerungsstufe mit Hilfe des Schiebereglers ein. Oder aktivieren Sie den aktuellen Wert, der links neben dem Regler angezeigt wird, mit einem Doppelklick, und geben Sie einen neuen ein. Verschieben Sie die Ansicht, indem Sie den roten Rahmen klicken und ziehen.

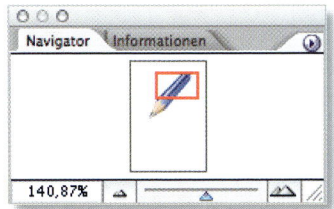

▲ **Abbildung 4.11**
Die Navigator-Palette

Statusleiste | Wählen Sie in der Statusleiste die gewünschte Vergrößerungsstufe aus dem Ausklappmenü, oder geben Sie sie direkt in das Feld ein.

Ansicht verschieben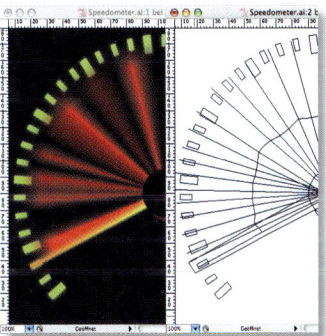

Um die Zeichenfläche oder die Montagefläche innerhalb des Dokumentfensters zu verschieben, können Sie alternativ zu den Bildlaufleisten (Scrollbars) das Hand-Werkzeug verwenden.

Wählen Sie das Werkzeug aus der Werkzeugpalette – Shortcut H –, und klicken und ziehen Sie mit dem Werkzeug, um die Zeichenfläche zu verschieben.

Während Sie ein anderes Werkzeug benutzen – ausgenommen sind lediglich die Text-Werkzeuge – können Sie jederzeit temporär zum Hand-Werkzeug wechseln, indem Sie die Leertaste drücken und halten.

Vorschau und Pfadansicht

Normalerweise stellt Illustrator Ihre Grafik im **Vorschaumodus** dar. Im Vorschaumodus sind alle Aussehen-Eigenschaften von Objekten und Ebenen wie Farb- und Verlaufsfüllungen, Linienstärken, Transparenzen und Effekte sichtbar. Dieser Modus entspricht in etwa dem gedruckten Ergebnis.

Einige Arbeiten lassen sich schneller und besser erledigen, wenn Sie Kontureneffekte und Füllungen nicht anzeigen lassen, sondern nur die Pfade, aus denen Ihre Illustrationen bestehen. In diesem **Darstellungsmodus** überdecken die Objekte einander nicht. Da keine komplexen Füllungen berechnet werden müssen, wird der Bildschirmaufbau beschleunigt.

Um zur Pfad-Darstellung zu wechseln, wählen Sie ANSICHT • PFADANSICHT – Shortcut ⌘/Strg+Y. In der Pfadansicht wechselt der Menüeintrag zu VORSCHAU. Wählen Sie diesen Eintrag VORSCHAU aus oder verwenden den Shortcut erneut, um wieder die farbige Version anzuzeigen.

Abbildung 4.12
Vorschau (links), Pfadansicht (rechts)

HINWEIS

Sie können auch nur die Objekte einzelner Ebenen als Pfade anzeigen lassen (Ebenen siehe Kapitel 10).

Überdruckenvorschau

Die Überdruckenvorschau simuliert zusätzlich zur normalen Vorschau, wie sich die Überdrucken-Eigenschaft einzelner Objekte auswirkt, wenn Sie Ihre Grafik im Vierfarbprozess drucken (Überdrucken siehe Kapitel 18).

Selbstverständlich stellt die Ansicht nur eine Näherung des Druckergebnisses dar – sie ist umso besser, je exakter Ihre Arbeitsumgebung kalibriert ist.

Um die Überdruckenvorschau anzuzeigen, wählen Sie ANSICHT • ÜBERDRUCKENVORSCHAU – Shortcut: ⌘+⌥+⇧+Y bzw. Strg+Alt+⇧+Y.

Pixelvorschau

In der Pixelvorschau sehen Sie, wie Ihre Objekte in das Pixelraster eingepasst werden. Bei Auswahl dieses Vorschaumodus wird die Option AN PIXEL AUSRICHTEN aktiviert, mit deren Hilfe Sie Objekte optimal an Pixeln ausrichten können, so dass waagerechte und senkrechte Kanten immer auf ganzen Pixeln positioniert sind und damit nicht weichgezeichnet werden.

Die Pixelvorschau zeigen Sie an, indem Sie ANSICHT • PIXELVORSCHAU – Shortcut ⌘/Strg+⇧+Y – aus dem Menü wählen. Illustrator aktiviert ANSICHT • AN PIXEL AUSRICHTEN dann automatisch – Sie können es jedoch deaktivieren (Webgrafik siehe Kapitel 18).

Dokumentansicht speichern

Eine einmal eingerichtete Ansicht eines Dokuments in einer bestimmten Vergrößerungsstufe und dem Ansichtsmodus – Pfadansicht oder Vorschau – können Sie im Dokument abspeichern.

Ansicht speichern | Um eine eingerichtete Ansicht zu speichern, wählen Sie ANSICHT • NEUE ANSICHT… Geben Sie anschließend einen Namen in die Dialogbox ein und klicken OK. Sie können bis zu 25 Ansichten je Dokument speichern.

Achtung: Verwenden Sie keine Zeichen wie Klammer (), Schrägstriche / oder Bindestriche -. Während Illustrator CS diese einfach durch einen Listenpunkt • ersetzte, quittiert CS2 die Verwendung mit einem Absturz.

Ansicht aufrufen | Rufen Sie die Ansichten auf, indem Sie ihre Namen im Menü ANSICHT auswählen.

Ansichten verwalten | Um Ansichten umzubenennen oder zu löschen, wählen Sie ANSICHT • ANSICHT BEARBEITEN… Aktivieren Sie den Namen der Ansicht in der Liste und klicken den Button

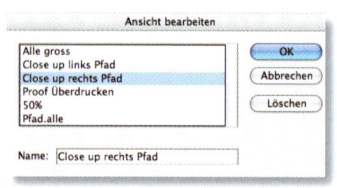

LÖSCHEN oder geben die gewünschte Änderung in das Textfeld ein.

Mehrere Dokumentfenster öffnen

Von einem Dokument lassen sich gleichzeitig mehrere Fenster öffnen. So könnten Sie an unterschiedlichen Details der Zeichnung in verschiedenen Fenstern arbeiten, anstatt häufig die Ansicht verschieben zu müssen.

Öffnen Sie ein neues Fenster, indem Sie FENSTER • NEUES FENSTER auswählen. Nur unter Windows haben Sie auch die Möglichkeit, mehrere Fenster automatisch auf dem Bildschirm anzuordnen. Wählen Sie FENSTER • ÜBERLAPPEND, um die Fenster leicht versetzt übereinander zu legen. Wählen Sie FENSTER • NEBENEINANDER, um die Fenster gleichmäßig nebeneinander auf dem Bildschirm anzuordnen.

Die Position der beim Speichern des Dokuments geöffneten Fenster wird gesichert und beim nächsten Öffnen wieder genauso angeordnet – auch beim Übertragen der Datei auf die andere Plattform.

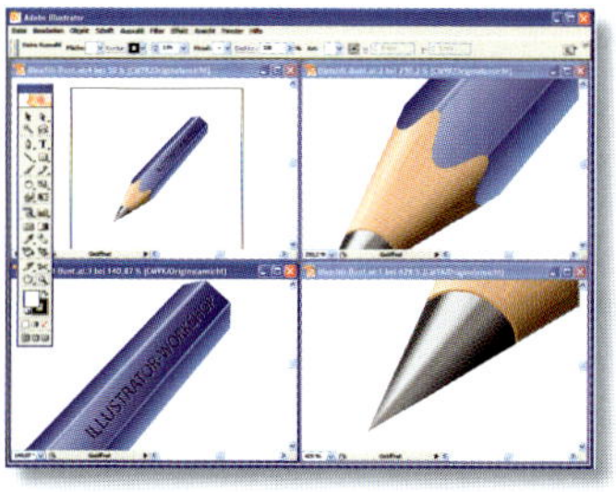

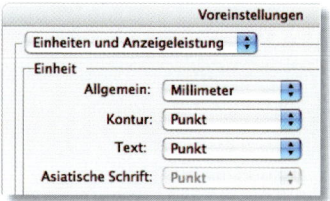

▲ **Abbildung 4.17**
Windows: Fenster nebeneinander anordnen

4.3 Maßeinheit und Lineale

In Illustrator arbeiten Sie immer mit absoluten Maßen in einem definierten Koordinatensystem. Das Dokumentformat gibt die Größenverhältnisse vor. Die Maßeinheiten für drei verschiedene Aufgabenbereiche können Sie getrennt anpassen.

Voreinstellungen Maßeinheiten

Welche Maßeinheiten Sie standardmäßig verwenden möchten, legen Sie unter VOREINSTELLUNGEN • EINHEITEN UND ANZEIGE-LEISTUNG fest.

▶ ALLGEMEIN: Die hier angegebene Maßeinheit wird in den Linealen dargestellt – sofern Sie nicht für das Dokument eine andere Einheit festlegen – und ist Grundlage des Dokumentrasters. Sie wird für Größenangaben, Abstände und Positionierungen von Objekten verwendet.

▶ KONTUR: In dieser Einheit bestimmen Sie Konturstärken.

▶ TEXT/ASIATISCHE SCHRIFT: Hier legen Sie fest, in welcher Einheit Sie Schriftgrößen definieren möchten. Das Auswahlmenü ASIATISCHE SCHRIFT kann nur dann verwendet werden, wenn Sie unter VOREINSTELLUNGEN • SCHRIFT das Kästchen ASIATISCHE OPTIONEN EINBLENDEN aktivieren.

▲ **Abbildung 4.18**
Voreinstellungen: Einheiten und Anzeigeleistung

Maßeinheiten des Dokuments

Die in den Voreinstellungen bestimmten Maßeinheiten werden für alle neuen Dokumente übernommen. Möchten Sie die allgemeine Maßeinheit eines Dokuments nachträglich ändern, wählen Sie DATEI • DOKUMENTFORMAT. Rufen Sie in der Dialogbox den Eintrag ZEICHENFLÄCHE aus dem Aufklappmenü auf.

In dem Aufklappmenü unter EINHEIT legen Sie die neue Maßeinheit nur für dieses Dokument fest.

Lineale

Am Rand des Dokumentfensters können Sie sich Lineale einblenden lassen, die die Abmessungen von Dokument und Montagefläche in der aktuellen Maßeinheit aufzeigen. Wählen Sie ANSICHT • LINEALE EINBLENDEN – Shortcut ⌘/Strg+R –, um die Anzeige der Lineale zu aktivieren.

Der Standard-Nullpunkt der Lineale – also der Punkt, an dem beide Lineale den Wert 0 anzeigen – befindet sich in der linken unteren Ecke der Zeichenfläche.

▲ **Abbildung 4.19**
Nullpunkt verschieben

Nullpunkt verschieben | Falls Sie zu Konstruktionszwecken den Nullpunkt an einer anderen Stelle benötigen, können Sie ihn frei positionieren. Klicken Sie in das Feld links oben im Dokumentfenster, an dem die beiden Lineale sich treffen, und ziehen Sie zu der Stelle, an die Sie den Nullpunkt positionieren möchten. Während Sie ziehen, zeigt ein Fadenkreuz die neue Position des Nullpunkts an.

Für die Positionierung des Nullpunkts können Sie alle Hilfen verwenden, die Ihnen zur Positionierung von Objekten in Illustrator zur Verfügung stehen wie Hilfslinien oder das Ausrichten an Ankerpunkten.

Wenn Sie den Nullpunkt verändern, verschieben sich Muster, die Sie Objekten zugewiesen haben (Muster siehe Kapitel 15).

Ebenso ändert sich das zugrunde gelegte Pixelraster des Dokuments (Pixelraster siehe Kapitel 18).

Nullpunkt zurücksetzen | Um den Nullpunkt auf den Standard zurückzusetzen, doppelklicken Sie an die Kreuzungsstelle der Lineale links oben im Dokumentfenster.

Positionen, Maße und Informationen anzeigen

Positionen und einige Objekteigenschaften sowie die Parameter von Transformationen, die Sie durchführen, werden in der Informationen-Palette angezeigt. Rufen Sie die Palette unter FENSTER • INFORMATIONEN auf – Shortcut F8.

Die Maße in der Palette berechnet Illustrator in der eingestellten Einheit – Farbwerte entsprechend dem Dokument-Farbmodus.

Objektinformationen | Im oberen Bereich sehen Sie die Position – X- und Y-Werte – des ausgewählten Objekts und dessen Abmessungen – B- und H-Angaben. Die Werte berücksichtigen Position und Abmessungen der Pfade – möchten Sie die Stärke von Konturen in die Messung einschließen, aktivieren Sie VORSCHAUBEGRENZUNGEN VERWENDEN unter VOREINSTELLUNGEN • ALLGEMEIN…

Wählen Sie OPTIONEN EINBLENDEN im Palettenmenü, um außerdem die Farbwerte bzw. das Muster von Füllung und Kontur des aktivierten Objekts im unteren Bereich der Palette anzuzeigen.

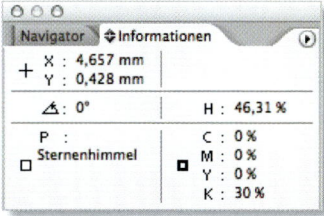

▲ **Abbildung 4.20**
Informationen-Palette mit optionaler Anzeige der Farbwerte

Transformationen | Verwenden Sie Transformations- oder Mess-Werkzeuge, werden deren Parameter in der mittleren Reihe der Informationen-Palette eingeblendet.

▶ A: Stellt die zurückgelegte Distanz beim Verschieben bzw. den Abstand eines Punkts zum vorher gesetzten dar.
▶ H: Hier sehen Sie den Vergrößerungsfaktor beim Skalieren.
▶ △: Mit diesem Symbol wird der Drehwinkel bei der Verwendung des Drehen-Werkzeugs gekennzeichnet.
▶ ∠: Zeigt den Winkel an, wenn Sie das Verlaufs- oder Mess-Werkzeug verwenden oder ein Objekt verschieben.
▶ ∠: Verwenden Sie das Spiegeln-Werkzeug, zeigt das Symbol den Spiegelungswinkel.
▶ ∠: Wenn Sie das Verbiegen-Werkzeug verwenden, wird hier der Winkel der Verbiegungsachse angezeigt.
▶ ⌁: Dieses Symbol kennzeichnet den Umfang der Verbiegung, wenn Sie das Verbiegen-Werkzeug verwenden.

Abstände messen 📏
Die Abstände zwischen Objekten oder die Winkelung einer Kante müssen Sie nicht ausrechnen, stattdessen können Sie beide mit dem Mess-Werkzeug ermitteln.

Wählen Sie das Mess-Werkzeug, klicken Sie den ersten Messpunkt, und ziehen Sie das Werkzeug zum zweiten Messpunkt. Pfade und Punkte wirken »magnetisch« und lassen den Messpunkt innerhalb einer engen Toleranzgrenze einrasten.

In der Informationen-Palette werden die X- und Y-Koordinaten des ersten Messpunkts, die gemessene Breite B und Höhe H, die ermittelte Distanz A und der Winkel ∠ zwischen den beiden Messpunkten angezeigt. Die Werte bleiben stehen, bis Sie ein neues Werkzeug wählen bzw. mit einem Tastaturbefehl temporär ein Werkzeug aktivieren.

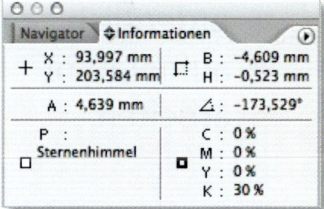

▲ **Abbildung 4.21**
Die Informationen-Palette zeigt die mit dem Mess-Werkzeug ermittelten Werte an

TIPP

Illustrator übernimmt die mit dem Lineal gemessenen Werte in Transformieren-Dialogboxen: Abstände werden in der Verschieben- und der Winkel in der Drehen-Dialogbox eingestellt.

4.4　Raster und Hilfslinien

Zahlreiche Funktionen erleichtern Ihnen das exakte Positionieren, Verschieben und Ausrichten von Objekten. Neben den hier aufgeführten Rastern und Hilfslinien besteht auch noch die Möglichkeit, die Position eines oder mehrerer Objekte an anderen Objekten zu orientieren.

Raster

Als Konstruktionshilfe können Sie sich das Dokumentraster anzeigen lassen. Das Raster liegt über oder unter Ihrer Grafik und wird nicht gedruckt.

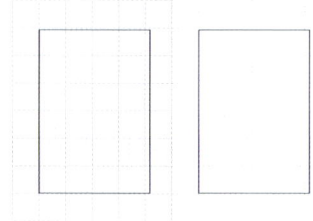

▲ Abbildung 4.22
Dokumentraster als Linien und als Punkte

Wenn Sie das Raster benötigen, wählen Sie ANSICHT • RASTER EINBLENDEN – Shortcut (nur für Mac) ⌘+⇧+2 oder ⌘+ß. Die Rasterweite, Farbe und die Art, in der das Raster angezeigt wird, definieren Sie unter VOREINSTELLUNGEN • HILFSLINIEN UND RASTER… Unter ART haben Sie die Wahl zwischen den sehr deutlichen Linien und den weniger aufdringlichen Punkten.

Der ABSTAND legt die Hauptunterteilungen fest – im Eingabefeld UNTERTEILUNGEN wird das Raster verfeinert: Geben Sie hier einen Wert größer als 1 ein, um die jeweilige Anzahl zusätzlicher Rasterfelder zu erzeugen. Die Option RASTER HINTEN positioniert das Raster hinter den Grafikobjekten.

Am Raster ausrichten

Sie können Ihre Objekte mit Hilfe des Rasters positionieren, dafür muss das Raster nicht sichtbar sein.

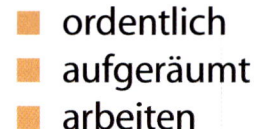

▲ Abbildung 4.23
Objekte am Raster ausrichten

Um das Raster als Positionierungshilfe zu verwenden, wählen Sie ANSICHT • AM RASTER AUSRICHTEN – Shortcut (nur für Mac) ⌘+⌥+ß. Punkte und Pfade werden damit vom Raster »angezogen«, sobald sie in der Nähe des Rasters bewegt werden. Die Anziehung wirkt nicht auf die Außenbegrenzung des Objekts – z. B. durch eine starke Kontur –, sondern auf den Pfad.

Hilfslinien

Häufig ist das Dokumentraster zu unflexibel, und Sie benötigen Ausrichtungshilfen in unregelmäßigen Abständen. Zu diesem Zweck sind Hilfslinien gedacht. Hilfslinien sind wie die Bleistift-Markierungen, mit denen man früher einen Reinzeichenkarton zu Beginn der Arbeit einteilte, um Objekte auszurichten.

Hilfslinien können gerade Linien oder Vektorformen sein, und Sie können sie nicht nur auf, sondern auch außerhalb der Zeichenfläche nach Bedarf frei positionieren. Wenn Sie sie gerade nicht benötigen, blenden Sie sie einfach aus. Wie das Raster werden auch Hilfslinien nicht gedruckt.

Mit dem Lineal erzeugen | Um eine Hilfslinie zu generieren, gehen Sie wie folgt vor:

1. Blenden Sie die Lineale ein, falls diese nicht sichtbar sind – Shortcut ⌘/Strg+R

2. Soll die Hilfslinie an einem Ankerpunkt eines Objekts ausgerichtet werden, aktivieren Sie die Option ANSICHT • AN PUNKT AUSRICHTEN – Shortcut (nur für Mac) ⌘+⌥+⇧+2 – falls sie nicht bereits aktiv ist.

3. Falls Sie mehrere Ebenen eingerichtet haben: Wählen Sie die Ebene aus, auf der die Hilfslinie erstellt werden soll.

4. Möchten Sie eine horizontale Hilfslinie erstellen, klicken Sie in das Lineal am oberen Fensterrand, für eine vertikale Hilfslinie klicken Sie in das Lineal am linken Fensterrand und ziehen bis zur gewünschten Stelle im Dokument. Sobald Sie mit dem Cursor den Linealbereich verlassen, wird eine gepunktete Vorschau der Linie angezeigt.

   Soll die Hilfslinie an einem Ankerpunkt einrasten, ziehen Sie auf diesen Punkt, bis der Cursor zu ▷ wechselt.

Modifikationsmöglichkeit | Drücken Sie ⇧ beim Ziehen der Hilfslinie, um diese an den in der aktuellen Zoom-Stufe angezeigten Linealunterteilungen einzurasten.

Aus einem Objekt erzeugen | Aktivieren Sie das Objekt, und wählen Sie ANSICHT • HILFSLINIEN • HILFSLINIEN ERSTELLEN – Shortcut ⌘+5 bzw. Strg + Num 5

Fixieren/Lösen | Illustrator fixiert standardmäßig alle neu erstellten Hilfslinien, das heißt, Sie können sie nicht gleich verschieben. Möchten Sie die Position von Hilfslinien verändern, müssen Sie diese zuerst lösen, indem Sie ANSICHT • HILFSLINIEN • HILFSLINIEN FIXIEREN deaktivieren – Shortcut Strg+Alt+. (nur für Windows).

Positionieren | Um eine Hilfslinie exakt zu positionieren, aktivieren Sie sie, indem Sie darauf klicken, und geben Sie die horizontale oder vertikale Position in die Steuerungspalette oder die Transformieren-Palette in das Eingabefeld x bzw. y ein.

Duplizieren | Um eine Hilfslinie zu duplizieren, deaktivieren Sie zunächst die Fixierung. Anschließend drücken Sie ⌥/Alt und klicken und ziehen die Hilfslinie, um eine Kopie an der gewünschten Position zu erzeugen.

TIPP

Hilfslinien werden als Objekte der aktuellen Arbeitsebene zugeordnet und in der Ebenen-Palette angezeigt.

Um in der Ebenen-Palette die Übersicht zu behalten, richten Sie eine eigene Ebene für alle Hilfslinien ein (Ebenen siehe Kapitel 10).

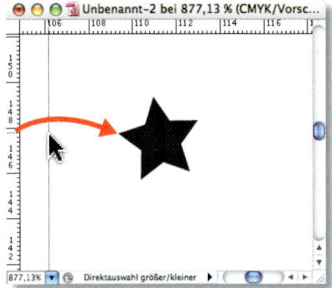

▲ **Abbildung 4.24**
Hilfslinie aus dem Lineal ziehen

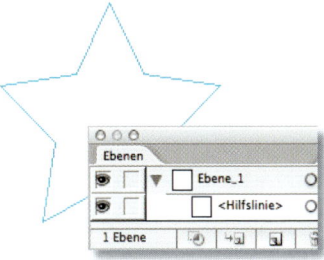

▲ **Abbildung 4.25**
Aus einem Objekt umgewandelte Hilfslinie – Darstellung in der Ebenen-Palette (rechts)

▲ **Abbildung 4.26**
Hilfslinie durch Eingabe eines Werts in der Steuerungspalette exakt positionieren.

Anzeige ändern | Unter Voreinstellungen • Hilfslinien und Raster… können Sie Farbe und Anzeigeart der Hilfslinien bestimmen. Sehen Sie hierzu den Abschnitt unter »Raster«.

Zurückwandeln | Aktivieren Sie eine Hilfslinie, und wählen Sie Ansicht • Hilfslinien • Hilfslinien zurückwandeln, um aus einer Hilfslinie ein Vektorobjekt zu erzeugen.

Löschen | Um alle Hilfslinien im Dokument zu löschen, wählen Sie Ansicht • Hilfslinien • Hilfslinien löschen. Möchten Sie einzelne Hilfslinien löschen, deaktivieren Sie zunächst die Fixierung, wählen die Hilfslinie aus und drücken ⌫.

Objekte an Hilfslinien ausrichten

Damit Sie die Hilfslinien zum Ausrichten verwenden können, müssen Sie die Option Ansicht • Am Punkt ausrichten aktivieren. Die Ausrichtung von Objekten an Hilfslinien erfolgt nach der Position des Cursors beim Verschieben des Objekts.

Sie müssen ggf. die Anzeige des Begrenzungsrahmens deaktivieren – Ansicht • Begrenzungsrahmen ausblenden –, damit Sie beim Ziehen an einem Punkt nicht unabsichtlich das Objekt verformen, anstatt es zu verschieben (Begrenzungsrahmen siehe Kapitel 5).

Klicken Sie also die Stelle, die Sie an der Hilfslinie ausrichten möchten, und ziehen sie an die Hilfslinie. Befindet sich der Cursor innerhalb der Anziehungsdistanz, wechselt das Cursor-Symbol ▷, und das Objekt wird an der Hilfslinie ausgerichtet.

Objekte an Punkten ausrichten

Ist die Option Am Punkt ausrichten aktiviert, können Sie Objekte nicht nur an Hilfslinien, sondern auch an den Anker- und Mittelpunkten anderer Objekte ausrichten.

Wählen Sie Ansicht • An Punkt ausrichten – Shortcut (nur für Mac) ⌘ + ⌥ + ⇧ + ②.

Magnetische Hilfslinien/Smart Guides

Ein Sonderfall sind die magnetischen Hilfslinien – eigentlich eher ein Arbeitsmodus von Illustrator, in dem der Cursor von jedem vorhandenen Objekt angezogen wird. Die magnetischen Hilfslinien schalten Sie ein, indem Sie Ansicht • Magnetische Hilfslinien wählen – Shortcut ⌘/Strg + U. Standardmäßig aktiviert, aber optional ist die Möglichkeit, mit »Konstruktionslinien« zu arbeiten. Die Konstruktionslinien helfen Ihnen, Objekte in frei einstellbaren Winkeln an anderen Objekten auszurichten.

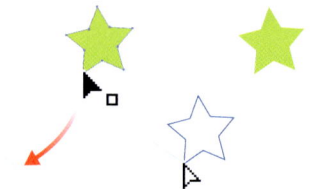

▲ **Abbildung 4.27**
Objekte an Hilfslinien ausrichten

TIPP

In vielen Fällen empfiehlt sich die Verwendung von Illustrators umfangreichen Ausrichten-Funktionen (siehe Kapitel 5).

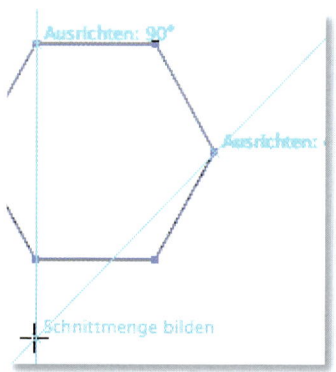

▲ **Abbildung 4.28**
Magnetische Hilfslinien: Angezeigt sind Texttipps sowie Konstruktionslinien.

Die Ausrichtung mit Hilfe der magnetischen Hilfslinien erfolgt anhand der Position des Cursors – beim Verschieben von Objekten müssen Sie den Punkt klicken, den Sie ausrichten möchten. Die Optionen für die magnetischen Hilfslinien legen Sie in den Voreinstellungen fest.

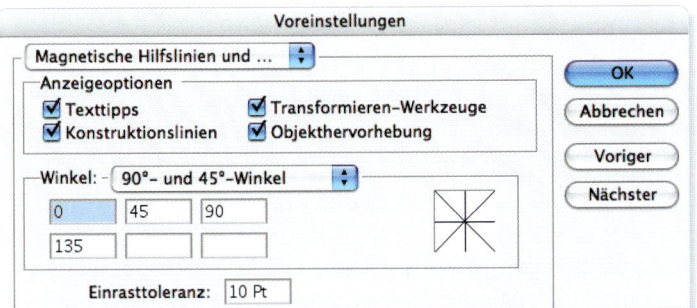

◄ **Abbildung 4.29**
Voreinstellungen für magnetische Hilfslinien

▶ TEXTTIPPS: Zu den Hilfslinien wird eine textliche Erklärung angezeigt.
▶ KONSTRUKTIONSLINIEN: Die Konstruktionslinien werden aktiviert.
▶ TRANSFORMIEREN-WERKZEUGE: Ist diese Option aktiviert, können Sie die magnetischen Hilfslinien auch beim Transformieren – Drehen, Spiegeln, Verbiegen, Skalieren – verwenden.
▶ OBJEKTHERVORHEBUNG: Die Option hebt diejenigen Objekte hervor, die gerade magnetisch wirken.
▶ WINKEL: Geben Sie hier bis zu sechs Winkel ein, in denen die Konstruktionslinien erzeugt werden. Wählen Sie entweder aus den vordefinierten Zusammenstellungen, oder geben Sie Winkel frei ein.
▶ EINRASTTOLERANZ: Geben Sie eine Distanz an, innerhalb welcher der Cursor von einem Objekt angezogen wird.

HINWEIS

Ist die Option AM RASTER AUSRICHTEN aktiviert, können magnetische Hilfslinien nicht benutzt werden.

TIPP

Besonders nützlich ist das Konstruktionslinien-Feature der magnetischen Hilfslinien für die Erstellung isometrischer Zeichnungen.

Daher finden Sie im Winkel-Menü einige Voreinstellungen mit den entsprechenden Winkeln.

Layoutraster erstellen: In Raster teilen

Viele Layoutprogramme haben Funktionen, um ein Layoutraster zu erstellen, also automatisch eine Seite in regelmäßige Zeilen und Spalten mit Abständen einzuteilen. Illustrator hat zwar nicht so eine Funktion, aber Sie können eine andere Operation zu diesem Zweck nutzen.

IN RASTER TEILEN erzeugt aus beliebigen Ursprungsobjekten mehrere nicht gruppierte oder verbundene, regelmäßig angeordnete Rechtecke, die Ursprungsobjekte werden bei der Operation gelöscht.

Um ein Layoutraster generieren zu lassen, erstellen Sie zunächst ein Objekt in der linken oberen Ecke des Bereichs, über den sich das Layoutraster ausdehnen soll – also z.B. die Zeichenfläche abzüglich eines Randabstands. Aktivieren Sie das Objekt, und wählen Sie OBJEKT • PFAD • IN RASTER TEILEN…, um den Befehl anzuwenden. In der Dialogbox geben Sie die Anzahl der Rechtecke, deren Ausmaße und Abstände ein.

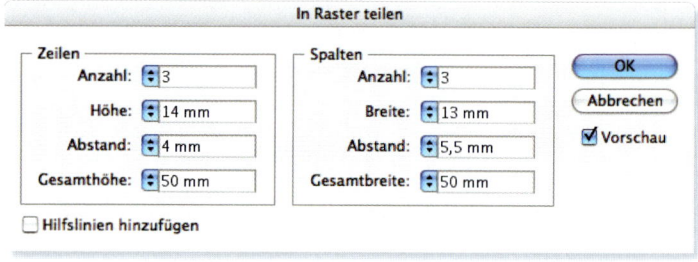

▶ ANZAHL: Geben Sie die Anzahl der Zeilen und Spalten ein. Sobald Sie mehr als die Standardeinstellung 1 eingeben, werden die übrigen Eingabefelder aktiviert.

▶ HÖHE/BREITE: Geben Sie alternativ Höhe bzw. Breite oder den jeweiligen Abstand ein. Der andere Wert wird anhand von Anzahl und Gesamthöhe errechnet.

▶ GESAMTHÖHE/-BREITE: Die Standardeinstellung sind die Ausmaße der Grundfläche der Ursprungsobjekte. Um das Layoutraster zu erstellen, geben Sie hier Höhe und Breite der zu bedruckenden Fläche ein.

▶ HILFSLINIEN HINZUFÜGEN: Diese Option erzeugt Hilfslinien an den Kanten der Rechtecke. Es sind keine »echten« Hilfslinien, sondern eine Gruppe normaler Pfade.

▲ **Abbildung 4.31**
IN RASTER TEILEN kann ein Layoutraster erzeugen.

Um das Layoutraster fertig zu stellen, löschen Sie die erzeugten Rechtecke, aktivieren die Gruppe der »Hilfslinien«-Pfade und wählen ANSICHT • HILFSLINIEN • HILFSLINIEN ERSTELLEN, damit die Pfade in »echte« Hilfslinien umgewandelt werden.

4.5 Widerrufen und wiederherstellen

Wenn Sie bisher an die Arbeitsweise der Bildbearbeitung gewöhnt waren, müssen Sie sich beim Widerrufen von Arbeitsschritten in der Vektorgrafik ein wenig umgewöhnen.

Rückgängig

Einer der wichtigsten Befehle – nicht nur in Illustrator – macht den vorherigen Arbeitsschritt rückgängig. Möchten Sie den letzten Befehl widerrufen, wählen Sie BEARBEITEN • RÜCKGÄNGIG – Shortcut ⌘/Strg+Z.

HINWEIS

Im Gegensatz zu Photoshop gibt es in Illustrator keine Protokoll- oder History-Palette. Durch die zuletzt angewendeten Funktionen bewegen Sie sich mit dem Befehl RÜCKGÄNGIG.

Und hier kommen wir zu einem wichtigen Unterschied zwischen Vektorgrafik und Bildbearbeitung: Drücken Sie ⌘/ Strg + Z erneut, werden weiter zurückliegende Schritte widerrufen. Die Anzahl der widerrufbaren Arbeitsschritte ist durch den verfügbaren Arbeitsspeicher begrenzt und kann nicht eingestellt werden.

Sollte es nicht möglich sein, Schritte zu widerrufen – oder wiederherzustellen, siehe unten –, sind die Befehle im Menü grau dargestellt. Die Anzahl der aktuell widerrufbaren Schritte können Sie sich in der Statusleiste anzeigen lassen: Wählen Sie dazu die Option EINBLENDEN • ANZAHL RÜCKGÄNGIG-SCHRITTE aus dem Menü der Statusleiste.

Der Widerrufen-Befehl kann sogar aufgerufen werden, nachdem Sie eine Datei gespeichert – aber noch nicht geschlossen – haben.

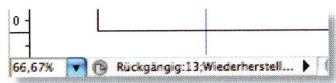

▲ **Abbildung 4.32**
Anzeige der Rückgängig-Schritte in der Statusleiste

Wiederherstellen

Widerrufene Arbeitsschritte können Sie auch wiederherstellen. Wählen Sie dazu BEARBEITEN • WIEDERHERSTELLEN – Shortcut ⌘/ Strg + ⇧ + Z .

Letzte Version der Datei

Möchten Sie zu dem Arbeitsstand zurückkehren, an dem Sie die Datei zuletzt gespeichert haben, wählen Sie DATEI • ZURÜCK ZUR LETZTEN VERSION – Shortcut F12 . Da Sie mit diesem Befehl einen beträchtlichen Teil Ihrer Arbeit verlieren könnten – dieser Befehl ist nicht widerrufbar –, fragt Illustrator noch einmal nach, ob Sie das wirklich wollen.

4.6 Dokumente speichern

Beim Speichern – wie beim Exportieren – schreibt Illustrator Ihre Grafik in eine Datei. Der Unterschied zwischen beiden Optionen besteht in der Datenstruktur der Dateien.

Dateiformate werden in »nativ« und »nicht nativ« aufgeteilt. Native Formate zeichnen sich dadurch aus, dass ein Programm darin alle Merkmale des Dateiinhalts speichern und wieder so auslesen kann, dass sie voll editierbar sind.

Im Unterschied zu Illustrator CS finden Sie ältere Illustrator-Speicherformate (3, 8, 9, 10 und natürlich CS) nicht mehr in der Funktion EXPORTIEREN, sondern bei SPEICHERN UNTER. Die Speichern-Optionen sind folglich beträchtlich erweitert worden.

Dank VersionCue – das Sie in dieser Version auf eine andere Art aufrufen – ergeben sich diverse zusätzliche Möglichkeiten, eine Datei zu speichern.

> **HINWEIS**
>
> Illustrator kann vier native Formate speichern: AI (Adobe Illustrator), PDF (Portable Document Format), EPS (Encapsulated PostScript) und SVG (Scalable Vector Graphic). Mehr zu Dateiformaten in Kapitel 18.

Speichern

Sie haben mehrere Möglichkeiten, Ihre Illustrator-Grafik zu speichern. Mit dem Befehl SPEICHERN UNTER erzeugen Sie eine neue Datei auf Ihrem Speichermedium – die gesicherte Grafik wird nach dem Speichervorgang auf dem Bildschirm angezeigt. Möchten Sie dagegen eine Kopie der bearbeiteten Grafik erstellen und anschließend am Original weiterarbeiten, wählen Sie KOPIE SPEICHERN UNTER. Der Befehl SPEICHERN steht nur zur Verfügung, wenn bereits eine Datei auf dem Speichermedium angelegt ist.

Um eine neue Datei anzulegen, wählen Sie DATEI • SPEICHERN UNTER… – Shortcut ⌘/Strg+⇧+S – oder DATEI • KOPIE SPEICHERN UNTER… – Shortcut ⌘/Strg+⌥/Alt+S.

1. Wählen Sie den gewünschten Befehl.
2. Navigieren Sie zum gewünschten Speicherort, geben Sie einen Dateinamen ein, und wählen Sie das Dateiformat ADOBE ILLUSTRATOR (*.AI).
3. Klicken Sie den Button SICHERN/SPEICHERN.
4. Legen Sie die Formatoptionen fest.

HINWEIS

Die Dateiformate EPS, PDF und SVG werden in Kapitel 28 besprochen.

Abbildung 4.33 ▶
Speichern-Unter-Dialogbox
Die Transparenz-Optionen der Dialogbox (nicht in der Abbildung zu sehen) werden in Kapitel 11 besprochen.

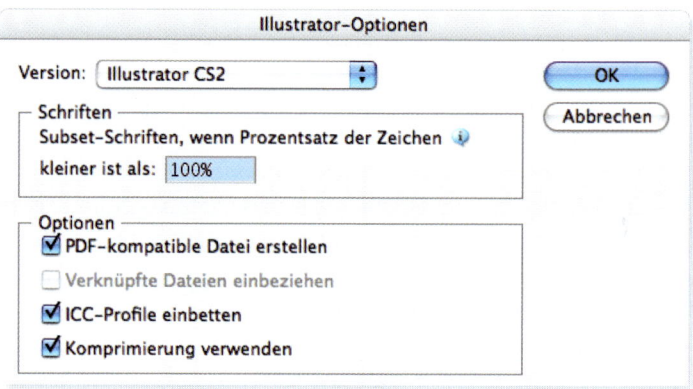

Datenverlust möglich

Da ältere Versionen teilweise nur sehr wenige Features unterstützen, die Sie in Illustrator CS2 selbstverständlich benutzen, verlieren Sie beim Speichern in älteren Versionen die Editierbarkeit wenigstens einiger Objekte.

▶ VERSION: Wählen Sie aus dem Menü, zu welcher Illustrator-Version die Datei kompatibel sein soll. Speichern Sie Ihre Datei auf jeden Fall einmal in der aktuellen Version. Benötigen Sie außerdem eine Datei, die zu einer älteren Programmversion kompatibel ist, speichern Sie diese zusätzlich.

▶ SUBSET-SCHRIFTEN: Für die Verwendung einer Illustrator-Datei in Layout-Software sind die eingesetzten Schriften eingebettet. Mit dieser Option definieren Sie, ob der gesamte Font oder nur die verwendeten Zeichen eingebettet werden. Im Eingabefeld legen Sie fest, wie hoch der Anteil der verwendeten Zeichen an einem Font sein muss, damit der komplette Font eingebettet wird.

Hat ein Font sehr viele Zeichen – OpenType-Fonts können über 65.000 Zeichen enthalten –, würde die Datei mit einer komplett eingebetteten Schrift unnötig groß, da Sie nur selten alle Zeichen in der Datei verwenden.

▶ PDF-KOMPATIBLE DATEI ERSTELLEN: Wenn Sie die Datei auch in anderen Programmen der Creative Suite verwenden möchten, aktivieren Sie diese Option.

▶ VERKNÜPFTE DATEIEN EINBEZIEHEN: Wählen Sie diese Option, dann werden externe Dateien, die Sie platziert haben, in die Illustrator-Datei eingebettet. Diese Option ist praktisch für die Weitergabe fertig gestellter Dateien, Sie sollten sie aber nur wählen, wenn Sie die externen Dateien nicht mehr weiter bearbeiten müssen.

▶ ICC-PROFILE EINBETTEN: Die eingestellten Farbprofile werden in das Dokument gespeichert. Haben Sie dem Dokument ein Farbprofil zugewiesen, ist diese Option aktiviert.
Deaktivieren Sie ICC-PROFILE EINBETTEN, wenn Sie das Farbprofil nicht in die Datei einbetten möchten.

▶ KOMPRIMIERUNG VERWENDEN: Die Komprimierung erzeugt eine merklich kleinere Datei, allerdings dauert der Speichervorgang länger. Adobe empfiehlt, die Option zu deaktivieren, falls das Speichern länger als acht Minuten dauert.

Zwischenspeichern | Ist die Datei einmal gespeichert, lassen sich Zwischenstände einfach mit dem Befehl DATEI • SPEICHERN – Shortcut ⌘/Strg+S – sichern. Das ist praktisch, mit der Zeit wird die Datei durch dieses Verfahren jedoch größer als nötig.

Daher sollten Sie von Zeit zu Zeit, mindestens aber bei Fertigstellung des Dokuments, den Befehl SPEICHERN UNTER… verwenden, um eine komplett neue, kompaktere Datei zu schreiben.

Versionen und Alternativen

Wenn Sie Zugriff auf Version Cue-Arbeitsbereiche haben, ist es möglich, die unterschiedlichen Arbeitsstände mit diesem Hilfsmittel zu verwalten. Zwei Speichermöglichkeiten stehen Ihnen zur Verfügung: Während Versionen als unterschiedliche Zustände einer Datei gespeichert sind, legen Sie Alternativen als eigenes Dokument auf dem Datenträger ab.

Den Version Cue-Browser, mit dem Sie Ihre Projekte und Versionen verwalten, finden Sie in Adobe Bridge, das Speichern und Öffnen der Versionen ist direkt aus Illustrator möglich.

Datei mit Version Cue verwalten | Sie können nur Versionen oder Alternativen von Dateien speichern, die bereits mit Version Cue verwaltet werden – Sie müssen die Datei also zunächst in

▲ **Abbildung 4.34**
Version Cue-Button aus CS, Adobe-Button aus CS2, Adobe-Dialogbox (von links oben)

einen Version Cue-Arbeitsbereich speichern. Dazu verwenden Sie den Befehl SPEICHERN UNTER.

Haben Sie bisher mit Illustrator CS gearbeitet, ist Ihnen sicher aufgefallen, dass der VERSION CUE-Button aus der Dialogbox SPEICHERN UNTER verschwunden ist. Stattdessen finden Sie an derselben Stelle einen Button, der das DIALOGFELD VON ADOBE öffnet. Wechseln Sie zu diesem Dialogfeld, erreichen Sie durch einen weiteren Klick auf den entsprechenden Eintrag die Version Cue-Arbeitsbereiche.

Eine Version speichern | Um zu einem späteren Zeitpunkt eine Version der Datei zu speichern, wählen Sie DATEI • EINE VERSION SPEICHERN… Geben Sie Ihre Kommentare in das Feld Kommentar ein und klicken den Button SPEICHERN.

Abbildung 4.35 ▶
Version speichern

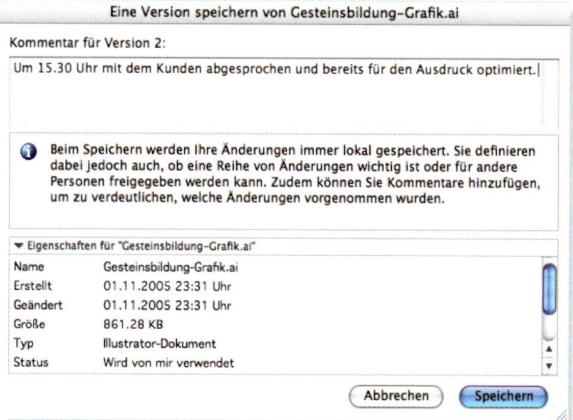

Eine Alternative speichern | Haben Sie umfangreichere Änderungen an einer Datei vorgenommen, kann es von Vorteil sein, diese nicht als Version, sondern als Alternative zu speichern. Der Bezug zwischen beiden Alternativen wird über Version Cue verwaltet.

Um eine Datei als Alternative des aktuellen Dokuments zu speichern, wählen Sie DATEI • SPEICHERN UNTER…, wechseln Sie in das Adobe-Dialogfeld und aktivieren die Option ALS ALTERNATIVE SPEICHERN – Sie finden diese am unteren Rand der Dialogbox.

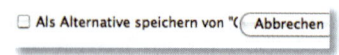

▲ Abbildung 4.36
Als Alternative speichern

Versionen und Alternativen verwalten | Rufen Sie Adobe Bridge auf, wählen Sie im Menü am linken Rand des Fensters VERSION CUE. Öffnen Sie Ihren Projektordner, und wählen Sie ANSICHT • ALS VERSIONEN UND ALTERNATIVEN aus dem Menü.

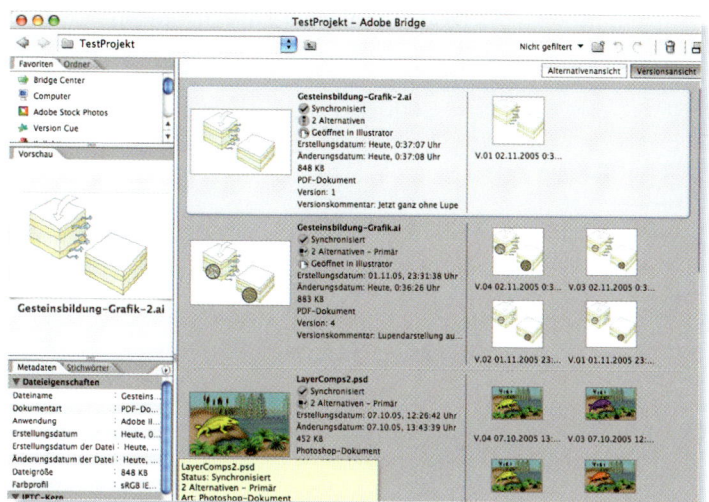

◄ **Abbildung 4.37**
Verwaltung von Versionen und
Alternativen in Adobe Bridge –
lesen Sie mehr zu Bridge und
Version Cue in der Online-Hilfe.

Version Cue ermöglicht es Ihnen, Versionen und Alternativen zu einem späteren Zeitpunkt herauf- und herunterzustufen. Bevor Sie die Versionierung von Dokumenten produktiv einsetzen, sollten Sie sich mit den entsprechenden Bearbeitungsmöglichkeiten und Vorgehensweisen vertraut machen.

Metadaten

Um Ihre Dokumente besser katalogisieren, recherchieren und verwalten zu können sowie zur Optimierung der Workflows über Unternehmensgrenzen hinweg, setzen viele Arbeitsgruppen auf Metadaten.

Mit Hilfe der von Adobe entwickelten XMP-Technologie (eXtensible Metadata Platform) lassen sich umfangreiche Meta-Informationen in Dokumente der Dateiformate Illustrator, PDF, EPS, SVG, GIF, JPEG, Photoshop oder TIFF einbetten und in Publishing-Workflows austauschen.

Möchten Sie XMP-Informationen zu Ihrer Illustrator-Datei abspeichern, rufen Sie DATEI • DATEIINFORMATIONEN… – Shortcut ⌘+⌥+⇧+I bzw. Strg+Alt+⇧+I – auf. Tragen Sie Ihre Angaben in die entsprechenden Dialogfelder ein.

▶ BESCHREIBUNG: Der Bereich BESCHREIBUNG enthält Informationen zum Dokumentinhalt und -autor sowie Informationen zu Nutzungsrechten. Möchten Sie Informationen zu Nutzungsrechten speichern, wählen Sie aus dem Menü COPYRIGHT-STATUS die Option URHEBERRECHTLICH GESCHÜTZT oder PUBLIC DOMAIN und geben die gewünschten Informationen in die entsprechenden Felder ein.

▶ URSPRUNG: Unter URSPRUNG stehen Informationen zum Bearbeitungsverlauf der Datei zur Verfügung. Mit einem Klick auf

den Button HEUTE tragen Sie das aktuelle Datum ein.
Im Aufklappmenü DRINGLICHKEIT kennzeichnen Sie die redaktionelle Priorität des Dokuments.

Abbildung 4.38 ▶
Dateiinformationen

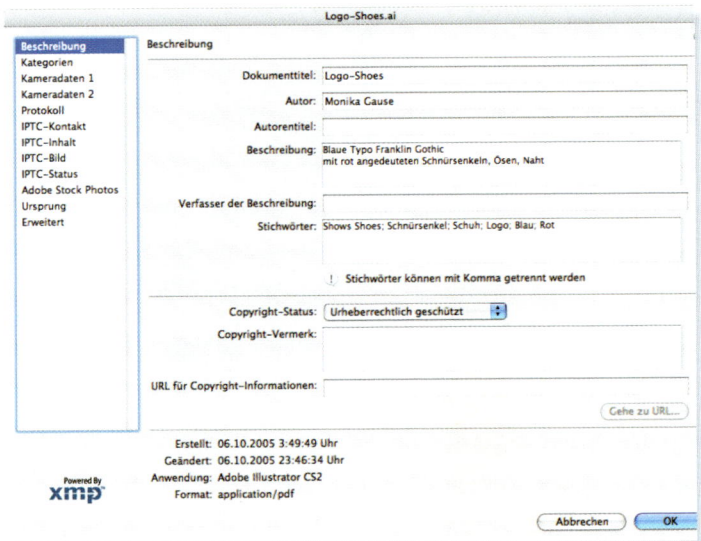

Metadaten speichern | Sollen die eingegebenen Daten außerhalb der Illustrator-Datei gespeichert werden, rufen Sie den Bereich ERWEITERT auf. Verwenden Sie den Button SPEICHERN…, um die Metadaten in einer XMP-Datei zu sichern.

Metadaten-Vorlage | Die Dateiinformationen lassen sich schneller anlegen, wenn Sie mit Metadaten-Vorlagen arbeiten. Erstellen Sie sich einen Satz allgemeiner Informationen innerhalb der Dateiinformationen-Dialogbox und speichern diesen als Vorlage. Rufen Sie dazu das Menü der Dialogbox mit einem Klick auf den Pfeil ⊙ oben rechts auf und wählen den Eintrag METADATEN-VORLAGE SPEICHERN…

TEIL II
Objekte erstellen

5 Geometrische Objekte und Transformationen

Die wenig spektakulären geometrischen Objekte wirken zunächst nicht so, als ließen sich die damit erzeugten einfachen Formen über die Übungsphase hinweg für die praktische Arbeit gebrauchen. Dennoch sind sie eine wichtige Basis, auf der Sie durch Transformation und Kombination wesentlich komplexere Formen entwickeln können. Zum einen sparen Sie sich durch diese Vorgehensweise Zeit – und die mit den Werkzeugen erstellten Formen sind außerdem viel exakter als handgezeichnete.

5.1 Geometrische Objekte erstellen

Illustrator bietet Ihnen zwei Gruppen von Werkzeugen, mit denen Sie einfache geometrische Objekte erstellen können: Objekte mit offenen Pfaden, die **Linien** und Objekte, die von einem geschlossenen Pfad begrenzt werden, die **Formen**.

Beim Starten von Illustrator finden Sie die Werkzeuge für Linien in der Palette unter dem Linien-Werkzeug und die für Formen unter dem Rechteck-Werkzeug zusammengefasst.

▲ **Abbildung 5.1**
Linien-Werkzeuge

▲ **Abbildung**
Werkzeuge für Linien: Linien, Bogen, Spiralen, rechteckige und radiale Raster

▲ **Abbildung 5.2**
Form-Werkzeuge – das Blendenflecke-Werkzeug (rechts) finden Sie in Kapitel 12.

▲ **Abbildung**
Werkzeuge für Formen: Rechtecke, gerundete Rechtecke, Ovale bzw. Kreise, Polygone und Sterne

TIPP

Die Werkzeuggruppen können Sie von der Hauptpalette »abreißen« und als eigene Palette positionieren und benutzen.

Klicken Sie dazu zunächst auf das erste Werkzeug der Gruppe, um die verborgenen Werkzeuge anzuzeigen. Anschließend wählen Sie den kleinen Pfeil ganz rechts aus, um die Gruppe als eigene Palette abzutrennen. Auf die gleiche Weise können Sie sich auch mehrere Paletten derselben Gruppe erzeugen und an verschiedenen Stellen der Arbeitsfläche anordnen.

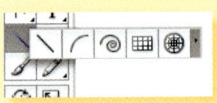

Mit diesen Werkzeugen können Sie recht einfach geometrische Objekte erzeugen, die Sie anschließend wie selbst erstellte Pfade bearbeiten können (dazu mehr in den folgenden Kapiteln).

Die geometrischen Werkzeuge sind alle in der gleichen Weise zu bedienen. Mit der Maus:

1. Werkzeug auswählen
2. Startposition für das Objekt durch Klicken festlegen
3. Mit gedrückter Maustaste das Objekt aufziehen, bis es die gewünschte Größe erreicht hat

Oder nummerisch:
Um die Form eines Objektes nummerisch zu bestimmen, klicken Sie nur an den gewünschten Startpunkt auf der Arbeitsfläche und lassen die Maustaste wieder los. In der dann erscheinenden Dialogbox können Sie die erforderlichen Größen eintragen.

Einstellungen, die Sie mit Hilfe von Tastenkombinationen oder im Dialogfeld vornehmen, werden als Grundeinstellung für das nächste Objekt übernommen, das mit dem jeweiligen Werkzeug erzeugt wird.

Arbeiten mit Maus und Modifizierungstasten

Die Form geometrischer Objekte, die Sie mit der Maus erzeugen, kann mit verschiedenen Tasten auf der Tastatur, die Sie während des Aufziehens der Objekte betätigen, beeinflusst werden. Diese Tasten wirken bei den meisten Werkzeugen gleich oder ähnlich:

▸ Mit ⌥/Alt wird das Objekt vom Mittelpunkt her erzeugt.
▸ Mit der Leertaste kann das gesamte Objekt während des Erstellens verschoben werden. Wird die Leertaste, nicht aber die Maustaste losgelassen, nachdem das Objekt neu positioniert ist, kann an der Form des Objekts weitergearbeitet werden.
▸ </⌥ erzeugt viele Objekte aus demselben Ursprungspunkt.
▸ ⇧ erwirkt auf verschiedene Arten eine Regelmäßigkeit des Objekts, beispielsweise werden Rechtecke als Quadrat, Ovale als Kreis oder Winkel nur in 45°-Schritten gezeichnet. Mehr dazu erfahren Sie bei den einzelnen Werkzeugen.
▸ Modifizierungstasten wirken auch dann noch, wenn die Erzeugung des Objekts bereits begonnen hat.
▸ Verschiedene Tasten zusammen angewandt kombinieren deren Wirkungen.

Um die Erzeugung eines Objekts abzuschließen, lassen Sie zuerst die Maustaste und dann erst die Modifizierungstasten los.

▴ **Abbildung 5.3**
Links nur mit </⌥, rechts wurde zusätzlich die Leertaste gedrückt.

Gerade – Liniensegment \

Wählen Sie das Werkzeug mit dem Shortcut ⌗ auf dem Mac, unter Windows verwenden Sie ⇧+: . Klicken Sie den Start-punkt, und ziehen Sie die gewünschte Gerade. Sie haben fol-gende Modifizierungsmöglichkeiten:

▶ Mit ⇧ werden Linien in Winkelschritten zu 45° gezeichnet.

Klicken Sie mit dem Liniensegment-Werkzeug-Cursor auf die Zei-chenfläche, um die Dialogbox für die nummerische Eingabe auf-zurufen.

Neben der Eingabe von Länge und Winkel der Linie kann die Option Linie füllen angekreuzt werden, mit der ein Objekt in der aktuell eingestellten Füllfarbe erzeugt wird. Diese Option hat keine sichtbaren Auswirkungen, solange die Linie eine Gerade bleibt.

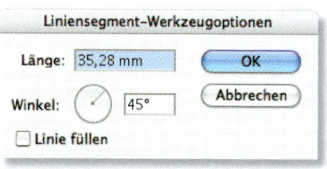

▲ **Abbildung 5.4**
Liniensegment – Dialogbox für die nummerische Eingabe

Bogen (

Mit dem Werkzeug für Bogensegmente erzeugen Sie Viertelbögen oder geschlossene dreieckige Formen mit einer konkav oder kon-vex gewölbten Seite.

Durch Drücken der angegebenen Tasten haben Sie folgende Modifikationsmöglichkeiten:

▶ ⇧ erzeugt Objekte mit einer symmetrischen Kurve ❶.
▶ C für »closed«, wechselt zwischen offener Kurve und ge-schlossener Form ❷.
▶ F wechselt zwischen konkaver und konvexer Kurve ❸.
▶ ↑ bzw. ↓ gestaltet die Kurve steiler bzw. flacher ❹.

▲ **Abbildung 5.5**
Modifikationsmöglichkeiten bei der Arbeit mit dem Bogen-Werkzeug

Klicken Sie mit dem Bogensegment-Werkzeug-Cursor auf die Zei-chenfläche, um die Dialogbox für die numerische Eingabe aufzu-rufen.

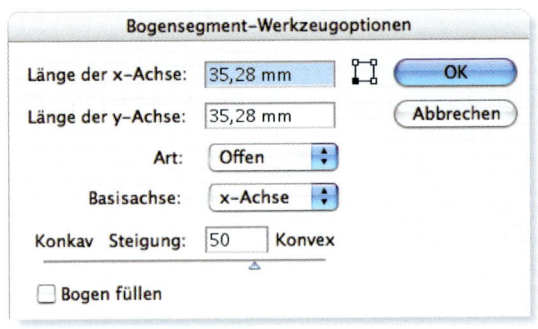

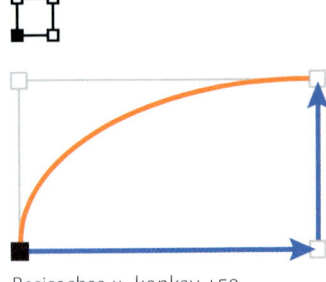

Basisachse x, konkav +50

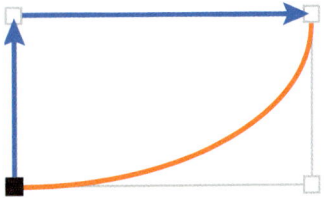

Basisachse y, konkav +50

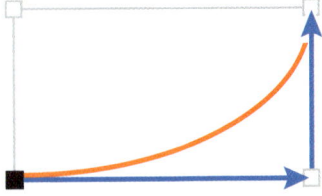

Basisachse x, konvex –50

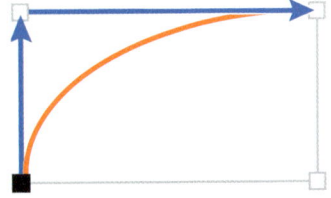

Basisachse y, konvex –50

▲ Abbildung 5.7
Verschiedene Konstruktionen aus
dem Referenzpunkt unten links

Der REFERENZPUNKT legt den Start der Kurve innerhalb des virtuellen Objekt-Rechtecks fest. Um den Referenzpunkt auszuwählen, klicken Sie einen der vier Punkte an, er wird dann schwarz hervorgehoben.

▶ LÄNGE DER ACHSEN bestimmt die Größe des Bogensegments durch Angabe der horizontalen und vertikalen Dimension des virtuellen Objekt-Rechtecks. Die x-Achse verläuft horizontal, die y-Achse vertikal.

▶ ART: Dieses Menü gibt an, ob eine offene Kurve oder eine geschlossene Form gezeichnet wird.

▶ BASISACHSE legt die Achse fest, die als erste aufgezogen wird. Die andere Achse wird dann im rechten Winkel darauf konstruiert. Das Bogensegment wird zwischen dem Referenzpunkt und dem Ende der zuletzt gesetzten Achse gezeichnet.

▶ STEIGUNG bestimmt, ob das Vierteloval konkav oder konvex gezeichnet wird. Ein Wert von 0 erzeugt eine Gerade. Mit positiven Werten bis + 100 ist die Kurve konkav, mit negativen Werten bis –100 ist sie konvex. Ein Wert von +50 oder –50 erzeugt einen regelmäßigen Kreisbogen. Der Wert kann auch an dem Schieberegler unter dem Eingabefeld eingestellt werden.

▶ BOGEN FÜLLEN: Wenn dieses Kontrollkästchen angekreuzt ist, wird das Objekt mit der aktuell eingestellten Farbe gefüllt. Achtung! Illustrator füllt auch offene Pfade, nicht nur geschlossene Formen! (siehe Tipp auf der nächsten Seite)

Spirale 🌀

Die geometrisch korrekte Konstruktion von Spiralen ist ohne dieses Werkzeug sehr schwierig. Das Spirale-Werkzeug macht daraus ein Kinderspiel.

Klicken Sie auf Ihrer Arbeitsfläche den Punkt an, an dem die Spirale beginnen soll. Anschließende Bewegungen der Maus verändern die Größe und die Ausrichtung des Objekts.

Es bieten sich folgende Modifizierungsmöglichkeiten:

► ⌂ lässt Änderungen nur in 45°-Schritten zu.
► ⌥/Alt: Spiralen werden immer vom Mittelpunkt aus gezeichnet, deshalb dient hier diese Taste bei Mausbewegungen dazu, die Anzahl der Windungen zu erhöhen oder zu reduzieren.
► R dreht die Richtung der Spirale um ❶.
► ↑ oder ↓ verändert die Anzahl der Windungen, wenn die Maus nicht bewegt wird ❷. Ein Tastendruck bewirkt eine Veränderung um eine Viertelwindung. Die Segmente werden am Mittelpunkt hinzugefügt oder gelöscht.
► ⌘/Strg verändert die Dichte der Windungen ❸. Bewegt sich die Maus vom Mittelpunkt weg, wird die Spirale lichter, in umgekehrter Richtung nimmt die Dichte zu. → hebt die Modifizierung von ⌘/Strg wieder auf.

Klicken Sie mit dem Spirale-Werkzeug-Cursor auf die Zeichenfläche, um die Dialogbox für die nummerische Eingabe aufzurufen:

◄ **Abbildung 5.8**
Erzeugung von Spiralen durch nummerische Eingabe der Parameter

► RADIUS: Bestimmt die Größe der Spirale.
► VERJÜNGUNG: Mit dem Wert VERJÜNGUNG bestimmen Sie die Dichte der Windungen. Da diese Zahleneingabe eine logarithmische Veränderung bewirkt, liegt ein Anfangswert zum Ausprobieren etwa bei 80. Die maximale Dichte ist mit 99 erreicht, denn mit einem Wert von 100 entsteht ein Kreis, bei dem alle Spiralelemente quasi übereinander liegen. Ein Wert von 5 erzeugt eine maximale Lichte, damit entsteht nur ein Bogensegment.

▶ SEGMENTE: Gibt an, aus wie vielen Teilsegmenten die Spirale aufgebaut wird. Ein Teilsegment ist eine Viertelwindung in der Spirale. Nach jedem Segment folgt ein Ankerpunkt.

▶ ART: Hier können Sie auswählen, ob die Spirale links oder rechts gewunden gezeichnet wird.

Rechteckige ⊞ oder radiale Raster ⊕

Mit diesen Werkzeugen erstellen Sie Rechtecke oder Ovale, die durch Linien unterteilt sind. Die Aufteilung kann gleichmäßig oder logarithmisch sein. Ohne Modifizierung werden Objekte mit gleichmäßiger Aufteilung erzeugt.

Mit den angegebenen Tasten stehen Ihnen folgende Modifizierungsmöglichkeiten zur Verfügung:

▶ ⧈ erzeugt ein Quadrat statt eines Rechtecks bzw. einen Kreis statt eines Ovals.

▶ ↑ bzw. ↓ erhöht oder vermindert die Anzahl horizontalen Unterteilungen ❶ oder bei runden Formen die Anzahl der Ringe.

▶ → bzw. ← verändert die vertikale Aufteilung ❷ bzw. bei runden Formen die Anzahl der radialen Segmente.

▶ X bzw. C verändert die Aufteilung der Zeilen oder Ringe logarithmisch um 10% pro Tastendruck ❸.

▶ F bzw. V verändert entsprechend die Aufteilung der Reihen bzw. die radialen Segmente ❹.

Klicken Sie mit einem der Werkzeug-Cursor auf die Zeichenfläche, um die Dialogbox für die nummerische Eingabe zu öffnen.

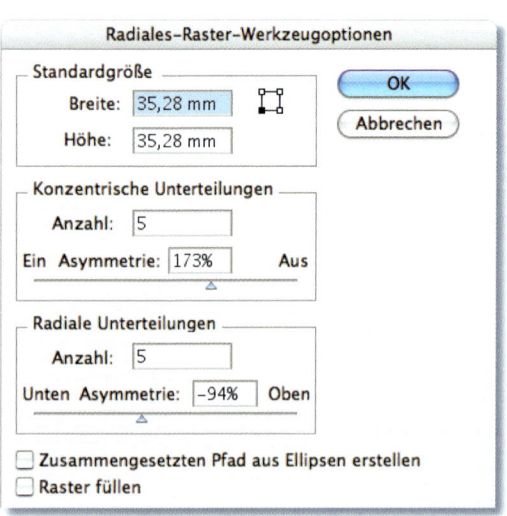

▲ **Abbildung 5.9**
Modifikationsmöglichkeiten der Raster-Werkzeuge

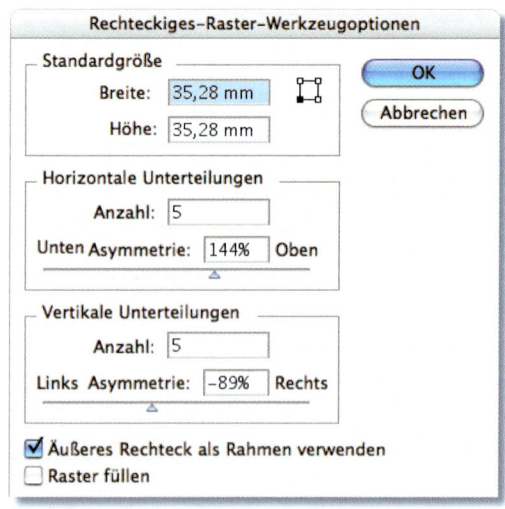

▲ **Abbildung 5.10**
Dialogboxen für das Rechteckiges- und Radiales-Raster-Werkzeug

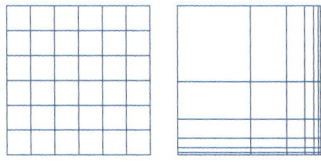

▶ Der REFERENZPUNKT  bestimmt, in welche Richtung das Raster konstruiert wird. Auch radiale Raster werden nicht vom Mittelpunkt, sondern vom Referenzpunkt aus erzeugt.
Achtung! Es macht wenig Sinn, einen anderen Referenzpunkt als den Punkt unten links zu wählen, da sonst die Positionsangaben in den Dialogboxen in die Irre führen!

▶ BREITE/HÖHE: Diese Einträge definieren die Größe des Objekts, indem sie die Maße des Begrenzungsrahmens festlegen.

▶ UNTERTEILUNGEN ANZAHL: Beim Rechteck-Raster lässt sich mit diesen Eingabefeldern die Anzahl der Zeilen (horizontal) und der Spalten (vertikal) eingeben, die innerhalb des Objekts erzeugt werden. Beim radialen Raster wird entsprechend die Anzahl der Ringe (konzentrisch) und der Tortenstücke (radial) gewählt.

▶ UNTERTEILUNGEN ASYMMETRIE: Die Größe der Unterteilungssegmente kann gleichmäßig sein – dies entspricht einem Asymmetriewert von 0 %. Bei anderen Asymmetriewerten erfolgt die Unterteilung logarithmisch. Die maximal einstellbare Asymmetrie liegt bei 500 %. Um anfängliche Probeergebnisse zu erhalten, beginnen Sie am besten mit Werten zwischen 50 % und 80 %. Der Schieberegler, der jeder Eingabe zugeordnet ist, tut hier gute Dienste.
Beim rechteckigen Raster beziehen sich OBEN und UNTEN sowie RECHTS und LINKS auf den Referenzpunkt. UNTEN und LINKS bedeutet eine größere Dichte in Richtung des Referenzpunkts, und OBEN und RECHTS verdichten die Unterteilung vom Referenzpunkt weg.
Bei der radialen Asymmetrie des radialen Rasters ist es noch komplizierter: Positive Werte bewirken, dass die Tortenstücke (radiale Unterteilungen) bezogen auf den Referenzpunkt im Uhrzeigersinn kleiner werden. Negative Werte dagegen verdichten das Raster gegen den Uhrzeigersinn.
Die Verdichtung der Ringe (konzentrisches Raster) erfolgt mit positiven Werten von innen nach außen, mit negativen Werten entsprechend von außen nach innen.

▶ ÄUSSERES RECHTECK ALS RAHMEN VERWENDEN: Mit diesem Kontrollkästchen können Sie beim rechteckigen Raster bestimmen, dass die Außenbegrenzung nicht als vier einzelne Linien, sondern als Rechteckform generiert wird.

▶ RASTER FÜLLEN: Sie können dieses Objekt dann auch automatisch mit der aktuell eingestellten Füllung versehen.

▶ ZUSAMMENGESETZTEN PFAD AUS ELLIPSEN ERSTELLEN: Ohne dieses Kontrollkästchen aktiviert zu haben, werden die ineinander verschachtelten Ovale/Kreise nur gruppiert. Die Generierung eines zusammengesetzten Pfades macht Sinn, wenn

▲ **Abbildung 5.11**
Rechteckiges Raster: gleichmäßige und logarithmische Aufteilung

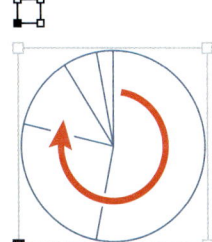

▲ **Abbildung 5.12**
Radiales Raster: Gleichmäßige und logarithmische Aufteilung

▲ **Abbildung 5.13**
Radiale Asymmetrie: Die Tortenstücke werden im Uhrzeigersinn kleiner bei positiven Eingabewerten.

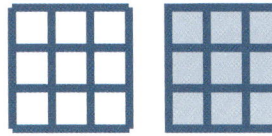

▲ **Abbildung 5.14**
Äußeres Rechteck als Rahmen: Statt vier einzelner Linien links ist rechts ein Rahmen.

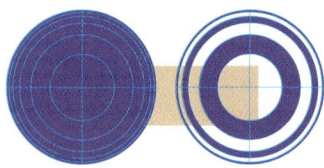

▲ **Abbildung 5.15**
Mit der Option ZUSAMMENGESETZ-
TER PFAD können die Zwischenräume zwischen den Ellipsen
abwechselnd gefüllt und durchsichtig sein.

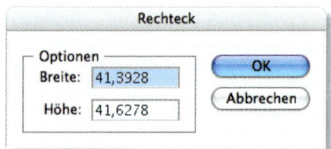

▲ **Abbildung 5.16**
Rechteck-Optionen

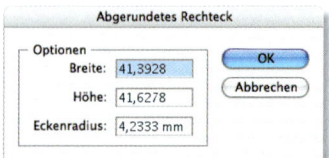

▲ **Abbildung 5.17**
Abgerundetes Rechteck-Optionen

TIPP

Erzeugen Sie die Form des
abgerundeten Rechtecks sofort
in der benötigten Größe. Beim
nachträglichen Stauchen oder
Strecken der Form werden die
ursprünglich perfekten Viertel-
kreise verzerrt.

Falls Sie Rundungen benötigen,
die von einer Größenverände-
rung nicht beeinflusst sind, verwenden Sie den Effekt ABGERUN-
DETES RECHTECK (Filter und
Effekte siehe Kapitel 12).

Sie die erzeugten Rasterringe abwechselnd füllen wollen. Mehr
zu zusammengesetzten Pfaden finden Sie in Kapitel 9.

Rechteck/Quadrat ▢ und Ellipse/Kreis ◯

Wählen Sie das Rechteck-Werkzeug durch einen Klick auf sein
Symbol in der Werkzeugpalette oder indem Sie den Shortcut Ⓜ
drücken. Das Ellipse-Werkzeug erreichen Sie mit dem Shortcut
Ⓛ. Klicken und ziehen Sie mit diesen Werkzeugen ein Rechteck
bzw. ein Oval auf. Sie haben die folgenden Modifizierungsmöglichkeiten:

▶ ⇧ erzeugt ein Quadrat bzw. einen Kreis.

Klicken Sie mit dem Rechteck-Werkzeug-Cursor auf die Zeichenfläche, um die Dialogbox für die nummerische Eingabe aufzurufen.

Abgerundetes Rechteck ▢

Klicken und ziehen Sie mit diesen Werkzeugen ein Rechteck mit
abgerundeten Ecken auf. Leider »merkt« sich Illustrator den
Eckenradius nicht, so dass bei einer Skalierung die Rundungen
ebenfalls verändert werden (siehe Tipp).
    Beim Erstellen der Form mit dem Werkzeug bieten sich fol-
gende Modifizierungsmöglichkeiten:

▶ ↑ und ↓ vergrößern bzw. verkleinern den Radius der
abgerundeten Ecken. Diese Tasten wirken nur, wenn die Maus
nicht bewegt wird.
▶ ← setzt den Radius auf 0 (normales Rechteck).
▶ → stellt den größtmöglichen Eckenradius ein (damit wird an
der kürzeren Seite ein Halbkreis erzeugt).

Klicken Sie mit dem Abgerundetes-Rechteck-Werkzeug-Cursor
auf die Zeichenfläche, um die Dialogbox für die nummerische
Eingabe aufzurufen.

Polygon ◯

Mit dem Polygon-Werkzeug erstellen Sie gleichmäßige Vielecke.
Ein Polygon wird immer vom Mittelpunkt aus erzeugt.
    Beim Erzeugen der Form mit dem Werkzeug haben Sie fol-
gende Modifizierungsmöglichkeiten:

▶ ⇧ richtet das Objekt waagerecht aus.
▶ ↑ und ↓ vermehren bzw. vermindern die Anzahl der
Polygon-Seiten.

Klicken Sie mit dem Polygon-Werkzeug-Cursor auf die Zeichenfläche, um die Dialogbox für die nummerische Eingabe aufzurufen.

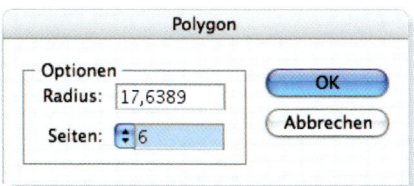

◀ **Abbildung 5.18**
Dialogbox für die nummerische Definition eines Polygons

Stern ☆

Das Aussehen des Sterns wird durch den Innenradius (❶ Radius 1) und den Außenradius (❷ Radius 2) definiert. Modifizierungsmöglichkeiten sind:

▶ ⇧ richtet die oberste Spitze senkrecht aus.

▶ ↑ und ↓ vermehrt oder vermindert die Anzahl der Zacken.

▶ ⌥/Alt : Mit dieser Taste erzeugen Sie einen Stern, bei dem die Kanten zur jeweils übernächsten Spitze durchgezogen erscheinen ❸.

▶ ⌘/Strg lassen den Innenradius »einrasten«. Während Sie diese Taste gedrückt halten, können Sie die Zacken verlängern oder verkürzen.

Klicken Sie mit dem Stern-Werkzeug-Cursor auf die Zeichenfläche, um die Dialogbox für die nummerische Eingabe aufzurufen.

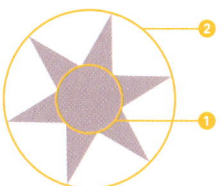

▲ **Abbildung 5.19**
Sterne

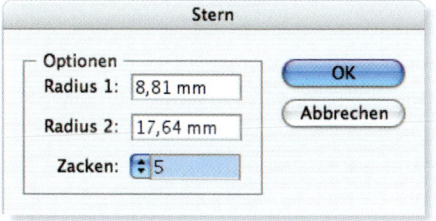

◀ **Abbildung 5.20**
Dialogbox für die nummerische Definition eines Sterns

5.2   Objekte auswählen und anordnen

Gerade in komplexeren Illustrationen mit sehr vielen Objekten ist der sichere Umgang mit Auswahl-Werkzeugen, Stapelreihenfolge und Objektgruppen gleichzeitig besonders schwierig und grundlegend für eine erfolgreiche Bewältigung der Aufgabe.

▲ **Abbildung 5.22**
Ein Objekt ohne Füllung muss
durch Klick auf die Linie ausgewählt werden. Der Cursor zeigt
an, ob ein Objekt unter ihm liegt.

▲ **Abbildung 5.23**
Aufziehen eines Auswahlrechtecks
über mehrere Objekte.

Objekte auswählen

Bevor Sie Objekte verändern können, müssen Sie diese auswählen. Illustrator bietet hierzu zwei Werkzeuge. Mit dem Auswahl-
Werkzeug aktivieren Sie das gesamte Objekt, während Sie mit
dem Direktauswahl-Werkzeug Teile eines Objekts wie Pfadsegmente, Punkte etc. oder Teile einer Objektgruppe auswählen
können.

Wenn Sie ein Objekt mit dem Auswahlwerkzeug (schwarzer
Pfeil) anklicken, wird durch eine Outline und die Hervorhebung
der Punkte angezeigt, dass das Objekt nun aktiv ist. Bei gefüllten
Objekten können Sie hierfür auf die Füllung klicken. Bei ungefüllten Objekten muss direkt der Pfad bzw. die Kontur angeklickt
werden.

Mit ⇧ lassen sich **mehrere Objekte nacheinander auswählen** und zusammen aktivieren. Die gleiche Wirkung erzielen Sie
mit einem Auswahlrechteck, das Sie mit dem Auswahl-Werkzeug
über mehrere Elemente aufziehen (siehe Abbildung 5.23). Illustrator aktiviert dabei alle Objekte, die von dem Auswahlrechteck
berührt werden.

Achtung! Das Auswahlrechteck darf nicht auf der Füllung einer
Figur oder auf einem Pfad beginnen, da Sie sonst dieses Objekt
ungewollt verschieben (siehe Tipp auf der folgenden Seite).

Um ein Objekt wieder aus der Auswahl herauszunehmen, drücken Sie ⇧ und klicken das entsprechende Objekt erneut an.
Die Reihenfolge »erst Modifizierungstaste und dann erst Maustaste bedienen« muss unbedingt beachtet werden, da Sie sonst
Ihre restliche Auswahl verlieren.

Ist ein Objekt durch ein anderes **verdeckt**, können Sie es aktivieren, indem Sie das vordere auswählen und den Menübefehl
Auswahl • Nächstes Objekt darunter anwenden. Das funktioniert auch in umgekehrter Richtung mit Auswahl • Nächstes
Objekt darüber.

Alle Objekte im Dokument wählen Sie aus, indem Sie
⌘/`Strg`+`A` drücken oder über das Menü unter Auswahl •
Alles. Es werden nicht nur die Objekte auf der Zeichenfläche,
sondern ebenfalls Objekte auf der Montagefläche selektiert.

Die Stapelreihenfolge ändern | Illustrator behandelt Ihre
Arbeitsfläche wie einen Posteingangskorb: Es legt ein neues
Objekt immer obenauf. Das bedeutet, dass von gefüllten Formen, die an gleichen oder ähnlichen Positionen auf der Arbeitsfläche liegen, immer nur die vorderste komplett sichtbar ist.

Wie im Posteingangskorb auch, können Sie Ihre Illustrator-
Objekte neu stapeln. Wählen Sie das Objekt aus, dessen Anordnung im Stapel Sie verändern möchten, und rufen Sie dann über

das Menu OBJEKT • ANORDNEN … die gewünschte Option auf. Sie können Objekte jeweils um einen Schritt nach vorne oder hinten schieben oder ganz nach vorne bzw. ganz nach hinten bringen.

Wenn Sie mit mehreren Ebenen arbeiten, erfolgt diese Neuordnung nur innerhalb der aktiven Ebene, mehr zu Ebenen finden Sie in Kapitel 10.

Schritt für Schritt: Stapelreihenfolge ändern

1 **Aufgabe**

Öffnen Sie die Datei »Objektstapel.ai« von der DVD. Der Plan wurde im Nachhinein um einige Objekte ergänzt, und diese müssen jetzt in die richtige Stapelreihenfolge gebracht werden.

▲ **Abbildung 5.24**
Plan vorher (links) und nachher (rechts)

2 **Problem 1: »Liegewiese« links unten**

Das grüne Objekt links unten überdeckt die Bäume. Es bestehen zwei Möglichkeiten: Sie können die Bäume auswählen und nach vorne stellen – für die Auswahl der Bäume müssten Sie jedoch in die Pfadansicht wechseln.

In unserem Fall ist es einfacher: Die »Liegewiese« kann – zusammen mit dem hellgrünen Hintergrund – ganz unten in den Objektstapel geordnet werden.

Aktivieren Sie also das Hintergrundelement, drücken Sie dann ⟨⇧⟩ und wählen das »Liegewiese«-Objekt aus und wählen OBJEKT • ANORDNEN • NACH HINTEN STELLEN.

3 **Problem 2: »Straßenbrücke«**

Die Brücke sollte zwar *über* der Straße, aber *unter* dem Fußweg liegen. Sie könnten die Brücke auswählen und so lange einen

TIPP

In der originalen Grundeinstellung aktiviert Illustrator gefüllte Objekte, indem Sie auf die Füllung klicken. Wenn Sie ein Auswahlrechteck aufziehen und dabei mit einem Klick auf die Füllung eines Objekts starten, verschieben Sie dieses Objekt.

Falls Sie dieses Verhalten stört, können Sie es in den Voreinstellungen ändern. Wählen Sie dazu VOREINSTELLUNGEN • ALLGEMEINE…, und aktivieren Sie die Option OBJEKTAUSWAHL NUR ÜBER PFAD. Nun müssen Sie den Pfad anklicken oder mit dem Auswahlrechteck überschneiden, um ein Objekt zu aktivieren.

▲ **Abbildung 5.25**
Problem »Liegewiese«

▲ **Abbildung 5.26**
Problem »Straßenbrücke«

Schritt nach hinten schieben, bis sie sich an der richtigen Position befindet. Allerdings ist nicht bekannt, wie viele Schritte dafür notwendig wären, denn auch Objekte, die sich nicht in der Nähe befinden, können im Objektstapel zwischen der Brücke und dem Weg liegen.

Also müssen Sie auch in diesem Fall eine andere Vorgehensweise wählen: Aktivieren Sie den »Fußweg« und alle Objekte, die ihn überlagern sollen (siehe Abbildung 5.26). Gehen Sie am besten so vor, dass Sie zunächst die kleinteiligen Objekte auswählen und zum Schluss den »Fußweg« – achten Sie darauf, dass Sie bei jedem Klick eine Stelle treffen, an der kein bereits ausgewähltes Objekt liegt. Anschließend rufen Sie OBJEKT • ANORDNEN • NACH VORNE BRINGEN auf.

4 **Problem 3: Baum**

Unten in der Mitte der Grafik befindet sich der letzte Problemfall: ein Baum, der nach vorne geholt werden muss. Hier gehen wir das Risiko ein und bewegen das Objekt schrittweise.

Aktivieren Sie den Baum und wählen ggf. mehrfach OBJEKT • ANORDNEN • SCHRITTWEISE VORWÄRTS.

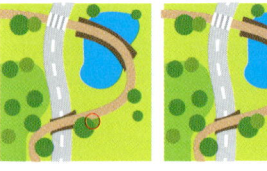

▲ **Abbildung 5.27**
Problem Baum

5.3 Objekte bearbeiten

Löschen | Aktivierte Objekte können mit BEARBEITEN • LÖSCHEN oder mit ⌫ von der Arbeitsfläche entfernt werden. Haben Sie unabsichtlich ein Element gelöscht, widerrufen Sie den Arbeitsschritt.

Kopieren und Ausschneiden | Um Objekte von einem in ein anderes Dokument zu übertragen, können Sie – wie in jeder anderen Applikation auch – die Zwischenablage benutzen.

Aktivieren Sie das Objekt, und wählen Sie BEARBEITEN • KOPIEREN bzw. AUSSCHNEIDEN. Auf der Tastatur benutzen Sie ⌘/Strg +C zum Kopieren, ⌘/Strg+X um Objekte auszuschneiden. Dies funktioniert sowohl innerhalb des Programms als auch zwischen Illustrator und anderen Programmen.

Einfügen | Wenn Sie ein Objekt aus der Zwischenablage in ein Dokument einfügen möchten, wählen Sie BEARBEITEN • EINFÜGEN oder ⌘/Strg+V. Das eingefügte Objekt wird in der Mitte des aktuellen Fensters platziert – nicht der Arbeitsfläche oder des Dokuments. In der Stapelreihenfolge der Objekte wird es ganz vorne angeordnet. Fügen Sie ein Objekt in ein Dokument ein,

> **TIPP**
>
> Die Zwischenablage können Sie auch benutzen, um Objekte zwischen Illustrator und anderen Programmen auszutauschen (Austausch siehe Kapitel 18)

wird bei dieser Aktion die Zwischenablage nicht geleert – stattdessen können Sie weitere Kopien des Objekts einfügen.

Wenn Sie ein Objekt vor einem anderen im Stapel einfügen möchten, aktivieren Sie dieses und wählen Bearbeiten • Davor einfügen oder die Tastenkombination ⌘/Strg+F. Entsprechend funktioniert es, ein Objekt hinter einem anderen zu platzieren mit Bearbeiten • Dahinter einfügen oder dem Shortcut ⌘/Strg+B.

Wenn kein Objekt auf der Arbeitsfläche aktiviert ist, während Sie einen der beiden Befehle benutzen, wird das Objekt aus der Zwischenablage mit Davor einfügen ganz vorne bzw. mit Dahinter einfügen ganz hinten angeordnet.

Zusätzlich können beide Funktionen dazu dienen, ein anderes Problem zu lösen, denn ein davor bzw. dahinter eingefügtes Objekt wird nicht in der Seitenmitte, sondern relativ zum Koordinaten-Nullpunkt an der gleichen Position platziert, die es im Ursprungsdokument hatte.

Wenn Sie mit mehreren Ebenen arbeiten, erfolgt diese Objektanordnung nur innerhalb der aktiven Ebene, mehr dazu finden Sie in Kapitel 10.

Duplizieren | Mit der Methode des Kopierens und Einsetzens können Sie auch Kopien von Objekten erzeugen. Einfacher geht es allerdings, wenn Sie ein oder mehrere Objekte aktivieren und mit gedrückter ⌥/Alt-Taste an eine andere Position ziehen. Dabei bleibt das ursprünglich ausgewählte Objekt an seinem Platz, und eine Kopie wird verschoben.

Auch in den Transformations-Dialogboxen können Sie anwählen, dass eine Kopie statt des Originals bearbeitet wird.

Gruppieren | Wenn Sie mehrere unterschiedliche Objekte dauerhaft oder auf Zeit als Einheit behandeln wollen, können Sie diese zu einer Gruppe zusammenfügen. Dadurch wird die Anordnung der Objekte zueinander gesichert, und Sie sparen sich das mühsame Aktivieren einzelner Objekte, wenn Sie alle zusammen transformieren möchten.

Darüber hinaus liegen alle Objekte einer Gruppe an aufeinander folgenden Positionen in der Stapelreihenfolge. Durch eine Gruppierung lassen sich also Probleme der Anordnung lösen bzw. vermeiden – es ist allerdings nicht möglich, nicht zur Gruppe gehörende Objekte zwischen die Elemente der Gruppe zu stapeln.

Um eine Gruppe zusammenzufügen, aktivieren Sie die entsprechenden Objekte und wählen dann Objekt • Gruppieren oder die Tasten ⌘/Strg + G.

▲ **Abbildung 5.28**
Davor einfügen fügt in einem Stapel das Objekt aus der Zwischenablage vor dem aktiven Objekt ein.

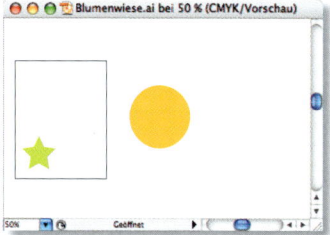

▲ **Abbildung 5.29**
Ein ganz normal eingefügtes Objekt (gelb) liegt in der Mitte des Dokumentenfensters – ein davor eingefügtes Element (grün) liegt an seinem ursprünglichen Platz auf der Zeichenfläche (schwarzer Rahmen).

▲ **Abbildung 5.30**
Gruppierte Objekte können wie ein Objekt transformiert werden.

▲ **Abbildung 5.31**
Gruppen können weiter mit anderen Gruppen und mit einzelnen Objekten zu übergeordneten Gruppen zusammengefasst werden.

Gruppen können hierarchisch verschachtelt werden, d. h., Gruppen können Teile einer anderen Gruppe sein.

Eine aktivierte Gruppe kann mit dem Menü OBJEKT • GRUPPIERUNG AUFHEBEN oder der Tastenkombination ⌘/Strg + ⇧ + G wieder getrennt werden. Damit wird die jeweils hierarchisch erste Gruppe aufgehoben, tiefer verschachtelte Gruppen bleiben bestehen.

Objekte in einer Gruppe auswählen | Um ein einzelnes Objekt, einen Pfad oder seine Punkte innerhalb einer Gruppe zu aktivieren, verwenden Sie das Direktauswahl-Werkzeug.

▲ **Abbildung 5.32**
Aktivieren von Objekten mit dem Gruppenauswahl-Werkzeug

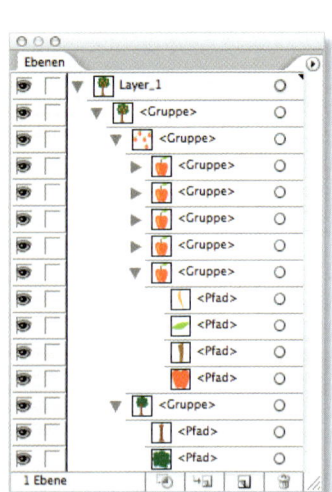

▲ **Abbildung 5.33**
Darstellung einer verschachtelten Gruppierung in der Ebenen-Palette

Für die Aktivierung einer Gruppe innerhalb einer Gruppe muss das Gruppenauswahl-Werkzeug verwendet werden. Mit diesem Tool können Sie sich auch durch die Gruppenhierarchie arbeiten. Ein Klick mit dem Gruppenauswahl-Werkzeug auf ein Objekt einer Gruppe aktiviert dieses Objekt, jeder weitere Klick auf dasselbe Objekt wählt die nächste hierarchisch übergeordnete Gruppe dazu aus.

Ausblenden | Sie können einzelne aktivierte Objekte mit dem Menü OBJEKT • AUSBLENDEN • AUSWAHL ausblenden.

Wenn Ihnen beim Bearbeiten von Objekten darüber liegende Objekte im Wege sind, hilft der Menüpunkt OBJEKT • AUSBLENDEN • SÄMTLICHES BILDMATERIAL DARÜBER AUSBLENDEN weiter.

Um ausgeblendete Objekte wieder sichtbar zu machen, wählen Sie OBJEKT • ALLES EINBLENDEN.

Wie Sie mit dem Aus- und Einblenden von Ebenen verfahren, lesen Sie in Kapitel 10.

Fixieren | Wenn Sie die Position und die aktuellen Eigenschaften eines Objektes schützen möchten, wählen Sie nach der Aktivierung OBJEKT • FIXIEREN • AUSWAHL oder die Tastaturkombination

⌘/[Strg]+[2]. Sie können dieses Objekt dann nicht mehr aktivieren und versehentlich ändern.

Mit Objekt • Alles lösen – Shortcut ⌘+[⌥]+[2] bzw. [Strg]+[Alt]+[2] – werden alle Fixierungen wieder aufgehoben.

5.4 Objekte transformieren

Verschieben, Drehen, Spiegeln, Skalieren, Verbiegen und Verzerren sind die Standard-Umformungen, die Illustrator für Objekte anbietet.

Es ist nicht notwendig, Vektorobjekte sofort in ihrer endgültigen Form zu erstellen, da sie ohne Qualitätseinbußen transformierbar sind. Das vereinfacht Entwurf und Konstruktion, denn ausgehend von einer Grundform können Sie verschiedene Transformationen oder Einstellungen ausprobieren.

Auch wenn ein Objekt beim Verschieben keine Umformung erfährt, ist es in Illustrator wegen seiner ähnlichen Handhabung den Transformationen zugeordnet.

Die verschiedenen Möglichkeiten, um Objekte zu transformieren, sind:
1. mit Hilfe des Begrenzungsrahmens
2. mit den spezifischen Transformationswerkzeugen
3. über die Menübefehle unter Objekt • Transformieren oder Transformieren im Kontextmenü
4. mit dem Frei-transformieren-Werkzeug
5. mit der Transformieren-Palette

Referenzpunkt

Alle Transformationen beziehen sich auf einen **Referenzpunkt**, der für die Berechnung der Transformation so etwas wie der Nullpunkt ist. Bei einer Drehung ist es beispielsweise der Punkt, um den die Drehung vorgenommen wird.

Voreingestellt als Referenzpunkt ist der rechnerische Mittelpunkt eines Objekts, Sie können den Referenzpunkt aber auch selbst bestimmen.

Wenn Sie mehrere Transformationen direkt hintereinander verwenden, wird der einmal definierte Referenzpunkt auf die folgenden Umformungen übertragen.

Objekt-Mittelpunkt | Den Mittelpunkt von Objekten, die Sie mit dem Ellipse-Werkzeug, dem Rechteck- oder Abgerundetes-Rechteck-Werkzeug erstellen, zeigt Illustrator standardmäßig an. Sie können jedoch für jedes Objekt individuell bestimmen, ob der Mittelpunkt eingeblendet werden soll oder nicht. Rufen Sie

▲ **Abbildung 5.34**
Transformationswerkzeuge (von links): Drehen, Spiegeln, Skalieren, Verbiegen und das nicht zu den Transformationen gehörige Form-ändern-Werkzeug (siehe Kapitel 6)

▲ **Abbildung 5.35**
Eingabe der Position eines Objekts in der Steuerungspalette (Ausschnitt), links das Referenzpunktsymbol.

▲ **Abbildung 5.36**
Wenn ein Objekt aktiviert und ein Werkzeug ausgewählt ist, wird der Referenzpunkt angezeigt, originär ist er in der Mitte des Objekts.

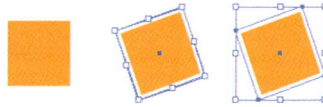

dazu die Grafikattribute-Palette auf – Shortcut ⌘/Strg+F11 – und klicken den Button MITTE AUSBLENDEN ▫ bzw. MITTE EIN-BLENDEN ▫.

Da der Objekt-Mittelpunkt »magnetisch« ist, können Sie ihn verwenden, um Objekte z. B. beim Verschieben daran auszurichten.

Begrenzungsrahmen

Der Begrenzungsrahmen ist ein Hilfsmittel, um intuitiv Transformationen durchführen zu können. Um ihn anzeigen zu lassen, müssen Sie das Menü ANSICHT • BEGRENZUNGSRAHMEN EINBLENDEN angewählt haben.

Wenn Sie nun mit dem Auswahl-Werkzeug ein Objekt, eine Gruppe oder mehrere Objekte und/oder Gruppen aktivieren, wird ein Rechteck angezeigt, das alle ausgewählten Objekte umschließt. Dieser Begrenzungsrahmen ist außerdem an den Ecken und in der Mitte der Seiten mit »Anfassern« versehen, die zur Durchführung der Transformation notwendig sind.

Sollte das aktivierte Objekt vorher bereits transformiert worden sein, muss der Begrenzungsrahmen nicht immer im rechten Winkel zur Arbeitsfläche angezeigt werden, da sich das Programm die letzte Ausrichtung des Rahmens merkt. Mit dem Menüpunkt OBJEKT • TRANSFORMIEREN • BEGRENZUNGSRAHMEN ZURÜCKSETZEN können Sie, wenn nötig, den Rahmen wieder senkrecht stellen lassen.

Die Transformationswerkzeuge

Mit diesen Werkzeugen für Drehen ↻, Spiegeln ◁, Skalieren ▣ und Verbiegen ↯ können Sie Objekte manuell oder durch die Eingabe der Parameter in der jeweils zugehörigen Dialogbox umformen. Beim manuellen Transformieren mit den Werkzeugen haben Sie folgende Modifizierungsmöglichkeit:

▸ ⇧ erlaubt, je nach Tool, in 45°-Schritten vorzugehen, bzw. die Objekt-Proportionen beizubehalten.

Schritt für Schritt: Objekte manuell transformieren

1 **Objekt erstellen und Werkzeug wählen**

Erzeugen Sie ein neues Illustrator-Dokument, und erstellen Sie einen Stern mit dem Stern-Werkzeug. Deaktivieren Sie den Stern nicht, und wählen Sie das Drehen-Werkzeug, indem Sie darauf klicken oder – schneller – die Taste R drücken. Der Referenzpunkt für die Drehung wird angezeigt.

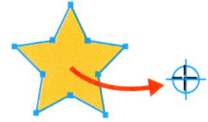

2   Referenzpunkt neu setzen

Sie könnten das Objekt jetzt um den angezeigten Referenzpunkt drehen, aber in dieser Übung setzen Sie vor dem Drehen zunächst einen neuen Referenzpunkt.

Klicken Sie einen Punkt etwas rechts vom Objekt, oder klicken und ziehen Sie den Referenzpunkt an eine andere Position. Achten Sie darauf, den bestehenden Referenzpunkt beim Klicken und Ziehen genau zu treffen – der Cursor muss ein Fadenkreuz darstellen, – ansonsten würden Sie das Objekt transformieren.

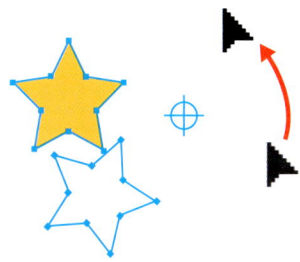

▲ **Abbildung 5.41**
Referenzpunkt verschieben

3   Objekt transformieren

Klicken Sie auf das Objekt oder auf irgendeine Stelle der Arbeitsfläche und beobachten, wie Ihr Objekt transformiert wird, wenn Sie das Werkzeug bewegen.

Je weiter entfernt vom Referenzpunkt Sie klicken, um mit der Umwandlung zu beginnen, umso besser ist Ihre Kontrolle über die Veränderung des Objekts, da der »Hebel« größer ist. ◼

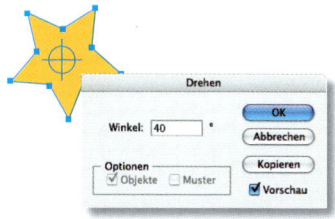

▲ **Abbildung 5.42**
Klicken und ziehen Sie, um das Objekt zu drehen.

Schritt für Schritt: Transformationswerkzeuge mit der Dialogbox anwenden

1   Objekt erstellen und Werkzeug wählen

Erzeugen Sie ein neues Illustrator-Dokument, und zeichnen Sie einen Stern mit dem Stern-Werkzeug. Deaktivieren Sie den Stern nicht.

2   Transformation um den Mittelpunkt

Doppelklicken Sie das Drehen-Werkzeug. Der Referenzpunkt wird in die Mitte des Objekts gesetzt und die Dialogbox geöffnet.

Wundern Sie sich nicht, wenn sich das Objekt schon beim Aufrufen eines Transformieren-Dialogs bewegt. Wenn Sie die Vorschau-Option einmal benutzt haben, ist sie beim nächsten Aufruf der Dialogbox aktiv und wird auch gleich mit einem im Eingabefeld vorhandenen Wert auf Ihr Objekt angewendet.

Aktivieren Sie die Vorschau und geben einen Winkel ein. Klicken Sie den Button OK, um die Transformation auszuführen.

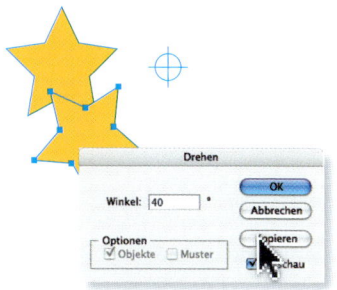

▲ **Abbildung 5.43**
Winkel eingeben – die Vorschau zeigt das Resultat.

3   Mit alternativem Referenzpunkt transformieren

Wählen Sie das Drehen-Werkzeug, drücken Sie ⌥/[Alt] und klicken auf eine Stelle auf der Arbeitsfläche, um den Referenzpunkt neu zu bestimmen. Nach dem Klick öffnet sich die Dialogbox.

Aktivieren Sie die Vorschau, geben Sie einen Winkel ein und klicken den Button KOPIEREN, um das Objekt an seinem Platz zu

▲ **Abbildung 5.44**
Winkel eingeben und kopieren

belassen und stattdessen eine Kopie zu erzeugen und im selben Schritt zu drehen.

Beim Transformieren per Dialogbox besteht folgende Option:

▶ Mit den Kontrollkästchen Oʙᴊᴇᴋᴛ und Mᴜsᴛᴇʀ bestimmen Sie, ob Sie nur das Objekt, nur das Muster des Objekts oder beides transformieren wollen. Mehr zum Transformieren von Mustern finden Sie in Kapitel 15.

Objekte verschieben | Um ein Objekt manuell zu verschieben, klicken Sie es mit dem Auswahl-Werkzeug an und ziehen es an die gewünschte Position. Aktivierte Objekte können auch mit den Cursortasten ⭡, ⭣, →, ← in der entsprechenden Richtung bewegt werden. Sie haben folgende Modifizierungsmöglichkeiten:

▶ ⇧ lässt nur Verschiebungen im 45°-Winkel zu.
▶ ⌥/Alt: Eine Kopie des Originalobjekts wird erzeugt und verschoben.

▲ **Abbildung 5.45**
Verschieben-Dialogbox

Wählen Sie das Auswahl-Werkzeug, aktivieren das zu verschiebende Objekt und drücken ↵ oder die Eingabetaste, um die Dialogbox aufzurufen – alternativ wählen Sie aus dem Menü Oʙᴊᴇᴋᴛ • Tʀᴀɴsꜰᴏʀᴍɪᴇʀᴇɴ • Vᴇʀsᴄʜɪᴇʙᴇɴ – Shortcut ⌘/ Strg+⇧+M. Die Verschiebung des Objekts erfolgt hiermit immer relativ zur bisherigen Position.

Um ein Objekt absolut an einer bestimmten Stelle auf der Arbeitsfläche neu zu positionieren, müssen Sie die Transformieren-Palette benutzen, die weiter unten erklärt wird.

Objekte drehen | Wählen Sie das Werkzeug in der Werkzeugpalette, oder drücken Sie R.

▶ **Drehen mit dem Drehen-Werkzeug** ↻
Nach dem Mausklick führen Sie das Drehen-Werkzeug auf der Arbeitsfläche um den Referenzpunkt herum, um ein aktiviertes Objekt zu drehen.

▶ **Drehen mit dem Begrenzungsrahmen**
Um ein Objekt mit dem Begrenzungsrahmen zu drehen, bewegen Sie den Auswahl-Cursor an der Außenkante des Rahmens entlang. Wenn der Cursor dieses Drehen-Symbol ↧ anzeigt, können Sie klicken und den Cursor ziehen, um das Objekt zu drehen.

▲ **Abbildung 5.46**
Drehen-Werkzeug

▶ **Drehen mit der Dialogbox für nummerische Eingabe**

Durch Eingabe des Winkels in der Dialogbox drehen Sie Objekte um den definierten Referenzpunkt.

Negative Winkel bewirken eine Drehung im Uhrzeigersinn, positive gegen ihn.

Objekte spiegeln | Wählen Sie das Spiegeln-Werkzeug aus der Werkzeugpalette, oder drücken Sie ⎕O.

▶ **Spiegeln mit dem Spiegeln-Werkzeug**

Entlang einer virtuellen Achse, die durch den Referenzpunkt verläuft, wird das Objekt gespiegelt. Beim manuellen Spiegeln bewegen Sie mit dem Cursor diese Achse und relativ dazu das Objekt.

▶ **Spiegeln mit der Dialogbox für die numerische Eingabe**

Die virtuelle Achse verläuft durch den Referenzpunkt. Sie haben die Möglichkeit, entweder eine horizontale, eine vertikale oder eine Achse im frei definierbaren Winkel von –360 bis 360° anzugeben.

Eine Achse von 0° verläuft vom Referenzpunkt aus horizontal nach links, andere Werte werden gegen den Uhrzeigersinn von dieser Position berechnet.

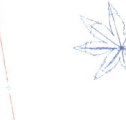

▲ **Abbildung 5.47**
Beim manuellen Spiegeln bewegen Sie mit dem Cursor die Achse – das Objekt folgt der Bewegung.

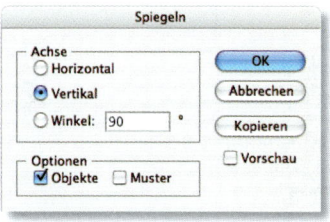

▲ **Abbildung 5.48**
Spiegeln-Optionen

▲ **Abbildung 5.49**
Spiegeln eines Objekts (blau umrandet) um den bezeichneten Referenzpunkt. Achse (rot) im Winkel von 45°, 280° und 15° (von links)

Objekte skalieren | Wählen Sie das Skalieren-Werkzeug aus der Werkzeugpalette oder drücken Sie ⎕S.

▶ **Skalieren mit dem Skalieren-Werkzeug**

Dieses Werkzeug dient dazu, die Größe eines Objekts oder einer Objektgruppe zu verändern. Die Handhabung ist am einfachsten mit dem originären Referenzpunkt in der Mitte des Objekts. Ein Referenzpunkt außerhalb des Objekts vervielfacht die Wirkung der Transformation.

▲ **Abbildung 5.50**
Beschränkung der Skalierung auf die Breite

▲ **Abbildung 5.51**
Ziehen Sie den Cursor auf die gegenüberliegende Seite des Referenzpunkts, um ein Objekt beim Skalieren gleichzeitig zu spiegeln.

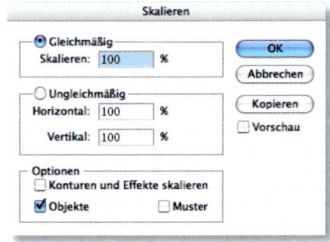

▲ **Abbildung 5.52**
Skalieren-Optionen

▲ **Abbildung 5.53**
Originalobjekt mit angewandtem Pinselstrich-Effekt (links), Konturen und Effekte sind mit skaliert (mitte), Konturen und Objekte sind nicht mit skaliert (rechts).

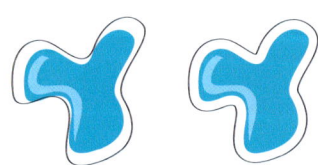

▲ **Abbildung 5.54**
Der Unterschied zwischen Skalieren und Pfad verschieben: Die blaue Fläche skaliert (links) und verschobener Pfad (rechts).

Wenn Sie nach dem Klicken den Cursor zur gegenüberliegenden Seite des Referenzpunkts bewegen, wird das Objekt zusätzlich gespiegelt (siehe Abbildung 5.51).
Sie haben folgende Modifizierungsmöglichkeiten:

▷ Ohne Modifizierung wird das Objekt je nach Cursor-Bewegung ungleichmäßig in Höhe und Breite verändert.

▷ ⌂ erhält die Proportionen des Objekts beim Skalieren, sofern Sie in einem 45°-Winkel ziehen. Horizontale Cursor-Bewegungen verbreitern das Objekt nur, vertikale verändern nur die Höhe.

▶ **Skalieren mit dem Begrenzungsrahmen**
Auch mit den Anfassern des Begrenzungsrahmens können Sie Objekte in der Größe verändern. Bewegen Sie den Cursor über die Anfasser, bis er eines der folgenden Symbole anzeigt:

▷ ↔ um nur die Breite des Objekts zu verändern

▷ ↕ um nur die Höhe des Objekts zu verändern

▷ ⬉ um Höhe und Breite des Objekts zu verändern

Wenn eines dieser Zeichen erscheint, können Sie klicken und ziehen, die entsprechende Transformation wird sofort angezeigt. Sie haben folgende Modifizierungsmöglichkeiten:

▷ ⌂ und Cursor ⬉ erhalten beim Skalieren die Proportionen des Objekts, egal in welche Richtung Sie den Cursor bewegen.

▷ ⌥/Alt verwendet den Objektmittelpunkt als Referenzpunkt bei der Skalierung.

▶ **Skalieren mit der Dialogbox für nummerische Eingabe**
Das Kontrollkästchen KONTUREN UND EFFEKTE SKALIEREN muss aktiviert werden, wenn Sie die Konturen und Effekte zusammen mit dem Objekt skalieren wollen, damit beispielsweise Linien beim Vergrößern entsprechend dicker werden.

Objekte gleichmäßig nach allen Seiten skalieren | Ein Sonderfall der Skalierung tritt ein, wenn Sie eine unregelmäßige Fläche gleichmäßig nach allen Seiten erweitern oder »schrumpfen« möchten – so wie einen Pfannkuchenteig, der in der Pfanne zerläuft, oder ein eingelaufenes Kleidungsstück. Für dieses Problem können Sie nicht das Skalieren-Werkzeug verwenden, sondern müssen die Pfade »verschieben«.

Aktivieren Sie das Objekt und wählen den Menübefehl OBJEKT • PFAD • PFAD VERSCHIEBEN... aus. Der Befehl lässt sich sowohl auf Objekte mit offenen Pfaden als auch auf geschlossene Formen anwenden. Wenn Sie ihn auf eine Objektgruppe anwenden, wird jeder in der Gruppe enthaltene Pfad umgeformt.

Nach dem Menüaufruf erscheint eine Dialogbox für nummerische Eingabe:

▶ VERSATZ: Geben Sie positive Werte ein, um die Fläche zu erweitern, negative, um sie zu schrumpfen.

▶ LINIENECKEN und GEHRUNGSGRENZEN: Diese Eingabeoptionen finden Sie detailliert unter »Linieneigenschaften« in Kapitel 8 erklärt.

Objekte verbiegen | Das Verbiegen-Werkzeug können Sie nur aus der Werkzeugpalette auswählen.

▶ **Verbiegen mit dem Verbiegen-Werkzeug**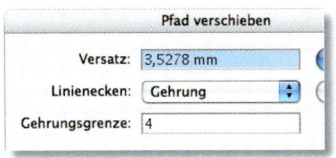

Wenn Sie das Verbiegen-Werkzeug manuell verwenden, erfolgt die Verbiegung in der Richtung, die sich aus dem Referenzpunkt und der Cursor-Position ergibt. Die Verbiegung wird umso stärker, je weiter Sie den Cursor von der Stelle auf der Arbeitsfläche wegbewegen, die Sie bei Beginn der Transformation angeklickt haben (Startpunkt).

▲ **Abbildung 5.55**
Dialogbox PFAD VERSCHIEBEN

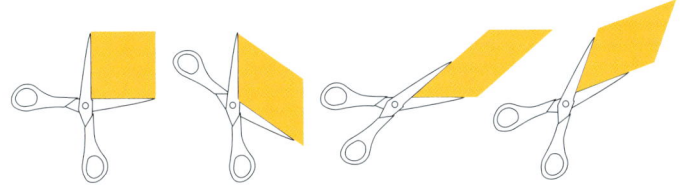

◀ **Abbildung 5.56**
In frühen Versionen von Grafikprogrammen hieß diese Funktion »Scheren«. Stellen Sie sich ein Objekt vor, das an den Hälften einer Schere befestigt ist und durch Öffnen und Schließen der Schere verbogen wird.

Das Transformieren eines Objekts mit dem Werkzeug ist sehr intuitiv, da die Ergebnisse von der Wahl Ihres Startpunkts abhängen. Kleine Werkzeug-Bewegungen können zu extremen Verzerrungen führen.

Sie haben folgende Modifizierungsmöglichkeit:

▶ ⇧ beschränkt den Transformations-Winkel auf die Horizontale, die Vertikale bzw. auf 45°-Winkel.

▶ **Verbiegen mit der Dialogbox für nummerische Eingabe**

Das Verbiegen mittels nummerischer Eingabe ist eines der wichtigsten Werkzeuge bei der Erzeugung von Isometrien – siehe die folgende Schritt-für-Schritt-Übung.

Die Verbiegen-Operation verformt das Objekt in Richtung einer definierbaren Achse um einen wählbaren Verbiegungswinkel. Die Achse gibt die Richtung – also die Ausrichtung der Schere –, der Winkel die Stärke der Verbiegung – also den Winkel der Scherenhälften zueinander – vor.

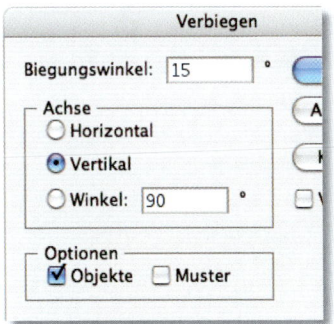

▲ **Abbildung 5.57**
Verbiegen-Optionen

Schritt für Schritt: Isometrie eines Packungsdesigns

1 **Datei und Hilfslinien**

Richten Sie sich für diese Aufgabe ein neues Dokument im A4-Hochformat ein. Zeigen Sie die Lineale an, indem Sie ANSICHT • LINEALE EINBLENDEN wählen oder ⌘/Strg+R drücken. Ziehen Sie sich Hilfslinien ungefähr in die Mitte des Blatts, indem Sie erst in das Lineal an der linken Seite des Fensters klicken und bis in die Mitte des Blatts ziehen. Dann klicken und ziehen Sie die Hilfslinie aus dem oberen Lineal.

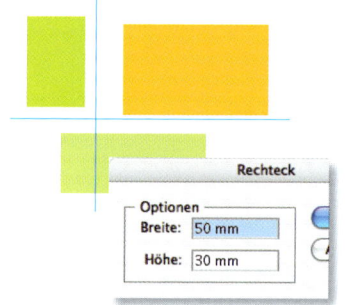

▲ Abbildung 5.58
Erstellen des gelben Rechtecks

2 **Erste Grundformen erstellen**

Als ersten Schritt der Isometrie erstellen Sie das Packungsdesign in der Aufsicht. Dafür erzeugen Sie drei Rechtecke – für den Anfang irgendwo auf dem Blatt.

Fangen Sie mit dem großen gelben Rechteck an: Wählen Sie das Rechteck-Werkzeug, und klicken Sie auf das Blatt. In die Dialogbox geben Sie die Größe ein – siehe Abbildung 5.58.

3 **Einfärben**

Um das Rechteck mit einer Füllung zu versehen und die Kontur zu löschen, wenden Sie die Steuerungspalette an.

Um die Kontur zu löschen, rufen Sie das Pull-down-Menü unter KONTUR ❶ auf. Wählen Sie das Symbol für OHNE ☑.

Rufen Sie das Menü unter FLÄCHE ❷ auf, und wählen Sie eine Farbe aus.

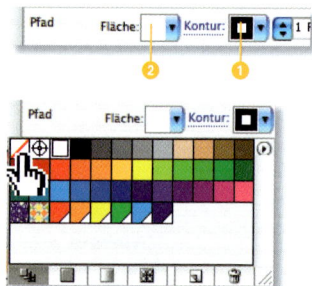

▲ Abbildung 5.59
Auswahl der Farben in der Steuerungspalette

4 **Weitere Grundformen erstellen**

Wiederholen Sie Schritt 1, um die weiteren Grundformen zu erstellen. Geben Sie folgende Werte ein: das Rechteck links: Breite: 20 mm, Höhe 30 mm: das Rechteck unten: Breite: 50 mm, Höhe: 20 mm.

Gehen Sie vor wie in Schritt 2, um auch diese Rechtecke zu färben.

5 **Grundformen positionieren**

Positionieren Sie die Rechtecke jetzt auf dem Blatt. Klicken und ziehen Sie die Rechtecke in Position an den Hilfslinien – siehe Abbildung 5.60.

▲ Abbildung 5.60
Objekte an Hilfslinien ziehen

6 **Design der Flächen**

Fügen Sie noch einige weitere Objekte auf den Flächen hinzu. Verwenden Sie die Form-Werkzeuge, um geometrische Objekte zu erstellen, und färben Sie sie ein.

Anschließend gruppieren Sie jeweils diejenigen Objekte, die zu einer Seite der Packung gehören. Verwenden Sie das Auswahl-Werkzeug, um das Auswahlrechteck über einer Seite aufzuziehen. Achten Sie darauf, dass wirklich nur Objekte aktiviert sind, die zu der Seite gehören. Dann drücken Sie ⌘/[Strg]+[G].

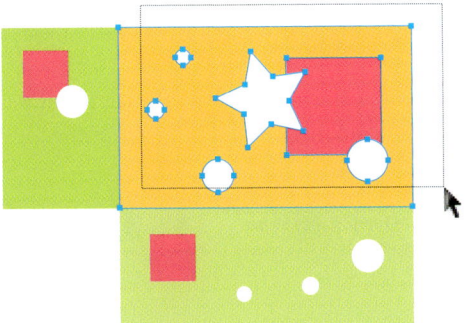

◄ **Abbildung 5.61**
Auswählen der Objekte für die Gruppierung

7   Verbiegen der Objekte

Beginnen Sie mit der großen Fläche. Aktivieren Sie die Gruppe dieser Grundfläche mit dem Auswahl-Werkzeug. Dann wählen Sie das Verbiegen-Werkzeug, halten Sie [⌥]/[Alt] und klicken Sie den Referenzpunkt. Die Dialogbox öffnet sich. Geben Sie Horizontal, −30° ein.

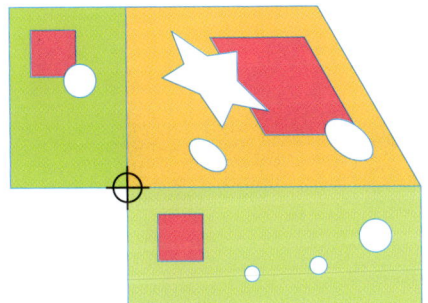

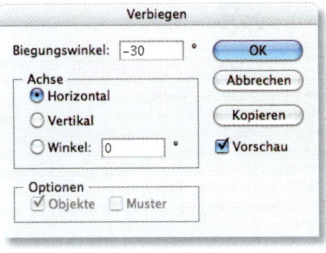

◄▲ **Abbildung 5.62**
Verbiegen der großen Fläche

Das linke Rechteck muss nicht nur verbogen, sondern gleich anschließend gedreht werden. Aktivieren Sie die Gruppe, mit [⌥]/[Alt] klicken Sie auf den Referenzpunkt, und geben Sie Horizontal, 30° in die Dialogbox ein. Gleich anschließend wählen Sie das Drehen-Werkzeug per Doppelklick auf das Symbol in der Werkzeugpalette, ohne das Rechteck zu deaktivieren, damit der Referenzpunkt erhalten bleibt. Geben Sie 60° für die Drehung ein.

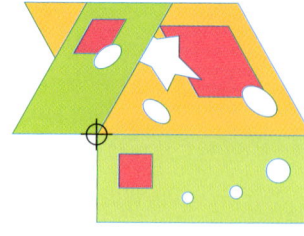

Abbildung 5.63 ▶▲
Verbiegen und Drehen der Fläche
links

Abbildung 5.64 ▶
Eingabe der Anpassungswerte in
die Steuerungspalette

Das untere Rechteck muss mit der unteren Kante übereinstimmen, dafür ist es jedoch zu hoch. Sie müssen die Höhe des Rechtecks verändern, bevor Sie es verbiegen.

Aktivieren Sie die Gruppe, welche die Elemente des unteren Rechtecks enthält. In der Steuerungspalette wählen Sie den Referenzpunkt im Referenzpunktsymbol ❶. Dann geben Sie 17,367 mm als neue Höhe in das Eingabefeld ein ❷. Bestätigen Sie mit ⏎.

Anschließend verbiegen Sie auch dieses Objekt. Mit ⌥/Alt klicken Sie den Referenzpunkt, und geben Sie Horizontal, 30° ein.

Abbildung 5.65 ▶
Anpassen der Fläche unten

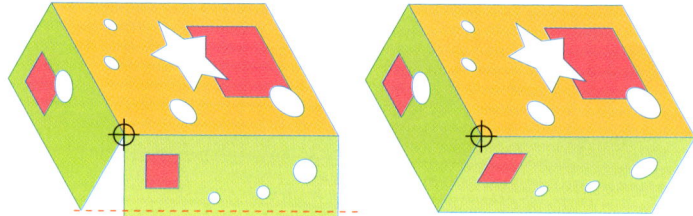

8 Das Gesamtobjekt drehen

Die Packung ist jetzt fertig, sie steht nur noch etwas schief auf dem Blatt. Aktivieren Sie alle Objekte, indem Sie ⌘/Strg+A drücken. Doppelklicken Sie dann das Drehen-Werkzeug in der Werkzeugpalette, da Sie für diese Operation keinen speziellen Referenzpunkt mehr benötigen. Geben Sie 30° für die Drehung ein.

Abbildung 5.66 ▶▲
Drehen des Gesamtobjekts

Frei-transformieren-Werkzeug ⊞ – perspektivisch verzerren

Eines für alles – das Frei-transformieren-Werkzeug bietet Ihnen in einem Tool alle Funktionen des Begrenzungsrahmens und zusätzlich noch die Möglichkeit, Objekte zu verzerren. Dieses Werkzeug ist sinnvoll, wenn Sie lieber mit deaktiviertem Begrenzungsrahmen arbeiten.

Aktivieren Sie die Objekte, die Sie transformieren möchten, zunächst mit dem normalen Auswahl-Werkzeug, und wählen Sie erst dann aus der Palette das Frei-transformieren-Werkzeug aus – Shortcut: E. Sobald das Frei-transformieren-Tool aktiv ist, wird für die ausgewählten Objekte automatisch ein Begrenzungsrahmen angezeigt.

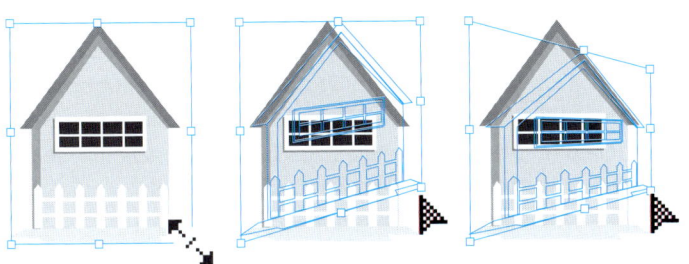

◄ **Abbildung 5.67**
Perspektivische Verzerrung mit dem Frei-transformieren-Werkzeug: Ungleichmäßig (Mitte), Gleichmäßig (rechts)

Um ein Objekt perspektivisch zu verzerren, klicken Sie zuerst auf einen Eck-Anfasser, drücken erst dann ⌘/Strg+⇧ oder ⌘+⌥+⇧ bzw. Strg+Alt+⇧ für eine gleichmäßig perspektivische Verzerrung und ziehen in horizontaler oder vertikaler Richtung. Achtung! Halten Sie unbedingt die Reihenfolge ein, da sonst der Begrenzungsrahmen mit seinen Anfassern nicht mehr sichtbar ist!

Um ein Objekt zu verbiegen, klicken Sie einen Seiten-Anfasser, drücken ⌘/Strg+⌥/Alt und ziehen das Objekt in die gewünschte Form. Klicken Sie den Anfasser an der Ober- oder Unterseite für horizontales Verbiegen und den linken oder rechten für vertikales Verbiegen. Es besteht folgende Modifizierungsmöglichkeit:

▶ ⇧ erhält beim horizontalen Verbiegen die Höhe und beim vertikalen Verbiegen die Breite des Objekts.

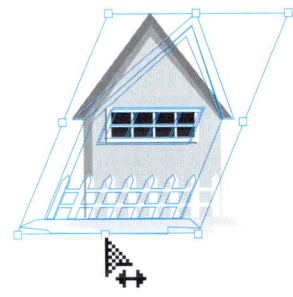

▲ **Abbildung 5.68**
Verbiegen

Transformieren-Palette

Die Transformationen VERSCHIEBEN, SKALIEREN, DREHEN, VERBIEGEN sowie VERTIKAL und HORIZONTAL SPIEGELN können Sie numerisch auch in der Transformieren-Palette vornehmen.

Um die Palette anzeigen zu lassen, muss das Häkchen vor dem Menüpunkt FENSTER • TRANSFORMIEREN aktiviert werden.

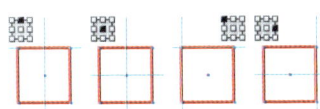

▲ **Abbildung 5.69**
Die blauen Hilfslinien kennzeichnen den eingegebenen Punkt, das Quadrat wird je nach Referenzpunkt ausgerichtet.

▲ Abbildung 5.70
Transformieren-Palette und Referenzpunkt

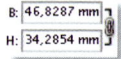

▲ Abbildung 5.71
Felder Breite und Höhe in der
Transformieren-Palette

TIPP

Illustrator hat keinen eigenständigen Befehl für das »Klonen«
von Objekten. Benutzen Sie
dazu entweder KOPIEREN und
VORNE EINFÜGEN oder im Transformations-Dialog bzw. in der
Transformieren-Palette den
Button KOPIEREN zusammen mit
Nullwerten in den Eingabefeldern.

Sobald Sie ein oder mehrere Objekte auswählen, werden in der Palette die Parameter des zugehörigen Begrenzungsrahmens bezogen auf den definierten Referenzpunkt angezeigt. Auf diesen Referenzpunkt beziehen sich auch die Transformationen, die Sie mit Hilfe der Palette vornehmen. Um eine andere Stelle des Objekts als Referenz zu verwenden, klicken Sie auf eines der kleinen Kästchen im Referenzpunktsymbol ⠿ der Transformieren-Palette.

▶ **Verschieben mit der Transformieren-Palette**
Diese Operation erfolgt *absolut*, indem Sie die neue Position des Objekts im Koordinatensystem angeben. Legen Sie den Referenzpunkt fest und geben Sie die X- und Y-Koordinate in das entsprechende Feld ein.

▶ **Skalieren mit der Transformieren-Palette**
Geben Sie die gewünschten Werte in die Kästchen B (Breite) und H (Höhe) ein. Wenn Sie beim Skalieren die Proportionen beibehalten möchten, aktivieren Sie das Kettensymbol rechts daneben, dann muss nur einer der beiden Werte eingegeben werden, der andere wird automatisch berechnet.

▶ **Drehen mit der Transformieren-Palette**
Geben Sie den gewünschten Wert in dem Feld neben dem Winkelsymbol ein. Negative Werte drehen im, positive gegen den Uhrzeigersinn.

▶ **Verbiegen mit der Transformieren-Palette**
An dieser Stelle können Sie durch Eingeben des Verbiegungswinkels das Objekt nur horizontal verbiegen (neigen).

▶ **Spiegeln mit der Transformieren-Palette**
Mit der Transformieren-Palette können Sie ohne Variationen nur um 180° spiegeln, indem Sie im Palettenmenü ⊙ entweder HORIZONTAL oder VERTIKAL SPIEGELN aufrufen.

Sie haben folgende Modifizierungsmöglichkeiten über das Palettenmenü ⊙:

▶ Für alle Transformationen, welche die Transformieren-Palette anbietet, können Sie auswählen, ob Sie das Objekt, sein Muster oder beides zusammen transformieren möchten. Standardmäßig ist die Option NUR OBJEKT TRANSFORMIEREN aktiviert.
Beim Skalieren mit der Transformieren-Palette haben Sie wie beim Skalieren per Dialogbox auch die Option, Konturen und Effekte mit dem Objekt zu skalieren.

Erneut transformieren
Um die letzte Transformation mit denselben Einstellungen auf dasselbe oder ein anderes Objekt erneut anzuwenden, wählen

Sie im Menü OBJEKT • TRANSFORMIEREN • ERNEUT TRANSFORMIE-
REN. Sollten Sie bei der letzten Transformation statt des Originals
eine Kopie erzeugt und bearbeitet haben, wird auch mit dieser
Option eine Kopie erstellt und transformiert.

Schritt für Schritt: Erneut transformieren

1 **Die Grundform**

In dieser kleinen Übung setzen wir ERNEUT TRANSFORMIEREN ein,
um ein Zifferblatt zu erstellen. Zunächst erzeugen Sie eine Grundform:

◄ **Abbildung 5.72**
Wir verwenden einen Stern als
Grundform.

Sie können Ihre Grundform aber beliebig komplex gestalten.
Wenn Sie mehrere Objekte kombinieren, sollten Sie diese aktivieren und gruppieren, bevor Sie fortfahren.

2 **Die Transformation**

Für ein Zifferblatt brauchen wir insgesamt zwölf Kopien des
Grundobjekts, die in 30°-Schritten gedreht werden. Um die erste
Drehung aufzuzeichnen, aktivieren Sie das Grundobjekt und
wählen das Drehen-Werkzeug aus.

Drücken Sie ⌥/Alt, und klicken Sie als neuen Referenzpunkt den zukünftigen Mittelpunkt des zu erzeugenden Zifferblatts an. Geben Sie 30 als Wert für die Drehung ein, und benutzen Sie zur Bestätigung nicht OK, sondern den Button KOPIEREN.

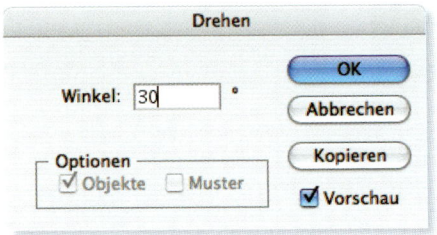

◄ **Abbildung 5.73**
Geben Sie den Drehwinkel ein.
Nicht vergessen: Wählen Sie den
Mittelpunkt des Zifferblatts als
neuen Referenzpunkt!

3 **Die weiteren Schritte**

Um das Zifferblatt fertig zu stellen, wiederholen Sie OBJEKT •
TRANSFORMIEREN • ERNEUT TRANSFORMIEREN oder die Tastenkom-

▲ **Abbildung 5.75**
Das »Zifferblatt«

▲ **Abbildung 5.76**
Zusammen um 30° gedreht
(mitte), Einzeln um 120° gedreht
mit der Zusatzoption ZUFALLS-
WERT. Der zufällige Wert wird
zwischen 1 und dem eingegebenen Wert generiert.

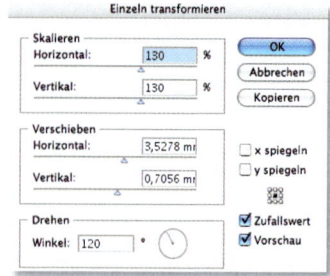

▲ **Abbildung 5.77**
Einzeln transformieren

bination ⌘/Strg+D, bis das Zifferblatt komplett ist, also noch zehn Mal.

| Objekt | Schrift | Auswahl | Filter | Effekt | Ansicht | Fenst |

Transformieren ▶   Erneut transformieren   ⌘D
Anordnen ▶

▲ **Abbildung 5.74**
Menübefehl ERNEUT TRANSFORMIEREN

Sie können den Befehl ERNEUT TRANSFORMIEREN auch dann anwenden, wenn Sie die Ausgangstransformation manuell, also nicht nummerisch erzeugt haben.

Einzeln transformieren

Wenn Sie mehrere Objekte gleichzeitig transformieren, werden diese bei einer Umwandlung wie eine Gruppe behandelt, auch wenn die Objekte nicht gruppiert sind. Das heißt, sie werden relativ zu einem gemeinsamen Referenzpunkt transformiert. Wenn für jedes Objekt sein eigener Referenzpunkt gelten soll, verwenden Sie die Dialogbox, die über das Menü OBJEKT • TRANSFORMIEREN • EINZELN TRANSFORMIEREN aufgerufen wird (siehe Abbildung 5.77). Sie haben damit die Möglichkeit, Objekte einzeln um den gleichen Wert zu vergrößern, zu verschieben und zu drehen oder mit dem Button KOPIEREN statt OK zu duplizieren und die Kopien entsprechend umzuwandeln.

Sehr interessant für die Illustration von Naturmotiven ist die Option ZUFALLSWERT, um beispielsweise eine realistischer anmutende Verteilung und Ausrichtung von Blumen auf einer Wiese zu erreichen.

▲ **Abbildung 5.78**
Alle Blumen sind Klone dieser einen, die erst grob über die »Wiese« gestreut und anschließend mit dem Befehl EINZELN TRANSFORMIEREN bearbeitet wurden.

5.5 Ausrichten und Verteilen

Ordnung ist das halbe Leben. Sehr praktisch ist daher die Möglichkeit, Objekte aneinander auszurichten oder zu verteilen. So können Sie sich ganz auf den Entwurf Ihrer Illustration konzentrieren und sparen den unnötigen Einsatz von Hilfslinien.

Objekte ausrichten

Objekte werden mit der Ausrichten-Palette ausgerichtet. Um die Palette anzeigen zu lassen, muss das Häkchen vor dem Menüpunkt FENSTER • AUSRICHTEN aktiviert werden – Shortcut ⬆ + F7 .

Wählen Sie mindestens zwei Objekte aus, und klicken Sie in der oberen Zeile der Ausrichten-Palette (OBJEKTE AUSRICHTEN) das gewünschte Symbol an, um die Objekte entsprechend dem abgebildeten Symbol zueinander auszurichten – siehe Infobox am Ende dieses Abschnitts.

Normalerweise erfolgt die Ausrichtung anhand des virtuellen Rechtecks, das alle Objekte umgibt.

Sie haben jedoch die Möglichkeit, ein Referenzobjekt zu bestimmen, dessen Begrenzungen als Basis für die Ausrichtung verwendet werden – das werden wir Ihnen nun in einer Schritt-für-Schritt-Anleitung verdeutlichen.

  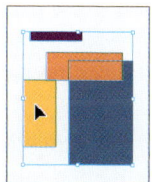 

Sollen Objekte sowohl waagerecht als auch senkrecht ausgerichtet werden, müssen Sie horizontale und vertikale Ausrichtung nacheinander ausführen.

Schritt für Schritt: Ausrichten

1 **An der Seite ausrichten**

In dieser Übung führen Sie verschiedene typische Arbeitsabläufe mit der Ausrichten-Palette durch. Öffnen Sie zunächst die Datei Ausrichten.ai von der DVD. In dieser Datei werden Sie nacheinander verschiedene Objekte aneinander ausrichten.

Rufen Sie die Ausrichten-Palette auf, falls sie nicht bereits angezeigt wird, und positionieren die Palette in der Nähe der Seite.

▲ **Abbildung 5.79**
Die Ausrichten-Palette – Sie finden viele der Optionen auch in der Steuerungspalette.

◄ **Abbildung 5.80**
Links: Originalobjekte und an der Zeichenfläche ausgerichtet
Rechts: Bestimmung eines Objekts, an dem die Ausrichtung erfolgt

▲ **Abbildung 5.81**
Ausgangssituation der Schritt-für-Schritt-Anleitung

▲ **Abbildung 5.82**
Ausrichtung der Headline

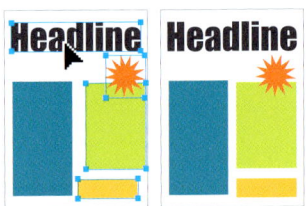

▲ **Abbildung 5.83**
Nachdem Sie die Objekte ausgewählt haben, klicken Sie einmal
auf das Referenzobjekt.

▲ **Abbildung 5.84**
Ausrichten des grünen Kastens

▲ **Abbildung 5.85**
Ausrichtung am Referenzobjekt

Zunächst benötigen Sie eine Referenz für die Ausrichtung des ganzen Satzspiegels auf der Mitte der Seite: Aktivieren Sie den Text, wählen Sie AN ZEICHENFLÄCHE AUSRICHTEN aus dem Palettenmenü der Ausrichten-Palette, und klicken Sie den Button HORIZONTAL ZENTRIERT AUSRICHTEN 🖳.

Wichtig: Deaktivieren Sie die Option AN ZEICHENFLÄCHE AUSRICHTEN nach Gebrauch.

2 **An Referenzobjekt ausrichten**

Die »Headline« ist jetzt Ihr Referenzobjekt für die folgenden Ausrichtungen. Einige Objekte müssen rechtsbündig mit der Headline ausgerichtet werden. Aktivieren Sie die Headline, den grünen und den gelben Kasten sowie den Stern.

Klicken Sie noch einmal auf die Headline, und verwenden Sie anschließend den Button RECHTS AUSRICHTEN 🖳.

In dieser Übung werden Sie mit den beteiligten Objekten keine weitere Ausrichtung durchführen. Sollten Sie jedoch für weitere Ausrichtungen mit den aktivierten Objekten ein anderes Referenzobjekt benötigen, müssen Sie vorher die Aktion BASIS-OBJEKT ABBRECHEN aus dem Palettenmenü ⊙ ausführen.

3 **Einfache Ausrichtung**

Es müssen jetzt zwei Ausrichtungen mit unterschiedlichen Objekten durchgeführt werden:
1. der blaue Kasten und die Headline: links ausrichten 🖳
2. der blaue und der grüne Kasten: oben ausrichten 🖳

Aktivieren Sie für jeden Schritt die beteiligten Objekte und klicken den entsprechenden Button.

4 **Ausrichtung an Referenzobjekt**

Abschließend führen Sie noch eine »Ausrichtung unten« des gelben Kastens am Referenzobjekt blauer Kasten durch. Aktivieren Sie die beiden Kästen, klicken auf den blauen Kasten und wählen den Button UNTEN AUSRICHTEN 🖳.

Optionen | Im Palettenmenü ⊙ können Sie folgende Optionen und Einstellungen vornehmen:

▶ AN ZEICHENFLÄCHE AUSRICHTEN: Möchten Sie die Objekte an der Seite, auf der Sie gerade arbeiten, ausrichten, um die Objekte beispielsweise genau in der Mitte der Fläche zu platzieren, wählen Sie aus dem Palettenmenü die Option AN ZEICHENFLÄCHE AUSRICHTEN.

▶ VORSCHAUBEGRENZUNGEN VERWENDEN: Als originäre Grundeinstellung werden Objekte anhand ihrer Objektgrenzen (Mitte der Außenlinie) ausgerichtet. Wenn Objekte eine starke Außenlinie aufweisen, führt diese Einstellung nicht immer zum gewünschten Ergebnis.

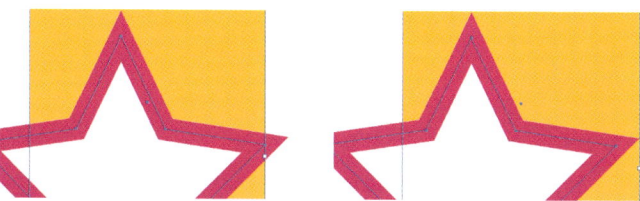

◀ Abbildung 5.86
Mit der Option VORSCHAUBEGREN-ZUNGEN VERWENDEN wird z. B. die Linienstärke berücksichtigt: Objekte RECHTS AUSGERICHTET (rechts mit Option Vorschaube-grenzungen)

Mit der Option VORSCHAUBEGRENZUNGEN VERWENDEN aus dem Palettenmenü werden die sichtbaren Außenbegrenzungen als Referenz zum Ausrichten von Objekten verwendet, also mit Linienstärken und/oder Effekten.

Objekte gleichmäßig verteilen

Beim Verteilen werden die betreffenden Objekte mit gleichmäßigen Abständen zueinander versehen. Die verschiedenen Möglichkeiten sind:

▶ Alle Objekte werden gleichmäßig über den Raum verteilt, ausgerichtet an ihren Außenkanten bzw. ihrem Mittelpunkt, begrenzt von den beiden äußersten Objekten.

▶ Der Raum zwischen den Objekten wird gleichmäßig aufgeteilt.

▶ Ein frei definierbarer Abstand wird zwischen den Objekten eingerichtet.

Objekte verteilen | In der Ausrichten-Palette sind die Symbole in der zweiten und dritten Reihe OBJEKTE VERTEILEN und ABSTAND VERTEILEN zum Verteilen von Objekten zuständig.

Aktivieren Sie die Objekte, die verteilt werden sollen, achten Sie darauf, dass in dem Wertefeld AUTO eingetragen ist, und klicken Sie dann den gewünschten Button in der Ausrichten-Palette an. Sie können OBJEKTE VERTEILEN auch mit dem AUSRICHTEN kombinieren, indem Sie nach der ersten eine weitere Operation der Ausrichten-Palette durchführen.

Verteilen eines definierten Abstands | Um einen definierten Abstand zwischen den Objekten zu verteilen, gehen Sie folgendermaßen vor:

1. Aktivieren Sie die Objekte, die Sie verteilen möchten.
2. Klicken Sie auf das Referenzobjekt.
3. Tragen Sie den gewünschten Abstand in das Feld AUTO in die Palette ein.

TIPP
Um Objekte exakt aneinander stoßen zu lassen, verwenden Sie die Funktion ABSTAND VERTEILEN mit dem Wert 0.

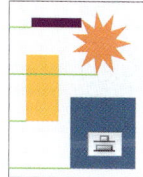

▲ Abbildung 5.87
Die Objekte werden anhand ihrer Außenkanten oder ihrer Mittelpunkte gleichmäßig verteilt.

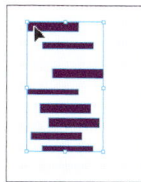
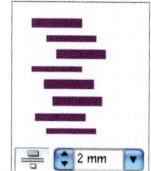

▲ Abbildung 5.88
Beim Verteilen der Objekte mit frei definiertem Abstand muss ein Referenzobjekt bestimmt werden.

4. Klicken Sie den gewünschten Button HORIZONTAL VERTEILEN: ABSTAND ⊞ bzw. VERTIKAL VERTEILEN: ABSTAND ⊞ in der Ausrichten-Palette, um den Abstand zwischen den Objekten einzurichten.

Ausrichtung (ohne Referenzobjekt)

Mittenausrichtungen ⊞ und ⊞ erfolgen bezogen auf die rechnerische horizontale bzw. vertikale Mitte des virtuellen Rechtecks, das alle aktivierten Objekte umschließt.
Bei Randausrichtungen ⊞ ⊞ ⊞ ⊞ erfolgt die Anordnung der ausgewählten Kanten aller aktivierten Objekte an der entsprechenden Kante des virtuellen Begrenzungsrechtecks (in der Grafik rot gekennzeichnet).

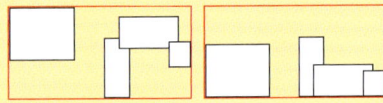

Ausrichtung (mit Referenzobjekt)

Anstatt auf das virtuelle umgebende Rechteck bezieht sich die Definition der Mitte bzw. der Kanten auf das Referenzobjekt (in der Grafik grün). D. h., seine Mitte oder seine rechte Kante bestimmen die Position der Mitte oder der rechten Kanten aller ausgerichteten Objekte.

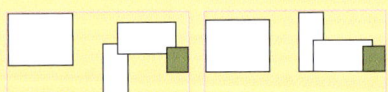

Verteilung (ohne Referenzobjekt)

Die Mittelpunkte ⊞ ⊞ bzw. Kanten ⊞ ⊞ ⊞ ⊞ aller aktivierten Objekte werden gleichmäßig zwischen den Extrempositionen verteilt. Für die Ermittlung der Extrempositionen werden jedoch nicht die Gesamtobjekte, sondern nur ihre jeweils auszurichtende Kante (rot) bewertet.

Verteilung (mit Referenzobjekt)

Zwischen den Mittelpunkten oder Kanten der beteiligten Objekte wird der im Eingabefeld definierte Abstand eingerichtet.

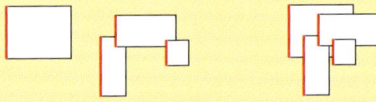

Abstand verteilen (ohne Referenzobjekt)

Die aktivierten Objekte werden in horizontaler ⊞ oder vertikaler ⊞ Richtung so auf der Fläche des virtuellen Rechtecks verteilt, dass ein gleichmäßiger Abstand zwischen ihnen entsteht. Die Durchführung ist nur sinnvoll, wenn ausreichend Platz vorhanden ist, um alle Objekte neben- oder übereinander anzuordnen.

Abstand verteilen (mit Referenzobjekt)

Zwischen den Außenbegrenzungen der beteiligten Objekte wird der im Eingabefeld definierte Abstand eingerichtet.

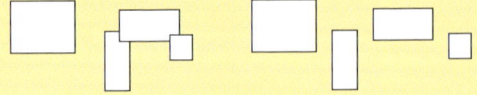

6 Pfade konstruieren und bearbeiten

6.1 Pfade und Bézierkurven

Im letzten Kapitel haben Sie gelernt, wie Sie mit den Werkzeugen von Illustrator Formen erzeugen und Objekte transformieren. Dabei sind – ganz unbemerkt – Pfade ins Spiel gekommen.

Pfade bilden in Illustrator – wie in allen Vektorprogrammen – die Grundlage aller Formen. Das Zeichenstift-Werkzeug – bzw. die Zeichenfeder, wie das Werkzeug auch genannt wird – ist die native Methode, um Pfade Punkt für Punkt aufzubauen. In diesem Kapitel lernen Sie auch die Kurven des Herrn Bézier im Detail kennen (Bézierkurven siehe Kapitel 3).

▲ **Abbildung 6.1**
Zeichenwerkzeuge, von links:
ZEICHENSTIFT, ANKERPUNKT HINZU-
FÜGEN, ANKERPUNKT LÖSCHEN,
ANKERPUNKT KONVERTIEREN

Die Anatomie eines Pfads

Die wesentlichen Bestandteile eines Pfads sind die **Ankerpunkte**, durch die er geformt wird. Der Teil eines Pfads zwischen zwei Punkten wird **Pfadsegment** ❶ genannt.

Geschlossene Pfade schließen einen Raum komplett ein, bei offenen Pfaden fehlt ein Pfadsegment. Die beiden nicht verbundenen Punkte an den Enden eines offenen Pfads werden als END-PUNKTE ❷ bezeichnet. Illustrator arbeitet mit zwei Typen von Ankerpunkten:

▸ **Eckpunkte** ❸, an denen der Pfad seine Richtung abrupt ändert, also eine Ecke ausbildet.

▸ **Übergangspunkte** ❹, an denen der Pfad kontinuierlich ins benachbarte Pfadsegment übergeht. Solche Punkte sind auch als »Kurvenpunkte« bekannt.

Den Kurvenverlauf zwischen den Ankerpunkten bestimmen Kurventangenten, die **Grifflinien** ❺, deren Länge und Ausrichtung durch Bewegen der **Griffpunkte** an ihrem Ende beeinflusst werden kann.

▲ **Abbildung 6.2**
Bestandteile eines Pfads

▲ **Abbildung 6.3**
Geschlossener Pfad (oben) und offener Pfad (unten)

HINWEIS

Auch wenn die Kurventangenten in Illustrator Grifflinien heißen, können Sie diese Linien selbst nicht anfassen und bewegen.

6.2 Ankerpunkte setzen

Werkzeuge zum Zeichnen

Anders als wir es beim Zeichnen auf Papier gewohnt sind, werden beim Konstruieren mit dem Zeichenstift-Werkzeug ⟨⟩ die Linien nicht gezogen, sondern einzelne Ankerpunkte gesetzt, die Illustrator dann verbindet.

Sie erzeugen sowohl Eckpunkte als auch Übergangspunkte mit demselben Werkzeug, lediglich das Vorgehen, wie Sie mit dem Werkzeug den Punkt setzen, bestimmt darüber, welche Art Ankerpunkt generiert wird.

Natürlich können Sie auch nachträglich einen Eckpunkt in einen Übergangspunkt umformen und umgekehrt.

Neben dem Zeichenstift-Werkzeug finden Sie Spezialwerkzeuge für das Hinzufügen, Löschen und Konvertieren von Punkten. Während der Erstellung eines Pfads können Sie den Zeichenstift temporär, also vorübergehend, mit Hilfe von Modifizierungstasten in die verschiedenen Zeichenwerkzeuge wandeln. Um rationell mit dem Zeichenstift zu arbeiten und beim Zeichnen im Fluss zu bleiben, empfiehlt es sich, diese Modifizierungstasten einzusetzen.

Der Cursor des Zeichenstift-Werkzeugs nimmt dabei verschiedene Formen an und zeigt Ihnen anhand seines Symbols, welche Aktion an der jeweiligen Stelle unter dem Cursor mit einem Klick möglich ist:

▶ einen neuen Pfad beginnen ⟨⟩×
▶ den Pfad mit einem Ankerpunkt weiterführen ⟨⟩
▶ einen Ankerpunkt auf einem Liniensegment hinzufügen ⟨⟩+
▶ einen Punkt von einem Pfad löschen ⟨⟩−
▶ einen Punkt konvertieren ⟨⟩∧, ∧
▶ an einem Endpunkt ansetzen, um den Pfad weiterzuführen ⟨⟩⁄
▶ an einen bestehenden Pfad anschließen ⟨⟩∘
▶ den Pfad schließen ⟨⟩∘
▶ ein Pfadsegment aktivieren und verschieben ▶▪, ▶
▶ einen Ankerpunkt aktivieren und verschieben ▶∘

Ankerpunkte anlegen

Die einfachsten Formen, die Sie in Vektorprogrammen erzeugen können, sind offene Linien oder Polygone, also Pfade aus geraden Segmenten, die nur aus Eckpunkten ohne Grifflinien bestehen. Ein **Eckpunkt** muss aber nicht unbedingt von zwei geraden Pfadsegmenten eingeschlossen sein, er kann auch einem Kurvensegment folgen oder vor einem Kurvensegment angeordnet sein. **Übergangspunkte** dagegen bilden keine Ecken aus, sondern

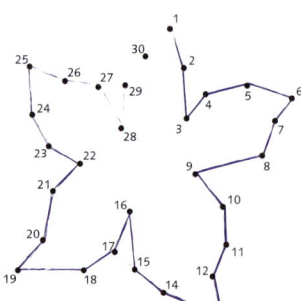

▲ **Abbildung 6.4**
Der Zeichenstift funktioniert wie ein umgekehrtes Punkte-verbinden-Spiel: Sie setzen die Punkte, und Illustrator verbindet sie.

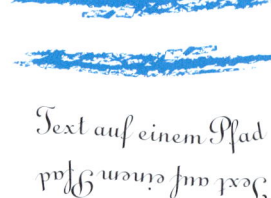

▲ **Abbildung 6.5**
In welcher Reihenfolge Sie die Punkte setzen, bestimmt die Richtung des Pfads. Die Pfadrichtung wirkt sich beispielsweise auf die Kontur von Pinselstrichen und auf die Ausrichtung eines Textes auf einem Pfad aus.

ermöglichen einen homogenen Übergang zwischen zwei Kurven-
teilen.

Eckpunkt | Ankerpunkte anlegen

Ein Polygon, also eine vieleckige Form, erzeugen Sie mit folgenden Arbeits-Schritten:

1. Wählen Sie das Zeichenstift-Werkzeug aus.
2. Bewegen Sie das Werkzeug an eine Position auf der Zeichenfläche, an der sich kein anderer Pfad befindet ❶, der Cursor
   muss das Symbol ⬩ anzeigen. Erzeugen Sie durch einen kurzen
   Klick den Startpunkt Ihres Objekts.
3. Klicken Sie nun nacheinander auf die Stellen der Zeichenfläche, an denen Sie die folgenden Eckpunkte Ihres Polygons setzen wollen ❷, ❸. Der Cursor muss dabei das Symbol ⬩ anzeigen.
4. Um die Eingabe eines Pfads zu beenden, haben Sie zwei Möglichkeiten:
   a. Klicken Sie wieder auf den Startpunkt, dann entsteht ein
      geschlossener Pfad ❹. Der Cursor wandelt dabei seine Ein-
      fügemarke in ⬩.
   b. Wenn Sie das Objekt als offenen Pfad abschließen wollen,
      drücken Sie die Modifizierungstaste ⌘/Strg und klicken
      auf eine leere Stelle der Arbeitsfläche. Alternativ können Sie
      auch ein neues Werkzeug auswählen.

Eckpunkte mit Kurvensegment | Ankerpunkte anlegen

Einen Eckpunkt, dem ein Kurvensegment folgt, erstellen Sie wie
folgt:

1. Zunächst erstellen Sie eine Gerade mit einem Startpunkt und
   einem Eckpunkt ❶.
2. Lassen Sie die Maustaste los, und bewegen Sie den Cursor
   über den zuletzt gesetzten Ankerpunkt ❷. Der Cursor zeigt
   hierbei einen kleinen Pfeil neben der Zeichenfeder ⬩.
3. Klicken Sie auf den Punkt und ziehen mit gedrückter Maustaste eine Tangente – die Grifflinie – aus dem Ankerpunkt
   heraus ❸. Dann lassen Sie die Maustaste los. Diese Aktion verändert zunächst nichts an Ihrer Zeichnung.
4. Erst wenn Sie einen weiteren Punkt setzen ❹, wird klar, dass
   das Programm die neue Linie als Kurvensegment generiert ❺.

Übergangspunkte – Kurvenpunkte | Ankerpunkte anlegen

Wie zwei Kurvensegmente in einem Kurvenpunkt ineinander
übergehen, bestimmen die Länge und Richtung ihrer Tangenten.
Diese Grifflinien werden beim Erstellen des Pfads aus den Ankerpunkten »herausgezogen«.

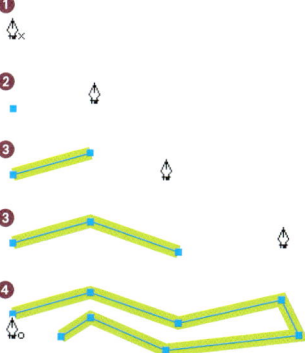

▲ **Abbildung 6.6**
Eckpunkte anlegen

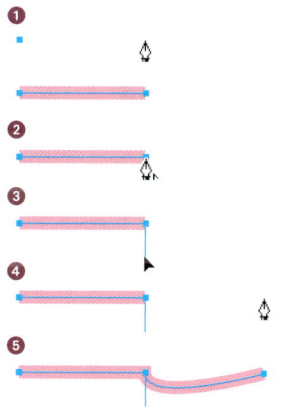

▲ **Abbildung 6.7**
Eckpunkte mit Kurvensegment

▲ **Abbildung 6.8**
Die Krümmung eines Kurvensegments wird durch die Grifflinien
der beiden benachbarten Ankerpunkte bestimmt.

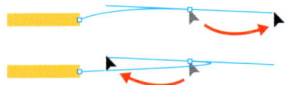

▲ **Abbildung 6.9**
Die Grifflinien ziehen Sie in Zeichenrichtung aus einem Ankerpunkt (oben).

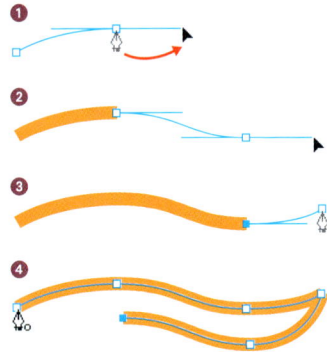

▲ **Abbildung 6.10**
Übergangspunkte

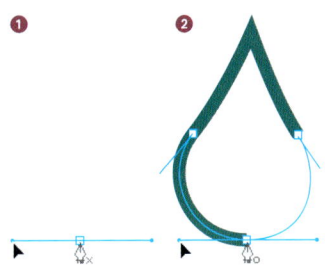

▲ **Abbildung 6.11**
Übergangspunkt als Startpunkt

So erzeugen Sie einen Übergangspunkt mit dem Zeichenstift-Werkzeug:

1. Erstellen Sie den Startpunkt des Pfads.
2. Wenn Sie den folgenden Ankerpunkt setzen ziehen Sie den Cursor mit gedrückter Maustaste vom Klickpunkt weg ❶.
   Durch dieses Ziehen erstellen Sie die Tangenten, die den Kurvenverlauf bestimmen. Diese Grifflinien sollten Sie immer in Pfadrichtung aus dem Ankerpunkt herausziehen, da sonst eine Schleife im Pfad entsteht.
   Das Programm generiert bei der Aktion gleichmäßig lange Grifflinien zu beiden Seiten des Punkts. Die eine Tangente bestimmt die Form der Kurve zum vorher gesetzten Punkt, die andere Grifflinie legt den Kurvenverlauf zum nachfolgenden Ankerpunkt ❷ fest. Ein so erzeugter Ankerpunkt wird von Illustrator als Übergangspunkt definiert.
3. Gehen Sie genauso vor, um auch die folgenden Punkte als Kurvenpunkte zu erstellen.
   Möchten Sie zwischendurch einen Eckpunkt setzen ❸, klicken Sie wie weiter oben beschrieben nur kurz auf die gewünschte Stelle der Zeichenfläche, ohne zu ziehen.
4. Klicken Sie zuletzt wieder auf den Startpunkt, um den Pfad zu schließen ❹.

Sie können einen Übergangspunkt auch bereits als Startpunkt erzeugen (siehe Abbildung 6.11), indem Sie dabei wie unter 2. beschrieben vorgehen ❶. Sie müssen allerdings beim Zeichnen eines geschlossen Pfads zum Abschluss die Grifflinien noch einmal aus dem Startpunkt »herausziehen« ❷, um zu beiden Seiten des Ankerpunkts ein Kurvensegment auszubilden!

Modifikationsmöglichkeiten | Ankerpunkte anlegen

▶ ⇧ : Halten Sie beim Klicken der Punkte auf der Tastatur die Modifikationstaste ⇧ gedrückt, um Pfadsegmente waagerecht, senkrecht oder in einem 45°-Winkel zu zeichnen.

▶ ⇧ : Ziehen Sie Griffpunkte mit der Taste ⇧ , werden diese waagerecht, senkrecht oder in einem 45°-Winkel angelegt.

▶ ⇧ : Möchten Sie einen neuen Punkt direkt über einen bestehenden Ankerpunkt setzen und dabei gegebenenfalls eine Schleife erzeugen, drücken Sie die Modifikationstaste ⇧ und klicken erst dann den Punkt.

▶ Leertaste: Drücken Sie die Leertaste, noch während Sie einen Ankerpunkt klicken, können Sie den neuen Punkt verschieben. Illustrator erstellt dabei zunächst eine Vorschau des entstehenden Pfadsegments, so dass es möglich ist, beim Erstellen des Ankerpunkts das Segment noch nachzurichten.

Korrektur | Ankerpunke anlegen

Merken Sie beim Erstellen eines Pfads, dass Sie einen Punkt besser anders gesetzt hätten, stehen Ihnen mehrere Möglichkeiten zur Verfügung:

▶ Rückgängig: Wie nahezu alle Programme versteht auch Illustrator den Widerrufen-Befehl. Um den gerade erstellten Punkt zu widerrufen, wählen Sie im Menü die Anweisung BEARBEITEN • RÜCKGÄNGIG: ZEICHENSTIFT – Shortcut: ⌘/ Strg + Z .

Der zuletzt gesetzte PUNKT wird samt generiertem Pfadsegment entfernt und der davor erzeugte Ankerpunkt aktiviert, so dass es möglich ist, sofort wieder ein neues Segment anzuschließen.

▶ Punkt löschen: Einzelne Ankerpunkte, die sich in der Mitte eines Pfads befinden, können Sie nicht einfach mit der Löschtaste entfernen, denn dann liquidiert Illustrator nicht nur den Punkt, sondern ebenso die beiden angrenzenden Pfadsegmente, und der Pfad wird aufgeteilt.

Verwenden Sie stattdessen das Ankerpunkt-löschen-Werkzeug . Bewegen Sie das Werkzeug über einen Ankerpunkt, und klicken Sie darauf – der Punkt wird gelöscht.

Das Ankerpunkt-löschen-Werkzeug funktioniert sowohl bei aktiven als auch bei nicht aktiven Pfaden.

▶ Auch das Zeichenstift-Werkzeug kann temporär zum Löschen von Ankerpunkten benutzt werden, das funktioniert allerdings nur bei aktivierten Pfaden.

Bewegen Sie den Zeichenstift über einen Ankerpunkt. Wenn das Symbol ♣ angezeigt wird, entfernt ein Klick den Punkt unter dem Cursor. Das Löschen von Start- und Endpunkten ist so jedoch nicht möglich!

▲ **Abbildung 6.12**
Korrigieren des Segments beim Setzen des Punkts

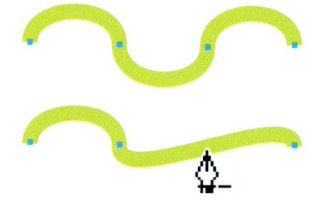

▲ **Abbildung 6.13**
Von oben: Originalpfad, Punkt mit Ankerpunkt-löschen-Werkzeug gelöscht

---

ZUSAMMENFASSUNG: PUNKT-MERKMALE

Beim Erstellen der beiden Ankerpunkt-Arten haben Sie erfahren, dass sich Eckpunkte und Übergangspunkte durch die Handhabung ihrer Grifflinien unterscheiden.

Eckpunkte haben entweder keine, eine oder zwei Tangenten. Die Grifflinien eines Eckpunkts können unabhängig voneinander bewegt werden und in unterschiedliche Richtungen zeigen. Übergangspunkte dagegen besitzen immer zwei Grifflinien, die eine durchgehende Linie bilden und sich nur gemeinsam bewegen lassen.

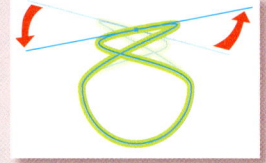

Schritt für Schritt: Eine einfache Form zeichnen

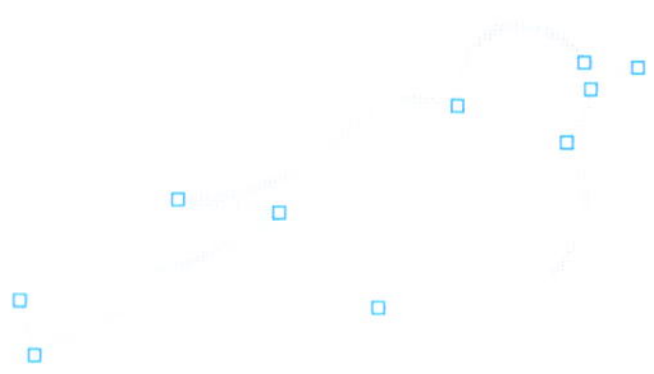

1 Planung

Öffnen Sie die Illustrator-Datei Vorlage Vogel.ai von der DVD. Die Vorlage für die Zeichnung ist bereits in der Datei. Sehen Sie sich die Vorlage an, und planen Sie, wo Sie Punkte setzen wollen. Beim Nachzeichnen ist es vorläufig nicht so wichtig, dass Sie die vorgegebene Form genau treffen. Es kommt eher darauf an, dass Sie alle Punkte korrekt als Eck- oder Übergangspunkte setzen und möglichst die benötigten Grifflinien sofort mit erzeugen, denn so sparen Sie sich beim Nacharbeiten viel Arbeit und vor allem zeitraubende Werkzeugwechsel.

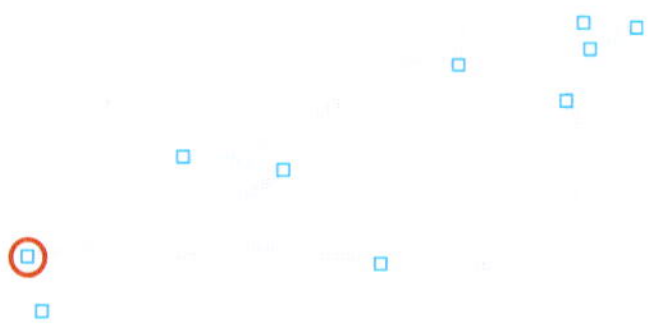

▲ **Abbildung 6.14**
Eine einfache Form

2 Als Start eine Kurve aus einem Eckpunkt

Wählen Sie das Zeichenstift-Werkzeug, und klicken Sie den ersten Punkt, halten Sie die Maustaste gedrückt und ziehen die Griffpunkte heraus. Achten Sie hauptsächlich auf die Grifflinie, die das folgende Kurvensegment bestimmen wird. Die nicht benötigte GRIFFLINIE »brechen« Sie später ab, wenn die Form geschlossen wird.

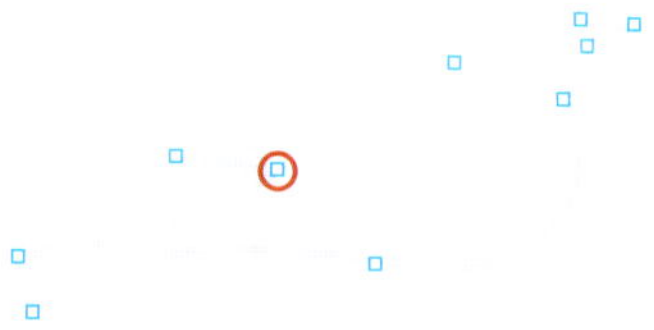

▲ **Abbildung 6.15**
Startpunkt

3 Nach der Kurve folgt eine Gerade

Die Kurve endet in einem Eckpunkt, danach geht es mit einer Geraden weiter. Sie benötigen also einen Ankerpunkt mit *einer* Grifflinie.

Um die Grifflinie beim Setzen des Punkts zu erhalten, müssen Sie den Punkt wie einen Kurvenpunkt erstellen und anschließend in einen Eckpunkt umwandeln. Und so geht's: Klicken Sie an die Stelle, an die Sie den Punkt setzen möchten, halten die Maustaste gedrückt und ziehen die Grifflinien aus dem Ankerpunkt heraus.

▲ **Abbildung 6.16**
Eckpunkt verbindet eine Kurve
mit einer Geraden

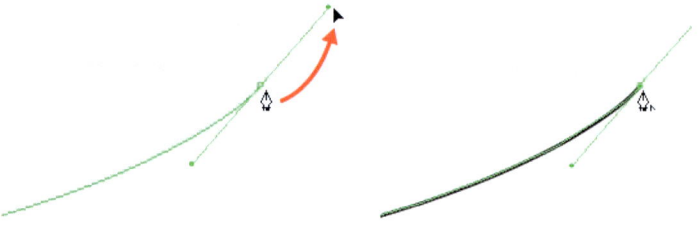

Lassen Sie die Maustaste los, bewegen den Cursor über den zuletzt erstellten Punkt, bis der Cursor das Symbol in ♺ wechselt, und klicken Sie auf den Punkt. Damit wird der erzeugte Übergangspunkt in einen Eckpunkt konvertiert.

4 Jetzt geht's wieder in die Kurve

Da nach der geraden Strecke gleich eine Kurve folgt, müssen Sie wieder einen Kurvenpunkt setzen, den Sie umwandeln, dieses Mal jedoch auf eine etwas andere Art, denn hier folgt ein Kurvenabschnitt auf ein gerades Segment.

Klicken und ziehen Sie also den nächsten Punkt und achten Sie auf die Form des Kurvensegments. Anschließend brechen Sie die nicht benötigte Grifflinie ab.

Halten Sie dazu die Modifikationstaste ⌥/ Alt gedrückt, der Cursor zeigt das Symbol ⌐. Damit klicken Sie auf den nicht benötigten Griffpunkt und ziehen ihn in den Ankerpunkt zurück, den Sie genau treffen müssen. Die richtige Stelle wird durch das Symbol ▷ im Cursor angezeigt.

▲ **Abbildung 6.17**
Eckpunkt

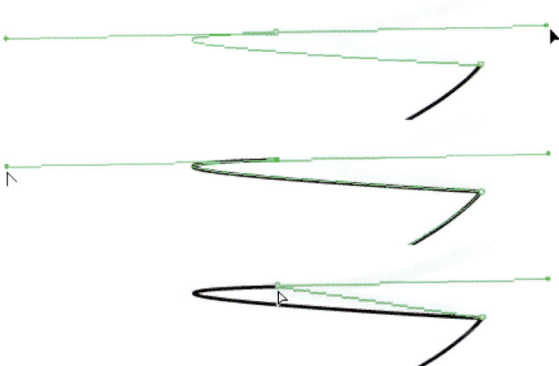

5 Eine S-Kurve

Das Kurvensegment, das Sie jetzt erstellen müssen, beschreibt eine S-Kurve. Mit nur zwei Übergangspunkten können Sie meist eine S-Kurve erstellen – sie entsteht, wenn bei zwei aufeinander folgenden Kurvenpunkten die Grifflinien in die gleiche Richtung gezogen werden.

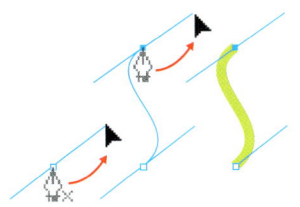

◄ **Abbildung 6.18**
Prinzip einer S-Kurve

Um diese Kurve zu zeichnen, klicken und ziehen Sie an der entsprechenden Stelle einen Kurvenpunkt, bei dem Sie die erforderliche Tangente in die gleiche Richtung herausziehen wie beim vorherigen Ankerpunkt.

Diese Grifflinien werden Sie im nächsten Schritt »abbrechen«.

▲ Abbildung 6.19
S-Kurve

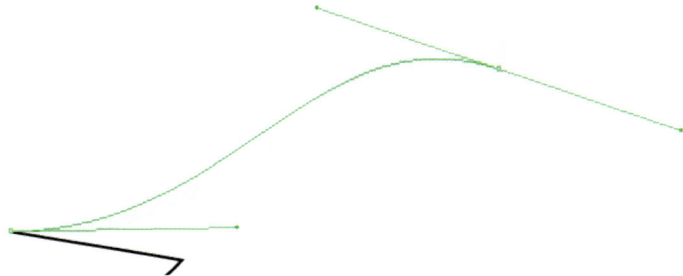

6 Zwei aufeinander folgende Kurven

Der soeben erstellte Kurvenpunkt muss nun in einen Eckpunkt umgewandelt werden; da danach aber eine Kurve folgt, brechen Sie die Grifflinie zwar ab, schieben den Ankerpunkt aber nicht in den zugehörigen Griffpunkt zurück.

Halten Sie die Taste ⌥/Alt und ziehen den Griffpunkt in die gewünschte Position. Den folgenden Punkt erstellen Sie als Kurvenpunkt und brechen anschließend die nicht benötigte Grifflinie ab wie bereits in Schritt 3 besprochen.

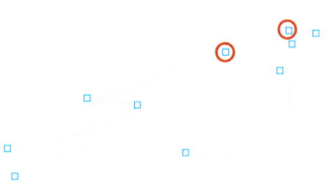

▲ Abbildung 6.20
Aufeinanderfolgende Kurven

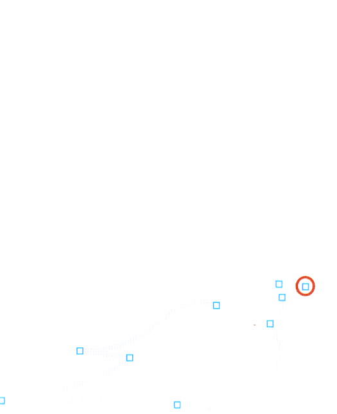

7 Nur eine einfache Linie

Um die Gerade zu erstellen, klicken Sie einfach den gewünschten Eckpunkt.

▲ Abbildung 6.21
Einfache Linie

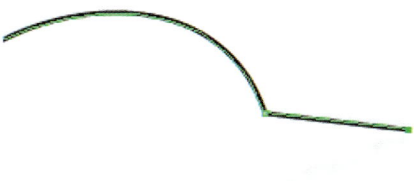

8 Die letzte Kurve

Hier brauchen Sie einen Übergangspunkt. Klicken Sie auf die gewünschte Stelle, und ziehen Sie die Grifflinien heraus.

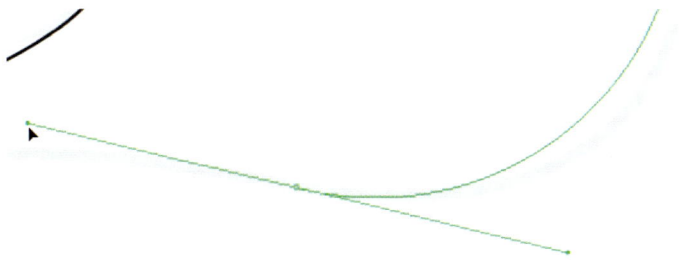

▲ **Abbildung 6.22**
Übergangspunkt

9 Die Zielgerade

Sie haben dieses Objekt mit einem Übergangspunkt begonnen, weil Sie für das gebogene erste Pfadsegment die zugehörige Tangente benötigten.

Als letzter Ankerpunkt ist aber ein Eckpunkt erforderlich. Die Art, wie Sie nun vorgehen, ob Sie zum Schluss den Startpunkt nur anklicken oder zusätzlich ziehen, bestimmt darüber, ob dieser Punkt letztendlich ein Eckpunkt oder ein Übergangspunkt wird.

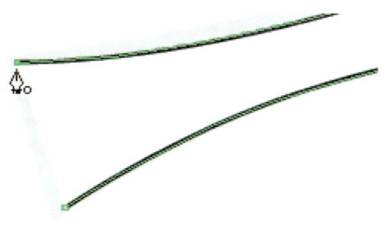

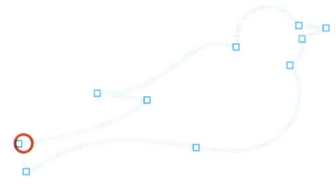

▲ **Abbildung 6.23**
Pfad schließen

Bewegen Sie den Cursor über den Startpunkt, bis das Symbol ◊ anzeigt, dass der Pfad geschlossen werden kann. Da Sie einen Eckpunkt benötigen, klicken Sie den Startpunkt nur an.

6.3   Punkte auswählen

HINWEIS

Umsteiger, welche die Werkzeuge von FreeHand gewohnt sind, werden die Auswahl-Werkzeuge als »gewöhnungsbedürftig« empfinden. Illustrator verwendet das Auswahl-Werkzeug und das Direktauswahl-Werkzeug sehr spezifisch, denn das Programm macht einen Unterschied zwischen der Auswahl eines Objekts und der eines Ankerpunkts.

Pfade sind nach dem Erstellen selten in der optischen Form, die gewünscht ist. Zum Nacharbeiten müssen Sie Ankerpunkte bewegen oder umwandeln, die Grifflinien nachrichten und Pfadsegmente direkt verformen. Voraussetzung dafür ist, dass die entsprechenden Ankerpunkte bzw. Pfadsegmente ausgewählt werden. Illustrator bietet dazu verschiedene Möglichkeiten.

Damit die Optionen der einzelnen Werkzeuge auch voll nutzbar sind, ist es zunächst allerdings wichtig, jeweils die richtige Bildschirmdarstellung für Ihre Grafik zu wählen

Vorschau oder Pfadansicht

Üblicherweise erstellen Sie Ihre Grafiken im Vorschaumodus. Manchmal ist es aber auch sinnvoll, die Ansicht schnell zu wechseln, denn in der Pfadansicht sind die Farben, Konturen und Füllungen der Objekte nicht aktiv. So wird es möglich, Pfade zu bearbeiten, die in der Vorschau nicht sichtbar sind.

▲ **Abbildung 6.24**
In der Pfadansicht erkennen Sie auch von breiten Konturen den Pfadverlauf, Sie können Konturen von Flächen unterscheiden, und die Füllung stört nicht bei der Auswahl von Ankerpunkten.

Bei der Arbeit mit dem Auswahlrechteck oder dem Lasso sind gefüllte Flächen oder breite Konturen oft hinderlich, auch deshalb ist es sinnvoll, gelegentlich in die Pfadansicht zu wechseln und zur Weiterbearbeitung Ihrer Auswahl in den Vorschaumodus zurückzukehren. Shortcut in beide Richtungen: ⌘/Strg+Y

Auswahlen gehen dabei nicht verloren. Mehr zu Ansichten finden Sie in Kapitel 4.

Aktive Pfade, Pfadsegmente und Ankerpunkte

Illustrator zeigt in der Bildschirmdarstellung an, welche Pfade, Ankerpunkte und Grifflinien aktiv sind, die bearbeitet werden können.

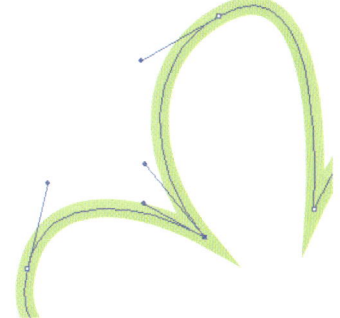

▲ **Abbildung 6.25**
Ist ein Objekt ausgewählt, werden alle Ankerpunkte eines ausgewählten Objekts als gefüllte Quadrate angezeigt. Sie können einzelne Punkte oder deren Grifflinien nicht verändern. Um einzelne Ankerpunkte zu bearbeiten, müssen Sie das Objekt zuerst deaktivieren.

▲ **Abbildung 6.26**
Wenn ein Pfadsegment ausgewählt ist, sind alle Ankerpunkte des Objekts nicht gefüllt. Die Grifflinien, welche die Form des aktiven Segments bestimmen, sind sichtbar.

▲ **Abbildung 6.27**
Ist ein Ankerpunkt ausgewählt, wird er als gefülltes Quadrat angezeigt. Die anderen Punkte des Objekts sind ungefüllt.
Die Grifflinien des aktiven Ankerpunkts sowie die Grifflinien der benachbarten Pfadsegmente sind sichtbar.

Direktauswahl-Werkzeug

Mit dem »normalen« Auswahl-Werkzeug können Sie nur ganze Objekte auswählen, zur Aktivierung einzelner Punkte oder Pfadsegmente dient das Direktauswahl-Werkzeug.

Ein Pfadsegment auswählen | Direktauswahl-Werkzeug
Gehen Sie wie folgt vor, um ein Pfadsegment auszuwählen:

1. Falls das Objekt aktiviert ist – also alle Punkte als gefüllte Quadrate angezeigt werden –, heben Sie zunächst die Auswahl auf, indem Sie neben das Objekt klicken, oder Sie geben den Menübefehl AUSWAHL • AUSWAHL AUFHEBEN.
   Shortcut: ⌘/Strg + ⇧ + A
2. Wählen Sie das Direktauswahl-Werkzeug aus der Werkzeugpalette.
3. Bewegen Sie den Cursor über das Pfadsegment – also den Bereich zwischen zwei Punkten –, das Sie auswählen möchten. Sie müssen den Pfad sehr genau treffen, anderenfalls aktivieren Sie das gesamte Objekt statt das einzelne Pfadsegment.
4. Klicken Sie auf das Pfadsegment. Handelt es sich um eine Kurve, müssen jetzt Grifflinien angezeigt werden. Alle Punkte des Pfads werden als nicht gefüllte Quadrate dargestellt.

Einen Ankerpunkt auswählen | Direktauswahl-Werkzeug
Gehen Sie folgendermaßen vor, um einen Punkt auszuwählen:

TIPP

Verwenden Sie die Option AUS-WAHL • OBJEKT • GRIFFLINIEN, wenn Sie aus Versehen das Objekt anstelle der Kontur oder eines einzelnen Ankerpunkts ausgewählt haben.

Alternativ drücken Sie ⇧ und klicken mit dem Direktauswahl-Werkzeug den gewünschten Ankerpunkt oder das Pfadsegment.

1. Falls das Objekt als Ganzes aktiviert ist, heben Sie diese Auswahl auf, damit Sie das Direktauswahl-Werkzeug verwenden können.

2. Nun holen Sie sich das Direktauswahl-Werkzeug aus der Werkzeugpalette.

3. Solange kein Ankerpunkt oder Pfadsegment aktiv ist, besteht allerdings das Problem, dass Übergangspunkte nicht zu erkennen sind. Als Orientierungshilfe dient Ihnen hier der Cursor. Das Direktauswahl-Werkzeug zeigt normalerweise über einem Objekt das Symbol ꜒▪, sobald sich der Pfeil aber über einem Ankerpunkt befindet, wechselt er die Marke in ꜒□. Trotzdem bleibt es mühsam, Punkte auf diese Art zu suchen. Einfacher ist es, zunächst irgendein Segment des gewünschten Pfads zu aktivieren, damit die Punkte sichtbar werden, und wechseln Sie nötigenfalls temporär in die Pfadansicht.

4. Wenn Sie den gewünschten Ankerpunkt gefunden haben, aktivieren Sie ihn durch einen kurzen Klick.

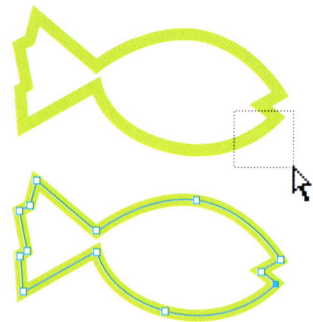

▲ **Abbildung 6.28**
Punktauswahl mit dem Direktauswahl-Werkzeug

Modifizierungsmöglichkeiten | Direktauswahl-Werkzeug

▶ ⧄ : Weitere Punkte wählen Sie aus, indem Sie die Taste ⧄ drücken und die zusätzlichen Punkte anklicken.

▶ ⧄ : Wenn Sie einen Ankerpunkt wieder aus der Auswahl herausnehmen möchten, drücken Sie ebenfalls ⧄ und klicken den bereits aktivierten Punkt an.

Auswahlrechteck | Direktauswahl-Werkzeug
Alternativ aktivieren Sie einen Punkt, indem Sie ein Auswahlrechteck darüber aufziehen.

Mit einem weiteren Auswahlrechteck und gedrückter ⧄ -Taste wählen Sie zusätzliche Punkte aus.

Sie können auch mehrere Methoden kombinieren, indem Sie die Auswahl beispielsweise mit einem Auswahlrechteck starten und einzelne Punkte, wie oben beschrieben, wieder von der Auswahl abziehen oder hinzufügen.

Das Auswahlrechteck ist besonders effektiv in der Pfadansicht, weil dann Konturen und Füllungen nicht stören.

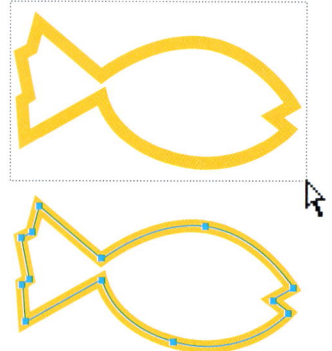

▲ **Abbildung 6.29**
Objektauswahl mit dem Direktauswahl-Werkzeug

Objekte auswählen | Direktauswahl-Werkzeug
Mit dem Direktauswahl-Werkzeug können Sie statt einzelner Bestandteile eines Pfads auch ein gefülltes Objekt insgesamt aktivieren, indem Sie auf seine Fläche klicken. Das gleiche Ergebnis erzielen Sie, wenn Sie mit dem Direktauswahl-Werkzeug ein Auswahlrechteck um das komplette Objekt aufziehen.

Wenn sich das Werkzeug über einem Objekt befindet, wechselt der Cursor sein Symbol in ꜒▪.

Auswahl von Punkten über das Menü

Über das Auswahl-Menü haben Sie weitere Möglichkeiten, Punkte auszuwählen. Aktivieren Sie ein Objekt, und wählen Sie die Funktion Auswahl • Objekt • Grifflinien, damit werden alle Punkte des Objekts aktiviert. Mit dem Direktauswahl-Werkzeug können Sie dann einzelne Punkte anklicken und transformieren.

Smart Guides – magnetische Hilfslinien

Eine andere Möglichkeit, um Pfade – auch verborgene – zu identifizieren, ist die Option Ansicht • Magnetische Hilfslinien. Wenn Sie diesen Modus einschalten, zeigt Illustrator alle Pfade unter dem Cursor an. Der Shortcut zum Ein- und Ausschalten ist ⌘/Strg+U.

Magnetische Hilfslinien stehen nicht zur Verfügung, wenn die Option Am Raster ausrichten aktiv ist.

Pfade und Punkte ausblenden

Wenn Sie die Anzeige der Grifflinien, Pfade und Punkte stört, wählen Sie die Menüoption Ansicht • Ecken ausblenden.

Sie haben dann allerdings keinen Anhaltspunkt mehr, welche Elemente Ihrer Grafik gerade aktiv sind.

▲ **Abbildung 6.30**
Smart Guides zeigen Pfade, Punkte sowie Grifflinien an, und sie machen alle Objekte magnetisch.

6.4   Punkte bearbeiten

Sie können einzelne oder mehrere Ankerpunkte zusammen bewegen bzw. anderweitig transformieren, um die Form eines Pfads zu ändern. Pfadsegmente lassen sich direkt anfassen und bearbeiten, oder das Segment wird mit Hilfe der Grifflinien in die richtige Form gebracht.

Ankerpunkte bewegen

Um einen Ankerpunkt zu bewegen, aktivieren Sie ihn mit dem Direktauswahl-Werkzeug und ziehen an die gewünschte Position. Sie können in einem Zug einen Punkt auswählen und verschieben, ohne die Maustaste zwischendurch loszulassen.

Alternativ lassen sich aktivierte Ankerpunkte mit den Pfeiltasten ↑, ↓, → und ← bewegen.

Modifizierungsmöglichkeiten | Ankerpunkte bewegen

▶ ⇧: Mit der ⇧-Taste verschieben Sie Ankerpunkte in festen 45°-Winkelungen. Da diese Taste gleichzeitig dazu dient, mehrere Punkte auszuwählen, müssen Sie die Modifikationstaste und die Maus in der richtigen Reihenfolge bedienen.

> **TIPP**
>
> Wie in vielen anderen Grafikprogrammen lässt sich auch in Illustrator das Auswahl-Werkzeug temporär aufrufen, während Sie ein anderes Werkzeug benutzen. Allerdings wechseln Sie dabei immer zum zuletzt verwendeten Auswahl-Werkzeug – das kann neben dem Direktauswahl-Werkzeug auch eines der beiden anderen Auswahl-Werkzeuge sein.
>
> Wenn Sie während der Erstellung eines Pfads einen der vorher gesetzten Punkte verschieben wollen, müssen Sie das Direktauswahl-Werkzeug verwenden. Klicken Sie deshalb noch einmal kurz auf das Direktauswahl-Werkzeug, bevor Sie den Zeichenstift aufrufen.

Der sicherste Weg, um einen oder mehrere Punkte in einem festen 45°-Winkel zu verschieben, umfasst folgende Schritte:

1. Aktivieren Sie zunächst alle Ankerpunkte, die Sie zusammen verschieben wollen.
2. Lassen Sie die Maustaste los, nachdem Sie alle gewünschten Punkte ausgewählt haben. Klicken Sie einen der aktiven Punkte an und halten die Maustaste gedrückt.
3. Betätigen und halten Sie zusätzlich die Modifikationstaste ⇧. Ziehen Sie den geklickten Punkt an die gewünschte Position, die anderen aktiven Ankerpunkte bewegen sich synchron mit.

Auch wenn Sie nur einen Ankerpunkt verschieben wollen, sollten Sie diesen Ablauf einhalten.

Punkte transformieren

Nicht nur komplette Formen, auch mehrere Ankerpunkte, die Sie zusammen ausgewählt haben, können Sie gemeinsam mit den Transformations-Werkzeugen bearbeiten.

Sehr praktisch ist diese Vorgehensweise beispielsweise beim »Abknicken« einer Form.

▲ **Abbildung 6.31**
Mehrere Ankerpunkte gemeinsam transformieren

Um das Bein zu beugen, wie in dem Beispiel gezeigt, verfahren Sie wie folgt:

1. Erstellen Sie, falls nötig, Kurvenpunkte an der geplanten Beugestelle.
2. Aktivieren Sie mit dem Lasso oder mit dem Direktauswahl-Werkzeug die Ankerpunkte auf dem Teil des Pfads, der umgebogen werden soll.
3. Wählen Sie das Drehen-Werkzeug in der Auswahl der Transformations-Werkzeuge.
4. Klicken Sie einen der aktivierten Punkte als Referenzpunkt, und ziehen Sie die Beugung in die richtige Position.

▲ **Abbildung 6.32**
Durchschnitt berechnen auf die Punkte zweier Objekte angewendet

Punkte horizontal und/oder vertikal zentrieren

Die Ausrichten-Palette können Sie nur für komplette Objekte, nicht aber für einzelne Ankerpunkte verwenden. Stattdessen bietet Illustrator ein anderes Hilfsmittel, um mehrere Punkte eines oder unterschiedlicher Objekte zumindest horizontal und/oder vertikal auf eine jeweilige Mittelachse zu zentrieren. Aktivieren Sie dazu mit dem Menübefehl OBJEKT • PFAD • DURCHSCHNITT BERECHNEN… die gleichnamige Dialogbox.

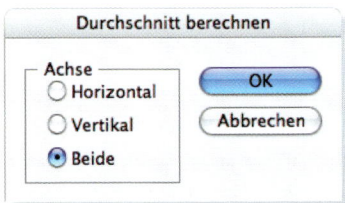

◀ **Abbildung 6.33**
Dialogbox
DURCHSCHNITT BERECHNEN

Geben Sie mit den Optionsbuttons die Richtung der ACHSE an, entlang derer die Ankerpunkte vermittelt werden sollen.

Da Illustrator einen Durchschnitt bildet, werden zumindest die Punkte in den Extrempositionen verschoben.

Mit Grifflinien den Kurvenverlauf anpassen

Selten wird der Kurvenverlauf eines Pfads, den Sie neu erstellen, sofort Ihren Anforderungen entsprechen. Meistens müssen die einzelnen Pfadsegmente nachträglich angepasst werden, dazu verändern Sie die Grifflinien an den Ankerpunkten, indem Sie die zugehörigen Griffpunkte bewegen.

1. Wählen Sie das Direktauswahl-Werkzeug und bewegen es über den Pfad. Direkt über einem Ankerpunkt zeigt der Cursor das Symbol ▷□, wenn ein Pfadsegment oder die Füllung des Objekts unter dem Zeiger ist, nimmt der Cursor das Symbol ▷▪ an.
2. Klicken Sie auf ein Pfadsegment, um die zugehörigen Grifflinien der beiden benachbarten Punkte anzuzeigen. Mit einem Klick auf einen Punkt dagegen werden die Grifflinien beidseitig dieses Ankerpunkts sichtbar.
3. Bewegen Sie nun die Grifflinien mit Hilfe der Griffpunkte, und verändern Sie so die Krümmung des Kurvensegments.

Hinweis: Werden nach dem Aktivieren eines Punkts oder eines Segments keine Grifflinien angezeigt, sind diese noch im Ankerpunkt versteckt, lesen Sie dazu mehr im nächsten Abschnitt.

Eckpunkte und Übergangspunkte konvertieren ⌴

Wenn Sie einmal versehentlich beim Zeichnen den falschen Typ eines Ankerpunkts gesetzt haben, ist das kein Problem. Sie können jederzeit einen Eckpunkt in einen Kurvenpunkt umwandeln und umgekehrt.

▲ **Abbildung 6.34**
Ankerpunkt aktivieren und eine Grifflinie verändern

▲ **Abbildung 6.35**
Um einen Eckpunkt in einen Übergangspunkt umzuwandeln, müssen die Grifflinien herausgezogen werden.

Verwenden Sie dafür das Ankerpunkt-konvertieren-Werkzeug ⌐ oder temporär den Zeichenstift zusammen mit der Modifikationstaste ⌥/Alt.

Eckpunkt umwandeln | Ankerpunkte konvertieren
Um einen Eckpunkt in einen Kurvenpunkt umzuwandeln, gehen Sie so vor:
1. Aktivieren Sie den Pfad, und bewegen Sie das Ankerpunkt-konvertieren-Werkzeug ⌐ über den Punkt.
2. Klicken und ziehen Sie dabei die Kurventangenten, also die Grifflinien, in Pfadrichtung aus dem Ankerpunkt heraus.
   Bei einem bereits bestehenden Objekt ist oft die Pfadrichtung nicht bekannt. Sie müssen also gegebenenfalls ausprobieren, ob die Kurve nach dem Herausziehen der Kurventangente weiterhin glatt verläuft. Bildet der Pfad eine Schleife, steht die Grifflinie gegen die Pfadrichtung!
3. Das Programm generiert die Grifflinien gleichmäßig lang nach beiden Seiten. Meistens benötigen Sie jedoch für die beiden benachbarten Kurventeile unterschiedlich lange Tangenten. Lassen Sie deshalb nach dem Herausziehen die Maustaste los, wählen das Direktauswahl-Werkzeug und richten damit die Grifflinien nach.

Übergangspunkt umwandeln | Ankerpunkte konvertieren
Wenn Sie einen Kurvenpunkt in einen Eckpunkt umwandeln wollen, sind folgende Schritte notwendig:
1. Aktivieren Sie den entsprechenden Ankerpunkt mit dem Ankerpunkt-konvertieren-Werkzeug ⌐, dabei werden die Grifflinien sichtbar.
3. Je nachdem, wie die beiden benachbarten Pfadsegmente gestaltet werden sollen, ist das Vorgehen unterschiedlich:
   ▶ Wollen Sie, dass ein oder beide angrenzenden Pfadsegmente eine Kurve wird, müssen Sie die Grifflinien lediglich »abbrechen«. Bewegen Sie mit dem Ankerpunkt-konvertieren-Werkzeug einen der Griffpunkte, dadurch wird an diesem Punkt eine Ecke ausgebildet, denn die gegenüberliegende Tangente bleibt in ihrer ursprünglichen Position. Möchten Sie die andere Grifflinie ebenfalls verändern, wechseln Sie zum Direktauswahl-Werkzeug und richten diese Tangente nach.
   ▶ Soll eines der benachbarten Pfadsegmente eine Gerade werden, gehen Sie genauso vor, wie oben beschrieben. Die zu dem geraden Pfadsegment gehörige Tangente wird jedoch nicht mehr benötigt. Deshalb müssen Sie diese Grifflinie in den Ankerpunkt zurückschieben. Dabei ist es

▲ **Abbildung 6.36**
Das Ankerpunkt-konvertieren-Werkzeug dient auch dazu, Grifflinien »abzubrechen«, also einen Übergangspunkt in einen Eckpunkt zu konvertieren.

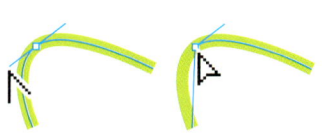

▲ **Abbildung 6.37**
Grifflinie wird in den Punkt geschoben.

wichtig, dass Sie den Punkt genau treffen. Achten Sie deshalb auf das Symbol des Cursors, der Ihnen mit einem weißen Pfeil ▷ anzeigt, wenn Sie über dem Ankerpunkt sind und die Maustaste loslassen können.

▶ Falls Sie einen Eckpunkt ohne Grifflinien benötigen, weil beide angrenzenden Pfadsegmente gerade verlaufen sollen, klicken Sie mit dem Ankerpunkt-konvertieren-Werkzeug nur kurz auf den Ankerpunkt, dann verschwinden die Grifflinien automatisch.

Eckpunkte mit anschließenden Kurvensegmenten

Ein Pfadsegment zwischen zwei Eckpunkten muss nicht zwangsläufig eine Gerade sein, das Segment kann auch als Kurve anschließen. Sie müssen dazu jedoch die zugehörigen Grifflinien aus den benachbarten Eckpunkten herausziehen:

1. Wählen Sie den Pfad aus.
2. Klicken Sie mit dem Ankerpunkt-konvertieren-Werkzeug auf den entsprechenden Ankerpunkt, und ziehen Sie die Grifflinien heraus. Der Punkt wird dabei zum Übergangspunkt!
3. Bewegen Sie nun mit dem gleichen Werkzeug einen der Griffpunkte in eine andere Position. Dabei »brechen« Sie die Grifflinie ab, der Ankerpunkt konvertiert zurück zum Eckpunkt.
4. Wählen Sie das Direktauswahl-Werkzeug, und justieren Sie die Grifflinien und damit das Pfadsegment nach.

Kurven direkt bearbeiten, Pfadsegmente verschieben

Anstatt die Form eines Kurvensegments über die Grifflinien zu manipulieren, können Sie das Segment auch direkt bearbeiten:

1. Wenn das Objekt, das Sie verändern möchten, insgesamt aktiv ist, müssen Sie zunächst die Auswahl aufheben und den Pfad erneut mit dem Direktauswahl-Werkzeug aktivieren.
2. Klicken Sie auf den gewünschten Teil des Pfads und ziehen den Cursor seitlich, um in einem Zug das entsprechende Pfadsegment zu aktivieren und dessen Kurvenverlauf zu verändern. Achtung! Bei dieser Aktion verändern die Grifflinien nur ihre Länge, ihr Winkel aber bleibt gleich!

Form-ändern-Werkzeug ⚓

Mit dem Drehen-Werkzeug ist es ohne Schwierigkeiten möglich, die Krümmung eines einigermaßen geraden Pfads zu verändern, wie das obige Beispiel mit der Beugung des Beins zeigt.

Ist ein Pfad allerdings mit Details versehen, wie beispielsweise der Rand eines Blatts oder die Kante einer Briefmarke, eignen sich die Transformieren-Werkzeuge nicht, denn damit können

▲ **Abbildung 6.38**
Ein Eckpunkt verbindet zwei Kurvensegmente.

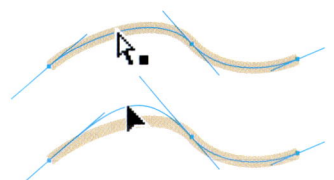

▲ **Abbildung 6.39**
Direktes Verformen eines Pfadsegments

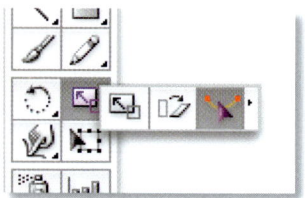

▲ **Abbildung 6.40**
Form-ändern-Werkzeug in der
Werkzeugpalette

Abbildung 6.41 ▶
Die Arbeit mit dem Form-ändern-
Werkzeug ist etwas umständlich.

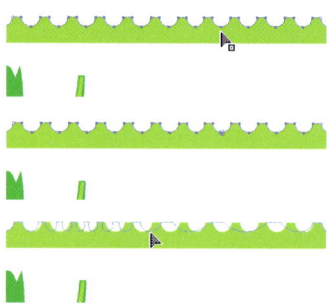

▲ **Abbildung 6.42**
Mit der ⌂-Taste erreichen Sie
beispielsweise eine Beschränkung
der Verformung in horizontaler
Richtung.

Abbildung 6.43 ▶
Mit dem Form-ändern-Werkzeug
wird der Pfad nicht einfach verschoben, vielmehr entsteht eine
Rundung, auf der die Details erhalten bleiben.

Sie nur den Verlauf des Pfads verändern, nicht aber seine Struk-
turdetails erhalten.

Für solche Operationen ist das Form-ändern-Werkzeug ↖
vorgesehen, das Sie in der Werkzeugpalette in einer Gruppe mit
dem Skalieren-Werkzeug und dem Verbiegen-Werkzeug finden.
Damit verhält sich ein Pfad beim Verformen so, als ob er aus
Gummi wäre, die Details des Pfads passen sich der Formänderung mit an.

Gehen Sie wie folgt vor, um einen Pfad mit dem Form-ändern-
Werkzeug zu bearbeiten:

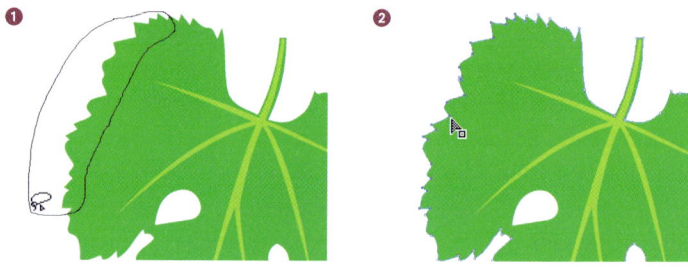

1. Wählen Sie zunächst die Ankerpunkte bzw. die Pfadsegmente
   aus, die von der Verformung betroffen sein sollen, wobei diese
   auch zu verschiedenen Objekten gehören können ❶. Aktivieren Sie aber Objekte *nicht* als Ganzes! Am besten geht das mit
   dem Lasso oder einem Auswahlrechteck, das vom Direktauswahl-Werkzeug erzeugt wird.

2. Holen Sie sich nun das Form-ändern-Werkzeug und klicken
   auf die Stelle des Pfads, die als Fokus für die Verformung dienen soll ❷, dabei setzt Illustrator dort einen Punkt mit einem
   Rahmen ▣. Mit der ⌂-Taste können Sie auch mehrere Fokuspunkte setzen ❸ (Abbildung 6.43).

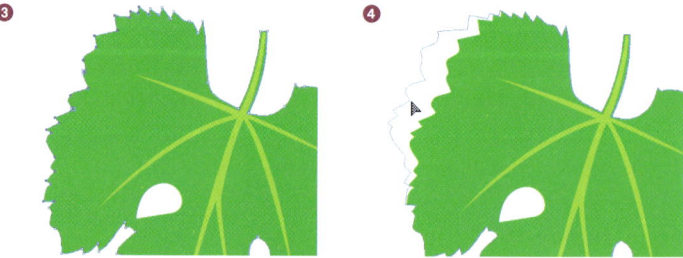

3. Klicken und ziehen Sie anschließend einen der Fokuspunkte,
   um die gewünschte Veränderung auszuführen ❹. Wenn Sie
   dabei die Modifikationstaste ⌂ gedrückt halten, werden
   Werkzeugbewegungen in 45°-Winkelungen erzwungen.

6.5   Pfade nachbearbeiten

Objekte werden meist nicht »in einem Stück« konstruiert, oft müssen Pfade durch Ankerpunkte ergänzt oder mehrere einzelne Teile zu einem gesamten Pfad zusammengesetzt werden. Hierfür stellt Ihnen Illustrator verschiedene Werkzeuge und Methoden zur Verfügung.

Auf einem Pfad Ankerpunkte hinzufügen

Wenn ein Pfadverlauf nicht so ganz Ihren Vorstellungen entspricht, ist es manchmal notwendig, hier oder dort einen Ankerpunkt auf dem Pfad hinzuzufügen. Beachten Sie dabei aber, dass Ihnen zusätzliche Punkte zwar mehr Detailkontrolle geben, andererseits können zu viele Ankerpunkte aber auch Probleme verursachen, weil es schwieriger wird, lange homogene Kurvenschwünge gleichmäßig und ohne Dellen zu erzeugen.

▲ **Abbildung 6.44**
Pfade mit vielen Punkten sind schwierig als Ganzes nachzurichten.

Die Werkzeuge | Ankerpunkte hinzufügen

Zwei Werkzeuge können Sie alternativ benutzen, um einen Pfad durch Ankerpunkte zu ergänzen:

▶ **Zeichenstift** ✒: Über einem aktiven Pfad verwandelt sich der Zeichenstift *automatisch* in das temporäre Ankerpunkthinzufügen-Werkzeug. Der Cursor zeigt das mit dem Symbol ✒ an. Um einen Ankerpunkt hinzuzufügen, klicken Sie an der gewünschten Stelle auf den ausgewählten Pfad, der neue Punkt wird auch in Kurvensegmenten so eingefügt, dass sich die Krümmung nicht verändert. Der Punkt bleibt aktiv, und seine Grifflinien sind sichtbar.
Achtung: Wenn Sie es versäumt haben, den Pfad vorher zu aktivieren, erzeugen Sie mit dieser Aktion einen *neuen* Pfad, anstatt nur einen zusätzlichen Punkt auf einem bestehenden Pfad anzulegen! Hilfreich kann hier sein, dass der Zeichenstift zusammen mit der ⌘/Strg-Taste temporär zum zuletzt benutzten AUSWAHL-WERKZEUG wird.

▶ **Ankerpunkt-hinzufügen-Werkzeug** ✒⁺: Sie können das Werkzeug auch permanent aus der Werkzeugpalette auswählen. Das Vorgehen, um einen Ankerpunkt hinzuzufügen, entspricht dem oben beschriebenen. Wenn Sie mit dem Ankerpunkt-hinzufügen-Werkzeug direkt arbeiten, ist es allerdings nicht notwendig, den Pfad vorher zu aktivieren. Sie müssen lediglich den richtigen Pfad ziemlich genau treffen.
Da das permanente Ankerpunkt-hinzufügen-Werkzeug nur auf bestehenden Pfaden funktioniert, ist für Illustrator-Neulinge die Fehleranfälligkeit geringer.

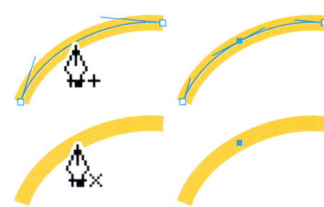

▲ **Abbildung 6.45**
Ob ein neuer Punkt (oben) oder ein neuer Pfad entsteht, erkennen Sie am Cursor-Symbol des Zeichenstifts.

HINWEIS

Das Verhalten des Zeichenstifts, über einem aktiven Pfad temporär das Ankerpunkt-hinzufügen-Werkzeug bzw. das Ankerpunkt-löschen-Werkzeug bereitzustellen, können Sie mit der Option AUTOM. HINZUF./LÖSCHEN AUS unter VOREINSTELLUNGEN • ALLGEMEINE deaktivieren.

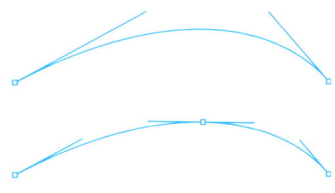

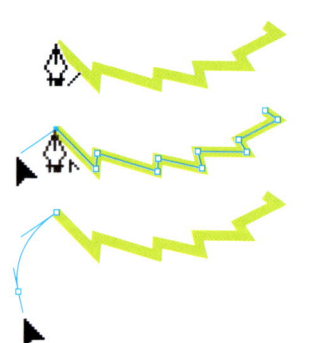

Eck- oder Kurvenpunkt | Ankerpunkte hinzufügen

Wenn Sie einen Pfad neu zeichnen, müssen Sie einen Übergangspunkt durch das Herausziehen der Grifflinien festlegen. Setzen
Sie dagegen einen Ankerpunkt nachträglich auf einen bestehenden Pfad, haben Sie diese Möglichkeit nicht. Das ist auch nicht
nötig, denn Illustrator setzt automatisch den richtigen Anker-
punkt-Typ.

Auf einem Pfadsegment, das eine Gerade bildet, wird der neue
Punkt als Eckpunkt definiert. Setzen Sie einen nachträglichen
Ankerpunkt auf ein Segment, das auch nur die geringste Krümmung aufweist, erzeugt Illustrator einen Übergangspunkt. Die
zugehörigen Grifflinien passt das Programm automatisch an, so
dass der Pfadverlauf nach dem Setzen des Punkts genauso aussieht wie vorher.

Ankerpunkte automatisch hinzufügen

Ein Sonderfall ist es, wenn Sie auf allen Segmenten eines Pfads
jeweils in der Mitte zwischen zwei Ankerpunkten einen zusätzlichen Punkt benötigen, z. B. als zusätzliche Fixierpunkte, bevor
Sie Verflüssigen-Operationen anwenden.

Dafür ist die Menüfunktion OBJEKT • PFAD • ANKERPUNKTE
HINZUFÜGEN vorgesehen, die Sie auf aktivierte Objekte anwenden. Mehrfache Benutzung dieses Befehls halbiert die vorher
entstandenen Pfadsegmente weiter.

Pfade verlängern

Sie können an einem der Endpunkte eines bestehenden Pfads ein
neues Pfadsegment ansetzen, dazu gehen Sie wie folgt vor:

1. Wenn der Endpunkt, an dem Sie den Pfad verlängern wollen,
   ohne Markierung schwer zu treffen ist, beispielsweise bei breiten Konturen, aktivieren Sie zuerst das Objekt.
2. Wählen Sie den Zeichenstift, und bewegen Sie ihn über einen
   Endpunkt, bis der Cursor das Symbol ◊ zeigt.
3. Klicken Sie auf den Endpunkt, oder klicken und ziehen Sie, um
   gegebenenfalls die Grifflinie für eine Krümmung sofort mit zu
   generieren.
4. Erzeugen Sie nun weitere Ankerpunkte wie beim Erstellen
   eines neuen Pfads.

Achtung: Beim Verlängern eines Pfads mit dieser Methode wird
möglicherweise die Pfadrichtung geändert. Sie verläuft nach dem
Ansetzen des Pfads in Richtung des geklickten Endpunkts und
weiter zu den ergänzten Ankerpunkten.

Die Umkehrung der Pfadrichtung kann dazu führen, dass richtungsabhängige Konturen nicht mehr so aussehen, wie Sie es

wünschen. Klicken Sie gegebenenfalls mit dem Zeichenstift den gegenüberliegenden Endpunkt an, um die Pfadrichtung wieder zu korrigieren.

Neuen Pfad mit einem bestehenden Pfad verbinden

Das Anhängen eines Pfads funktioniert auch in der anderen Reihenfolge, indem Sie zuerst einen neuen Pfad zeichnen, den Sie zum Abschluss mit einem bestehenden Pfad verbinden, denn treffen Sie beim Zeichnen eines Pfads auf den Endpunkt eines vorhandenen offenen Pfads, werden beide miteinander verbunden.

Und so wird's gemacht:

1. Zeichnen Sie mit dem Zeichenstift einen neuen Pfad, und lassen Sie den zuletzt gesetzten Ankerpunkt aktiv.
2. Bewegen Sie das Werkzeug über den Endpunkt eines bereits bestehenden offenen Pfads, bis der Cursor einen Endpunkt mit dem Symbol ⬩ anzeigt.
3. Klicken Sie auf dieses Pfadende und verbinden damit Ihren neuen mit dem bestehenden zu einem gesamten Pfad.

Beachten Sie bitte, dass sich auch bei dieser Operation die Pfadrichtung und damit richtungsabhängige Eigenschaften umkehren können – wie im letzten Abschnitt beschrieben.

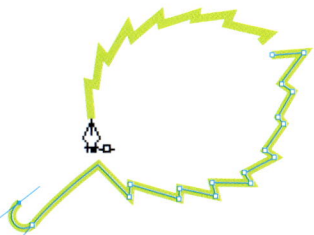

▲ **Abbildung 6.50**
Klicken Sie auf den Endpunkt eines offenen Pfads, und schließen Sie an.

Offene oder geschlossene Pfade?

Illustrator-Pfade können offen oder geschlossen sein. Offene Pfade sind durch zwei Endpunkte begrenzt, geschlossene Pfade haben naturgemäß keinen Endpunkt.

Nach der Illustrator-Begriffserklärung ist »Der Bereich, der innerhalb eines Pfads ist«, die Fläche eines Objekts, die gefüllt werden kann. Um diesen Raum zu definieren, werden bei offenen Pfaden die beiden Endpunkte virtuell mit einer Geraden verbunden. In Illustrator können also sowohl geschlossene als auch offene Pfade mit einer Füllung versehen werden, aber …

… **Achtung!** Nicht jedes andere Vektorprogramm behandelt offene Pfade so wie Illustrator. Wenn Sie Dateien erstellen, die für den Austausch bestimmt sind, wie beispielsweise Logos, empfiehlt es sich, alle Pfade zu schließen, die als Form gefüllt werden sollen.

Pfade schließen

Damit Sie sich spätere Korrekturen ersparen, ist es nützlich, Pfade sofort bei der Erstellung zu schließen, indem Sie als letzten Schritt noch einmal auf den Startpunkt klicken.

▲ **Abbildung 6.51**
Egal wie nahe zwei Punkte beieinander liegen, wenn die Ankerpunkte nicht exakt übereinander platziert sind, wird beim Zusammenfügen eine Linie dazwischen erzeugt.

Es ist aber auch möglich, einen Pfad nachträglich per Menübefehl zu schließen.

Aktivieren Sie das Objekt mit dem Auswahl-Werkzeug. Alternativ können Sie auch die beiden offenen Endpunkte mit dem Direktauswahl-Werkzeug bzw. mit dem Lasso auswählen. Anschließend wählen Sie den Befehl OBJEKT • PFAD • ZUSAMMENFÜGEN… – Shortcut: ⌘/Strg+J

Zwischen den Endpunkten erzeugt das Programm eine Gerade als Verbindung, die ehemaligen Endpunkte konvertieren zu Eckpunkten.

Wenn beide Endpunkte exakt übereinander liegen, vereint Illustrator sie mit dem obigen Menübefehl zu einem einzigen Punkt. In diesem Fall wird die Dialogbox ZUSAMMENFÜGEN aufgerufen, in der Sie die Wahl haben, ob an dem zusammengefügten Ankerpunkt ein Übergang oder eine Ecke erzeugt werden soll. Um Punkte übereinander zu legen, bevor Sie den Pfad schließen lassen, wählen Sie einen Endpunkt aus und schieben ihn über den anderen Endpunkt, bis der Cursor das Symbol ▷ anzeigt.

Illustrator kann die Endpunkte auch rechnerisch übereinander legen. Wählen Sie dazu beide Endpunkte aus. Rufen Sie die Menüfunktion OBJEKT • PFAD • DURCHSCHNITT BERECHNEN… auf. In der zugehörigen Dialogbox geben Sie als Option BEIDE ein. Um den Pfad zu schließen und die beiden Punkte zu vereinen, gehen Sie so vor, wie im letzten Absatz beschrieben.

Am Beispiel einer Herzform sieht das so aus:

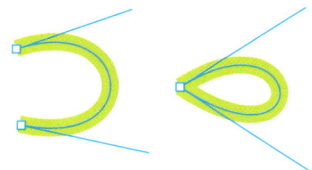

▲ Abbildung 6.52
Die Form rechts besteht aus zwei übereinander liegenden Punkten. Wird das Objekt geschlossen, bleibt nur ein Ankerpunkt bestehen.

TIPP

Aktivieren Sie zwei Endpunkte des gleichen Pfads oder von zwei verschiedenen Zeichenwegen und drücken den Shortcut ⌘+⇧+⌥+J bzw. Strg+⇧+Alt+J, werden die beiden Punkte in einem Zug übereinander positioniert und zu einem Punkt zusammengefügt, ohne eine Dialogbox aufzurufen. Der vereinte Ankerpunkt wird ein Eckpunkt.

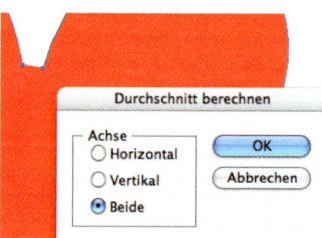

▲ Abbildung 6.53
Um die Herzform zu schließen, lassen Sie zunächst die Ankerpunkte übereinander rechnen.

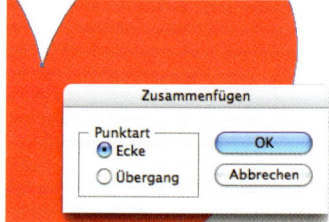

▲ Abbildung 6.54
Anschließend fügen Sie die Punkte zusammen, an dieser Stelle muss eine Ecke entstehen.

Endpunkte von zwei Pfaden zusammenfügen

Auch Endpunkte von zwei verschiedenen offenen Pfaden lassen sich per Menü zusammenfügen.

Sollten die Pfade nicht korrekt positioniert sein, so dass die beiden Endpunkte, die vereint werden sollen, nicht genau übereinander liegen, sind folgende Schritte notwendig:

▲ Abbildung 6.55
Endpunkte von zwei Pfaden genau übereinander positionieren

1. Wählen Sie alle Punkte eines Pfads mit dem Direktauswahl-Werkzeug oder dem Lasso aus.
2. Klicken Sie einen Endpunkt dieses Pfads noch einmal an und ziehen ihn über den Endpunkt des anderen Pfads, mit dem er zusammengefügt werden soll, bis das Symbol ▷ als Cursor erscheint.

   Achtung! Sie müssen den Pfad direkt an dem zu positionierenden Endpunkt »anfassen«, da diese Anzeige nur an der Cursor-Position erfolgt!
3. Aktivieren Sie nun mit dem Lasso oder dem Auswahlrechteck die beiden Endpunkte, die Sie verbinden möchten, und rufen die Dialogbox OBJEKT • PFAD • ZUSAMMENFÜGEN… auf, in der Sie wie oben beschrieben den Typ des vereinten Ankerpunkts festlegen – Shortcut: ⌘/Strg+J.

▲ **Abbildung 6.56**
Punkte zusammenfügen

Hinweis: Falls die Punkte nur marginal auseinander liegen oder Ihnen die exakte Pfadform nicht ganz so wichtig ist, aktivieren Sie die beiden Endpunkte und lassen sie mit der Menüfunktion DURCHSCHNITT BERECHNEN… übereinander positionieren.

Pfade zerschneiden – Schere-Werkzeug ✂

Umgekehrt ist es natürlich auch möglich, Pfade zu zerschneiden. Mit dem Schere-Werkzeug können Sie einen Pfad an jeder beliebigen Stelle trennen. Der Pfad muss dazu nicht aktiviert sein. Bewegen Sie das Schere-Werkzeug über die gewünschte Position und klicken damit auf den PFAD.

Nach dem Schneiden eines geschlossenen Pfads erhalten Sie einen offenen Pfad, nach dem Schneiden eines offenen Pfads sind zwei offene Pfade vorhanden. An den Schnittstellen liegen jeweils zwei Ankerpunkte exakt übereinander. Das Segment, das in der Pfadrichtung lag, ist nach dem Schneiden automatisch aktiviert, es ist in der Stapelung über dem anderen platziert.

Verlaufsfüllungen weist Illustrator nach dem Schneiden beiden Teilformen mit den Einstellungen des Quellobjekts zu (Verläufe siehe Kapitel 8).

Hinweis: Wenn Sie Ankerpunkte mit dem Schere-Werkzeug genau treffen wollen, sollten Sie die Menüoption ANSICHT • MAGNETISCHE HILFSLINIEN aktivieren.

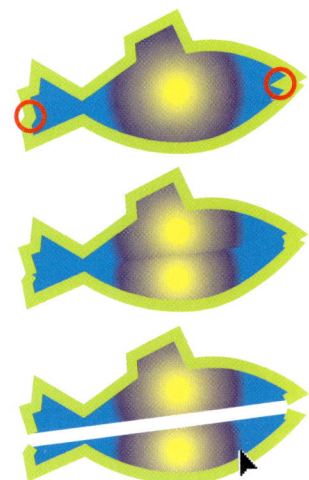

▲ **Abbildung 6.57**
Nach dem ersten Schnitt ist der Pfad offen, nach dem zweiten Schnitt sind es zwei Pfade.

Pfadsegmente oder Ankerpunkte löschen

Pfadsegmente oder Ankerpunkte können mit verschiedenen Funktionen gelöscht werden, dabei differieren auch die Ergebnisse:
▶ Pfadsegment löschen: Klicken Sie mit dem Direktauswahl-Werkzeug auf ein Pfadsegment, und wählen Sie im Menü

TIPP

Beachten Sie bitte, dass das Löschen von Ankerpunkten mit der Löschtaste dazu führen kann, dass einzelne Ankerpunkte ohne Funktion in der Grafik zurückbleiben. Schauen Sie sich dazu bitte auch das Beispiel in Abbildung 6.58 an!

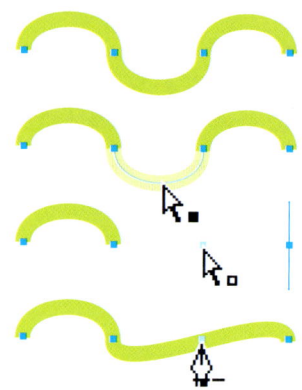

▲ Abbildung 6.58
Von oben: Original, Löschen eines
Pfadsegments, Löschen eines
Ankerpunkts mit der Löschtaste,
Anwendung des Ankerpunkt-
löschen-Werkzeugs

BEARBEITEN • LÖSCHEN oder drücken Sie einfach die Löschtaste. Illustrator entfernt nur das Pfadsegment, die begrenzenden Ankerpunkte bleiben erhalten.

▶ Ankerpunkt mit der Löschtaste entfernen: Aktivieren Sie einen Punkt mit dem Direktauswahl-Werkzeug, und drücken Sie die Löschtaste. Der Punkt *und* die beiden angrenzenden Pfadsegmente werden entfernt, die benachbarten Ankerpunkte bleiben jedoch erhalten. Der Pfad ist nach dieser Operation aufgetrennt – ein geschlossener Pfad ist also anschließend offen, aus einem offenen Pfad werden zwei offene Pfade.

▶ Ankerpunkt-löschen-Werkzeug: Um das Auftrennen des Pfads zu vermeiden, also wirklich nur den Ankerpunkt zu löschen, verwenden Sie das Ankerpunkt-löschen-Werkzeug. Mehr dazu haben Sie bereits in Kapitel 6.2 erfahren.

▶ Einzelnen Ankerpunkt (ohne Pfad) löschen: Ankerpunkte, die nicht Bestandteil eines Pfads sind, haben keine Funktion. Diese »herrenlosen« Überbleibsel sind nur in der Pfadansicht als kleine Kreuzchen zu erkennen. Im Laufe der Arbeit sammeln sich erfahrungsgemäß unbemerkt etliche davon an.

Zum Aufräumen einer Grafik gehört es deswegen auch, solche verwaisten Punkte zu löschen. Führen Sie dazu den Menübefehl AUSWAHL • OBJEKT • EINZELNE ANKERPUNKTE aus, um alle Einzelpunkte zu aktivieren, und entfernen sie diese anschließend mit der Löschtaste.

Selbst überschneidende Pfade – Füllregel-Eigenschaft

Die meisten Pfade umlaufen ein Objekt, ohne sich dabei selbst in den Weg zu kommen. Sie können Schleifen jedoch gezielt einsetzen, um »Löcher« in einer Form zu erzeugen, d.h. einen Bereich, der von der zugewiesenen Füllung ausgenommen ist.

Diese Löcher entstehen nicht automatisch an einer Schleife, Sie müssen dazu die entsprechende Füllregel-Eigenschaft in der Grafikattribute-Palette festlegen. So gehen Sie dabei vor:

▲ Abbildung 6.59
Grafikattribute-Palette:
Füllregeln

▶ Rufen Sie die Palette im Menü unter FENSTER • GRAFIKATTRIBUTE auf – Shortcut ⌘/Strg+F11.
Die Füllregel bestimmen Sie mit zwei Buttons, die sich rechts in der Palette befinden.
Sie haben die Wahl zwischen zwei Füllregeln:

▶ NICHT-NULL: Selbstüberschneidungen haben keine Auswirkung auf die Füllung. Diese Regel wird in Illustrator standardmäßig angewendet – im Unterschied zu einigen anderen Vektorprogrammen.

▶ GERADE-UNGERADE: Wenn der Pfad sich selbst überschneidet, entstehen »Löcher« in der Füllung.

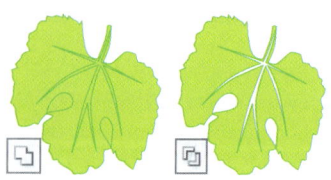

▲ Abbildung 6.60
Füllregel: NICHT-NULL (links),
GERADE-UNGERADE (rechts)

6.6 Strategien zum Zeichnen von Vektoren

Vielleicht ist bei Ihnen nun nach dem Lesen dieses Kapitels der Eindruck entstanden, dass das Konstruieren von Vektorobjekten schrecklich kompliziert ist. Das wäre tatsächlich der Fall, wenn Sie jede Form vom ersten bis zum letzten Ankerpunkt mit dem Zeichenstift-Werkzeug erzeugen müssten, aber das ist glücklicherweise nicht der Fall, es gibt viele Strategien, wie Sie sich die Arbeit erleichtern können – und mit der Zeit stellt sich auch die nötige Übung beim Verwenden der Zeichenfeder ein.

▲ **Abbildung 6.61**
Skizze als Grundlage

Handskizzen als Grundlage

Viele Entwürfe für Zeichnungen und Layout entstehen auf dem Zeichenblock als »Daumennagel-Skizze«. Solche Vorlagen in Illustrator »freihändig« zu fertigen, ist nicht so einfach. Scannen Sie deshalb Ihre Handskizze ein und setzen den Scan in Ihre Illustrator-Datei als Zeichenhilfe auf einer Vorlagen-Ebene ein (Vorlagen siehe Kapitel 10, Pixelbilder siehe Kapitel 17).

Foto-Vorlagen

Bei Illustrationen, die Sie nach Fotovorlagen erstellen, ist vielleicht das folgende Vorgehen nützlich: Verwenden Sie in Photoshop den Posterisieren-Befehl unter BILD • ANPASSEN • TONTRENNUNG, und passen Sie die Anzahl der Stufen nach Bedarf an, um so die bestimmenden Farbflächen der Vorlage erkennbar zu machen. Die so entstandenen Flächen können Ihnen als Anhaltspunkt für die Formgebung in Ihrer Illustration dienen. Platzieren Sie die tongetrennte und die »normale« Version in der Illustrator-Datei als Vorlage direkt übereinander, so können Sie nach Bedarf hin- und herwechseln.

▲ **Abbildung 6.62**
Fotovorlage (links), tongetrennt (rechts)

Form-Werkzeuge benutzen

Benutzen Sie Illustrators Form-Werkzeuge, um sich die Arbeit zu vereinfachen. Viele Formen, die Sie selbst mühsam konstruieren müssten, generiert Ihnen das Programm nach der Eingabe einiger Parameter ganz automatisch. Andere Objekte lassen sich ableiten, indem Sie die Grundformen mit den Transformieren-Werkzeugen bearbeiten.

Solche generierten Objekte können Sie anschließend wie selbst gezeichnete Pfade bearbeiten oder zerschneiden, falls Sie nur Teile davon benötigen (Form-Werkzeuge siehe Kapitel 5).

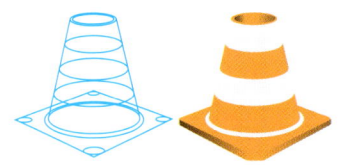

▲ **Abbildung 6.63**
Viele Grafikteile lassen sich mit den Form-Werkzeugen aufbauen.

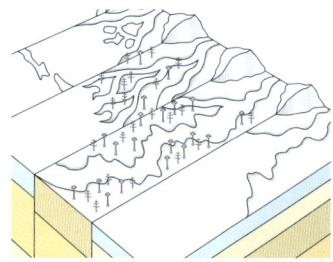

▲ **Abbildung 6.64**
»Natürliche« Formen lassen sich schneller mit dem Zeichenstift zeichnen als konstruieren.

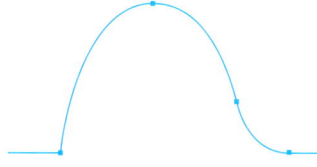

▲ **Abbildung 6.65**
Eckpunkt, Punkt am Scheitel der Kurve, Krümmungsänderung, Übergang von einer Gerade in die Kurve

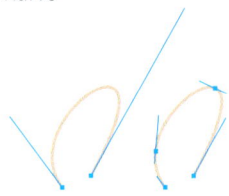

▲ **Abbildung 6.66**
Eine extreme Grifflinien-Konstruktion erschwert die Arbeit in hohen Zoom-Stufen.

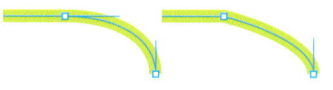

▲ **Abbildung 6.67**
Übergang von einer Gerade in eine Kurve

Schwungvoll und handgezeichnet

Verwenden Sie das Bleistift-Werkzeug oder einen Pinsel, um einen handgezeichneten »Look« zu erreichen. Zeichnen Sie auf einem Grafiktablett schnell und mit hohen Glättungseinstellungen, wenn schwungvolle Formen gefragt sind. Arbeiten Sie mit höherer Genauigkeit, um natürliche Formen exakt nachzuzeichnen.

Bedenken Sie, dass Sie auch Pfade, die Sie mit diesen »Freihand-Werkzeugen« erstellen, mit dem Zeichenstift nachbearbeiten können (Bleistift und Pinsel siehe Kapitel 7).

Wie viele Punkte dürfen es denn sein?

Das Motto für gelungene Pfade sollte sein: »So viele Ankerpunkte wie nötig, aber so wenige wie möglich«. Einfach gesagt, aber gerade für Anfänger nicht immer so einfach zu beurteilen. Da kann es eine gute Hilfe sein, mit den entsprechenden Illustrator-Funktionen Pfade in kleinen Schritten zu vereinfachen, solange die Form eines Pfads optisch nicht merklich leidet.

Zu viele Punkte erhöhen die Dateigröße und die Komplexität Ihrer Pfade. Bei zu vielen Punkten sind Ihre Dateien unter Umständen von einigen Belichtungsgeräten nicht mehr handhabbar. Theoretisch können Sie jede Kurve aus zwei Punkten erzeugen. Praktisch gelingt das nicht immer, wenn Kurven mathematisch nicht so regelmäßig sind, wie es auf den ersten Blick aussieht.

Sinnvoll ist es, Ankerpunkte an den Scheitelpunkten von Kurven zu platzieren, außerdem dort, wo sich die Krümmung einer Kurve ändert, und natürlich an Ecken.

Grifflinien

Zur Definition einer Kurve benötigen Sie die Grifflinien aus den Punkten beidseitig des Pfadsegments. Gewöhnen Sie sich deshalb daran, immer beide Tangenten zu setzen (Bézier-Pfade siehe Kapitel 3).

Grifflinien sollten etwa so lang sein wie ein Drittel der Kurve, die sie steuern. Wenn ein Kurvensegment auf ein Gerade folgt, sollte die Grifflinie die Richtung der Geraden fortsetzen, damit keine Ecke am Übergang entsteht. Wenn Sie merken, dass Sie extrem lange Grifflinien setzen müssen, um eine Kurve zu erzeugen, sollten Sie überlegen, vielleicht doch Ihrer Zeichnung den einen oder anderen zusätzlichen Ankerpunkt hinzuzufügen.

Lernen Sie aus gelungenen Illustrationen

Wann immer Sie Illustrator- oder andere Vektordateien von Kollegen bekommen, schauen Sie »unter die Haube« – Illustrator kann viele Vektordateiformate problemlos öffnen (Austauschformate siehe Kapitel 17 und 18). Analysieren Sie die Konstruktionsweise mit Hilfe der Ebenen-Palette (Ebenen siehe Kapitel 10). Aktivieren Sie Objekte und Punkte – lernen Sie, wenn es gut gemacht ist. Wenn Sie es nicht optimal finden, probieren Sie, ob es besser geht.

»Spicken« können Sie auch bei den Schriftenherstellern. Wandeln Sie die Fonts renommierter Firmen in Zeichenwege um, und vergleichen Sie den Kurvenverlauf, die gesetzten Punkte sowie Winkelung und Verhältnis der Tangenten (Text in Pfade umwandeln siehe Kapitel 13).

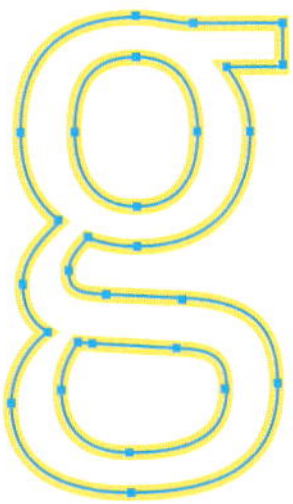

▲ **Abbildung 6.68**
In Pfade umgewandelte Schrift

Prüfen

Um zu prüfen, ob Ihre eigenen Formen gelungen sind, ist es nützlich, die Grafik auszudrucken, das Blatt umzudrehen und es gegen das Licht zu halten. In der spiegelverkehrten Ansicht erkennen Sie viele Problemfälle besser.

7 Freihand-Werkzeuge

Bleistift, Pinsel, Marker und Cutter sind traditionelle Werkzeuge, die an die Arbeit von Künstlern und Designern erinnern.

Illustrator bietet neben dem Konstruktions-Instrumentarium auch solche intuitiven Werkzeuge an, um Pfade zu erzeugen. Selbst die Handhabung dieser Tools ist an die althergebrachten Arbeitsweisen angelehnt.

Solche nachgeahmten Werkzeuge mit der Maus zu bedienen ist nicht immer ganz bequem, denn damit können Sie nur den Pfadverlauf eingeben, die Eigenschaften der Werkzeugspitze sind auf eine frei definierbare Einstellung fixiert.

Illustrator unterstützt deshalb, wie andere Programme auch, Grafiktabletts, die den Gebrauch dieser digitalisierten Zeichenstifte, Pinsel etc. etwas mehr mit einem »natürlichen Feeling« versehen. Es ist zwar gewöhnungsbedürftig, dass die Zeichnung an einer anderen Stelle entsteht als dort, wo Sie mit dem Stift zeichnen, aber mit etwas Übung sind damit gute und eigenständige Ergebnisse zu erzielen.

Neu in Illustrator CS2 ist die Unterstützung des »Wacom Intuos 3«. Dieses Tablett bietet neben der Erkennung des Drucks, den Sie mit dem Zeichenstift auf die Unterlage ausüben, auch eine Erkennung der Neigung, in welcher der Stift gehalten wird, so dass es möglich ist, beim Zeichnen mit diesem Tablett gleichzeitig mehrere Merkmale des Strichs zu erfassen. So können Sie den Durchmesser der Werkzeugspitze durch den ausgeübten Druck, den Winkel des Stifts zum Tablett und durch seine Drehung steuern.

Grafiken, die damit erstellt werden, erinnern in ihrer Dynamik schon sehr an Arbeiten mit handwerklichen Methoden. Die Bezeichnung »Freihand-Werkzeug« hält mit solchen Hilfsmitteln ein, was ihr Wortsinn verspricht.

▲ **Abbildung 7.1**
Freihand-Werkzeuge: Pinsel, Buntstift, Glätten und Löschen.

HINWEIS

Ein Merkmal verbindet alle diese Tools, egal womit sie eingegeben werden: sie rasten nicht an Hilfslinien ein.

7.1 Freihand-Objekte erzeugen

Die Werkzeuge BUNTSTIFT, PINSEL, GLÄTTEN und LÖSCHEN bieten eine grundsätzlich andere Herangehensweise an die Erstellung einer Grafik als das Zeichenstift-Werkzeug, das ja eher konstruierend angewendet wird. Mit Werkzeugen, die einen Freihandpfad erzeugen, ziehen Sie eine Linie so, wie Sie es auf einem Blatt Papier machen würden, erhalten aber als Ergebnis einen vektorisierten Illustrator-Pfad, den Sie mit allen üblichen Werkzeugen bearbeiten können. Die Ankerpunkte für den erzeugten Freihandpfad und deren Grifflinien werden von Illustrator nach den Voreinstellungen berechnet, die Sie für das jeweilige Werkzeug eingerichtet haben.

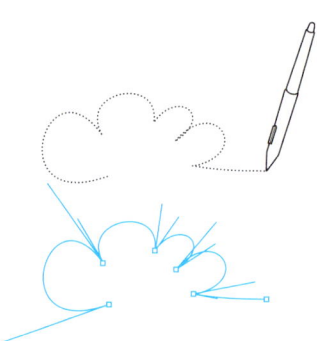

▲ **Abbildung 7.2**
Illustrator berechnet die Punkte für den Freihandpfad, den Sie zeichnen.

Mit dem Buntstift- und dem Pinsel-Werkzeug zeichnen Sie neue Pfade oder führen Korrekturen an bestehenden Pfaden aus. Das Glätten- und auch das Löschen-Werkzeug dienen nur zur Nachbearbeitung von Pfaden.

Buntstift

Mit dem Buntstift zeichnen Sie wie auf dem Papier oder in Programmen zur Bildbearbeitung, indem Sie das Werkzeug ansetzen und ziehen. Neue Pfade, die Sie mit dem Buntstift-Werkzeug zeichnen, werden mit den aktuellen Kontur-Eigenschaften versehen, also normalerweise mit den zuletzt benutzten.

Einfacher als auf dem Papier ist es, mit dem Buntstift einen Teil eines bestehenden Pfads zu ersetzen, denn Sie müssen nicht erst radieren, sondern setzen ganz unkompliziert den Buntstift an der gewünschten Stelle eines Pfads an und zeichnen neu, der vorhandene Teil wird dabei automatisch gelöscht.

HINWEIS

Bitte lesen Sie die grundlegenden Bedienungshinweise zu Ihrem Grafiktablett im Handbuch nach.

Mit dem Buntstift zeichnen | Buntstift-Werkzeug
Um mit dem Buntstift einen neuen Pfad zu zeichnen, führen Sie folgende Schritte aus:

1. Aktivieren Sie das Buntstift-Werkzeug – Shortcut N.
2. Setzen Sie den Cursor mit der Maus oder dem Stift des Grafiktabletts an die Stelle der Arbeitsfläche, an der Sie den Pfad beginnen wollen. Achten Sie dabei auf das Cursor-Symbol ✏ₓ, damit Sie wirklich einen neuen Pfad zeichnen, und nicht einen bestehenden, noch aktivierten ändern!
3. Beginnen Sie, den Pfad zu zeichnen. Während Sie die Linie entstehen lassen, wird ihr Verlauf gestrichelt angezeigt.
   ▶ Mauseingabe: Mausbenutzer klicken und ziehen den gewünschten Pfad. Wenn der Strich fertig gezeichnet ist, lassen Sie einfach die Maustaste los.

▲ **Abbildung 7.3**
Mit dem Buntstift einen offenen Pfad zeichnen

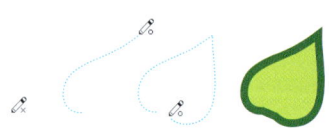

▲ **Abbildung 7.4**
Einen geschlossenen Pfad zeichnen

▶ Grafiktablett: Setzen Sie den Stift auf die aktive Fläche des Grafiktabletts und ziehen den Pfad. Wenn der Strich beendet werden soll, heben Sie den Stift vom Tablett ab.

4. Illustrator berechnet den Pfad. Je nach Stärke der eingestellten Glättung erzeugt das Programm Korrekturen am Pfadverlauf.

HINWEIS

Das Buntstift-Werkzeug wertet im Gegensatz zum Pinsel-Werkzeug Zusatzinformationen wie Strichstärke etc. beim Einsatz eines Grafiktabletts nicht aus!

Pfad korrigieren | Buntstift-Werkzeug

Mit dem Buntstift-Werkzeug können Sie bestehende Pfade intuitiv verändern:

1. Aktivieren Sie den zu korrigierenden Pfad.
2. Rufen Sie das Buntstift-Werkzeug auf – Shortcut $\boxed{\text{N}}$.
3. Bewegen Sie den Cursor an die Nähe der Stelle des Pfads, die Sie korrigieren möchten, bis das Symbol ✐ angezeigt wird. Wie nahe Sie den Cursor dabei an den Pfad heranführen müssen, damit das Änderungssymbol aktiv ist, bestimmen Sie in den Voreinstellungen des Buntstift-Werkzeugs (s.u.).
4. So führen Sie die Korrektur aus:
   ▶ Teil im Pfadverlauf ersetzen: Wenn Sie nur einen Teil innerhalb eines Pfadverlaufs ändern wollen, klicken Sie an der Stelle auf den Pfad, an der die Korrektur beginnen soll, und beenden die Eingabe an einer anderen Stelle direkt über dem Pfad (siehe Abbildung 7.5).
   Der Linienteil zwischen Korrekturanfang und Korrekturende wird durch den neuen Pfadverlauf ersetzt, der Rest der Linie bleibt in seiner bisherigen Form bestehen.
   ▶ Pfadanfang oder Pfadende ersetzen: Führen Sie die Korrekturlinie vom ursprünglichen Pfad weg und beenden die Veränderung nicht wieder direkt über dem Pfad, wird der alte Pfadverlauf ab dem Korrekturstartpunkt bis zu seinem bisherigen Pfadende gelöscht und durch die neu generierte Linie ersetzt (siehe Abbildung 7.6).
5. Das Programm zeigt eine Vorschau der Korrektur als gestrichelte Linie an. Erst wenn Sie die Buntstift-Eingabe beenden, wird der Pfadverlauf korrigiert und neu erstellt.

Pfade verbinden | Buntstift-Werkzeug

Illustrator kann mit dem Buntstift eine Verbindung zwischen zwei bereits existierenden Pfaden herstellen, dazu sind folgende Schritte nötig:

1. Aktivieren Sie die beiden zu verbindenden Pfade.
2. Rufen Sie das Buntstift-Werkzeug auf – Shortcut $\boxed{\text{N}}$.
3. Setzen Sie mit dem Cursor an einem Endpunkt der beiden aktivierten Pfade an und beginnen, die Verbindungslinie zu zeichnen.

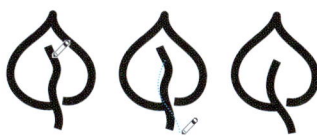

▲ **Abbildung 7.5**
Pfad korrigieren

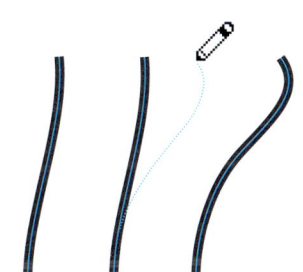

▲ **Abbildung 7.6**
Pfad korrigieren

4. Bevor Sie den neuen Pfadteil beenden, drücken Sie die Modifizierungstaste ⌘/⌃Strg⌄, dabei ändert der Cursor das Symbol in ✎.

5. Ziehen Sie die Linie bis zu einem der Endpunkte des anderen aktivierten Pfads.

6. Lassen Sie zuerst die Maustaste, dann ⌘/⌃Strg⌄ los.

7. Illustrator verbindet die neue Linie mit den bestehenden zu einem gesamten Pfad.

Pfade ergänzen | Buntstift- Werkzeug

Um mit dem Buntstift-Werkzeug an einen bestehenden Pfad einen neu gezeichneten Pfadteil anzusetzen, sind folgende Schritte notwendig:

1. Aktivieren Sie den bestehenden Pfad.

2. Rufen Sie das Buntstift-Werkzeug auf – Shortcut ⌃N⌄.

3. Zeichnen Sie ein neues Pfadteil:

   ▶ Linie am Ende eines Pfads ansetzen: Setzen Sie mit dem Cursor an einem der beiden bestehenden Endpunkte des aktivierten Pfads an und zeichnen den neuen Pfadteil.
   Illustrator verbindet die neue Linie automatisch mit dem bestehenden Pfad.

   ▶ Linie an einer beliebigen Stelle der Arbeitsfläche starten: Setzen Sie mit der Einfügemarke an einer beliebigen Stelle der Arbeitsfläche an und beginnen, den neuen Pfadteil zu zeichnen. Drücken Sie die Modifizierungstaste ⌘/⌃Strg⌄, bevor Sie den neuen Pfadteil beenden. Der Cursor ändert das Symbol in ✎. Ziehen Sie die Linie bis zu einem der Endpunkte des aktivierten Pfads. Lassen Sie erst die Maustaste, dann ⌘/⌃Strg⌄ los.
   Illustrator verbindet die neue Linie mit der bestehenden zu einem gesamten Pfad.

Modifikationsmöglichkeiten | Buntstift- Werkzeug

⌥/⌃Alt⌄: Um einen geschlossenen Pfad mit dem Buntstift zu zeichnen, drücken Sie die Modifikationstaste ⌥/⌃Alt⌄, nachdem Sie begonnen haben, den Pfad zu zeichnen. Der Cursor wechselt das Symbol in ✎. Halten Sie die Taste gedrückt, solange Sie zeichnen. Wenn Sie die Eingabe beenden wollen, lassen Sie zuerst die Maustaste, danach ⌥/⌃Alt⌄ los.

Die Modifikationstaste bewirkt, dass Illustrator selbst dann einen geschlossenen Pfad erzeugt, wenn die Eingabe nicht in der Nähe des Pfadanfangs beendet wird.

▲ **Abbildung 7.7**
Zwei Pfade mit dem Buntstift zusammenfügen

Voreinstellungen | Buntstift-Werkzeug

Mit einem Doppelklick auf das Buntstift-Werkzeug in der Werkzeugpalette rufen Sie die Dialogbox VOREINSTELLUNGEN BUNTSTIFT-WERKZEUG auf.

◄ **Abbildung 7.8**
Dialogbox VOREINSTELLUNGEN
BUNTSTIFT-WERKZEUG

▲ **Abbildung 7.9**
Links schnell und rechts langsam gezeichneter Pfad, bei einer GENAUIGKEIT von 2 px, GLÄTTUNG 0.

▶ GENAUIGKEIT: Die Genauigkeit, mit der Ihre Handbewegung in einen Pfad umgesetzt wird, bestimmen Sie, indem Sie entweder mit dem Schieberegler oder nummerisch im zugehörigen Eingabefeld angeben, ab welchem räumlichen Abstand zum vorherigen ein neuer Ankerpunkt gesetzt werden soll.

Sie können einen Wert zwischen 0,5 und 20 Pixeln einstellen. Geben Sie einen niedrigen Wert ein, wird bereits nach einer kleinen Positionsänderung des Cursors ein neuer Punkt gesetzt, die Cursor-Bewegung wird also sehr genau umgesetzt. Bei größeren Werten entstehen entsprechend weniger Punkte und damit ein geglätteter Pfad.

Ob Punkte gesetzt werden, hängt aber nicht alleine von der zurückgelegten Strecke ab, sondern auch von der Form der gezeichneten Linie. Ist die erzeugte Linie fast gerade, sind nur wenige Ankerpunkte nötig, um den Pfad zu beschreiben.

Darüber hinaus ist für die Genauigkeit, mit der Illustrator Ihre Bewegung umsetzt, auch noch die Geschwindigkeit maßgebend, mit der Sie zeichnen, denn bei einem schnelleren Strich entstehen weniger Punkte und damit eine dynamischere Linienform.

▶ GLÄTTUNG: Mit diesem prozentualen Wert bestimmen Sie, wie stark Kurven vom Programm *nach* der Eingabe geglättet werden sollen. Werte zwischen 0 bis 100 % sind möglich.

Je nach Höhe des Werts gleicht Illustrator die Krümmungen so an, dass sie einen homogenen Verlauf nehmen. Bei höheren Werten kann sich der von Ihnen gezeichnete Pfad durch die GLÄTTUNG stark ändern.

TIPP

Falls Sie viele neue Pfade dicht nebeneinander erzeugen müssen, beispielsweise um eine Wiese zu zeichnen, haben Sie zwei Möglichkeiten, um nicht ständig versehentlich den eben gezeichneten Pfad durch einen neuen zu ersetzen:

Entweder schalten Sie in den Voreinstellungen die Option Ausgewählte Pfade bearbeiten grundsätzlich aus, oder lassen Sie Illustrator einen neu gezeichneten Pfad immer sofort nach seiner Fertigstellung deaktivieren.

- Neue Buntstiftkonturen füllen: Aktivieren Sie diese Option, um jeden neu erstellten Pfad mit der aktuell eingestellten Füllung zu versehen. Ist in der Werkzeugpalette Ohne voreingestellt, wird dem neuen Objekt trotz dieser Option natürlich keine Fläche zugeordnet.
  Da Buntstift-Pfade häufig zur Erstellung von schmückenden Details verwendet werden, die nur aus einer Kontur bestehen sollen, ist diese Option sehr nützlich (mehr zu Konturen siehe Kapitel 8).
- Auswahl beibehalten: Mit diesem Kontrollkästchen bestimmen Sie, ob ein Buntstift-Pfad nach Beendigung der Eingabe aktiv bleiben soll.
- Ausgewählte Pfade bearbeiten: Deaktivieren Sie diese Option, wenn Sie vermeiden möchten, dass gegebenenfalls ein noch aktivierter Pfad verändert wird, sobald Sie mit dem Buntstift eine neue Linie in seiner unmittelbaren Nähe ansetzen; beispielsweise beim schnellen Zeichnen mehrerer Striche nebeneinander.

Pinsel-Werkzeug

Der wichtigste Unterschied zwischen Pinsel und Buntstift ist die Fähigkeit des Pinsel-Werkzeugs, Druck und Neigung eines Stifts auf dem Grafiktablett auszuwerten, in Eigenschaften eines Pinselstrichs umzusetzen und diese Parameter mit dem Pfad zu speichern.

Einstellungen in der Pinsel-Palette | Pinsel-Werkzeug

Dem Pinsel-Werkzeug aus der Werkzeugpalette sind die Einstellmöglichkeiten in der Pinsel-Palette zugeordnet. Damit legen Sie fest, mit welcher Pinselspitze das Werkzeug arbeiten soll und wie die Eingabe mit einem Grafiktablett umgesetzt wird.

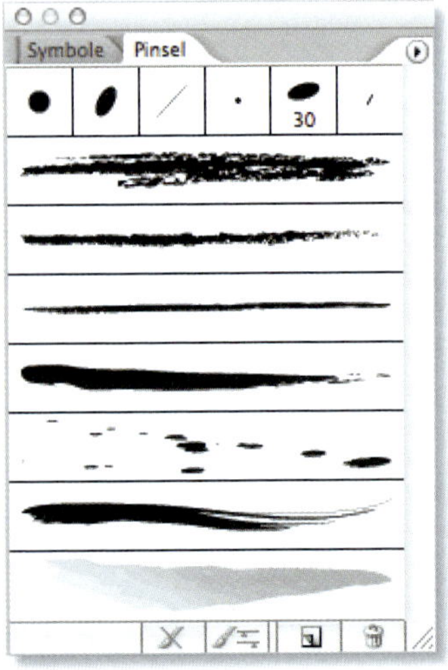

▲ **Abbildung 7.10**
Pinsel-Palette in der Miniaturansicht

Wenn Sie die Pinsel-Palette zum ersten Mal öffnen, stehen zwei Kategorien an Pinselspitzen zur Verfügung: Kalligraphie- und Bildpinsel. Die Spitzen werden in der Miniaturansicht angezeigt, in der die Kategorien der verschiedenen Spitzen nicht zu identifizieren sind. Ändern Sie deshalb zunächst die Ansicht der Pinsel-Palette im Paletten-Menü in Liste. An dem rechten Symbol in der Liste erkennen Sie nun, welche Pinselspitze zu welcher Pinsel-Kategorie gehört: Es gibt Kalligraphiepinsel oder Bildpinsel.

Da von diesen beiden nur die Kalligraphiepinsel alle Parameter eines Grafiktabletts auswerten, dienen sie als Grundlage für diese Einführung.

Wenn Sie wollen, dass nur die Kalligraphie-Pinselspitzen in der Palette angezeigt werden, wählen Sie Einblenden Kalligra-

PHIEPINSEL aus dem Palettenmenü ⊙ der Pinsel-Palette und deaktivieren die restlichen. Mehr zu den anderen Pinsel-Kategorien finden Sie in Kapitel 8.

Pfaden, die Sie mit dem Pinsel-Werkzeug zeichnen, wird von Illustrator immer eine Pinselkontur zugewiesen. Das Programm verwendet dazu entweder die aktuell eingestellte Pinselkontur oder – falls Sie keine ausgewählt haben – die erste Kontur in der Pinsel-Palette.

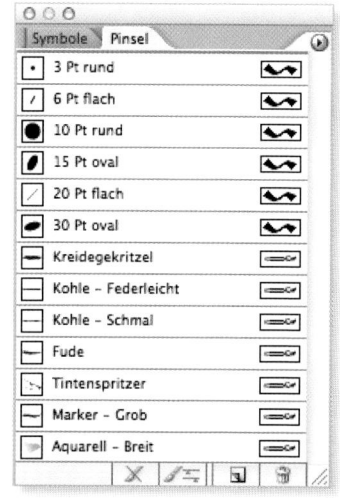

Mit dem Pinsel einen Pfad erstellen | Pinsel-Werkzeug

Um mit dem Pinsel-Werkzeug einen neuen Pfad zu erstellen, gehen Sie wie folgt vor:

1. Rufen Sie das Pinsel-Werkzeug aus der Werkzeugpalette auf – Shortcut ⒷB.
2. Wählen Sie eine Kalligraphie-Pinselspitze aus der Pinsel-Palette.
3. Führen Sie den Cursor mit der Maus oder dem Stift des Grafiktabletts an die Stelle der Arbeitsfläche, an welcher der Pinselstrich beginnen soll. Der Cursor zeigt das Symbol 🖌×.
4. Zeichnen Sie jetzt den Pfad.
   ▸ Mit der Maus: Klicken und ziehen Sie die Linie. Um die Eingabe zu beenden, lassen Sie die Maustaste los.
   ▸ Mit dem Grafiktablett: Setzen Sie den Stift mit leichtem Druck auf das Grafiktablett, und ziehen Sie die Linie. Wenn Sie die Eingabe beenden wollen, heben Sie den Stift vom Tablett ab.
   Der Pfad wird in Echtzeit auf dem Bildschirm dargestellt.
5. Je nachdem, welcher Wert für die Glättung eingestellt ist, führt Illustrator entsprechende Korrekturen am Pfadverlauf durch.

Pfad nachbearbeiten und verbinden | Pinsel-Werkzeug

Mit dem Pinsel-Werkzeug können Sie nicht nur Pfade ändern, die Sie mit dem Pinsel gezeichnet haben, denn sobald Sie z. B. einer konstruierten geometrischen Form eine Pinselspitze aus der Pinsel-Palette als Kontur zuweisen, besteht die Möglichkeit, auch diesen Pfad mit dem Pinsel-Werkzeug zu editieren.

Die Arbeitsschritte, um Pfade mit dem Pinsel-Werkzeug nachzubearbeiten, zu korrigieren oder zu verbinden, entsprechen denen, die bereits bei den vergleichbaren Optionen des Buntstift-Werkzeugs beschrieben wurden. Lediglich die Modifikationsparameter eines Grafiktabletts werden auch bei der Korrektureingabe zusätzlich mit erfasst.

Lesen Sie deshalb bitte die ausführliche Beschreibung über die Korrektur eines Pfads mit dem Buntstift-Werkzeug weiter oben in diesem Kapitel.

Modifikationsmöglichkeiten | Pinsel-Werkzeug

▶ ⌥/Alt: Um einen geschlossenen Pfad mit dem Pinsel anzulegen, drücken Sie die Modifikationstaste ⌥/Alt, nachdem
Sie begonnen haben, den Pfad zu zeichnen, dabei wechselt
der Cursor das Symbol in ✎.

Voreinstellungen | Pinsel-Werkzeug

Mit einem Doppelklick auf das Werkzeug in der Werkzeugpalette
rufen Sie die Dialogbox VOREINSTELLUNGEN PINSEL-WERKZEUG
auf. Auch die Eingabemöglichkeiten in dieser Dialogbox finden
Sie vergleichbar erläutert beim Buntstift-Werkzeug weiter oben.

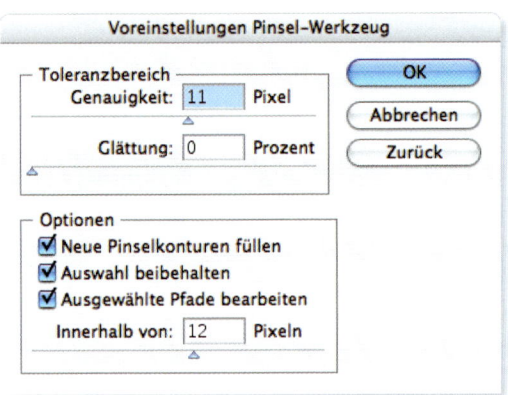

Kalligraphische Pinsel

Die Kalligraphiepinsel finden Sie in der Auswahl der Pinselspitzen
in der Pinsel-Palette. Falls in der Palette keine Pinselspitzen zu
sehen sind, öffnen Sie die Standard-Bibliothek mit dem Befehl
PINSEL-BIBLIOTHEK ÖFFNEN • STANDARD_CMYK oder STANDARD_
RGB im Palettenmenü ⊙.

In der Listen-Darstellung der Standardauswahl der Palette sind
die Kalligraphiepinsel oben angeordnet, zu erkennen an dem
Symbol ◠◠.

Klicken Sie in eine der Auswahlzeilen, um eine Pinselspitze
auszuwählen.

Mit einem Doppelklick in die Zeile rufen Sie die optionalen
Einstellmöglichkeiten zu der Pinselspitze auf. Für kalligraphische
Pinselspitzen wird damit die Dialogbox KALLIGRAPHIEPINSEL-OPTI-
ONEN geöffnet.

Optionen | Kalligraphiepinsel

Mit den Kalligraphiepinsel-Optionen steuern Sie die Form und
das Verhalten der Pinselspitze entsprechend der Handhabung
Ihres Stifts.

Druck, Neigungswinkel, Ortung und Drehung des Stifts auf dem Grafiktablett werden als Parameter mit dem Pfad gespeichert, so dass Sie auch einen fertig gezeichneten Pfad durch Änderungen der Pinsel-Optionen verändern können.

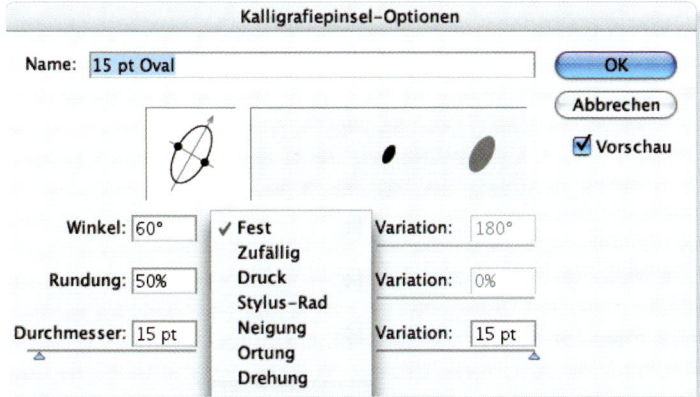

◀ Abbildung 7.13
Dialogbox
KALLIGRAPHIEPINSEL-OPTIONEN

▶ NAME: Zur einfachen Identifizierung können Sie jeder Pinselspitze einen Namen zuordnen. Standard-Pinsel und eigene Pinsel verhalten sich beim Abspeichern unter einem geänderten Namen unterschiedlich.

Während die Standardpinsel, die Sie mit einem neuen Namen abspeichern, spätestens nach dem Schließen und erneuten Öffnen einer Datei unter der ursprünglichen Bezeichnung wieder zur Verfügung stehen, wird bei eigenen Pinselspitzen gegebenenfalls auch der Name durch eine geänderte Bezeichnung überschrieben.

Um sicherzugehen, sollten Sie Pinselspitzen, die Sie als Vorlage für einen neuen Pinsel verwenden wollen, vor der Abänderung duplizieren.

▶ Pinselspitze Koordinaten-Darstellung: Die Form der Pinselspitze können Sie durch Manipulation des Piktogramms oder nummerisch in den entsprechenden Eingabefeldern verändern. Um die Pinselspitze intuitiv zu editieren, ziehen Sie an den schwarzen Punkten bzw. drehen das Koordinatenkreuz.

▶ WINKEL: Mit diesem Eingabefeld definieren Sie den Winkel, in dem die Spitze auf dem Blatt zeichnet. Dieser Winkel beeinflusst die entstehende Konturenstärke nur, wenn die Spitze nicht rund ist.

▶ RUNDUNG: Diese Eingabe bestimmt die gewünschte Form der Pinselspitze zwischen einem gleichmäßigen Kreis und einem flachen Oval. Flache Spitzen verhalten sich wie Breitfedern, vollkommen runde ermöglichen keine Änderungen in der Konturenstärke.

HINWEIS

Die speziellen Stiftfunktionen DRUCK, STYLUS-RAD, NEIGUNG, ORTUNG UND DREHUNG stehen nur zur Verfügung, wenn ein Treiber für ein Grafiktablett auf Ihrem Computer installiert ist.

Bei der Erstellung eines kalligrafischen Pfads mit der Maus können Sie die speziellen Stiftfunktionen auch dann nicht nutzen und nicht simulieren, wenn ein Treiber installiert ist.

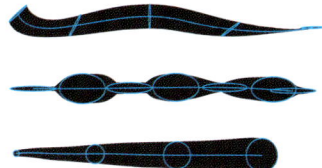

▲ Abbildung 7.14
Die Eigenschaften einer Pinselspitze – Winkel, Rundung, Durchmesser – und ihre jeweilige Wirkung auf den Pinselstrich

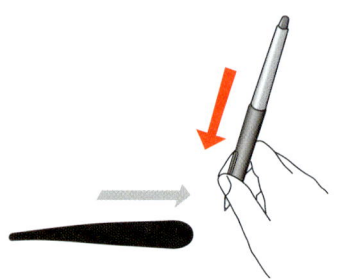

▲ Abbildung 7.15
Die Pinselspitze reagiert auf veränderten Druck des Stifts auf das Grafiktablett.

▲ Abbildung 7.16
Stiftsteuerung-Menü

▲ Abbildung 7.17
Wacom »ArtMarker« und »GripPen«

▶ DURCHMESSER: Mit dem Pinseldurchmesser legen Sie fest, wie dick die Kontur wird. Das Eingabefeld STÄRKE in der Kontur-Palette vervielfacht die Breite der Kontur zusätzlich.

Während die Stärkeeinstellung aber auf die gesamte Kontur wirkt, können Sie mit einem variablem Pinseldurchmesser und der Verwendung eines Grafiktabletts eine sehr dynamische Linienführung erreichen.

▶ VARIATION: Für jede der Pinseleigenschaften können Sie bestimmen, wie stark die Kontur variieren darf. Je höher der Wert, umso größer ist der Einfluss der Stiftführung auf die generierte KONTUR.

Bei Verwendung der Maus variieren Durchmesser, Rundung und Winkel während des Zeichnens nicht.

Optionen für die Stifteingabe | Kalligraphiepinsel

Für die drei Pinseleigenschaften DURCHMESSER, RUNDUNG und WINKEL bestimmen Sie in einem Ausklappmenü, durch welchen Parameter des Grafiktabletts Sie die jeweilige Option steuern wollen. Da Sie mit jeweils einer Eingabeoption für die Stiftbewegung drei verschiedene Eigenschaften des Pinselstrichs kombinieren können, ist es Ihnen möglich, während des Zeichnens nicht nur die Form des Pfads, sondern auch die Stärke seiner Kontur nach ihren Vorstellungen zu steuern.

Einige dieser Einstellungen nützen Ihnen *nur* bei der Arbeit mit einem »Wacom Intuos 3«. Für die Einstellungen DREHUNG und STYLUS-RAD benötigen Sie darüber hinaus bestimmte Eingabestifte: den »ArtMarker« (siehe Abbildung 7.17) bzw. den »Airbrush«.

Folgende Optionen sind jeweils in den Ausklappmenüs für DURCHMESSER, RUNDUNG und WINKEL verfügbar:

▶ FEST: Verwenden Sie die Einstellung FEST, um den im Eingabefeld definierten Wert zu fixieren und damit willkürliche Einflüsse zu unterbinden.

Wenn Sie ein Gefühl für die Stiftführung mit den Auswirkungen auf die Linienstärke bekommen wollen, testen Sie sich einfach durch alle Steuerungsmöglichkeiten, indem Sie jeweils zwei Pinseleigenschaften fixieren und nur eine der Eingaben variieren.

▶ ZUFÄLLIG: Die Eigenschaft, für die Sie diese Option wählen, steuert Illustrator mit einem Zufallswert, der sich während des Zeichnens nicht verändert. Erst bei einem neuen Ansetzen des Stifts wird vom Programm eine andere zufällige Einstellung vorgenommen.

- DRUCK: Bei dieser Auswahl steuern Sie die dynamische Veränderung der jeweiligen Pinseleigenschaft durch den Druck, den Sie mit dem Stift auf das Tablett ausüben (s. Abbildung 7.15). Höherer Druck bewirkt für den WINKEL der Pinselspitze eine Drehung gegen den Uhrzeigersinn, für die RUNDUNG ein runderes Aussehen, und der DURCHMESSER wird erhöht.

  Viele Grafiktabletts werden mit verschiedenen Stiftminen ausgeliefert, eine gefederte Mine, wie z. B. Wacoms »Pinselspitze« (siehe Abbildung 7.19), gibt Ihnen mehr Kontrolle über die drucksensitive Steuerung.

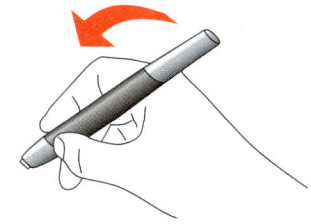

▲ **Abbildung 7.18**
NEIGUNG: Der Winkel des Stifts zum Tablett steuert die Dynamik.

- STYLUS-RAD: Das Stylus-Rad ist ein spezielles Merkmal des Eingabe-Werkzeugs »Wacom Airbrush«. Damit können Sie die Pinseleigenschaft durch Drehung an diesem einem Scrollrad vergleichbaren Regler steuern.

- NEIGUNG: Wählen Sie NEIGUNG, wenn Sie WINKEL, RUNDUNG bzw. DURCHMESSER beim Zeichnen durch Veränderung des Neigungswinkels des Stifts variieren möchten (siehe Abbildung 7.18).

  Eine stärkere Stiftneigung bewirkt bei der Option WINKEL eine Drehung des Winkels der Pinselspitze gegen den Uhrzeigersinn, bei der Option RUNDUNG eine stärkere Rundung bzw. bei der Option DURCHMESSER einen größeren Durchmesser der Spitze.

▲ **Abbildung 7.19**
Alternative Wacom-Stiftmine »Pinselspitze« (vergrößert)

- ORTUNG: Die ORTUNG ist die Richtung, in die der Stift während des Zeichnens geneigt wird (siehe Abbildung 7.20).

  Verwenden Sie den Parameter ORTUNG zur Steuerung des DURCHMESSERS, können relativ abrupte Änderungen der Linienstärke erfolgen.

  Gute Ergebnisse mit sehr weichen Übergängen erhalten Sie bei der Steuerung des WINKELS durch den Parameter ORTUNG. Neigen Sie den Stift nach rechts oder nach vorne, wird der Winkel gegen den Uhrzeigersinn, bei einer Neigung nach links oder hinten im Uhrzeigersinn gedreht.

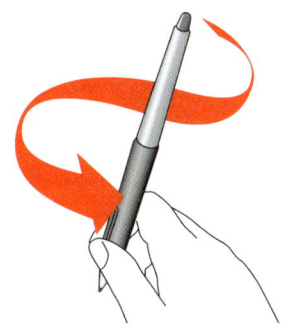

▲ **Abbildung 7.20**
ORTUNG: Die Richtung der Neigung steuert die Veränderung der Pinselspitze.

- DREHUNG: Durch die Drehung des Stifts während des Zeichnens um seine Längsachse wird DURCHMESSER, WINKEL oder RUNDUNG verändert (siehe Abbildung 7.21). Diese Funktion können Sie nur mit dem »Wacom ArtMarker« benutzen, er hat auch eine spezielle ovale Griffform, die für den nötigen Halt beim Drehen sorgt.

▲ **Abbildung 7.21**
DREHUNG: Der ArtMarker wird um seine Längsachse gedreht.

Glätten-Werkzeug

Das Glätten-Werkzeug dient zur nachträglichen Glättung eines Pfads oder einzelner seiner Bereiche. Stellen Sie sich das Glätten-Werkzeug nicht wie ein »Bügeleisen« für Ihren Pfad vor – vielmehr zeichnen Sie damit einen geänderten Verlauf. Illustrator übernimmt allerdings nicht die neu gezeichnete Linie, sondern erzeugt nach Beendigung der Eingabe eine Zwischenstufe zwischen dem ursprünglichen Pfad und dem mit dem Glätten-Werkzeug gezeichneten.

Pfad glätten | Glätten-Werkzeug

1. Aktivieren Sie den Pfad, den Sie glätten möchten.
2. Holen Sie sich das Glätten-Werkzeug.
   Wenn Sie gerade mit dem Buntstift- oder dem Pinsel-Werkzeug arbeiten, drücken Sie ⌥/ Alt , um vorübergehend zum Glätten-Werkzeug zu wechseln.
3. Setzen Sie das Werkzeug dort am Pfad an, wo Sie mit dem Glätten starten wollen. Klicken und ziehen Sie das Werkzeug mit mehr oder weniger Abstand am bestehenden Pfad entlang.
4. Das Programm berechnet den »geglätteten« Pfadverlauf.

Voreinstellungen | Glätten-Werkzeug

Mit einem Doppelklick auf das Werkzeug in der Werkzeugpalette rufen Sie die Dialogbox VOREINSTELLUNGEN FÜR GLÄTTEN-WERKZEUG auf. Sie können die Werte per Schieberegler oder nummerisch eingeben.

▲ **Abbildung 7.22**
Der Pfad wird dem Glätten-Werkzeug angeglichen

Abbildung 7.23 ▶
Dialogbox VOREINSTELLUNGEN FÜR GLÄTTEN-WERKZEUG

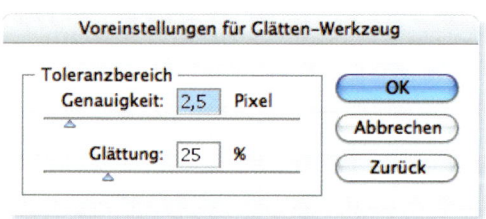

▶ GENAUIGKEIT: Dieser Wert legt fest, wie genau der von Illustrator erstellte geglättete Pfad der Cursor-Bewegung folgt.
▶ GLÄTTUNG: Mit dieser Einstellung bestimmen Sie, wie stark der Pfad nach Beendigung der Eingabe geglättet wird.

Lesen Sie zu den beiden Optionen auch die Hinweise zu der entsprechenden Einstellung für das Buntstift-Werkzeug weiter oben.

HINWEIS

Die Stärke der Glättung ist auch abhängig von der Zoom-Stufe, in der Sie arbeiten – die Wirkung des Werkzeugs ist in einer niedrigen Zoom-Stufe stärker.

Pfade vereinfachen

Je nach den gewählten Werkzeug-Optionen können Pfade, die mit den Freihand-Werkzeugen erstellt sind, mehr Ankerpunkte enthalten, als zur Beschreibung ihrer Form notwendig sind. Das erschwert die Nachbearbeitung und führt manchmal – bei sehr vielen Punkten – zu Schwierigkeiten bei der Ausgabe der Datei auf einem Drucker (Bézier-Kurven siehe Kapitel 3, Ausdruck siehe Kapitel 18).

Die Anzahl der Ankerpunkte können Sie von Illustrator reduzieren lassen. Aktivieren Sie dazu den Pfad und wählen im Menü OBJEKT • PFAD • VEREINFACHEN… In der zugehörigen Dialogbox VEREINFACHEN definieren Sie, wie das Programm diesen Befehl ausführen soll. Während Sie die Einstellungen vornehmen, sollten Sie das Kontrollkästchen VORSCHAU aktivieren.

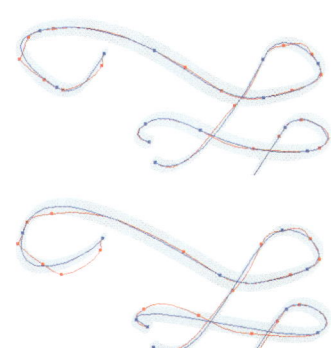

▲ Abbildung 7.24
Kurvengenauigkeit 50 % (oben) und 0 % (unten)

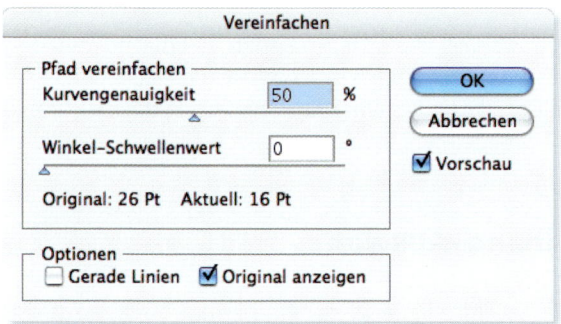

◄ Abbildung 7.25
Dialogbox VEREINFACHEN

Optionen | Pfade vereinfachen

▶ KURVENGENAUIGKEIT: Da dieser Befehl alle Ankerpunkte außer Anfangs- und Endpunkt verändert, bestimmen Sie hier mit einem Prozentwert zwischen 0 und 100, wie genau sich der neue Pfadverlauf am alten orientieren soll. Je höher der Wert, desto genauer bleibt der Pfadverlauf erhalten.
Achtung! Werte ab 85 % können dazu führen, dass Punkte hinzugefügt werden.

▶ WINKEL-SCHWELLENWERT: Durch Eingabe eines Schwellenwerts größer als 0 können Sie die Position von Eckpunkten vor Veränderungen sichern. Mit einem kleinen Wert werden nur Eckpunkte erhalten, an denen der Pfad seine Richtung deutlich ändert. Je größer der Wert, umso mehr Eckpunkte bleiben bestehen.
Ausnahme: Ist die Einstellung GERADE LINIEN gesetzt, bleiben mehr Eckpunkte erhalten, je kleiner Sie den Schwellenwert wählen (Eckpunkte siehe Kapitel 6).

▶ GERADE LINIEN: Mit dieser Option erstellen Sie gerade Linien zwischen den Punkten des Pfads, die bei der Vereinfachung verbleiben.

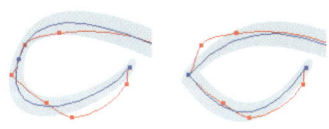

▲ Abbildung 7.26
Winkelschwellenwert 105 % (links) und 106 % (rechts), Originalpfad in Rot

▲ Abbildung 7.27
Gerade Linien

Diese Einstellung kann eine große Hilfe bei der Optimierung von geometrischen Zeichnungen sein, die Sie mit der Live-Trace-Funktion vektorisieren.

▶ ORIGINAL ANZEIGEN: Aktivieren Sie diese Option, wird die Originalform des Pfads in Rot dargestellt. So ist es Ihnen möglich, Werte zu finden, welche die ursprüngliche Form des Objekts beim Vereinfachen nicht beeinträchtigen.

Löschen-Werkzeug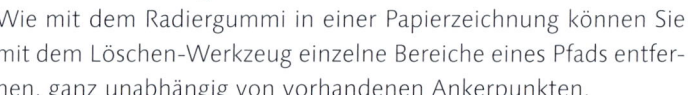

Wie mit dem Radiergummi in einer Papierzeichnung können Sie mit dem Löschen-Werkzeug einzelne Bereiche eines Pfads entfernen, ganz unabhängig von vorhandenen Ankerpunkten.

Teile eines Pfads ausradieren | Löschen-Werkzeug

Klicken und ziehen Sie das Werkzeug über den Bereich eines aktivierten Pfads, den Sie löschen möchten. Beim Ansetzen des Löschen-Werkzeugs müssen Sie den Pfad ziemlich genau treffen, es ist aber nicht notwendig, anschließend dem Pfadverlauf exakt zu folgen.

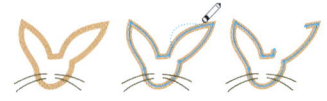

▲ **Abbildung 7.28**
Anwendung des Löschen-Werkzeugs

7.2 Freihand-Auswahl

Neben dem Auswahl-Rechteck, das Sie mit den Auswahl-Werkzeugen über mehrere Objekte aufziehen können, gibt es das Lasso-Werkzeug zur freihändigen Auswahl einzelner oder mehrerer Punkte bzw. Pfadsegmente – je nachdem, wie Sie das WERKZEUG führen.

Lasso-Werkzeug

Um einzelne oder mehrere Ankerpunkte mit dem Lasso zu aktivieren, wählen Sie das Lasso-Werkzeug aus der Werkzeugpalette – Shortcut Q – klicken und ziehen es um das oder die Objektteile herum, als würden Sie diese einkreisen.

Der Cursor muss nicht bis zum Startpunkt zurückgezogen werden, Illustrator schließt die Auswahl auf dem kürzesten Weg, wenn Sie die Maustaste loslassen.

Damit alle Punkte eines Objekts ausgewählt werden, umrunden Sie das gesamte Objekt mit dem Lasso. Sofern Sie mit dem Lasso nur Teile eines oder mehrerer Objekte erfassen, werden nur die Ankerpunkte aktiviert, die sich innerhalb der Lasso-Auswahl befinden.

Wenn Sie die mit dem Lasso aktivierten Punkte verschieben wollen, verwenden Sie das Direktauswahl-Werkzeug.

▲ **Abbildung 7.29**
Die Objekte werden aktiviert, wenn Sie sie ganz umkreisen.

▲ **Abbildung 7.30**
Der grüne Kreis wird ganz ausgewählt, von drei anderen Objekten nur einzelne Punkte.

Modifikationsmöglichkeiten | Lasso-Werkzeug

▶ $\boxed{\Diamond}$ verwenden Sie, um Ankerpunkte zur Auswahl hinzuzufügen.

▶ $\boxed{\raise1pt\hbox{$\hookleftarrow$}}$/$\boxed{\text{Alt}}$: Zusammen mit der $\boxed{\raise1pt\hbox{$\hookleftarrow$}}$/$\boxed{\text{Alt}}$-Taste werden ausgewählte Punkte deaktiviert.

7.3 Objekte intuitiv deformieren mit den Verflüssigen-Werkzeugen

Etwas flapsig ausgedrückt, bilden die Verflüssigen-Werkzeuge die »Küchengeräte-Abteilung« des Programms. Die Wirkung vieler dieser Bearbeitungswerkzeuge ist vergleichbar mit Mixer, Knethaken oder Fleischklopfer.

Illustrator nennt die Werkzeuge VERKRÜMMEN, STRUDEL, ZUSAMMENZIEHEN, AUFBLASEN, AUSBUCHTEN, KRISTALLISIEREN und ZERKNITTERN.

Pfade reagieren schnell auf Bewegungen mit diesen Tools. Die verformten Pfade werden im Übergang zu den nicht deformierten Teilen der Objekte weich geglättet, so dass sich die Verflüssigen-Werkzeuge sehr gut eignen, um natürliche oder dynamische Formen aus geometrischen Figuren zu erzeugen.

▲ **Abbildung 7.31**
Verflüssigen-Werkzeuge:
VERKRÜMMEN, STRUDEL, ZUSAMMENZIEHEN, AUFBLASEN, AUSBUCHTEN, KRISTALLISIEREN, ZERKNITTERN

◀ **Abbildung 7.32**
Anwendung der Verflüssigen-Werkzeuge auf verschiedene Formen; von links: VERKRÜMMEN, STRUDEL, ZUSAMMENZIEHEN, AUFBLASEN, AUSBUCHTEN, KRISTALLISIEREN, ZERKNITTERN

Die Verflüssigen-Werkzeuge verformen die Objekte, die ausgewählt wurden. Beim Klicken mit dem Werkzeug wird der bearbeitete Pfad dünn farbig angezeigt.

Falls keine Objekte aktiviert sind, verflüssigen Sie die Objekte, die sich beim Klicken innerhalb des Wirkungsradius des Werkzeug-Cursors befinden, und zwar egal auf welcher Ebene.

Abhängig von der Größe der Werkzeugspitze sind nicht die kompletten Objekte von der Verformung betroffen, sondern nur einzelne Pfadsegmente. Wenn Sie also sichergehen möchten, dass nur bestimmte Objekte oder Objektteile in die Verflüssigen-Operation einbezogen werden, wählen Sie vorher die gewünschten Objekte oder Objektteile aus.

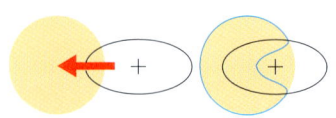

▲ **Abbildung 7.33**
Verkrümmen-Werkzeug

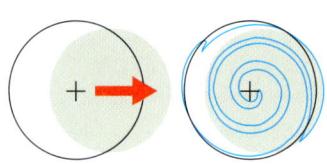

▲ **Abbildung 7.34**
Strudel-Werkzeug

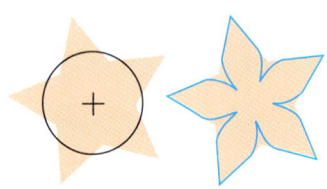

▲ **Abbildung 7.35**
Zusammenziehen-Werkzeug

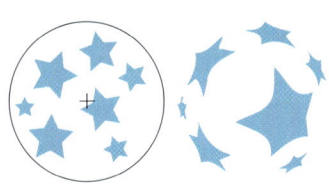

▲ **Abbildung 7.36**
Aufblasen-Werkzeug

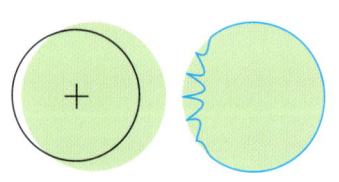

▲ **Abbildung 7.37**
Ausbuchten-Werkzeug

Verkrümmen-Werkzeug

Mit diesem Werkzeug – Shortcut ⇧+R – erzeugen Sie in den von der Operation betroffenen Pfaden ovale Dellen in der Richtung, in der Sie das Werkzeug bewegen.

Die Werkzeugspitze ist eine ovale Form in einer frei definierbaren Größe und Winkelung.

Die Einbeulung des Pfads ist umso größer, je näher der Mittelpunkt des Werkzeugs dem bearbeiteten Pfad kommt.

Strudel-Werkzeug

Das Strudel-Werkzeug verwirbelt Pfade in einer Art virtuellem Mixer. Pfade, die sich im Wirkungsbereich des Werkzeugs befinden, werden in Richtung des Werkzeug-Mittelpunkts gezogen und in einer Spirale um ihn gewickelt.

Zusammenziehen-Werkzeug

Das Zusammenziehen-Werkzeug zieht Pfade und Punkte, die sich in seinem Radius befinden, wie ein Magnet in seinen Mittelpunkt (siehe Abbildung 7.35).

Aufblasen-Werkzeug

Das Aufblasen-Werkzeug verschiebt Punkte und Pfadsegmente von seinem Mittelpunkt nach außen, so dass eine optische Wirkung wie beim Aufblasen eines bedruckten Luftballons entsteht.

Dieses Werkzeug ist vor allem bei der gleichzeitigen Anwendung auf mehrere zusammengehörende Objekte interessant (siehe Abbildung 7.36).

Die Verformung beschränkt sich auf den heißen Bereich der Werkzeugspitze.

Ausbuchten-Werkzeug

Das Ausbuchten-Werkzeug formt viele kleine Kurven in einen Pfad, indem es den Pfad an einigen Punkten fixiert und die Segmente zwischen diesen Punkten in seinen Mittelpunkt zieht (siehe Abbildung 7.37 und 7.40).

Kristallisieren-Werkzeug

Das Kristallisieren-Werkzeug arbeitet umgekehrt: Es erzeugt Ankerpunkte auf dem Pfad und bewegt diese Punkte als Spitzen von seinem Wirkungsradius weg. Die zwischen den Punkten liegenden Pfadsegmente werden gebogen (siehe Abbildung 7.38).

Zerknittern-Werkzeug

Das Zerknittern-Werkzeug faltet einen Pfad wie eine seismische Messkurve (siehe Abbildung 7.39).

Verflüssigen-Werkzeuge anwenden

Die Art des Gebrauchs ist bei allen Verflüssigen-Werkzeugen gleich.

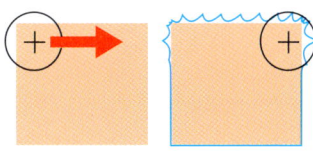

▲ **Abbildung 7.38**
Kristallisieren-Werkzeug

Pfade deformieren | Verflüssigen-Werkzeuge

1. Wählen Sie eines der Verflüssigen-Werkzeuge in der Werkzeugpalette aus.
2. Der Wirkungskreis der Werkzeugspitze wird als Oval unter dem Cursor angezeigt. Sie können die Größe des heißen Bereichs der Spitze nach Ihren Wünschen anpassen, indem Sie zusammen mit der Modifikationstaste ⌥/ Alt die Maus klicken und ziehen. Modifizieren Sie zusätzlich mit ⇧ , erhalten Sie eine gleichmäßig runde Werkzeugspitze.
3. Nun kommen wir zum Verformen:
   ▶ Aktivierte Pfade: Aktivieren Sie eines oder mehrere Objekte oder einzelne Pfadsegmente. Klicken und ziehen Sie mit dem Werkzeug über die Pfade, oder halten Sie einfach die Maustaste über den aktivierten Objektteilen gedrückt, ohne zusätzlich das Werkzeug zu bewegen.
   ▶ Keine Pfade sind aktiviert: Wenn keine Objekte aktiviert sind, bewegen Sie die Werkzeugspitze über die Objekte, die Sie verflüssigen möchten, klicken Sie erst über den Objekten und beginnen dann zu ziehen.
   Achtung! Dabei werden alle Objekte auf allen EBENEN deformiert, die sich im heißen Bereich der Werkzeugspitze befinden, sofern sie nicht ausgeblendet oder fixiert sind!
4. Wenn das jeweilige Werkzeug in Aktion ist, bewegen sich die Pfadsegmente der von der Verflüssigung betroffenen Objekte mit dem Werkzeug. Kreuzen Sie mit dem Cursor weitere aktivierte Pfadsegmente, werden diese ebenfalls in die Bearbeitung einbezogen.
5. Um die Anwendung des Werkzeugs zu beenden, lassen Sie die Maustaste los bzw. heben den Stift vom Grafiktablett ab.
6. Wiederholen Sie gegebenenfalls die Schritte ab 3, denn in manchen Fällen ist ein mehrfaches Ansetzen des Werkzeugs kurz hintereinander wirkungsvoller als eine lange Anwendung.

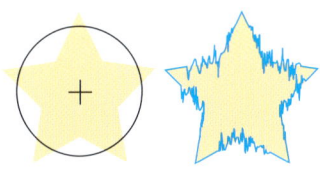

▲ **Abbildung 7.39**
Zerknittern-Werkzeug

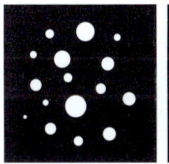

▲ **Abbildung 7.40**
Ausbuchten-Werkzeug

Modifikationsmöglichkeiten | Verflüssigen-Werkzeuge

▶ ⇧ : Beschränkt die Werkzeugbewegung auf waagerechte oder senkrechte Winkel.
▶ Cursor-Bewegung: Da die Werkzeuge mit einer kleinen Verzögerung arbeiten, erzeugt verändertes Bewegungstempo der Werkzeuge andere Ergebnisse.

TIPP

Bitte beachten Sie, dass Größe, Winkel und Intensität, die Sie für eines der Verflüssigen-Werkzeuge eingeben, auf alle anderen übernommen werden.

Wenn die beiden Parameter für das Ergebnis in Ihrer Grafik wichtig sind, sollten Sie diese überprüfen, bevor Sie das Werkzeug anwenden.

Optionen | alle Verflüssigen-Werkzeuge

Mit einem Doppelklick auf eines der Verflüssigen-Werkzeuge in der Werkzeugpalette rufen Sie die zugehörigen Optionen auf.

Abbildung 7.41 ▶
Die Optionen des Strudel-
Werkzeugs

Abbildung 7.41 ▶
Die Optionen des Strudel-Werkzeugs

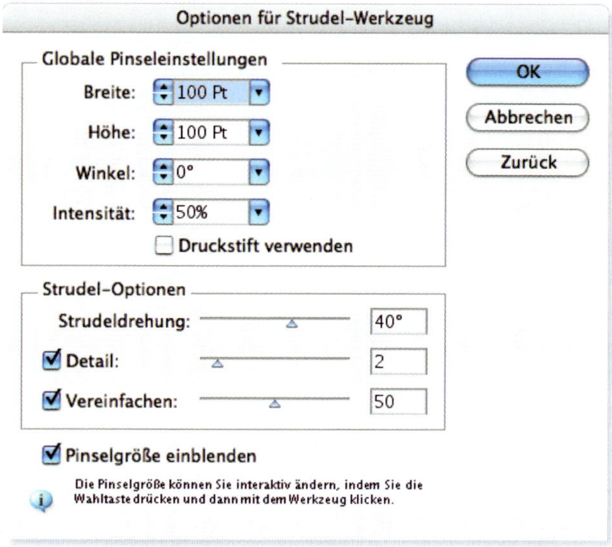

▶ BREITE bzw. HÖHE: Hier geben Sie die Breite und Höhe des ovalen Wirkungsbereichs der Werkzeugspitze ein. Sie können einen festen Wert aus dem Ausklappmenü auswählen oder einen frei definierten direkt in das Textfeld eingeben.

Die Maßeinheiten, die in VOREINSTELLUNGEN • EINHEITEN UND ANZEIGELEISTUNG • ALLGEMEIN eingestellt sind, kommen hier zur Anwendung.

Bei allen Werkzeugen können Sie die Form und damit den heißen Bereich der Werkzeugspitze auch nach Ihren Wünschen manuell anpassen, indem Sie zusammen mit der Modifikationstaste ⌥/Alt die Maus klicken und ziehen.

Modifizieren Sie zusätzlich mit ⇧, erhalten Sie einen gleichmäßig runden Wirkungsbereich.

▶ WINKEL: Eine ovale SPITZE muss nicht waagerecht ausgerichtet sein. Geben Sie hier einen Winkel ein, um den Wirkungsbereich schräg zu stellen.

▶ INTENSITÄT: Bei Mauseingabe bestimmt dieser Wert, wie schnell die Verformung durch das Werkzeug erfolgt.

Wenn Sie nur geringe Deformationen erreichen möchten, müssen Sie einen sehr niedrigen Intensitätswert einstellen.

Bei der Eingabe mit einem Stift auf dem Grafiktablett muss das Kontrollkästchen DRUCKSTIFT VERWENDEN aktiviert werden. Die nummerische Werteingabe wird damit abgeschaltet, denn dann bestimmt der auf den Stift ausgeübte Druck die Schnelligkeit und damit die Intensität der Verformung.

- PINSELGRÖSSE EINBLENDEN: Diese Option ist originär in den Voreinstellungen aktiviert.

  Das schwarze Oval unter dem Cursor vermittelt Ihnen ein Gefühl dafür, welche Pfade in den Wirkungsbereich des Werkzeugs einbezogen werden (siehe auch BREITE/HÖHE).

  Durch Entfernen des Häkchens kann die Anzeige deaktiviert werden.

- DETAIL: Mit diesem Wert geben Sie an, wie detailliert die Verformung sein soll. Ein höherer Wert generiert eine feingliedrigere Verformung, das heißt, die Anzahl der zusätzlich erzeugten Ankerpunkte ist größer als bei einem niedrigen Wert. Die Vorgabe kann zwischen 1 und 10 variieren.

- Zusätzliche Option der Werkzeuge Verkrümmen, Strudel, Zusammenziehen, Aufblasen

  - VEREINFACHEN: Mit dieser Option geben Sie an, wie stark der Pfad nach der Verflüssigen-Operation optimiert wird.

    Beim Vereinfachen wird die Anzahl der Punkte, die den Pfad bilden, reduziert. Stellen Sie mit dem Schieberegler ein, wie genau Illustrator dabei vorgehen soll. Höhere Werte erzeugen weniger Punkte und damit glattere Pfade.

- Zusätzliche Option des Strudel-Werkzeugs

  - STRUDELDREHUNG: Je höher der Wert der STRUDELDREHUNG ist, umso stärker und schneller erfolgt die Drehung. Positive Werte bewirken eine Drehung gegen, negative Werte im Uhrzeigersinn.

- Zusätzliche Optionen der Werkzeuge Ausbuchten, Kristallisieren, Zerknittern

  - KOMPLEXITÄT steuert die Reaktionszeit des Werkzeugs – ein höherer Wert lässt das Werkzeug in kürzeren Abständen reagieren. Ein sehr niedriger Komplexitätswert bewirkt keine Änderung, wenn keine Ankerpunkte im Wirkungsbereich des Werkzeugs liegen.

  - PINSEL VERSCHIEBT ANKERPUNKT: Mit dieser Option bestimmen Sie, ob das Werkzeug Ankerpunkte, die bereits auf dem Pfad vorhanden sind, verschieben darf. Wenn Sie PINSEL VERSCHIEBT ANKERPUNKT aktivieren, erzielen Sie extremere Verformungen des Pfads.

  - PINSEL VERSCHIEBT HINFÜHRENDE/WEGFÜHRENDE GRIFFE: Steuern Sie hiermit, welche Grifflinien verändert werden – die Bezeichnung hinführend bzw. wegführend bezieht sich auf die Pfadrichtung.

- Zusätzliche Optionen des Zerknittern-Werkzeugs

  - HORIZONTAL/VERTIKAL: Mit diesen Werten geben Sie an, wie stark die Verformung in horizontaler bzw. vertikaler Richtung erfolgen soll.

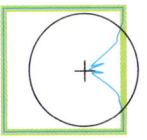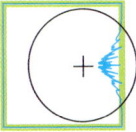

▲ **Abbildung 7.42**
Verschiedene Stufen der Komplexität

▲ **Abbildung 7.43**
Von oben: PINSEL VERSCHIEBT ANKERPUNKT, PINSEL VERSCHIEBT WEGFÜHRENDE GRIFFE

Beim Zerknittern-Werkzeug hat die Bewegungsrichtung der Werkzeugspitze keine Auswirkung auf die Richtung der Verformung!

7.4 Freihändig schneiden

Messer-Werkzeug

Mit dem Messer-Werkzeug, das Sie in einer Gruppe mit dem Schere-Werkzeug finden, arbeiten Sie wie mit einem Skalpell.

Pfade zerschneiden | Messer-Werkzeug

Klicken und ziehen Sie den gewünschten Schnitt über die Objekte. Illustrator zerschneidet die Objekte und bildet dabei neue geschlossene Pfade, die jeweils die Aussehen-Eigenschaften des Quellobjekts besitzen.

Es werden nur *aktivierte* Objekte zerschnitten, die entweder mit einer Füllung versehen und/oder geschlossen sind. Haben Sie kein Objekt ausgewählt, werden *alle* Objekte zerschnitten, durch die der Schnitt führt, *egal* auf welcher Ebene sie liegen, soweit sie nicht fixiert oder ausgeblendet sind!

Die neuen Objekte sind nicht GRUPPIERT oder anderweitig verbunden, so dass Sie diese nach dem Schneiden sofort weiterverarbeiten können.

Modifikationsmöglichkeit | Messer-Werkzeug

[⌥]/[Alt]: Mit dieser Modifikationstaste erzeugen Sie einen geraden Schnitt. Führen Sie dabei den Schnitt so, wie Sie das Linien-Werkzeug handhaben (Linien-Werkzeug siehe Kapitel 5).

▲ **Abbildung 7.44**
Je ein geschlossener (Stern) und ein offener Pfad (Welle) mit (grün) und ohne Füllung (rot) werden zerschnitten. Auf dem Pfad der roten Welle sind die Punkte markiert.

8 Farben und Verläufe

Seit Jahrhunderten beschäftigen sich Naturwissenschaftler, Künstler und Philosophen damit, das Naturphänomen Farbe zu erklären und die sichtbare Welt zu ordnen. Die verschiedensten Farbmodelle sollen dabei helfen, Farben messbar und zuverlässig beschreibbar zu machen, damit sie in unseren täglich gebrauchten Medien exakt reproduzierbar sind. Farben werden in diesen Modellen auf unterschiedlichste Weise kategorisiert und mit nummerischen Werten geordnet.

Von jedem Farbmodell existieren wiederum verschiedene Varianten, die Farbräume. Sie werden definiert durch den begrenzten Farbumfang, den bestimmte Geräte oder Vermittlungsmethoden darstellen können. Die nummerischen Werte, welche die Farben beschreiben, beziehen sich jeweils auf einen solchen Farbraum. Gleiche Werte charakterisieren deshalb in einem anderen Farbraum ganz andere Farben.

Die gebräuchlichsten Farbmodelle – auch in Illustrator – sind RGB und CMYK.

8.1 Farbmodelle

RGB

RGB ist ein Farbmodell zur Beschreibung additiv gemischter Farben. Aktive Lichtquellen mit gleicher Stärke in den Grundfarben Rot, Grün und Blau addieren sich im menschlichen Auge zu weißem Licht. Werden die Grundfarben in unterschiedlicher Intensität gemischt, interpretiert es das Auge als farbiges Licht. Je nachdem, welche Lichtquelle schwächer ist oder ganz fehlt, kann damit ein weiter Bereich des sichtbaren Farbspektrums erzeugt werden.

Dabei ist es für das Auge ohne Belang, ob die Farben direkt übereinander projiziert werden, wie beispielsweise bei alten Röhren-Beamern, oder ob die drei aktiven Farblichtquellen aus kleinen nebeneinander liegenden Punkten aufgebaut werden, die das verhältnismäßig geringe Auflösungsvermögen des Auges aus-

▲ **Abbildung 8.1**
Das RGB-Farbmodell erzeugt Farben mit farbigen Lichtquellen.

▲ **Abbildung 8.2**
Im CMYK-Modell für den Druck werden für das menschliche Auge Mischfarben erzeugt, indem unterschiedlich große Rasterpunkte in den Prozessfarben Cyan, Magenta, Gelb und Schwarz versetzt angeordnet werden.

 Exkurs: L*a*b-Farbmodell
Im Gegensatz zu anderen Farbmodellen beschreibt das L*a*b-Modell, wie Farben aussehen, und nicht, wie ein Gerät sie mischt.
Daher wird dieser Standard der CIE (Commission Internationale d'Eclairage) von Farbmanagementsystemen als Referenz verwendet. In Illustrator können Sie L*a*b verwenden, um Volltonfarben zu erstellen und am Bildschirm darzustellen.

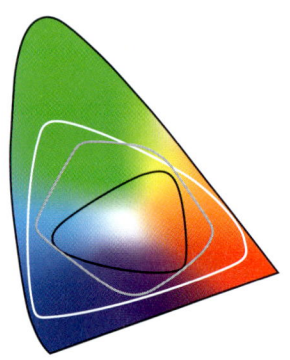

▲ Abbildung 8.3
Der »Schuh« stellt das vom menschlichen Auge wahrnehmbare Farbspektrum dar. Die inneren Rahmen kennzeichnen die darstellbaren Farben in verschiedenen Farbmodellen.
Weißer Rahmen: RGB-Farbraum
Grauer Rahmen: Pantone-Farbraum
Schwarzer Rahmen: CMYK-Farbraum

nutzen, um eine fertig gemische Farbe vorzutäuschen. Mit dieser Methode arbeiten Monitore und Displays.

Schwarz wird durch das Fehlen aller Farbinformationen wahrgenommen. Neutrales Grau erkennt das Auge, wenn die Intensität der Grundfarben gleichmäßig reduziert ist, z.B. R-G-B: 87-87-87.

CMYK

CMYK ist ein Farbmodell zur Beschreibung der subtraktiven Farbmischung. Aus dem Farbspektrum einer weißen Lichtquelle, das von einer Fläche reflektiert wird, filtern Farben, die auf der Fläche vorhanden sind, Bereiche des Spektrums heraus. Das Auge erreichen also nur Teile des ursprünglich weißen Lichts, die von uns als Farbe wahrgenommen werden. Da der Teil des weißen Lichts, der bei der Reflexion absorbiert wird, mit dem Farbauftrag auf der reflektierenden Fläche beeinflusst werden kann, spricht man hier von subtraktiver Farbmischung.

Durch kleine farbige Punkte auf einer Fläche, die das weiße Licht filtern, entsteht im menschlichen Auge ein Farbeindruck, der nicht den einzelnen Farben der Punkte entspricht, sondern einer Mischung daraus. Diese Auflösungsschwäche des menschlichen Auges macht man sich beim Vierfarbdruck zunutze, indem Raster aus Punkten der Komplementärfarben zu Rot/Grün/Blau, nämlich Cyan/Magenta/Gelb, auf einen weißen Träger gedruckt werden, um so bei der Reflexion einer Lichtquelle dem Betrachter ein breites Farbspektrum zu simulieren.

Wenn die Farben Cyan, Magenta und Gelb übereinander gedruckt werden, sollten wir theoretisch »Schwarz« sehen oder, anders ausgedrückt, überhaupt keine Farbe erkennen. Hier weichen Theorie und Praxis voneinander ab, denn in unserem Auge entsteht dabei ein recht »schmutziges Graubraun«, deshalb wird beim Druck ein schwarzes Raster hinzugefügt, um gute Schwarz- und Grautöne sowie saubere Hell-/Dunkelabstufungen erzeugen zu können. Für dieses Farbmodell ist die Bezeichnung CMYK gebräuchlich, nach den entsprechenden Farbbezeichnungen Cyan/Magenta/Yellow/Key in der englischen Sprache. Die Bezeichnung »Key« anstelle von »Black« für »Schwarz« wurde gewählt, um bei der Abkürzung »B« eine Verwechslung mit Blue bzw. Blau auszuschließen.

Dokumentfarbmodus

Illustrator kann sowohl mit CMYK-Farbräumen als auch mit RGB-Farbräumen arbeiten. Der entsprechende Modus ist für jedes Dokument frei wählbar.

Farbmodus für ein neues Dokument | Dokumentfarbmodus
Bereits beim Erstellen eines neuen Dokuments müssen Sie den
Farbmodus bestimmen, mit dem Sie arbeiten wollen.

Wählen Sie den Farbmodus entsprechend dem zukünftigen
Einsatz Ihrer Grafik aus. CMYK sollten Sie einstellen, wenn Ihre
Datei für den Druck erstellt wird, RGB dagegen, um sie in einer
Bildschirmpräsentation zu verwenden. In dem so voreingestellten
Farbmodus werden Farben im Dokument gespeichert – unabhängig davon, in welchem Farbmodus Sie die Farben beim Mischen
definieren.

Farbmodus einstellen bzw. ändern | Dokumentfarbmodus
Den Dokumentfarbmodus bestimmen Sie in der Dialogbox, die
erscheint, wenn Sie in Illustrator mit dem Menübefehl Datei •
Neu… eine neue Datei anlegen – Shortcut: ⌘/Strg+N.

Möchten Sie den Farbmodus eines geöffneten Dokuments
ändern, wählen Sie Datei • Dokumentfarbmodus • CMYK-Farbe bzw. RGB-Farbe.

8.2 Farben verwenden

Aus anderen Programmen werden Ihnen die beiden Felder in der
Werkzeugpalette und der dazugehörige Farbwähler bekannt vorkommen. In Illustrator bestimmen Sie damit eine Farbe »nur für
den Moment«. Die Definition und Zuordnung von Farben, die Sie
wiederholt verwenden wollen, nehmen Sie über verschiedene
Paletten vor.

Das zentrale Arbeitsmittel, um in Illustrator mit Farben zu
arbeiten, ist die **Farbpalette**. Darin »mischen« Sie die Farben an,
die Sie in anderen Paletten anwenden.

Für Verläufe – auch über mehrere Farben hinweg – steht die
Verlauf-Palette zur Verfügung.

Die **Farbfelder-Palette** verwaltet und speichert Farben, Farbtöne, Verläufe und Muster, damit Sie Farb- und Verlaufsdefinitionen, die an mehreren Stellen in einem Dokument gebraucht
werden, nicht immer wieder neu anlegen müssen. Zusätzlich
haben Sie die Farbfelder über die Steuerungspalette ständig im
Zugriff. Um Farbfelder in verschiedenen Dokumenten zu benutzen, können Sie Farbfelder-Bibliotheken anlegen.

Zusammen mit vielen anderen Eigenschaften werden die Farben, die einem Objekt zugeordnet sind, in der **Aussehen-Palette**
zusammengefasst (Aussehen siehe Kapitel 10).

HINWEIS

Prozessfarben bezeichnet das
Programm auch dann als CMYK-Farben, wenn Sie im RGB-Modus arbeiten. Dieses Handling in
Illustrator ist etwas verwirrend
und für Benutzer, die üblicherweise im RGB-Modus Grafiken
erstellen, ziemlich gewöhnungsbedürftig.

HINWEIS

Bei einem Wechsel des Dokumentfarbmodus wird jede im
Dokument definierte Prozessfarbe nach den in den Farbeinstellungen definierten Profilen
umgerechnet. Dabei können
Veränderungen der Farbdefinition entstehen, so dass die Farbe
z. B. bei einer Konvertierung von
CMYK nach RGB und wieder zurück zu CMYK voraussichtlich
nicht mehr Ihrer ursprünglich
angelegten Farbe entspricht
(siehe Abbildung 8.4).

▲ **Abbildung 8.4**
Aus M 25/Y 100 wird nach Umwandlung in den RGB-Modus und
anschließender Rückwandlung
C 1,17/M 26,56/Y 92,97.

Objektfarben – lokale und globale Farbfelder

In Illustrator ist Farbe eine Objekt-Eigenschaft. Sie können die Farbe für jedes Objekt einzeln einstellen und diesem direkt zuordnen. Bei umfangreichen Grafiken wird dieses Verfahren allerdings schnell sehr aufwändig. Meist ist es vorteilhafter, Farben in der Farbfelder-Palette zu verwalten, denn dann ist es möglich, eine einmal definierte Farbe auf mehrere Objekte anzuwenden und gegebenenfalls die Farbe für diese Objekte gleichzeitig zu ändern.

Illustrator unterscheidet also zwischen lokalen und globalen Farbfeldern.

Lokale Farbfelder | Lokale Farbfelder werden angelegt und die darin definierte Farbe auf ein Objekt übertragen, die Verbindung zwischen diesem Farbfeld und dem Objekt bricht nach der Zuweisung jedoch ab, so dass eine nachträgliche Änderung der Farbe in dem Farbfeld nicht automatisch auf das Objekt angewendet wird.

Globale Farbfelder | Bei globalen Farbfeldern bleibt die Verbindung zwischen Objekt und Farbfeld bestehen. Wenn Sie die Farbe in einem globalen Farbfeld ändern, wird diese Eigenschaft bei allen Objekten aktualisiert, die dieses Farbfeld verwenden.

Farbe für Kontur und Fläche

Farben können sowohl dem Pfad selbst, d.h. der Kontur, als auch dem vom Pfad umschlossenen Raum, d.h. der Fläche, zugeordnet werden.

Fläche bzw. Füllung | Anstelle des in der Illustrator-Terminologie gebrauchten Begriffs Fläche bevorzugen und verwenden wir in diesem Buch oft den Terminus »Füllung«, da sein Wortsinn teilweise eine klarere Zuordnung erlaubt.

Mit einem offenen Pfad ist es eigentlich nicht möglich, eine Fläche zu definieren, trotzdem kann Illustrator einen offenen Pfad mit einer Füllung versehen. Das Programm füllt dabei die Fläche, die sich ergibt, wenn die beiden Endpunkte des Pfades auf kürzester gerader Strecke verbunden würden. Ein Pfadsegment entlang dieser virtuellen Linie wird allerdings nicht generiert, das ist spätestens erkennbar, wenn Sie dem Objekt eine Kontur zuweisen.

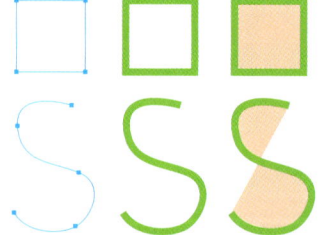

▲ **Abbildung 8.5**
Kontur ist der mit verschiedenen Eigenschaften versehene Pfad, Fläche der umschlossene Raum – bei einem offenen Pfad werden die beiden Endpunkte auf kürzestem Weg verbunden, um den Raum für die Füllung zu bestimmen.

Füllung und Kontur in der Werkzeugpalette

Die Farben, die aktuell für Füllung und Kontur ausgewählt sind bzw. die Farben für Füllung und Kontur des aktivierten Objekts werden in der Werkzeugpalette in den Feldern FLÄCHE ❶ und KONTUR ❷ angezeigt.

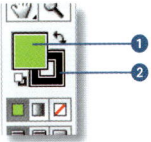

▲ **Abbildung 8.6**
Die Fläche- und Kontur-Felder in der Werkzeugpalette

Farbwerkzeuge | Werkzeugpalette

Über die Werkzeugpalette sind verschiedene, oft gebrauchte Funktionen zum Farbhandling im dauernden Zugriff:

▸ Das in der Werkzeugpalette jeweils obenauf liegende Farbfeld können Sie mit Hilfe der Farbpalette ändern.
Um das unten liegende Feld nach oben zu holen, klicken Sie es an. – Shortcut zum Hin- und Herwechseln: [X].

▸ Mit einem Klick auf den Doppelpfeil ↱ tauschen Sie die eingestellten Farben für FLÄCHE und KONTUR gegeneinander aus – Shortcut: [⇧]+[X].

▸ Mit einem Klick auf das Schwarz-Weiß-Symbol ⬚ setzen Sie die AUSSEHEN-Eigenschaften von Füllung und Linie auf die Standardwerte weiße Fläche und schwarze Kontur in der Stärke 1 Punkt – Shortcut: [D].

▸ Kontur und Fläche eines Objekts müssen nicht zwangsläufig mit einer Farbe versehen sein – oft sind eine Kontur und/oder eine Füllung sogar unerwünscht. Für solche Fälle ist die Eigenschaft OHNE vorgesehen. Klicken Sie auf das Symbol ⬚, um diese Eigenschaft für FLÄCHE bzw. KONTUR zu setzen.
Shortcut: [/] im Nummernblock der Tastatur.
Auch dieses Aussehen-Attribut kann jederzeit wieder gegen eine Farbdefinition ausgetauscht werden

Achtung! Ist ein Objekt aktiv, werden Änderungen an den Einstellungen der Farbauswahl-Felder in der Werkzeugpalette direkt auf das aktivierte Objekt angewendet!

Kontur und Fläche neuer Objekte | Werkzeugpalette

Für ein Objekt, das Sie neu zeichnen, wendet Illustrator immer die aktuell eingerichteten Farbfelder aus der Werkzeugpalette an. Da Farbe eine Objekteigenschaft ist, kann sie jedoch jederzeit umdefiniert werden.

Farbwähler – Farben definieren

Um die Farbe für Fläche oder Kontur in der Werkzeugpalette zu ändern, gehen Sie wie folgt vor:

1. Doppelklicken Sie auf das Feld FLÄCHE bzw. das Feld KONTUR in der Werkzeugpalette, um die Dialogbox FARBWÄHLER aufzurufen.

▲ **Abbildung 8.7**
Konturen sind nicht immer erwünscht.

▲ **Abbildung 8.8**
Füllungen können auch im Weg sein.

▲ **Abbildung 8.9**
Links – Kontur und Füllung
Mitte – keine Füllung
Rechts – keine Kontur

	Englisch	Deutsch
CMYK	Cyan	Cyan
	Magenta	Magenta
	Yellow	Gelb
	Key	Schwarz
HSB	Hue	Farbton
	Saturation	Sättigung
	Brightness	Helligkeit
RGB	Red	Rot
	Green	Grün
	Blue	Blau

▲ Tabelle 8.1
Farbmodelle

Abbildung 8.10 ▶
Der Farbwähler

[HSB- bzw. HLS-Farbmodell]
Dieses Farbmodell wurde auf der menschlichen Farbwahrnehmung aufgebaut. Farben werden durch ihre Eigenschaften Hue (Farbton), Saturation (Sättigung) und Brightness bzw. Luminance (Helligkeit) beschrieben.

▲ **Abbildung 8.11**
Die websicheren Farben

2. Definieren Sie die neue Farbe im Farbwähler, und bestätigen Sie mit OK.

Falls Sie sowohl die Farbe für FLÄCHE als auch für KONTUR ändern wollen, müssen Sie diese nacheinander bearbeiten.

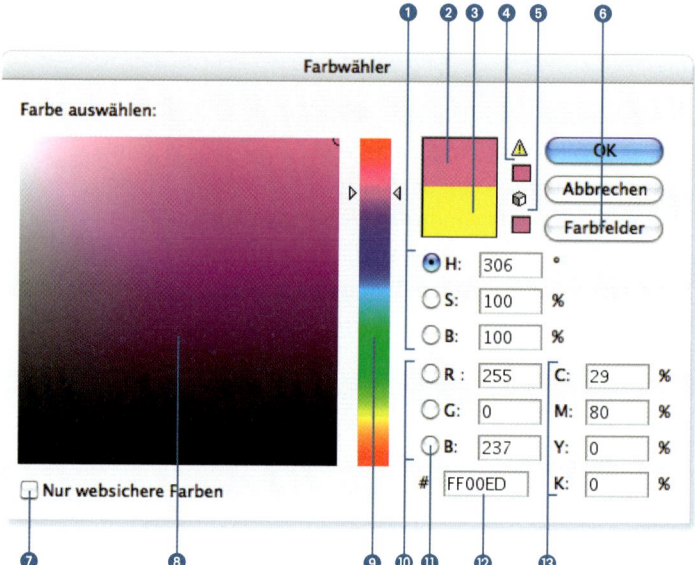

Im Farbwähler können Sie Farben nach verschiedenen Farbmodellen definieren: CMYK ⑬, HSB ❶, RGB ⑩ und RGB-Websafe (216 websichere Farben) ❼. Für Webdesigner ist die Möglichkeit interessant, RGB als Hexadezimalwerte ⑫ einzugeben.

Farben einstellen | Farbwähler
Der Farbwähler bietet umfangreiche Möglichkeiten, um Farben intuitiv oder nummerisch einzustellen:

▶ Intuitiv bestimmen Sie Farben auf Basis des HSB- oder des RGB-Farbmodells mit Hilfe des Farbspektrums ❽ und des Farbreglers ❾, indem Sie in die Felder hineinklicken bzw. klicken und ziehen. Wählen Sie mit einem der Optionsbuttons H, S, B bzw. R, G, B ⑪ die Farbeigenschaft, auf deren Grundlage Sie Ihre Farbe auswählen wollen. Das entsprechende Attribut wird dann in den Farbregler übernommen. Im abgebildeten Screenshot sehen Sie an dem aktivierten Button »Hue«, dass im Farbregler der Farbton vorbestimmt wird, Sättigung und Helligkeit suchen Sie durch einen Klick in das Farbspektrum aus.

▶ Um Farben nummerisch zu definieren, geben Sie die entsprechenden Werte in die Eingabefelder für H, S und B ❶ oder R, G und B ⑩ bzw. C, M, Y und K ⑬ ein. Je nach Farbmodell steht Ihnen ein unterschiedlicher Werteumfang zur Verfügung.

Für Gradeinheiten (°) ist eine Spanne von 0 bis 360 erlaubt, bei prozentualen Anteilen (%) sind Werte zwischen 0 und 100 möglich. RGB-Werte richten sich nach dem dezimalen 8-Bit-Wert zwischen 0 bis 255.

▶ Hexadezimalwerte tragen Sie in das Hex-Feld (#) ⑫ ein.
Sie können Hex-Werte auch über die Zwischenablage aus anderen Programmen bzw. HTML-Dokumenten kopieren. Illustrator versteht allerdings nur die sechsstellige Notierung von Farben, keine Kurzformen. Achten Sie beim Kopieren des Werts aus dem HTML-Code darauf, dass das Nummernzeichen (#) nicht mit übertragen wird.

▶ Ihre neu gemischte Farbe zeigt Illustrator in dem Feld ❷ über der Farbe an, die beim Aufruf des Farbwählers eingerichtet war ❸. So ist eine optische Beurteilung der Änderung gegeben.

▶ Wenn Sie eine HSB- oder RGB-Farbe definieren, die im CMYK-Farbraum nicht darstellbar ist, warnt Illustrator im Farbwähler mit dem Zeichen ⚠ und zeigt in dem Farbfeld darunter den nächstliegenden im Vierfarbmodus druckbaren Farbton an ❹. Sie übernehmen diese Farbe, indem Sie auf das Warndreieck ⚠ klicken.

▶ Ist eine nicht-websichere Farbe ausgewählt, wird das im Farbwähler mit dem Zeichen ⬡ ebenfalls signalisiert und die nächstliegende websichere Farbe ❺ angezeigt. Die Übernahme erfolgt durch einen Klick auf den Würfel.

▶ Mit dem Button FARBFELDER ❶ rufen Sie eine Liste der in der Farbfelder-Palette eingerichteten Farben auf.

Farbpalette – Farben definieren

Die Farbpalette bietet eine alternative Möglichkeit zum Farbwähler, um Farben in den verschiedenen Farbmodellen nummerisch oder mit Schiebereglern zu bestimmen. Darüber hinaus können in der Farbpalette neue Farbfelder für den globalen Gebrauch im Dokument angelegt werden.

Farbpalette anzeigen | Rufen Sie die Palette mit dem Menübefehl FENSTER • FARBE auf – Shortcut ⌨F6 .
Falls die Farbpalette nicht alle Optionen anzeigt, die in der Abbildung zu sehen sind, wählen Sie im Palettenmenü ⊙ den Befehl OPTIONEN EINBLENDEN an.

Farben einstellen | Farbpalette
Links oben in der Farbpalette erkennen Sie die Kontur- und Fläche-Felder als Miniaturen wieder. In der Farbpalette können Sie Farben nummerisch oder mit Hilfe von Farbreglern definieren

[RGB-Websafe]
Die websicheren Farben sind eine Untergruppe aus dem RGB-Farbraum. Die Palette enthält die 216 Farben, die sowohl in der 8-Bit-Systemfarbpalette des Mac- als auch des Windows-Betriebssystems vorhanden sind. Diese Farben werden auf Monitoren im 256-Farben-Modus betriebssystem- und browserübergreifend weitgehend identisch dargestellt. Wegen des technischen Fortschritts sind websichere Farben inzwischen nur noch in Ausnahmefällen von Belang.

HINWEIS

Egal in welchem Farbmodell Sie die Farbe definieren, sie wird von Illustrator in den Dokumentfarbmodus konvertiert. Dafür werden die Profile verwendet, die im Farbmanagement unter BEARBEITEN • FARBEINSTELLUNGEN… eingestellt sind. Mehr zu Farbmanagement finden Sie in Kapitel 18.

TIPP

Die Farbpalette können Sie auch über die Werkzeugpalette aufrufen. Klicken Sie dazu auf das Farb-Symbol oder tippen Sie ein Komma ⌨, . Haben Sie vorher ein Objekt ausgewählt, das entweder keine Füllung oder eine Verlaufsfüllung enthält, wird diesem die angezeigte Farbe zugewiesen.

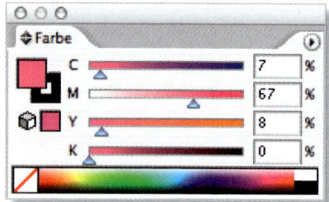

sowie durch einen Klick in die Farbspektrumleiste auswählen. Ist ein Objekt aktiv, werden Farbänderungen direkt angewendet.

▶ Die Einstellungen in der Farbpalette wirken sich auf die aktuelle Kontur bzw. Füllung aus, je nachdem, welches Auswahlfeld oben liegt und damit aktiv ist. Auch in der Farbpalette können Sie die Aktivierung der beiden Anzeigen durch Klick oder Shortcut ⬚X⬚ wechseln.

▶ Wählen Sie im Palettenmenü ⊙ das Farbmodell, in dem Sie Ihre Farbe definieren wollen. Auch Farben, die Sie in der Farbpalette festlegen, werden von Illustrator in den Dokumentfarbmodus umgerechnet und so gespeichert.

▶ Die nummerische Eingabe in die einzelnen Textfelder der verschiedenen Farbmodelle erfolgt auf die gleiche Weise, wie es weiter oben beim Farbwähler beschrieben ist.

▶ Um Ihre Farbe mit den Farbreglern zu bestimmen, bewegen Sie eines der kleinen Einstelldreiecke. Der Farbbalken über dem Regler zeigt jeweils an, wie die geänderte Farbe aussieht, entsprechend wird auch der Inhalt des Farbfelds für Kontur bzw. Fläche geändert.

▶ Die dritte Möglichkeit, in der Farbpalette eine Farbe auszuwählen, ist wieder etwas intuitiver angelegt. Wenn Sie Ihren Cursor über der Farbspektrumleiste platzieren, ändert sich die Marke in ein Pipetten-Symbol. Klicken Sie nun in die Leiste und ziehen die Pipette über das Spektrum, bewegen sich die Farbregler synchron dazu, und die Farbe im Farbfeld für Kontur bzw. Fläche wechselt adäquat.

▶ Um Schwarz oder Weiß zu definieren, klicken Sie in das entsprechende Feld rechts neben der Farbspektrumleiste.

▶ OHNE, also »ohne Kontur« bzw. »ohne Fläche«, stellen Sie mit einem Klick in das Feld ☑ am linken Ende des Spektrums ein.

▶ Die Signale ⚠ und ⬚ haben dieselbe Bedeutung wie oben beim Farbwähler beschrieben, auch das Handling ist gleich. Das Warndreieck erscheint in der Farbpalette allerdings nur im RGB-Dokumentfarbmodus.

Modifikationsmöglichkeit | Farbpalette

▶ ⬚⬚ oder ⬚⌘⬚/⬚Strg⬚: Bewegen Sie einen Farbregler und modifizieren mit der Taste ⬚⬚, laufen die anderen Regler mit, so dass sich nur die Intensität der Farbe ändert. Diese Methode funktioniert nicht im HSB-Modell.

Optionen | Farbpalette

Im Palettenmenü ⊙ können Sie zwei Operationen auf die ausgewählte Farbe anwenden – INVERTIEREN und KOMPLEMENTÄR. Beide Befehle führen eine mathematische Berechnung des Farb-

werts aus, der dem rechnerischen Inversions- bzw. Komplemen-
tärwert des eingestellten Farbtons entspricht. Optisch ist das
Ergebnis nicht immer ganz nachzuvollziehen. ⌘/Strg+Z
widerruft die letzte Änderung, die Sie in der Farbpalette vorgenommen haben.

Farben mit der Pipette  übertragen

Farbe, Transparenz, Kontur-Eigenschaften etc. können Sie mit
dem Pipette-Werkzeug von einem auf ein anderes Objekt übertragen. Aber beachten Sie bitte, dass die Pipette voreingestellt
alle Aussehen-Eigenschaften eines ausgewählten Objekts aufnimmt.

Die Vorgehensweise wird zusammen mit der Aussehen-Palette
in Kapitel 10 erläutert.

TIPP

Wenn Sie einem Objekt einen
Verlauf, ein Muster oder die Eigenschaft OHNE zuweisen, wird
in der Farbpalette auch die zuletzt benutzte Farbe angezeigt.
Klicken Sie gegebenenfalls darauf, um sie zu verwenden.

8.3   Farbdefinitionen speichern

Das Pipette-Werkzeug erleichtert zwar den Austausch von Farben zwischen Objekten, doch noch mehr Arbeit können Sie sich
sparen, wenn Sie eine einmal eingerichtete Farbe, Verlauf, Muster
etc. als **Farbfeld** im aktuellen Illustrator-Dokument speichern.

Um einheitliche Farbfelder auch für andere Dokumente zur
Verfügung zu stellen, besteht die Möglichkeit, **Farbfelder** in
Bibliotheken zu organisieren, die unabhängig von den Doku-
menten gespeichert werden.

Farbfelder-Palette

In der Farbfelder-Palette können Sie Farben, Verläufe und Muster
zur mehrfachen Verwendung im aktuellen Dokument verwalten
und speichern. So müssen Sie die Definitionen nicht bei jeder
Anwendung auf ein Objekt erneut vornehmen.

Farbfelder-Palette anzeigen | Wählen Sie den Menüpunkt
FENSTER • FARBFELDER, um die Farbfelder-Palette auf dem Bildschirm anzeigen zu lassen.

Farbfeld-Arten in der Farbfelder-Palette

Farbfelder können folgende Objekteigenschaften aufnehmen:
OHNE (Farbe), PROZESSFARBE, VOLLTONFARBE, TONWERT, GRAU-
STUFEN, VERLAUF, MUSTER und PASSERMARKEN.

Die verschiedenen Farbfeld-Arten haben ihren Ursprung vor
allem in den Anforderungen, die für die Ausgabe auf Belichtern
und Druckmaschinen abgedeckt werden müssen.

[Farbwerteatlas]
Die Farbwirkung wird immer auch
durch das verwendete Papier beeinflusst. Auf Naturpapieren
sehen Farben anders aus als auf
Kunstdruckpapieren, wie sie für
Kalender verwendet werden.
Bestimmen Sie Farben daher
möglichst nach Referenzmustern,
die auf einem ähnlichen Papier
gedruckt sind, wie Sie es für die
Produktion geplant haben.
Farbmusterbücher oder Farbwer-
teatlanten bekommen Sie im
Fachbuchhandel.

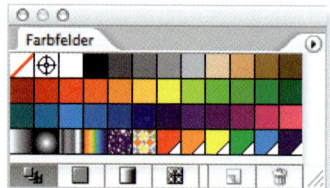

▲ **Abbildung 8.13**
Farbfelder-Palette in der
Miniaturen-Ansicht

▲ **Abbildung 8.14**
Farbfelder-Palette in der
Ansicht als Liste

▲ **Abbildung 8.15**
Unterschiedliche Tonwerte
der Farbe Cyan;
Ausschnittsvergrößerung

▸ **Ohne:** Wenn Sie das Farbfeld OHNE ☒ auf einen Pfad bzw. auf eine Fläche anwenden, wird eine eventuell zugeordnete Kontur bzw. Füllung entfernt. Illustrator legt das Farbfeld OHNE automatisch mit jeder neuen Datei an, es kann weder gelöscht noch verändert werden.

▸ **CMYK-Farbe – Prozessfarbe:** Prozessfarben sind Mischwerte aus den vier Grundfarben des Drucks: Cyan, Magenta, Gelb und Schwarz. Aus dem Druckbereich sind sie auch als »Skalenfarben« bekannt. Illustrator bezeichnet Prozessfarben als CMYK-Farben ☒.

CMYK-Farben werden immer dann eingesetzt, wenn so viele Farben in einem Dokument vorhanden sind, dass es unpraktisch und unwirtschaftlich ist, einzelne vorgemischte Druckfarben zu verwenden, wie beispielsweise beim Druck von Farbfotos oder vielfarbigen Illustrationen.

Hinweis: In Dateien, denen der Dokumentfarbmodus RGB zugewiesen ist, werden, etwas verwirrend, auch RGB-Farben als CMYK-Farben verwaltet, allerdings mit dem Symbol ☒.

▸ **Volltonfarbe:** Volltonfarben ◉ sind bereits fertig gemischt, bevor sie in die Druckmaschine gefüllt werden. Mit Volltonfarben statt mit Prozessfarben zu arbeiten ist sinnvoll, wenn im Dokument weniger als vier Farben eingesetzt werden.

Volltonfarben können Prozessfarben auch als zusätzliche Farbe ergänzen, um eine spezielle Farbe für ein Logo oder eine Farbe außerhalb des CMYK-Farbraums zu reproduzieren.

Beispiele dafür sind Neonfarben, Metallic, einige Pastelltöne und viele sehr intensive Farben.

Für jede verwendete Volltonfarbe wird eine eigene Druckplatte benötigt. In der Druckterminologie werden solche Farben »Schmuckfarben« genannt. Zu den verbreiteten Druckfarben-Systemen für Volltöne zählen das HKS- und das Pantone-System. Illustrator stellt neben einigen weiteren Systemen auch deren Farbtabellen als Farbbibliotheken bereit (Farbbibliotheken siehe weiter unten).

Die Einrichtung von Volltonfarben eignet sich auch, um Separationsauszüge für eine Drucklackierung oder andere Veredelungsverfahren zu generieren.

▸ **Tonwert:** Ein Tonwert entsteht, wenn eine Farbe in der Intensität verringert wird, definiert im prozentualen Anteil seiner Grundfarbe. Werte zwischen 0 und 100 % sind möglich.

Tonwert-Farbfelder können nur auf der Grundlage bereits bestehender Farbfelder mit CMYK-Farben oder Volltonfarben erzeugt werden. Tonwert-Farbfelder bleiben mit ihrer Grundfarbe verknüpft, so dass sich auch der Tonwert automatisch ändert, wenn Sie die Grundfarbe bearbeiten.

- **Graustufen:** Graustufen sind Abstufungen zwischen »Schwarz« und »Weiß«, definiert im prozentualen Anteil von »Schwarz«. Es lassen sich Werte zwischen 0 und 100 % eingeben. Eine Kontur oder Fläche, deren Farbeigenschaft als Graustufenwert definiert ist, wird bei der Vierfarbseparation nur auf dem Schwarz-Auszug ausgegeben.

- **Verlauf:** Ein Verlauf ist ein gerechneter Übergang zwischen zwei oder mehr Farben bzw. zwischen Tonwerten derselben Farbe. Verläufe werden u.a. bei Illustrationen benötigt, in denen eine räumliche Tiefe visualisiert werden soll. Mehr zur Erstellung und der Arbeit mit Verläufen finden Sie in Abschnitt 8.7 – Verläufe.

- **Muster:** Muster sind Rapporte aus Vektor- oder Textobjekten. Mehr zur Erstellung und der Arbeit mit Mustern finden Sie in Kapitel 15 – Muster und Symbole.

- **Passermarken:** Bei der Zuordnung als Kontur- oder Flächen-Eigenschaft erzeugt das Passermarken-Farbfeld ⊕ einen 100 %igen Farbauftrag auf *allen* Farbauszügen eines Dokuments. Wie der Wortsinn aussagt, wird dieses Farbfeld zur Erzeugung von Passermarken gebraucht, die eine passgenaue Ausrichtung der Druckplatten erlauben. Das Passermarken-Farbfeld wird mit jeder neuen Datei automatisch angelegt, es kann weder gelöscht noch verändert werden. Die Passermarken-Farbe ist auch als »Registration« bekannt.

Funktionen und Kennzeichnungen in der Farbfelder-Palette

Die Farbfelder-Palette bietet mit ihren verschiedenen Ansichten, den Kennzeichnungen und den zur Verfügung gestellten Funktionen eine gute Basis für die Verwaltung der Farben, Verläufe und Muster im gesamten Dokument.

Miniaturen-Ansicht – Listen-Ansicht | Farbfelder-Palette

Die Farbfelder-Palette können Sie sich als Kleine Miniaturen, als Grosse Miniaturen und als Liste anzeigen lassen.

Beim ersten Aufruf der Farbfelder-Palette sehen Sie die darin abgelegten Farben als Kleine Miniaturen. Um auch die Namen der Farbfelder und die zugehörigen Kennzeichnungen sichtbar zu machen, wählen Sie aus dem Palettenmenü ⊙ den Darstellungsmodus Liste aus.

Kennzeichnung der Farbfelder | Farbfelder-Palette

- **Globale Farbfelder** werden in der Listen-Ansicht mit dem Symbol ▥ gekennzeichnet, in der Miniaturen-Ansicht durch ein kleines weißes Dreieck in der rechten unteren Ecke des Farbfelds ◪.

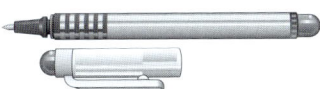

▲ Abbildung 8.16
In fotorealistischen Illustrationen werden viele Verlaufsflächen verwendet, um eine plastische Wirkung zu erzielen

▲ **Abbildung 8.17**
In der ersten Spalte ❶ der Liste ist das Farbfeld mit der zugehörigen Farbe eingeordnet, in der zweiten Spalte ❷ finden Sie den Namen des Farbfelds, auf der rechten Seite der Liste ❸ werden die Kennzeichnungssymbole angezeigt.

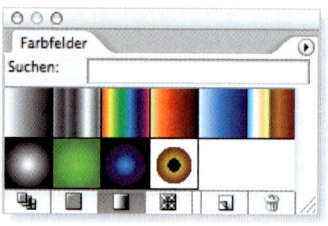

▲ **Abbildung 8.18**
Verlauf-Farbfelder

▲ **Abbildung 8.19**
Muster-Farbfelder

▸ **Lokale Farbfelder** sind in der Miniaturen-Ansicht an den voll ausgefüllten Feldern zu erkennen, in der Listen-Darstellung fehlt eine Kennzeichnung.

▸ **CMYK-Farben** bzw. Prozessfarben sind in der Liste mit dem Vierfarbsymbol ⊠ markiert bzw. im Dokumentfarbmodus RGB-FARBE mit dem RGB-Symbol ▉.

▸ **Volltonfarben** werden in der Liste durch das Symbol ◉, in der Miniaturen-Ansicht durch einen Punkt ◢ in der rechten unteren Ecke signalisiert. Der zugehörige Farbraum ist an den Zeichen für CMYK ⊠, für RGB ▉ bzw. für Lab ▉ zu erkennen.

▸ **»Echte« Graustufen** werden in der Farbfelder-Palette mit dem Symbol ▉ angezeigt.

▸ **Tonwert-Farbfelder** sind nur in der Liste an der Prozentzahl links neben den Bildmarken zu identifizieren.

▸ **Verläufe** werden nicht durch ein einheitliches Symbol repräsentiert – als Kennzeichnung enthalten die Farbfelder eine Miniatur des eingestellten Verlaufs, z. B. ▉.

▸ **Muster** haben auch kein einheitliches Symbol, sondern ebenfalls eine Mini-Vorschau des Füllmusters im Farbfeld, z. B. ▓.

▸ **Passermarken:** Das zugehörige Piktogramm ⊕ erkennen Sie sofort, wenn Sie schon einmal »echte« Passermarken gesehen haben.

Funktionsbuttons | Farbfelder-Palette

Mit den Buttons am unteren Rand der Farbfelder-Palette ist es möglich, die Liste nach den Farbfeld-Arten zu filtern, ein neues Farbfeld anzulegen oder Farbfelder aus der Palette zu entfernen. Wenn Sie einen der Filter-Buttons betätigen, wird die Palette in die Ansicht umgeschaltet, in der diese Filterung zuletzt angezeigt wurde. Der Button mit dem aktuellen Filtermodus ist grau unterlegt.

▸ ALLE FELDER EINBLENDEN ▉: Alle vorhandenen Farbfelder werden in *der* Ansicht angezeigt, in der Sie gerade arbeiten.

▸ FARBFELDER EINBLENDEN ▉: Mit diesem Button werden alle Felder angezeigt die Farben enthalten: CMYK-FARBEN, VOLLTONFARBEN, OHNE und PASSERKREUZE.

▸ VERLAUFSFELDER ▉: Die Palette präsentiert nur die vorhandenen Verlaufsfelder.

▸ MUSTERFELDER ▓: Der Paletteninhalt wird auf Felder mit Füllmustern beschränkt.

▸ NEUES FARBFELD ▉: Mit diesem Button kann ein neues Farbfeld angelegt werden. Wie Sie dabei vorgehen, ist in diesem Kapitel weiter unten beschrieben.

- ▸ Farbfeld löschen 🗑: Der Papierkorb-Button ist nur aktiv, wenn Sie ein Farbfeld ausgewählt haben. Mit einem Klick auf den Button löschen Sie das aktive Farbfeld aus der Palette.

Farbfelder sortieren | Farbfelder-Palette

Sie können die Farbfelder-Palette nach logischen Kriterien sortieren lassen oder die Reihenfolge der Felder manuell ändern.

- ▸ Nach Name sortieren: Wählen Sie im Palettenmenü ⊙ den Befehl Nach Name sortieren, um die Palette entsprechend sortieren zu lassen.
- ▸ Nach Art sortieren: Dieser Menüpunkt im Palettenmenü ⊙ sortiert die Palette nach den Farbfelder-Arten in der folgenden Reihenfolge: Ohne; Passerkreuze, Lokale Farben, Globale Farben, Verläufe und Muster. Tonwert-Farbfelder ordnet Illustrator nach den Grundfarben ein, aus denen sie generiert wurden.
- ▸ Manuell sortieren: Um die Palette manuell zu sortieren, klicken Sie ein Farbfeld an und ziehen es an eine andere Position.

Farbfelder schnell finden | Farbfelder-Palette

Es ist möglich, ein gewünschtes Farbfeld schnell zu finden, indem Sie es anhand der ersten Buchstaben des Feldnamens suchen lassen. Rufen Sie dazu im Palettenmenü ⊙ den Befehl Suchfeld einblenden auf, in das nun angezeigte Textfeld können Sie den Anfang des Namens eingeben, um das entsprechende Farbfeld direkt anzuspringen.

Neue Farbfelder in die Farbfelder-Palette aufnehmen

Wenn Sie ein neues Farbfeld in der Farbfelder-Palette anlegen wollen, stehen Ihnen verschiedene Wege zur Verfügung.

Option Neues Farbfeld... im Palettenmenü ⊙ | Danach
erscheint die Dialogbox Neues Farbfeld auf dem Bildschirm. Der in der Farbpalette bzw. Werkzeugpalette aktuell definierte Farbwert ist als Vorgabe in der Dialogbox eingestellt. Die Farbe kann so durch OK übernommen oder mit den Optionen der Dialogbox verändert werden.

Diese Möglichkeit, ein Feld in der Palette anzulegen, besteht nur für Prozess- und Volltonfarben sowie Graustufen. Was Sie bei der Einstellung dieser Farbtypen beachten müssen, finden Sie in diesem Kapitel weiter unten.

Button Neues Farbfeld in der Farbfelder-Palette | Klicken Sie
in der Palette auf den Button Neues Farbfeld 🔲, damit wird der

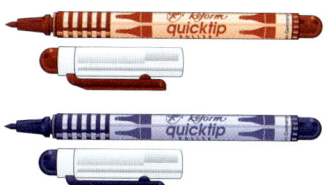

▲ **Abbildung 8.20**
Färben Sie Objekte um, indem Sie globale Farbfelder neu definieren.

in der Farbpalette bzw. Werkzeugpalette aktuell definierte Farbwert als *lokale* CMYK-Farbe in die Farbfelder-Palette aufgenommen. Um Veränderungen an dem neu angelegten Farbfeld vorzunehmen, beispielsweise das Feld in eine *globale* Farbe umzuwandeln, müssen Sie durch einen Doppelklick die Dialogbox FARBFELD-OPTIONEN aufrufen.

▶ Modifizierungsmöglichkeiten: Wenn Sie gleichzeitig mit der Betätigung des Buttons NEUES FARBFELD mit der Tastatur modifizieren, können Sie direkt diverse Optionen mit einstellen:

  ▶ ⌘/Strg: Das Farbfeld wird als Volltonfarbe angelegt.
  ▶ ⇧: Die CMYK-Farbe wird als GLOBAL definiert.
  ▶ ⌥/Alt: Die Dialogbox NEUES FARBFELD wird aufgerufen, die Farbe ist voreingestellt.

Kombinationen der verschiedenen Modifizierungen sind möglich.

Farbe etc. in die Farbfelder-Palette ziehen | Fertig konfigurierte Farben, Tonwerte und Verläufe können aus den entsprechenden Paletten bzw. Füllmuster von der Zeichenfläche in die Farbfelder-Palette gezogen werden, um sie dort in einem eigenen Farbfeld zu speichern. Wie bei der Möglichkeit, Farbfelder mit dem Button NEUES FARBFELD zu erzeugen, sind auch hier neu angelegte Farben und Farbtöne zunächst als *lokale* Eigenschaften definiert, die Sie gegebenenfalls mit Hilfe der Dialogbox FARBFELD-OPTIONEN in globale Farben umdefinieren müssen.

Farbfeld-Optionen bzw. Neues Farbfeld | Dialogbox
Die beiden Dialogboxen FARBFELD-OPTIONEN und NEUES FARBFELD unterscheiden sich lediglich durch den unterschiedlichen Titelbalken.

Die Dialogbox FARBFELD-OPTIONEN wird aufgerufen, wenn Sie ein Feld in der Farbfelder-Palette doppelklicken bzw. aktivieren und im Palettenmenü ⊙ die Anweisung FARBFELD-OPTIONEN… geben.

Die Optionen NEUES FARBFELD werden angezeigt, sobald Sie im Palettenmenü den Menüpunkt NEUES FARBFELD… auswählen.

Bei einem Doppelklick auf Verlaufs- und Musterfelder wird ebenfalls die Dialogbox FARBFELD-OPTIONEN angezeigt, allerdings ist für diese Farbfeld-Arten lediglich die Änderung des Farbfeldnamens möglich.

▶ FARBFELDNAME: Der Name der Farbe wird in der Farbfelder-Palette angezeigt und kann hier auch umbenannt werden.

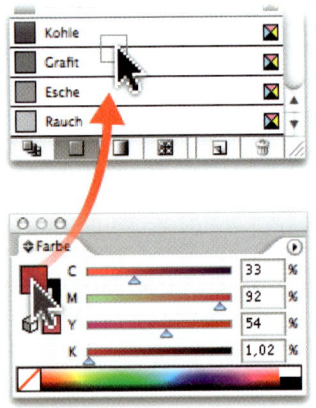

▲ **Abbildung 8.21**
Die Miniatur einer Farbe aus der Farbpalette in die Farbfelder-Palette ziehen

TIPP

Verwenden Sie bei Farben die Grundfarbenanteile zur Namensgebung – aber versäumen Sie bitte nicht, den Namen zu aktualisieren, wenn Sie die Farbmischung ändern.

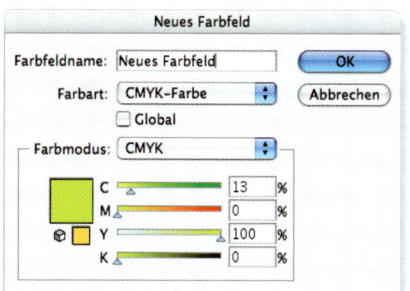

▶ Farbart: Mit diesem Aufklappmenü bestimmen Sie, auf welche Art die Farbe im Druck reproduziert wird. Sie haben die Wahl zwischen CMYK-Farbe und Volltonfarbe.

    ▶ Einstellung im Dokumentfarbmodus CMYK-Farbe: Eine CMYK-Farbe bzw. Prozessfarbe wird immer in die Grundfarben des Drucks zerlegt. Die optische Farbmischung entsteht durch das Übereinanderdrucken der Raster in Cyan, Magenta, Gelb und Schwarz. Volltonfarben dagegen druckt man als vorgemischte Farbtöne, der Belichter gibt die Volltonfarbe als einzelnen Film für eine separate Druckplatte aus.

    ▶ Einstellung im Dokumentfarbmodus RGB-Farbe: Sollten Sie ausschließlich für Bildschirm, Projektion o. Ä. gestalten – also im Dokumentfarbmodus RGB-Farbe –, können Sie für die Farbart sowohl CMYK-Farbe als auch Volltonfarbe wählen, da Ihre Farben nicht vierfarbsepariert werden müssen.

    Möchten Sie dem Illustrator-Farben-Begriffswirrwarr wenigstens geringfügig entgehen, können Sie im Dokumentfarbmodus RGB mit der Einstellung Volltonfarbe arbeiten.

▶ Global: Mit diesem Kontrollkästchen bestimmen Sie, ob eine Farbe global oder lokal angelegt werden soll. Nur bei Farbfeldern mit globalen Farben bleibt nach der Zuordnung der Farbe als Eigenschaft für ein Objekt die Verknüpfung zwischen dem Farbfeld und dem Objekt aufrechterhalten. Also nur bei Farbfeldern mit globalen Farben wird auch die Farbe des Objekts aktualisiert, wenn Sie Änderungen an der Farbmischung im Farbfeld vornehmen.

    ▶ Bei der Farbart Volltonfarbe ist diese Option nicht aktiv, weil Volltonfarben von Illustrator grundsätzlich als globale Farben definiert werden.

    ▶ Auf die Farbseparation hat die Option Global keine Auswirkung.

> **TIPP**
>
> Wenn Sie ein Farbfeld dauerhaft in einem anderen Farbmodus als dem aktuellen Dokumentfarbmodus speichern möchten – also beispielsweise ein RGB-Farbfeld in einem CMYK-Dokument – ist das nur möglich, wenn Sie diese Farbe in der Farbart Volltonfarbe definieren!

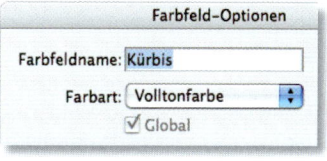

▲ **Abbildung 8.23**
Volltonfarbe, Global-Option

> **HINWEIS**
>
> In Programmen der Adobe Creative Suite lässt sich im Drucken-Dialog für jede VOLLTONFARBE bestimmen, ob sie separiert werden soll. Diese Möglichkeit sollten Sie jedoch nur in einem gut abgestimmten Workflow verwenden.

> **HINWEIS**
>
> Für Illustrationen benötigen Sie häufig Tonwerte Ihrer Farbfelder. Tonwerte können Sie jedoch nur von Vollton- oder globalen Farbfeldern erstellen.

> **HINWEIS**
>
> Da die Farbmischung von Druckfarben am Bildschirm nur simuliert werden kann, sollten Sie Prozessfarben nach einem »Farbwerteatlas« bestimmen, vor allem wenn Ihr Monitor nicht kalibriert ist. Mehr zum Thema Farbmanagement finden Sie in Kapitel 18.

> **HINWEIS**
>
> Wenn sich in Ihrem Dokument Prozess- und Volltonfarben transparent überlappen, kann es bei der Konvertierung außerhalb von Illustrator zu Problemen führen (mehr zu Transparenzen siehe Kapitel 11).

▸ FARBMODUS: Wählen Sie aus diesem Ausklappmenü, in welchem Farbmodus Sie die Farbe definieren möchten – die Anzeige der Schieberegler wechselt nach Ihrer Auswahl.

Achtung! Wenn Sie als Farbart CMYK-FARBE ausgewählt haben, rechnet Illustrator die von Ihnen definierte Farbe in den Dokumentfarbmodus um. Hier bilden nur »echte« Graustufen eine Ausnahme (Graustufen s. u.). Haben Sie dagegen VOLLTONFARBE aktiviert, bestimmt die Farbdefinition lediglich die Bildschirmanzeige Ihrer Farbe. Das Druckergebnis hängt ausschließlich von der Farbmischung in der Druckmaschine ab.

▸ Signalisierung ⚠ und 🎲 : Die Kennzeichnung der Farben, die im Vierfarbdruck nicht darstellbar sind ⚠, und der Hinweis auf Websichere Farben 🎲 entspricht der Signalisierung, wie sie weiter oben beim Farbwähler beschrieben wurde. Auch die Handhabung ist gleich.

▸ VORSCHAU: Objekte, denen das bearbeitete Farbfeld als Eigenschaft zugeordnet wurde, zeigen die Änderungen, die Sie in der Dialogbox vornehmen, sofort an, wenn Sie das Kontrollkästchen Vorschau aktivieren.

CMYK-Farbe/Prozessfarbe definieren | Farbfelder-Palette

1. Rufen Sie entweder die Dialogbox NEUES FARBFELD mit dem Befehl NEUES FARBFELD… aus dem Palettenmenü auf oder die Dialogbox FARBFELD-OPTIONEN mit einem Doppelklick auf eine Farbe in der Farbfelder-Palette.
2. Stellen Sie CMYK-FARBE im Ausklappmenü FARBART ein.
3. Wählen Sie den Farbmodus entsprechend den obigen Ausführungen zu diesem Thema bei den Erläuterungen der Dialogbox FARBFELD-OPTIONEN.
4. Aktivieren Sie, wenn nötig, die Option VORSCHAU.
5. Definieren Sie die Farbe mit den Reglern oder durch Eintragen der Werte in die Eingabefelder. Zwischen den Textfeldern können Sie mit ⇥ navigieren.

   Achten Sie gegebenenfalls auf die Vierfarbsignalisierung mit dem Warndreieck ⚠ bzw. den Hinweis auf Websichere Farben durch den Farbwürfel 🎲 .
6. Bestimmen Sie mit dem Kontrollkästchen GLOBAL, ob die neu definierte Prozessfarbe global oder lokal verwendet werden soll.
7. Tragen Sie den gewünschten Farbfeldnamen ein.
8. Bestätigen Sie Ihre Eingaben mit OK.

Volltonfarbe definieren | Farbfelder-Palette

1. Rufen Sie entweder die Dialogbox NEUES FARBFELD mit einem Klick auf den Button NEUES FARBFELD zusammen mit der Modifizierungstaste ⌥/Alt auf oder die Dialogbox FARB-FELD-OPTIONEN mit einem Doppelklick auf eine Farbe in der Farbfelder-Palette.
2. Stellen Sie VOLLTONFARBE im Ausklappmenü FARBART ein. Volltonfarben sind immer global!
3. Wählen Sie den Farbmodus entsprechend den obigen Ausführungen zu diesem Thema bei den Erläuterungen der Dialogbox FARBFELD-OPTIONEN.
4. Aktivieren Sie , wenn nötig, die Option VORSCHAU.
5. Definieren Sie die Farbe mit den Reglern oder durch Eintragen der Werte in die Eingabefelder. Zwischen den Textfeldern können Sie mit ⇥ navigieren.
6. Tragen Sie den gewünschten Farbfeldnamen ein.
7. Bestätigen Sie Ihre Eingaben mit OK.

Beachten Sie bitte, auch wenn Sie Volltonfarben in der Datei im CMYK-Modus definieren, steuern Sie normalerweise damit nicht die Farbseparation, sondern nur die Bildschirmdarstellung und die Farbmischung auf Desktop-Druckern!

Die Bildschirmdarstellung der Volltonfarbe sowie der Ausdruck auf solchen Druckern kann deshalb nur eine angenäherte Simulation der letztendlich gedruckten Farbe sein.

Tonwert-Farbfeld definieren | FARBFELDER-PALETTE

Ein Tonwert-Farbfeld kann nur aus einer Globalen CMYK-Farbe oder aus einer Volltonfarbe erzeugt werden.
Ein Tonwert-Farbfeld erzeugen Sie wie folgt:

1. Wählen Sie aus der Farbfelder-Palette eine Volltonfarbe oder eine globale Prozessfarbe aus. Sie können auch ein Objekt aktivieren, dem Sie eine solche Farbe zugewiesen haben.
2. Die aktive Farbe wird im Tonwert-Farbbalken in der Farbpalette angezeigt. Tragen Sie die Intensität in das Eingabefeld ein, oder bewegen Sie den Regler an die gewünschte Position. Sie können Tonwerte zwischen 0 und 100 % eingeben: 0 % bedeutet kein Farbauftrag, 100 % volle Intensität.
3. Wenn Sie den Tonwert als Farbfeld speichern möchten, ziehen Sie die Miniatur des Tonwerts aus der Farbpalette in die Farbfelder-Palette, oder betätigen Sie den Button NEUES FARBFELD in der Farbfelder-Palette. Das Tonwert-Farbfeld erhält den Namen des Farbfelds der Grundfarbe – die Intensität wird als Prozentwert an den Namen angefügt.

HINWEIS

Für eine Volltonfarbe wird bei der Belichtung ein eigener Farbauszug erstellt. Sie sollten deshalb Volltonfarben nach den Druckmustern in Farbfächern der unterschiedlichen Volltonsysteme auswählen. Das endgültige Aussehen der Volltonfarbe bestimmt allerdings die für den Druck gemischte Farbe und das bedruckte Papier – die Farbdefinition in der Datei hat darauf keinen Einfluss.

HINWEIS

Nur wenn Sie Volltonfarben über die Dialogbox DRUCKEN… separieren lassen, werden die Farbfelddefinitionen für die Separation verwendet.

▲ **Abbildung 8.24**
Tonwert einer Volltonfarbe

HINWEIS

Ein Tonwert-Farbfeld bleibt immer mit dem Farbfeld der Quellfarbe verbunden. Änderungen an der Definition der Quellfarbe bewirken auch eine Veränderung aller zugehörigen Tonwert-Farbfelder!

Achtung! Mit einem Doppelklick auf ein Tonwert-Farbfeld wird die Dialogbox FARBFELD-OPTIONEN zur *Quellfarbe* aufgerufen! Änderungen, die Sie darin vornehmen, wirken sich auf die Quellfarbe und auf *alle* damit verbundenen Tonwert-Farbfelder aus!

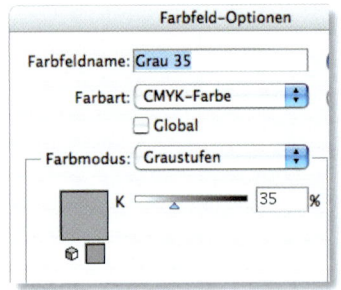

▲ **Abbildung 8.25**
Definition eines Graustufen-Farbfelds

TIPP

Wenn Sie »echte« Graustufen in Ihrer Grafik benötigen, sollten Sie auf die Graustufen-Markierung ▣ in der Listen-Darstellung der Farbfelder-Palette achten!

HINWEIS

Die Winkelung des Verlaufs ist objektbezogen, sie wird *nicht* im Farbfeld gespeichert. Hätte jedes Verlauf-Farbfeld einen spezifischen Winkel, wäre die Handhabung sehr kompliziert.

Graustufen-Farbfeld definieren | Farbfelder-Palette

»Echte« Graustufen, die Sie auf ein Objekt als Eigenschaft anwenden, werden bei der Vierfarbseparation im Belichter nur im Auszug für die schwarze Druckplatte ausgegeben. Solche Graustufen-Farbfelder bleiben auch bei einem Wechsel des Dokumentfarbmodus in der Originaldefinition erhalten und werden nicht umgerechnet.

So definieren Sie ein Graustufen-Farbfeld:

1. Rufen Sie über das Palettenmenü ⊙ der Farbfelder-Palette die Dialogbox NEUES FARBFELD auf, oder klicken Sie auf den Button NEUES FARBFELD ▣ zusammen mit der Modifizierungstaste ⌥/Alt .
2. Stellen Sie CMYK-FARBE im Ausklappmenü FARBART ein.
3. Deaktivieren Sie das Kontrollkästchen GLOBAL.
   Hinweis: In Illustrator können »echte« Graustufen aus unersichtlichen Gründen nur als *lokales* Farbfeld angelegt werden!
4. Wählen Sie den Menüpunkt GRAUSTUFEN in dem Ausklappmenü FARBMODUS. Der Graustufenbalken wird angezeigt.
5. Definieren Sie die den gewünschten Grauwert mit dem Farbregler oder durch Eintragen des nummerischen Werts in das Eingabefeld.
6. Tragen Sie den gewünschten Farbfeldnamen ein.
7. Bestätigen Sie Ihre Eingaben mit OK.
8. Überprüfen Sie, ob das neue Farbfeld in der Listen-Darstellung der Farbfelder-Palette durch das Symbol ▣ markiert ist.

Achtung! Wenn Sie den Farbmodus GRAUSTUFEN wählen, aber das Farbfeld als GLOBAL anlegen, oder die Farbart VOLLTONFARBE einstellen, wandelt Illustrator das Farbfeld eigenmächtig und ohne Warnhinweis in eine vierfarbdefinierte CMYK-Farbe um! Das wird erkennbar, sobald Sie für das neu angelegte Farbfeld noch einmal die Farbfeld-Optionen aufrufen.

Verlauf-Farbfeld anlegen | Farbfelder-Palette

Um ein neues Verlauf-Farbfeld anzulegen, erstellen Sie zunächst den Verlauf in der Verlauf-Palette. Ziehen Sie die Miniatur des Verlaufs aus der Verlauf-Palette in die Farbfelder-Palette. Da die Definitionen aus der Verlaufspalette auch in der Farbpalette angezeigt werden, können Sie alternativ den Button NEUES FARBFELD ▣ betätigen. Verlauf-Farbfelder sind immer global.

Mehr zur Erstellung und der Arbeit mit Verläufen finden Sie in diesem Kapitel, im Abschnitt 8.7 – Verläufe.

Muster-Farbfeld anlegen | Farbfelder-Palette
Die Erstellung und die Arbeit mit Mustern ist ausführlich in Kapitel 15, »Muster und Symbole« beschrieben.

Mit Farbfeldern arbeiten
Die zentrale Speicherung von Farben, Farbtönen, Verläufen und Mustern in den Farbfeldern eines Dokument, ist vor allem dann von Nutzen, wenn Sie Änderungen zeitsparend durchführen möchten. Um die Korrekturmöglichkeiten auch voll ausschöpfen zu können, müssen diese von Beginn der Arbeit an entsprechend eingeplant werden.

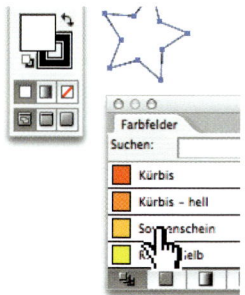

Farbfelder zuweisen | Farbfelder-Palette
Wenn Sie den Inhalt eines Farbfelds der Kontur bzw. der Fläche eines Objekts als Eigenschaft zuweisen wollen, sind folgende Schritte erforderlich:
1. Wählen Sie das gewünschte Objekt aus.
2. Klicken Sie in der Werkzeugpalette auf das Feld FLÄCHE, sofern Sie eine Füllung zuweisen möchten, oder auf das Feld KONTUR, um die Kontur mit einer Eigenschaft zu versehen.
3. Mit einem Klick auf die gewünschte Farbe, einen Verlauf oder ein Muster in der Farbfelder-Palette schließen Sie die Aktion ab.

▲ **Abbildung 8.26**
Farbfelder zuweisen

HINWEIS

Verläufe können Sie nicht auf Konturen anwenden.

Farben über die Steuerungspalette zuweisen | Farbfelder
Alternativ wählen Sie das Farbfeld in der Steuerungspalette aus. Klicken Sie dazu kurz in das Farbfeld des Ausklappmenüs neben FLÄCHE bzw. KONTUR, aber halten Sie die Maustaste *nicht* gedrückt, um dort die Farbfelder-Auswahl einzublenden. Durch einen Klick auf das gewünschte Farbfeld in der Auswahl weisen Sie die Eigenschaft zu.

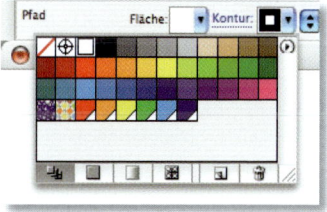

▲ **Abbildung 8.27**
Die Farbfelder-Auswahl in der Steuerungspalette

Farbfelder duplizieren | Farbfelder-Palette
Um ein Farbfeld zu duplizieren, aktivieren Sie das entsprechende Farbfeld und wählen den Befehl FARBFELD DUPLIZIEREN im Palettenmenü ⊙ aus. Alternativ ziehen Sie das FARBFELD auf das Symbol des Buttons NEUES FARBFELD ▣ .
Modifizierungsmöglichkeit:
▶ Drücken Sie ⌘/Strg und klicken weitere Farbfelder an, um diese zur Auswahl hinzuzufügen und anschließend gemeinsam zu duplizieren.

Farbfelder ersetzen | Farbfelder-Palette
Um ein Farbfeld zu ersetzen, halten Sie [⌥]/[Alt] und ziehen eine Farbe oder einen Verlauf aus der Farbpalette, der Werkzeugpalette bzw. Verlaufspalette, einer Bibliothek oder von einem Objekt auf das Farbfeld, das Sie ersetzen wollen – achten Sie darauf, dass dieses durch einen Rahmen hervorgehoben wird, bevor Sie die Maustaste loslassen.

Ersetzen Sie eine Globale Farbe, werden die Objekte aktualisiert, die dieses Farbfeld verwenden.

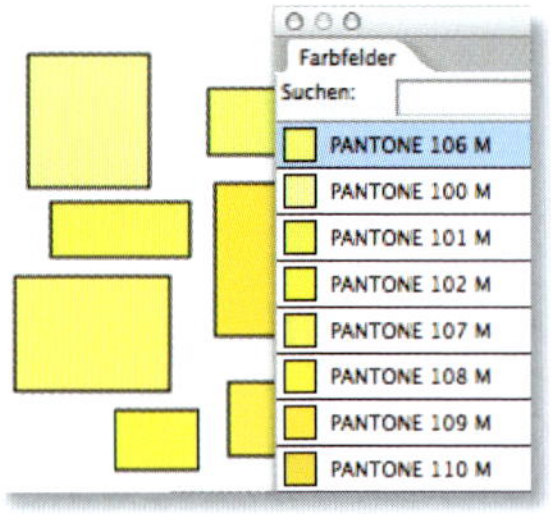

▲ **Abbildung 8.28**
Volltonfarben zusammenfügen

Globale Farbfelder zusammenfügen | Farbfelder-Palette
Wenn Sie gleiche oder ähnliche Farben dokumentweit vereinheitlichen möchten, z.B. um die Anzahl der Sonderfarben zu reduzieren, können Sie Farbfelder mit globalen Farben bzw. Verläufe oder Muster zusammenfügen. Dazu aktivieren Sie zunächst das Farbfeld, das die anderen ersetzen soll. Anschließend wählen Sie zusätzlich die Farbfelder aus, die Sie ersetzen wollen, und klicken im Palettenmenü den Befehl FARBFELDER ZUSAMMENFÜGEN.

Objekte, denen die ersetzten Farbfelder zugeordnet waren, werden aktualisiert.

HINWEIS

Farbfelder kosten Speicherplatz, deshalb ist es nützlich, den Inhalt der Palette zu reduzieren, wenn Sie die Datei versenden möchten.

Farbfelder löschen | Farbfelder-Palette
Aktivieren Sie das oder die Farbfelder, die Sie löschen möchten, anschließend wählen Sie FARBFELD LÖSCHEN aus dem Palettenmenü oder betätigen den Button FARBFELD LÖSCHEN.

Löschen Sie ein Farbfeld mit einer globalen Farbe, geht die Farbeigenschaft in Objekten, die dieses Farbfeld verwenden, nicht verloren, sie wird vom Programm in eine lokale Farbe ohne Verbindung zu einem Farbfeld umgewandelt. Da eine Volltonfarbe nur global sein kann, wird diese gegebenenfalls in die Farbart CMYK-Farbe konvertiert.

HINWEIS

Um viele hintereinander liegende Farbfelder in einer oder mehreren Reihen zu aktivieren, klicken Sie das erste Farbfeld der Reihe an, halten [⇧] und klicken dann auf das letzte Farbfeld, das Sie auswählen wollen, die dazwischen liegenden werden automatisch mit aktiviert.
Um mehrere Farbfelder zu aktivieren, die nicht direkt nebeneinander liegen, klicken Sie auf das erste, modifizieren dann mit [⌘]/[Strg] und wählen nacheinander die anderen gewünschten Farbfelder dazu aus.

Nicht benutzte Farbfelder löschen | Farbfelder-Palette
Manchmal ist es nützlich, aus der Farbfelder-Palette alle nicht benötigten Farbfelder zu tilgen, vor allem wenn Sie die Standard-Farbfelder um viele eigene ergänzt haben.

Verwenden Sie aus dem Palettenmenü den Befehl ALLE UNBENUTZTEN AUSWÄHLEN, um die in Ihrem Dokument nicht verwendeten Farben, Verläufe, Muster etc. zu aktivieren. Anschließend löschen Sie die aktiven Farbfelder.

Die »bereinigte« Palette wird *nicht* automatisch als Voreinstellung für neue Dokumente übernommen!

Mit Farbfelder-Bibliotheken arbeiten

Die mit Illustrator fertig gelieferten Farbfelder-Bibliotheken sind Farbensammlungen aus verschiedenen Farbmodellen wie z.B. Pantone, HKS etc.

Farbfelder-Bibliothek laden | Farbfelder-Palette

Bei der Installation des Programms werden die vorgefertigten Farbfelder-Bibliotheken im Illustrator-Ordner unter dem Verzeichnispfad .../Adobe Illustrator CS2/Vorgaben/Farbfelder/ abgespeichert. Um eine dieser Bibliotheken aufzurufen, stehen Ihnen zwei Möglichkeiten zur Verfügung: Entweder lassen Sie sich das Bibliotheksverzeichnis im Menü unter Fenster • Farbfelder-Bibliotheken anzeigen oder im Palettenmenü ⊙ der Farbfelder-Palette unter Farbfelder-Bibliothek öffnen, und wählen eine der aufgeführten Bibliotheken aus.

Die Illustrator-eigenen Verlaufs- und Musterbibliotheken sind in dieser Menüliste nicht zu finden, dazu müssen Sie die letzte Zeile in dem Untermenü wählen: Andere Bibliothek...
In dem folgenden Öffnen-Dialog finden Sie die Verläufe unter dem Verzeichnispfad .../Adobe Illustrator CS2/Vorgaben/Verläufe/ bzw. Musterbibliotheken unter .../Adobe Illustrator CS2/Vorgaben/Muster/.

Farbfelder-Bibliotheken werden in einer eigenen Palettengruppe geöffnet. Bibliotheken, die Sie zusätzlich aufrufen, fügt Illustrator ebenfalls dieser Palettengruppe hinzu.

Möchten Sie eine Farbfeld-Bibliothek nach jedem Start von Illustrator anzeigen lassen, wählen Sie die Funktion Gleiche Position aus dem Palettenmenü ⊙, der Menüpunkt wird mit einem Haken versehen. Wenn Sie die Palette nicht mehr benötigen, geben Sie noch einmal den Befehl Gleiche Position, damit wird der Haken vor dem Menüpunkt wieder entfernt, und beim nächsten Programmstart ruft Illustrator diese Bibliothek nicht mehr auf.

Farbfelder aus Bibliotheken übernehmen | Farbfelder-Palette

Um ein Farbfeld aus einer der Farbfeld-Bibliotheken in die Farbfelder-Palette des aktuellen Dokuments zu übernehmen, gibt es mehrere Wege:

- ▶ Ein Doppelklick auf ein Farbfeld in einer Farbfelder-Bibliothek fügt dieses der Farbfelder-Palette hinzu.
- ▶ Aktivieren Sie die gewünschten Felder in der Bibliothek (siehe Abbildung 8.30). Wählen Sie anschließend aus dem Palettenmenü ⊙ der Farbfelder-Bibliothek den Menüpunkt Den Farbfeldern hinzufügen.

▲ **Abbildung 8.29**
Eine Pantone-Farbbibliothek

HINWEIS

Der Befehl Gleiche Position gilt *nicht* für die *ganze* Palettengruppe, sondern nur für die jeweils aktive Bibliothek.
Bei Verlaufs- und Muster-Bibliotheken steht diese Funktion *nicht* zur Verfügung.

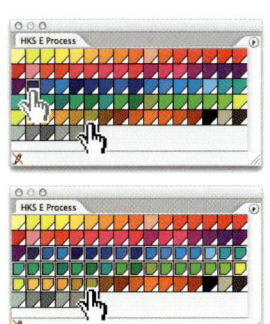

▲ **Abbildung 8.30**
Klicken Sie das erste und zusammen mit der Taste ⇧ das letzte gewünschte Farbfeld an, um auch die dazwischen liegenden mit auszuwählen.

- ▶ Ziehen Sie das oder die gewünschten Farbfelder aus der Bibliothek in die Farbfelder-Palette.
- ▶ Weisen Sie einem Objekt ein Farbfeld aus der Bibliothek zu, damit wird es automatisch in die Farbfelder-Palette übernommen.

Farben aus anderen Dokumenten laden | Farbfelder-Palette
Um Farbfelder aus einer anderen Illustrator-Datei in das aktuelle Dokument zu laden, sind zwei Vorgehensweisen möglich:

- ▶ Wählen Sie aus dem Palettenmenü der Farbfelder-Palette den Befehl FARBFELDER-BIBLIOTHEK ÖFFNEN • ANDERE BIBLIOTHEK… In dem aufgerufenen Öffnen-Dialog wählen Sie die gewünschte Illustrator-Datei aus, deren Farbfelder Sie übernehmen möchten. Alle Farbfelder der anderen Datei werden in einer eigenen Bibliothekspalette angezeigt.
- ▶ Wenn Sie nur einige Farben aus einer anderen Illustration benötigen, kopieren Sie dort die Objekte, denen die gewünschten Farbfelder zugeordnet sind, zusammen in die Zwischenablage und fügen die Objekte ins aktuelle Dokument ein, dabei werden globale Farbfelder automatisch in die Farbfelder-Palette eingefügt. Lokale Farbfelder müssen Sie nötigenfalls aus den Farben der Objekte erstellen. Die nicht benötigten eingefügten Objekte können Sie nach der Übernahme der Farben problemlos wieder löschen.

Haben eingefügte Farbfelder den gleichen Namen, aber eine andere Farbdefinition wie Farbfelder im Arbeitsdokument, tritt ein Farbfeld-Konflikt auf. Handelt es sich dabei um Volltonfarben, werden die Farbdefinitionen der aktuellen Datei beibehalten. Bei Prozessfarben erscheint die Dialogbox FARBFELD-KONFLIKT. Sie haben folgende Auswahl:

- ▷ FARBFELDER ZUSAMMENFÜGEN: Die Farben des aktuellen Dokuments werden beibehalten.
- ▷ FARBFELDER HINZUFÜGEN: Die Farbfelder werden der Farbfelder-Palette hinzugefügt und den Namen eine fortlaufende Nummer angehängt.

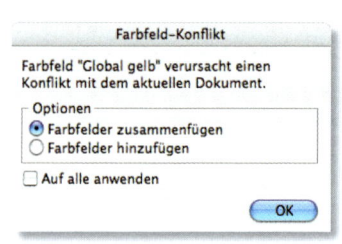

▲ **Abbildung 8.31**
Dialogbox FARBFELD-KONFLIKT

▲ **Abbildung 8.32**
Icon einer Farbfelder-Austauschdatei

Farben in der CreativeSuite 2 austauschen | Farbfelder-Palette
Um Farbfelder zwischen Illustrator, Photoshop, InDesign und GoLive auszutauschen, müssen Sie die Farbfelder zunächst aus der jeweiligen Applikation exportieren. Wählen Sie dazu aus dem Palettenmenü der Farbfelder-Palette des entsprechenden Programms den Punkt FARBFELDER FÜR DEN AUSTAUSCH SPEICHERN.

In InDesign müssen Sie die einzelnen Farbfelder aktivieren, bevor diese exportiert werden können.

Farbfelder-Bibliotheken selbst erstellen | Farbfelder-Palette
Beim Speichern als Bibliothek werden alle Farbfelder verwendet, die sich in der Farbfelder-Palette befinden. Löschen Sie also zunächst alle Farbfelder, die Sie nicht in der Bibliothek benötigen. Anschließend erstellen Sie die Bibliothek mit der Funktion FARB-FELDER-BIBLIOTHEK SPEICHERN… aus dem Menü der Farbfelder-Palette.

Illustrator wählt im Speichern-Dialog automatisch den Ordner aus, in dem auch die programmeigenen Bibliotheken abgelegt sind.

8.4 Farbfilter – Farben gemeinsam ändern

Oft ist es sinnvoll oder notwendig, die Farben mehrerer Objekte gleichzeitig zu beeinflussen oder umzuwandeln, beispielsweise um eine gemeinsame »Farbwelt« zu organisieren. Dafür stellt Illustrator ein ganzes Sortiment an Farbfiltern zur Verfügung, die Sie im Menü unter FILTER • FARBFILTER finden.

Farben einstellen
Wie beim Einsatz von Filtern in der Fotografie gibt Ihnen das Programm mit diesem Tool weitgehende Einwirkungsmöglichkeiten an die Hand, um die Farbstimmung Ihrer Grafik zu verändern.

▲ **Abbildung 8.33**
Farbfilter FARBEN EINSTELLEN, Original (links)

Aktivieren Sie mehrere Objekte in Ihrer Grafik, deren Farben Sie einstellen wollen, und rufen Sie über das Menü FILTER • FARBFILTER • FARBEN EINSTELLEN… die zugehörige Dialogbox auf.

Wählen Sie mit den Kontrollkästchen im unteren Teil der Dialogbox, ob sich die Einstellungen auf die FLÄCHE (Füllung), die KONTUR oder auf beide beziehen sollen.

Wenn Sie die Option VORSCHAU aktivieren, werden die Einstellungen direkt auf die ausgewählten Objekte angewendet.

Die anderen Einstellmöglichkeiten in der Dialogbox ändern sich, je nachdem, welchen FARBMODUS Sie in dem gleichnamigen Ausklappmenü anwählen: GRAUSTUFEN, RGB, CMYK oder GLOBAL.

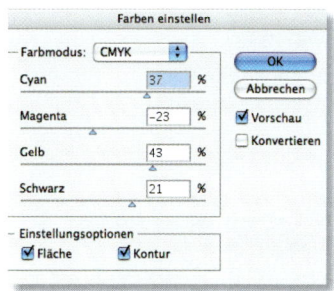

▲ **Abbildung 8.34**
Dialogbox FARBEN EINSTELLEN

Globale Farben | Farben einstellen
Bei Objekten, denen eine Globale Prozessfarbe oder eine Volltonfarbe als Eigenschaft zugeordnet ist, wird im Ausklappmenü FARBMODUS die Menüauswahl GLOBAL angezeigt.
Zwei Möglichkeiten stehen zur Verfügung:

▶ TONWERT ändern: Mit diesem Regler verändern Sie gleichzeitig die Farbintensität aller ausgewählten Objekte.

▲ **Abbildung 8.35**
Sättigung verändert

▲ **Abbildung 8.36**
Original, Graustufen, Invertieren

▶ GLOBALE in LOKALE FARBEN umwandeln: Dazu wählen Sie in dem Ausklappmenü den Farbmodus aus – je nach Dokumentfarbmodus CMYK bzw. RGB – und kreuzen die Option KONVERTIEREN an. Nun werden die Regler für die entsprechenden Grundfarben eingeblendet. Anschließend passen Sie mit den Schiebereglern die Farbmischungen gleichmäßig für alle ausgewählten Objekte an. Wenn Sie die Eingabe mit OK beenden, werden die entsprechenden Farben der Objekte in lokale Farben konvertiert, die Verbindung zu den Farbfeldern ist gekappt.

Lokale Farben | Farben einstellen

Bei Objekten, die lokale Farben als Eigenschaft aufweisen, verändern Sie mit den Reglern in der Dialogbox gleichzeitig die Anteile der einzelnen Grundfarben in den Farbmischungen aller ausgewählten Objekte. Die Regelungsmöglichkeiten richten sich nach dem Dokumentfarbmodus, entweder Cyan, Magenta, Gelb und Schwarz bei CMYK bzw. Rot, Grün und Blau bei RGB.

Farbe in Graustufen wandeln | Farben einstellen

Wenn Sie farbige Objekte in grau abgestufte umwandeln möchten, wählen Sie in dem Ausklappmenü FARBMODUS den Menüpunkt GRAUSTUFEN aus, aktivieren die Option KONVERTIEREN und passen gegebenenfalls mit dem Regler SCHWARZ den Grautonwert an. Die Farben sind danach lokal, Verbindungen zu Farbfeldern wurden aufgelöst.

Sättigung verändern

Diesen Filter setzen Sie ein, wenn Sie nur die Sättigung der Farben ausgewählter Objekte verringern oder erhöhen möchten. Geben Sie einen Wert zwischen –100 % und +100 % an, oder verwenden Sie den Schieberegler. Niedrigere Werte verringern die Sättigung, höhere Werte verstärken sie. Die Veränderung wirkt sich sowohl auf die Füllung als auch auf die Kontur aus (Sättigung und HSB/HLS-Farbmodell siehe Kapitel 8.2).

In Graustufen konvertieren

Dieser Befehl konvertiert die Farben der aktiven Objekte in Graustufen, basierend auf deren Luminanzwert, also ihrer Helligkeit. Der Befehl wird direkt ohne Einstellmöglichkeit angewendet.

In CMYK konvertieren, in RGB konvertieren

Abhängig vom Dokumentfarbmodus ist einer der beiden Befehle aktiv – der Filter konvertiert Graustufen in CMYK- bzw. RGB-Farben. Der Filter wird direkt, ohne Dialogbox ausgeführt!

Horizontal, Vertikal, Vorne->Hinten angleichen

Diese Filter werden auf mindestens drei Objekte angewendet – die Objekte dürfen *nicht mit globalen* Farben gefüllt sein. Sie erzeugen Farbabstufungen zwischen den Objekten an den Extrempositionen auf der Zeichenfläche in horizontaler bzw. vertikaler Richtung oder in der Stapelreihenfolge und weisen diese Abstufungen den dazwischen liegenden Objekten zu. Die Farben der KONTUREN bleiben unverändert. Die Filter werden direkt ausgeführt!

▲ **Abbildung 8.37**
Horizontal, Vertikal,
Vorne->Hinten-Angleichen

Farben invertieren

Mit diesem Filter erzeugen Sie ein »Negativ« Ihrer Grafik.

Schwarz überdrucken

Siehe Kapitel 18 »Austausch, Weiterverarbeitung, Druck«.

8.5 Konturen gestalten

Ein Pfad, dem Aussehen-Eigenschaften zugewiesen sind, wird in Illustrator **Kontur** genannt. Konturen definieren sich nicht nur durch ihre Farbe und die Strichstärke. Als weitere Eigenschaften sind STRICHELUNG, ECKENVERHALTEN sowie ENDUNG festzulegen und statt einer Farbe können Sie der Kontur auch ein Muster oder eine Pinselspitze zuordnen.

Während Sie die Eigenschaft Farbe bzw. Muster mit dem Farbwähler, der Farbpalette oder der Farbfelder-Palette bestimmen, weisen Sie STÄRKE, STRICHELUNG, ECKENVERHALTEN und ENDUNG in der Kontur-Palette zu.

Als weitaus komplexere Konturformen bieten sich die Pinselspitzen in der Pinsel-Palette an, die nicht nur in Verbindung mit dem Pinsel-Werkzeug, sondern auch allgemein auf Pfade anwendbar sind.

Unter den verschiedenen anderen Filtern und Effekten, die als Eigenschaften für Konturen zur Verfügung stehen, können auch Pfeilspitzen für die Pfadenden definiert werden.

Kontur-Palette

In der Kontur-Palette verwalten Sie die Strichstärke, das Linienmuster und die Formen der Enden und der Ecken eines Pfads.

Um die Kontur-Palette anzeigen zu lassen, wählen Sie im Menü FENSTER • KONTUR – Shortcut: ⌘/Strg+F10.

Falls nicht alle Optionen der Palette dargestellt sind, ändern Sie die Ansicht mit einem Doppelklick auf den Reiter oder über den entsprechenden Befehl im Palettenmenü ⊙.

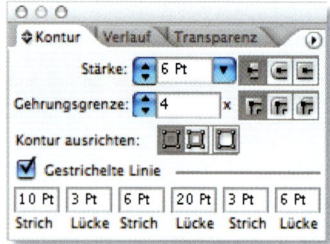

▲ Abbildung 8.38
Kontur-Palette mit allen Optionen

▲ Abbildung 8.39
Konturen werden üblicherweise gleichmäßig beidseitig des Pfads angelegt.

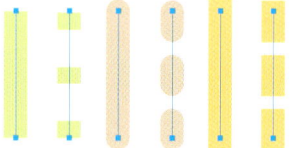

▲ Abbildung 8.40
Linienenden-Einstellungen

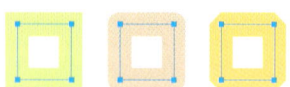

▲ Abbildung 8.41
Ecken-Einstellungen

▲ Abbildung 8.42
Die Spitze ist 4,5 mal so lang, wie die Kontur stark ist. Bei einer Gehrungsgrenze unter 4,6 wird die Spitze also abgeflacht.

Aktivieren Sie das Objekt, dessen Kontur Sie bearbeiten wollen, und definieren Sie die Eigenschaften, indem Sie in der Kontur-Palette die gewünschten Werte angeben.

▶ STÄRKE: Legen Sie die Strichstärke nummerisch in dem Eingabefeld fest, oder rufen Sie einen Eintrag aus dem Ausklappmenü auf, das Illustrator am rechten Rand des Felds anbietet. Der Doppelpfeil links neben dem Feld erhöht bzw. reduziert den Eingabewert jeweils um einen Zähler.

Das Programm berechnet die Linienstärke in der Maßeinheit, die unter VOREINSTELLUNGEN • EINHEITEN UND ANZEIGELEISTUNG festgelegt ist.

Wenn Sie die Stärke in einer anderen als der voreingestellten Maßeinheit eingeben möchten, tippen Sie deren Abkürzung nach der Zahl ein. Illustrator rechnet den Wert sofort in die Standard-Maßeinheit um. Eine Tabelle der Kürzel für die Maßeinheiten finden Sie in Kapitel 1.

Achten Sie beim Eingeben eigener Einheiten darauf, dass Sie vorher den kompletten Feldinhalt aktivieren – das erreichen Sie mit einem dreifachen Mausklick in das Feld.

▶ LINIENENDE: Mit den Optionsbuttons bestimmen Sie, wie die Linienenden offener Pfade bzw. die Enden der Teillinien einer Strichelung aussehen. Drei Varianten stehen zur Auswahl:

  ▶ ABGEFLACHTE LINIENENDEN ▣: Bei dieser Form wird die Linie direkt am Endpunkt abgeschnitten.

  ▶ ABGERUNDETE LINIENENDEN ▣: Hier wird die Linie am Endpunkt mit dem Radius einer halben Linienstärke gerundet.

  ▶ HERVORSTEHENDE LINIENENDEN ▣: Das Linienende ist quadratisch und ragt eine halbe Linienstärke über die Endpunkte des Pfads hinaus.

▶ ECKENFORM: Diese Optionsbuttons legen die Form der Ecken eines Pfads fest.

Auch wenn es die Anordnung der Buttons nahe legt, müssen Sie Eckenformen nicht zwingend zusammen mit den optisch entsprechenden Linienenden verwenden.

Zwischen folgenden Eckenformen können Sie wählen:

  ▶ Gehrungsecken ▣: Mit dieser Option werden spitze Ecken an den ECKPUNKTEN eines PFADS erzeugt. Legen Sie in dem Eingabefeld links die Gehrungsgrenze fest (s. u.).

  ▶ ABGERUNDETE LINIENECKEN ▣: Die Ecken eines Pfads werden gerundet.

  ▶ ABGEFLACHTE LINIENECKEN ▣: Bei dieser Eckenform wird die Spitze abgeschnitten.

▶ GEHRUNGSGRENZE: Diese Eingabe hat nur Auswirkungen auf Gehrungsecken. Pfadecken, denen diese Form zugewiesen ist, werden bei spitzen Winkeln sehr lang. Mit der Gehrungsgrenze legen Sie die Toleranzschwelle fest, ab welcher Länge Illustrator eine Ecke als Abgeflachte Ecke ausbilden soll. Bis zu zwei Nachkommastellen sind möglich.

▶ Die Ecke wird abgeflacht, wenn die Länge der Ecke den Wert übersteigt, der sich aus der Multiplikation der eingegebenen Gehrungsgrenze mit der Linienstärke ergibt. Je höher der Wert ist, umso spitzer können die Ecken werden, bevor das Programm die abgeflachte Form anwendet.

▶ KONTUR AUSRICHTEN: Diese Option ist nur bei geschlossenen Pfaden aktiv. Üblicherweise wird in Vektorgrafik-Software die Konturstärke von der Mitte des Pfades nach beiden Seiten angelegt. In Illustrator können Sie ab der Version CS2 bestimmen, ob Sie die Kontur auf die Mitte des Pfads 🔳, auf die Innenseite 🔳, oder auf die Außenseite 🔳 der Form legen möchten.

Achtung: Wenn Sie eine solche Kontur in eine Fläche umwandeln möchten, verwenden Sie nicht den Befehl OBJEKT • PFAD • KONTURLINIE, denn der erkennt nur Konturen, die auf der Mitte des Pfads angeordnet sind. Der Menüpunkt OBJEKT • AUSSEHEN UMWANDELN setzt dagegen auch komplexere Konturen in Flächen um.

▶ GESTRICHELTE LINIE: Um einen Pfad als gestrichelte Linie zu bestimmen, aktivieren Sie dieses Kontrollkästchen. In den Eingabefeldern darunter definieren Sie jeweils die Länge von Strich und Lücke.

▶ Geben Sie nur einen Wert in das erste Feld ein, werden alle Teilstriche und Lücken in dieser Länge erzeugt.

▶ Unterschiedliche Strich- und Lückenlängen legen Sie durch entsprechende Maße in den ersten beiden Feldern fest.

▶ Da mehrere Wertfeld-Paare hintereinander angeordnet sind, können Sie damit auch kompliziertere Strichelungsarten verwirklichen.

Pinselkonturen

Die Optionen der Kontur-Palette decken nur einen Grundbedarf an Gestaltungsmöglichkeiten für Linien ab. Variationen der Linienbreite in derselben Kontur lassen sich damit beispielsweise nicht realisieren.

Möchten Sie weitergehende grafische Stile für Pfade festlegen, sind Pinselspitzen als Kontureigenschaften oft eine gute Wahl. Pinsel können Sie sowohl für üppige Rahmendesigns verwenden, als auch um die Nachteile der Standardkonturen zu umgehen.

Illustrator kann beispielsweise Ecken mit normalen Konturen nicht sauber ausbilden, mit Musterpinsel-Konturen dagegen ist es möglich, Ecken exakt zu definieren.

TIPP

Zwischen Konturen mit unterschiedlichen Strichelungseinstellungen lassen sich mit einer Überblendung/Angleichung Übergänge herstellen.

▲ **Abbildung 8.43**
Konturausrichtung

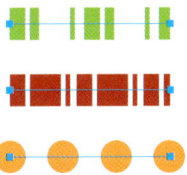

▲ **Abbildung 8.44**
Unterschiedliche Strichelungen:
grün: 10 | 3 | 6 | 20 | 3 | 6 Pt
rot: 10 | 3 | 20 | 3 | 3 | 4 Pt
orange: 0 | 34 Pt

▲ **Abbildung 8.45**
Verschiedene Pinsel

▲ Abbildung 8.46
MUSTERPINSEL (rechts) ersetzen
die unsaubere Eckenführung von
gestrichelten Konturen (links).

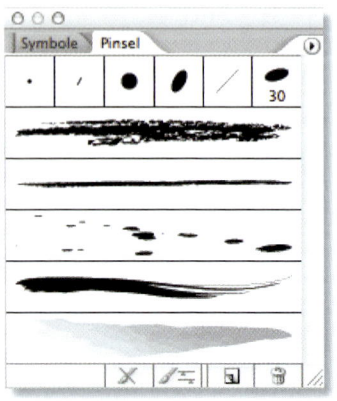

▲ Abbildung 8.47
Miniaturansicht der
Pinsel-Palette

Pinselspitzen sind nicht an das Pinsel-Werkzeug gebunden,
vielmehr kann jeder Vektorpfad eine Pinselspitze als Kontur-
Eigenschaft annehmen. Die Pinselspitzen selbst sind normale
Vektorobjekte und somit beliebig skalier- und verformbar. Inte-
ressant ist es auch, eigene Pinselspitzen herzustellen und deren
Verhalten zu definieren.

Für das aktuelle Dokument werden Pinselspitzen in der Pinsel-
Palette verwaltet.

Pinsel-Bibliotheken speichern Pinselspitzen extern zur einfachen dokumentübergreifenden Verwendung.

Pinsel-Palette

In der Pinsel-Palette verwalten Sie die Pinsel für das aktuelle
Dokument, wählen Pinselspitzen für das Pinsel-Werkzeug aus
und weisen Pfaden Pinselspitzen als Kontur-Eigenschaft zu.

Die Pinsel-Palette rufen Sie mit dem Menübefehl FENSTER •
PINSEL auf – Shortcut: [F5].

Miniatur-Ansicht oder Liste | Pinsel-Palette

Die Pinsel-Palette verfügt über zwei Anzeigemodi:

▸ die Miniatur-Ansicht, in der nur die Piktogramme der Pinsel-
spitzen sichtbar sind
▸ die Liste-Ansicht, die auch den Namen der Pinsel und die
Kennzeichnung für die Pinselart aufweist
Es ist empfehlenswert, mit der Listen-Darstellung zu arbeiten.
Klicken Sie dazu im Palettenmenü ⊙ der Pinsel-Palette den
Menüpunkt LISTE an.

Pinselarten | Pinsel-Palette

Illustrator kennt vier Pinselarten: BILDPINSEL ▭, SPEZIAL
PINSEL ▭, MUSTERPINSEL ▭, KALLIGRAPHIEPINSEL ▭.

Funktionsbuttons | Pinsel-Palette

Mit den Buttons am unteren Rand der PINSEL-PALETTE ist es möglich, folgende Aktionen durchzuführen. Auf die einzelnen Funktionen gehen wir weiter unten ein.

▸ Pinselkonturen von Objekten entfernen ✕
▸ Konturoptionen für ein ausgewähltes Objekt aufrufen ✐
▸ Neue Pinsel anlegen ▯
▸ Pinsel aus der Pinsel-Palette löschen 🗑

Anzeigeoptionen | Pinsel-Palette

Um in der Palette eine bessere Übersicht zu behalten, besteht die
Möglichkeit, die Anzeige zu beschränken:

- **Nicht verwendete Pinsel aus der Palette löschen:** Wenn Sie alle Pinsel aus der Pinsel-Palette tilgen wollen, die in Ihrer Illustration nicht in Gebrauch sind, geben Sie im Palettenmenü die Anweisung ALLE UNBENUTZTEN AUSWÄHLEN.
  Anschließend löschen Sie die aktivierten Positionen, indem Sie in der Palette auf den Papierkorb-Button 🗑 klicken.
- **Nur bestimmte Pinselarten anzeigen:** Wählen Sie die Pinselarten aus, die Sie in der Palette anzeigen lassen wollen, indem Sie im Palettenmenü die Optionen EINBLENDEN … PINSEL einzeln ein- oder ausschalten, also mit einem Häkchen versehen oder das Häkchen entfernen.

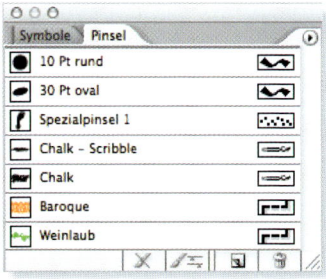

▲ **Abbildung 8.48**
Liste-Ansicht der Pinsel-Palette

Pinselkontur als Eigenschaft zuweisen | Pinsel-Palette

Aktivieren Sie ein Objekt und klicken auf einen Pinsel in der Pinsel-Palette, um dem Objekt eine Pinselkontur zuzuweisen. Besitzt ein Objekt nur eine Kontur, wird diese durch die neu zugewiesene ersetzt, sind dem Objekt bereits mehrere Konturen zugeordnet, wechselt die neue die in der Aussehen-Palette aktivierte Kontur des Objekts aus. Möchten Sie eine bestimmte bestehende Kontur in eine Pinselkontur ändern, müssen Sie diese vorher in der Aussehen-Palette aktivieren und erst dann die neue Kontur bestimmen (Aussehen-Palette siehe Kapitel 10).

▲ **Abbildung 8.49**
Mehrere Konturen in der Aussehen-Palette

Pinselkontur von einem Objekt entfernen | Pinsel-Palette

Um eine Pinselkontur von einem aktivierten Objekt zu entfernen, klicken Sie den Button PINSELKONTUR ENTFERNEN ✖ in der Pinsel-Palette. Die Pinselkontur wird in die Standardkontur von 1 Pixel Breite umgewandelt, die Konturfarbe bleibt erhalten.

Haben Sie einem Objekt mehrere Konturen zugeordnet, müssen Sie zuerst die entsprechende Pinselkontur in der Aussehen-Palette auswählen, da sonst *die* Kontur entfernt wird, die *zufällig aktiv* ist.

Pinselkonturen editieren – Optionen

In den Options-Dialogboxen zu jeder Pinselspitze und zu jeder Pinselkontur ist es möglich, sehr detailliert auf die Form des Pinsels bzw. der Pinselkontur Einfluss zu nehmen.

Pinsel-Optionen | Dialogbox

Die Dialogboxen zum Einstellen der Pinselspitzen rufen Sie entweder durch einen Doppelklick auf den Pinsel in der Pinsel-Palette auf, oder Sie aktivieren den Pinsel und wählen den Menüpunkt PINSEL-OPTIONEN… im Palettenmenü ⊙ der Pinsel-Palette aus.

> **HINWEIS**
>
> Bei allen Pinselkonturen bedeutet die Standardkonturstärke von 1 Punkt in der Konturen-Palette, dass Illustrator die Pinselkontur in der Originalgröße der Grafik zeichnet, die der Pinselspitze zugrunde liegt.
> Andere Konturstärken fungieren als Multiplikationsfaktor! Eine Einstellung von 6 Punkt in der Kontur-Palette bewirkt also beispielsweise eine sechsfache Vergrößerung der Pinselspitze, 0,5 Punkt halbiert sie.
> Ein Skalierungsfaktor, der in den Pinsel-Optionen eingestellt ist, verändert die Konturstärke zusätzlich!

Einstellungen, die Sie in den Pinsel-Optionen vornehmen, gelten für den Pinsel generell, das heißt, die Änderungen werden automatisch dokumentweit auf alle Objekte übernommen, die diese Pinselspitze als Eigenschaft besitzen.

Kontur-Optionen | Dialogbox

Für Pinselkonturen einzelner Objekte können Sie verschiedene Parameter des Pinsels lokal, also nur für dieses Objekt verändern, dazu dienen die Kontur-Optionen. Die Dialogbox rufen Sie auf, indem Sie das Objekt aktivieren, dessen Pinselkontur Sie bearbeiten wollen, und dann den Funktionsbutton OPTIONEN FÜR AUS-GEWÄHLTES OBJEKT ![icon] in der Pinsel-Palette klicken. Alternativ können Sie diesen Befehl im Palettenmenü auswählen.

Die Kontur-Optionen enthalten für den lokalen Gebrauch einen Teil der Einstellmöglichkeiten, die auch in den Pinsel-Optionen für den Pinsel global vorhanden sind, deshalb werden die Optionen für Pinsel und Kontur nicht getrennt behandelt, sondern in den folgenend Absätzen für jede Pinselart gemeinsam erklärt.

Bildpinsel ![icon] **|** PINSEL-OPTIONEN und KONTUR-OPTIONEN

In Bildpinseln sind meist Striche realer Zeichen- und Malwerkzeuge vektorisiert. Die Vektorform wird gleichmäßig am Verlauf eines Pfads über die gesamte Länge »gestreckt«. Mit den Optionen in den Dialogboxen steuern Sie das Aussehen des Pfads.

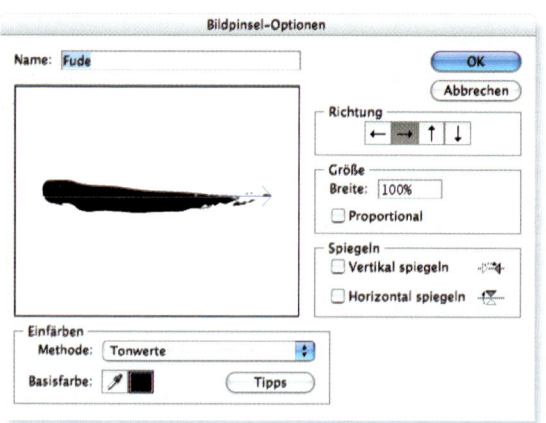

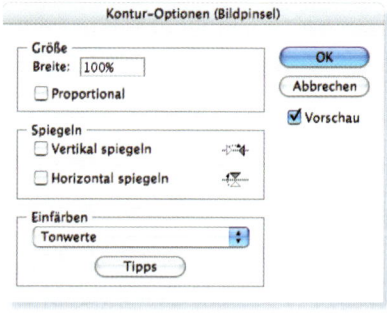

▲ **Abbildung 8.50**
Konturoptionen ermöglichen es, eine Pinselspitze in einer Datei unterschiedlich einzusetzen.

▲ **Abbildung 8.51**
BILDPINSEL-OPTIONEN und KONTUR-OPTIONEN

▶ RICHTUNG: Mit diesen Optionsbuttons wählen Sie in 90°-Schritten aus, in welche Richtung die Pinselspitze auf den Pfad angewendet wird – nach links, nach rechts, nach oben bzw. nach unten. Der blaue Pfeil im Schaubild der Pinselspitze zeigt die eingestellte Richtung an.

Beachten Sie, dass auf das Ergebnis auch die Pfadrichtung einwirkt!

▶ BREITE: Dieser Wert bestimmt den prozentualen Skalierungsfaktor für die Breite der Pinselspitze und damit indirekt auch die Stärke des Pinselstrichs.

▶ PROPORTIONAL: Normalerweise wird die Pinselspitze nur in einer Dimension entlang des Pfads skaliert. Die Breite der Kontur richtet sich nach dem Wert, den Sie im Breite-Feld eingegeben haben. Aktivieren Sie die Proportional-Option, wird die Konturbreite proportional an die Längenskalierung angepasst.

▶ VERTIKAL SPIEGELN, HORIZONTAL SPIEGELN: Mit diesen Optionen bestimmen Sie, ob die Pinselspitze bei der Anwendung vertikal und/oder horizontal gespiegelt werden soll. Die Wirkung auf die Pinselkontur kann ähnlich sein wie bei den Optionsbuttons RICHTUNG, allerdings stehen im Gegensatz dazu die Spiegelungsmöglichkeiten auch lokal in den Kontur-Optionen zur Verfügung.

▶ EINFÄRBEN: Im Gegensatz zu Standard- und Kalligraphiekonturen nehmen Konturen von Spezial-, Bild- und Musterpinseln nicht die Farbe an, die in der Werkzeugpalette bzw. in der Farbpalette als Konturfarbe definiert ist.

Spezial-, Bild- und Musterpinsel behalten die Farbeigenschaften, die in den jeweils zugrunde gelegten Grafiken bzw. Musterelementen festgelegt sind. In den Pinsel-Optionen können Sie durch die Einstellung der Einfärben-Methode noch Veränderungen in den Tonwerten vornehmen.

Die Einfärben-Option ist vor allem bei schwarzen Pinselspitzen nützlich, um die daraus generierten Konturen einzufärben. Wählen Sie dazu in einer der zuständigen Paletten die gewünschte Konturfarbe aus und stellen in den Pinsel-Optionen die Einfärbemethode TONWERTE ein.

Die Wirkung der anderen Einfärbe-Optionen kann von Pinselspitze zu Pinselspitze stark variieren, deshalb empfiehlt es sich, hierzu über den gleichnamigen Button die TIPPS aufzurufen, in denen anhand von Beispielen Ergebnisse aufgezeigt werden.

Spezialpinsel  | Pinsel-Optionen und Kontur-Optionen

Die Grafik der Pinselspitze wird im Rahmen der frei definierbaren Grenzen nach dem Zufallsprinzip entlang des Pfads verstreut. Spezialpinsel können zudem die Optionen des Grafiktabletts bei der Stifteingabe für die Steuerung der Streuung auswerten (Grafiktablett siehe Kapitel 7).

▲ **Abbildung 8.52**
Eine Sternform als Bildpinsel

▲ **Abbildung 8.53**
Bildpinsel zur Illustration von Schwärmen in Bewegung

▲ **Abbildung 8.54**
Schwarze Pinselkonturen können Sie mit der Tonwerte-Methode einfärben.

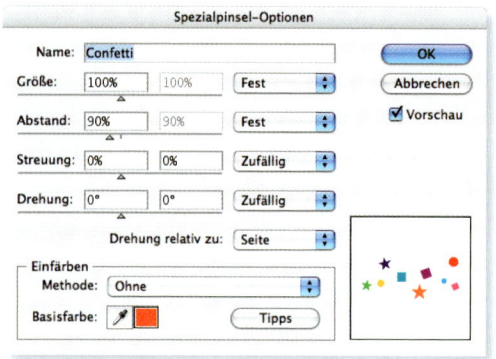

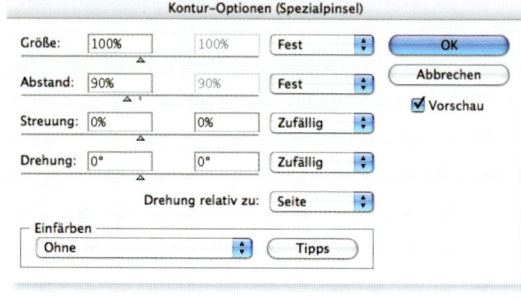

▲ **Abbildung 8.55**
SPEZIALPINSEL-OPTIONEN und KON-
TUR-OPTIONEN

Die Streuung wird durch fünf Variablen definiert, die Sie alle auf einen bestimmten Wert fixieren oder durch einen Bereich beschreiben können, innerhalb dessen das Programm entweder zufällig oder per Stifteingabe variiert:

▶ GRÖSSE: Wenn Sie im zugehörigen Ausklappmenü den Menüpunkt FEST einstellen, legen Sie in dem Eingabefeld prozentual zur Größe der Originalgrafik des PINSELS fest, wie groß die Objekte der Pinselspitze in die Kontur ausgebracht werden sollen. Bei allen anderen Menüpunkten des Ausklappmenüs gilt das linke Eingabefeld als prozentuale Untergrenze der Objektgröße für einen Zufallswert, das rechte Eingabefeld enthält die Obergrenze.

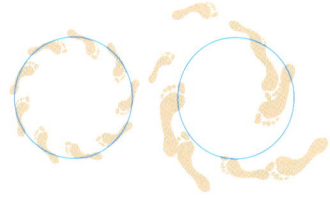

▲ **Abbildung 8.56**
Rechts: Spezialpinsel mit Variation
in GRÖSSE, ABSTAND, STREUUNG
und DREHUNG

▶ ABSTAND: Mit diesen Eingaben steuern Sie den Abstand zwischen den Objekten. Bei der Werteingabe gehen Sie genauso vor wie im letzten Absatz beschrieben.

▶ STREUUNG: Diese Vorgaben beschreiben die Genauigkeit, mit der die Objekte der Pinselspitze dem Pfadverlauf folgen. Höhere Werte führen zu einer weiteren Streuung. Positive bzw. negative Werte bestimmen, zu welcher Seite des Pfads gestreut wird.

▶ DREHUNG: Hier können Sie entweder einen festen oder zufälligen Drehwinkel der Pinselgrafik um ihren Mittelpunkt einstellen.

▶ DREHUNG RELATIV ZU: In diesem Ausklappmenü bestimmen Sie den Bezug für die Berechnung der Drehung. Erfolgt die Drehung relativ zum Pfad, kann die Grafik des Pinsels dem Pfadverlauf besser folgen. Wenn Sie bei 0°-Drehung die Pinselspitze relativ zum Pfad ausrichten, liegt die Grafik immer genau entlang des Pfads.

▲ **Abbildung 8.57**
Drehung relativ zum Pfad (links)
und zur Zeichenfläche (rechts)

▶ EINFÄRBEN: Lesen Sie dazu bitte die Erläuterungen zur gleichen Option für Bildpinsel.

Musterpinsel [⊞] | Pinsel-Optionen und Kontur-Optionen

Der Pinsel enthält bis zu fünf Musterelemente für Anfang, Ende, Kanten, innere und äußere Ecken, die in der Kontur je nach Form des Pfads angewendet werden. Die Musterelemente folgen dem Pfad exakt, das heißt, die Grafiken werden gegebenenfalls gebogen.

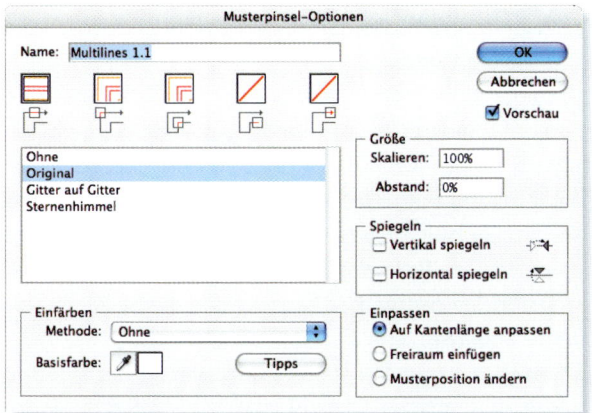

▲ **Abbildung 8.58**
Musterpinsel-Optionen und Kontur-Optionen

Die Pinsel-Optionen geben Ihnen u.a. die Möglichkeit, die Musterelemente für die Pinselspitze zu bestimmen.

Die verschiedenen Musterelemente werden auf bestimmte Abschnitte eines Pfadverlaufs angewendet. Das erste Musterfeld enthält das Kantenelement für den normalen Pfadverlauf. Die folgenden Felder können, aber müssen nicht belegt sein. Mit diesen Feldern geben Sie vor, ob Illustrator für »äußere« Ecken, »innere« Ecken, Pfadanfang und Pfadende besondere Musterelemente verwenden soll.

In der Liste darunter erscheinen alle Muster, die in der Farbfelder-Palette enthalten sind. Um einem der Elemente für den Musterpinsel ein Muster-Farbfeld zuzuordnen, aktivieren Sie zunächst das entsprechende Element durch einen Klick und wählen anschließend in der Liste das gewünschte Muster aus.

Wenn Sie also die Musterelemente mit eigenen Grafiken belegen wollen, müssen Sie diese vorher in die Farbfelder-Palette aufnehmen.

Nachdem Sie die Musterelemente belegt haben, wird die Verbindung zu den Musterfeldern in der Farbfelder-Palette nicht weiter aufrechterhalten. Sie können diese, wenn gewünscht, in der Farbfelder-Palette ändern oder löschen.

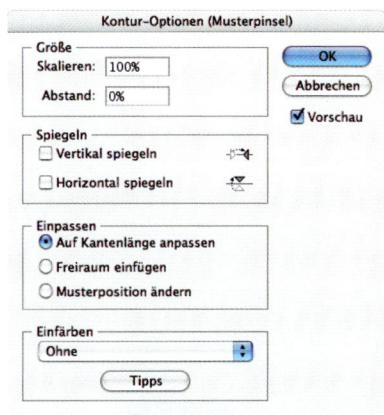

▲ **Abbildung 8.59**
Bestandteile eines Musterpinsels

HINWEIS

Die Erstellung von Musterfeldern zur Verwendung in Musterpinseln wird in Kapitel 15 »Muster und Symbole« behandelt.

▲ **Abbildung 8.60**
Musterelemente folgen dem Pfadverlauf.

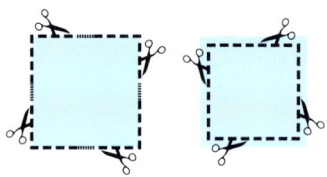

▲ **Abbildung 8.61**
Musterelemente auf Kantenlänge
angepasst und Musterposition geändert.

▲ **Abbildung 8.62**
Kalligraphiepinsel

Darüber hinaus haben Sie in den Pinsel-Optionen Einfluss auf die folgenden Parameter:

▶ Größe: Mit der Option Skalieren legen Sie fest, ob die Grafiken der Musterelemente bei der Anwendung auf eine Kontur prozentual vergrößert oder verkleinert werden sollen. Werte zwischen 1 % und 10000 % sind möglich. Zusätzlich können Sie den Abstand zwischen den einzelnen Musterelementen dehnen oder verengen. Bei 0 % berühren sich die Elemente. Die Obergrenze ist bei 10000 %.

▶ Spiegeln: Die Option Vertikal spiegeln hat zur Folge, dass die Musterelemente senkrecht zum Pfad gespiegelt werden. Bei Horizontal Spiegeln kehrt das Programm die Belegung der Musterelemente auf dem Pfad um.

▶ Einpassen: Nur in den wenigsten Fällen entspricht die Länge des Pfads einem Vielfachen der Länge der Musterelemente, deshalb müssen Sie bestimmen, auf welche Weise Illustrator die Elemente einpassen soll:

Auf Kantenlänge anpassen staucht oder streckt nach Bedarf die Elemente zwischen zwei Eckpunkten. Wenn Sie die Form der Musterelemente nicht verändern möchten, können Sie statt dessen Freiräume einfügen lassen, dann entstehen allerdings allerdings Lücken in der Kontur. Die dritte Möglichkeit – Musterposition ändern – verändert den Abstand der Musterelemente zum Pfad, dabei bleibt der Pfad in seiner ursprünglichen Lage, die Kontur kann als Folge aber weit neben dem Pfad positioniert sein.

▶ Einfärben: Lesen Sie dazu bitte die Erläuterungen zur gleichen Option für Bildpinsel.

Kalligraphiepinsel | Pinsel- und Kontur-Optionen
Mit diesen Pinseln erstellen Sie Linien mit variabler Stärke, die Sie durch ähnliche Parameter steuern wie beim Schreiben mit der Breitfeder. Die Kalligraphiepinsel werden ausführlich mit allen Optionen in Kapitel 7 erklärt.

Pinsel-Bibliotheken laden
Ein Verzeichnis der im Programmordner gespeicherten Pinsel-Bibliotheken mit vielen verschiedenen Pinselspitzen finden Sie im Palettenmenü der Pinsel-Palette unter Pinselbibliothek öffnen. Mit dem letzten Menüpunkt im Verzeichnis Andere Bibliothek… laden Sie Bibliotheken von Ihrer Festplatte oder die Pinselspitzen aus anderen Illustrator-Dokumenten. Die Bibliotheken werden in einer eigenen Bibliotheken-Palette geöffnet. Das Handling ist vergleichbar dem bei der Farbfelder-Palette besprochenen Vorgehen.

Pinselspitzen selbst erstellen

Für alle Pinselarten gilt, dass Sie nicht nur die Optionen vorhandener Pinsel variieren, sondern selbst neue Pinsel herstellen können. Wählen Sie dazu NEUER PINSEL… aus dem Menü der Pinsel-Palette, oder klicken Sie den Funktionsbutton NEUER PINSEL ▣. Anschließend erscheint eine Dialogbox, welche die Pinselart abfragt, die Sie anlegen wollen.

Bildpinsel bzw. Spezialpinsel | Pinselspitzen erstellen
Die Pinselarten Bildpinsel und Spezialpinsel können Sie in der Dialogbox NEUER PINSEL nur anwählen, wenn ein oder mehrere Vektorobjekte auf der Arbeitsfläche aktiviert sind.

Erstellen Sie deshalb zunächst die Grafik für die Pinselspitze ganz normal in Ihrem Dokument und behalten sie aktiv. Beachten Sie bitte, dass Sie keine Verläufe in Ihren Pinselgrafiken verwenden können – ersetzen Sie Verläufe, falls nötig, durch Angleichungen.

Anschließend klicken Sie in der Pinsel-Palette den Funktions-button NEUER PINSEL ▣. Damit wird die Pinselspitzengrafik an die Dialogbox BILDPINSEL-OPTIONEN bzw. SPEZIALPINSEL-OPTIONEN übergeben, in der Sie die oben beschriebenen Einstellungen vornehmen können.

Nach der Übernahme als Pinselspitze bleibt die Verbindung zur Originalgrafik *nicht* bestehen!

Musterpinsel | Pinselspitzen erstellen
Musterpinsel basieren auf Muster-Farbfeldern. Um einen derartigen Pinsel zu erstellen, erzeugen Sie zunächst die einzelnen Musterelemente und legen diese jeweils als eigenes Musterfeld in der Farbfelder-Palette ab. Wie weiter oben bei der Dialogbox MUSTERPINSEL-OPTIONEN erläutert, werden diese Muster-Farb-felder zum Einsatz bei der Pinselerstellung in einer Liste zur Aus-wahl gestellt.

Kalligraphiepinsel | Pinselspitzen erstellen
Kalligraphiepinsel basieren immer auf derselben ovalen Grund-form, deren Eigenschaften Sie mit Hilfe der Dialogbox KALLIGRA-PHIEPINSEL-OPTIONEN verändern.

Eine Beschreibung der Kalligraphiepinsel mit allen Einstell-möglichkeiten finden Sie in Kapitel 7.

Pinsel duplizieren | Pinselspitzen erstellen
Falls Sie einen neuen Pinsel aus einem vorhandenen durch die Veränderung einiger Parameter erzeugen möchten, duplizieren

TIPP

Sie können auch bestehende Pinselformen editieren, z. B. umfärben. Ziehen Sie die Miniatur der Pinselspitze aus der Pinsel-Palette oder einer Pinsel-Bibliothek auf die Zeichenfläche und bearbeiten sie mit den entsprechenden Werkzeugen.

Anschließend erzeugen Sie daraus eine neue Pinselspitze.

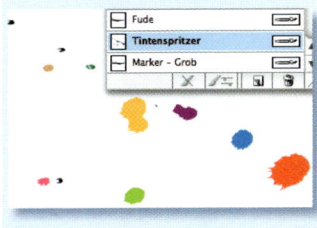

▲ **Abbildung 8.63**
Muster-Palette

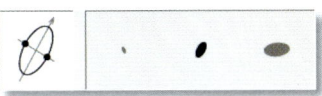

▲ **Abbildung 8.64**
Grundform eines Kalligraphie-pinsels

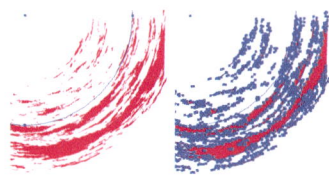

▲ Abbildung 8.65
Beim Umwandeln von Pinselkonturen werden oft viele Ankerpunkte erzeugt.

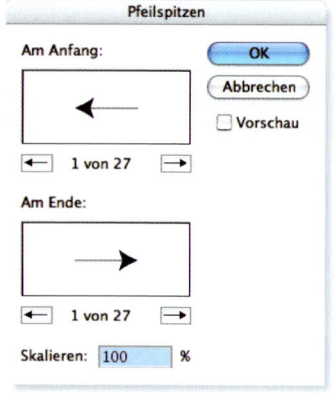

▲ Abbildung 8.66
Dialogbox PFEILSPITZEN

▲ Abbildung 8.67
Pfeilspitzen als Filter (blau) und als Effekt (grün);
Pfeilspitzen nach einer Pfadbearbeitung (rechts)

Abbildung 8.68 ▶
Lustige Ergebnisse können bei der Kombination von Pinselspitzen und Pfeilspitzen entstehen.

Sie den vorhandenen, indem Sie diesen aktivieren und auf das Symbol des Funktionsbuttons NEUER PINSEL 🔲 ziehen.

Pinselkonturen in Pfade umwandeln

Da Pinselkonturen zu den speziellen Illustrator-Fähigkeiten gehören, sind diese nicht mit jeder anderen Applikation kompatibel. Wenn Sie deshalb Pinselkonturen als eigenständige Vektorformen benötigen, die Sie weiterverarbeiten oder in ein anderes Programm übernehmen wollen, verwenden Sie den Menübefehl OBJEKT • AUSSEHEN UMWANDELN. Der dabei generierte Pfad kann aus sehr vielen Punkten bestehen, Sie sollten ihn gegebenenfalls vereinfachen (PFAD VEREINFACHEN siehe Kapitel 7.1).

Pfeilspitzen

Pfeilspitzen stehen als Effekt oder als Filter zur Verfügung. Eine nachträgliche Veränderung des Pfads ist einfacher, wenn Sie Pfeilspitzen als Effekt anlegen, denn dann passen sich die Spitzen dem Pfadverlauf an.

Um eine Pfeilspitze als Effekt generieren zu lassen, gehen Sie wie folgt vor:

1. Aktivieren Sie den Pfad, den Sie mit einer Pfeilspitze versehen möchten.
2. Wählen Sie im Menü den Befehl EFFEKT • STILISIERUNGSFILTER • PFEILSPITZEN.
3. Bestimmen Sie in der aufgerufenen Dialogbox PFEILSPITZEN für jedes Pfadende die gewünschte Art und die Skalierung der Spitze.

Pfeilspitzen skalieren mit der Linienstärke, deshalb ist es empfehlenswert, bei starken Linien die Spitzen prozentual herunterzuregeln.

Pfeilspitzen können zwar theoretisch sowohl an offene als auch an geschlossene Pfade angelegt werden; ob Letzteres sinnvoll ist, bleibt Ihrer Fantasie überlassen.

Für bestehende Pfeilspitzen, die Sie nachträglich editieren wollen, rufen Sie die Dialogbox über die Aussehen-Palette auf (Aussehen-Palette siehe Kapitel 10).

8.6 Auswahlen auf Farb- und Objektbasis

Bislang haben Sie die Möglichkeit kennen gelernt, Auswahlen manuell mit den Auswahlwerkzeugen vorzunehmen. Es ist aber auch möglich, nach gleichen oder ähnlichen Objekteigenschaften suchen zu lassen und eine Auswahl darauf zu basieren. So ist es beispielsweise realisierbar, Objekte mit gleichen Farbeigenschaften gemeinsam umzufärben oder anderweitig zu bearbeiten. Illustrator stellt Ihnen für diese Art der Auswahl diverse Menübefehle sowie das Zauberstab-Werkzeug zur Verfügung.

Zauberstab-Werkzeug – Objektauswahl

Wenn Sie mit dem Zauberstab-Werkzeug 🖌 – Shortcut Y – auf ein Objekt klicken, wählt das Programm automatisch alle Objekte aus, die mit dem angeklickten Objekt die in der Zauberstab-Palette vorgegebenen Eigenschaften teilen.

Folgende Eigenschaften können einzeln oder kombiniert Basis für eine Zauberstab-Auswahl sein: FLÄCHENFARBE, KONTURFARBE, KONTURSTÄRKE, DECKKRAFT und FÜLLMETHODE (Deckkraft, Füllmethode siehe Kapitel 11).

▲ Abbildung 8.69
Zauberstab-Palette

Anhand der Eigenschaften auswählen | Zauberstab-Werkzeug

Rufen Sie mit einem Doppelklick auf den Zauberstab in der Werkzeugpalette die Optionen auf, und kreuzen Sie die Attribute an, die beim Suchen mit dem ausgewählten Objekt übereinstimmen sollen.

Wie das Programm die Toleranzeinstellungen auswertet, ist – mit Ausnahme der Konturstärke – nicht immer ganz nachvollziehbar. Wenn Sie eine exakt eingegrenzte Auswahl wünschen, sollten Sie deshalb die Toleranz jeweils auf 0 einstellen. Die Zauberstab-Palette kann während des Suchvorgangs offen bleiben.

Um erneut eine Auswahl zu erstellen, klicken Sie mit dem Zauberstab auf ein Objekt, das die Attribute enthält, nach denen Sie suchen möchten.

▲ Abbildung 8.70
Zauberstab-Auswahl (von oben): gleiche Konturfarbe, gleiche Konturstärke, gleiche Flächenfarbe

Modifikationsmöglichkeiten | ZAUBERSTAB-WERKZEUG

Sie können die Auswahl erweitern oder verkleinern:

▶ ⇧ : Um weitere Objekte mit *anderen* Eigenschaften zur Auswahl hinzuzufügen, stellen Sie gegebenenfalls erneut die Optionen ein und drücken ⇧ , während Sie auf das Objekt klicken, das die gewünschten Eigenschaften besitzt.

▶ ⌥ / Alt : Um Objekte von der Auswahl abzuziehen, modifizieren Sie mit ⌥ / Alt und klicken auf ein Objekt, das die Eigenschaften der Objekte aufweist, die Sie aus der Auswahl entfernen möchten.

HINWEIS

Der Befehl Auswahl • Gleich • Verknüpfungsblockreihen sucht verknüpfte Flächentext-Objekte (Typografie siehe Kapitel 13).

HINWEIS

Der Befehl Auswahl • Gleich • Deckkraft ignoriert gesonderte Deckkrafteinstellungen für Fläche und Kontur (Transparenz siehe Kapitel 11).

HINWEIS

Um alle Instanzen eines bestimmten Symbols in Ihrem Dokument zu finden, differiert die Vorgehensweise etwas, in diesem Fall wählen Sie nicht das Symbol in der Symbole-Palette aus, sondern aktivieren eine Instanz des Symbols, die in Ihrem Dokument plaziert ist (Symbole siehe Kapitel 15).

▲ **Abbildung 8.71**
Linearer und radialer Verlauf

Objekte mit gleichen Attributen über das Menü auswählen

Ähnliche Suchmöglichkeiten, wie sie beim Zauberstab bestehen, finden Sie in der Attributliste unter Auswahl • Gleich • Füllmethode, Fläche und Kontur, Flächenfarbe, Deckkraft, Konturfarbe, Konturstärke, Stil, Symbolinstanz und Verknüpfungsblockreihen (Teilweise werden diese Eigenschaften erst in den folgenden Kapiteln erklärt).

Mit diesen Menübefehlen können Sie nur Objekte mit *exakt* gleichen Attributen auffinden, eine Möglichkeit, Toleranzen einzustellen, besteht nicht.

Gleiche Eigenschaften suchen | Menü Auswahl • Gleich

Aktivieren Sie ein Objekt, und wählen Sie im Menü einen der oben aufgeführten Befehle aus, um andere Objekte zu finden, welche die entsprechende Eigenschaft mit dem aktivierten Objekt teilen. Um beispielsweise Objekte mit gleicher Konturstärke wie bei dem Referenzobjekt zu finden, wählen Sie Auswahl • Gleich • Konturstärke.

Nach Eigenschaften recherchieren | Menü Auswahl • Gleich

Sie können mit diesen Menübefehlen aber auch recherchieren, ob Objekte mit bestimmten Eigenschaften im Dokument vorhanden sind, dabei darf kein Objekt aktiviert sein. Richten Sie die zu suchende Eigenschaft in der zugehörigen Palette ein und wählen aus dem Menü das entsprechende Attribut aus. Beispielsweise sucht Illustrator mit dem Befehl Auswahl • Gleich • Konturfarbe, ob die in der Werkzeugpalette bzw. Farbpalette für die Kontur bestimmte Farbe in Ihrem Dokument einem Objekt als Kontur-Eigenschaft zugewiesen ist. Gefundene Objekte werden aktiviert.

8.7 Verläufe

Verläufe sind berechnete Übergänge zwischen zwei und mehr Farben, die linear oder radial, also kreisförmig, angelegt sind. Dabei können Sie nicht nur Anfangs- und Endfarbe vorgeben, sondern auch Zwischenfarben an frei wählbaren Positionen 🔒 einfügen. Um einen Verlauf genau zu definieren, ist es darüber hinaus möglich, die Stellen im Verlauf zu verändern, an denen der Anteil der beiden beteiligten Verlaufsfarben jeweils 50 % beträgt. In Illustrator wird dieser Punkt Übergangspunkt ◈ genannt.

Speziell bei der Erstellung fotorealistischer Illustrationen ist es eine große Arbeitserleichterung, dass es Illustrator zulässt, die Verlaufstops 🔒 und die Übergangspunkte ◈ solcher Verläufe mit mehreren Zwischenfarben exakt zu bestimmen.

Verlaufspalette

In der Verlaufspalette bearbeiten Sie vorhandene oder legen neue Verläufe an. Die Palette rufen Sie mit dem Menübefehl FENSTER • VERLAUF auf – Shortcut: ⌘/Strg + F9.

Sollten in der Palette nicht alle Einstellmöglichkeiten zu sehen sein, wählen Sie aus dem Palettenmenü ⊙ den Menüpunkt OPTIONEN EINBLENDEN.

Einstellmöglichkeiten | Verlaufspalette

Wenn Sie Illustrator starten, zeigt die Verlaufspalette einen Schwarz-Weiß-Verlauf. Sobald Sie jedoch ein Objekt aktivieren, dem ein Verlauf als Füllung zugewiesen ist, wird dieser in das Feld VERLAUFSFLÄCHE ❶ und in den VERLAUFSREGLER ❷ übernommen.

▸ ART: In dem Ausklappmenü wählen Sie aus, ob der Verlauf linear, also gerade entlang einer Strecke, oder kreisförmig, vom Mittelpunkt zur Peripherie eines gedachten Kreises berechnet werden soll.

▸ WINKEL: Mit einer Gradangabe in diesem Feld geben Sie die Winkelung des Verlaufs relativ zur Zeichenfläche an.
Bei einem Winkel von 0° wird der Verlauf in dem Objekt waagerecht so generiert, wie er im Verlaufsregler angezeigt ist. Positive Winkelwerte drehen den Verlauf gegen, negative Gradzahlen im Uhrzeigersinn.
Statt der nummerischen Bestimmung können Sie auch das Verlauf-Werkzeug ▦ verwenden, um den Winkel des Verlaufs intuitiv zu definieren – das Eingabefeld wird dann automatisch ausgefüllt. Auf das Verlauf-Werkzeug geht dieses Kapitel weiter unten noch genauer ein.

▸ VERLAUFSREGLER ❷: Der Verlaufsregler zeigt in einem Balken eine Ansicht des Verlaufs und bietet mit den darüber und darunter angeordneten verschiebbaren Symbolen Einstellmöglichkeiten an.

▸ Verlaufstop 🏠: Die Verlaufstops sind als Markierungen unter dem Verlaufsregler zu finden, sie lassen sich entlang des Verlaufsbalkens verschieben. Verlaufstops, die nicht am Anfang oder Ende des Verlaufsbalkens sitzen, kennzeichnen die Stellen des Verlaufs, an denen ein Verlaufsabschnitt endet und ein anderer beginnt, also die Punkte, an dem die im Verlaufstop angezeigte Farbe nicht mit einer anderen Farbe des Verlaufs gemischt ist.

▸ ÜBERGANGSPUNKTE ◈: Die Übergangspunkte definieren jeweils den rechnerischen Mittelpunkt eines Übergangs.

▸ POSITION: Wenn Sie einen Verlaufstop oder einen Übergangspunkt anklicken, wird dieser aktiviert und seine Position prozentual zum Gesamtverlauf in dem Eingabefeld angezeigt. Ent-

HINWEIS

Verläufe lassen sich nur der von einem Pfad umschlossenen Fläche zuweisen, nicht seiner Kontur.

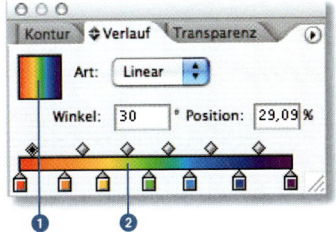

▲ **Abbildung 8.72**
Verlaufspalette mit allen Optionen

TIPP

Sie können einen Verlauf wesentlich genauer editieren, wenn Sie die Verlaufspalette verbreitern. Klicken und ziehen Sie dafür das Vergrößerungsfeld der Palette unten rechts bis zur gewünschten Breite.

HINWEIS

🏠 Weder im Handbuch noch in der Illustrator-Hilfe ist ein Begriff für den quadratischen Farbregler auf der Unterseite des Verlaufsbalkens definiert.
Wir haben uns deshalb an dem Terminus GRADIENT STOP in der englischen Programmversion orientiert und in unseren Texten den Begriff »Verlaufstop« verwendet. Wundern Sie sich also nicht, wenn Sie dieses Wort in Ihrem Handbuch nicht finden.

sprechend können Sie auch die Position durch eine Eingabe in das Feld nummerisch verändern. Das ist manchmal zur Feineinstellung eines Verlaufs ganz nützlich.

Eine Verlaufsfarbe ändern | Verlaufspalette

Um die Farbe eines Verlaufsstops zu ändern, klicken Sie auf das zugehörige Farbquadrat, dadurch wird die derzeit dafür definierte Farbe in der Farbpalette angezeigt, und das Farbquadrat wird hervorgehoben 🔲.

Sie können nun in der Farbpalette die Farbe durch Verschieben der Regler bzw. durch die Eingabe anderer nummerischer Werte konfigurieren. Die Veränderung der Farbe wird automatisch auch in der Verlaufspalette aktualisiert und damit der optische Eindruck des Farbverlaufs.

Möchten Sie dem Verlaufsstop die Farbe eines Farbfelds zuweisen, drücken Sie die Modifizierungstaste ⎇/Alt und klicken auf das gewünschte Farbfeld.

Um die Position eines Verlaufsstops im Verlaufsregler zu verändern, klicken und ziehen Sie ihn an eine neue Stelle, oder Sie klicken ihn an und geben einen neuen nummerischen Wert in das Feld POSITION ein.

Möchten Sie zwei Farben im Verlauf gegeneinander austauschen, drücken Sie die Modifizierungstaste ⎇/Alt und ziehen einen der beiden Verlaufsstops 🔲 auf den anderen.

Zwischenfarben im Verlauf einrichten | Verlaufspalette

Im Verlaufsregler fügen Sie Verlaufsstops hinzu, indem Sie eine Farbe aus der Farbpalette oder aus der Farbfelder-Palette an die gewünschte Position im Verlaufsregler ziehen.

Um einen Verlaufsstop zu duplizieren, drücken Sie ⎇/Alt und ziehen den entsprechenden Verlaufsstop 🔲 an die gewünschte Position im Verlaufsregler.

Zwischenfarbe im Verlauf entfernen | Verlaufspalette

Um eine Farbe aus dem Verlauf zu entfernen, ziehen Sie deren Symbol 🔲 nach unten aus der Verlaufspalette heraus.

Farbübergang im Verlauf verschieben | Verlaufspalette

Die Position eines Übergangspunkts ◈ im Verlaufsregler verändern Sie durch Klicken und Ziehen, oder Sie klicken das Symbol an und geben einen neuen nummerischen Wert in das Feld POSITION ein.

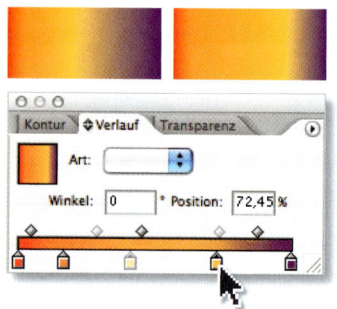

▲ **Abbildung 8.73**
Verlaufstop verschieben

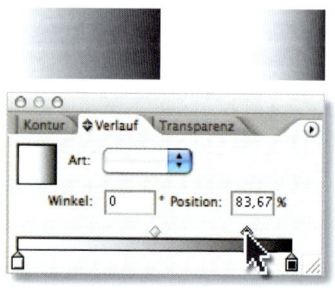

▲ **Abbildung 8.74**
Farbübergang verschieben

Verlauf neu anlegen und ändern

Die Verlaufspalette dient auch dazu, neue Verläufe zu kreieren und bestehende Verläufe zu editieren.

Neuen Verlauf definieren | Verlaufspalette

Wenn Sie einen Verlauf mit mehreren Farben anlegen wollen, ist es schwierig, im Verlaufsregler die Abstände zwischen den Verlaufsfarben im Verhältnis zu den Dimensionen des Objekts zu beurteilen, auf das er angewendet werden soll. Daher ist es üblich, einen Verlauf »am Objekt« zu definieren.

Gehen Sie wie folgt vor:

1. Wenn der letzte Verlauf durch sehr viele einzelne Farben definiert wurde, sollten Sie die Verlaufspalette zunächst »bereinigen«, indem Sie – wie oben beschrieben – überzählige Verlaufstops entfernen.
2. Wählen Sie in der Verlaufspalette im Ausklappmenü Art, ob der Verlauf Linear oder Kreisförmig verlaufen soll.
3. Aktivieren Sie ein Objekt ohne Verlauf und klicken oben links in der Verlaufspalette in die Verlaufsfläche, um dem Objekt den eingestellten Verlauf zuzuweisen.
4. Gegebenenfalls verwenden Sie das Verlauf-Werkzeug, um den Winkel des Verlaufs anzupassen (Verlauf-Werkzeug s. u.).
5. Nun können Sie nach Belieben Farben verändern, Zwischenfarben einfügen, Verlaufstops und Übergangspunkte verschieben und den Verlauf in die Farbfelder-Palette übernehmen.

Einen bestehenden Verlauf editieren | Verlaufspalette

Um einen Verlauf zu ändern, aktivieren Sie entweder das Objekt, dem der Verlauf zugewiesen ist, oder rufen Sie ein Verlaufs-Farbfeld in der Farbfelder-Palette mit einem Klick auf.

Der Verlauf wird in der Verlaufspalette angezeigt. Nun können Sie den Verlauf mit allen oben bereits beschriebenen Methoden verändern.

Bitte beachten Sie, dass zwar aktivierte Objekte aktualisiert werden, der Inhalt eines ausgewählten Verlaufs-Farbfelds jedoch nicht automatisch durch den geänderten Verlauf ersetzt wird.

Verlauf-Werkzeug

Das Verlauf-Werkzeug wird eingesetzt, um den Verlauf eines Objekts intuitiv zu verändern. Auch einen Verlauf über mehrere Objekte kann dieses Werkzeug anlegen. Darüber hinaus dient es dazu, die Winkelung, die Richtung sowie den Anfangs- bzw. Endpunkt eines Verlaufs neu zu definieren. Bei einem radialen Verlauf bestimmen Sie mit dem Verlauf-Werkzeug den Mittelpunkt des Verlaufs.

TIPP

Anstatt mühsam alle einzelnen Verlaufstops zu entfernen, geht es schneller, wenn Sie einmal auf das Farbfeld mit dem Schwarz-Weiß-Verlauf klicken.

TIPP

Um gleichzeitig einem Objekt einen neuen Verlauf zuzuweisen und die Verlaufspalette aufzurufen, klicken Sie auf das Verlauf-Symbol in der Werkzeugpalette oder tippen [.].

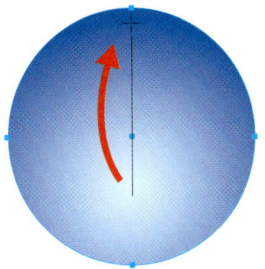

▲ **Abbildung 8.75**
Mittelpunkt und Radius eines kreisförmigen Verlaufs, mit dem Verlauf-Werkzeug bestimmt

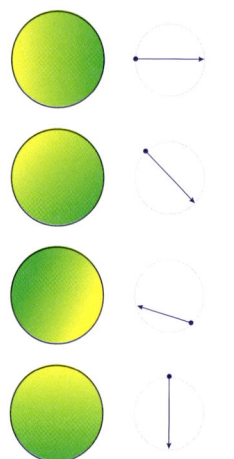

▲ **Abbildung 8.76**
Unterschiedliche Winkelungen desselben Verlaufs an einem Objekt

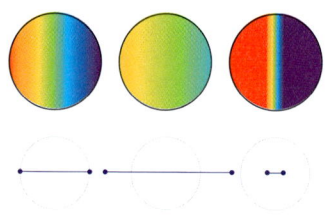

▲ **Abbildung 8.77**
Start- und Endpunkte an den Rändern des Objekts (links), außerhalb der Fläche des Objekts (Mitte) und innerhalb (rechts)

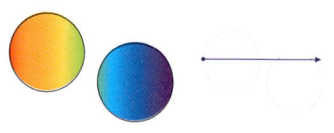

▲ **Abbildung 8.78**
Einen Verlauf über mehrere Objekte anlegen

Verlaufswinkel ändern | Verlauf-Werkzeug

Neben der Möglichkeit, die Winkelung eines Verlaufs nummerisch in der Verlaufspalette zu bestimmen, können Sie Verlaufswinkel und Verlaufsrichtung auch intuitiv mit dem Verlauf-Werkzeug einstellen:

1. Aktivieren Sie ein Objekt und weisen ihm einen Verlauf zu, oder wählen Sie ein Objekt, dessen Verlauf Sie ändern möchten.
2. Wählen Sie das Verlauf-Werkzeug 🔲 in der Werkzeugpalette aus – Shortcut: G
3. Klicken Sie mit dem Werkzeug an die Stelle des Objekts, an welcher der Verlauf beginnen soll, und ziehen Sie die Maus in die Richtung, in der sich der Verlauf erstrecken soll. Am Startpunkt setzt Illustrator den Verlauf mit der Farbe an, die im Verlaufsregler in der Verlaufspalette am linken Ende angezeigt wird. Dort, wo Sie die Maustaste loslassen, endet der Verlauf mit der Farbe vom rechten Rand des Verlaufsreglers.

Bei einem kreisförmigen Verlauf bestimmen Sie den Verlaufsradius von seinem Mittelpunkt aus.

Verlaufsanfang & Verlaufsende bestimmen | Verlauf-Werkzeug

Das Verlauf-Werkzeug bestimmt nicht nur den Winkel, sondern es definiert mit dem Start- und Endpunkt auch die Strecke, über die der Verlauf berechnet wird. Klicken Sie mit dem Verlauf-Werkzeug außerhalb der Fläche des aktivierten Objekts und/oder lassen die Maustaste außerhalb des Objekts los, wird zwar der Verlauf über die gesamte Entfernung berechnet, angezeigt wird jedoch nur der Teil, der von der Fläche des Objekts begrenzt wird. Bestimmen Sie mit dem Verlauf-Werkzeug nur eine Strecke, die kleiner ist als die Ausdehnung der Objektfläche, werden die Flächenteile neben Verlaufsanfang und Verlaufsende mit Start-bzw. Endfarbe aufgefüllt.

Modifikationsmöglichkeit | Verlauf-Werkzeug

▶ ⇧ : Damit beschränken Sie die Bewegung des Verlauf-Werkzeugs auf 45°-Winkelungen.

Verlauf über mehrere Objekte anlegen | Verlauf-Werkzeug

Mit dem Verlauf-Werkzeug können Sie *einen* Verlauf mehreren voneinander unabhängigen Objekten zuweisen, dabei wird der Gesamtverlauf auf die einzelnen Objekte verteilt. Diese Verlaufsteile sind jedoch anschließend unabhängig voneinander, so dass bei einer Transformation der einzelnen Objekte der Eindruck des Gesamtverlaufs zerstört wird.

Um einen gemeinsamen Verlauf über mehrere Objekte anzulegen, gehen Sie wie folgt vor:

1. Aktivieren Sie die Objekte und weisen ihnen den gleichen Verlauf zu.
2. Wählen Sie das Verlauf-Werkzeug, klicken den Startpunkt in einem der Objekte und ziehen bis zum gewünschten Endpunkt über die Objekte hinweg.

Lesen Sie zu diesem Thema auch in Kapitel 10, »Ebenen und Aussehen«, wie Sie Aussehen-Eigenschaften auf mehrere Objekte anwenden können.

Verlauf in die Farbfelder-Palette übernehmen

Wenn Sie einen erstellten Verlauf in der Farbfelder-Palette speichern möchten, ziehen Sie das Feld Verlaufsfläche aus der Verlaufspalette in die Farbfelder-Palette.

Soll ein vorhandenes Farbfeld ersetzt werden, ziehen Sie die Verlaufsfläche mit gedrückter ⌥/Alt-Taste auf das zu tauschende Farbfeld.

Verläufe zwischen Volltonfarben

Sofern Sie für den Druck einen Verlauf zwischen zwei verschiedenen Volltonfarben angelegt haben, die bei der Belichtung auch als Volltonfarben separiert werden sollen, muss im Drucken-Dialog unter AUSGABE die Option ALLE VOLLTONFARBEN IN PROZESSFARBEN KONVERTIEREN deaktiviert werden.

Verlaufsobjekte verformen

Bei den verschiedenen Möglichkeiten, Objekte zu verformen, verhalten sich zugeordnete Verlaufsfüllungen unterschiedlich:

▶ TRANSFORMATIONEN: Lineare und kreisförmige Verlaufsfüllungen werden mit den Objekten transformiert (Transformationen siehe Kapitel 5).

▶ VERZERRUNGSHÜLLEN: Auf lineare Verläufe können Sie Verzerrungshüllen anwenden, Sie benötigen jedoch in vielen Fällen eine höhere GENAUIGKEIT in den Hüllen-Optionen, um die Verläufe genau in die Hülle einzupassen – Einstellung Genauigkeit etwa 70–80 (Verzerrungshüllen siehe Kapitel 9).

▶ FILTER UND EFFEKTE: Verzerrungs- und Transformationsfilter und -effekte beeinflussen *nur die Form* des Objekts, nicht zugeordnete Verlaufsfüllungen (Filter/Effekte siehe Kapitel 12).

▲ **Abbildung 8.79**
Verlauf über mehrere Objekte (oben) und nach Verschieben der Objekte (unten)

▲ **Abbildung 8.80**
Verzerrungshülle und Transformation auf Objekte mit Verläufen angewendet

---

HINWEIS

Bei der Zuweisung von Verlaufs-Farbfeldern beachten Sie bitte, dass diese global sind.

Wenn Sie also am Inhalt des Farbfelds Änderungen vornehmen, werden diese auf alle Objekte angewendet, denen das Farbfeld als Eigenschaft zugeordnet ist.

▲ **Abbildung 8.81**
Verlaufsfläche in Verlaufsgitter und Flächen umgewandelt (grobe Auflösung)

▲ **Abbildung 8.82**
Konischer VERLAUF

Verläufe umwandeln

Eine Verlaufsfläche können Sie in andere Objekte umwandeln, beispielsweise in Gitterobjekte, um sie gezielter zu bearbeiten, oder in einzelne Farbobjekte, zum Export des Verlaufs in Programme, die Illustrator-Verläufe nicht »verstehen«. Umgewandelte Objekte sind allerdings nicht mehr mit den oben beschriebenen Möglichkeiten editierbar.

Aktivieren Sie die Verlaufsfläche und rufen über das Menü die Dialogbox OBJEKT • UMWANDELN… auf. Darin stehen zwei Möglichkeiten der Optionen zur Verfügung:

▸ VERLAUFSGITTER: Wenn Sie einen Verlauf in ein Gitterobjekt umwandeln, haben Sie feinere Einflussmöglichkeiten auf die Gestaltung der Verlaufsfläche.
Mehr zu Gitterobjekten lesen Sie in diesem Kapitel weiter unten.

▸ OBJEKTE FESTLEGEN: Mit dieser Option wandeln Sie eine Verlaufsfläche in einzelne einfarbige Flächen um, die zusammen den Eindruck des Verlaufs wiedergeben. Viele Grafikprogramme – auch alte Illustrator-Versionen – generieren oder generierten Verläufe auf diese Weise.

  ▹ In dem Eingabefeld bestimmen Sie die »Auflösung« der Umrechnung, dabei bedeuten höhere Zahlenwerte einen homogeneren Übergang. Der Wert beschreibt die Anzahl der Einzelobjekte, in die Illustrator einen Verlaufsteil zwischen zwei definierten Verlaufstops zerlegt. Die Zahl entspricht also nur bei einfachen Verläufen zwischen zwei Farben der Anzahl der erzeugten Flächen.

  ▹ Die Außenform des Objekts wendet Illustrator als Schnittmaske auf die Flächen an (Schnittmaske siehe Kapitel 10).

Konischer Verlauf

Der konische Verlauf ist eine spezielle Art des kreisförmigen Verlaufs. In Illustrator können Sie einen konischen Verlauf nur mit einem Workaround erzeugen. Dazu sind Kenntnisse im Umwandeln von Verläufen in Verlaufsgitter und im Bearbeiten der Gitterobjekte erforderlich, deshalb finden Sie die Erarbeitung eines solchen Verlaufs in einem Schritt-für-Schritt-Tutorial am Ende des Kapitels 8.8 »Gitterobjekte – Verlaufsgitter«.

Schritt für Schritt: eine kleine Illustration mit Verläufen

1 Die Zeichnung aufbauen

In Gebrauchsanleitungen, im Packungsdesign, in Katalogen und in Anzeigenvorlagen, wie sie die Industrie den Händlern für die Verkaufswerbung zur Verfügung stellt, sind statt Produktfotografien oft realistische Vektorillustrationen zu finden, die einfacher und frei skalierbar sind.

Anders als in 3D-Pogrammen werden in Vektorillustrationen die abgebildeten Objekte nicht komplett neu konstruiert. Die Arbeit ähnelt eher einer Airbrush-Illustration.

Die erzeugten Formen werden mit Farben und Verläufen gefüllt. Häufig dienen Fotos der realen Objekte dazu, den Aufbau der Grafik zu erleichtern. Sollte das nicht möglich sein, besteht auch die Option, einzelne Teile der Zeichnung mit Hilfe der 3D-Effekte in Illustrator zu konstruieren. Die Grundform des Bleistifts in der abgebildeten Illustration ist so erstellt. Sie finden diese Outline-Datei auf der DVD zum Buch.

▲ **Abbildung 8.83**
Die fertige Zeichnung

2 Die Grundflächen erstellen

Erstellen Sie die Grundform des Objekts aus den größten Flächen, die Sie einheitlich füllen können. Die Kanten müssen nicht genau aneinander stoßen, es ist sogar besser, wenn sich Flächen an den Grenzen etwas überlagern, so können beim Drucken keine Blitzer entstehen.

Komplexere Objekte sollten Sie auf verschiedene Ebenen aufteilen, die Sie ausblenden können, um an verdeckten Teilen zu arbeiten.

▲ **Abbildung 8.84**
Die Grundflächen

3 Die Zeichnung aufbauen

Füllen Sie die großen Flächen mit Farben oder Verläufen. Bei unserem Bleistift sind Verläufe in allen Flächen.

Fangen Sie mit den blauen Flächen des Schafts an: Aktivieren Sie die mittlere dieser Flächen und weisen ihr einen Verlauf zu, indem Sie das Verlauf-Symbol in der Werkzeugpalette anklicken.

Stellen Sie anschließend die Farben mit Hilfe der Verlauf-Palette und der Farbpalette ein.

Verwenden Sie das Verlauf-Werkzeug – Shortcut $\boxed{G}$ –, um die Richtung des VERLAUFS anzupassen. Weisen Sie den gleichen VERLAUF auch den anderen blauen Flächen zu, und passen Sie anschließend die Richtung und die Blautöne an.

Danach erstellen Sie die Verläufe für die Holzfläche und auf der Spitze.

▲ **Abbildung 8.85**
Verlauf-Symbol

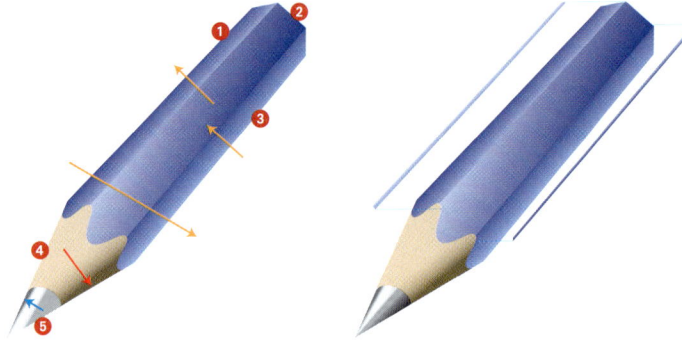

Abbildung 8.86 ▶
Links: Die Pfeile zeigen, wie Sie
das Verlauf-Werkzeug auf den
einzelnen Flächen anwenden.
Farben:
❶ C25 > C100/M75,
❷ C15 > C100/M75,
❸ C31 > C100/M75,
❹ C10/M23/Y33 > C43/M52/Y80/
K38,
❺ K45 > K10 > K75
rechts: helle Lichtkanten

Die hellen Kanten am Schaft, welche die Objektgrenzen überdecken, werden zusätzlich als schmale Flächen generiert und mit Verläufen gefüllt. Hier sollte der Verlaufswinkel etwa senkrecht zur Kante eingestellt sein. Den richtigen Winkel können Sie mit Versuch und Irrtum herausfinden, indem Sie das Verlauf-Werkzeug so lange immer wieder anwenden, bis der Winkel optisch stimmt. Alternativ messen Sie den Winkel der Kante mit dem Mess-Werkzeug 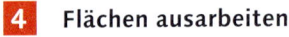, er wird in der Informationen-Palette angezeigt. Danach berechnen Sie den rechten Winkel dazu und und tragen ihn in das Eingabefeld WINKEL in der Verlauf-Palette ein.

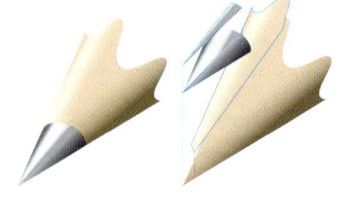

▲ **Abbildung 8.87**
Aufbau der Spitze

4 Flächen ausarbeiten

Kegelformen können meist nicht mit einem einzigen Verlauf realisiert werden, deswegen benötigen Sie für den hölzernen Teil zur Grundform der Spitze auf der linken Seite eine zusätzliche Form, die mit einem Verlauf in einem anderen Winkel gefüllt ist.

Die Minenspitze ist aus drei Verläufen zusammengesetzt – eine solche Form ist eigentlich der ideale Einsatzbereich für eine Überblendung (Überblendung – Angleichung siehe Kapitel 9).

Der Übung wegen verwenden wir hier allerdings Verläufe aus Grautönen. Stellen Sie für die einzelnen Flächen zunächst die Richtungen der Verläufe ein und passen anschließend die Grautöne an. Dabei müssen Sie etwas herumprobieren, um die gewünschte optische Wirkung zu erreichen.

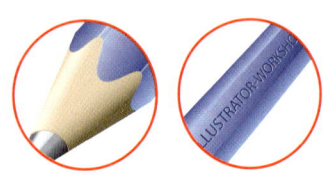

▲ **Abbildung 8.88**
Details: Holzmaserung und Schrift

5 Details ergänzen

Eine Zeichnung lebt von den kleinen Details. Ergänzen Sie deshalb die Holzmaserung mit einigen Linien und legen einen kleinen Schatten an der Kante der Minenspitze an.

Der Schriftzug erhält »Tiefe«, indem Sie eine leicht versetzte Kopie erzeugen und den unteren Schriftzug weiß sowie den oberen mit einem dunklen Blau füllen.

8.8   Gitterobjekte – Verlaufsgitter

Mit Illustrator können Sie fotorealistische Illustrationen erstellen, die kaum noch von Fotografien zu unterscheiden sind. Ermöglicht wird dies durch die Verlaufsgitter oder Gitterobjekte, eine spezielle Art von Vektorobjekten.

Auf einem Gitterobjekt fließen mehrere Farben ineinander und bilden Verläufe in unterschiedlichen Richtungen. Sie müssen sich das so vorstellen, als ob Sie mit einem farbgetränkten Pinsel auf einem feuchten Aquarellpapier farbige Punkte setzen, die dann etwas auseinander fließen und sich gegebenenfalls mit anderen Farben mischen. In Illustrator werden diese Farbtupfen mit Hilfe eines Gitters auf einem Objekt positioniert, einem Raster aus Vektorlinien, das Sie auch nachträglich weiter transformieren und verzerren können.

Grundlage für ein solches Gitterobjekt sind offene oder geschlossene Pfade – *nicht* jedoch Zusammengesetzte Pfade, Zusammengesetzte Formen oder Textobjekte.

Verlaufsgitter können Sie automatisch, mit Hilfe der Dialogbox OBJEKT • VERLAUFSGITTER ERSTELLEN, oder durch Umwandlung eines Verlaufsobjekts sowie manuell mit dem Gitter-Werkzeug erzeugen.

Die Fläche eines Gitterobjekts ist von einem Raster aus Vektorpfaden, den **Gitterlinien** ❶, durchzogen. An den Kreuzungspunkten der Linien, den **Gitterpunkten** ❷, sind die sich kreuzenden Gitterlinien fest miteinander verbunden. Darüber hinaus dienen ganz normale **Ankerpunkte** ❹ auf den Gitterlinien dazu, das Gitter zu formen und den Farbverlauf zu steuern. Ein von Gitterlinien umschlossener Bereich heißt **Gitterfeld** ❸.

Gitterpunkte und Gitterfelder können mit unterschiedlichen Farben belegt werden. Ein Gitterobjekt ist also ein mehrfarbiges Objekt, zwischen dessen Farben der Gitterpunkte bzw. Gitterlinien Illustrator nahtlose Farbverläufe generiert.

Verlaufsgitter erzeugen

Um Verlaufsgitter zu erzeugen, stehen Ihnen verschiedene Wege offen. Entweder lassen Sie vom Programm einen offenen oder geschlossenen Pfad automatisch in ein Gitterobjekt umwandeln, oder Sie verwenden das Gitter-Werkzeug zur manuellen Erzeugung eines Verlaufsgitters. Darüber hinaus besteht die Möglichkeit, wie oben beschrieben, einen normalen Verlauf in ein Gitterobjekt umrechnen zu lassen.

Bitte beachten Sie, dass Sie Gitterobjekten keine Kontur zuordnen können. Sollten Sie eine Kontur benötigen, erstellen Sie vor der Umwandlung ein Duplikat der Grundform, die Sie mit einer

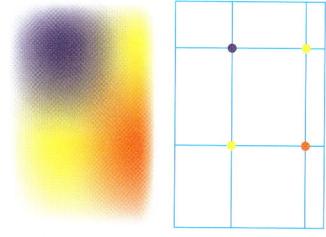

▲ **Abbildung 8.89**
Ein Gitterobjekt und seine Konstruktion – die kleinen Kreise zeigen die an den Gitterpunkten eingestellten Farben.

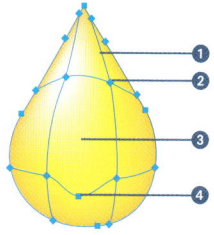

▲ **Abbildung 8.90**
Gitterlinien, Gitterpunkte (Raute), Gitterfelder, Ankerpunkte (Quadrat)

▲ **Abbildung 8.91**
Die Paprika ist aus mehreren Verlaufsgittern konstruiert.

▲ Abbildung 8.92
Konstruktion eines Gitters auf
einer Form

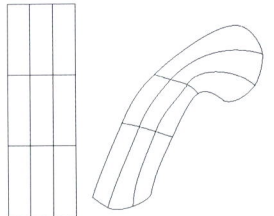

▲ Abbildung 8.93
Konstruktion des Stiels aus einem
einfachen Gitterobjekt

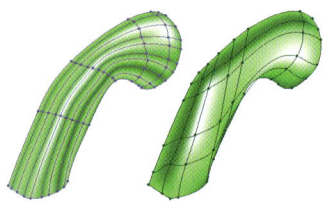

▲ Abbildung 8.94
Vergleich eines aus einer einfachen Form konstruierten Gitters
(links) mit dem automatisch aus
einem komplexen Objekt erzeugten Gitter (rechts)

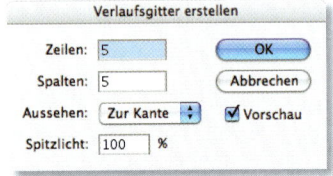

▲ Abbildung 8.95
Dialogbox
Verlaufsgitter erstellen

Kontur versehen. Außerdem sollte der Form vor der Umwandlung in ein Gitterobjekt die benötigte Grundfarbe zugewiesen
werden.

Vom Einfachen zum Komplizierten | Verlaufsgitter

Illustrator versucht bei der Umwandlung eines Pfads in ein Gitter,
abhängig von der Außenform, zwischen zwei jeweils etwa parallel
verlaufenden Linienpaaren Zwischenpfade zu erstellen, die dann
das Rastergitter bilden.

Bevor Sie ein Verlaufsgitter durch Umwandlung vom Programm generieren lassen, sollten Sie deshalb Ihr Ausgangsobjekt
unter diesen Gesichtspunkten betrachten, ob seine Form für eine
automatische Umwandlung in ein Gitterobjekt geeignet ist. Bei
dem stark gebogenen Stiel der Paprika in Abbildung 8.91 ist es
beispielsweise nicht sinnvoll, ein Verlaufsgitter automatisch zur
fertigen Außenform erstellen zu lassen.

Ein gängiger Weg, um eine gute Kontrolle über die Form der
Gitterlinien zu haben, ist es, mit einem einfachen Grundobjekt zu
beginnen, dieses in ein simples Gitter mit wenigen Zeilen und
Spalten umzuwandeln und das Gitter erst anschließend mit den
Zeichen-, Transformations- oder Verflüssigen-Werkzeugen zu
bearbeiten, bis die Außenform den optischen Anforderungen
genügt. Danach erstellen Sie manuell die benötigten zusätzlichen
Gitterlinien, die sich so automatisch und homogen in die bestehende Formgebung einfügen.

Gitter automatisch generieren | Verlaufsgitter

Um ein regelmäßiges Gitter automatisch zu erzeugen, aktivieren
Sie den gewünschten Pfad, den Sie in ein Gitterobjekt umwandeln möchten, und rufen die Dialogbox Verlaufsgitter erstellen über das Menü Objekt • Verlaufsgitter erstellen… auf.
Darin finden Sie folgende Einstellmöglichkeiten:

▸ Zeilen/Spalten: Mit diesen Vorgaben bestimmen Sie die
  gewünschte Anzahl der zu generierenden horizontalen und
  vertikalen Gitterlinien.
▸ Aussehen: Durch eine Option aus dem Ausklappmenü legen
  Sie fest, ob und wie in dem neu erzeugten Gitterobjekt ein
  Grundverlauf zwischen der zugewiesenen Flächenfarbe und
  »Weiß« generiert werden soll.
  ▸ Flach: Kein Grundverlauf wird erzeugt.
  ▸ Zur Mitte: Die Farbe verläuft vom Rand zur Mitte.
  ▸ Zur Kante: Die Farbe verläuft von der Mitte zum Rand.
▸ Spitzlicht: Mit diesem Prozentwert bestimmen Sie die Inten-
  sität von »Weiß« im Grundverlauf. Um die Auswirkung zu
  beurteilen, nehmen Sie die Option Vorschau zu Hilfe.

Gitter mit dem Gitter-Werkzeug erstellen | Verlaufsgitter

Wenn Sie ein unregelmäßiges Gitter benötigen, sollten Sie es manuell mit dem Gitter-Werkzeug  erstellen – Shortcut ⎡U⎤.

Sie müssen kein Objekt aktivieren, bevor Sie mit dem ersten Gitterpunkt beginnen. Klicken Sie mit dem Werkzeug nacheinander auf die Stellen des Zielobjekts, an denen Sie einen Gitterpunkt erzeugen möchten. Beachten Sie dabei bitte den Cursor, denn der zeigt mit dem Symbol 🖳 an, ob auf dem Objekt unter der Einfügemarke ein Gitterpunkt gesetzt werden kann.

Ein Klick *auf* den Rand oder *auf* eine bestehende Gitterlinie fügt dem Gitterobjekt eine neue Spalte *oder* eine neue Reihe hinzu. Klicken Sie *zwischen* Gitterlinien, wird *sowohl* eine Spalte *als auch* eine Reihe generiert.

Illustrator weist jedem neuen Gitterpunkt zunächst die Farbe zu, die in der Farbpalette für Fläche eingestellt ist. Sollen neue Gitterpunkte ohne Farbe erstellt werden, drücken Sie beim Klicken des Punkts die Modifizierungstaste ⎡⇧⎤.

Gitter aus Verzerrungshüllen erzeugen | Verlaufsgitter

Auch Gitterobjekte, die Sie als Verzerrungshülle erzeugen, können als Verlaufsgitter verwendet werden. Das ist nützlich, denn Illustrator bietet einige Verkrümmungsarten an, die Sie so als Basis für die Erstellung eines Verlaufsgitters benutzen können, und so geht's:

Erzeugen Sie aus einer einfachen Form ein Hüllenobjekt mit Verkrümmung, dann geben Sie den Menübefehl OBJEKT • VERZERRUNGSHÜLLE • ZURÜCKWANDELN, um das Gitter aus dem Objekt zu extrahieren.

Der Befehl ZURÜCKWANDELN generiert zu Ihrem Ausgangsobjekt ein Gitterobjekt als Form mit einer grauen Fläche. Sie sehen seine Gitterlinien, sobald Sie das Objekt aktivieren. Dieses Gitter lässt sich wie andere Gitterobjekte auch mit weiteren Gitterlinien versehen, einfärben und umformen.

Mehr zur Herstellung, Anwendung und Zurückwandlung von Verzerrungshüllen finden Sie in Kapitel 9.

Gitter aus einem Verlauf erzeugen | Verlaufsgitter

Wenn Sie einen Farbverlauf detaillierter beeinflussen möchten, empfiehlt es sich, einen »normalen« Verlauf in ein Verlaufsgitter umzuwandeln.

Aktivieren Sie dazu das Verlaufsobjekt und rufen die Dialogbox UMWANDELN über das Menü OBJEKT • UMWANDELN… auf. Darin wählen Sie die Optionen FLÄCHE und VERLAUFSGITTER.

▲ **Abbildung 8.96**
Generiertes Verlaufsgitter mit einem Grundverlauf ZUR KANTE (links) und ZUR MITTE (rechts)

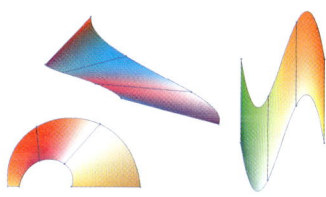

▲ **Abbildung 8.97**
Gitterobjekte aus Verkrümmungsformen

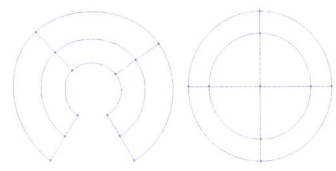

Aus einem kreisförmigen Verlauf entsteht bei der Umwandlung ein zu einem Kreis gebogenes Rechteck. Diese Form ist deshalb so interessant, weil sie mit den Transformationswerkzeugen aus einem rechteckigen Gitterobjekt nur schwer generiert werden kann. Beachten Sie bitte, dass bei dem aus der Umwandlung entstandenen kreisförmigen Gitter in der Mitte vier Gitterpunkte übereinander gestapelt sind, die zum Bearbeiten gegebenenfalls zusammen mit einem Auswahlrechteck aktiviert werden müssen.

Verlaufsgitter bearbeiten

Mit den Möglichkeiten, die sich beim Bearbeiten eines Verlaufsgitters ergeben, lassen sich sehr komplexe Verlaufsformen verwirklichen. Folgende Möglichkeiten stehen zur Verfügung, um ein Gitterobjekt zu editieren:

Gitterlinien und Gitterpunkte hinzufügen | Verlaufsgitter

Wie weiter oben in dem Absatz über das manuelle Erstellen von Gitterobjekten beschrieben, können Sie mit dem Gitter-Werkzeug jedem Verlaufsgitter, egal wie es erzeugt wurde, jederzeit Gitterlinien und Gitterpunkte hinzufügen.

Gitterpunkte bearbeiten | Verlaufsgitter

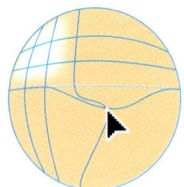

Einzelne Gitterpunkte eines Gitterobjekts aktivieren und verschieben Sie mit dem Gitter- 🔲, dem Direktauswahl- ▶ oder dem Lasso-Werkzeug 🔲, indem Sie darauf klicken bzw. klicken und ziehen. Möchten Sie einen Gitterpunkt exakt entlang einer Gitterlinie verschieben, verwenden Sie das Gitter-Werkzeug, drücken die Modifizierungstaste ⇧ und verschieben den Punkt.

Wenn ein Gitterpunkt aktiviert ist, werden seine Grifflinien angezeigt. Mit den Grifflinien bestimmen Sie die Form der Gitterlinien. Klicken und ziehen Sie die Grifflinien in die gewünschte Position. Mit gedrückter ⇧-Taste und dem Gitter-Werkzeug können Sie alle Grifflinien eines Gitterpunkts synchron bewegen. Möchten Sie Grifflinien »abbrechen«, also einen Übergangspunkt in einen Eckpunkt umwandeln, verwenden Sie das Ankerpunkt-konvertieren-Werkzeug und ziehen den Griffpunkt.

Beachten Sie bitte, dass Sie mit dem Gitter-Werkzeug genau auf den Gitterpunkt klicken müssen, um ihn zu aktivieren, da sonst zusätzliche Gitterlinien erzeugt werden!

Treffen Sie mit dem Direktauswahl-Werkzeug in der Vorschau einen Punkt nicht exakt, wird ein gesamtes Gitterfeld mit allen zugehörigen Gitterpunkten ausgewählt und gegebenenfalls verschoben. Wenn Sie also gezielt mehrere Punkte aktivieren wollen, z. B. mit einem Auswahlrechteck oder mit dem Lasso-Werkzeug, ist zu empfehlen, vorher in die Pfadansicht zu wechseln.

Gitterpunkte löschen | Verlaufsgitter

Verwenden Sie dazu das Gitter-Werkzeug, drücken Sie die Modifizierungstaste ⌥/Alt, und klicken Sie auf den entsprechenden Gitterpunkt, sobald das Cursor-Symbol zusätzlich ein Minuszeichen ⌀ anzeigt.

Bedenken Sie bitte, dass Sie auch die im Punkt kreuzenden Gitterlinien löschen, wenn Sie einen Gitterpunkt entfernen.

Gitterfelder bearbeiten | Verlaufsgitter

Gitterfelder aktivieren Sie, indem Sie in das Feld klicken. Auch Felder können Sie verschieben – dabei werden alle begrenzenden Gitterlinien und Gitterpunkte mit verschoben.

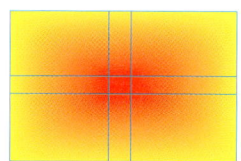

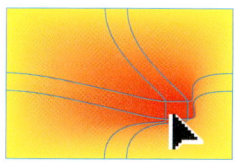

▲ **Abbildung 8.100**
Verschieben eines Gitterfelds

Ankerpunkte hinzufügen | Verlaufsgitter

Verwenden Sie Ankerpunkte, um die Form von Gitterlinien zu beeinflussen, ohne dafür im Gitter zusätzliche Zeilen oder Spalten zu erzeugen.

Neue Ankerpunkte auf Gitterlinien setzen Sie mit dem Ankerpunkt-hinzufügen-Werkzeug ⌀.

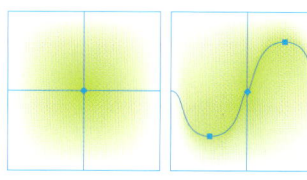

▲ **Abbildung 8.101**
Gitterlinien mit Ankerpunkten formen

Farben zuweisen | Verlaufsgitter

Um einem aktivierten Gitterpunkt oder einem Gitterfeld eine Farbe zuzuweisen, sind drei Wege möglich:

▶ Farbpalette: Stellen Sie die Farbe in der Farbpalette ein, die dann automatisch auf den aktiven Gitterpunkt oder auf das aktive Gitterfeld übernommen wird.

▶ Farbfeld: Klicken Sie zusammen mit der Modifikationstaste ⌥/Alt auf ein Farbfeld.

▶ Pipette: Wählen Sie das Pipette-Werkzeug, und klicken Sie zusammen mit der Modifikationstaste ⇧ auf der Zeichenfläche eine Stelle mit der gewünschten Farbe an.

Wenn Sie mit Magnetischen Hilfslinien arbeiten, können Sie die Farben sehr einfach mit dem Pipette-Werkzeug zuweisen, gehen Sie dazu wie folgt vor:

Heben Sie alle Auswahlen auf, wählen die gewünschte Füllfarbe aus und benutzen das Pipette-Werkzeug, um zusammen mit der ⌥/Alt-Taste auf den Gitterpunkt oder das Gitterfeld zu klicken, dem Sie die Farbe zuweisen möchten. Bitte beachten Sie, dass auch das Gitterobjekt *nicht* ausgewählt sein darf.

Shortcuts: Magnetische Hilfslinien ⌘/Strg+U, alle Auswahlen aufheben ⌘/Strg+⇧+A.

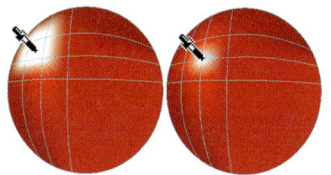

▲ **Abbildung 8.102**
Die Arbeit mit Pipette und magnetischen Hilfslinien erspart Ihnen das vorherige Auswählen von Gitterfeldern oder Gitterpunkten.

Verlaufsgitter zurückwandeln

Das Zurückwandeln von Gitterobjekten ist nicht so unkompliziert wie bei anderen komplexen Objekten. Deshalb ist es ratsam, sofern Sie vorher bereits wissen, dass Sie die Grundform noch einmal brauchen, diese vor dem Umwandeln zu duplizieren.

Wenn Sie Ihre Grundform aus einem Gitter zurückgewinnen müssen, aktivieren Sie das Gitterobjekt und wählen OBJEKT • PFAD • PFAD VERSCHIEBEN… mit einem VERSATZ von 0. Illustrator erzeugt dann die Grundform als Pfad hinter dem Gitterobjekt.

Schritt für Schritt: einen konischen Verlauf erstellen

Eine spezielle Art des kreisförmigen Verlaufs – den konischen Verlauf – können Sie in Illustrator nur mit einem Umweg über die Verlaufsumwandlung und eine Verzerrungshülle erzeugen. Folgende Schritte sind notwendig:

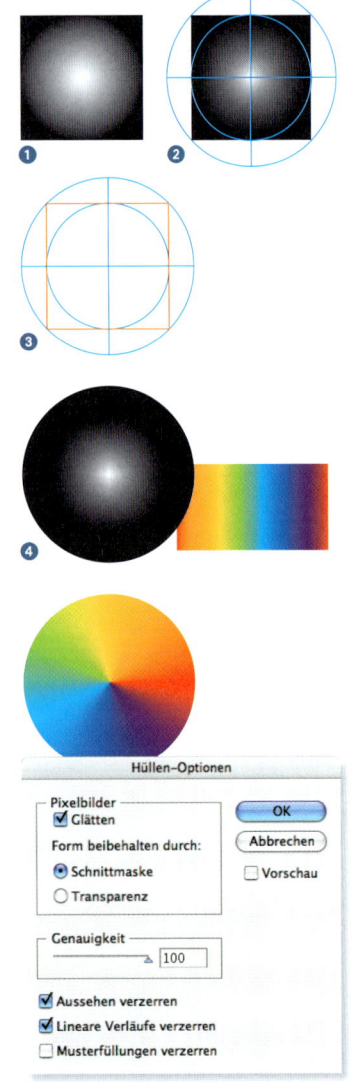

1 Kreisförmigen Verlauf erzeugen

Füllen Sie eine Rechteckform mit einem einfachen kreisförmigen Verlauf, und weisen Sie dem Objekt die Kontur OHNE zu ❶.

2 In ein Gitter umwandeln

Wandeln Sie den Verlauf mit der Menüfunktion OBJEKT • UMWANDELN… in ein Verlaufsgitter um ❷.

3 Das Gitter herauslösen

Geben Sie nacheinander die Menüanweisungen OBJEKT • SCHNITTMASKE • ZURÜCKWANDELN und OBJEKT • GRUPPIERUNG AUFHEBEN. Aktivieren Sie anschließend die Schnittmaske und löschen sie heraus. In der Pfadansicht ist die Rechteckform der Schnittmaske gut zu erkennen ❸.

4 Neuen Verlauf erstellen

Erstellen Sie ein Rechteck mit dem gewünschten Verlauf und positionieren dieses Rechteck in der Stapelreihenfolge unter dem Gitterobjekt. Dazu verwenden Sie den Befehl OBJEKT • ANORDNEN • NACH HINTEN STELLEN ❹. Der neue Verlauf muss auf der Zeichenfläche nicht unbedingt beim Gitterobjekt platziert sein.

5 In die konische Form bringen

Aktivieren Sie den Verlauf und das radiale Gitter und wählen den Menüpunkt OBJEKT • VERZERRUNGSHÜLLE • MIT OBERSTEM OBJEKT ERSTELLEN. Damit die Hülle auch die Verlaufsfüllung verformt, rufen Sie OBJEKT • VERZERRUNGSHÜLLE • HÜLLEN-OPTIONEN auf und aktivieren die Option LINEARE VERLÄUFE VERZERREN (Schnittmasken siehe Kapitel 10, Verzerrungshüllen siehe Kapitel 9).

▲ **Abbildung 8.103**
Erstellung eines konischen Verlaufs

TEIL III
Objekte organisieren
und bearbeiten

9 Vektorobjekte bearbeiten und kombinieren

Bisher haben Sie einzelne Pfade erzeugt, bearbeitet und zu Objekten zusammengefügt sowie geometrische Figuren, Vektorkonstruktionen und Freihandformen erstellt und bearbeitet.

In diesem Kapitel lernen Sie nun die mächtigen Werkzeuge kennen, um alle diese Objekte miteinander zu kombinieren. Bei der Arbeit mit Zeichenstift und Pinsel müssen Sie selbst Punkte, Pfade und Grifflinien erzeugen und verändern – Illustrator bietet darüber hinaus Werkzeuge und Routinen, um Konstruktionsarbeit teilweise zu automatisieren.

Ihre Aufgabe wird es sein, Objekte so zu kombinieren, dass sich mit Hilfe Ihrer bisher erworbenen Kenntnisse über Vektorgrafik eine sinnvolle Planung und Organisation der Bestandteile eines Objekts ergibt.

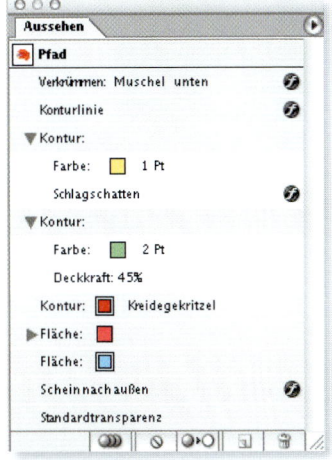

▲ **Abbildung 9.1**
Die Aussehen-Eigenschaft eines Objekts kann verschiedene Konturen, Füllungen, Effekte und Filter enthalten.

9.1 Objekte kombinieren

Es bestehen mehrere Möglichkeiten, um Objekte miteinander zu kombinieren:

- ▶ Objekte gruppieren (das wurde bereits in Kapitel 5 erklärt)
- ▶ einen Zusammengesetzten Pfad erzeugen
- ▶ Objekte zu einer Zusammengesetzten Form vereinen.

Gruppieren

Zusammengehörende Objekte werden gruppiert, um ihre Handhabung zu vereinfachen. So wirken beispielsweise Transformationen auf alle Objekte einer Gruppe gleichzeitig.

Die Objekte beeinflussen sich jedoch nicht gegenseitig, sie behalten ihre individuellen Aussehen-Eigenschaften wie Konturen, Füllungen, Transparenzen und Effekte (Farbe siehe Kapitel 8, Transparenzen siehe Kapitel 11, Effekte siehe Kapitel 17).

Zusammengesetzter Pfad

Zusammengesetzte Pfade dienen zur Konstruktion komplexer Objekte aus einzelnen Pfaden. Da solche Objekte zu allen Pro-

▲ **Abbildung 9.2**
Zwei Pfade werden zu einem Zusammengesetzten Pfad verbunden, um ein Loch zu stanzen.

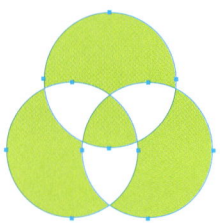

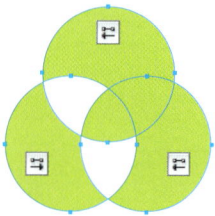

grammen und Geräten voll kompatibel sind, die »PostScript« verarbeiten können, sind sie problemlos über die Entwurfsphase hinaus auch zur Ausgabe auf Druckern und Belichtern oder beim Datei-Austausch mit anderen Programmen verwendbar.

Vergleichen Sie dazu auch die Ausführungen zu »Virtuelle Objekte – Chance und Gefahr« im Unterkapitel zur Zusammengesetzten Form.

Ein wichtiger Einsatzzweck für Zusammengesetzte Pfade ist beispielsweise das »Stanzen« von Löchern in gefüllte Objekte.

Um einen Zusammengesetzten Pfad zu erzeugen, aktivieren Sie die entsprechenden Pfadobjekte und wählen im Menü Objekt • Zusammengesetzter Pfad • Erstellen – Shortcut: ⌘/ Strg + 8 .

Der Zusammengesetzte Pfad ist danach nur *ein* Objekt in der Ebenen-Palette. Sie können jetzt zwar noch die Punkte und Pfadsegmente der ursprünglichen Pfade mit dem Direktauswahl-Werkzeug aktivieren und bearbeiten, nicht mehr jedoch die einzelnen Ursprungspfade als separate Objekte (Ebenen-Palette siehe Kapitel 10).

Aussehen-Eigenschaften | Zusammengesetzter Pfad
Beim Zusammensetzen übernimmt das Programm die Aussehen-Eigenschaften des untersten in einem Stapel aktivierter Objekte. Die Einstellungen für die anderen verbundenen Pfade gehen verloren, denn ein Zusammengesetzter Pfad kann nur einen Satz Eigenschaften für das Aussehen haben.

GRAFIKATTRIBUTE

Grafikattribute-Palette
Die Palette für Grafikattribute rufen Sie unter Fenster • Grafikattribute auf.
Mit den Buttons ❶ stellen Sie die Füllregel-Eigenschaft ein. Eindeutig vorhersagbar sind die Ergebnisse der Füllregel-Eigenschaft Gerade-Ungerade. An Stellen, an denen eine gerade Anzahl von Pfaden übereinander liegt, werden mit dieser Einstellung in Zusammengesetzten Pfaden Löcher erzeugt, durch die dahinter liegende Objekte sichtbar werden. An Stellen, an denen eine ungerade Zahl von Pfaden übereinander angeordnet ist, entsteht kein Loch.

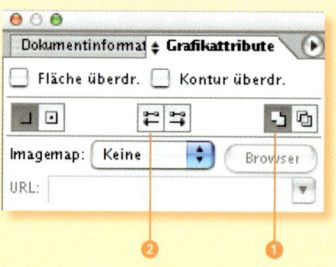

Hat ein Objekt die Eigenschaft Nicht-Null, wird die Pfadrichtung jedes einzelnen beteiligten Pfads analysiert, um zu bestimmen, ob ein Loch erzeugt wird oder nicht. Nicht-Null ist die voreingestellte Eigenschaft für neu angelegte Zusammengesetzte Pfade.

Mit den Pfeilsymbolen ❷ schalten Sie Pfadrichtung umkehren ein oder aus . Um diese Eigenschaft für einzelne Objekte zu setzen, aktivieren Sie den betreffenden Pfad mit dem Direktauswahl-Werkzeug und klicken die gewünschte Eigenschaft an.

Grafikattribute | Zusammengesetzter Pfad

Wie sich die einzelnen Pfade in einem Zusammengesetzten Pfad gegenseitig beeinflussen, hängt von der Füllregel-Eigenschaft des Zusammengesetzten Pfades und der Pfadrichtung der Ursprungspfade ab. Die Einstellungen können in der Palette für Grafikattribute vorgenommen werden.

Zusammengesetzte Form

In einer Zusammengesetzten Form kombinieren Sie Objekte zu einem virtuellen Objekt (s. u.).

Bestandteile einer Zusammengesetzten Form können geschlossene Pfade, offene Pfade, die in der Ansicht geschlossen werden, Zusammengesetzte Pfade, gruppierte Objekte oder andere Zusammengesetzte Formen sein. Deshalb besteht die Möglichkeit und auch die Gefahr, Zusammengesetzte Formen aus vielen gestapelten Objekten hierarchisch sehr tief zu verschachteln.

Virtuelle Objekte – Chance und Gefahr | Eine Zusammengesetzte Form wird nur für die Anzeige auf dem Bildschirm bzw. für den Druck in Echtzeit berechnet und ausgegeben, wir haben es hier also nur mit einem scheinbaren bzw. virtuellen Objekt zu tun! Vorteil dabei ist, dass alle Aktionen sofort sichtbar werden, ohne die Ursprungsobjekte zu zerstören.

▲ **Abbildung 9.5**
Komplexere Formen sind schwieriger zu handhaben, daher sollte man sie umwandeln.

Andererseits kosten sehr komplexe virtuelle Objekte Rechenzeit bei der Anzeige auf dem Bildschirm und bei der Ausgabe auf Druckern, sie vergrößern die Datei, und – Zusammengesetzte Formen sind nicht für alle Arten der Weiterverarbeitung geeignet (Druck siehe Kapitel 18).

Weiter unten erfahren Sie, wie Sie gegebenenfalls eine Zusammengesetzte Form in ein reduziertes Objekt ohne seine überflüssigen, also redundanten Teile umwandeln.

Eigenschaften | Zusammengesetzte Form

Einzelnen Objekten in einer Zusammengesetzten Form können zwar unterschiedliche Live-Effekte zugeordnet werden, die Zusammengesetzte Form insgesamt kann aber nur einen Satz Eigenschaften für ihr Aussehen haben (Live-Effekte siehe Kapitel 12).

Die Originalobjekte, aus denen die sichtbare Form kombiniert wird, bleiben jeweils intakt, Sie können jedes einzelne weiterhin transformieren oder anderweitig bearbeiten und – Zusammengesetzte Formen können wieder aufgelöst und in ihre Quellobjekte zerlegt werden.

Wie die Ursprungsobjekte einer Zusammengesetzten Form aufeinander einwirken, wie sie ihr Aussehen gegenseitig beeinflussen und welches virtuelle Objekt daraus entsteht, bestimmen

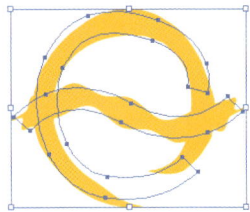

▲ **Abbildung 9.6**
Verschiedene Effekte sind einzelnen Objekten einer Zusammengesetzten Form zugeordnet.

Sie in der Pathfinder-Palette mit dem Formmodus, den Sie zuordnen.

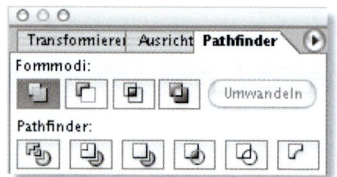

▲ Abbildung 9.7
Die Pathfinder-Palette

Formen erstellen | Zusammengesetzte Form
Um eine Zusammengesetzte Form aus mehreren Objekten zu erstellen, aktivieren Sie die Objekte und klicken dann auf den gewünschten Funktionsbutton für den entsprechenden Formmodus in der Pathfinder-Palette.

Formmodi | Zusammengesetzte Form
Die vier verschiedenen Modi finden Sie in der Pathfinder-Palette im ersten Abschnitt: DEM FORMBEREICH HINZUFÜGEN, VOM FORMBEREICH SUBTRAHIEREN, SCHNITTMENGE VON FORMBEREICHEN und ÜBERLAPPENDE FORMBEREICHE AUSSCHLIESSEN. Ähnliche Funktionen sind aus 3D-Programmen als Boole'sche Operationen bekannt.

▶ DEM FORMBEREICH HINZUFÜGEN (Vereinigen) ⬜: Die Flächen aller aktivierten Objekte werden als eine gesamte Fläche mit den Aussehen-Eigenschaften des Objekts ausgegeben, das im Stapel an oberster Stelle liegt.

▶ VOM FORMBEREICH SUBTRAHIEREN (Stanzen) ⬜: Im aktivierten Stapel wird von der Fläche des untersten Objekts die gemeinsame Fläche der davor liegenden Objekte abgezogen. Es bleibt nur die Restfläche des untersten Objektes mit dessen Aussehen-Eigenschaften als virtuelles Objekt übrig.

▶ SCHNITTMENGE VON FORMBEREICHEN ⬜: Als virtuelles Objekt wird nur die Fläche ausgegeben, die allen aktivierten Objekten gemeinsam ist. Das Aussehen wird vom obersten Objekt übernommen.

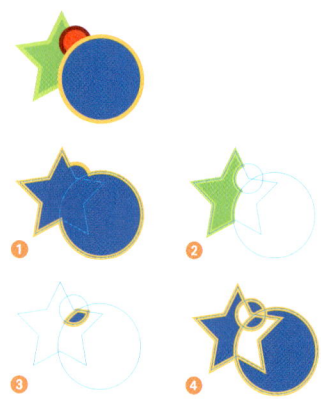

▲ Abbildung 9.8
Auswirkungen der Formmodi auf die Originalobjekte:
HINZUFÜGEN ❶, SUBTRAHIEREN ❷, SCHNITTMENGE ❸, ÜBERLAPPENDE FORMBEREICHE AUSSCHLIESSEN ❹

▶ ÜBERLAPPENDE FORMBEREICHE AUSSCHLIESSEN ⬜: Dieser Modus beeinflusst die aktivierten Objekte wie die Gerade-Ungerade-Füllregel. An den Stellen, an denen eine gerade Anzahl Objekte übereinander liegt, entsteht ein Loch in der Zusammengesetzten Form, dort, wo im aktivierten Stapel eine ungerade Anzahl Objekte übereinander angeordnet ist, wird eine Fläche ausgegeben.
Das virtuelle Objekt nimmt die Aussehen-Eigenschaft des obersten Objekts an.

Ebenen-Palette – Objekthierarchie | Zusammengesetzte Form
Die Ebenen-Palette zeigt die Zusammengesetzten Pfade und alle zugehörigen Objekte so an, dass Sie die Hierarchie erkennen können. Der Formmodus ist in dieser Palette jeweils dem obersten Objekt zugeordnet (Ebenen-Palette siehe Kapitel 10).

Formmodus ändern | Zusammengesetzte Form

Beim Erstellen einer Zusammengesetzten Form aus mehreren Objekten wird in dem vereinten Objektstapel jedem einzelnen Objekt, mit Ausnahme des untersten, ebenfalls der gleiche Formmodus zugewiesen, den Sie für das gesamte virtuelle Objekt gewählt haben. Das hierarchisch unterste Objekt bleibt ohne Formmodus.

Sie können nun den Modus jedes einzelnen Objektes ändern, indem Sie das gewünschte Objekt mit dem Direktauswahl-Werkzeug anklicken und in der Pathfinder-Palette einen anderen Modus-Button betätigen. Der neue Formmodus ersetzt den zugewiesenen, dies hat Auswirkungen auf die gesamte virtuelle Form, also gegebenenfalls auch auf das Erscheinungsbild der im Stapel darüber oder darunter liegenden Objekte!

Bei Zusammengesetzten Formen, die aus mehr als vier oder fünf Objekten bestehen, ist diese Vorgehensweise nicht zu empfehlen, da sie unter Umständen viel Proben erfordert, ehe das angedachte Ziel erreicht wird. Erstellen Sie in einem solchen Fall besser die virtuelle Gesamtform aus mehreren weniger komplexen einzelnen Zusammengesetzten Formen, um die Formbildung in der hierarchischen Anordnung besser steuern zu können.

Die von Adobe empfohlene Höchstzahl von zehn Objekten je einzelner Zusammengesetzter Form erscheint für die Änderung des Formmodus einzelner Hierarchiestufen bereits viel zu hoch!

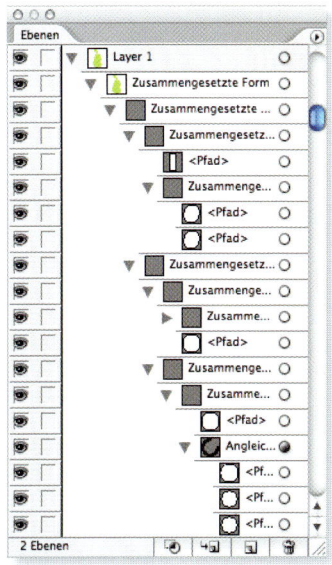

▲ **Abbildung 9.9**
Darstellung einer Zusammengesetzten Form in der Ebenen-Palette

Form editieren | Zusammengesetzte Form

Außer der Anwendung eines anderen Formmodus können Sie über die Ebenen-Palette auch die Stapelreihenfolge in der Zusammengesetzten Form verändern (Stapelreihenfolge s. Kapitel 5).

Um auf einzelne Objekte Transformationen anzuwenden, klicken Sie mit dem Direktauswahl-Werkzeug auf die Fläche des Objekts, das Sie bearbeiten möchten, danach können Sie dieses Objekt wie gewohnt transformieren (Transformationswerkzeuge siehe Kapitel 5).

Form auflösen | Zusammengesetzte Form

Wenn Sie eine Zusammengesetzte Form wieder auflösen möchten, wählen Sie nach dem Aktivieren aus dem Menü der Pathfinder-Palette den Befehl Zusammengesetzte Form zurückwandeln. Sie erhalten wieder die ursprünglichen Objekte.

Form umwandeln | Zusammengesetzte Form

Um eine Zusammengesetzte Form auf einen Pfad oder auf einen Zusammengesetzten Pfad zu reduzieren, müssen der zugrunde liegende Objektstapel und seine Einzelobjekte zerstört werden.

Alle redundanten, nicht sichtbaren Segmente des virtuellen Objekts werden entfernt und ein neues Objekt zusammengesetzt, das in seiner reduzierten Form dem Erscheinungsbild des virtuellen Objekts entspricht, das vorher faktisch nur als rechnerische Ausgabe auf dem Bildschirm angezeigt wurde.

Um eine Zusammengesetzte Form so zu bearbeiten, verwenden Sie den Funktionsbutton UMWANDELN aus der Pathfinder-Palette, oder wählen Sie aus dem Menü der Palette den Befehl ZUSAMMENGESETZTE FORM UMWANDELN.

Wenn Sie bereits beim Erstellen einer Zusammengesetzten Form gleichzeitig mit den Formmodi-Buttons die Modifikationstaste ⌥/Alt drücken, erfolgt die Formreduktion sofort bei der Erstellung, es wird also ein entsprechendes reales, kein virtuelles Objekt erzeugt.

9.2 Pathfinder – Objekte zerteilen

Auch wenn schon Karl May in einem seiner Bücher über »Adobe« schrieb, hat PATHFINDER trotzdem nichts mit Old Firehand zu tun. Wie Sie bereits in Kapitel 9.1 erfahren haben, handelt es sich hierbei eher um angewandte Mengenlehre.

Pathfinder-Funktionen
Die Pathfinder-Funktionen rechnen aktivierte Objekte nach logischen Algorithmen ineinander, so dass ein oder mehrere neue Pfade entstehen. Pathfinder-Funktionen können Sie nur auf Vektorobjekte anwenden – einige der Funktionen erfordern geschlossene Pfade, bzw. offene Pfade werden automatisch geschlossen, und für drei der Funktionen müssen die Pfade auch gefüllt sein. Pathfinder-Funktionen können Sie nicht auf Textobjekte anwenden.

Funktionsarten | Pathfinder-Funktionen
Um eine Pathfinder-Funktion auf ein aktiviertes Objekt anzuwenden, klicken Sie im unteren Abschnitt der Pathfinder-Palette auf einen der nachfolgend beschriebenen Funktionsbuttons:

▶ FLÄCHE AUFTEILEN 🖳: Diese Funktion teilt die Gesamtfläche aller Objekte entlang der vorhandenen Pfade auf, bis keines der Objekte mehr von einem Pfad durchschnitten wird. Offene Pfade werden, wenn nötig, automatisch geschlossen. Es entstehen neue Objekte aus geschlossenen Pfaden, die miteinander gruppiert sind. Die Aussehen-Eigenschaften der neuen Objekte richten sich jeweils nach dem entsprechenden sichtbaren Teil des Ursprungsobjekts.

Exkurs
Karl May, Old Surehand II:
»... hierauf der Adobe Creek und der Horse Creek ...«

▲ **Abbildung 9.10**
Ausgangsobjekte

▲ **Abbildung 9.11**
FLÄCHE AUFTEILEN

► ÜBERLAPPUNGSBEREICH ENTFERNEN : Die in einem Stapel aktivierter Objekte weiter oben angeordneten stanzen, mit den Teilen, die von ihnen sichtbar sind, aus den darunter liegenden Objekten jene Bereiche aus, die sie verdecken. Offene Pfade werden, wenn nötig, automatisch geschlossen. Es entstehen mehrere geschlossene Pfade, die ihre ursprüngliche Füllung beibehalten, aber keine Kontur mehr aufweisen.

Objekte ohne Füllung werden von der Funktion ignoriert und ohne Warnung entfernt. Das gilt auch für Linien, die nur dann von der Funktion einbezogen werden, wenn ihnen eine Füllung zugeordnet ist, selbst wenn diese keine Auswirkung auf die Bildschirmanzeige hat.

Ist auf ein oben liegendes Objekt eine Transparenz oder Farbe Überdrucken angewendet, entsteht aus der Überlappung eine Fläche. Die neu entstandenen Objekte sind gruppiert.

► VERDECKTE FLÄCHE ENTFERNEN : Arbeitet wie die Funktion ÜBERLAPPUNGSBEREICH ENTFERNEN. Zusätzlich werden gleichfarbige Flächen, die aneinander grenzen, zu einem Objekt vereinigt. Konturen werden gelöscht und die neu entstandenen Objekte gruppiert.

► SCHNITTMENGENFLÄCHE : Die neuen Objekte, die bei Anwendung dieser Funktion entstehen, werden aus den Schnittmengen gebildet, die das in einem Stapel aktivierter Objekte oberste Objekt mit den Teilen der darunter liegenden Objekte bildet, die sichtbar wären, wenn das oberste Objekt durchsichtig wäre. Objekte und Objektteile, die außerhalb der Form des obersten Objekts liegen, werden gelöscht.

Der Restpfad des obersten Objekts bleibt bestehen, hat aber keine Kontur und keine Füllung. Der Befehl kann bei der Anwendung auf offene Pfade zu unerwarteten Ergebnissen führen. Die neu entstandenen Objekte sind gruppiert.

Diese Funktion setzt gefüllte Objekte voraus, bitte lesen Sie dazu die entsprechenden Hinweise im Absatz über die Funktion ÜBERLAPPUNGSBEREICH ENTFERNEN.

► KONTUR AUFTEILEN : Die Konturen der aktivierten Objekte werden überall an den Stellen geschnitten, an denen sie sich überschneiden.

Es entstehen einzelne offene Pfade. Als Konturfarbe wird ihnen die Farbe der Füllung des ursprünglichen Objekts zugeordnet. Die Farbe ist nicht sichtbar, da die neu entstandenen Pfade die Konturstärke 0 aufweisen.

Diese Funktion eignet sich gut als Vorbereitung manueller Überfüllungen.

► HINTERES OBJEKT ABZIEHEN  : Diese Funktion bewirkt bei den aktivierten Objekten ein umgekehrtes Stanzen. Das bedeutet,

▲ Abbildung 9.12
ÜBERLAPPUNGSBEREICH ENTFERNEN

TIPP

Verwenden Sie die Funktion VERDECKTE FLÄCHE ENTFERNEN zur Optimierung umgewandelter Pinselkonturen.

▲ Abbildung 9.13
VERDECKTE FLÄCHE ENTFERNEN

▲ Abbildung 9.14
SCHNITTMENGENFLÄCHE

▲ Abbildung 9.15
KONTUR AUFTEILEN

dass von der Fläche des im Stapel obersten Objekts die Flächen aller im Stapel darunter liegenden Objekte subtrahiert werden, soweit sie mit dem obersten Objekt eine Schnittmenge bilden. Illustrator schließt offene Pfade, wenn nötig, automatisch.

Objekte und Objektteile, die außerhalb der Fläche des obersten Objekts liegen, werden gelöscht. Das neu entstandene Objekt behält die Aussehen-Eigenschaften des obersten Objekts.

▲ **Abbildung 9.16**
HINTERES OBJEKT ABZIEHEN

Palettenmenü | Pathfinder-Palette

▶ ÜBERFÜLLEN: Diese Funktion hilft bei den Druckvorbereitungen beim manuellen Überfüllen. Mehr dazu und zu Problemen beim Drucken finden Sie in Kapitel 18.

▶ WIEDERHOLEN: Um die zuletzt verwendete Pathfinder-Funktion auf andere Objekte anzuwenden, können Sie den Befehl WIEDERHOLEN: … aus dem Palettenmenü verwenden.

▶ ZUSAMMENGESETZTE FORM ERSTELLEN, ZUSAMMENGESETZTE FORM ZURÜCKWANDELN und ZUSAMMENGESETZTE FORM UMWANDELN sind Menübefehle, die bereits im Kapitel über Zusammengesetzte Formen erläutert wurden.

Pathfinder-Optionen | Pathfinder-Palette

Über das Palettenmenü in der Pathfinder-Palette rufen Sie auch die Dialogbox PATHFINDER-OPTIONEN auf.

Abbildung 9.17 ▶
Dialogbox PATHFINDER-OPTIONEN

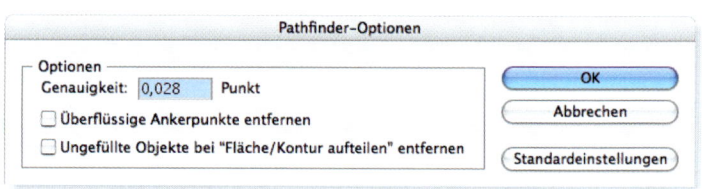

▶ GENAUIGKEIT: Wenn das Programm zusätzliche Ankerpunkte in Pfade einfügen muss, beispielsweise in Kurvensegmenten, können Sie bestimmen, wie genau das Programm dabei arbeiten soll. Ein niedriger Wert erzeugt höhere Genauigkeit, das bedeutet, dass bei erzeugten Pfaden mehr Punkte und damit ein präziserer Pfadverlauf generiert wird.

Die Berechnung des Ergebnisses dauert bei höherer Genauigkeit länger. Sie können mit der Funktion experimentieren, denn der Button STANDARDEINSTELLUNGEN setzt den Wert zurück.

▲ **Abbildung 9.18**
Zwischenpunkte auf einer Geraden

▶ ÜBERFLÜSSIGE ANKERPUNKTE ENTFERNEN: Alle Punkte, die keine Auswirkung auf die Form eines Pfades haben, werden entfernt, z. B. nicht benötigte Zwischenpunkte auf einer Geraden.

- ▶ UNGEFÜLLTE OBJEKTE ENTFERNEN hat nur Auswirkungen auf die Funktionen FLÄCHE AUFTEILEN und KONTUR AUFTEILEN.

Wenn Sie mit einer der beiden Funktionen bei derselben Aktion sowohl Objekte verwenden, die mit einer Füllung versehen sind, als auch Objekte ohne Füllung, wirken die ungefüllten Objekte zwar am Ergebnis mit, werden aber selbst gelöscht. Es kommt nicht darauf an, ob die Füllung auf dem Bildschirm sichtbar ist, auch eine gerade Linie kann eine Füllung haben, es zählt nur die zugeordnete Eigenschaft.

Pathfinder-Effekte

Pathfinder-Effekte führen zwar die gleichen Operationen durch wie die Buttons in der Pathfinder-Palette, fungieren aber als Objekteigenschaften. Das bedeutet, dass es nur eine virtuelle Form für die Anzeige auf dem Bildschirm bzw. zur Ausgabe auf einem Drucker berechnet wird, die Originalobjekte bleiben jedoch erhalten.

Pathfinder-Effekte finden Sie unter EFFEKT • PATHFINDER im Menü. Pathfinder-Effekte können auf Gruppen, einzelne Textobjekte und ganze Ebenen angewendet werden. Texte, die mit Pathfinder-Effekten versehen sind, bleiben editierbar.

Wirkungsweise | Pathfinder-Effekte

Die visuelle Wirkung der Effekte HINZUFÜGEN, SCHNITTMENGE BILDEN, SCHNITTMENGE ENTFERNEN, SUBTRAHIEREN entspricht den Formmodi Zusammengesetzter Formen.

- ▶ Die Effekte HINTERES OBJEKT ABZIEHEN, FLÄCHE AUFTEILEN, ÜBERLAPPUNGSBEREICH ENTFERNEN, VERDECKTE FLÄCHE ENTFERNEN, SCHNITTMENGENFLÄCHE, KONTUR AUFTEILEN, ÜBERFÜLLEN… wirken wie die gleichnamigen Pathfinder-Funktionen, aber eben nur auf ein virtuelles Objekt zur Ausgabe.
- ▶ HART MISCHEN und WEICH MISCHEN erzeugen eine Wirkung ähnlich einer Transparenz mit den entsprechenden Füllmethoden (Transparenz siehe Kapitel 11).

▲ **Abbildung 9.19**
Die Schrift hat eine schwarze Outline – links ohne und rechts mit dem Pathfinder-Effekt HINZUFÜGEN.

Die Darstellung auf dem Bildschirm ist bei Anwendung der Pathfinder-Funktionen und der Pathfinder-Effekte gleich – der Unterschied liegt in der Handhabung, in der Eignung für die Weiterverarbeitung der so entstandenen realen oder virtuellen Formen in künftigen Projektsituationen.

Die Anwendung von Pathfinder-Effekten auf Einzelobjekte ist nicht vorgesehen, es gibt jedoch seltene Einzelfälle, in denen es ein Problem lösen kann. Lesen Sie mehr zur Wirkung und Anwendung von Effekten in Kapitel 12.

Effekte auf Objekte anwenden | Pathfinder-Effekte

Wenn Sie einen Pathfinder-Effekt auf Vektorobjekte anwenden möchten, gehen Sie wie folgt vor:

1. Wählen Sie die Objekte aus.
2. Gruppieren Sie die Objekte.
3. Wählen Sie den gewünschten Effekt aus dem Menü EFFEKT • PATHFINDER.

Andere Methoden, um Objekte zu zerteilen

Neben den komplexen, logisch orientierten Pathfinder-Funktionen, die in einem Arbeitsgang fertige Formen erstellen können, bietet Illustrator auch einfachere Methoden, die Objekte nur zerschneiden. Für viele Aufgaben kann das Ergebnis einer solchen Operation ausreichend sein.

In Raster teilen | Objekte zerteilen

IN RASTER TEILEN erzeugt aus beliebigen Quellobjekten mehrere nicht gruppierte oder verbundene, regelmäßig angeordnete Rechtecke. Mehr zu dieser Funktion finden Sie in Kapitel 4.

Darunter liegende Objekte teilen | Objekte zerteilen

Dieser Befehl ist die konstruktive Ergänzung des Messer-Werkzeugs. Sie können Objekte bestimmen, um mit deren Pfad wie beim »Kekseausstechen« *alle* Objekte zu zerschneiden, die darunter liegen. Es werden wirklich *alle* Objekte unter der »Stanze« zerteilt, auch solche auf anderen Ebenen. Ausgenommen sind lediglich ausgeblendete Ebenen (Ebenen siehe Kapitel 10).

Der Befehl wirkt sowohl mit offenen als auch mit geschlossenen Pfaden. Aktivieren Sie dazu den Pfad, der als »Stanze« dienen soll, und wählen im Menü OBJEKT • PFAD • DARUNTER LIEGENDE OBJEKTE AUFTEILEN.

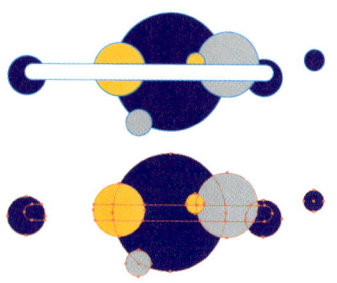

▲ **Abbildung 9.20**
Darunter liegende Objekte teilen

9.3   Linien in Flächen umwandeln

Illustrator kann Pfade mit vielen verschiedenen Konturen und Effekten versehen – aber egal, wie flächig solche Linien auf dem Bildschirm aussehen, für die Bearbeitung im Programm bleiben es Pfade, die auch nur als solche behandelt werden.

Funktion Konturlinie

Es gibt oft Entwurfsphasen, in denen es einfacher und spontaner ist, Illustrationen, Piktogramme oder Logos zunächst aus breiten Linien aufzubauen, aber spätestens bei der Reinzeichnung müssen solche Quasiflächen in echte Flächen mit geschlossenen Außenpfaden umgewandelt werden.

Darüber hinaus sind aber auch andere Situationen denkbar, bei denen eine Weiterbearbeitung in Illustrator oder in anderen Programmen nur mit gefüllten, geschlossenen Formen möglich ist, beispielsweise bei der Ausgabe eines Logos auf einem Schneideplotter.

Um flächige Pfade in Flächen mit Außenpfad umzuwandeln, verwenden Sie die Funktion KONTURLINIE.

Anwendungsbeispiel | Funktion KONTURLINIE

Eine typische Anwendung für die Konturlinie-Funktion ist das Erstellen von Anfahrtsplänen. Sie können die Straßen und Wege als breite Linien anlegen, deren Kurvenführung viel leichter handhabbar ist als die von Flächen mit parallel verlaufenden Außenpfaden. Erst wenn Sie mit der Entwurfsarbeit fertig sind, wandeln Sie die Konturlinien sehr schnell und »in einem Rutsch« in Flächen um. Die erstellten Flächen entsprechen genau den Ausmaßen der Kontur.

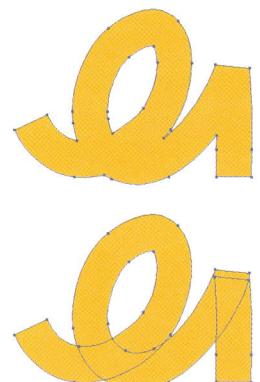

▲ **Abbildung 9.21**
Der Befehl KONTURLINIE (oben) beseitigt auch die überlappenden Flächen, die normalerweise beim Umwandeln einer solchen Kontur entstehen würden (unten).

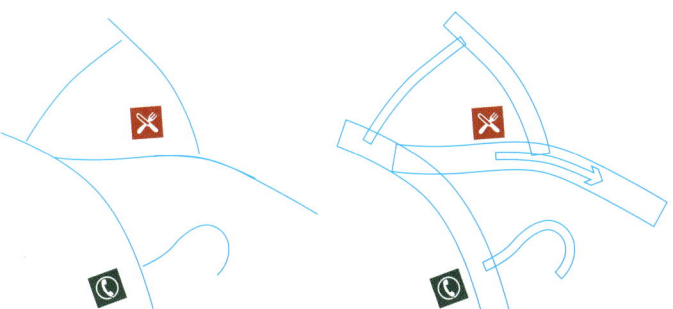

▲ **Abbildung 9.22**
Erstellung von Konturen Eine kurvige Straße ist mit einer breiten Kontur einfacher zu erstellen als mit einer Fläche. Deshalb wird die Kontur erst nachträglich in eine Fläche umgewandelt.

Funktion anwenden | Funktion KONTURLINIE

Aktivieren Sie die Pfade, die Sie in Flächen umwandeln möchten, und wählen im Menü den Befehl OBJEKT • PFAD • KONTURLINIE aus. Weitere Parameter sind nicht vorgesehen, Illustrator setzt voraus, dass die Stärke der Kontur auch als Fläche so bleiben soll, wie sie ist. Die Funktion kann gleichzeitig auf mehrere Pfade mit unterschiedlichen Konturstärken angewendet werden.

Illustrator trennt einen Pfad, dem eine Füllung zugeordnet ist, in zwei Objekte auf. Die Kontur wird in eine Fläche umgewandelt, die Füllung bleibt als Objekt ohne Kontur bestehen, beide Objekte werden miteinander gruppiert.

▲ **Abbildung 9.23**
Bei gestrichelten Linien bleibt die Strichelung nicht erhalten.

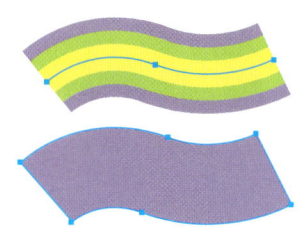

Pfad mit mehreren Konturen | Funktion KONTURLINIE

Ist ein Pfad mit mehreren Konturen versehen, wird nur *die* Kontur in eine Fläche umgewandelt, die in der Aussehen-Palette aktiviert ist (Kontur siehe Kapitel 8).

Möchten Sie *alle* Konturen in *einzelne* Flächen umwandeln, gehen Sie wie folgt vor:

1. Aktivieren Sie den Pfad mit mehreren Konturen.
2. Wenden Sie aus dem Menü den Befehl OBJEKT • AUSSEHEN UMWANDELN an (Aussehen siehe Kapitel 10).
3. Anschließend führen Sie die Funktion OBJEKT • PFAD • KONTURLINIE aus.

Effekt Konturlinie

Konturlinie können Sie auch als Effekt anwenden, das bedeutet, dass die Kontur nicht sofort in eine Fläche umgewandelt wird, sondern als Kontur weiterhin normal editierbar bleibt. Das ist von Vorteil, wenn Sie weitere Effekte wie Verformungen o. ä. auf die Kontur anwenden wollen. Sie können dann zum Schluss Ihrer Arbeit alle Konturen mit den gewünschten Effekten auf einmal in Flächen konvertieren, indem Sie aus dem Menü den Befehl OBJEKT • AUSSEHEN UMWANDELN geben (Effekte siehe Kapitel 12, Aussehen siehe Kapitel 10).

Schritt für Schritt: Reinzeichnung eines Logos

Unsere Schritt-für-Schritt-Anleitung zeigt Ihnen die Umwandlung der Konstruktionsfassung eines Logos in einen für die Weiterverarbeitung geeigneten Aufbau. Eine solche Aufgabe ist mit Hilfe der Pathfinder-Funktionen und mit etwas Routine schnell gelöst.

1 Objekte analysieren

Als ersten Schritt sollten Sie sich die Datei genau ansehen, besonders dann, wenn Sie die Grafik nicht selbst erstellt haben. Überlegen Sie zunächst, in welcher Reihenfolge Sie vorgehen wollen.

Weiterhin sollten Sie abwägen, ob Sie mit hierarchisch gestapelten Zusammengesetzten Formen arbeiten wollen, um die Zeichnung maximal editierbar zu halten, oder ob Sie die Zusammengesetzten Formen direkt umwandeln, um redundante Objektteile zu entfernen.

2 Datei vorbereiten und gegebenenfalls Kopie anlegen

Bei komplexeren Konstruktionen macht es Sinn, alle Objekte einer Logo-Konstruktion zu kopieren. Sie können dann die Kopie bearbeiten und behalten im Hintergrund das unangetastete Ori-

ginal. So ist jederzeit überprüfbar, ob beide Fassungen noch pass-
genau sind. Liegen alle Objekte, die zum Logo gehören, auf einer
Ebene, sind diese schnell kopiert, indem Sie die gesamte Ebene
duplizieren.

Verstehen Sie das an dieser Stelle nur als Hinweis, denn die
Arbeit mit Ebenen wird erst im nächsten Kapitel besprochen.
(Wer es trotzdem hier schon machen will: Aktivieren Sie die
Ebene in der Ebenen-Palette, und wählen Sie aus dem Palettenmenü den Befehl EBENE DUPLIZIEREN. Die Ebene mit der Original-
zeichnung sollten Sie darüber hinaus gegen Veränderungen
schützen, indem Sie in der Ebenen-Palette in dem Kästchen
rechts neben dem Augenzeichen das Schlosssymbol zum Fixieren
der Ebene aktivieren – siehe Abbildung 9.26).

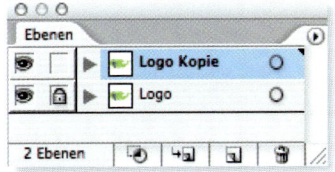

▲ **Abbildung 9.26**
Kopie der Ebene mit dem Logo,
die Original-Ebene ist gegen Veränderung gesichert.

3 Hintergrund: Vereinigen

Das Hintergrundobjekt des Logos besteht aus einem teilweise
abgedeckten Rechteck, dessen linke Kante durch das Weinblatt-
Objekt gebildet wird (siehe Abbildung 9.27).

Zunächst müssen Sie die beiden abdeckenden Objekte vom
Rechteck abziehen, anschließend das Weinblatt hinzufügen.

▲ **Abbildung 9.27**
Aufbau des Hintergrunds

4 Trauben: Pfade in Flächen umwandeln

Bei den Trauben wurde offensichtlich experimentiert. Die Ovale
sind mit Hilfe stärkerer Konturen vergrößert, statt die Ovale mit
dem Skalieren-Werkzeug umzuformen (siehe Abbildung 9.28 und
9.29).

Die Konturen müssen nun in Flächen umgewandelt werden.
Aktivieren Sie die Trauben, und wählen Sie OBJEKT • PFAD • KON-
TURLINIE.

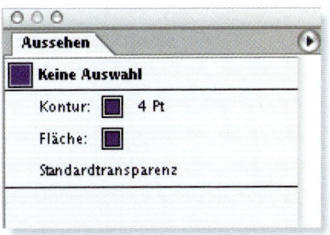

▲ **Abbildung 9.28**
Aussehen-Eigenschaften der Trauben

5 Trauben: eine einzige Fläche erstellen

Nach dem Umwandeln der Konturen in Flächen besteht jede
Traube aus zwei Flächen: der ursprünglichen Füllung und der in
eine Fläche umgewandelten Kontur. Die beiden müssen zu einer
Fläche vereinigt werden (siehe Abbildung 9.30).

Aktivieren Sie alle Flächen, die zu den Trauben gehören. Rufen
Sie die Pathfinder-Palette auf, halten Sie ⌥/[Alt] gedrückt und
klicken den Formmodus-Button ZUM FORMBEREICH HINZUFÜGEN
. Durch das gleichzeitige Drücken der ⌥/[Alt]-Taste werden
keine virtuellen, sondern sofort real umgewandelte Objekte
erstellt.

Um einfacher weiterarbeiten zu können, blenden Sie die Trauben jetzt aus, dazu aktivieren Sie die Trauben und wählen OBJEKT
• AUSBLENDEN • AUSWAHL – Shortcut ⌘/[Strg]+[3].

▲ **Abbildung 9.29**
Aufbau der Trauben

▲ **Abbildung 9.30**
Die ursprüngliche Fläche (gelb)
und die in eine Fläche umgewandelte Kontur (grün)

▲ Abbildung 9.31
An der rot umrandeten Stelle
muss geprüft werden, ob der
weiße Pfad lang genug ist.

▲ Abbildung 9.32
Die weißen Flächen sind vereinigt,
der blaue Rand dient der Verdeutlichung.

▲ Abbildung 9.33
Vereinigen der weißen Flächen
mit dem W.

▲ Abbildung 9.34
Nicht benötigte Pfadsegmente
wurden beim »Stanzen« gelöscht.

6 Linien: Pfade erweitern

Auch der grüne Zweig und die weiße Linie dahinter sind nur
Pfade mit stärkerer Kontur. Sie müssen ebenfalls in Flächen konvertiert werden.

Die weiße Linie soll später den hellgrünen Hintergrund durch-
trennen (siehe Abbildung 9.31). Prüfen Sie deshalb, ob sie lang
genug ist, um diese Aufgabe erfüllen zu können. Blenden Sie
dazu die dunkelgrüne Linie vorübergehend aus, indem Sie sie
aktivieren und die Tastenkombination ⌘/Strg+3 drücken.

Falls die weiße Linie nicht lang genug ist, sollte sie verlängert
werden, bevor Sie die Kontur in eine Fläche umwandeln. Blenden Sie Trauben und dunkelgrüne Linie ein. Danach aktivieren Sie
die Linien und wählen Objekt • Pfad • Konturlinie.

Blenden Sie die Trauben und die – jetzt – dunkelgrüne Fläche
wieder aus: Aktivieren und Shortcut ⌘/Strg+3.

7 Weiße Flächen hinter den Trauben vereinigen

Nachdem alle Pfade in Flächen konvertiert wurden, können Sie
zunächst das Hinzufügen der Flächen und später das »Stanzen«
durchführen.

Weiße Flächen, die sich überschneiden, werden jetzt zu einer
Fläche vereinigt (siehe Abbildung 9.32). Wählen Sie die weißen
Flächen aus, halten ⌥/Alt gedrückt und klicken in der Pathfinder-Palette auf den Formmodus-Button Zum Formbereich
hinzufügen 🔲.

8 Weiße Fläche W stanzen

Die weiße Kontur entlang des W erzeugen Sie am einfachsten,
indem Sie zuerst das weiße W zusammen mit den anderen weißen Bereichen aus dem Hintergrund stanzen und danach das
grüne W zu dem aus der vorigen Operation entstandenen Hintergrund hinzufügen.

Um diese Aktion durchzuführen, aktivieren Sie die weißen
Bereiche, und vereinigen Sie sie mit Hilfe der Pathfinder-Palette
(siehe Abbildung 9.33). Anschließend aktivieren Sie *zusätzlich* den
grünen Bereich und stanzen die weißen Formen aus dem grünen
Untergrund, indem Sie in der Pathfinder-Palette den Formmodus-Button Vom Formbereich subtrahieren 🔲 mit gedrückter
⌥/Alt-Taste betätigen.

Der nicht benötigte rechte Teil des W wird beim Umwandeln
der Zusammengesetzten Form gelöscht (siehe Abbildung 9.34).

9 Grüne Flächen und W vereinigen

Zuletzt fügen Sie das W der grünen Fläche hinzu. Wählen Sie
dazu die grünen Bereiche aus, halten ⌥/Alt und klicken in der

Pathfinder-Palette auf den Formmodus-Button Zum Formbe-reich hinzufügen  (siehe Abbildung 9.35).

Die ausgeblendeten Objekte können Sie jetzt mit dem Befehl Objekt • Alles einblenden wieder anzeigen lassen.

▲ **Abbildung 9.35**
Der grüne Hintergrund zusammen mit dem W ist eine Fläche.

9.4 Formen und Objekte »überblenden«

Wie beim Mischen unterschiedlicher Farben Zwischentöne ent-stehen, können auch zwischen einzelnen offenen oder geschlos-senen Pfaden Zwischenstufen erstellt werden.

Da Pfade in Illustrator auf geometrischen Algorithmen basie-ren, ist es möglich, dass das Programm interpolierte Formen zwi-schen zwei geometrischen Figuren berechnet. In Illustrator wird diese Funktion Angleichen genannt.

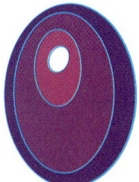

▲ **Abbildung 9.36**
Die Angleichung ist eine beliebte Methode, um auf einfache Art Verläufe zu erzeugen.

Zwischen Pfaden interpolieren – Angleichung erstellen
Sie können Angleichungen zwischen zwei und mehreren Objekten auf zwei verschiedenen Wegen erstellen.

Interpolieren mit Tastatur- oder Menübefehl | Angleichung
Aktivieren Sie die Objekte, zwischen denen Sie interpolieren möchten, und wählen Objekt • Angleichung • Erstellen – Shortcut ⌘+⌥+B bzw. Strg+Alt+B. Die Berechnung der Zwischenstufen in einem Stapel mehrerer aktivierter Objekte erfolgt immer von unten nach oben, zwischen zwei übereinander liegenden Objekten. Es entsteht eine »Angleichungsgruppe«, in welche die Quellobjekte mit eingebettet sind.

Interpolieren mit dem Angleichen-Werkzeug | Angleichung
Wählen Sie das Angleichen-Werkzeug  aus der Werkzeugpa-lette – Shortcut W, und klicken Sie der Reihe nach auf die Objekte, zwischen denen Sie die Interpolationen erstellen möch-ten, dabei ist die hierarchische Stapelreihenfolge der Objekte ohne Belang. Die Objekte müssen nicht aktiviert sein.

Wenn Sie einzelne Ankerpunkte der Objekte anklicken, wer-den diese Punkte als Referenzpunkte für die Überblendung ver-wendet (siehe Abbildung 9.37). Als optische Hilfe wechselt das Zeigersymbol in ⬚ , sobald das Programm einen Punkt unter dem Cursor erkennt.

Nachdem Ihre Angleichungsgruppe vollständig ist, klicken Sie erneut auf das Angleichen-Werkzeug in der Werkzeugpalette, um die Aktion zu beenden.

▲ **Abbildung 9.37**
Normale Angleichung (oben); Angleichung zwischen den blau markierten Punkten (unten)

TIPP

Verwenden Sie Angleichungen, um schnell Farbmischungen und Zwischentöne herzustellen. Erstellen Sie Probedrucke Ihrer Angleichungen, die Sie wie Farbtafeln verwenden können.

▲ **Abbildung 9.38**
Gerade Angleichungsachse direkt nach dem Erstellen der Überblendung (oben), bearbeitete Angleichungsachse (unten)

Das Interpolationsergebnis bearbeiten | Angleichung

Beim Angleichen wird aus den interpolierten Objekten eine Angleichungsgruppe gebildet, die Sie mit dem Auswahlwerkzeug als Ganzes aktivieren und mit Transformations-Werkzeugen bearbeiten können.

Um die Quellobjekte, zwischen denen Sie die Angleichung erstellt haben, zu aktivieren und zu bearbeiten, verwenden Sie das Direktauswahl-Werkzeug (Auswahlwerkzeuge s. Kapitel 6).

Weitere Hinweise finden Sie unter »Fertige Angleichungsgruppen modifizieren« in diesem Kapitel weiter unten.

Die Angleichungsachse bearbeiten | ANGLEICHUNG

Illustrator erstellt einen Pfad als Achse, auf dem die Zwischenstufen angeordnet werden. Sobald die Angleichungsgruppe aktiviert ist, wird diese Achse in der Vorschau eingeblendet, in der Pfadansicht ist sie immer sichtbar.

Nach der Berechnung der Zwischenstufen ist die Achse eine gerade Linie, die jedoch wie jeder selbst erzeugte Pfad bearbeitet werden kann, um so die Anordnung der interpolierten Objekte zu verändern (Pfade bearbeiten siehe Kapitel 6).

Weitere Hinweise finden Sie unter »Angleichung-Optionen« in diesem Kapitel weiter unten.

Farben, Transparenzen, Effekte und Symbole angleichen

Verschiedene Eigenschaften der überblendeten Pfade werden beim Erzeugen der Zwischenstufen unterschiedlich behandelt.

Farben überblenden | Angleichung

Die Berechnung der Zwischenstufen einer Angleichung farbiger Objekte erfolgen in fast allen Fällen als Prozessfarben in CMYK (Farbe siehe Kapitel 8). So funktionieren die verschiedenen Farbraum-Angleichungen:

▶ Zwischen einer Volltonfarbe (z.B. Pantone, HKS) und einer Prozessfarbe: Die Zwischenstufen werden als Prozessfarbe berechnet. Die Quellobjekte behalten ihren Farbraum bei.

▶ Zwischen einer Volltonfarbe und einer anderen Volltonfarbe: Die Zwischenstufen werden als Prozessfarben berechnet, die Quell-Objekte behalten ihre originäre Volltonfarbe.

▶ Zwischen verschiedenen Tonwerten einer Volltonfarbe: Die Zwischenstufen werden in den dazwischen liegenden Tonwerten berechnet.

Transparenzen überblenden | Angleichung

Grundlage für die Berechnung einer Transparenz sind die Parameter DECKKRAFT und FÜLLMETHODE (Transparenz siehe Kapitel 11).

Angleichungen können zwar zwischen unterschiedlichen Deckkraft-Einstellungen, nicht aber zwischen differierenden Füllmethoden zweier Objekte erzeugt werden.

Sind den Quellobjekten unterschiedliche Füllmethoden zugeordnet, weisen alle interpolierten Objekte die Füllmethode des in der Stapelreihenfolge oberen Objekts auf. Das untere Objekt behält seine ursprüngliche Füllmethode bei.

Die Wirkung der Transparenz auf die Überblendobjekte innerhalb der Angleichungsgruppe wird auf dem Bildschirm nur angezeigt, wenn Sie in der Transparenz-Palette die Option Aussparungsgruppe deaktivieren.

Effekte überblenden | Angleichung

Die Angleichung verschiedener Effekte zwischen zwei Objekten ist nicht immer möglich (Effekte siehe Kapitel 12).

Relativ problemlos erfolgt die Erzeugung von Zwischenschritten bei Objekten mit gleichen Effekten in unterschiedlichen Einstellungen, wie z. B. der Stärke.

Symbole überblenden | Angleichung

Illustrator kann in der Version CS2 auch zwischen Instanzen, also Abrissen, *verschiedener* Symbole überblenden. Bisher waren Überblendungen nur zwischen Instanzen *desselben* Symbols möglich (Symbole siehe Kapitel 15).

Angleichung-Optionen

Die Optionen der Angleichung bestimmen, wie viele Zwischenschritte erzeugt und wie diese auf der Angleichungs-Achse ausgerichtet werden.

Rufen Sie die Angleichung-Optionen auf, indem Sie die Angleichungsgruppe aktivieren und im Menü Objekt • Angleichung • Angleichung-Optionen... auswählen.

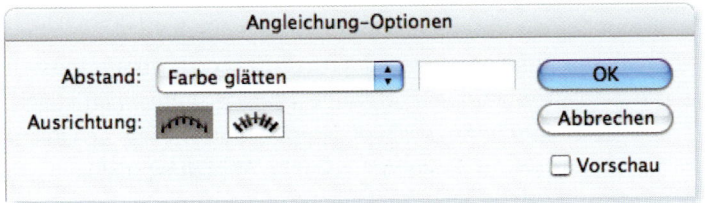

▶ Abstand: In diesem Ausklappmenü legen Sie fest, auf welche Weise Illustrator die Angleichung abstuft:

▷ Farbe glätten: Mit dieser Option erzeugt Illustrator die *rechnerisch* optimale Anzahl an Zwischenschritten für eine Überblendung ohne wahrnehmbare Zwischenstufen, das

▲ **Abbildung 9.39**
Transparenz innerhalb der Angleichungsgruppe

▲ **Abbildung 9.40**
Effekte und Füllungen werden soweit möglich überblendet.

▲ **Abbildung 9.41**
Überblendung zwischen Instanzen unterschiedlicher Symbole

TIPP

Aktivieren Sie die Angleichungsgruppe auf der Zeichenfläche, und doppelklicken Sie das Angleichen-Werkzeug in der Werkzeugpalette, um die Optionen aufzurufen.

◀ **Abbildung 9.42**
Dialogbox
Angleichung-Optionen

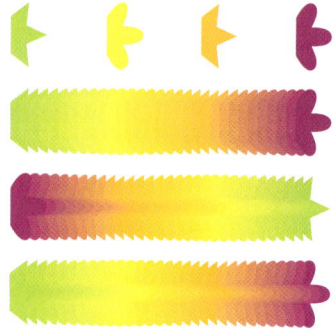

▲ Abbildung 9.43
Von oben: Quellobjekte,
Angleichung in neun Schritten,
Achse umkehren, Farbrichtung
umkehren

▲ Abbildung 9.44
Achse ersetzt

▲ Abbildung 9.45
Erst nach dem Umwandeln haben
Sie Zugriff auf die Zwischenstufen.

muss aber nicht immer Ihrem optischen Eindruck entsprechen. Diese Option ist vor allem für Angleichungen verschiedenfarbiger Objekte sinnvoll.

▶ Festgelegte Stufen: Damit können Sie selbst festlegen, wie viele Zwischenschritte Sie benötigen, Illustrator berechnet danach deren Abstände.

▶ Festgelegter Abstand: Hier geben Sie einen festen räumlichen Abstand zwischen den zu interpolierenden Objekten vor, Illustrator errechnet dazu die Anzahl der Stufen.

▶ Ausrichtung: Mit diesen Funktionsbuttons bestimmen Sie, ob die Objekte der Angleichungsgruppe senkrecht zur Seite ⌗⌗⌗ oder senkrecht zur Angleichungsachse ⌗⌗⌗ ausgerichtet werden.

Fertige Angleichungsgruppen verändern

Die beim Angleichen entstandenen »Angleichungsgruppen« aus interpolierten Objekten können nachträglich mit verschiedenen Menübefehlen verändert werden.

Aktivieren Sie die Angleichungsgruppe, und wählen Sie den gewünschten Befehl aus dem Menü Objekt • Angleichung:

▶ Achse umkehren: Diese Funktion kehrt die Reihenfolge der Objekte entlang der Angleichungsachse um. Der Pfad selbst wird nicht verändert (siehe Abbildung 9.43).

▶ Farbrichtung umkehren: Mit diesem Befehl kehren Sie die Stapelreihenfolge in der Angleichungsgruppe um (siehe Abbildung 9.43).

▶ Achse ersetzen: Sie können den Angleichungspfad durch einen anderen offenen oder geschlossenen Pfad ersetzen (siehe Abbildung 9.44). Aktivieren Sie die Angleichungsgruppe und den gewünschten Pfad, und wählen Sie Objekt • Angleichung • Achse ersetzen.

▶ Umwandeln: In der Angleichungsgruppe haben Sie mit dem Direktauswahl-Werkzeug nur Zugriff auf die Quellobjekte. Wenn Sie die interpolierten Objekte außerhalb der Angleichungsgruppe verwenden oder bearbeiten möchten, müssen Sie die ganze Gruppe in einzelne Objekte umrechnen lassen. Aktivieren Sie die Angleichungsgruppe, und wählen Sie Objekt • Angleichung • Umwandeln (siehe Abbildung 9.45).

▶ Zurückwandeln: Um die Angleichung aufzulösen, aktivieren Sie die Angleichungsgruppe und wählen Objekt • Angleichung • Zurückwandeln. Der Angleichungspfad wird dabei als separates Objekt erzeugt.

Schritt für Schritt: mit Überblendungen illustrieren

1 Vorlage nachzeichnen

Als Vorlage für wissenschaftliche Illustrationen verwenden Sie normalerweise die Zeichnungen, die Ihnen die Fachleute zur Verfügung stellen. Platzieren Sie die Grafik als Vorlage in Ihre Datei, oder öffnen Sie die Vorlage Rinne.ai für diese Übung von der DVD (Vorlagenebenen siehe Kapitel 10).

Zeichnen Sie zunächst die Grundformen der Grafik mit den Zeichen-Werkzeugen oder dem Buntstift. Für die Überblendung benötigen Sie in den meisten Fällen nicht nur Anfangs- und Endstufe, sondern diverse Zwischenschritte.

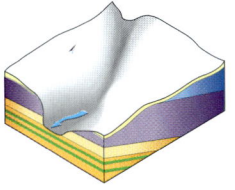

▲ **Abbildung 9.46**
Die fertige Grafik

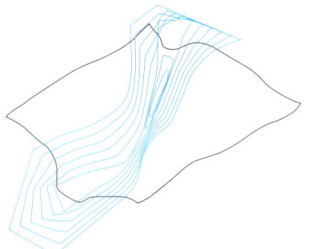 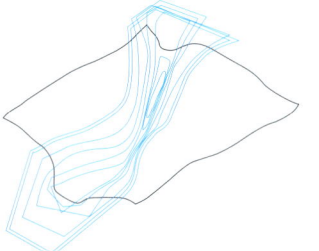

◄ **Abbildung 9.47**
Links: Die Abstufungen sind regelmäßig, wenn keine Zwischenschritte vorgegeben werden. Rechts: Zwischenschritte ermöglichen eine exaktere Darstellung.

Dafür gibt es zwei Gründe: Zum einen haben Sie mit Zwischenschritten die Möglichkeit, einen detailgenauen Verlauf zu erzeugen, zum anderen können Sie die Zwischenfarben besser steuern. In diesem Fall geht es nur um die detailgetreue Darstellung. In der Grafik arbeiten wir mit zwei Angleichungsgruppen: Eine bildet die große Rinne, die andere eine zusätzliche kleine Vertiefung im oberen Bereich der Grafik.

Wir werden die Formen mit Hilfe der schwarz umrandet dargestellten Fläche beschneiden, deshalb dürfen die Formen deren Ränder überlappen (Schnittmasken im Detail siehe Kapitel 10).

2 Farbfelder anlegen und Grundformen einfärben

Legen Sie die benötigten Farbfelder an und versehen die Flächen, die zur großen Rinne gehören, mit Grautönen von 5%, für die äußere Fläche, bis 50% für die innere.

Die Flächen, welche die kleine Vertiefung bilden, füllen Sie außen mit 50% und die innen liegende Form mit 60% Grau. Diese zweite Angleichungsgruppe muss eine Fläche in der unter ihr liegenden Farbe erhalten, um einen nahtlosen Übergang zu erzeugen (Arbeit mit Farbfeldern siehe Kapitel 8).

3 Überblenden

Wählen Sie das Angleichen-Werkzeug – Shortcut W –, und erstellen Sie zunächst die Angleichungsgruppe der Rinne.

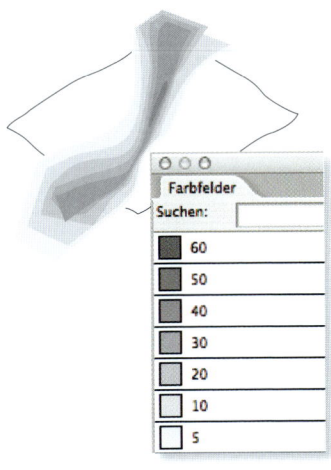

▲ **Abbildung 9.48**
Farbfelder für die Angleichung

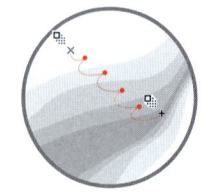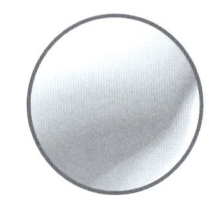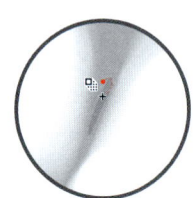

Abbildung 9.49 ▶
Anwendung des Angleichen-Werkzeugs

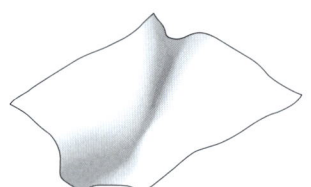

▲ **Abbildung 9.50**
Überblendung der Rinne.
Gekennzeichnet: zusätzliche Vertiefung

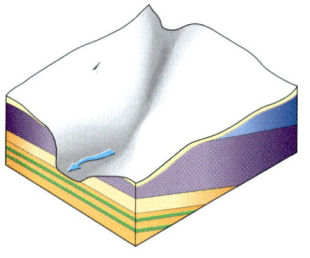

▲ **Abbildung 9.51**
»Angleichungsgruppe« mit Schnittmaske

▲ **Abbildung 9.52**
Die fertig gestellte Grafik

Dazu bewegen Sie das Werkzeug über das erste Objekt, bis der Cursor das Symbol ⬚ₓ zeigt. Es ist unwesentlich, ob Sie mit dem innersten oder dem äußersten Objekt beginnen. Klicken Sie auf das Objekt und bewegen den Cursor danach über das nächste Objekt – der Cursor ändert sich in ⬚₊. Klicken Sie auf das Objekt und verfahren so mit den weiteren Objekten, die zur Gruppe gehören sollen. Beenden Sie den Vorgang, indem Sie auf das Angleichen-Werkzeug in der Werkzeugpalette klicken.

Erstellen Sie anschließend auf die gleiche Weise die Überblendung der Vertiefung in der Rinne.

4 **Erstellen der Schnittmaske**

Holen Sie die aktivierte Begrenzungsform der Oberseite des Landschaftsquerschnitts mit der Menüfunktion OBJEKT • ANORDNEN • NACH VORNE BRINGEN in den Vordergrund. Selektieren Sie zusätzlich die Angleichungsgruppe der Rinne und geben den Menübefehl OBJEKT • SCHNITTMASKE • ERSTELLEN – Shortcut ⌘/Strg+7. Das Maskenobjekt bildet mit der beschnittenen Angleichungsgruppe den Schnittsatz.

Die bei dieser Operation verloren gegangenen Aussehen-Eigenschaften des Maskenobjekts ordnen Sie wieder zu, indem Sie es mit dem Direktauswahl-Werkzeug auswählen und erneut eine schwarze Kontur mit abgeflachten Linienecken sowie eine Füllung von 5% Grau einstellen.

Danach machen Sie die zweite Angleichungsgruppe – die Vertiefung – wieder sichtbar. Dazu wenden Sie auf das eben maskierte Objekt die Menüfunktion OBJEKT • ANORDNEN • NACH HINTEN STELLEN an.

5 **Vervollständigen der Grafik**

Die übrigen Flächen haben jeweils gerade Außenbegrenzungen, Sie benötigen also nicht zwingend eine Schnittmaske, um eine saubere Kante zu erzeugen. Verwenden Sie besser eine Hilfslinie, um die Punkte am Rand zu setzen (Hilfslinien siehe Kapitel 4).

Sollte die Kante trotz allem nicht ganz gerade wirken, besteht die Möglichkeit, die gesamte Grafik mit einer stärkeren schwarzen Linie zu umranden, die das Objekt zusätzlich auch besser vom Hintergrund abhebt.

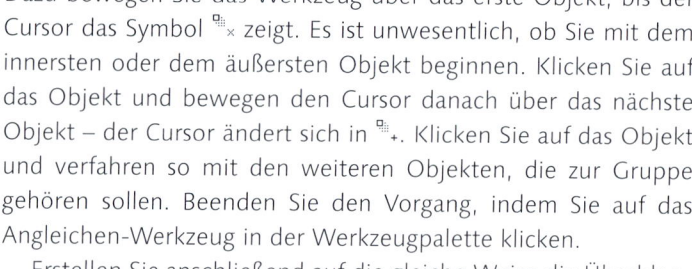

Füllen Sie die Flächen jeweils mit Verläufen über mehrere Farben. Sollen die Flächen nicht nur Farben, sondern auch Struktur haben, können Sie das ebenfalls mit Überblendungen realisieren.

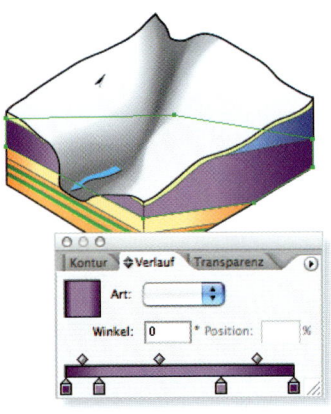

9.5 »Malen« mit Vektoren

Malen mit Vektoren klingt zunächst wie etwas, das sich gegenseitig ausschließt, denn mathematische oder geometrische Funktionen sind ja nicht gerade dazu angelegt, damit intuitiv arbeiten zu können.

Während jedes Kind in einem Malbuch schwarze Linien und Ränder als Grenze für die Farbe erkennt, ist das für Vektor-Software nicht so ganz einfach. Solche Programme können eigentlich nur eine Form beschreiben und wenn nötig mit einer Füllung versehen. Für zwei direkt aneinander grenzende Farbflächen werden daher auch zwei Formen benötigt.

Die Programmierer von Illustrator haben sich mit gutem Erfolg bemüht, dem Programm den artfremden Umgang mit Linien und Farben beizubringen. Diese Funktion heißt in der englischsprachigen Version LIVE PAINT, in der deutschen INTERAKTIV MALEN.

▲ **Abbildung 9.53**
Verlauf in der Schichtung

◄ **Abbildung 9.54**
Wie rechts dargestellt, musste das Zelt in einer Vektor-Software bisher aus Flächen konstruiert sein, damit es koloriert werden konnte. Änderungen am Verlauf der Begrenzungslinien wären bei einer solchen Konstruktion natürlich schwierig.

Interaktiv malen – Live Paint

Mit der Funktion INTERAKTIV MALEN ist Illustrator CS2 nun also in der Lage, alle Bereiche einer Zeichnung zu füllen, die von PFADEN begrenzt werden, auch wenn diese Linien zu verschiedenen Objekten gehören oder kleine Lücken aufweisen.

INTERAKTIV MALEN können Sie überall dort einsetzen, wo Sie Objekte mit Freihand-Werkzeugen oder mit LIVE TRACE bzw. INTERAKTIV ABPAUSEN erstellen (Live Trace/Interaktiv abpausen siehe Kapitel 17).

Alle Elemente, die zu dem Teil einer Zeichnung gehören, den Sie kolorieren wollen, fassen Sie zu einem Live Paint-Objekt, bzw. deutsch zu einer interaktiven Malgruppe zusammen. Innerhalb solcher Gruppen ermittelt Illustrator die Bereiche, die es als füllbare Flächen behandeln kann. Dabei erkennt das Programm auch kleine Lücken in den Begrenzungslinien, die es zu diesem Zweck virtuell schließt.

Die füllbaren Flächen in Malgruppen werden **Teilflächen** genannt, die sich überschneidenden Pfade heißen **Kanten**.

Lücken erkennen und bearbeiten | Interaktiv malen
Aktivieren Sie zunächst im Menü die Option ANSICHT • INTERAKTIVE MALLÜCKEN EINBLENDEN, damit Ihnen die erkannten Lücken angezeigt werden – die Option ist aktiv, wenn im Menü ANSICHT • INTERAKTIVE MALLÜCKEN AUSBLENDEN angezeigt wird!

Rufen Sie danach die Dialogbox LÜCKENOPTIONEN unter OBJEKT • INTERAKTIV MALEN • LÜCKENOPTIONEN… auf.

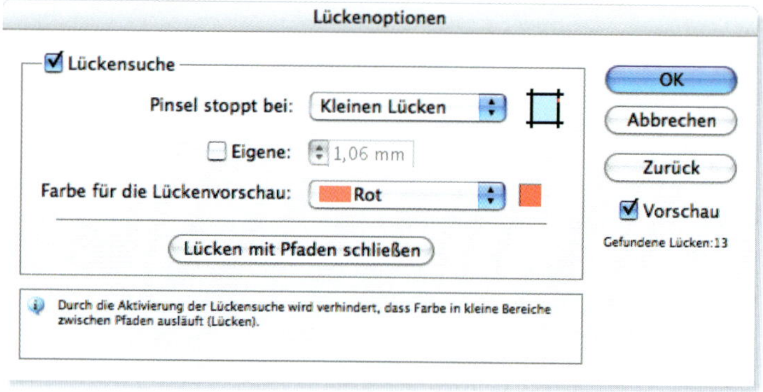

Abbildung 9.55 ►
Dialogbox LÜCKENOPTIONEN

▲ **Abbildung 9.56**
Die Zeichnung oben enthält keinen einzigen geschlossenen Pfad, trotzdem kann sie in Illustrator mit der Live Paint Funktion (Interaktiv malen) koloriert werden.

► LÜCKENSUCHE: Mit dem Kontrollkästchen LÜCKENSUCHE links oben können Sie die automatische Lückenerkennung starten.
► VORSCHAU: Aktivieren Sie die Option VORSCHAU, um die Auswirkung Ihrer Einstellungen in Ihrer Grafik zu sehen.
► PINSEL STOPPT BEI/EIGENE: Hier stellen Sie ein, ab welcher Breite Illustrator LÜCKEN erkennen soll. Probieren Sie verschiedene Vorgaben aus und sehen sich deren Auswirkung in der VORSCHAU an. Einstellmöglichkeiten sind im Ausklappmenü KLEINE, MITTLERE oder GROSSE LÜCKEN oder alternativ im Eingabefeld EIGENE für frei definierbare nummerische Maße.
Die LÜCKEN werden auf der kürzesten geraden Strecke überbrückt.
► FARBE FÜR LÜCKENVORSCHAU: Sie können in dem Ausklappmenü die Farbe der Lückensignalisierung so anpassen, dass sie in Ihrer Grafik gut erkennbar ist.

▶ Lücken mit Pfaden schliessen: Wenn Sie die angezeigten Lücken endgültig schließen wollen, erzeugen Sie entsprechende Pfade mit dem Button Lücken mit Pfaden schliessen. **Achtung!** Sie verlieren danach allerdings die automatische Erkennung und müssen alle Lücken manuell bearbeiten.

Flächen und Konturen kolorieren | Interaktiv malen

In einer Malgruppe können Sie sowohl Flächen mit Farb- und Verlaufsfüllungen versehen als auch Konturen mit den Möglichkeiten der Kontur-Palette bearbeiten.

▶ Verwenden Sie das Interaktiv-malen-Werkzeug , um Flächen mit Farben zu füllen.

▶ Auf Flächen, die Sie mit dem Interaktiv-malen-Auswahlwerkzeug aktivieren, können Sie Verläufe anwenden.

▶ Auch Konturen, die mit der Konturen-Palette bearbeitet werden sollen, müssen mit dem Interaktiv-malen-Auswahlwerkzeug bestimmt werden.

Malgruppe erstellen und bearbeiten | Interaktiv malen

Um eine Zeichnung mit der Interaktiv malen-Funktion zu kolorieren, gehen Sie wie folgt vor:

1. Aktivieren Sie alle Pfade, die zu dem zu bearbeitenden Teil Ihrer Grafik gehören.

2. Erzeugen Sie eine Interaktive Malgruppe, indem Sie aus dem Menü Objekt • Interaktiv malen • Erstellen auswählen oder nehmen Sie das Interaktiv-malen-Werkzeug aus der Werkzeugpalette – Shortcut K –, und klicken Sie irgendwo im Bereich der aktivierten Objekte.

3. Bestimmen Sie, ab welchem Abstand Lücken geschlossen werden sollen. Rufen Sie dazu unter Objekt • Interaktiv malen • Lückenoptionen… die Dialogbox auf und setzen die nötigen Einstellungen.

4. Falls nötig, ergänzen Sie Pfade, um größere Lücken von Hand zu schließen. Dazu müssen Sie die Gruppe durch einen Doppelklick isolieren.

5. Wählen Sie eine Farbe in der Farbfelder-Palette und klicken mit dem Interaktiv-malen-Werkzeug in die gewünschten Flächen, um sie zu füllen. Als optische Hilfe hebt Illustrator Flächen unter dem Cursor, die gefüllt werden können, mit einem dicken roten Rand hervor.

6. Wenn Sie Konturen oder Flächen mit Hilfe von Paletten bearbeiten möchten, wählen Sie die Objekte mit dem Interaktiv-malen-Auswahlwerkzeug aus und versehen sie mit den gewünschten Eigenschaften.

HINWEIS

Falls Sie den Fülleimer früherer Illustrator-Versionen (siehe Bild unten links) vermissen, der wurde ersatzlos gestrichen.

Stattdessen gibt es das Interaktiv-malen-Werkzeug, das zwar so ähnlich aussieht wie der Fülleimer, aber eine ganz andere Funktion hat.

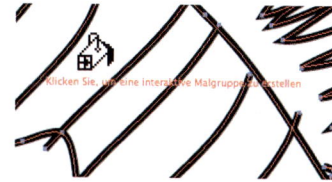

▲ **Abbildung 9.57**
Der eingeblendete Hilfetext zeigt an, dass Sie mit einem Klick eine Malgruppe erzeugen können.

Zurückwandeln | Interaktive Malgruppe

Um die in einer Interaktiven Malgruppe zusammengefassten Pfade in den Ursprungszustand zurückzuversetzen, aktivieren Sie das Objekt und wählen OBJEKT • INTERAKTIV MALEN • ZURÜCK- WANDELN. Das Objekt verliert damit alle Live Paint-Eigenschaften, Füllungen und Konturen.

Umwandeln | Interaktive Malgruppe

Für einige Anwendungszwecke – zum Beispiel für den Austausch mit anderen Programmen – benötigen Sie statt einer Malgruppe eine »normale« Vektorumsetzung Ihrer Zeichnung mit geschlossenen Pfaden für die Flächen und mit den zusätzlichen Konturen. Das können Sie aus einer Malgruppe automatisch erzeugen lassen, indem Sie das Objekt aktivieren und den Menübefehl OBJEKT • INTERAKTIV MALEN • UMWANDELN ausführen.

Schritt für Schritt: Interaktiv malen anwenden

1 **Malgruppe erstellen**

Aktivieren Sie alle Pfade, die zur Malgruppe gehören sollen. Wählen Sie das Interaktiv-malen-Werkzeug 🪣 aus der Werkzeugpalette, oder tippen Sie die Taste K, dann klicken Sie mit dem Werkzeug in den Bereich der Zeichnung. Sobald Sie das Werkzeug über die aktivierten Objekte bewegen, erscheint ein entsprechender Hilfetext.

Die Malgruppe können Sie auch mit dem Shortcut ⌘ + ⌥ + X bzw. Strg + Alt + X zusammenfügen.

2 **Flächen testen**

Bewegen Sie das Interaktiv-malen-Werkzeug über die Malgruppe, und beobachten Sie die fetten roten Ränder, welche die füllbaren Flächen kennzeichnen.

Abbildung 9.58 ▶
Ohne entsprechende Änderung in den LÜCKENOPTIONEN werden viele Flächen zusammengefasst, die eigentlich einzeln gefüllt werden sollen.

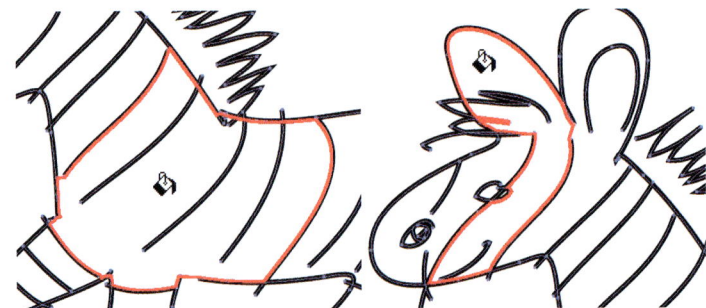

Prüfen Sie alle Flächen, die Sie füllen wollen, ob sie von Illustrator richtig erkannt werden. Sollten noch Lücken bestehen, verwenden Sie die Dialogbox Lückenoptionen, um die Erkennung anzupassen.

3 Lückenoptionen

Wählen Sie Objekt • Interaktiv malen • Lückenoptionen…, und aktivieren Sie zunächst die Vorschau. Falls Sie die Lückenvorschau nicht von Ihrer Zeichnung unterscheiden können, passen Sie die Signalfarbe an, indem Sie eine andere Farbe aus dem Ausklappmenü wählen.

Aktivieren Sie die Lückensuche und wählen eine Einstellung aus dem Menü. Beobachten Sie dabei die Lücken, die in Ihrer Zeichnung gekennzeichnet werden.

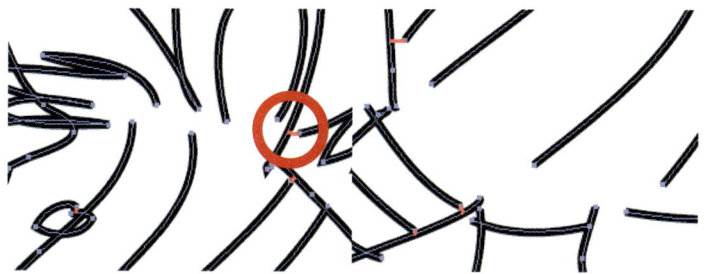

◄ **Abbildung 9.59**
Lückensuche mit eigener Einstellung 3 mm. Vergleichen Sie die Stelle im roten Kreis mit der nächsten Abbildung.

Wenn Ihnen die voreingestellten Optionen nicht ausreichen, geben Sie andere Werte in das Eingabefeld ein. Sehr hohe Werte führen unter Umständen dazu, dass kleinere Lücken nicht mehr automatisch geschlossen werden.

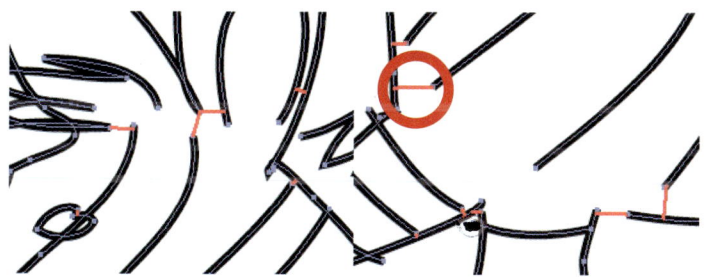

◄ **Abbildung 9.60**
Lückensuche mit eigener Einstellung 7 mm. Beachten Sie die gerade Strecke im roten Kreis, die an dieser Stelle nicht gewünscht ist.

In den meisten Fällen ist es besser, kleine Lücken automatisch schließen zu lassen und die größeren manuell zu bearbeiten, da für die größeren Lücken oft eine Kurve benötigt wird. Wenn Sie passende Einstellungen gefunden haben, schließen Sie den Dialog mit OK.

Die Option Lücken mit Pfaden schliessen ist in unserem Fall nicht sinnvoll, da es möglich ist, manuelles und automatisches Lückenschließen zusammen zu verwenden.

Lücken prüfen

Prüfen Sie die Grafik erneut, indem Sie das Interaktiv-malen-Werkzeug über die kritischen Flächen bewegen und auf die roten Signalkonturen achten.

5 **Malgruppe zur manuellen Nacharbeit isolieren**

Aktivieren Sie Ansicht • Interaktive Mallücken einblenden, um die geschlossenen Lücken bei der manuellen Nachbearbeitung im Blick zu haben.

Isolieren Sie nun die Malgruppe durch einen Doppelklick, oder indem Sie das Live Paint-Objekt aktivieren und anschließend auf das Symbol Ausgewählte Gruppe isolieren ⊠ in der Steuerungspalette klicken.

Pfade, die Sie der isolierten Gruppe hinzufügen, werden in die Malgruppe aufgenommen.

▲ **Abbildung 9.61**
Die isolierte Gruppe wird durch den grauen Rahmen signalisiert.

6 **Große Lücken mit Pfaden schließen**

In der Malgruppe können Sie nun die großen Lücken schließen, indem Sie Pfade als Grenzlinien zeichnen. Verwenden Sie dafür den Bleistift ✏ oder den Zeichenstift ✒. Den Pinsel lässt Illustrator innerhalb einer Malgruppe nicht zu.

Die auffallendste Lücke besteht am Hinterteil des Zebras. Diese Lücke muss mit einer Kurve geschlossen werden, damit die gefüllte Fläche die Form unterstützt. Eine größere Ansicht erhalten Sie mit der Lupe 🔍.

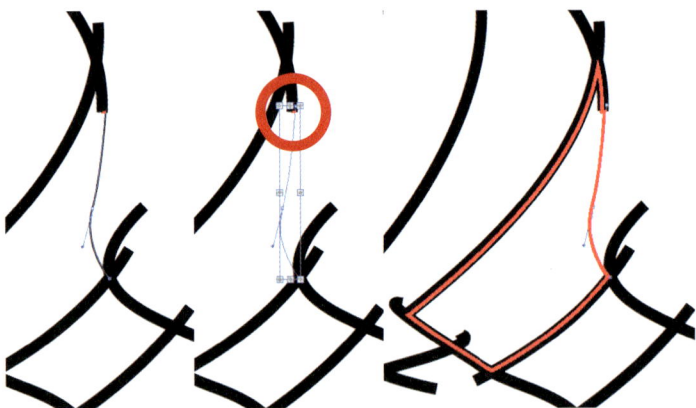

▲ **Abbildung 9.62**
Schließen der größten Lücke mit einem Pfad. Am Bildausschnitt Mitte ist zu sehen, wie der kleine Abstand zum bestehenden Punkt automatisch geschlossen wird.

Legen Sie einen Pfad an – wie abgebildet. Sie müssen beim Erstellen der Endpunkte nicht genau den vorhandenen Pfad treffen, wie es beim Konstruieren eines Objekts notwendig wäre.

▲ **Abbildung 9.63**
In der Pfadansicht sehen Sie an diesem Beispiel, dass sich die Pfade nicht berühren müssen, um die Lücke zu schließen.

Da die »Lückenschließer«-Pfade selbst nicht sichtbar sein sollen, reicht es vollkommen aus, wenn die neuen Linien so nahe an die bestehenden Pfade heranreichen, dass die eingestellten Lückenoptionen greifen.

Pfade, deren Form Ihnen nicht sofort gefällt, können Sie selbstverständlich mit den Werkzeugen ANKERPUNKTE HINZUFÜGEN und LÖSCHEN, GLÄTTEN, PUNKTE UMWANDELN etc. nachbearbeiten.

Lassen Sie den Pfad ausgewählt, und aktivieren Sie – soweit dies nicht bereits vorher erfolgt ist – in der Werkzeugpalette die Option OHNE KONTUR 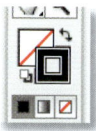.

Prüfen Sie noch einmal, ob alle Lücken geschlossen sind, bevor Sie die Isolierte Gruppe mit einem Klick auf das Symbol 🔲 in der Steuerungspalette beenden.

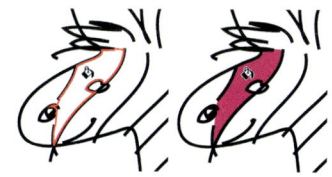

▲ **Abbildung 9.64**
Das Farbfeld für Kontur ist aktiviert.

7 **Flächen füllen**

Wenn keine Lücken mehr offen sind, können Sie die Teilflächen und Kanten Ihrer Malgruppe gestalten.

Um Teilflächen mit einer Farbfüllung zu versehen, aktivieren Sie das Farbfeld für Fläche in der Werkzeugpalette und bestimmen eine Farbe in der Farbfelder-Palette, oder mischen Sie eine neue Farbe in der Farbpalette.

Danach wählen Sie das Interaktiv-malen-Werkzeug 🖌️ und klicken damit in die Teilfläche, die Sie kolorieren möchten. Achten Sie dabei auf das Cursor-Symbol 🖐️ und auf die Signalisierung durch die rote Umrandung der Fläche.

Möchten Sie dagegen Kanten einfärben oder Teilflächen nicht nur mit einer einfachen Farbfüllung versehen, müssen Sie die entsprechenden Elemente aktivieren.

▲ **Abbildung 9.65**
Teilflächen werden mit Hilfe des Interaktiv-malen-Werkzeugs mit Farbe gefüllt.

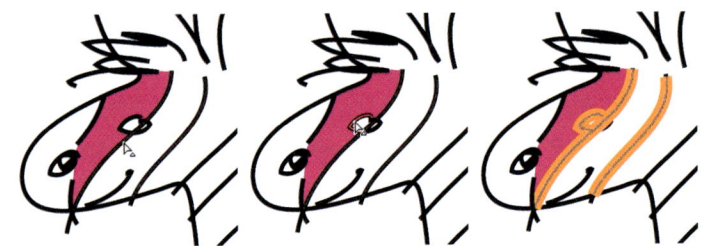

Abbildung 9.66 ▶
Wählen Sie Kanten mit dem Interaktiv-malen-Auswahlwerkzeug
aus, und ändern Sie deren Eigenschaften.

Dann holen Sie sich das Interaktiv-malen-Auswahlwerkzeug aus der Werkzeugpalette und klicken die Kante oder die Teilfläche an, die Sie gestalten möchten.

Das Interaktiv-malen-Auswahlwerkzeug zeigt durch einen Wechsel des Cursor-Symbols an, ob Sie eine Kante ▷ oder eine Teilfläche ▷ aktivieren können.

Halten Sie ⌑ gedrückt, um der Auswahl eine weitere Kante bzw. Teilfläche hinzuzufügen.

Abbildung 9.67 ▶
Auch Teilflächen wählen Sie so
aus, um sie mit komplexeren
Füllungen zu versehen.

Einen Verlauf legen Sie an, indem Sie die Teilfläche selektieren und in der Verlauf-Palette die Art des Verlaufs bestimmen sowie die gewünschten Farben.

8   Umwandeln

Um eine Malgruppe umzuwandeln und damit Objekte zu erzeugen, die Sie auch für den Austausch mit anderen Programmen verwenden können, aktivieren Sie die betreffende Malgruppe und wählen im Menü den Befehl OBJEKT • INTERAKTIV MALEN • UMWANDELN aus. Teilflächen und Kanten werden damit in einzelne geschlossene Pfade mit Füllung umgewandelt. Nach der Umwandlung sind die Objekte gruppiert. Lösen Sie die Gruppierung auf, um die Objekte zu analysieren. ◼

▲ **Abbildung 9.68**
Eine umgewandelte Malgruppe

9.5 Objekte mit »Hüllen« verzerren

Eine Hülle ist entweder eine fertige Stil-Form, ein generiertes Gitter oder eine eigene Vektorform, in die Sie Vektorobjekte, Textobjekte oder sogar eingebettete Pixelbilder »einspannen«, um sehr komplexe Verzerrrungen durchzuführen. Trotz der Verformung bleiben »eingehüllte« Vektorgrafiken bzw. die Inhalte der Textobjekte editierbar (Pixelbilder siehe Kapitel 17).

Verzerrungshülle Verkrümmung
Bei der Verkrümmungshülle haben Sie die Wahl unter verschiedenen vorgegebenen Stil-Formen, wie WELLEN, FLAGGEN, BÖGEN und FISCHAUGE-Wölbungen o. Ä. um Objekte zu verzerren.

▲ **Abbildung 9.69**
Verkrümmung mit dem Stil
FLAGGE und WIRBEL

Verkrümmung anwenden | Verzerrungshüllen
Aktivieren Sie das Objekt, das Sie verformen möchten, und wählen Sie aus dem Menü OBJEKT • VERZERRUNGSHÜLLE • MIT VERKRÜMMUNG ERSTELLEN… – oder verwenden Sie den Shortcut ⌘+⌥+⇧+W bzw. Strg+Alt+⇧+W. Die Funktion kann auch auf mehrere aktivierte Objekte gleichzeitig angewendet werden.

In der aufgerufenen Dialogbox VERKRÜMMEN-OPTIONEN wählen Sie in dem Aufklappmenü den Stil der Hülle aus und stellen die Stärke der Biegung und gegebenenfalls einer zusätzlichen Verzerrung ein. Wenden Sie zunächst verschiedene Stil-Arten an, um die Verkrümmungen kennen zu lernen.

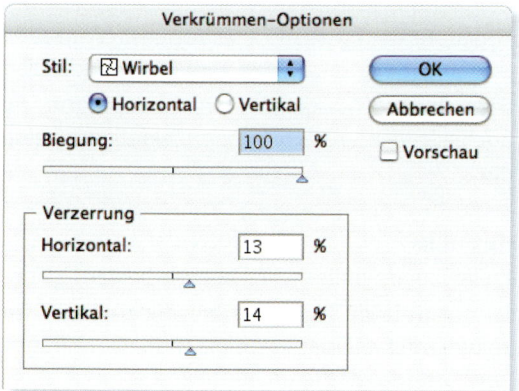

◄ **Abbildung 9.70**
Dialogbox
VERKRÜMMEN-OPTIONEN

▶ STIL: Die Namen der Stil-Arten sind zum größten Teil selbsterklärend, das jeweils zugeordnete Piktogramm zeigt das Schema der Verkrümmung.

▶ HORIZONTAL/VERTIKAL: Diese Einstellung legt die Ausrichtung der Verkrümmung fest.

▲ **Abbildung 9.71**
V. l. o.: Fischauge-Verkrümmung, Fischauge mit horizontaler Verzerrung, mit vertikaler Verzerrung, horizontale und vertikale Verzerrung

▲ Abbildung 9.72
Mit Verzerrungshüllen können Sie Texte an Objekte anpassen.

▲ Abbildung 9.73
Dialogbox für die Erstellung des Gitters

▲ Abbildung 9.74
Verzerrungshülle auf ein Pixelbild angewendet (rechts)

▶ BIEGUNG: Stellen Sie entweder mit dem Regler oder nummerisch die Stärke der Verkrümmung ein.

▶ VERZERRUNG: Mit den Horizontal- und Vertikal-Reglern bestimmen Sie eine zusätzliche senkrechte und/oder waagerechte Verzerrung der Grundverkrümmung. So erreichen Sie gegebenenfalls zusätzlich eine perspektivische Anmutung.

▶ VORSCHAU: Aktivieren Sie die VORSCHAU, damit die Auswirkung Ihrer Einstellungen auf Ihr Objekt angezeigt wird.

Verzerrungshülle Gitter

Alternativ können Sie Ihr Objekt in eine Gitter-Hülle einbetten, um es zu verformen. Ein solches Verzerrungsgitter ist jeweils an seinen Schnittpunkten in Ihrem Objekt verankert.

Gitter einstellen | Verzerrungshüllen

Um ein Objekt in ein Verzerrungsgitter zu hüllen, wählen Sie OBJEKT • VERZERRUNGSHÜLLE • MIT GITTER ERSTELLEN… bzw. den Shortcut: ⌘ + ⌥ + M bzw. Strg + Alt + M.

In der danach angezeigten Dialogbox HÜLLENGITTER bestimmen Sie, wie engmaschig das Verzerrungsgitter sein soll, indem Sie die Anzahl der Zeilen und Spalten, also mittelbar die Menge der wirksamen Gitterpunkte angeben.

Lassen Sie sich die VORSCHAU anzeigen, damit das Gitter während der Eingabe auf Ihr Objekt projiziert wird.

Gitter anwenden | Verzerrungshüllen

Das Gitter selbst verursacht keine Veränderung Ihres Objekts. Die Verzerrung erfolgt, wenn Sie mit dem Direktauswahl-Werkzeug einzelne Punkte an den Gitter-Kreuzungen verschieben oder den Winkel und die Länge der zugehörigen Grifflinien verändern. Die Gitterhülle kann auch auf mehrere aktivierte Objekte gleichzeitig angewendet werden.

Eigene Verzerrungshülle

Die dritte Möglichkeit, eine Hülle zu erzeugen, besteht darin, eine eigene Vektorform als Hülle zu verwenden. Sie können dazu sowohl einen einzelnen offenen oder geschlossenen Pfad als auch ein selbst erzeugtes Gitterobjekt benutzen (vgl. Kapitel 8 »Verlaufsgitter«).

Offene Pfade werden von Illustrator zu diesem Zweck geschlossen, deshalb sind die Resultate der Verzerrung nicht immer voraussagbar.

In einem Stapel aktivierter Objekte wird stets das oberste als Hülle eingesetzt, soweit es sich dafür eignet (s.o.).

Mit dem obersten Objekt verzerren | Verzerrungshüllen
Erstellen Sie eine Form oder einen Pfad in der Stapelreihenfolge
über dem Objekt, das Sie verzerren möchten. Nach dem gemein-
samen Aktivieren dieser Objekte wählen Sie OBJEKT • VERZER-
RUNGSHÜLLE • MIT OBERSTEM OBJEKT ERSTELLEN – Shortcut
⌘+⌥+C bzw. Strg+Alt+C.

Damit wird das zu bearbeitende Objekt in die selbst erstellte
Hülle eingebettet. Wenn Sie nun mit dem Direktauswahl-Werkzeug die Ankerpunkte der Hülle bzw. deren Grifflinien verändern,
verzerren Sie entsprechend auch das eingebettete Objekt.

Die eigene Verzerrungshülle kann auch auf mehrere Objekte
gleichzeitig angewendet werden.

Gemeinsame Einstellungen für alle Verzerrungshüllen
Mit Einstellungen in der Dialogbox HÜLLEN-OPTIONEN nehmen
Sie Einfluss auf die Berechnung der Verformung.

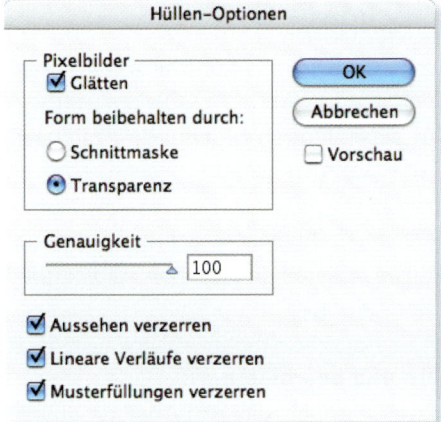

▲ **Abbildung 9.77**
Dialogbox HÜLLEN-OPTIONEN

▶ PIXELBILDER – GLÄTTEN: Mit dieser Option aktivieren Sie das
Anti-Aliasing für Pixelbilder. Dies führt zu besseren Resultaten
bei der Verformung von Pixelbildern, aber auch zu einer
zumindest leichten Weichzeichnung.
▶ PIXELBILDER – FORM BEIBEHALTEN DURCH: Pixelbilder haben
eine rechteckige Grundform, die nicht in jedes Hüllen-Objekt
optimal einzupassen ist. Um das Ergebnis zu verbessern, gibt
es zwei Einstellmöglichkeiten:
  ▶ SCHNITTMASKE – Mit dieser originär voreingestellten Option
  werden gegebenenfalls Bildteile abgeschnitten.
  ▶ TRANSPARENZ – Mit dieser Option können Sie einen Alpha-
  Kanal aus Ihrem Pixelbild als Maske aufrufen.

▲ **Abbildung 9.75**
In einen Kreis gehüllt ergibt sich
ein Fish-Eye-Effekt.

▲ **Abbildung 9.76**
Freie Verzerrung einer Schrift mit
einer Hülle

[Anti-Aliasing]
Beim Zeichnen einer Linie auf
einem Pixelraster können nur
waagerechte und senkrechte
Linien sauber dargestellt werden.
Schräge Linien und Kurven verursachen Treppenabstufungen.
Anti-Aliasing mildert den Treppeneffekt, indem es die Kantenpixel
einer Linie in abgeschwächter
Intensität färbt, je nachdem, wie
groß der Anteil des Pixels ist, der
vom Linienverlauf abgedeckt ist.

[Alpha-Kanal]
Alpha-Kanäle werden verwendet,
um Masken, also Auswahlen, in
den Dateien der Pixelbilder zu
speichern, zu denen sie gehören.
In einem Alpha-Kanal werden die
ausgewählten Bereiche als weiße
Pixel und die nicht ausgewählten
Bereiche als schwarze Pixel dargestellt. Graustufen bilden weiche
Übergänge.

▲ **Abbildung 9.78**
AUSSEHEN VERZERREN aktiviert
(links) und deaktiviert (rechts)

▲ **Abbildung 9.79**
Lineare Verläufe und Muster verzerren

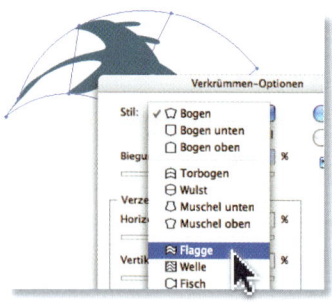

▲ **Abbildung 9.80**
MIT ANDERER VERKRÜMMUNG
ERSTELLEN

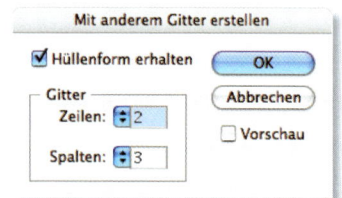

▲ **Abbildung 9.81**
MIT ANDEREM GITTER ERSTELLEN

▶ GENAUIGKEIT: Mit dem Schieberegler bzw. mit der nummerischen Eingabe steuern Sie, wie genau die Verzerrungsberech-
nung durchgeführt wird.

Da Sie mit einer Hülle nicht exakt konstruieren können und
die Genauigkeit Einfluss auf die Geschwindigkeit der Berechnung hat, sind höhere Werte für Vektorobjekte in den meisten
Fällen eher kontraproduktiv. Vor allem beim Verzerren
gekrümmter Pfade führt ein hoher Genauigkeitswert zu sehr
vielen Ankerpunkten, die für eine Weiterbearbeitung eventuell nicht mehr handhabbar sind.

Bei umhüllten Pixelbildern führt eine größere Genauigkeit
jedoch zu sichtbar besseren Resultaten.

▶ AUSSEHEN VERZERREN: Sind auf das umhüllte Objekt Verzerrungsfilter angewendet, aktivieren Sie diese Option, um mit
der Verzerrungshülle das bereits gefilterte Objekt zu verändern. Deaktivieren Sie das Kontrollkästchen, wenn die Filter
erst auf das von der Hülle verformte Objekt wirken sollen
(Verzerrungsfilter siehe Kapitel 12).

▶ LINEARE VERLÄUFE VERZERREN: Ist dieses Kontrollkästchen aktiviert, werden lineare Verläufe in verzerrten Objekten mit verformt, ohne Aktivierung dieser Option wird nur der Pfad bearbeitet. Radiale Verläufe kann Illustrator nicht verzerren
(Verläufe siehe Kapitel 8).

▶ MUSTERFÜLLUNGEN VERZERREN: Aktivieren Sie diese Option,
wenn Sie Musterfüllungen zusammen mit dem Objektpfad
verzerren wollen (Muster siehe Kapitel 15).

Verzerrungshüllen ändern und bearbeiten

Sowohl die Form der HÜLLE als auch die Form der umhüllten
Objekte können Sie nachträglich mit Hilfe verschiedener Menübefehle weiter bearbeiten und verändern.

Mit anderer Verkrümmung erstellen | Verzerrungshüllen

Falls Sie es sich anders überlegt haben und eine andere Verzerrung möchten, müssen Sie die bisherigen Schritte nicht rückgängig machen. Weisen Sie einfach mit dem Menübefehl OBJEKT •
VERZERRUNGSHÜLLE • MIT ANDERER VERKRÜMMUNG ERSTELLEN…
einen anderen Verkrümmungsstil zu. Die aktuelle Hülle geht verloren. Wählen Sie diesen Befehl auch, wenn Sie die Verkrümmen-
Optionen Ihrer Hülle ändern möchten.

Mit anderem Gitter erstellen | VERZERRUNGSHÜLLEN

Wie im letzten Absatz beschrieben, können Sie über das Menü
ebenfalls ein anderes Gitter zuweisen: OBJEKT • VERZERRUNGS-
HÜLLE • MIT ANDEREM GITTER ERSTELLEN…

Ob die bestehende Hülle durch das neu definierte Gitter ersetzt oder innerhalb der Hüllenform lediglich eine neue Unterteilung eingerichtet wird, entscheiden Sie mit der Option HÜLLENFORM ERHALTEN.

Zurückwandeln | Verzerrungshüllen

Mit diesem Befehl befreien Sie das Objekt aus der Hülle und wandeln es in seinen Ursprungszustand zurück. Die Hülle wird in der Form zurückgegeben, die sie zum Zeitpunkt der Rückwandlung hat. Das gilt ebenfalls für eigene Objekte, die Sie als Verzerrungshülle einsetzen, die werden jedoch, wie andere Hüllenarten auch, nicht in ihren Anfangszustand zurückversetzt. Die zurückgegebene Hülle liegt als graues Objekt im jeweiligen Stapel obenauf.

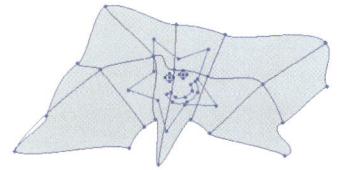

▲ **Abbildung 9.82**
ZURÜCKGEWANDELTES Hüllen-Objekt

Umwandeln | Verzerrungshüllen

Verwenden Sie diesen Befehl, um verzerrte, umhüllte Objekte zur Weiterbearbeitung umrechnen zu lassen.

Nach der Umwandlung sind die verzerrten Objekte gruppiert, und die Hülle ist gelöscht.

Die verzerrten Objekte können sehr viele Ankerpunkte aufweisen und dadurch nur noch schwer zu bearbeiten sein. In einem solchen Fall machen Sie die Aktion rückgängig und vermindern in den Hüllen-Optionen den Wert für GENAUIGKEIT.

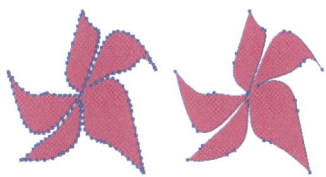

▲ **Abbildung 9.83**
Sehr viele Ankerpunkte (links)

Die Hülle nachbearbeiten | Verzerrungshüllen

Die Hüllen selbst sind Vektorobjekte, deshalb können Sie alle Hüllen-Arten nachträglich editieren. Gehen Sie wie folgt vor:

1. Aktivieren Sie die magnetischen Hilfslinien, um die Hülle besser zu erkennen.
2. Selektieren Sie das umhüllte Objekt und geben den Menübefehl OBJEKT • VERZERRUNGSHÜLLE • HÜLLE BEARBEITEN.
3. Benutzen Sie das Direktauswahl-Werkzeug, um die Hülle zu aktivieren und deren Pfad sichtbar zu machen.
4. Mit dem Direktauswahl-Werkzeug können Sie nun Punkte verschieben bzw. Grifflinien verändern, aktivierte Ankerpunkte löschen Sie mit ⬅, und Gitterlinien werden mit dem Gitter-Werkzeug 🔲 hinzugefügt, indem Sie damit an der gewünschten Stelle auf den Hüllen-Pfad klicken (Pfade bearbeiten siehe Kapitel 6).

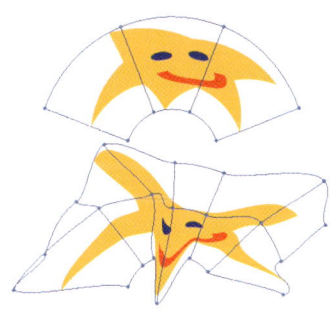

▲ **Abbildung 9.84**
Nachbearbeitete Verzerrungshülle

Den Inhalt einer Hülle bearbeiten | Verzerrungshüllen

Wenn Sie Veränderungen an einem verzerrten Objekt innerhalb der Hülle vornehmen möchten, aktivieren Sie das Hüllenobjekt und wählen OBJEKT • VERZERRUNGSHÜLLE • INHALT BEARBEITEN – Shortcut: ⌘/Strg+⇧+V.

Während Sie sich im Inhalt-bearbeiten-Modus befinden, werden die umhüllten Objekte in der Ebenen-Palette angezeigt (Ebenen siehe Kapitel 10).

Da Sie die Objekte häufig nicht an der Position auswählen können, an der sie in der Hülle sichtbar sind, sollten Sie entweder in der Pfadansicht arbeiten – Shortcut: ⌘/Strg+Y – oder Sie aktivieren die magnetischen Hilfslinien, wenn Sie die Auswirkung auf das verzerrte Objekt weiterhin beobachten möchten – Shortcut: ⌘/Strg+U.

Um die Bearbeitung der Hüllen-Inhalte zubeenden, drücken Sie erneut ⌘/Strg+⇧+V. Die Verzerrung wird danach entsprechend angepasst.

Verkrümmungen als Effekt anwenden

Unter EFFEKT • VERKRÜMMUNGSFILTER können Sie die verschiedenen Stil-Arten der Verkrümmung, die Sie in diesem Kapitel kennen gelernt haben, als Effekt anwenden.

Aktivieren Sie dazu das Objekt, das Sie mit dem Effekt versehen möchten, und wählen den gewünschten Verkrümmungs-Effekt aus dem Menü. Sie haben auch für die Effekte dieselben Verkrümmungsoptionen zu Verfügung, die weiter oben bereits besprochen wurden.

Um die Verkrümmungsoptionen zu einem späteren Zeitpunkt zu editieren, doppelklicken Sie den Effekt in der Aussehen-Palette.

Die Hüllen-Optionen in dem Menü unter OBJEKT • VERZERRUNGSHÜLLE haben keinen Einfluss auf Verkrümmungen, die Sie als Effekt angelegt haben.

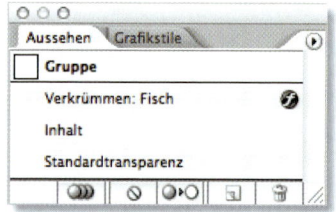

▲ **Abbildung 9.85**
Aussehen-Palette

10 Hierarchische Struktur: Ebenen, Aussehen

Ebenen stellen zunächst nur ein Mittel zum Zweck dar, die Elemente eines Dokuments zu organisieren. Betrachtet man die Ebenen-Palette jedoch etwas genauer, so bildet sich in ihr Illustrators objektorientierte Arbeitsweise ab.

Auch im Erscheinungsbild der Elemente – in Illustrator »Aussehen« genannt – begegnen Sie der hierarchischen Strukturierung. Um einzuschätzen, welche Auswirkung das Zuweisen von Kontur- und Füllfarbe, Transparenzen und vor allem Effekten auf Objekte, Gruppen und Ebenen hat, ist das Verständnis der Aussehen-Hierarchie sehr wichtig.

10.1 Ebenen

Je mehr Objekte Ihr Illustrator-Dokument enthält, umso schwieriger wird es für Sie, den Überblick über alle Elemente zu behalten. Viele einzelne Formen bilden größere Einheiten, Objekte verdecken sich gegenseitig, und es kann sehr mühsam sein, Vordergrundobjekte jedes Mal verstecken zu müssen, um eine kleine Änderung am Bildhintergrund vornehmen zu können. Ebenen stellen eine effiziente Möglichkeit dar, die Strukturierung und Verwaltung der Objekte zu vereinfachen.

Stellen Sie sich Ebenen wie durchsichtige Folien über der Zeichenfläche vor, auf denen Sie Objekte befestigen. Wie in der Hierarchie des Dateisystems Ihrer Festplatte können Sie auch in Ebenen weitere Unterebenen erstellen. Jedes Illustrator-Dokument hat mindestens eine Ebene.

▲ **Abbildung 10.1**
Ebenen als durchsichtige Folien über der Zeichenfläche

Ebenen-Palette

Die Verwaltung der Ebenen, Unterebenen und der in ihnen enthaltenen Objekte geschieht mit Hilfe der Ebenen-Palette. Jedes Objekt, jede Gruppe oder Ebene stellt ein »Element« in der Ebenen-Palette dar. Die Anordnung der Elemente in der Palette entspricht der Stapelreihenfolge der Objekte und ihrer Hierarchie in Gruppen, Unterebenen und Ebenen. Das in der Palette oben liegende Element ist auch in der Stapelreihenfolge auf der Zeichenfläche an oberster Stelle (Stapelreihenfolge siehe Kapitel 5).

Ebenen-Palette anzeigen | Rufen Sie die Palette auf, indem Sie FENSTER • EBENEN wählen – Shortcut F7 .

Aufbau der Ebenen-Palette

In jeder Zeile der Ebenen-Palette finden Sie mehrere Interaktions-Buttons, mit denen Elemente bedient werden. Durch die Anordnung dieser Buttons ergeben sich die »Spalten« der Ebenen-Palette.

▶ SICHTBARKEIT: In der Sichtbarkeitsspalte ❶ der Palette zeigt das Auge-Symbol 👁 an, dass das Element sichtbar ist. Das Outline-Symbol 👁 signalisiert die Pfaddarstellung des Elements. Eine Vorlagenebene wird durch ein eigenes Symbol 🖫 gekennzeichnet.
Klicken Sie in die Sichtbarkeitsspalte, um ein Element anzuzeigen oder zu verstecken. Ist eine Ebene oder Gruppe nicht sichtbar, sind automatisch auch die jeweils untergeordneten Elemente versteckt.

▶ EBENENFIXIERUNG: Die Bearbeitungsspalte ❷ stellt mit dem Schloss-Symbol 🔒 dar, dass ein Element fixiert ist. Dann ist die Aktivierung der Objekte oder gar Änderungen daran unmöglich. Klicken Sie in die Spalte, um die Fixierung für ein Element einzurichten oder eine vorhandene Fixierung aufzuheben.
Ist eine Ebene oder Gruppe fixiert, sind automatisch die untergeordneten Elemente fixiert.

▶ EBENEN-INHALT: Ein Pfeil ❸ bedeutet, dass ein Element weitere Elemente enthält.
Klicken Sie auf den Pfeil ▶, um die untergeordneten Elemente anzuzeigen. Die Namen weiterer Elemente werden der Hierarchie entsprechend eingerückt.

▶ MINIATUREN: Die Ebeneninhalte sehen Sie als Icon ❹ neben dem Ebenennamen ❺.

▶ ZIEL-SYMBOLE: Die Symbole ○ in der Zielspalte ❻ dienen dazu, Elemente als »Ziel« für die Anwendung von Grafikstilen und Effekten auszuwählen, und sie zeigen an, ob diese auf ein Element angewendet sind ◉.

▶ OBJEKT-AUSWAHL: Ein farbiges Quadrat in der Auswahlspalte ❼ zeigt an, welches Element ausgewählt ist. Die Farbe des Quadrats entspricht der Farbe, in der das Element auf der Zeichenfläche hervorgehoben ist.
Das »Eselsohr« ◣ rechts oben kennzeichnet die Ebene, der neu erstellte Objekte zugeordnet werden.

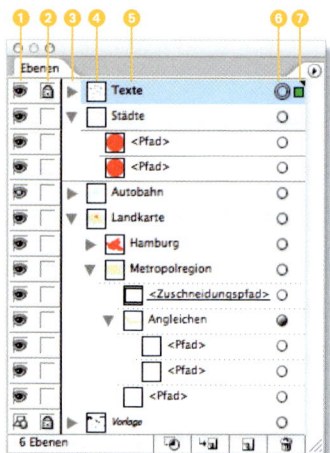

▲ **Abbildung 10.2**
Ebenen-Palette

Modifikationsmöglichkeiten | Anzeige und Fixierung

▶ Drücken Sie ⌥/ Alt und klicken die Sichtbarkeitsspalte 👁 oder die Bearbeitungsspalte 🔒 eines Elements, um alle Elemente außer dem angeklickten zu verstecken bzw. zu fixieren. Klicken Sie erneut, um die Aktion zu widerrufen.

▶ Drücken Sie ⌘/ Strg und klicken das Sichtbarkeits-Symbol 👁 einer Ebene, um alle enthaltenen Elemente in der Pfadansicht darzustellen.

▶ Klicken Sie die Sichtbarkeitsspalte eines Elements und halten dabei ⌘/ Strg + ⌥/ Alt , um alle anderen Ebenen in der Pfadansicht darzustellen.

Die Menübefehle ANDERE EBENEN AUSBLENDEN, ANDERE EBENEN PFADANSICHT und ANDERE EBENEN FIXIEREN haben eine entsprechende Auswirkung.

▲ **Abbildung 10.3**
⌥/ Alt -Klick auf Sichtbarkeits- und Bearbeitungsspalte

Paletten-Optionen

Wählen Sie PALETTEN-OPTIONEN… aus dem Palettenmenü der Ebenen-Palette, um die Darstellung der Elemente in der Palette zu ändern:

▶ NUR EBENEN EINBLENDEN: Aktivieren Sie diese Option, um die Darstellung in der Ebenen-Palette auf Ebenen und Unterebenen zu beschränken. Einzelne Objekte, Gruppen und Schnittmasken werden in der Palette nicht mehr aufgeführt. Diese Option beeinflusst nicht die Anzeige der Objekte auf der Zeichenfläche.

▶ ZEILENGRÖSSE: Mit dieser Option definieren Sie die Darstellungsgröße der Zeilen in der Palette. Wählen Sie entweder eine der voreingestellten Größen, oder geben Sie einen ganzzahligen Wert zwischen 12 und 100 Pixel frei ein. Ab einer Größe von 20 Pixel oder »Mittel« werden Miniaturen der Ebenen angezeigt.

▶ MINIATUREN: In den Miniaturen sehen Sie eine Vorschau des Elements. Legen Sie hier fest, für welche Elemente eine Miniatur angezeigt wird. Da die Berechnung der Miniaturen beim Navigieren in umfangreichen Ebenen einen Moment in Anspruch nehmen kann, ist es möglich, sie für Objekte, Gruppen, Unterebenen und Ebenen gezielt zu deaktivieren.

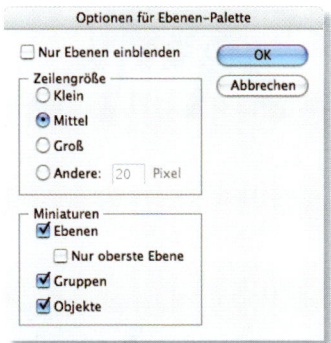

▲ **Abbildung 10.4**
Optionen für die Ebenen-Palette

Vorlagenebenen

Vorlagenebenen sind eine spezielle Ebenenart. Dieser Typ wird weder gedruckt noch exportiert. Platzieren Sie Ihre Skribbles oder Muster in Vorlagenebenen, wenn Sie sie mit Illustrators Werkzeugen nachzeichnen wollen. Um Ihnen das Nachzeichnen zu vereinfachen, ist auf Vorlagenebenen eine reduzierte Deckkraft für Pixelbilder sowie die Ebenenfixierung voreingestellt.

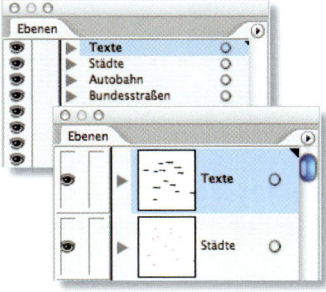

▲ **Abbildung 10.5**
Zeilengröße »Klein« und 50 Pixel

▲ **Abbildung 10.6**
Vorlagenebene und Illustration

Eine Datei kann mehrere Vorlagenebenen enthalten, sie werden durch den kursiv geschriebenen Namen und das Vorlagen-Symbol 🖾 gekennzeichnet.

Vorlagenebenen erstellen | Vorlagenebenen lassen sich direkt beim Platzieren von Bilddateien erzeugen, wenn Sie die Option VORLAGE im Import-Dialog aktivieren. Zu einem späteren Zeitpunkt können Sie eine Ebene in eine Vorlagenebene umwandeln, indem Sie die Option VORLAGE im Ebenen-Optionen-Dialog ankreuzen oder den Befehl VORLAGE aus dem Palettenmenü auf die Ebene anwenden.

Schnittmasken

Eine Schnittmaske ist ein Vektorobjekt, das wie der Ausschnitt eines Passepartouts andere Objekte »zuschneidet«, so dass von ihnen nur die Teile sichtbar sind, die innerhalb der Vektorform liegen.

▲ **Abbildung 10.7**
Vektorobjekt als Schnittmaske für ein Foto

Das Maskenobjekt – in der Ebenen-Palette als »Zuschneidungspfad« gekennzeichnet – und die beschnittenen Objekte bilden den »Schnittsatz«. Er wird in der Ebenen-Palette als »Gruppe« gekennzeichnet, ist von gruppierten Elementen aber durch die gestrichelten Linien zu unterscheiden.

Ein Schnittsatz besteht aus mindestens zwei Objekten, das oben liegende Objekt bildet die Maske. Als Maskenobjekt können Sie alle Textobjekte sowie jeden Vektorpfad – auch Zusammengesetzte Pfade und Zusammengesetzte Formen – verwenden.

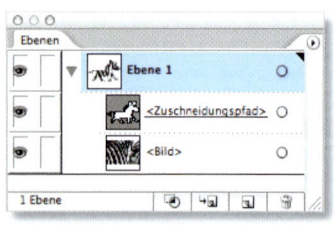

▲ **Abbildung 10.8**
Darstellung eines Schnittsatzes in der Ebenen-Palette

Aussehen-Eigenschaften des Maskenobjekts | Vektorobjekte, die als Masken verwendet werden, verlieren ihre Aussehen-Eigenschaften automatisch. Die Aussehen-Eigenschaften von Textobjekten müssen Sie manuell entfernen, falls Sie sie nicht benötigen (Aussehen-Eigenschaften siehe Abschnitt 10.3)

Dem Zuschneidungspfad eines Schnittsatzes können Sie Konturen zuordnen. Möchten Sie Konturen anwenden, die auf Grafikstilen beruhen, sollten Sie sie nicht direkt auf den Zuschneidungspfad anwenden, sondern diesen duplizieren und den Grafikstil dem Duplikat zuweisen.

Schnittmasken erstellen | Schnittsätze – eine Schnittmaske und die beschnittenen Objekte – lassen sich aus einzelnen ausgewählten Elementen oder durch Umwandlung einer Ebene bzw. Gruppe erstellen.

▸ **Schnittsatz aus einzelnen Objekten:** Möchten Sie den Schnittsatz aus einzelnen Objekten erstellen, ordnen Sie die

Objekte so an, dass das Objekt, welches das oder die anderen Objekte beschneiden soll, im Objektstapel oben liegt.

Anschließend aktivieren Sie die Objekte und wählen OBJEKT • SCHNITTMASKE • ERSTELLEN – Shortcut ⌘/Strg+7. Der Schnittsatz entsteht auf der Ebene, die das Maskenobjekt enthält. Die beschnittenen Objekte werden dorthin verschoben.

▶ **Schnittsatz aus einer Ebene oder Gruppe:** Um alle Objekte einer Ebene oder Gruppe in einen Schnittsatz umzuwandeln, aktivieren Sie die Ebene oder die Gruppe in der Ebenen-Palette und klicken den Button SCHNITTMASKE ERSTELLEN 🔲 am unteren Rand der Palette.

Das in der Stapelreihenfolge oben liegende Objekt wirkt als Schnittmaske auf alle anderen Elemente der Ebene oder Gruppe.

▲ **Abbildung 10.9**
Anordnung der Objekte zum Erstellen eines Schnittsatzes

Gruppen

Gruppen können Sie mit der Ebenen-Palette zwar nicht erzeugen, die Hierarchie der Gruppe ist aber sichtbar und kann editiert werden. Gruppieren Sie Objekte, wird in der Ebenen-Palette ein Element mit dem Namen »Gruppe« angezeigt. Der Pfeil ▶ deutet an, dass die gruppierten Objekte untergeordnet sind.

Untergeordnete Objekte können Sie durch Verschieben aus der Gruppe entfernen oder mit Hilfe der Paletten-Befehle löschen. Andererseits ist es auch möglich, der Gruppe weitere Objekte hinzuzufügen.

Gruppieren Sie Objekte von unterschiedlichen Ebenen, wird die Gruppe auf der obersten beteiligten Ebene eingerichtet. Lösen Sie die Gruppe auf, legt Illustrator die Objekte nicht wieder auf die Ursprungsebenen.

Ändern Sie den Namen des Gruppenelements, so ist eine Gruppe alleine durch ihre Darstellung nicht von einer Ebene zu unterscheiden. Sie sollten daher das Element durch einen Zusatz als Gruppe kennzeichnen.

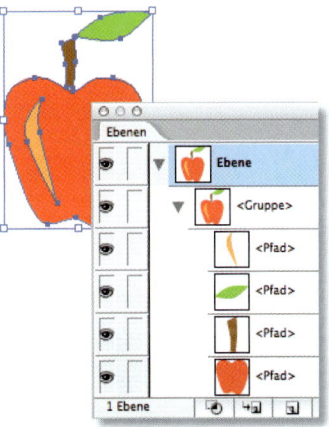

▲ **Abbildung 10.10**
Darstellung einer Gruppe in der Ebenen-Palette

Ebenen erstellen

▶ NEUE EBENE: Klicken Sie den Button NEUE EBENE ERSTELLEN 🔲 am unteren Rand der Palette. Wählen Sie NEUE EBENE… aus dem Palettenmenü, wenn Sie beim Erstellen der Ebene die Ebenen-Optionen (s. folgende Abschnitte) einstellen wollen. Die neue Ebene wird in der Stapelreihenfolge über der aktiven Ebene angelegt.

▶ NEUE UNTEREBENE: Eine Unterebene unter der aktiven Ebene legen Sie an, indem Sie auf den entsprechenden Button 🔲 klicken. Wählen Sie den Befehl NEUE UNTEREBENE… aus dem Palettenmenü, um die Optionen-Dialogbox aufzurufen.

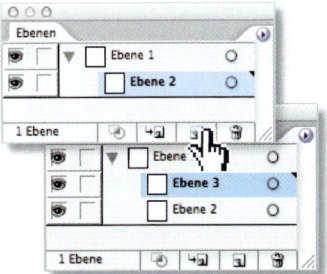

▲ **Abbildung 10.11**
Erzeugen einer neuen Unterebene auf der gleichen Hierarchiestufe

Aktivieren Sie eine Unterebene und klicken den Button Neue Ebene ▣, um eine Unterebene auf derselben Hierarchiestufe wie die aktive Unterebene zu erzeugen.

Modifikationsmöglichkeiten | Ebenen erstellen

▶ Drücken Sie ⎇/⟨Alt⟩ und klicken einen der Buttons ▣ oder ⤵▣, um die Ebenen-Optionen beim Erstellen der Ebene oder Unterebene aufzurufen.

▶ Nur für neue Ebenen: Drücken Sie ⌘/⟨Strg⟩+⎇/⟨Alt⟩, um eine Ebene in der Stapelreihenfolge unter der aktivierten Ebene einzurichten.

Ebenen-Optionen

Mit einem Doppelklick auf eine Ebene oder mit dem entsprechenden Befehl im Palettenmenü rufen Sie die Ebenen-Optionen auf.

Abbildung 10.12 ▶
Dialogbox Ebenen-Optionen

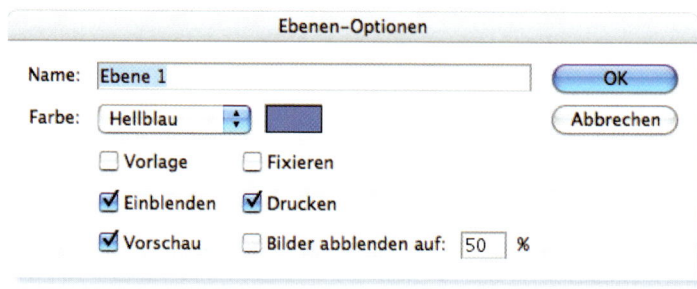

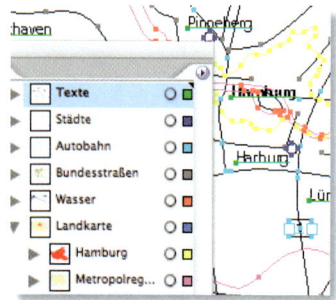

▲ **Abbildung 10.13**
Darstellung von Auswahlen in unterschiedlichen Farben

▶ Name: Voreingestellt werden Ebenen durchgezählt. Zur besseren Übersicht geben Sie einen aussagekräftigen Namen ein. Auch andere Elemente wie Pfade und Gruppen lassen sich umbenennen.

▶ Farbe: Bestimmen Sie eine Farbe, in der die zur Ebene gehörenden Objekte auf der Zeichenfläche hervorgehoben werden, wenn sie aktiviert sind. Wählen Sie eine der Farben aus dem Menü, oder wählen Sie den Eintrag Andere..., um mit einem Farbwähler Farben frei zu definieren – freie Farbdefinitionen werden nicht ins Menü aufgenommen.

▶ Vorlage: Mit dieser Option wandeln Sie die betreffende Ebene in eine Vorlagen-Ebene um.

▶ Fixieren: Die Fixierung einer Ebene lässt sich alternativ zur Bearbeitungsspalte auch mit dieser Option einrichten.

▶ Einblenden: Auch die Sichtbarkeit der Ebene können Sie im Optionen-Dialog bestimmen.

▶ Drucken: Mit dieser Option bestimmen Sie, ob die Ebene gedruckt wird. Beim Ausdrucken während des Entwurfsprozesses kann Ihnen diese Option Zeit sparen. Wenn Sie die

Datei exportieren und in anderen Programmen platzieren, bleibt die Eigenschaft »nicht druckend« u. U. nicht erhalten.

► VORSCHAU: Diese Option legt fest, ob die Inhalte der Ebene im Vorschaumodus oder in der Pfadansicht gezeigt werden. Das Symbol ◉ kennzeichnet die Pfadansicht.

► BILDER ABBLENDEN: Geben Sie hier ein, wie stark die auf dieser Ebene platzierten Pixelbilder abgeblendet werden sollen. Die Abblendung betrifft nur die Bildschirmdarstellung, Ausdrucke bleiben davon unbeeinflusst. Die Abblendung von Bildern ist nützlich für das manuelle Nachzeichnen von Rastergrafik.

Elemente in der Ebenen-Palette auswählen

Es besteht ein Unterschied zwischen dem Auswählen eines Objekts auf der Zeichenfläche – das Sie z. B. transformieren wollen – und dem Aktivieren des gleichen Elements in der Ebenen-Palette.

Wenn Sie ein oder mehrere Elemente in der Ebenen-Palette aktivieren, können Sie darauf die Befehle der Ebenen-Palette anwenden, um die Hierarchie der Elemente zu verändern. Sie wählen damit jedoch nicht das Objekt auf der Zeichenfläche aus.

Klicken Sie auf die Miniatur, den Namen oder den Raum neben dem Namen, um ein Element in der Ebenen-Palette zu aktivieren. Das aktivierte Element wird durch eine Einfärbung der Zeile in der Palette hervorgehoben.

Auch fixierte oder ausgeblendete Elemente können Sie aktivieren, Sie können sie jedoch nicht verschieben.

Anstatt Objekte mit Hilfe der Auswahl-Werkzeuge auf der Zeichenfläche zu aktivieren, können Sie zu diesem Zweck auch die Ebenen-Palette verwenden, lesen Sie dazu Abschnitt 10.2, »Objekt und Ziel auswählen«.

Modifikationsmöglichkeiten | Elemente auswählen

► Mehrere aufeinander folgende Elemente, die sich in der gleichen Hierarchiestufe unterhalb eines Elternelements befinden, aktivieren Sie, indem Sie ⇧ drücken und den ersten und letzten gewünschten Eintrag anklicken.

► Drücken Sie ⌘/ Strg , wenn Sie Elemente auswählen möchten, die in der Palette nicht direkt aufeinander folgen.

Elemente duplizieren

Möchten Sie Objekte, Gruppen oder ganze Ebenen duplizieren, aktivieren Sie sie in der Ebenen-Palette und ziehen sie über das Symbol NEUE EBENE ERSTELLEN 🗋 oder wählen AUSWAHL DUPLIZIEREN aus dem Palettenmenü.

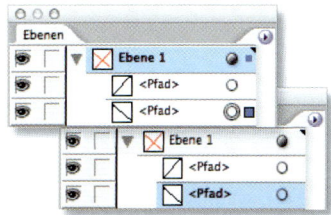

▲ **Abbildung 10.14**
Beim Aktivieren eines Objekts auf der Zeichenfläche wird das entsprechende Element in der Ebenen-Palette nicht ausgewählt (oben) – beim Aktivieren eines Elements in der Ebenen-Palette wird das Objekt nicht ausgewählt (unten).

HINWEIS

Ist die aktivierte Ebene fixiert oder ausgeblendet, zeigt der Cursor das Schreibschutz-Symbol, wenn Sie ein Zeichen-Werkzeug ausgewählt haben oder versuchen, das Element in der Ebenen-Palette zu verschieben.

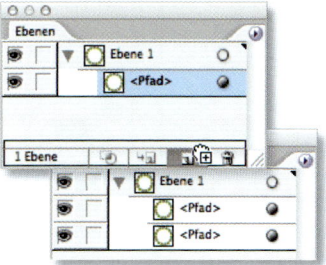

▲ **Abbildung 10.15**
Element duplizieren

Ebenen zusammenfügen

Applikationen der Creative Suite sind in der Lage, mit Dateien umzugehen, die verschachtelte Ebenen enthalten. Exportieren Sie Dateien, um sie in anderen Applikationen zu verwenden, kann es dagegen sinnvoll sein, alle Objekte auf einer einzigen Ebene ohne Verschachtelung abzulegen. Nicht alle Grafikprogramme anderer Hersteller können Illustrators Ebenen interpretieren.

Ebenen oder Unterebenen, die sich auf einer Hierarchiestufe unter einem gemeinsamen Elternelement befinden, lassen sich mit diesem Befehl zu einer Ebene zusammenfügen. Aktivieren Sie die Ebenen, die Sie zusammenfügen möchten, und wählen den Befehl aus dem Palettenmenü. Nach dem Zusammenfügen bleibt die Ebene bestehen, die Sie zuletzt aktiviert haben. Die Stapelreihenfolge der Objekte wird erhalten.

Auf Hintergrundebene reduzieren (Flattening) | Alle Ebenen des Dokuments führen Sie zusammen, indem Sie die Ebene aktivieren, in der anschließend alle Elemente enthalten sein sollen, und Auf Hintergrundebene reduzieren aus dem Palettenmenü wählen. Unterebenen und Gruppen bleiben erhalten.

Neue Ebenen für ausgewählte Objekte erstellen

In neuer Ebene sammeln | Mit diesem Befehl verschieben Sie ausgewählte Elemente einer Ebene oder Unterebene in eine neue Ebene. Diese wird auf der Hierarchiestufe erstellt, auf der sich die ausgewählten Elemente befanden.

Ebenen für Objekte erstellen | Speziell für die Vorbereitung von Animationen sind diese beiden Operationen gedacht. Sie verteilen die untergeordneten Elemente einer Ebene, Gruppe oder Überblendung auf eigene Ebenen. Eine Überblendung wird nach Anwendung des Befehls in die einzelnen Stufen aufgelöst (Überblendung/Angleichung siehe Kapitel 9).

Aktivieren Sie eine Ebene, Unterebene oder Gruppe, um alle enthaltenen Elemente auf einzelne Ebenen zu verteilen. Das in der Stapelreihenfolge unterste Objekt legt Illustrator auf die unterste Ebene.

▶ Sequenz: Mit dem Befehl Ebenen für Objekte erstellen (Sequenz) wird für jedes Element eine eigene Ebene erstellt, damit können Sie z. B. eine Figur durch das Bild bewegen.

▶ Aufbau: Möchten Sie dagegen simulieren, dass sich ein Gesamtbild aus den Einzelobjekten nacheinander zusammenstellt, wählen Sie Ebenen für Objekte erstellen (Aufbau). Auch hier entspricht die Anzahl der Ebenen der Anzahl der

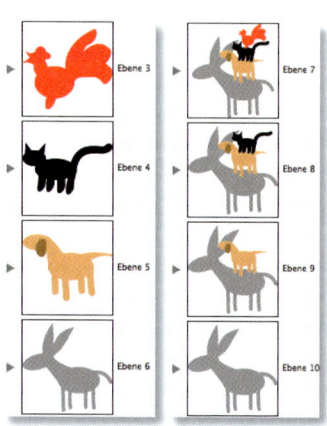

▲ **Abbildung 10.16**
Ebenen für Objekte erstellen: Sequenz (links), Aufbau (rechts)

Objekte. Die Verteilung der Objekte auf die Ebenen geschieht jedoch kumulativ, d.h., das unterste Objekt des Stapels ist auf allen Ebenen vorhanden. Auf den folgenden Ebenen wird jeweils ein weiteres Objekt den bereits vorhandenen hinzugefügt.

Animation exportieren | Beim Export einer Illustrator-Datei in das Shockwave-Flash-Format können die Ebenen automatisch in einzelne Frames einer Animation umgewandelt werden.

Ebenen und Elemente verschieben

Die Hierarchie und die Stapelreihenfolge der Objekte lässt sich in der Ebenen-Palette verändern, indem Sie Elemente an andere Positionen verschieben.

Klicken und ziehen Sie den Eintrag an die gewünschte Position. Sie können es zwischen zwei andere Elemente oder in eine Gruppe oder Ebene bewegen. Die Position wird während des Ziehens jeweils hervorgehoben. Auf diese Art lassen sich auch Gruppen und Schnittmasken durch Entfernen oder Hinzufügen von Elementen bearbeiten.

Umgekehrte Reihenfolge | Dieser Befehl aus dem Palettenmenü kann die Stapelreihenfolge mehrerer aktivierter Elemente einer Hierarchiestufe – Einzelobjekte, Gruppen oder Ebenen – umkehren, so dass die vorher unterste Ebene oben liegt und weitere Ebenen entsprechend gestapelt werden.

Ebenen beim Einfügen merken

Kopieren Sie ein Objekt aus einem Dokument über die Zwischenablage in eine andere Illustrator-Datei, wird es voreingestellt auf der aktiven Ebene eingesetzt.

Dieses Verhalten von Illustrator können Sie ändern, so dass die Ebeneninformationen kopierter Elemente beim Einfügen erhalten bleiben. Wählen Sie Ebenen beim Einfügen merken aus dem Menü der Ebenen-Palette, bevor Sie das Element einfügen. Die Option muss nicht bereits beim Kopieren des Elements aktiv sein.

Existieren im Zieldokument die benötigten Ebenen, wird das eingefügte Element entsprechend eingeordnet. Anderenfalls erzeugt Illustrator die Ebenen beim Einfügen des Objekts.

Elemente löschen

Möchten Sie ein oder mehrere Elemente löschen, aktivieren Sie sie und klicken das Symbol Auswahl löschen 🗑 oder wählen Auswahl löschen aus dem Palettenmenü.

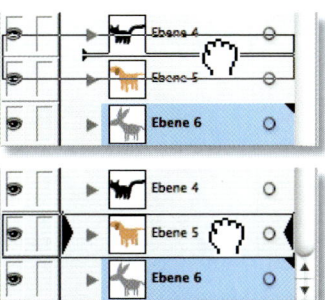

▲ **Abbildung 10.17**
Verschieben einer Ebene im Stapel (oben) und in der Hierarchie (unten)

▲ **Abbildung 10.18**
Reihenfolge umgekehrt (unten)

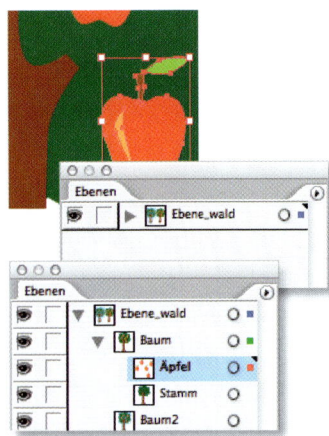

▲ Abbildung 10.19
Ausgewähltes Objekt auf Zeichenfläche, Ebenen-Palette vor (Mitte)
und nach EBENE FINDEN (unten)

▲ Abbildung 10.20
Alternative Versionen eines Illus-
trationsdetails

Elemente in der Ebenen-Palette finden

Wenn Sie Objekte, die auf der Zeichenfläche ausgewählt sind, in der Ebenen-Palette lokalisieren möchten, wählen Sie OBJEKT SUCHEN, und in der Ebenen-Palette werden alle Untergruppen bis hin zum aktivierten Element »aufgeklappt« – liegen die ausgewählten Objekte auf verschiedenen Ebenen, werden nur die Elemente der im Objektstapel obersten Ebene angezeigt.

Haben Sie in den Paletten-Optionen die Einstellung NUR EBENEN EINBLENDEN aktiviert, ändert sich OBJEKT SUCHEN in EBENE SUCHEN.

Einsatz von Ebenen

Ebenen lassen sich sinnvoll einsetzen, um ein Layout zu strukturieren, den Bildschirmaufbau zu beschleunigen und rationeller zu arbeiten.

Hilfslinien | Sind viele Hilfslinien in einem Dokument eingerichtet, können sie – vor allem bei der Arbeit in großen Zoom-Stufen – irritieren. Über das Menü ANSICHT • HILFSLINIEN lassen sich aber nur *alle* Hilfslinien ein- oder ausblenden. Legen Sie verschiedenartige Hilfslinien auf unterschiedliche Ebenen, haben Sie die Möglichkeit, diese selektiv ein- oder auszublenden.

Pixeldaten | Pixeldaten verlangsamen den Bildschirmaufbau. Ist ein Bild aber einmal ins Layout integriert, müssen Sie es meist erst wieder zum Ausdrucken der Datei anzeigen. Wenn Sie jedes eingebundene Bild auf einer eigenen Ebene ablegen, können Sie für diese einzeln den Vorschaumodus deaktivieren, und der Bildschirmaufbau wird beschleunigt.

Hintergrund/Vordergrundtrennung | Bei komplexeren Illustrationen eignen sich Ebenen natürlich dazu, Hintergrund- und Vordergrundobjekte voneinander zu trennen. Sie vereinfachen sich die Arbeit durch die Möglichkeit, die Datei hierarchisch zu strukturieren und fertig gestellte Bildelemente zu fixieren und/oder auszublenden.

Alternative Versionen | Möchten Sie mehrere Layoutvorschläge vorbereiten oder benötigen Sie zusätzliche Sprachversionen, sind Ebenen in vielen Fällen der Aufteilung auf mehrere Dateien vorzuziehen. Ergeben sich Änderungen am Grundlayout, müssen Sie nur eine Datei editieren.

Reinzeichnungselemente | Beschnitt- und Falzmarken, Stanzformen, Vorlagen für Speziallackierungen etc. können Sie praktisch auslagern, indem Sie Ebenen dafür anlegen. Wenn Sie Anzeigen gestalten, die ein Motiv in verschiedenen Formaten verwenden, legen Sie die Beschnittmarken der unterschiedlichen Formate auf einzelne Ebenen.

Verstecken und Fixieren
Die Fixieren- und Verstecken-Befehle im Menü OBJEKT wirken sich nicht auf Ebenen in der obersten Hierarchiestufe aus. Die Befehle ALLES LÖSEN und ALLE EINBLENDEN können ebenfalls nicht angewendet werden, um fixierte oder versteckte Ebenen der ersten Hierarchiestufe zu lösen oder einzublenden.

10.2 Objekt- und Ziel-Auswahl in der Ebenen-Palette

Die Unterscheidung, die Illustrator zwischen der Auswahl von Objekten und Zielen macht, kann verwirren. Bisher haben Sie die Auswahl mit den Auswahl-Werkzeugen kennen gelernt. Die hierarchische Struktur der Objekte, Ebenen und der anwendbaren Aussehen-Eigenschaften (mehr dazu weiter hinten in diesem Kapitel) macht die Auswahl eines Ziels nötig.

Wenn Sie ein wenig Routine damit haben, ist die Arbeit mit der Zielauswahl sehr praktisch.

Objekte in der Ebenen-Palette auswählen
Alternativ zum Anklicken der Objekte auf der Zeichenfläche können Sie ein oder mehrere Objekte auch mit Hilfe der Ebenen-Palette auswählen.

Um ein einzelnes Objekt auszuwählen, klicken Sie in der Zeile seines Eintrags in die Auswahlspalte rechts neben dem kreisförmigen Ziel-Symbol ○. Alle Objekte einer Ebene oder Gruppe aktivieren Sie, indem Sie in die Auswahlspalte der Ebene oder Gruppe klicken. Selbstverständlich können Sie nur sichtbare Elemente aktivieren.

▲ **Abbildung 10.21**
Auswahl durch Klick in die Auswahlspalte

Modifikationsmöglichkeiten | Drücken Sie ⌂, um mehrere Objekte nacheinander auszuwählen.

▶ Um Objekte von der Auswahl abzuziehen, drücken Sie ⌥/Alt+⌂ und klicken in die Auswahlspalte des betreffenden Elements.

▶ Drücken Sie ⌥/Alt und klicken ein Element, um alle bis auf das angeklickte Element von der Auswahl zu entfernen.

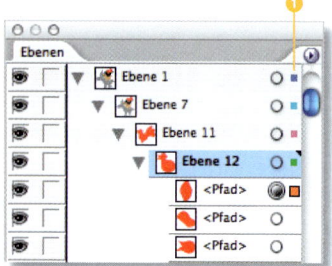

▲ Abbildung 10.22
Darstellung einer Objektauswahl
in der Auswahlspalte ❶ der Ebenen-Palette

▲ Abbildung 10.23
Verschieben eines Objekts von
der Ebene »Landkarte« auf »Auto-
bahn«

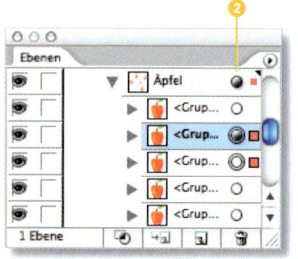

▲ Abbildung 10.24
Unterschiedliche Stadien des Ziel-
Symbols in der Zielspalte ❷ der
Ebenen-Palette

Auswahl-Symbol | Die Auswahl wird in der Auswahlspalte durch farbige Quadrate gekennzeichnet. Ein großes schwarz umrandetes Quadrat ⬛ signalisiert, dass alle Objekte, die zum Element gehören, ausgewählt wurden. Die Auswahl eines Objekts wird immer in allen übergeordneten Ebenen bis in die erste Hierarchiestufe angezeigt.

In den Auswahlspalten der Ebenen bedeutet das kleinere Quadrat ▪, dass weitere nicht ausgewählte Objekte vorhanden sind. Wird auf Ebenen auch das große, umrandete Quadrat angezeigt, sind alle Objekte der Ebene aktiviert.

Die erste übergeordnete Ebene des aktivierten Objekts wird in der Ebenen-Palette farbig hervorgehoben.

Alle Objekte einer Ebene auswählen

Möchten Sie nur alle Objekte aktivieren, die auf derselben Ebene liegen wie das aktuell selektierte Objekt, wählen Sie Auswahl • Objekt • Alles auf denselben Ebenen. Wie die Bezeichnung des Befehls nahe legt, funktioniert das auch, wenn mehrere Objekte selektiert sind, die zu verschiedenen Ebenen gehören.

Objekte verschieben und duplizieren

Um ein aktiviertes Objekt auf eine andere Ebene oder in eine Gruppe zu verschieben, klicken und ziehen Sie das Auswahl-Symbol – das kleine Quadrat auf einer übergeordneten Ebene oder das große Quadrat des Elements – auf die gewünschte Ebene.

Modifikationsmöglichkeit | Drücken Sie ⌥/[Alt], um das Objekt dabei zu duplizieren.

Ziel

Wenn Sie einen Effekt oder besondere Aussehen-Eigenschaften auf ein Objekt anwenden möchten, klicken Sie üblicherweise das Objekt mit dem Auswahl-Werkzeug an und ordnen die Eigenschaft zu. Sehen Sie sich beim Auswählen einmal das Element in der Ebenen-Palette an, dann können Sie beobachten, dass ein Objekt automatisch als Ziel ausgewählt wird, sobald Sie es aktivieren.

Illustrators hierarchische Dokumentstruktur ermöglicht es jedoch, auch Ebenen Aussehen-Eigenschaften zuzuweisen. Da Sie Ebenen nicht mit Auswahl-Werkzeugen aktivieren können, benötigen Sie die Ziel-Auswahl.

Ziel-Symbol | Jeder Eintrag in der Ebenen-Palette enthält das Ziel-Symbol. Es zeigt zum einen die Zuordnung von Aussehen-

Eigenschaften und Effekten an und dient zum anderen als »Button«, um ein Element als Ziel auszuwählen:

Seine Grundform ○ signalisiert, dass ein Element – Objekt, Gruppe oder Ebene – außer *einer* Kontur und *einer* Fläche keine weiteren Aussehen-Eigenschaften besitzt. Das Symbol wird um einen Außenring ◎ ergänzt, sobald das Element als Ziel ausgewählt ist.

Die gefüllte Form ● zeigt an, dass dem Element Aussehen-Eigenschaften zugeordnet wurden. Auch für diese Form bedeutet der zusätzliche Ring ◉, dass das Element als Ziel ausgewählt ist.

Ziel auswählen | Um Elemente – Pfade, Gruppen oder Ebenen – mit Hilfe der Ebenen-Palette als Ziel auszuwählen, klicken Sie auf das Ziel-Symbol ○ oder ●. Weisen Sie anschließend die gewünschten Aussehen-Eigenschaften zu (»Aussehen-Eigenschaften« siehe Abschnitt 10.3).

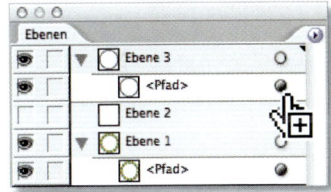

Modifikationsmöglichkeiten

▶ Drücken Sie ⟨⇧⟩, um weitere Elemente als Ziele auszuwählen.
▶ Drücken Sie ⟨⌥⟩/⟨Alt⟩+⟨⇧⟩, um Elemente von der Ziel-Auswahl zu entfernen.
▶ Drücken Sie ⟨⌥⟩/⟨Alt⟩ und klicken, um alle bis auf das angeklickte Element von der Ziel-Auswahl zu entfernen.

Aussehen verschieben und duplizieren

Das Ziel-Symbol können Sie wie das Auswahl-Symbol verwenden, um Eigenschaften eines Elements einem anderen Element zuzuweisen.

Klicken und ziehen Sie das Ziel-Symbol auf das Element, dem Sie die Eigenschaften zuordnen möchten. Alle Eigenschaften, die das »empfangende« Element bereits besitzt, werden durch die verschobenen Eigenschaften ersetzt. Das »abgebende« Element, von dem Sie das Ziel-Symbol verschieben, verliert alle Aussehen-Eigenschaften, die über die Grundeigenschaften Kontur und Fläche hinausgehen. Zu den Aussehen-Eigenschaften gleich mehr.

▲ **Abbildung 10.26**
Duplizieren der Aussehen-Eigenschaften von einem Element zum anderen

Modifikationsmöglichkeit

▶ Drücken Sie ⟨⌥⟩/⟨Alt⟩, um die Aussehen-Eigenschaften zu duplizieren.

Ebenen und Aussehen-Eigenschaften

Alle Objekte, die auf einer Ebene erstellt, auf sie verschoben oder kopiert werden, erhalten automatisch die Aussehen-Eigenschaften der Ebene zusätzlich zu Eigenschaften, die den Objekten zugeordnet sind.

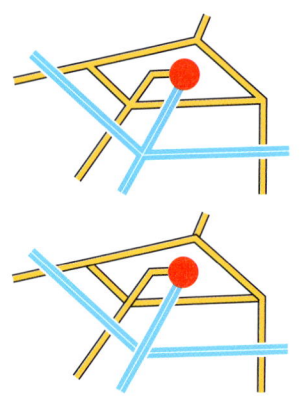

▲ **Abbildung 10.27**
Kontureneigenschaften auf die
Ebene (oben) und auf die einzel-
nen Objekte angewendet (unten)

▲ **Abbildung 10.28**
Textobjekt mit Aussehen-Attributen

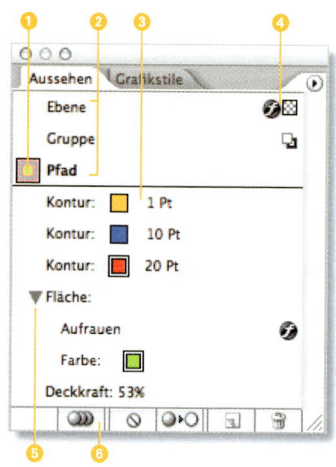

▲ **Abbildung 10.29**
Die Aussehen-Palette

Aufgrund der Objekthierarchie wirken die Eigenschaften der
Ebene oberhalb der Objektmerkmale, je nach Einstellung können
Objekteigenschaften trotzdem sichtbare Auswirkungen haben,
z. B. durch Transparenzen oder Verformungseffekte.

Die Zuordnung der Aussehen-Eigenschaften zu einer Ebene
anstatt den einzelnen Objekten macht also dann Sinn, wenn eine
Ebene nur gleichartige Objekte enthält.

Sehr nutzbringend können Sie das bei der Gestaltung von Stra-
ßen- und Anreiseplänen für sich einsetzen. Ist das Aussehen der
Ebene zugewiesen, bilden sich Kreuzungen fast von selbst.

Denken Sie aber daran, dass ein Objekt die der Ebene zugewiesenen Eigenschaften verliert, sobald Sie es auf eine andere
Ebene verschieben.

10.3 Aussehen-Eigenschaften

Als Aussehen-Eigenschaften werden alle die Eigenschaften bezeichnet, die das Erscheinungsbild von Objekten verändern, ohne
ihre Struktur zu beeinflussen. Dazu gehören Konturen und Füllungen, Pinselkonturen, Effekte und Transparenzeinstellungen.

Nicht nur Vektor- und Textobjekte, auch Gruppen und Ebenen
können Sie mit Aussehen-Eigenschaften versehen. Darüber
hinaus lassen sich Effekte und Transparenzeinstellungen den Füllungen und Konturen gesondert zuweisen.

Damit bildet sich eine komplexe Hierarchie von Attributen, die
das Aussehen eines Objekts steuern. Am Erscheinungsbild der
Grafik können Sie in der Regel nicht erkennen, welcher Stufe der
Ebenenhierarchie ein bestimmtes Attribut zugeordnet ist, daher
gibt es in Illustrator die Aussehen-Palette, die dazu dient, die
Eigenschaften eines Objekts zu verwalten.

Aussehen-Palette

Die Aussehen-Palette gibt detailliert Auskunft darüber, wie sich
die äußerliche Erscheinung des als Ziel ausgewählten Objekts
zusammensetzt. Ist kein Objekt ausgewählt, werden die angezeigten Attribute dem nächsten Objekt zugeordnet, das Sie
erstellen. Die Palette rufen Sie auf, indem Sie FENSTER • AUSSE-
HEN – Shortcut ⬦ + F6 – wählen.

Darstellung der Objekt-Eigenschaften | Aussehen-Palette
Aussehen-Eigenschaften eines Objekts und der Gruppen und
Ebenen, die es einschließen, werden in der Reihenfolge ange-
wendet, in der sie in der Palette gelistet sind. Die oben liegende
Eigenschaft liegt im Vordergrund der Grafik. Die Anzeige von

Effekten entspricht der Reihenfolge, in der sie am Objekt angewendet werden – der oben stehende Effekt wird zuerst angewandt.

▶ EBENENHIERARCHIE: Oberhalb des schwarzen Trennstrichs in
der Palette sehen Sie die Ebenenhierarchie des ausgewählten
Objekts ❷ fett hervorgehoben dargestellt. Seine Attribute zeigt
die Aussehen-Palette unterhalb des schwarzen Trennstrichs an.
Ein Doppelklick auf ein anderes Objekt in der Ebenenhierarchie wählt dieses als Ziel aus und öffnet dessen Aussehen-
Eigenschaften.

▶ AUSSEHEN-ATTRIBUTE: Die Attribute werden in ihrer Stapelreihenfolge dargestellt ❸. Ist das aktuelle Objekt eine Gruppe
oder Ebene, listet die Aussehen-Palette einen »Inhalt«-Eintrag.
Doppelklicken Sie diesen, um den Inhalt der Gruppe als Ziel
auszuwählen und seine Attribute zu listen.
Wirklich sinnvoll ist das jedoch nur, wenn es sich bei dem
Inhalt um Objekte mit identischen Eigenschaften handelt.

▶ MINIATUR: Ein Symbol ❶ visualisiert die Aussehen-Eigenschaften an einem Quadrat. Mit Hilfe des Palettenmenüs können Sie die Miniatur aus- oder einblenden.

▶ INDIKATOR-SYMBOLE: Das Transparenz-Symbol ⊠ und das Kon-
tur-Fläche-Symbol ⊡ kennzeichnen, dass die entsprechenden
Eigenschaften den Container-Elementen des aktuellen Objekts
zugeordnet sind ❹.
Das Effekt-Symbol 𝒇 signalisiert die Anwendung eines Effekts
nicht nur an übergeordneten Gruppen oder Ebenen – es wird
auch bei allen Effekten angezeigt, die dem ausgewählten
Objekt zugewiesen sind.

▶ ZUSÄTZLICHE ATTRIBUTE: Ein Pfeil ❺ neben einem Kontur- oder
Fläche-Eintrag in der Aussehen-Palette zeigt an, dass diese Elemente eigene Aussehen-Attribute besitzen. Klicken Sie auf
den Pfeil ▶, um die zusätzlichen Eigenschaften anzuzeigen.

▶ NEUE OBJEKTE: Mit diesem Button ❻ bestimmen Sie, welche
Eigenschaften des aktuellen Objekts das nächste Vektorobjekt
erhält, das Sie erstellen. Alternativ wählen Sie die Optionen
aus dem Palettenmenü. Sie haben zwei Einstellmöglichkeiten:

1. NEUES BILD BEHÄLT AUSSEHEN BEI ⬤⬤: Ein neues Objekt
   erhält den kompletten Satz Aussehen-Eigenschaften des
   aktuellen Objekts.

2. NEUES BILD HAT GRUNDFORM ⬤⬤ – Button ist gedrückt: Ein
   neues Objekt erhält nur die Basiseigenschaften des aktuellen Objekts: Fläche und Kontur und die Standardtransparenz.

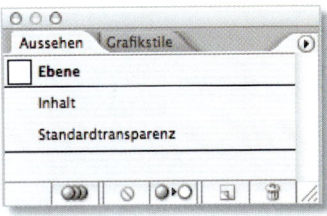

▲ **Abbildung 10.30**
Darstellung des »Inhalt«-Eintrags
bei einer Ebene

TIPP

Wenn Sie ein neues Objekt mit
den Aussehen-Eigenschaften
eines existierenden Objekts erstellen möchten, aktivieren Sie
das Muster-Objekt, indem Sie
darauf klicken. Wählen Sie die
Option NEUES BILD BEHÄLT AUS-
SEHEN BEI.

Deaktivieren Sie das Muster-
Objekt, und erstellen Sie das
neue Objekt.

▲ **Abbildung 10.31**
Neue Kontur (oben) und dupli-
zierte Kontur (unten)

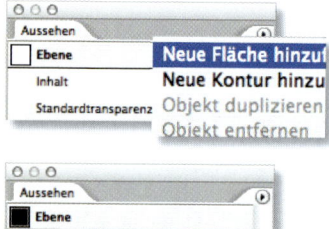

▲ **Abbildung 10.32**
Beim Hinzufügen der ersten Fläche wird auch eine Kontur angelegt.

▲ **Abbildung 10.33**
Attribute für das gesamte Objekt
zuweisen

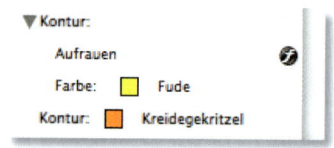

▲ **Abbildung 10.34**
Der Name einer Pinselkontur wird
neben dem Farbfeld angezeigt.

Konturen und Flächen anlegen

Jedes Vektorobjekt hat eine Kontur, eine Füllung und die Stan-
dardtransparenz-Einstellung. Ebenen und Gruppen ist voreingestellt nur die Transparenz zugeordnet. Um einem Objekt zusätzliche Konturen, Füllungen und Effekte zuzuweisen – bzw. einer
Gruppe oder Ebene die Attribute neu zuzuweisen –, können Sie
sie ganz neu anlegen oder bereits vorhandene Attribute duplizieren.

Neue Kontur und Fläche | Zusätzliche Konturen und Füllungen
legen Sie an, indem Sie NEUE KONTUR bzw. NEUE FLÄCHE HINZU-
FÜGEN aus dem Palettenmenü wählen. Ist einer der vorhandenen
Einträge aktiviert, wird die neue Eigenschaft darüber angelegt.

Um einer Gruppe oder Ebene Konturen und Flächen zuweisen
zu können, müssen Sie sie zunächst über das Menü anlegen.
Erzeugen Sie die erste Kontur oder Fläche eines Elements, wird
immer das jeweils andere Attribut mit angelegt.

Kontur und Fläche duplizieren | Aktivieren Sie einen bestehen-
den Eintrag und klicken den Button AUSGEWÄHLTES OBJEKT DUPLI-
ZIEREN ⬛ oder wählen OBJEKT DUPLIZIEREN aus dem Menü, wird
eine Kopie erzeugt. Das ist vor allem dann nützlich, wenn die zu
kopierende Eigenschaft nicht nur aus einer Farbe, sondern auch
aus Effekten und Transparenzen besteht, die Sie für die neue
Eigenschaft übernehmen und editieren möchten.

Eigenschaften bearbeiten

Während Sie eine Pinselspitze nur der Kontur und eine Farbe nur
einer Kontur oder einer Fläche zuweisen, lassen sich Effekte, Füllmethoden und Deckkrafteinstellungen sowohl dem Element –
Pfad, Gruppe oder Ebene – als auch einzelnen Konturen oder
Flächen zuordnen.

Möchten Sie Effekte und Transparenz für das gesamte Objekt
einrichten, aktivieren Sie den Eintrag oberhalb des schwarzen
Trennstrichs in der Aussehen-Palette: Pfad, Gruppe bzw. Ebene.
Um einer bestimmten Kontur oder Fläche Aussehen-Eigenschaften zuzuweisen, aktivieren Sie deren Eintrag.

Wenn Sie eine Eigenschaft im Eifer des Gefechts dem falschen
Attribut zugeordnet haben, ist es möglich, sie später an die richtige Stelle zu verschieben – siehe nächster Abschnitt.

Pinsel editieren | Haben Sie eine Pinselkontur angewendet, wird
deren Name neben dem Farbfeld eines Konturattributs angezeigt.
Ein Doppelklick auf den Eintrag öffnet die Kontur-Optionen-Dia-
logbox des Pinsels.

Effekte anwenden | Aktivieren Sie das Objekt, eine Kontur oder Fläche, und wählen Sie anschließend den gewünschten Effekt aus dem Effekt-Menü oder verwenden die Transparenz-Palette – FENSTER • TRANSPARENZ, Shortcut: ⌘/[Strg]+[⇧]+[F10] –, um die Deckkrafteinstellung oder die Füllmethode zu verändern (Transparenz siehe Kapitel 11, Effekte siehe Kapitel 12).

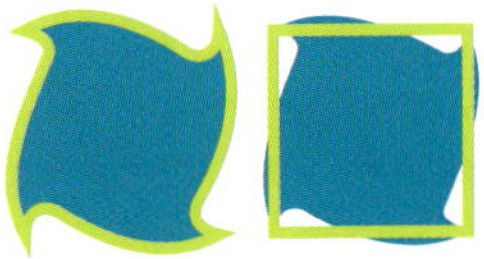

Effekte editieren | Haben Sie einem Objekt einen Effekt zugeordnet, dessen Einstellungen Sie verändern möchten, müssen Sie den Eintrag des Effekts in der Aussehen-Palette doppelklicken. Es öffnet sich die Dialogbox mit den Optionen des Effekts.

▲ **Abbildung 10.35**
Wirbel-Effekt auf das ganze Objekt (links) und auf die Fläche angewendet (rechts)

Aussehen-Attribute anordnen

So wie Sie die Einträge in der Ebenen-Palette »verschieben« können, um die Stapelreihenfolge und die Objekthierarchie zu beeinflussen, ist es möglich, fast alle Attribute in der Aussehen-Palette einem anderen Eintrag zuzuordnen.

Klicken und ziehen Sie ein Kontur-, Fläche- oder Effekt-Attribut auf eine Trennungslinie, um es an einen anderen Platz in der Stapelreihenfolge zu verschieben. Effekt-Attribute ⊘ lassen sich auf Kontur- oder Flächeneinträge ziehen, um sie speziell diesen Attributen zuzuordnen. Die Ausnahme bildet die Deckkrafteinstellung – diese müssen Sie mit Hilfe der Transparenz-Palette verändern. Möchten Sie die Transparenz des Objekts oder eines Attributs auf den Grundzustand setzen, löschen Sie den Transparenzeintrag.

▲ **Abbildung 10.36**
Fläche-Attribut ganz hinten (links) und ganz vorne (rechts)

Modifizierungsmöglichkeiten

▶ Drücken Sie ⌥/[Alt], um einen Eintrag zu duplizieren.
▶ Drücken Sie [⇧], um mehrere Einträge zu aktivieren und sie anschließend gemeinsam zu verschieben oder zu duplizieren.

Aussehen und Gruppen/Ebenen/Symbole

Die Stapelreihenfolge der Aussehen-Eigenschaften entscheidet vor allem bei Gruppen, Ebenen und Symbolen über die Wirkung der Attribute auf das Erscheinungsbild des Objekts.

Rufen Sie die Aussehen-Eigenschaften dieser Objekte auf, erscheint in der Aussehen-Palette der zusätzliche Eintrag »Inhalt« – er steht für die untergeordneten Objekte.

Die Position dieses Eintrags innerhalb des Attributstapels entscheidet darüber, ob die individuellen Objekte in einer Gruppe die Attribute überdecken, die dem Gesamtobjekt zugewiesen wurden oder umgekehrt.

Abbildung 10.37 ▶

Eine Gruppe mit unterschiedlichen Aussehen-Attributen. Achten Sie auf den Eintrag »Inhalt«

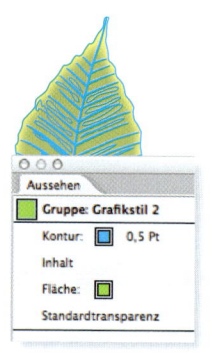

Für die Fehlersuche beim Entwurf Ihrer Aussehen-Eigenschaften gilt daher auch: Haben Sie eine Ebene oder Gruppe mit einer Kontur und Füllung versehen, die am Objekt nicht sichtbar ist, überprüfen Sie in der Aussehen-Palette, ob das Attribut sich über dem Eintrag »Inhalt« befindet, und verschieben es ggf. dorthin.

Aussehen umwandeln

Für den Export in andere Programme, eine spezielle Weiterbearbeitung oder wenn Sie beim Ausdrucken auf Probleme stoßen, kann es hilfreich sein, die komplexe Struktur der Aussehen-Eigenschaften eines Objekts auf einzelne Objekte zu verteilen und Effekte in Pfade oder sogar Pixelbilder umzurechnen.

Zu diesem Zweck dient der Befehl OBJEKT • AUSSEHEN UMWANDELN. Ist ein Objekt z.B. mit mehreren Konturen versehen, werden mehrere Objekte mit je einer Kontur erstellt. Je nach Aussehen-Attribut wirkt der Befehl anders:

▶ Einfache Konturen und Füllungen verteilt das Programm auf separate Objekte.
▶ Pinselkonturen werden in Flächen umgewandelt.
▶ Die zunächst »virtuellen« Auswirkungen derjenigen Effekte, welche die Objektform verändern, berechnet Illustrator als Formen.
▶ Einige Stilisierungseffekte, wie Schatten und Schein, werden als Pixelbild berechnet.

> **TIPP**
>
> Bei dieser Operation werden nicht automatisch alle Konturen in Flächen verwandelt. Um Konturen in Flächen umzuwandeln, verwenden Sie zusätzlich den Befehl OBJEKT • UMWANDELN...

Aussehen-Attribute vom Objekt entfernen

Um alle Eigenschaften außer den in der Grundform enthaltenen von einem Objekt zu entfernen, wählen Sie AUF GRUNDFORM REDUZIEREN aus dem Palettenmenü, oder klicken Sie den Button AUF GRUNDFORM REDUZIEREN ◕▸○.

Die Grundform besteht aus einer Kontur, einer Fläche und der Standardtransparenz. Farben für Kontur und Fläche sind nicht vorgegeben. In der Stapelreihenfolge liegt die Kontur oberhalb der Fläche. Die Standardtransparenz ist definiert als Füllmethode

NORMAL, Deckkraft 100 %, zusätzliche Optionen für Transparenz – Aussparungsgruppe, Füllmethode isolieren – sind deaktiviert (Transparenz siehe Kapitel 11).

Beim Reduzieren der Aussehen-Attribute eines Objekts, einer Gruppe oder Ebene auf die Grundform werden alle Effekte entfernt, die Transparenz auf den Standardwert gesetzt und alle Konturen und Flächen bis auf die jeweils oben liegenden gelöscht.

Aussehen löschen

Löschen Sie einzelne Aussehen-Attribute, indem Sie sie aktivieren und OBJEKT ENTFERNEN aus dem Palettenmenü wählen, den Button AUSGEWÄHLTES OBJEKT LÖSCHEN 🗑 am unteren Rand der Palette klicken oder den Eintrag auf das Symbol ziehen.

Möchten Sie alle Attribute eines Objekts löschen, wählen Sie AUSSEHEN LÖSCHEN aus dem Palettenmenü, oder klicken Sie den Button AUSSEHEN LÖSCHEN ⃠. Dabei gehen alle Attribute verloren, die Basiseigenschaften Kontur und Fläche werden auf OHNE gesetzt.

10.4 Aussehen-Eigenschaften übertragen

Möchten Sie ein Objekt genauso wie ein anderes Objekt gestalten, können Sie die Aussehen-Attribute des Musterobjekts aufrufen und in derselben Form bei dem anderen Objekt einrichten.

Illustrator bietet jedoch ein Hilfsmittel, um Eigenschaften einfacher zu übertragen: Mit der Pipette lassen sich Aussehen-Attribute »aufnehmen« und an ein anderes Objekt »weitergeben«.

Pipette ✏

Das Pipette-Werkzeug übernimmt Eigenschaften eines Objekts in die Aussehen-Palette und kann sie auf ein anderes Objekt übertragen. Nicht alle in der Aussehen-Palette aufgelisteten Eigenschaften lassen sich mit der Pipette übertragen – nur Farbe, Transparenz, Überdrucken, Kontureigenschaften, Zeichen- und Absatzformatierungen. Darüber hinaus können Sie mit der Pipette Farben aus platzierten Pixelbildern aufnehmen.

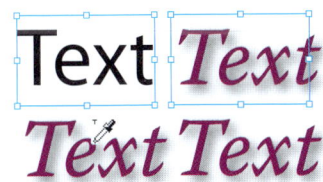

▲ **Abbildung 10.40**
Übertragen von Zeichenformatierungen mit dem Pipette-Werkzeug

Attribute übernehmen | Um Eigenschaften eines anderen Objekts zu übernehmen, gehen Sie wie folgt vor:

1. Aktivieren Sie das oder die Objekte, deren Eigenschaften Sie verändern wollen.
2. Wählen Sie das Pipette-Werkzeug oder drücken Sie ⌨ I .
3. Klicken Sie mit dem Pipetten-Cursor ✏ auf das Objekt, dessen Eigenschaften Sie übernehmen möchten.

▲ **Abbildung 10.41**
Objekteigenschaften übertragen

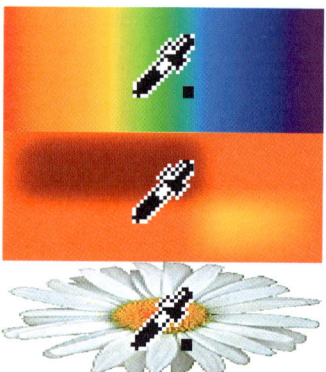

▲ **Abbildung 10.42**
Aus Verläufen können Farben nur im RGB-Modus aufgenommen werden – bei platzierter Rastergrafik hängt es vom Farbmodus ab.

Attribute auf mehrere Objekte übertragen | So übertragen Sie Eigenschaften von einem Objekt auf andere Objekte:

1. Wählen Sie die Pipette.
2. Klicken Sie mit dem Pipetten-Cursor 🖊 auf das Objekt, dessen Eigenschaften Sie aufnehmen möchten.
3. Drücken und halten Sie ⌥/ Alt – der Pipetten-Cursor verändert sich in eine spiegelverkehrte Form 🖌 –, und klicken Sie auf das oder nacheinander auf die Objekte, denen Sie die aufgenommenen Eigenschaften übertragen möchten.

Farbe aufnehmen | Sie können auch nur eine Farbe aufnehmen – das kann die Farbe einer Kontur, einer Fläche, eine Farbe aus einer bestimmten Stelle eines Verlaufs oder eine Farbe aus einer platzierten Rastergrafik sein – und sie für die Füllung oder Kontur eines aktivierten Objekts übernehmen. Gehen Sie wie folgt vor, um nur die Farbe aufzunehmen und zu übertragen:

1. Aktivieren Sie das Objekt, das die Farbe erhalten soll.
2. Aktivieren Sie in der Werkzeugpalette das Farbauswahlfeld KONTUR oder FLÄCHE – je nachdem, auf welche der beiden Sie die Farbe übertragen möchten.
3. Wählen Sie die Pipette.
4. Halten Sie ⇧ und klicken Sie mit dem Pipetten-Cursor 🖊 auf die Farbe, die Sie übertragen möchten. Beim Klick »füllt« sich der Cursor mit Farbe – zeigt er außerdem ein kleines Quadrat 🖊, so heißt dies, dass die Farbe nur im RGB-Modus aufgenommen werden konnte und daher in den Farbmodus des Dokuments konvertiert wurde. Die angewendete stimmt also nicht ganz exakt mit der aufgenommenen Farbe überein.

Ist kein Objekt aktiv, dann werden die Eigenschaften des mit der Pipette angeklickten Objekts zur Voreinstellung für das nächste Objekt. Klicken Sie mit der Pipette ein eingesetztes Pixelbild an, wird die Farbe des angeklickten Pixels in das aktivierte Farbauswahlfeld der Werkzeugpalette übernommen.

Optionen | Per Doppelklick auf das Pipette-Werkzeug in der Werkzeugpalette erreichen Sie die Optionen. Hier stellen Sie ein, welche Eigenschaften aufgenommen und welche auf andere Objekte übertragen werden.

Außerdem können Sie die Genauigkeit des Farbaufnahme-Werkzeugs für Pixelbilder einstellen: Es nimmt entweder exakt die Farbe des angeklickten Pixels auf oder bildet einen Durchschnitt aus den Farben der Umgebungspixel.

▲ **Abbildung 10.43**
Pipettengenauigkeit: Rot: 1 Pixel, Blau: 3 x 3 Pixel, Grün: 5 x 5 Pixel

10.5 Aussehen-Eigenschaften speichern

Die Möglichkeit, Aussehen-Attribute zu übertragen, erleichtert die Arbeit ein wenig. Weitaus effektiver gestaltet sich die Vorgehensweise, wenn Sie Aussehen-Eigenschaften mit Hilfe eines Grafikstils zusammenfassen.

Grafikstile

In einem Grafikstil speichern Sie eine Zusammenstellung von Aussehen-Eigenschaften, damit diese für zukünftige Objekte einfach wiederverwendbar sind. Mit Hilfe eines Grafikstils können Sie alle Einstellungen, die Sie vorher mühsam nacheinander in der Aussehen-Palette vorgenommen haben, in einem Schritt auf ein Objekt anwenden. Das spart Ihnen nicht nur Arbeit, sondern wahrt auch ein exakt einheitliches Aussehen, wo dies nötig ist.

Wenn Sie Grafikstile auf Objekte anwenden, behalten diese die Verbindung zum Grafikstil, so dass Änderungen an der Definition des Stils an allen Objekten übernommen werden, die diesen Stil verwenden. Grafikstile können Sie wie Farbfelder nicht nur innerhalb einer Datei, sondern mittels Bibliotheken auch über Dokumente hinweg verwenden. Grafikstile werden mit der Grafikstile-Palette verwaltet und angewendet. Wählen Sie FENSTER • GRAFIKSTILE – Shortcut ⬆+F5 – um die Palette aufzurufen.

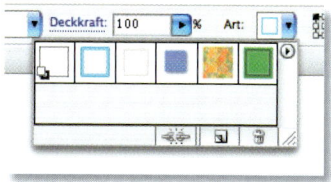

▲ **Abbildung 10.44**
Grafikstile in der Steuerungspalette

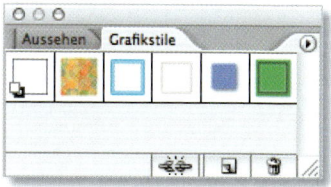

▲ **Abbildung 10.45**
Grafikstile-Palette

Anzeige-Optionen der Palette

Die Darstellungsart und Sortierung der Grafikstile-Palette wählen Sie aus dem Menü.

▶ **Miniaturen:** Voreingestellt zeigt die Grafikstile-Palette die Einträge in Reihen nebeneinander als Miniaturen an.
▶ **Kleine/Große Liste:** Wählen Sie KLEINE oder GROSSE LISTE, um die Grafikstile in Listenform untereinander darzustellen.
▶ **Nach Name sortieren:** In der Listen-Ansicht der Palette lassen sich die Einträge nach ihrem Namen sortieren.

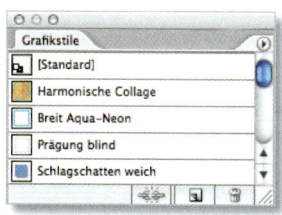

▲ **Abbildung 10.46**
Darstellung als KLEINE LISTE

Grafikstil zuweisen

Möchten Sie einem Objekt einen Grafikstil zuweisen, aktivieren Sie das Objekt bzw. wählen Sie eine Ebene als Ziel aus, und einen Stil aus der Grafikstile-Palette, einer Grafikstile-Bibliothek oder aus der Steuerungspalette unter ART.

Grafikstil und Textobjekte | Beim Anwenden eines Grafikstils auf ein Textobjekt haben Sie die Wahl, ob die Original-Schriftfarbe erhalten bleibt oder der Grafikstil die Schriftfarbe bestimmen soll. Aktivieren Sie die Option ZEICHENFARBE ÜBERSCHREIBEN im Palettenmenü, damit der Grafikstil die Schriftfarbe bestimmt.

▲ **Abbildung 10.47**
Zeichenfarbe überschreiben (rechts)

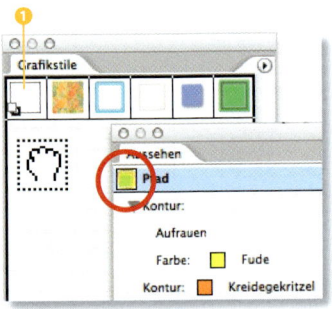

▲ **Abbildung 10.48**
Erstellen eines Grafikstils durch Ziehen der Miniatur aus der Aussehen-Palette in die Grafikstil-Palette

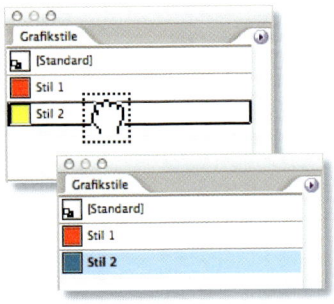

▲ **Abbildung 10.49**
Ersetzen Sie einen Grafikstil, wird nur der betreffende Eintrag hervorgehoben – nicht die gesamte Palette wie beim Erstellen eines neuen Grafikstils.

Grafikstil vom Objekt entfernen

Einen Grafikstil entfernen Sie vom Objekt, indem Sie dem Objekt den Stil [STANDARD] ❶ zuweisen. Damit werden alle Aussehen-Eigenschaften gelöscht, und das Objekt erhält die Grundattribute.

Verbindung lösen

Möchten Sie die Verbindung zwischen Objekt und Grafikstil lösen, klicken Sie den Button VERBINDUNG MIT GRAFIKSTIL AUFHEBEN ⚓. Alternativ verändern Sie eines der Aussehen-Attribute des Objekts. Das Objekt behält die Aussehen-Eigenschaften, wird aber nicht mehr aktualisiert, wenn Sie die Grafikstil-Definition editieren.

Grafikstil erstellen

Um einen neuen Grafikstil zu erstellen, richten Sie zunächst die Aussehen-Attribute ein, oder aktivieren Sie ein Objekt, das diese Attribute besitzt. Wählen Sie NEUER GRAFIKSTIL… aus dem Palettenmenü, oder klicken Sie auf den Button NEUER GRAFIKSTIL ▣.

Wenn Sie einen neuen Grafikstil aus den Eigenschaften eines aktivierten Objekts erstellen, wird der neue Stil diesem Objekt automatisch zugeordnet.

Modifikationsmöglichkeit

▸ Drücken Sie ⌥/[Alt] und klicken den Button NEUER GRAFIKSTIL ▣, um die Optionen-Dialogbox aufzurufen.

Grafikstil duplizieren

Erzeugen Sie die Kopie eines vorhandenen Grafikstils, indem Sie diesen aktivieren und GRAFIKSTIL DUPLIZIEREN aus dem Menü wählen oder auf den Button NEUER GRAFIKSTIL ▣ klicken.

Grafikstil-Optionen

In den Grafikstil-Optionen haben Sie die Möglichkeit, dem Grafikstil einen Namen zu geben. Doppelklicken Sie den Grafikstil in der Palette, oder wählen Sie GRAFIKSTIL-OPTIONEN… aus dem Palettenmenü.

Attribute eines Grafikstils ändern

Einzelne Attribute eines Grafikstils können Sie nicht ändern. Es ist nur möglich, den gesamten Stil durch einen neuen zu ersetzen, der die geänderten Attribute enthält.
Sie haben verschiedene Möglichkeiten:

▸ **Grafikstil durch Grafikstil ersetzen:** Um einen Grafikstil durch einen anderen Grafikstil zu ersetzen, drücken Sie ⌥/[Alt] und ziehen in der Grafikstil-Palette den gewünschten Eintrag auf den Stil, den Sie ersetzen möchten. Mit dieser Methode lassen sich unterschiedliche, bereits an Objekten angewendete Aussehen-Attribute vereinheitlichen.

▶ **Mit Aussehen-Miniatur neu definieren:** Ändern Sie die Attribute an einem Objekt, oder aktivieren Sie ein Objekt, das die nötigen Attribute besitzt. Drücken Sie ⌥/Alt, und ziehen Sie die Miniatur aus der Aussehen-Palette auf den zu ersetzenden Grafikstil.

▶ **Palettenmenü Aussehen-Palette:** Aktivieren Sie den Grafikstil, der ersetzt werden soll, sowie ein Objekt, das die neuen Attribute besitzt. Wählen Sie GRAFIKSTIL NEU DEFINIEREN aus dem Palettenmenü der Aussehen-Palette.

Grafikstile kombinieren

Möchten Sie einen neuen Grafikstil erstellen, der die Attribute mehrerer bestehender Stile in sich vereint, können Sie sie mit einem Menübefehl zusammenfügen. Da der neue Stil die Aussehen-Attribute der zusammengefügten Grafikstile in der Reihenfolge enthält, die sie in der Palette hatten, ordnen Sie die Stile gegebenenfalls an.

Aktivieren Sie die betreffenden Grafikstile anschließend in der Palette – drücken Sie ⌘/Strg, um nicht direkt aufeinander folgende Einträge auszuwählen.

Rufen Sie dann GRAFIKSTILE ZUSAMMENFÜGEN aus dem Menü der Grafikstile-Palette auf. Geben Sie dem neuen Stil in der Dialogbox einen Namen.

Grafikstil löschen

Einen Grafikstil löschen Sie, indem Sie ihn aktivieren und GRAFIKSTIL LÖSCHEN aus dem Palettenmenü wählen oder den Button GRAFIKSTIL LÖSCHEN 🗑 klicken. Bestätigen Sie die Dialogbox mit OK. Möchten Sie die Abfrage umgehen, ziehen Sie den Eintrag oder die Miniatur auf den Button.

Falls der Grafikstil auf Objekte angewendet war, behalten diese Objekte die Aussehen-Attribute, es besteht jedoch keine Verknüpfung mehr mit einem Grafikstil.

Grafikstil-Bibliotheken verwenden

Zusätzlich zu den Grafikstilen, die Sie in der Palette vorfinden, wurden bei der Installation des Programms weitere Grafikstile in Bibliotheken abgelegt. Diese rufen Sie im Menü FENSTER • GRAFIKSTIL-BIBLIOTHEKEN auf oder mit GRAFIKSTIL-BIBLIOTHEK ÖFFNEN aus dem Menü der Grafikstile-Palette. Wie alle Bibliotheken werden auch diese in einem eigenen Fenster geöffnet.

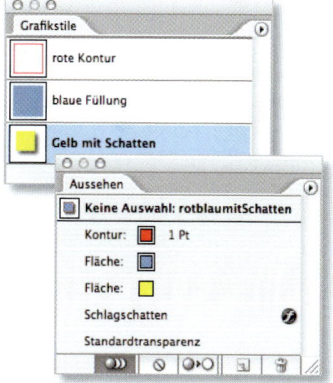

▲ **Abbildung 10.50**
Kombination der drei Grafikstile (oben) ergibt das Aussehen (unten).

> **TIPP**
>
> Möchten Sie die Palette »aufräumen«, verwenden Sie den Befehl ALLE UNBENUTZTEN AUSWÄHLEN aus dem Palettenmenü, um automatisch alle Grafikstile zu aktivieren, die Sie keinem Objekt zugewiesen haben. Anschließend löschen Sie diese Stile.

Sobald Sie einen Grafikstil aus der Bibliothek an einem Objekt anwenden, wird er in die Grafikstile-Palette übernommen.

Grafikstil in die Palette übernehmen | Möchten Sie einen Grafikstil in die Grafikstile-Palette kopieren, ohne ihn anzuwenden, ziehen Sie seine Miniatur aus der Bibliothek-Palette in die Grafikstile-Palette.

Grafikstile aus Illustrator-Datei laden | Um Grafikstile aus einem anderen Illustrator-Dokument als Bibliothek zu öffnen, wählen Sie Grafikstil-Bibliothek öffnen • Andere Bibliothek... aus dem Palettenmenü und öffnen die gewünschte Datei.

Grafikstil-Bibliotheken erstellen

Wenn Sie die Grafikstile des aktuellen Dokuments in anderen Dokumenten verwenden oder weitergeben möchten, speichern Sie sie als Bibliothek. Stellen Sie zunächst in der Grafikstile-Palette die benötigten Stile zusammen, und löschen Sie die Stile, die Sie nicht brauchen.

Wählen Sie anschließend Grafikstil-Bibliothek speichern... aus dem Palettenmenü. Als Speicherort schlägt Illustrator den Ordner Adobe Illustrator CS2 • Vorgaben • Stile vor. Sichern Sie die Datei dort, wird Ihre Bibliothek im Grafikstil-Bibliothek-Menü angezeigt.

Schritt für Schritt: Kartengrafik

1 Vorlage importieren und Vorlagenebene einrichten
Wählen Sie Datei • Platzieren..., und selektieren Sie die Vorlagendatei »Strassenplan-fertig.ai« von der DVD. Aktivieren Sie die Option Vorlage in der Dialogbox, damit automatisch eine Vorlagenebene für die Grafik erzeugt wird.

2 Ebenen für Grafik definieren
Richten Sie die weiteren benötigten Ebenen ein. Es müssen mindestens je eine Ebene für Landkartenelemente, die Autobahnen und die Bundesstraßen vorhanden sein.

Legen Sie sich außerdem eine Ebene an, auf der Sie alle Texte unterbringen, das erleichtert das Auswählen der Texte zu Formatierungszwecken.

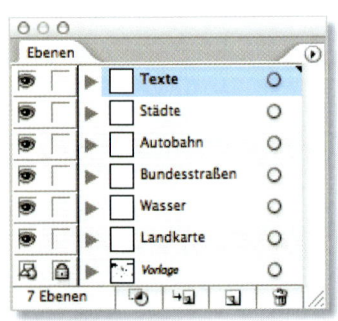

▲ **Abbildung 10.51**
Ebenenstruktur der Grafik

3 Erste Objekte nachzeichnen

Ob Sie erst die benötigten Farbfelder einrichten oder mit dem Zeichnen der Objekte beginnen, ist davon abhängig, ob ein Designkonzept für Karten besteht oder dieses beim Erstellen der Grafik entwickelt wird.

In der Übung beginnen Sie mit dem Nachzeichnen der Landkarten-Elemente: Wasserflächen und Stadtumriss. Den Oberlauf des Flusses sollten Sie zunächst als einen Pfad mit einer starken Kontur anlegen und erst dann in eine Fläche umwandeln, wenn Sie mit dem Flussverlauf zufrieden sind und dessen Stärke an das Design Ihrer Karte angepasst haben.

▲ **Abbildung 10.52**
Der Flusslauf ist zunächst nur eine Kontur.

Wenn Sie sich über die endgültige Größe und das Seitenverhältnis Ihrer Karte nicht sicher sind, ist es sinnvoll, die Grundfläche etwas großzügiger anzulegen und gegebenenfalls später mit Schnittmasken zu beschneiden.

Legen Sie einige Autobahnen und Bundesstraßen auf den jeweiligen Ebenen als Linien an. Wenn Ihnen die bereits erstellten Elemente im Weg sind, verstecken Sie sie, indem Sie in der Sichtbarkeitsspalte der Ebenen-Palette das zum Element oder zur Ebene gehörige Auge-Symbol 👁 klicken.

4 Aussehen-Eigenschaften bestimmen

Verwenden Sie die bereits vorhandenen Straßen, um deren Optik zu entwerfen. Den Straßen werden Sie die in Plänen übliche Kennzeichnung geben – damit Sie die Konturstärken zum Design passend anlegen können, benötigen Sie die Beispielstraßen.

▲ **Abbildung 10.53**
Aussehen-Eigenschaften der Straßen: in der Grafik und dargestellt in der Aussehen-Palette (Mitte und rechts)

Aktivieren Sie eine der »Autobahnen« und weisen ihr eine weiße Kontur in der Stärke von 8 Pt zu, erzeugen Sie anschließend mit der Aussehen-Palette eine weitere Kontur, die Sie 100 % Cyan einfärben, Stärke 6 Pt und noch eine dritte Kontur – weiß, 0,5 Pt. Wählen Sie eine »Bundesstraße« aus und weisen ihr eine schwarze Kontur in 5 Pt zu, erzeugen Sie eine zweite Kontur und weisen Ihr das Farbfeld »Sonnenschein« in der Stärke 3 Pt zu.

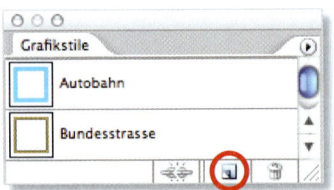

▲ **Abbildung 10.54**
Grafikstil erzeugen

▲ **Abbildung 10.55**
Kreuzungen

Abbildung 10.56 ▶
Pfade für die Angleichungsgruppen und die Flächen (links), Angleichungsgruppen erstellt und gefüllte Flächen (rechts)

5 **Grafikstile einrichten und zuweisen**

Um die Eigenschaften zukünftig einfacher zuweisen zu können, richten Sie Grafikstile ein. Aktivieren Sie ein Straßenobjekt, drücken Sie ⌥/⟨Alt⟩ und klicken den Button NEUER GRAFIKSTIL ⬛ in der Grafikstile-Palette. Geben Sie dem Stil einen aussagekräftigen Namen. Verfahren Sie genauso mit dem anderen Straßenobjekt.

Erstellen Sie die Pfade für die restlichen Straßen auf den entsprechenden Ebenen. Anschließend aktivieren Sie jeweils alle Objekte auf einer Ebene, indem Sie in die Auswahlspalte der Ebene in der Ebenen-Palette klicken. Löschen Sie alle den einzelnen Pfaden zugewiesenen Aussehen-Eigenschaften, indem Sie den Button AUSSEHEN LÖSCHEN ⊘ in der Aussehen-Palette klicken. Gruppieren Sie die ausgewählten Pfade, wählen Sie die Gruppe als Ziel aus, und weisen Sie der Gruppe einen der eben erzeugten Grafikstile zu. So werden Straßenkreuzungen fast »von selbst« erzeugt.

6 **Zeichnung ausarbeiten**

Jetzt erstellen Sie die Städte und zugehörigen Städtenamen. Zum Abschluss fehlt noch die Hintergrundgestaltung der Fläche. Sie ist vor allem durch den unregelmäßigen Verlauf gekennzeichnet, der den Raum der Metropolregion begrenzt.

Damit Sie ungestört arbeiten können, blenden Sie alle Ebenen bis auf Vorlage, Fluss und Hintergrund aus. Definieren Sie zwei Farbfelder für die Hintergrundgestaltung: Beige C5/M10/Y35 und Blau C12/M8/Y6.

Die Verläufe erstellen Sie als Überblendung zwischen jeweils zwei Pfaden. Beginnen Sie mit der Erstellung dieser beiden Pfade. Setzen Sie die Anfangs- und Endpunkte so, dass Sie die durch die Überblendung entstehende Kante später mit anderen Flächen überdecken können. Weisen Sie den Konturen dieser Pfade die eben erstellten Farbfelder zu.

Bevor Sie die Pfade überblenden, zeichnen Sie die Umrisse der beigen Fläche – diese erstellen Sie in zwei Teilen: ober- und unterhalb des Flusses.

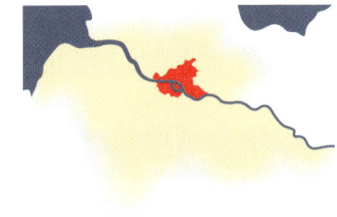

Anschließend bilden Sie die Angleichungen – aktivieren Sie jeweils die zusammengehörigen Pfade und wählen OBJEKT • ANGLEI-CHUNG • ERSTELLEN.

Füllen Sie anschließend die beiden Flächen mit dem Farbfeld Beige, und ordnen Sie sie in der Stapelreihenfolge unter die Angleichungen. Die südliche beige Fläche und deren Angleichung liegt über dem nördlichen Paar.

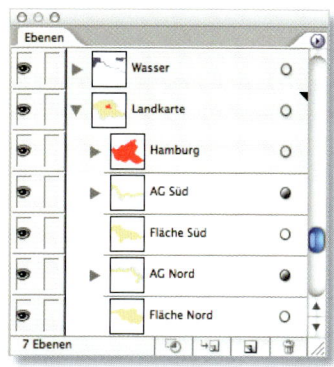

▲ **Abbildung 10.57**
Stapelreihenfolge der Objekte

7 Beschneiden

Blenden Sie jetzt alle Ebenen ein, deren Objekte beschnitten werden müssen. Wandeln Sie den »Fluss« in eine Fläche um, und verwenden Sie die Pathfinder-Palette (siehe Kapitel 9), um die Fläche den anderen Wasserflächen hinzuzufügen.

Erstellen Sie ein Rechteck in der passenden Größe über allen Objekten. Aktivieren Sie das Rechteck und die zu beschneidenden Objekte, indem Sie in der Ebenen-Palette jeweils in die Auswahl-spalte klicken. Wählen Sie OBJEKT • SCHNITTMASKE • ERSTELLEN – Shortcut ⌘/Strg + 7.

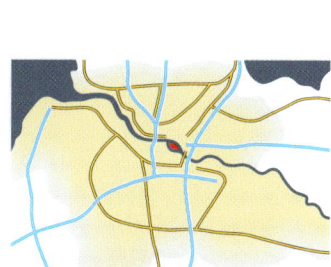

▲ **Abbildung 10.58**
Von links: Anpassen der Schnittmaske, nach Erstellen des Schnittsatzes, An-ordnen der Ebenen und Zuweisen der Fläche

Die Objekte sind in der falschen Reihenfolge, verschieben Sie die Ebene mit dem Stadtumriss an die richtige Stelle unterhalb der Wasserfläche. Wählen Sie das Maskenobjekt als Ziel aus, und weisen Sie ihm das blaue Farbfeld als Fläche zu.

Blenden Sie alle Beschriftungen ein, und speichern Sie die Gra-fik unter einem neuen Namen.

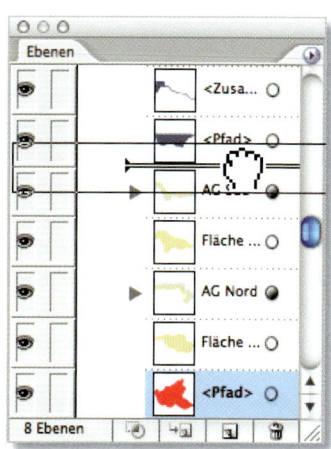

▲ **Abbildung 10.59**
Stadtumriss verschieben

11   Transparenzen und Masken

Transparenzen begegnen Sie in Illustrator an vielen Stellen – vielleicht sogar, ohne es zu merken. Natürlich arbeiten Sie mit Transparenz, wenn Sie mit der Transparenz-Palette die Deckkraft eines Objekts reduzieren, eine Füllmethode oder eine Deckkraftmaske zuweisen. Aber auch einige Live-Effekte wie Schatten, Schein und Weichzeichner beruhen auf Transparenzen. Und da die Transparenz zu den Aussehen-Eigenschaften eines Objekts gehört, können auch Grafikstile, Pinselspitzen und Symbole Transparenzen enthalten.

Transparenzen sind im Nu eingerichtet, sie können jedoch beim Drucken und Exportieren Probleme bereiten, daher sollten Sie sich auch mit der Ausgabe von Transparenzen näher befassen.

Dokumente und Transparenz

Anders als in Bildbearbeitungssoftware ist in Vektorgrafikprogrammen die Zeichenfläche insgesamt transparent. Das merken Sie u.a. dann, wenn Sie eine Illustrator-Datei in einem Layout platzieren: Außerhalb der Fläche des Objekts sehen Sie den Hintergrund.

Die Transparenz in einem Illustrator-Dokument können Sie sich anzeigen lassen, indem Sie FENSTER • TRANSPARENZRASTER EINBLENDEN wählen – Shortcut ⌘/Strg+⇧+D.

Voreingestellt besteht dieses Raster aus einem grau-weißen Karomuster, dies können Sie jedoch unter DATEI • DOKUMENTFORMAT… auf der Seite TRANSPARENZ ändern. Das Raster ist nichtdruckend und dient nur zur Bildschirmanzeige.

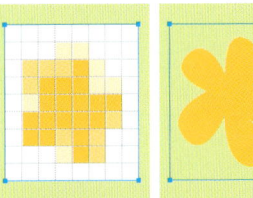

▲ **Abbildung 11.1**
Platzieren im Layout: pixelbasiertes Bild (links), Vektorgrafik (rechts)

11.1   Deckkraft und Füllmethode

Die Einstellungen für Deckkraft und Füllmethode, die Zuweisung von Deckkraftmasken und die Einstellungen der Optionen für gruppierte Objekte mit Transparenzeigenschaften nehmen Sie mit Hilfe der Transparenz-Palette vor.

▲ **Abbildung 11.2**
Transparenzraster

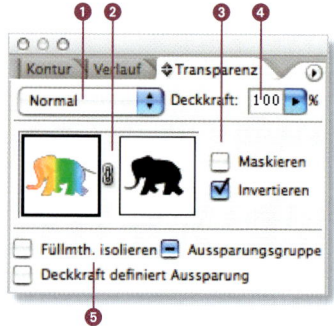

▲ **Abbildung 11.3**
Transparenz-Palette

Transparenz-Palette

Rufen Sie die Palette auf, indem Sie FENSTER • TRANSPARENZ – Shortcut ⌘/Strg+⇧+F10 – wählen. Blenden Sie die Optionen über das Palettenmenü ein, falls sie nicht sichtbar sind.

▶ FÜLLMETHODE: Die Füllmethoden ❶ bestimmen den Algorithmus, nach dem aus übereinanderliegenden Farben der Farbeindruck berechnet wird. NORMAL ist die Grundeinstellung. Alternative Füllmethoden zeigen nur dann eine Wirkung, wenn sie Objekten zugewiesen werden, die über anderen Objekten liegen. Die Auswirkungen der Füllmethoden auf die Farben werden im nächsten Abschnitt besprochen.

▶ DECKKRAFT: Durch die Deckkraft ❹ haben Sie die Möglichkeit, die Füllmethode weitergehend zu steuern, indem Sie mit einem Wert von 0 bis 100% vorgeben, welchen Anteil die Farbe eines Objekts an der Ergebnisfarbe hat. Mit der Füllmethode NORMAL und einer Deckkraft geringer als 100 % erzeugen Sie ein durchscheinendes Objekt.

Verwenden Sie die Deckkrafteinstellung nicht, um ein einfarbiges Objekt »aufzuhellen«. Zu diesem Zweck ist eine Farbton-Einstellung besser geeignet (siehe Kapitel 8).

▶ MINIATUR: In dem Miniatur-Feld ❷ wird das ausgewählte Objekt und die darauf wirkende Deckkraftmaske angezeigt – falls für das Objekt eine Maske eingerichtet ist.

▶ MASKEN-OPTIONEN: Die Einstellungen ❸ für die Deckkraftmaske sind anwählbar, sobald ein maskiertes Objekt aktiviert wurde.

▶ OPTIONEN FÜR GRUPPEN: Gruppieren Sie Objekte, denen Transparenzeinstellungen zugeordnet sind, können Sie mit den Optionen bestimmen, wie sich die Transparenzeinstellungen dieser Objekte innerhalb der Gruppe und in Bezug auf Objekte außerhalb der Gruppe auswirken.

Füllmethoden-Menü

Die Optionen im Menü FÜLLMETHODEN sind gruppiert. Nach der Option NORMAL folgen vier Gruppen, die anhand der Auswirkung der Methoden zusammengestellt sind: abdunkelnd, aufhellend, kontrastverändernd und invertierend. Die letzte Gruppe fasst Berechnungen mit Farbton, Sättigung und Luminanz zusammen, deren Auswirkungen auf die Farben der Objekte jedoch nicht vergleichbar sind.

Die Wirkung der Füllmethoden unterscheidet sich je nach dem Farbmodus des Dokuments. In der Regel sind die Auswirkungen der Füllmethoden im RGB-Modus stärker als im CMYK-Modus. Einige Füllmethoden zeigen jedoch im CMYK-Modus überhaupt keine Wirkung.

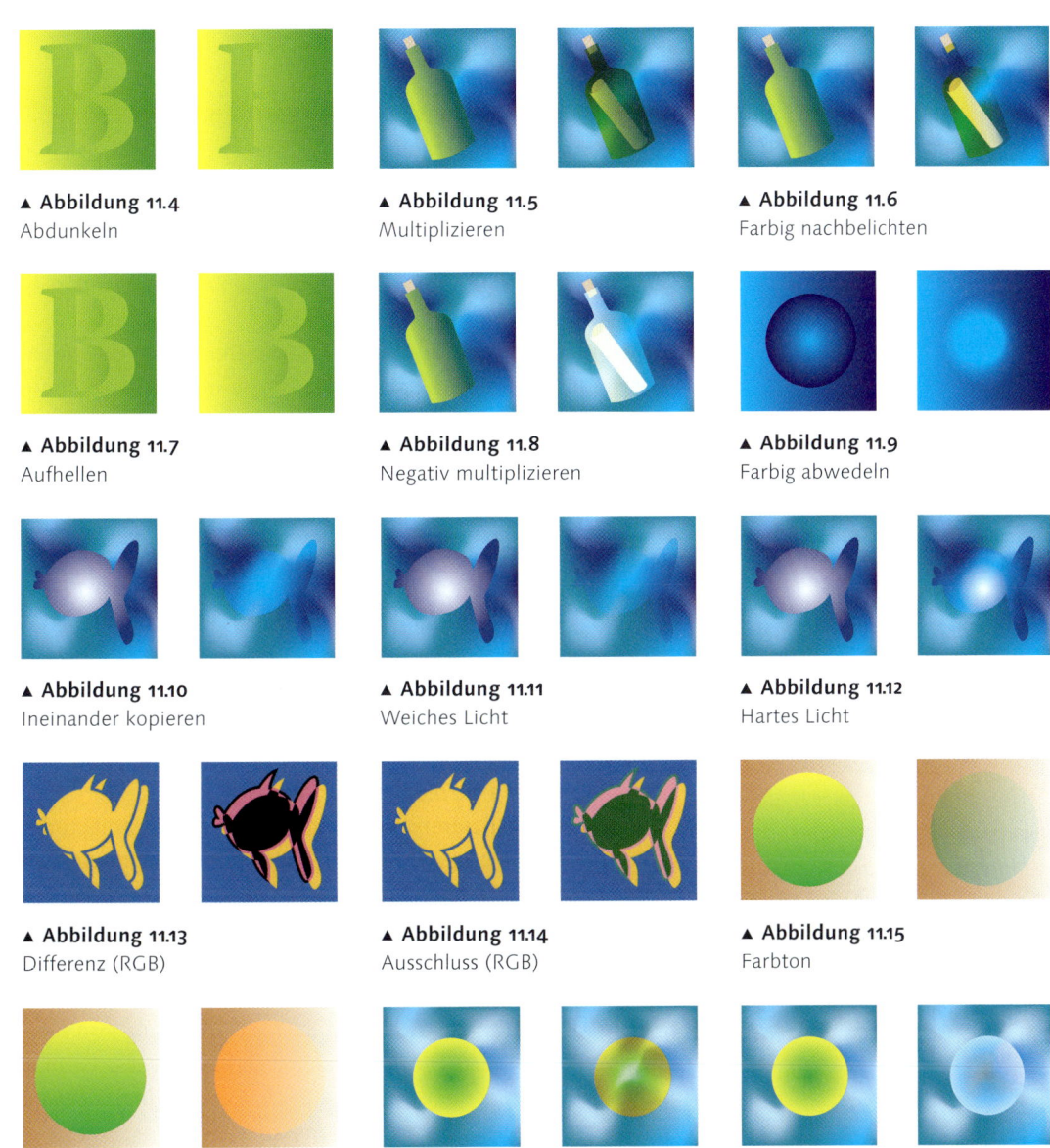

▲ **Abbildung 11.4**
Abdunkeln

▲ **Abbildung 11.5**
Multiplizieren

▲ **Abbildung 11.6**
Farbig nachbelichten

▲ **Abbildung 11.7**
Aufhellen

▲ **Abbildung 11.8**
Negativ multiplizieren

▲ **Abbildung 11.9**
Farbig abwedeln

▲ **Abbildung 11.10**
Ineinander kopieren

▲ **Abbildung 11.11**
Weiches Licht

▲ **Abbildung 11.12**
Hartes Licht

▲ **Abbildung 11.13**
Differenz (RGB)

▲ **Abbildung 11.14**
Ausschluss (RGB)

▲ **Abbildung 11.15**
Farbton

▲ **Abbildung 11.16**
Sättigung

▲ **Abbildung 11.17**
Farbe

▲ **Abbildung 11.18**
Luminanz

Bezeichnungen | Die unter dem mit einer Füllmethode versehenen Objekt liegende Farbe bezeichnet man als **Grundfarbe**.

Angleichungsfarbe nennt man die Farbe, die das mit der Füllmethode versehene Objekt ursprünglich besitzt. Flächen, auf denen ein mit einer Füllmethode versehenes Objekt andere Objekte überlappt, zeigen die **Ergebnisfarbe** (siehe Abbildung 11.19).

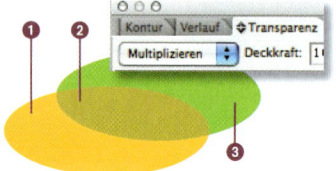

▲ Abbildung 11.19
Bezeichnungen: Grundfarbe ❶,
Angleichungsfarbe ❸, Ergebnis-
farbe ❷

Deutsch	Englisch
Normal	Normal
Abdunkeln	Darken
Multiplizieren	Multiply
Farbig nachbelichten	Color Burn
Aufhellen	Lighten
Neg. multiplizieren	Screen
Farbig abwedeln	Color Dodge
Ineinander kopieren	Overlay
Weiches Licht	Soft Light
Hartes Licht	Hard Light
Differenz	Difference
Ausschluss	Exclusion
Farbton	Hue
Sättigung	Saturation
Farbe	Color
Luminanz	Luminosity

▲ Tabelle 11.1
Füllmethoden, deutsche und englische Bezeichnungen

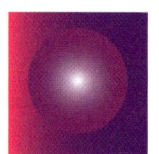 

▲ Abbildung 11.20
Spitzlicht mit der Füllmethode
HARTES LICHT

Die Füllmethoden

▶ **Normal:** Bei dieser Methode liegen die Flächen opak – deckend – übereinander. Nur die eingestellte Deckkraft kann zu einer Veränderung der Farben führen. Die Option NORMAL ist die Standard-Füllmethode für neu erstellte Objekte und Ebenen.

▶ **Abdunkeln:** Die jeweils dunklere von Grund- und Angleichungsfarbe bildet die Ergebnisfarbe. Die Farben beeinflussen sich aber nicht.

▶ **Multiplizieren:** Die Wirkung dieser Berechnung entspricht dem mehrfachen Übermalen einer Fläche mit Aquarellfarben. Die Ergebnisfarbe ist immer dunkler als die Ursprungsfarben. Das Multiplizieren mit Schwarz ergibt Schwarz, mit Weiß entsteht keine Veränderung.

▶ **Farbig nachbelichten:** Diese Füllmethode können Sie sich als eine verstärkte Multiplikation vorstellen. Je dunkler die Angleichungsfarbe, umso dunkler wird auch die Ergebnisfarbe. Weiß erzeugt keine Änderung. Im RGB-Modus hat diese Füllmethode eine wesentlich stärkere Wirkung als im CMYK-Modus. Verwenden Sie im CMYK-Modus 100 % Cyan, Magenta oder Gelb als Grundfarbe, werden diese nicht verändert.

▶ **Aufhellen:** Analog der Abdunkeln-Methode bildet hier die jeweils hellere Farbe die Ergebnisfarbe.

▶ **Negativ multiplizieren:** Wenn Sie mit zwei Diaprojektoren auf eine Fläche projizieren, entspricht das der Wirkung von NEGATIV MULTIPLIZIEREN.
Die Ergebnisfarbe ist heller als die Grundfarbe – mit der Angleichungsfarbe Schwarz bleibt die Grundfarbe erhalten, mit Weiß entsteht Weiß.

▶ **Farbig abwedeln:** Die Methode ist die Umkehrung von FARBIG NACHBELICHTEN. Die Angleichungsfarbe hellt die Grundfarbe auf, je heller sie ist, umso stärker die Wirkung. Schwarz hat keine Auswirkung auf die Grundfarbe.
Im CMYK-Modus werden 100 % Gelb, Magenta oder Cyan nicht durch die Angleichungsfarbe beeinflusst.

▶ **Ineinander kopieren:** Ist die Angleichungsfarbe heller als die Grundfarbe, verwendet Illustrator die Methode NEGATIV MULTIPLIZIEREN – ist die Angleichungsfarbe dunkler, die Methode MULTIPLIZIEREN. Die Zeichnung des Ursprungsbilds – Schatten und Spitzlichter – bleibt erhalten.

▶ **Weiches Licht:** Wie der Name sagt, entspricht die Wirkung dem Anstrahlen der Grafik mit diffusem Licht. Es ist ein abgeschwächtes INEINANDER KOPIEREN – die Grundfarben bleiben weitgehend erhalten.

▶ **Hartes Licht:** Hartes Licht simuliert das Anstrahlen des Grundbilds mit einem Scheinwerfer. Mit dieser Methode erhalten Sie die Zeichnung des Angleichungsbilds. Das Grundbild moduliert dessen Kontrast. Verwenden Sie hartes Licht z. B., um Spitzlichter und Schatten zu setzen.

▶ **Differenz:** Die beschriebene Wirkung entsteht nur im RGB-Modus. Ist die Angleichungsfarbe heller, wird die Grundfarbe invertiert, ist die Grundfarbe heller, wird die Angleichungsfarbe invertiert. Sind Grund- und Angleichungsfarbe identisch, entsteht Schwarz.

▶ **Ausschluss:** Ausschluss erzeugt eine kontrastärmere Wirkung von Differenz – wie diese aber auch nur im RGB-Modus.

▶ **Farbton:** Die Ergebnisfarbe erhält den Farbton der Angleichungsfarbe und die Sättigung der Grundfarbe. Die Helligkeit der Ergebnisfarbe entspricht dem Grauwert, der entsteht, wenn die Grundfarbe in Graustufen umgewandelt würde. Die Grundfarbe Grau wird nicht verändert.

▶ **Sättigung:** Bei dieser Methode hat die Ergebnisfarbe die Sättigung der Angleichungsfarbe, dafür Farbton und Helligkeit der Grundfarbe. Sind sowohl Grund- als auch Angleichungsfarbe »reine« Farben, erfolgt im RGB- und CMYK-Modus keine Änderung.

▶ **Farbe:** Farbton und Sättigung der Ergebnisfarbe werden von der Angleichungsfarbe übernommen. Die Helligkeit entspricht dem Grauwert der Grundfarbe.
Im RGB-Modus können Sie diese Methode verwenden, um Graustufenbilder mit überlagerten Farbflächen zu kolorieren. Im CMYK-Modus werden Grautöne als Grundfarben nicht verändert.

▶ **Luminanz:** Dies ist praktisch die Umkehrung der Füllmethode Farbe. Farbton und Sättigung der Ergebnisfarbe entsprechen den Werten der Grundfarbe. Die Helligkeit wird vom Grauwert der Angleichungsfarbe übernommen.

▲ **Abbildung 11.21**
Volltonfarben (Schmuckfarben) können Sie nicht mit allen Füllmethoden fehlerfrei verwenden. Hier (v. l. o.): Negativ multiplizieren, Aufhellen, Farbton, Luminanz

▲ **Abbildung 11.22**
Kolorieren eines Graustufenbilds

Transparenzen zuweisen

Deckkraft- und Füllmethode lassen sich auf Ebenen, Gruppen, Objekte und unabhängig voneinander auf deren Konturen und Füllungen anwenden. Einstellungen, die Sie für eine Ebene und ein Objekt vorgenommen haben, verhalten sich kumulativ. Das kann bei Füllmethoden zu unerwünschten Resultaten führen.

Möchten Sie einem Objekt oder einer Gruppe eine Transparenzeinstellung zuweisen, wählen Sie das Objekt oder die Gruppe aus und nehmen die Einstellung mit Hilfe der Transparenz-Palette vor. Zielgenauer gehen Sie vor, indem Sie die Ebenen- und die Aussehen-Palette verwenden, um Transparenzeinstellungen zu definieren (Ebenen, Aussehen siehe Kapitel 10).

HINWEIS

Die Aussehen-Palette zeigt in der Objekthierarchie vorhandene Transparenzen durch das Transparenz-Symbol ▨ an.

Gehen Sie wie folgt vor:

1. Wählen Sie das Objekt, die Gruppe oder Ebene als Ziel aus. Falls Sie die Einstellung nicht am ganzen Objekt, sondern nur an seiner Kontur oder Füllung vornehmen möchten, wählen Sie diese in der Aussehen-Palette aus.
2. Wählen Sie die Füllmethode, und/oder geben Sie eine Deckkraft in der Transparenz-Palette ein.

Objekte mit einer bestimmten Deckkraft oder Füllmethode auswählen

Alle Objekte, die eine vorgegebene oder die gleiche Deckkraft oder Füllmethode wie ein bestimmtes Objekt besitzen, wählen Sie folgendermaßen aus:

1. Aktivieren Sie ein Objekt, das die gewünschte Einstellung besitzt, oder deaktivieren Sie alle Objekte und geben die gesuchte Einstellung – Deckkraft oder Füllmethode – in der Transparenz-Palette ein.
2. Wählen Sie Auswahl • Gleich • Deckkraft bzw. Füllmethode.

Transparenz und Gruppen

Ein Objekt, das mit Transparenz versehen ist, verursacht Wechselwirkungen mit allen unter ihm liegenden Objekten. Ist das Objekt jedoch Teil einer Gruppe oder liegt es auf einer eigenen Ebene, können Sie die Wechselwirkungen einschränken.

Die Transparenz-Palette bietet die Optionen Füllmethode isolieren und Aussparungsgruppe. Aktivieren Sie die Gruppe oder wählen die Ebene als Ziel aus und verwenden anschließend die Transparenz-Palette, um die Optionen zu definieren.

Füllmethode isolieren | Aktivieren Sie diese Option, um die Wirkung der Füllmethode auf Objekte innerhalb der Gruppe oder Ebene zu beschränken. Im Beispiel Abbildung 11.23 (rechts) wird eine Multiplikation innerhalb der Gruppe der gelben Blume ausgeführt, aber beeinflusst keine anderen Objekte.

Es wird jedoch nur die Füllmethode isoliert – die Deckkrafteinstellung betrifft auch Objekte, die nicht zur Gruppe gehören.

Objekte, die in der Stapelreihenfolge über den mit einer Füllmethode versehenen Objekten liegen (wie die blaue Blume), sind von den Auswirkungen der Transparenz unbeeinflusst.

Aussparungsgruppe | Mit dieser Option lassen sich die Objekte innerhalb der Gruppe von den Berechnungen der Deckkraft und der Füllmethode ausschließen, d.h., nur Objekte außerhalb der Gruppe sind betroffen – siehe Abbildung 11.24 (rechts).

▲ **Abbildung 11.23**
Füllmethode isoliert (rechts)

▲ **Abbildung 11.24**
Aussparungsgruppe deaktiviert (links) und aktiviert (rechts)

Die Option kann einen von drei Zuständen annehmen – diese wechseln jeweils nach einem Mausklick:

▶ DEAKTIVIERT ☐: Füllmethode und Deckkraft werden auf alle Objekte innerhalb wie außerhalb der Gruppe berechnet.

▶ AKTIVIERT ☑: Die zur Gruppe gehörenden Objekte haben keine Wechselwirkungen untereinander und werden behandelt, als wären sie opak. Dies ist die Standardeinstellung für Überblendungen (Angleichungen siehe Kapitel 9).

▶ NEUTRAL ➖: Verwenden Sie die Einstellung NEUTRAL, um die Aussparungsoption einer übergeordneten Gruppe oder Ebene nicht zu beeinflussen. Bei neuen Gruppen oder Ebenen setzt Illustrator automatisch diese Einstellung.

▲ **Abbildung 11.25**
Überblendung: AUSSPARUNGS-GRUPPE aktiviert (oben)

Optionen | Beide Einstellungen lassen sich für die oberste Ebene der Objekthierarchie – also für die gesamte Seite – anwenden. Das benötigen Sie, wenn Sie Ihre Grafik in Adobe InDesign weiterverarbeiten wollen und z. B. unterbinden möchten, dass die Füllmethoden der Objekte in der Illustrator-Datei auch auf Objekte in der InDesign-Datei wirken.

Um die jeweilige Einstellung für die ganze Seite zu setzen, wählen Sie aus dem Palettenmenü ISOLIERTE FÜLLMETHODE AUF SEITE bzw. AUSSPARUNGSGRUPPE AUF SEITE.

▲ **Abbildung 11.26**
Option ISOLIERTE FÜLLMETHODE AUF SEITE (rechts)

Transparenzeinstellungen zurücksetzen

Die Transparenzeinstellungen eines Objekts sowie der übergeordneten Gruppen und Ebenen können nicht zusammen gelöscht werden. Stattdessen müssen Sie jedes einzelne Element der Objekthierarchie aktivieren bzw. als Ziel auswählen, um die Transparenzeinstellungen auf den Standardwert – Normal mit 100 % Deckkraft – zurückzusetzen. Denken Sie daran, auch die Optionen FÜLLMETHODE ISOLIEREN und AUSSPARUNGSGRUPPE anzupassen.

▲ **Abbildung 11.27**
Aussehen-Palette mit Transparenz-Symbolen

11.2 Deckkraftmasken

Eine Deckkraftmaske ermöglicht es, einem Objekt eine uneinheitliche Opazität zuzuweisen, indem ein Maskenobjekt die Deckkraft vorgibt. Dies ist vergleichbar mit Alpha-Kanälen im Bildbearbeitungs- und Video-Bereich.

Wie beim Alpha-Kanal steuert der Grauwert des Maskenobjekts die »Durchsichtigkeit« der Grafik. An den schwarzen Stellen der Maske ist das Grafikobjekt durchsichtig, an weißen Stellen deckend. Grautöne unterschiedlicher Intensität variieren die Deckkraft.

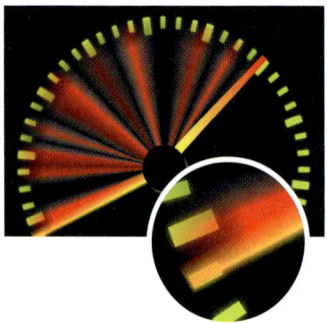

▲ Abbildung 11.28
Deckkraftmasken ermöglichen die Illustration von Transparenz auch in schwierigen Fällen.

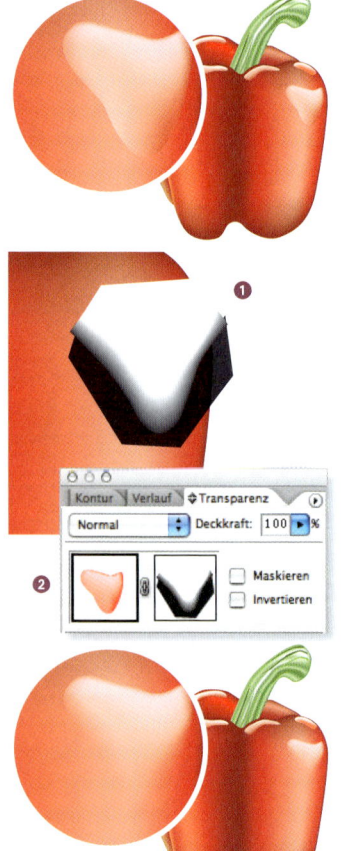

▲ Abbildung 11.29
Die Deckkraftmaske erzeugt einen weichen Übergang zwischen zwei Verlaufsgitterobjekten.

Eine Deckkraftmaske lässt sich aus allen Illustrator-Objekten herstellen, wie z.B. Textobjekten, Verlaufsgittern, platzierten Bildern sowie mit Mustern und Verläufen versehenen Objekten. Sowohl die Maske als auch die Gruppe der maskierten Objekte lässt sich jederzeit im Nachhinein editieren und ergänzen.

Deckkraftmaske erstellen

Eine Deckkraftmaske für Objekte oder Gruppen können Sie erstellen, indem Sie ein bestehendes Objekt umwandeln oder die Maske im »Maskierungsmodus« konstruieren.

Sie benötigen die Anzeige der Miniaturen in der Transparenz-Palette – wählen Sie MINIATUREN EINBLENDEN, falls sie nicht bereits angezeigt werden.

Objekt in Maske umwandeln | Dies ist der einfachste Weg, Objekte zu maskieren. Diese Methode müssen Sie außerdem wählen, wenn Sie mehrere Elemente zusammen mit einer Maske versehen möchten. Gehen Sie wie folgt vor:

1. Um eine Kombination mehrerer Objekte als Maske zu verwenden, müssen diese zunächst gruppiert werden. Denn nur einzelne Objekte oder Gruppen lassen sich in ein Maskenobjekt umwandeln.
   Die Maske aus Abbildung 11.29 besteht aus drei Objekten: einer schwarzen und einer weißen Fläche sowie einem Angleichungsobjekt – alle sind miteinander gruppiert.
2. Positionieren Sie das Maskenobjekt an die gewünschte Stelle in der Stapelreihenfolge über das oder die zu maskierenden Objekte ❶. Das Maskenobjekt muss nicht auf derselben Ebene liegen wie das maskierte Objekt.
3. Aktivieren Sie das Maskenobjekt und das oder die zu maskierenden Objekte.
4. Wählen Sie DECKKRAFTMASKE ERSTELLEN aus dem Menü der Transparenz-Palette ❷. In der Ebenen-Palette wird das maskierte Objekt durch eine gestrichelte Unterstreichung gekennzeichnet.

Leere Maske für Objekte oder Ebenen erstellen | Wenn Sie eine Ebene mit einer Deckkraftmaske versehen möchten, müssen Sie diese Methode verwenden. Sie können aber auch Einzelobjekte auf diese Art mit einer Maske versehen. Und so geht's:

1. Falls Sie bereits ein Maskenobjekt vorbereitet haben, kopieren Sie es in die Zwischenablage oder schneiden es aus.
2. Aktivieren Sie ein einzelnes Objekt oder eine Gruppe, bzw. wählen Sie das zu maskierende Objekt, die Gruppe oder Ebene in der Ebenen-Palette als Ziel aus (Ziel-Auswahl s. Kapitel 10).

3. Wählen Sie DECKKRAFTMASKE ERSTELLEN aus dem Menü der Transparenz-Palette, oder doppelklicken Sie den Platz rechts neben der Objekt-Miniatur. Illustrator erzeugt eine leere Maske. Mit einem Klick auf die Masken-Miniatur wechseln Sie in den Maskierungsmodus.

Der Modus wird im Titelbalken durch den hinter dem Dateinamen angehängten Begriff <DECKKRAFTMASKE> und durch die Umrandung der Masken-Miniatur in der Transparenz-Palette angezeigt. In der Ebenen-Palette steht nur eine Ebene zur Verfügung – sie ist als <DECKKRAFTMASKE> gekennzeichnet.

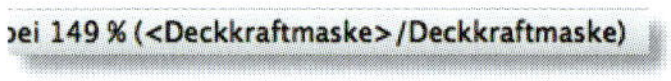

4. Erstellen Sie die Maske mit Illustrators Werkzeugen, oder fügen Sie das vorbereitete Maskenobjekt aus der Zwischenablage ein.

5. Beenden Sie den Maskierungsmodus mit einem Klick auf die Miniatur des maskierten Objekts. In der Ebenen-Palette erkennen Sie das maskierte Objekt an der gestrichelten Unterstreichung.

Verknüpfung von Objekt und Deckkraftmaske

Die Miniatur eines Maskenobjekts wird neben der Miniatur des maskierten Objekts in der Transparenz-Palette angezeigt. Voreingestellt sind Objekt und Maske miteinander verknüpft – dies erkennen Sie an dem Ketten-Symbol 🔗 zwischen den beiden Miniaturen. Die Verknüpfung bedingt, dass das Maskenobjekt transformiert wird, wenn Sie das maskierte Objekt drehen, skalieren, spiegeln oder verbiegen.

Umgekehrt ist das nicht der Fall – wenn Sie im Maskierungsmodus die Maske transformieren, bleibt das maskierte Objekt davon unbeeinflusst.

Klicken Sie auf das Ketten-Symbol 🔗, oder wählen Sie DECKKRAFTMASKENVERKNÜPFUNG AUFHEBEN aus dem Palettenmenü, um die Verknüpfung zwischen Maske und maskiertem Objekt zu lösen. Die Maske bleibt dann in ihrer Position, wenn Sie das maskierte Objekt bearbeiten. Klicken Sie erneut zwischen die Miniaturen, oder wählen Sie DECKKRAFTMASKE VERKNÜPFEN aus dem Palettenmenü, um die Verknüpfung wieder einzurichten.

Freistellungsoption (Maskieren)

Eine neue Deckkraftmaske richtet Illustrator standardmäßig so ein, dass das Maskenobjekt nicht nur über seinen Grauwert die Opazität des maskierten Objekts bestimmt, sondern dass es durch die Außenform des Maskenobjekts gleichzeitig freigestellt wird. Zu erkennen ist dies am schwarzen Hintergrund der Masken-Miniatur.

▲ **Abbildung 11.30**
Anzeige des Maskierungsmodus im Titelbalken

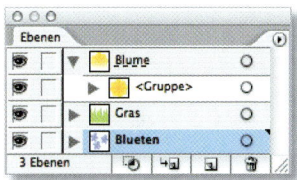

▲ **Abbildung 11.31**
Ebenen-Palette im Maskierungsmodus

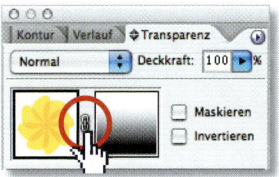

▲ **Abbildung 11.32**
Die Ebene »Blume« ist mit einer Deckkraftmaske versehen, zu erkennen an der gestrichelten Unterstreichung.

▲ **Abbildung 11.33**
Deckkraftmaskenverknüpfung aufheben

▲ **Abbildung 11.34**
Originalobjekte und Maske (oben), MASKIEREN aktiviert (unten links) bzw. deaktiviert (unten rechts)

Möchten Sie die Deckkraftmaske nicht als Freistellungsmaske verwenden, deaktivieren Sie die Option MASKIEREN in der Transparenz-Palette.

Illustrators Verhalten, eine neue Deckkraftmaske als Freistellmaske zu verwenden, können Sie ausschalten. Deaktivieren Sie dafür im Palettenmenü die Option NEUE DECKKRAFTMASKEN SIND SCHNITTMASKEN. Die Option ist programmbezogen, Illustrator verwendet sie also für jedes neue sowie für bestehende Dokumente, die Sie öffnen.

Deckkraftmaske invertieren

Möchten Sie die Maske umkehren, d. h., Bereiche maskieren, die sichtbar sind, und verborgene Bereiche anzeigen, aktivieren Sie die Option INVERTIEREN in der Transparenz-Palette. Die Option kehrt die Helligkeitswerte der Maske um. Die Maske selbst wird nicht verändert, daher können Sie ihr normales Verhalten wieder herstellen, indem Sie die Option deaktivieren.

Möchten Sie die Invertierung für jede neue Maske automatisch aktivieren, wählen Sie die Option NEUE DECKKRAFTMASKEN SIND INVERTIERT aus dem Palettenmenü.

Freistellung und Schrift | Verwenden Sie schwarze Schrift als Deckkraftmaske, ist das maskierte Objekt zunächst unsichtbar. Das erwartete Verhalten der Textmaske erreichen Sie, indem Sie sowohl INVERTIEREN als auch MASKIEREN aktivieren.

Deckkraftmaske bearbeiten

Wenn Sie die Maske eines Objekts bearbeiten möchten, aktivieren Sie das maskierte Objekt bzw. wählen es in der Ebenen-Maske als Ziel aus. In der Transparenz-Palette klicken Sie auf die Masken-Miniatur, um in den Deckkraftmasken-Modus zu wechseln. In diesem Modus lassen sich Maskenobjekte editieren und neue Objekte zur Maske hinzufügen.

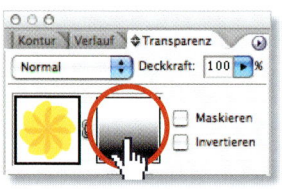

▲ **Abbildung 11.35**
In den Deckkraftmasken-Modus wechseln

Modifikationsmöglichkeiten

▶ Drücken Sie ⌥/Alt und klicken auf die Masken-Miniatur, um nur das Maskenobjekt auf der Zeichenfläche anzuzeigen.
▶ Wählen Sie ANSICHT • PFADANSICHT – Shortcut ⌘/Strg+Y, um den Vorschaumodus zu verlassen.

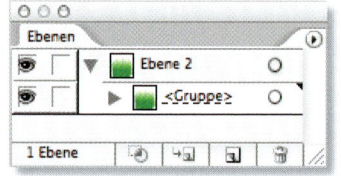

▲ **Abbildung 11.36**
Anzeige einer maskierten Gruppe in der Ebenen-Palette

Maskengruppe bearbeiten und ergänzen

Mehrere mit einer gemeinsamen Deckkraftmaske versehene Objekte werden beim Erstellen der Maske gruppiert. Einzelne Objekte aus dieser Gruppe müssen Sie mit dem Direktauswahl-,

Gruppenauswahl-Werkzeug oder dem Lasso aktivieren, um sie zu bearbeiten.

Möchten Sie die Maskierungsgruppe um weitere Objekte ergänzen, haben Sie zwei Möglichkeiten:

▶ Erstellen Sie zunächst die neuen Objekte an den gewünschten Positionen, und verwenden Sie anschließend die Ebenen-Palette, um diese Objekte in die Gruppe an die passende Position im Objektstapel zu verschieben (Ebenen siehe Kapitel 10).

▶ Doppelklicken Sie die maskierte Gruppe auf der Zeichenfläche, um sie zu »isolieren«. Ein grauer Rahmen um die Gruppe wird auf der Zeichenfläche angezeigt. Anschließend arbeiten Sie mit den Objekten, als wären sie nicht gruppiert.

Solange die Gruppe »isoliert« ist, können Sie allerdings nicht mit Objekten arbeiten, die nicht zur Gruppe gehören. Um die »Isolierung« aufzuheben, klicken Sie das Symbol ISOLIERTE GRUPPE BEENDEN ⊞ in der Steuerungspalette.

▲ **Abbildung 11.37**
Isolierte Gruppe

Deckkraftmaske deaktivieren

Soll die Deckkraftmaske zwar erhalten bleiben, jedoch – vorübergehend – deaktiviert werden, aktivieren Sie das Objekt bzw. wählen es in der Ebenen-Palette als Ziel aus und wählen DECKKRAFTMASKE DEAKTIVIEREN aus dem Menü der Transparenz-Palette, oder drücken Sie ⌥ und klicken auf die Masken-Miniatur. Die deaktivierte Maske wird durch ein rotes Kreuz in der Miniatur angezeigt.

Wählen Sie DECKKRAFTMASKE AKTIVIEREN, bzw. ⌥ und klicken Sie erneut die Miniatur, um die Maske wieder zu aktivieren.

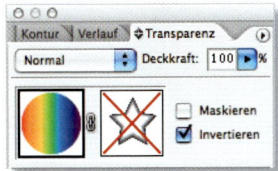

▲ **Abbildung 11.38**
Deckkraftmaske deaktiviert

Deckkraftmaske vom Objekt entfernen

Möchten Sie die Maske vom Objekt entfernen, wählen Sie das Objekt in der Ebenen-Palette als Ziel aus und wählen aus dem Menü der Transparenz-Palette DECKKRAFTMASKE ZURÜCKWANDELN.

Das oder die zur Maske gehörenden Objekte werden in »normale« Vektorobjekte umgewandelt und in der Stapelreihenfolge über dem maskierten Objekt positioniert. Bildeten mehrere Objekte die Maske, so sind diese gruppiert.

Deckkraft definiert Aussparung

Mit dieser Option können Sie die Funktionsweise von Aussparungsgruppen (»Transparenz und Gruppen« s. Abschnitt 11.1) und Deckkraftmasken zu komplexen transparenten Überlagerungen kombinieren, z.B. für die Illustration gläserner Objekte.

Während bei einer einfachen Aussparungsgruppe die Form des obersten Objekts der Gruppe die Aussparung bestimmt, ist es

▲ **Abbildung 11.39**
Die folgende Übung zeigt die Option DECKKRAFT DEFINIERT AUSSPARUNG.

▲ **Abbildung 11.40**
Die Bestandteile der Illustration

▲ **Abbildung 11.41**
Einrichten der Deckkraftmaske
und Einstellungen für das obere
der »Aquarium-Objekte«

▲ **Abbildung 11.42**
Aussparungsgruppe definieren

mit dieser Option zusätzlich zur Objektform die dem Objekt zugeordnete Deckkraftmaske.

Die Option ist nur in Verbindung mit anderen Füllmethoden als NORMAL nützlich.

Schritt für Schritt: Füllmethode, Deckkraftmaske und Aussparungsgruppe

1 Stapelreihenfolge ändern

Öffnen Sie die Datei »Aquarium.ai« von der DVD. Sie enthält alle benötigten Objekte sowie die Deckkraftmasken auf ausgeblendeten Ebenen.

Ihre Aufgabe besteht darin, mit Hilfe von Transparenzeinstellungen die Illustration fertig zu stellen. Dazu verwenden Sie die Ebenen- und die Transparenz-Palette.

Zunächst müssen Sie die Stapelreihenfolge der Objekte sortieren. Der Inhalt des Aquariums – Fisch und Gras – muss im Objektstapel unter den beiden Elementen, die das Aquarium bilden, angeordnet werden. Verwenden Sie die Ebenen-Palette zum Verschieben der entsprechenden Gruppen.

2 Füllmethoden einrichten

Das Aquarium-Glas besteht aus zwei übereinander liegenden Objekten. Wählen Sie zunächst das untere – »Aquarium_1« – aus und stellen seine Deckkraft auf 80 % ein, Füllmethode NORMAL.

Das obere Objekt muss mit einer Deckkraftmaske versehen werden, »Maske-Aquarium«. Blenden Sie das Maskenobjekt ein, aktivieren beide Objekte und wählen aus dem Menü der Transparenz-Palette den Eintrag DECKKRAFTMASKE ERSTELLEN. Wählen Sie außerdem die Füllmethode FARBIG NACHBELICHTEN für das maskierte Objekt.

Und der wichtigste Punkt: Die Option DECKKRAFT DEFINIERT AUSSPARUNG muss für das eben erstellte Objekt eingerichtet werden.

3 Aquarium-Gruppe erstellen

Aktivieren Sie die beiden Objekte, die das Aquarium bilden, und gruppieren sie. Die Gruppe definieren Sie als Aussparungsgruppe, indem Sie die entsprechende Option in der Transparenz-Palette setzen.

Mit dieser Einstellung erreichen Sie die transparente Wirkung der Illustration.

4 **Reflex**

Als Schlusspunkt verfeinern Sie noch den bereits vorhandenen Lichtreflex. Blenden Sie auch für diesen in der Ebenen-Palette zunächst die Maske ein – »Maske-Reflex«. Aktivieren Sie dann die weiße Fläche und das Maskenobjekt und erstellen eine Deckkraftmaske mit Hilfe der Transparenz-Palette.

▲ **Abbildung 11.43**
Lichtreflex

11.3 Transparenz-Effekte

Mit Hilfe von Effekten lässt sich eine transparente Optik zum einen durch die Transparenz-Simulation herstellen. Zum anderen enthält Illustrator auch Effekte, die »Live«-Transparenz nutzen.

Hart mischen und Weich mischen

Um Objekte weich oder hart zu mischen, aktivieren Sie sie, gruppieren sie und wählen EFFEKT • PATHFINDER • WEICH bzw. HART MISCHEN aus dem Menü.

Diese beiden Effekte imitieren nur die Optik einer Transparenz, indem Sie die Überschneidungsfläche mit Farbmischungen versehen, die aus den Farben der beteiligten Objekte generiert wurden.

▲ **Abbildung 11.44**
Bei WEICH MISCHEN scheinen jeweils die hinteren Objekte durch die vorderen.

HART MISCHEN und WEICH MISCHEN sollte nur auf Objekte mit einfachen Farbfüllungen angewendet werden. Sind Objekte mit Verlaufsfüllungen versehen oder bereits Verformungs- oder andere Effekte darauf angewendet, weisen Sie »echte« Transparenzen zu, d.h., arbeiten Sie mit der Reduzierung der Deckkraft und/oder einer geeigneten Füllmethode.

Während WEICH MISCHEN den oberen Objekten eine in der Stärke einstellbare Transparenzoptik verleiht, färbt HART MISCHEN die Schnittmenge der Objekte in einer Farbe, die aus den jeweils dunkelsten Werten der einzelnen Druckfarben gemischt ist, welche die Originalobjekte besitzen.

▲ **Abbildung 11.45**
Aus 30 C/40 M und 10 C/100 Y wird 30 C/40 M/100 Y gemischt. Die Mischfarbe können Sie nicht mit der Pipette aufnehmen.

Optionen | WEICH MISCHEN

Nach dem Aufrufen des Effekts tragen Sie die Stärke in der Dialogbox unter DECKKRAFT ein. Ein höherer Wert verstärkt den Eindruck von Transparenz.

Schlagschatten, Weiche Kante, Schein

Die Effekte SCHLAGSCHATTEN, WEICHE KANTE, SCHEIN NACH AUSSEN und SCHEIN NACH INNEN basieren auf Transparenz. Daher sind Arbeiten, in denen Sie diese Filter verwenden, von Transparenzreduzierung betroffen, obwohl dies vielleicht nicht offensichtlich ist. Die Effekte werden in Kapitel 12 besprochen.

11.4 Transparenzen reduzieren

Innerhalb der Applikationen der Creative Suite 2 wird Transparenz »live« verwendet, d. h., im Moment der Ausgabe berechnet.

Für den Druck oder den Austausch mit Programmen, die keine Live-Transparenz beherrschen, müssen die Transparenz-Effekte jedoch auf eine andere Art dargestellt werden. Den Prozess der Umwandlung der betroffenen Objekte bezeichnet man als Transparenzreduzierung oder englisch als »Flattening«.

Der Begriff »Flattening« bezeichnet den Vorgang sehr plastisch: Ursprünglich einander überlagernde Objekte werden derartig zerschnitten, dass daraus nebeneinander liegende Objekte entstehen. Wo die Objekte mit Mitteln der Vektorgrafik darstellbar sind, werden Vektorobjekte erstellt. Ist der optische Eindruck mit Vektorobjekten nicht reproduzierbar, wird er in Bitmap-Elemente – also pixelbasierte Grafik – umgesetzt.

Die Herausforderung besteht darin, den Eindruck der Überlagerung exakt so zu reproduzieren, wie er mit den Transparenz-Einstellungen entworfen wurde. Eine in Illustrator integrierte Software – der »Flattener« – ist für die Reduzierung zuständig.

Transparenzreduzierung können Sie zum einen für einzelne Objekte manuell über das Menü aufrufen. Zum anderen müssen Vorgaben erstellt werden, die beim Drucken sowie beim Speichern und Exportieren in bestimmte Dateiformate ausgewählt werden.

Transparenzquellen

Von Transparenzreduzierung betroffen sind Objekte, deren Aussehen Transparenz enthält, sowie Elemente, die in der Stapelreihenfolge unter Transparenzquellen liegen oder deren Abstand zu transparenten Objekten weniger als 1 Punkt beträgt. Transparente Objekte sind:

- ▶ Elemente, deren Deckkraft reduziert ist oder die eine andere Füllmethode als NORMAL besitzen
- ▶ Objekte, die mit einer Deckkraftmaske versehen sind
- ▶ Mit den Effekten SCHLAGSCHATTEN, WEICHE KANTE und SCHEIN NACH AUSSEN oder INNEN versehene Elemente
- ▶ Platzierte PSD oder PDF, die Transparenzen enthalten
- ▶ Angewendete Muster, Stile, Pinsel oder Symbole, welche die aufgeführten Eigenschaften besitzen

Arbeitsweise des Flatteners

Jedes transparente Objekt in einer Grafik muss daraufhin beurteilt werden, wie am besten mit ihm zu verfahren ist.

▲ **Abbildung 11.46**
Transparenzreduzierung

▲ **Abbildung 11.47**
Alle in der Standardvorlage vorhandenen Grafikstile enthalten Transparenz.

Am vorteilhaftesten ist, wenn die ursprüngliche Form des Elements bewahrt werden kann – z. B. Textobjekte als solche erhalten bleiben. Ist das nicht möglich, dann sollten sie in eine verwandte Form – also Text in Vektorobjekte – umgewandelt werden. Erst als letzten Ausweg bezieht der Flattener die Rasterung als pixelbasierte Grafik in Betracht.

Welche Methode den Vorzug hat und mit welchen Einstellungen, bestimmen Sie durch das Definieren einiger Vorgaben.

So lässt sich die Transparenzreduzierung auf den Weiterverarbeitungsprozess und die Art der von Transparenz betroffenen Objekte individuell zuschneiden.

Problemfälle

▶ **Auflösung:** Wird in einem Dokument eine Transparenzreduzierung durchgeführt, kann es passieren, dass einzelne Bereiche eines Objekts vor dem Ausdrucken oder Belichten, andere Teile desselben Objekts jedoch erst im Moment des Drucks gerastert werden.

Wählen Sie eine zu niedrige Auflösung für die Transparenzreduzierung, sind die während der Reduzierung gerasterten Bereiche zu erkennen. Eine zu hohe Auflösung erzeugt dagegen sehr große Dateien, ggf. ohne gleichzeitig einen Qualitätsvorteil zu bieten.

▲ **Abbildung 11.48**
Zu niedrige Auflösung

▶ **In Flächen umgewandelte Linien:** Wird eine Kontur nur teilweise in eine Fläche umgewandelt, kann es an der Trennstelle zwischen beiden Teilen der Kontur zu einem sichtbaren Sprung kommen, da PostScript-Geräte Konturen anders berechnen als Flächen.

Um das Problem zu umgehen, probieren Sie, alle Konturen in Flächen umzuwandeln.

▶ **Farbsprünge:** Wenn nur ein Teil eines Vektorobjekts gerastert wird, ist es möglich, dass an der Grenze zwischen dem gerasterten und dem nicht in Pixeldaten umgesetzten Teil sichtbare Farbsprünge entstehen – englisch »Color Stitching« genannt. Dies entsteht, dadurch, dass Farben in Pixelbildern von PostScript-RIPs ggf. anders interpretiert werden als in Vektorobjekten angelegte Farben.

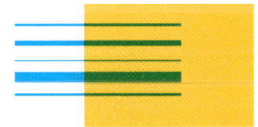

▲ **Abbildung 11.49**
Konturen teilweise als Flächen

▶ **Text:** Werden nur einzelne Glyphen in einem Textobjekt in Pfade umgewandelt, sollten Sie darauf achten, dass der verwendete Zeichensatz auf den Drucker geladen wird, damit sichergestellt ist, dass für den Druck der nicht umgewandelten Zeichen der korrekte Font verwendet wird.

Noch besser ist es allerdings, statt einzelner Bereiche das gesamte Textobjekt in Pfade umzuwandeln, da auch unter Verwendung des korrekten Zeichensatzes Unterschiede in der

TIPP

Wenn möglich, sollten Sie die Interaktion von Text mit transparenten Objekten vermeiden. Achten Sie darauf, Text im Objektstapel ganz oben anzulegen – am besten auf einer eigenen Ebene.

Berechnung der Buchstabenformen auftreten können (zu Typografie siehe Kapitel 13).

▶ **Überdrucken:** Bei der Transparenzreduzierung werden überdruckende Bereiche in der Regel in nicht überdruckende Formen umgewandelt. Wurden in den transparenten Bereichen Schmuckfarben verwendet, kann es aber auch passieren, dass der Flattener überdruckende Bereiche einrichtet. Achten Sie darauf, dass der PostScript-RIP diese ausgeben kann.

▶ **Schmuckfarben:** Dateien, in denen transparente Bereiche und Schmuckfarben zusammenwirken, müssen Sie in neueren Dateiformaten – AI bzw. EPS ab Version 10, PDF ab 1.4 – speichern, um zu vermeiden, dass Schmuckfarben in CMYK umgewandelt werden (Farben siehe Kapitel 8).

▶ **Farbmanagement:** Die Transparenzreduzierung findet in einem für alle Objekte gemeinsamen Farbraum statt. In Illustrator entspricht der Transparenzreduzierungsfarbraum dem Dokumentfarbraum. Vor der Reduzierung wird der Farbraum der an der Transparenz beteiligten platzierten Grafiken überprüft, und die Bilder werden ggf. in den Dokumentfarbraum umgerechnet.

▶ **Pixelbasierte Effekte:** Die Effekte Schatten, Weiche Kante und Schein werden mit den Einstellungen in den Dokument-Rastereffekt-Einstellungen in Pixelbilder umgewandelt, bevor der Flattener die betroffenen Bereiche reduziert. Richten Sie die Einstellungen entsprechend ein (Dokument-Rastereffekt-Einstellungen siehe Kapitel 12).

Transparenzreduzierungs-Einstellungen

In den Dialogboxen DOKUMENTFORMAT, SPEICHERN, DRUCKEN, TRANSPARENZ REDUZIEREN, TRANSPARENZREDUZIERUNGSVORGABEN und REDUZIEREN-VORSCHAU haben Sie folgende Möglichkeiten, die Umwandlung der transparenten Objekte zu beeinflussen:

Abbildung 11.50 ▶
Optionen für OBJEKT • TRANSPARENZ REDUZIEREN

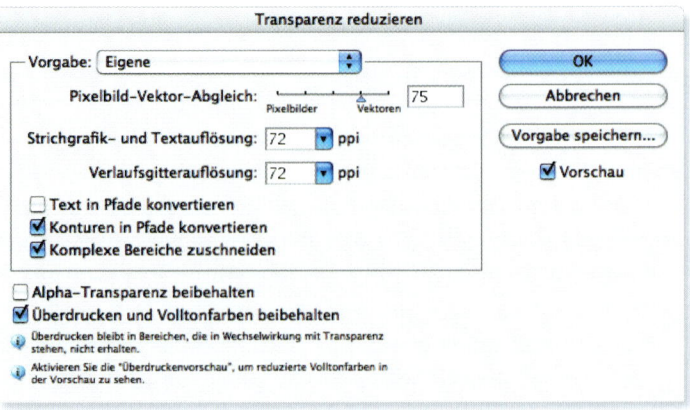

- **NAME** (nur **TRANSPARENZREDUZIERUNGSVORGABEN**): Unter diesem Namen wird Ihre Vorgabe in den Menüs der anfangs genannten Dialogboxen aufgeführt.
- **PIXELBILD-VEKTOR-ABGLEICH**: Mit diesem Regler bestimmen Sie eine Art Schwellenwert, der festlegt, ab welchem Grad von Komplexität Objekte in Pixel umgesetzt werden.

  Setzen Sie den Wert auf 0, um den kompletten von Transparenz betroffenen Bereich zu rastern.

  Mit dem Wert 100 versucht der Flattener, möglichst alle Bereiche als Vektorobjekte zu generieren. Diese Einstellung liefert die bestmögliche Qualität, kann jedoch sehr zeitintensiv sein. Einige Objekte lassen sich darüber hinaus nicht als Vektorobjekte darstellen.

  Einstellungen von 1–99 rastern nur Teilbereiche. Stehen nur wenige einfache Objekte in Wechselwirkung, kann es passieren, dass Sie keine Unterschiede zwischen verschiedenen Reglerpositionen bemerken.
- **STRICHGRAFIK- UND TEXTAUFLÖSUNG**: In der hier vorgegebenen Auflösung rastert der Flattener Vektor- und Textelemente. Auf Desktop-Druckern bis 600 dpi sollten Sie für die beste Qualität die Geräteauflösung verwenden.

  Die höchste Auflösung würde jedoch bei Belichtern zu sehr großen Dateien und lagen Bearbeitungszeiten führen – probieren Sie, exakt die Hälfte der Geräteauflösung einzustellen.
- **VERLAUFSGITTERAUFLÖSUNG**: Diese Einstellung bestimmt die Auflösung für die Rasterung von Verläufen und Verlaufsgitterobjekten.

  Für diese Objekte wählen Sie die Einstellung, die Sie für Bildmaterial verwenden – üblicherweise um 300 ppi.
- **TEXT IN PFADE KONVERTIEREN**: Aktivieren Sie diese Option, um alle Textobjekte in Pfade zu konvertieren. So lassen sich Probleme vermeiden, die bei der Umwandlung einzelner Glyphen entstehen können.
- **KONTUREN IN PFADE KONVERTIEREN**: Der Flattener wandelt alle Konturen in Pfade um, wenn Sie diese Option wählen.
- **KOMPLEXE BEREICHE ZUSCHNEIDEN**: Mit dieser Option wird um eine gerasterte Fläche ein Beschneidungspfad angelegt. So besitzen diese Flächen saubere Außenkanten, und der Anschluss an nicht reduzierte Bereiche passt besser.
- **ALPHA-TRANSPARENZ BEIBEHALTEN** (nur **OBJEKT • TRANSPARENZ REDUZIEREN**): Verwenden Sie diese Option nur zur Vorbereitung von Objekten für den Flash- oder SVG-Export. Objekte, denen andere Füllmethoden als **NORMAL** zugewiesen sind, werden reduziert, nur Alpha-Transparenz – also Deckkrafteinstellungen – bleiben bestehen.

TIPP

Verwenden Sie die Reduzieren-Vorschau-Palette, um sich die von der jeweiligen Einstellung betroffenen Bereiche anzeigen zu lassen.

TIPP

Sprechen Sie die Einstellungen – vor allem die Auflösung – mit Ihrem Dienstleister ab, oder fragen Sie nach einer Voreinstellungsdatei.

▲ **Abbildung 11.51**
Links: Verlaufsgitter 72 ppi/Text 144 ppi, rechts: Verlaufsgitter 300 ppi/Text 1800 ppi

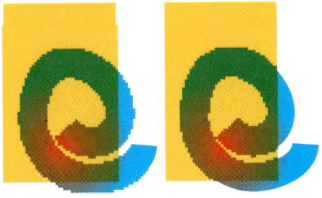

▲ **Abbildung 11.52**
Das Zuschneiden komplexer Bereiche (rechts) erzeugt bessere Anschlüsse an nicht reduzierte Bereiche: gelber Kasten oben, Ende der Linie rechts (Rasterung übertrieben)

▶ ÜBERDRUCKEN UND VOLLTONFARBEN BEIBEHALTEN (nur OBJEKT • TRANSPARENZ REDUZIEREN): Diese Einstellung entspricht der Option ÜBERDRUCKEN BEIBEHALTEN aus dem Dialog DRUCKEN.

Transparenzreduzierungsvorgaben einrichten

Ihre Einstellungen können Sie als Vorgaben speichern, die zukünftig im Vorgabe-Auswahlmenü in allen betroffenen Dialogboxen zur Verfügung stehen. Ebenfalls lassen sich Vorgabendateien laden, die Sie von Dienstleistern erhalten haben.

Rufen Sie BEARBEITEN • TRANSPARENZREDUZIERUNGSVORGABEN... auf, um die Vorgaben zu verwalten:

In der Liste unter VORGABEN sehen Sie alle gespeicherten oder geladenen Einstellungen. Voreingestellt sind nur die Illustrator-Standardvorgaben – in den eckigen Klammern – vorhanden. Diese lassen sich weder editieren noch löschen.

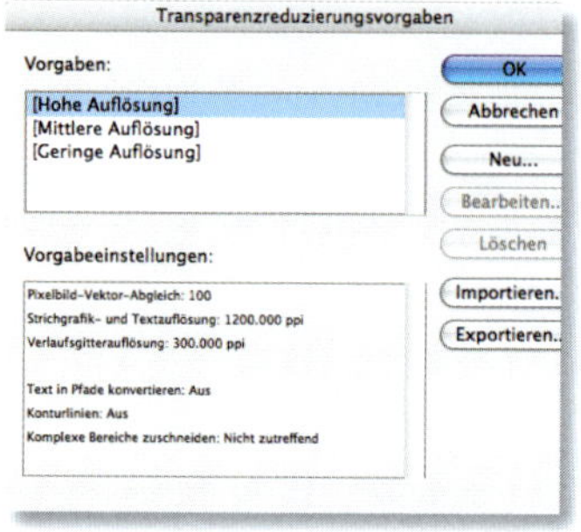

Mit einem einfachen Klick auf eine Vorgabe zeigt die Dialogbox die Einstellungen im Textfeld an. Doppelklicken Sie einen Eintrag, um ihn zu bearbeiten.

Möchten Sie Einstellungen aus einer Datei laden, klicken Sie IMPORTIEREN... und selektieren die gewünschte Datei.

Einen neuen Eintrag legen Sie an, indem Sie den entsprechenden Button klicken. Anschließend richten Sie die gewünschten Optionen in der Dialogbox ein – siehe vorhergehender Abschnitt.

Transparenzreduzierung für Speichern und Kopieren

Wenn Sie ein Dateiformat speichern bzw. exportieren, das keine »Live«-Transparenz beherrscht, oder wenn Sie transparente Elemente in die Zwischenablage kopieren, werden die Transparenzeinstellungen aus der Dialogbox DOKUMENTFORMAT für die Reduzierung verwendet.

Wählen Sie DATEI • DOKUMENTFORMAT... oder verwenden Sie den Shortcut ⌘ + ⌥ + P bzw. Strg + Alt + P – und rufen die Seite TRANSPARENZ auf. Bestimmen Sie eine Vorgabe durch Auswahl aus dem Aufklappmenü, oder klicken Sie den Button EIGENE..., um die Einstellungen anzupassen.

Reduzieren-Vorschau

Um Objekte in Ihrer Datei zu identifizieren, die von Transparenzreduzierung mit den gewählten Einstellungen betroffen sind, rufen Sie die Reduzieren-Vorschau-Palette unter FENSTER • REDUZIEREN-VORSCHAU auf.

Wählen Sie OPTIONEN EINBLENDEN aus dem Palettenmenü, um die Transparenzreduzierungseinstellungen in der Palette anzuzeigen:

▲ **Abbildung 11.53**
Transparenzreduzierungsvorgaben

TIPP

Auch aus der Reduzieren-Vorschau-Palette lassen sich Vorgaben speichern. Wählen Sie den Eintrag aus dem Palettenmenü, wenn Sie mit Ihren in der Palette vorgenommenen Einstellungen zufrieden sind.

HINWEIS

Für den Soft-Proof von Volltonfarben, Überdrucken-Eigenschaften und Füllmethoden eignet sich die Reduzieren-Vorschau nicht.

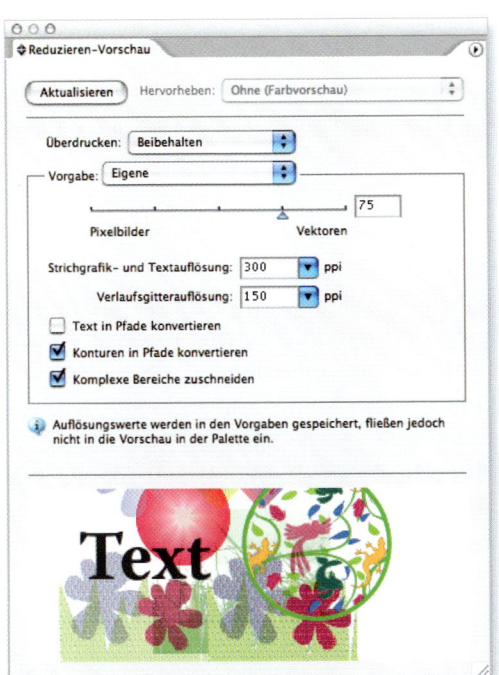

Gehen Sie wie folgt vor, um eine Reduzieren-Vorschau Ihrer Grafik zu generieren:

1. Wählen Sie Ihre Transparenzreduzierungseinstellungen.
2. Klicken Sie den Button AKTUALISIEREN.
3. Wählen Sie eine Option aus dem Menü HERVORHEBEN.
   Aktivieren Sie die Option DETAILLIERTE VORSCHAU aus dem Palettenmenü, um alle Einträge im Menü HERVORHEBEN anzuzeigen. Die Erläuterungen zu den Menü-Auswahlen lesen Sie weiter unten.
4. Nehmen Sie ggf. Änderungen an den Einstellungen vor. Nach jeder Änderung müssen Sie die Vorschau aktualisieren.

Hervorheben-Auswahl | Reduzieren-Vorschau
Wählen Sie eine der Optionen im Menü HERVORHEBEN, um die jeweils betroffenen Bereiche in einem rötlichen Farbton anzeigen zu lassen.

▶ OHNE (FARBVORSCHAU): Diese Vorschau enthält keine Hervorhebungen.

▶ KOMPLEXE PIXELBILDBEREICHE: Wählen Sie diese Option, um die Bereiche anzuzeigen, die aufgrund der Einstellung unter PIXELBILD-VEKTOR-ABGLEICH von der Rasterung betroffen sind.

▶ TRANSPARENTE OBJEKTE: Mit dieser Auswahl hebt Illustrator alle Objekte hervor, die Transparenz-Quellen sind – siehe Abbildung 11.55 – sowie überdruckende Elemente.

▲ **Abbildung 11.55**
Transparenz-Wechselwirkung: von transparenten Objekten überlagerter Text ❶, Objekt mit Deckkraftmaske ❷, Füllmethode Multiplizieren ❸, überlagerte Verläufe ❹, Muster mit transp. Elementen ❺, PSD mit Ebenenmaske ❻, EPS mit reduz. Deckkraft ❼, TIF ❽, von transparenten Objekten überlagertes EPS ❾, überdruckender Text ❿

HINWEIS

Das oben abgebildete Beispiel finden Sie als Datei auf der DVD: Transparenzinteraktion.ai

▲ **Abbildung 11.56**
Betroffene verknüpfte EPS

▲ **Abbildung 11.57**
Alle Pixelbildbereiche: nicht hervorgehoben ist das platzierte TIFF.

▲ **Abbildung 11.58**
Text in Pfade konvertieren

▶ ALLE BETROFFENEN OBJEKTE: Zeigt alle Objekte, die Wechselwirkungen mit Transparenz aufweisen.

▶ BETROFFENE VERKNÜPFTE EPS-GRAFIKEN: Platzierte EPS-Dateien, die von Transparenz betroffen sind, werden hervorgehoben.

▶ ERWEITERTE MUSTER: Mit dieser Einstellung weist Illustrator auf Muster hin, die aufgrund von Transparenzwirkungen umgewandelt werden müssen.

▶ IN KONTUREN KONVERTIERTE LINIEN: Die Option sollte wohl besser »In Pfade umgewandelte Konturen« heißen und zeigt Linien an, die in Flächen konvertiert werden – entweder aufgrund von Wechselwirkungen mit Transparenz oder weil die Option KONTUREN IN PFADE KONVERTIEREN ausgewählt ist.

▶ IN PFADE KONVERTIERTER TEXT (nur DETAILLIERTE VORSCHAU): Die Hervorhebung betrifft Texte, die in Pfade umgewandelt werden – wegen einer Transparenz-Interaktion oder weil die Option TEXT IN PFADE KONVERTIEREN aktiviert ist.

▶ ALLE PIXELBILDBEREICHE (nur DETAILLIERTE VORSCHAU): Wählen Sie diese Option, um alle Bereiche herzuheben, die in Pixelbilder konvertiert werden.
Platzierte Pixelbilder, die nicht von Transparenz betroffen sind, zeigt die Vorschau nicht an.

Optionen | Reduzieren-Vorschau
Falls Ihnen die Darstellungsgröße der Grafik im Vorschaubereich der Palette nicht ausreicht, klicken und ziehen Sie das Vergrößerungsfeld unten rechts in der Palette.

Um Details genauer zu betrachten, bewegen Sie den Cursor über den Vorschaubereich – das Cursor-Symbol zeigt eine Lupe 🔍 –, klicken Sie mit der Lupe auf den Bereich, der vergrößert werden soll.

Möchten Sie wieder herauszoomen, drücken Sie ⌥/Alt und klicken mit der Verkleinerungslupe 🔍 auf die Grafik.

Sie können den Vorschaubereich jedoch auch verschieben. Drücken Sie dafür die Leertaste – der Cursor zeigt die Greifhand ✋ – und klicken und ziehen die Vorschau.

Beispiele
Pixelbild-Vektor-Abgleich | Hier sehen Sie, wie sich unterschiedliche Schwellenwerte auf die Umrechnung der Vektorgrafik in Pixelbilder auswirken – die Vorschau zeigt KOMPLEXE PIXELBILDBEREICHE:

Je niedriger der Wert unter Pixelbild-Vektor-Abgleich, umso mehr Bereiche werden hervorgehoben und folglich in Pixelbilder konvertiert.

Komplexe Bereiche zuschneiden | Diese Gegenüberstellung konzentriert sich auf die Option KOMPLEXE BEREICHE ZUSCHNEIDEN. Die Vorschau zeigt wie im vorherigen Beispiel KOMPLEXE PIXELBILDBEREICHE.

▲ **Abbildung 11.59**
PIXELBILD-VEKTOR-ABGLEICH (von links): 86, 75, 15

◄ **Abbildung 11.60**
Ohne (links) und mit (rechts) der Option KOMPLEXE BEREICHE ZUSCHNEIDEN

Wenn die Zuschneiden-Option aktiviert ist, werden die betroffenen Bereiche nicht einfach als Pixelbilder generiert, sondern der Flattener erzeugt zusätzlich Schnittmasken, die den Außenkanten der ursprünglichen Vektorpfade exakt folgen.

Objekte manuell reduzieren

Da beim Reduzieren die Bearbeitungsmöglichkeit zumindest einiger Objekte verloren geht, sollte das manuelle Reduzieren eine Ausnahme bleiben. Wenn Sie SWF- oder SVG-Dateien exportieren wollen, kann es aber notwendig sein, transparente Elemente auf diese Weise zu präparieren.

Aktivieren Sie alle Objekte, die Sie reduzieren möchten, und wählen OBJEKT • TRANSPARENZ REDUZIEREN… aus dem Menü. Geben Sie Ihre Einstellungen in der Dialogbox ein.

> **TIPP**
>
> Speichern Sie auf jeden Fall eine Version Ihrer Datei mit »Live«-Transparenz für den Fall, dass Sie zu einem späteren Zeitpunkt Änderungen durchführen müssen.

▲ **Abbildung 11.61**
Gestrichelte Konturen in Flächen
umwandeln

Umwandlung von Strichelungen

Während sich Konturen-Eigenschaften wie Stärke, Eckenformen und Farbe mit den Umwandeln-Menübefehlen ohne weiteres in Flächen umwandeln lassen, ist dies mit Strichelungen nicht so problemlos möglich. Daher ist der Einsatz von Musterpinseln zu empfehlen, falls Sie vorhaben, zu einem späteren Zeitpunkt Konturen in Flächen umzuwandeln.

Sollten Sie trotz allem eine gestrichelte Kontur in Flächen umwandeln müssen, können Sie die Transparenzreduzierung dafür sozusagen zweckentfremden.

Richten Sie Ihre Kontur wie gewünscht ein, aktivieren Sie den Pfad und rufen Objekt • Transparenz reduzieren… auf. Schieben sie den Regler Pixelbild-Vektor-Abgleich ganz nach rechts auf 100 und aktivieren Sie die Option Konturen in Pfade konvertieren. Bestätigen Sie mit OK.

11.5 Transparenz speichern

Ob Transparenz »live« oder reduziert gespeichert wird, hat nicht nur eine Bedeutung für die Editierbarkeit der Transparenz. »Live«-Transparenz ermöglicht eine Wechselwirkung zwischen den transparenten Objekten der Illustration und Elementen in einer Layout-Datei. Möchten Sie mit Live-Transparenz arbeiten, sollten Sie klären, ob Ihr Layout-Programm dazu in der Lage ist.

Ob Live-Transparenz gespeichert werden kann, ist abhängig vom Dateiformat. Die größte Untrstützung für Live-Transparenz besteht – wie könnte es anders sein – bei den nativen Dateiformaten der Creative Suite.

Sind Dateien für den Austausch mit Programmen anderer Hersteller bestimmt, muss die Transparenz in der Regel reduziert werden.

Abbildung 11.62 ▶
In InDesign direkt in die Satzdatei platziert wurden ein TIFF und ein Textrahmen. Darüber liegt eine Illustrator AI9-Datei (links) und ein EPS (rechts).

AI (Illustrator)

Speichern Sie eine Datei im Illustrator-Format ab Version 9, bleiben Transparenzen »Live« erhalten und sind beim erneuten Öffnen weiterhin editierbar. Beim Speichern in ältere Formate wird
Transparenz nach den ausgewählten Vorgaben reduziert.

EPS

Das EPS-Format unterstützt keine Live-Transparenz. In Illustrator
besteht jedoch die Möglichkeit, ein EPS zu speichern, das zusätz-
liche Dateiinformationen über die Transparenz – sowie weitere
Illustrator-spezifische Features – enthält. Damit sind transparente
Objekte in derart gespeicherten Dokumenten beim erneuten
Öffnen in Illustrator editierbar.

Eine Wechselwirkung zwischen transparenten Illustrationsob-
jekten in einem platzierten EPS und anderen Elementen in der
Layout-Datei ist jedoch ausgeschlossen.

PDF

Ab PDF 1.4 (Acrobat 5) unterstützt das PDF-Format Live-Transparenz, allerdings nur, wenn Sie die Datei speichern. Beim Erstellen
eines PDF über den Befehl DRUCKEN mit dem Acrobat Distiller
werden alle Transparenzen reduziert, da Live-Transparenz nicht in
PostScript beschrieben werden kann.

Speichern Sie ein PDF 1.3, besteht die Möglichkeit, die Editierbarkeit der Transparenz beim erneuten Öffnen in Illustrator zu
erhalten. PDF 1.3 kann jedoch keine Live-Transparenz darstellen.

Um ein voll editierbares PDF zu speichern, aktivieren Sie die
Option ILLUSTRATOR-BEARBEITUNGSFUNKTIONEN BEIBEHALTEN auf
der Seite ALLGEMEIN. Speichern mit dieser Option erzeugt größere Dateien.

12 Filter und Effekte

In den vorherigen Kapiteln haben Sie bereits einige Filter – wie z.B. die Farbfilter –, aber auch Effekte – so die 3D-Effekte – kennen gelernt. Filter und Effekte bieten zahlreiche Operationen der Abteilung »Augenpulver« an, aber auch etliche nützliche Vereinfachungen für ganz alltägliche Gestaltungsaufgaben.

◄ **Abbildung 12.1**
Verschiedene Filter und Effekte im Einsatz

12.1 Unterschied Filter/Effekte

Auch wenn die Namen vieler Funktionalitäten gleich sind, so handelt es sich doch bei Filtern und Effekten um grundverschiedene Anwendungen.

Während ein **Filter** einen Satz von Operationen direkt auf ein Objekt anwendet und die Form dieses Objekts dabei verändert, ist ein **Effekt** eine Aussehen-Eigenschaft, die zwar den optischen Eindruck des Elements verändert, seine Konstruktion jedoch intakt lässt. Sie können die Parameter eines auf ein Objekt angewendeten Effekts jederzeit ändern, Effekte sind also »live«.

Wenden Sie einen Filter auf ein Vektorobjekt an, haben Sie dagegen sofort nach der Anwendung Zugriff auf die neu entstandene Form und können einzelne Ankerpunkte individuell verändern.

Auch die Photoshop-Effekte sind »live«, Sie können Ihre Einstellungen also widerrufen. Ein weiterer Unterschied zwischen

Photoshop-Filtern und -Effekten besteht darin, dass sich Filter nur auf Rasterobjekte anwenden lassen – Effekte können Sie darüberhinaus Vektorelementen zuweisen.

Effekte lassen sich – auch zusammen mit anderen Aussehen-Eigenschaften – als Grafikstil speichern und auf diese Art komfortabel anwenden.

Filter (F)/Effekt (E)	Vektor	Pixel	Anmerkungen
Erstellungsfilter (F)	teilw. [1]	ja [2]	[1] Schnittmarken [2] Mosaik, nur eingebettete Bilder, RGB
Farbfilter (F)	ja	teilw. [1]	[1] eingebettete Bilder
Stilisierungsfilter (F)	ja		
Verzerrungsfilter (F)	ja		
Photoshopfilter (F)		RGB [1]	[1] eingebettete Bilder, Weichzeichner, Mezzotint, Unscharf maskieren, auch CMYK
3D (E)	ja	ja	
In Form umwandeln (E)	ja		
In Pixelbild umwandeln… (E)	ja		
Pathfinder (E)	ja		
Pfad (E)	ja		
Stilisierungsfilter (E)	ja	teilw. [1]	[1] Schatten, Weiche Kante, Schein
SVG-Filter (E)	ja	ja	
Verkrümmungsfilter (E)	ja		
Verzerrungs- und Transformationsfilter (E)	ja	teilw. [1]	[1] Transformieren
Photoshop-Effekte (E)	RGB	RGB [1]	[1] Eingebettete Bilder

Tabelle 12.1
Anwendbarkeit von Filtern und Effekten auf Vektor- und Pixelobjekte. RGB bzw. CMYK bezeichnet den Dokumentfarbmodus

12.2 Allgemeines zu Filtern und Effekten

TIPP

Wenn ein Objekt aktiviert ist, können die durch einen Effekt entstehenden Details von den hervorgehobenen Objektkanten verdeckt sein, so dass die Einstellung der Optionen schwierig ist.

Wählen Sie ANSICHT • ECKEN AUSBLENDEN – Shortcut ⌘/Strg+H, um die Objektkanten aus- und einzublenden.

Objekte mit Filtern bearbeiten

Filter können Sie nur auf das Objekt als Ganzes anwenden. Selektieren Sie das Objekt und wählen den Filter aus dem Menü. Für die meisten Filter müssen Sie anschließend die gewünschten Optionen definieren.

Verwenden Sie – wenn möglich – die Vorschau-Option, um die Auswirkung Ihrer Einstellungen direkt einzuschätzen. Falls Sie nach Anwendung des Filters nicht zufrieden sind, müssen Sie den Befehl widerrufen und erneut mit anderen Einstellungen anwenden.

Effekte zuweisen

Je geübter Sie mit Ebenen- und Aussehen-Palette (s. Kapitel 10) arbeiten, umso mehr Nutzen ziehen Sie aus der Anwendung von Effekten.

Effekte lassen sich einem einzelnen Objekt – bzw. nur dessen Kontur oder Fläche –, einer Gruppe oder einer Ebene zuweisen. Aktivieren Sie das Objekt auf der Zeichenfläche bzw. selektieren es in der Ebenen-Palette als Ziel. Möchten Sie einen Effekt nur der Kontur oder der Füllung zuweisen, wählen Sie den entsprechenden Eintrag in der Aussehen-Palette aus. Anschließend wählen Sie den Effekt aus dem Menü und richten die Parameter ein.

Alternativ wenden Sie den Effekt auf eine ganze Ebene an. Wählen Sie die Ebene durch einen Klick auf das Ziel-Symbol in der Ebenen-Palette aus (siehe Kapitel 10) und wählen dann den gewünschten Effekt.

▲ **Abbildung 12.2**
Klicken Sie auf das Ziel-Symbol, um eine ganze Ebene auszuwählen.

Effekt oder Filter erneut anwenden

Wie Photoshop merkt sich auch Illustrator den letzten verwendeten Filter und die Einstellungen, die Sie vorgenommen haben. Möchten Sie denselben Filter oder Effekt an einem anderen Objekt erneut anwenden, bestehen zwei Möglichkeiten:

▶ Mit denselben Einstellungen anwenden: Wählen Sie FILTER • <NAME DES FILTERS> ANWENDEN – Shortcut ⌘/Strg+E. Für Effekte wählen Sie EFFEKT • <NAME DES EFFEKTS> ANWENDEN – Shortcut ⌘/Strg+⇧+E.

▶ Mit anderen Einstellungen anwenden: Wählen Sie FILTER • <NAME DES FILTERS…> oder betätigen Sie ⌘+⌥+E bzw. Strg+Alt+E. Für Effekte wählen Sie EFFEKT • <NAME DES EFFEKTS…> – oder verwenden Sie den Shortcut ⌘+⌥+⇧+E bzw. Strg+Alt+⇧+E. Geben Sie anschließend Ihre Optionen in die Dialogbox ein.

Anordnung von Effekten in der Aussehen-Palette

Das Endergebnis einer Anwendung mehrerer Aussehen-Eigenschaften eines Objekts ist maßgeblich von der Reihenfolge der Effekte sowie ihrer Zuordnung zu den einzelnen Konturen und Füllungen des Objekts abhängig. Eine andere Reihenfolge kann ein völlig anderes Erscheinungsbild ergeben.

Die einzelnen Einträge eines Objekts in der Aussehen-Palette werden von oben nach unten abgearbeitet. Der folgende Eintrag wirkt auf das Ergebnis der vorherigen Operation. Eigenschaften, die einer Kontur oder Füllung zugewiesen sind, wirken jedoch nur auf diese.

Effekte lassen sich in dieser Hierarchie ganz am Anfang und/oder am Ende der Abfolge sowie gezielt einzelnen Konturen oder

▲ **Abbildung 12.3**
Effekte liegen ober- und/oder unterhalb des gelb markierten Bereichs, oder sie sind gezielt einzelnen Konturen und Flächen zugewiesen.

Flächen zuordnen. Es ist nicht möglich, einen Effekt zwischen Konturen und Flächen einzufügen.

Achten Sie auf die Auswirkung des Effekts VERKRÜMMEN: WIRBEL im folgenden Beispiel – Grundobjekt ist in beiden Fällen ein einzelner Stern, die Datei Reihenfolge.ai finden Sie auf der DVD.

▲ **Abbildung 12.4**
Reihenfolge der
Anwendung von Effekten

Links erfolgt die Anwendung des Wirbel-Effekts am Anfang, d.h., das Grundobjekt wird verformt, sogar noch vor der Zuordnung von Flächen. Im rechten Beispiel wirkt der Wirbel-Effekt am Schluss auf das Gesamtobjekt, also alle Elemente, die durch die Anwendung diverser weiterer Effekte entstanden sind.

Effekte editieren

Um die Einstellungen für bereits angewendete Effekte nachträglich zu editieren, doppelklicken Sie auf den entsprechenden Eintrag in der Aussehen-Palette:

1. Rufen Sie die Aussehen-Palette mit FENSTER • AUSSEHEN auf.
2. Aktivieren Sie das Objekt oder die Ebene.
3. Doppelklicken Sie den Effekt in der Liste der Aussehen-Palette.

Effekte vom Objekt löschen

Um ein Effekt von einem Objekt zu entfernen, aktivieren Sie das Objekt und rufen die Aussehen-Palette auf – Shortcut ⌂ + F6. Aktivieren Sie den Effekt in der Aussehen-Palette und klicken den Button AUSGEWÄHLTES OBJEKT LÖSCHEN 🗑.

Effekte umwandeln

Die Optionen eines »Live«-Effekts sind zwar editierbar, nicht aber die bei der Anwendung des Effekts entstehenden Formen. Möchten Sie z.B. einzelne Punkte eines entstehenden Pfades bearbeiten, müssen Sie das Objekt umwandeln – OBJEKT • AUSSEHEN UMWANDELN. Beim Umwandeln entstehen mehrere Formen, die zusammen das Aussehen des Ursprungsobjekts darstellen.

Das Umwandeln von Objekten ist darüberhinaus manchmal notwendig, um komplexere Objekte zu drucken oder in andere Programme zu exportieren.

12.3 Konstruktionsfilter und -effekte

In der Reihe dieser Filter finden Sie viele alte Bekannte, mit deren Hilfe Sie Objekte transformieren oder zu neuen Formen kombinieren können.

Wenn Sie Konstruktionseffekte mit exakten absoluten Werten verwenden, achten Sie darauf, in den Voreinstellungen die Option KONTUREN UND EFFEKTE SKALIEREN zu deaktivieren, damit Sie die eingegebenen Konstruktionsparameter nicht ungewollt transformieren, während Sie Objekte bearbeiten.

In Form umwandeln ...

Mit diesem Effekt erstellen Sie aus jedem beliebigen Objekt eine der Formen RECHTECK, ABGERUNDETES RECHTECK, ELLIPSE. Das klingt zunächst überflüssig – es wäre ja durchaus möglich, ein neues Objekt mit dem entsprechenden Werkzeug herzustellen.

Sinnvoll ist die Anwendung des Effekts beim Erzeugen zusätzlicher Formen, die sich an der Größe des »Mutterobjekts« orientieren. So lassen sich z. B. Buttons generieren, die sich immer der benötigten Textlänge anpassen (siehe Kapitel 13 im Abschnitt »Füllung, Kontur, Effekt«). Eine weitere Anwendung finden Sie in der Übung am Ende dieses Kapitels.

▲ **Abbildung 12.5**
Die Form des Buttons besteht nur durch die dem Textobjekt zugewiesenen Aussehen-Eigenschaften.

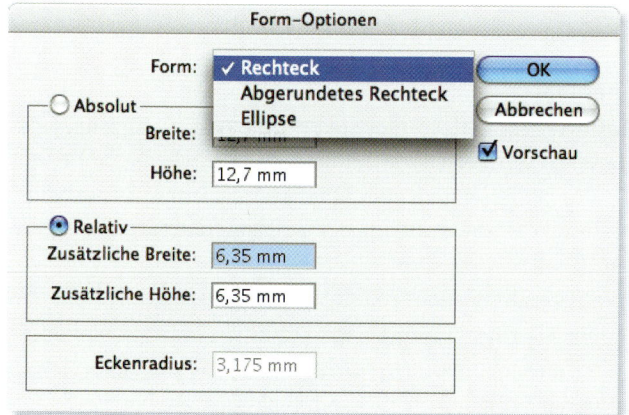

◄ **Abbildung 12.6**
Form-Optionen

Die aus dem Menü gewählte Form lässt sich mit dem Aufklappmenü FORM auch noch in der Optionen-Dialogbox ändern.

Die Maße der Form können Sie absolut oder relativ angeben. Wählen Sie die entsprechende Option, und tragen Sie anschließend entweder feste Maße oder die hinzuzufügende Breite und Höhe in die Eingabefelder ein.

Haben Sie die Form ABGERUNDETES RECHTECK gewählt, müssen Sie darüber hinaus den Eckenradius angeben.

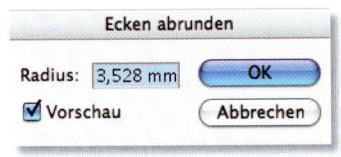

▲ **Abbildung 12.7**
Optionen ECKEN ABRUNDEN

Ecken abrunden

Dieser Effekt aus der Gruppe der STILISIERUNGSFILTER erzeugt an allen Eckpunkten eines Pfads Rundungen im definierten Radius. Das ist praktisch, wenn Sie z. B. Rechtecke mit abgerundeten Ecken benötigen, deren Eckenradius auch beim Skalieren der zugrundeliegenden Form seinen exakten Wert behält.

Die mit dem Filter ECKEN ABRUNDEN hergestellten Formen verlieren dagegen die Information über den eingestellten Eckenradius und skalieren insgesamt.

Frei verzerren

Dieser Effekt aus dem Untermenü EFFEKT • VERZERRUNGS- UND TRANSFORMATIONSFILTER hat die gleichen Auswirkungen wie das Verbiegen-Werkzeug. Statt die Anfasser des Objekt-Begrenzungsrahmens direkt zu bewegen, ziehen Sie am Rahmen in der Dialogbox.

Abbildung 12.8 ▶
Verbiegen-Effekt

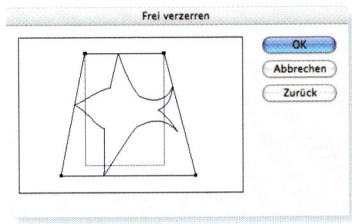

Transformieren

Der Transformieren-Effekt, den Sie unter EFFEKT • VERZERRUNGS- UND TRANSFORMATIONSFILTER wählen, wird Ihnen bekannt vorkommen, Sie haben ihn als den Befehl EINZELN TRANSFORMIEREN in Erinnerung – die Erklärung der Dialogbox finden Sie in Kapitel 5.

Der Transformieren-Effekt ist nicht für das exakte Positionieren gedacht, da Sie alle Optionen in relativen Einheiten angeben. Nützlich ist dieser Effekt z. B. für die Erstellung einfacher Schatten, die Vervielfältigung des Grundobjekts sowie für die Erstellung komplexer Rahmendesigns, die sich flexibel an Größenveränderungen anpassen.

▲ **Abbildung 12.9**
Dieser Grafikstil verwendet den Transformieren-Effekt.

▲ **Abbildung 12.10**
TRANSFORMIEREN: Schatten (links), vervielfältigtes Grundobjekt (rechts)

Kontur nachzeichnen

Dieser Effekt – rufen Sie ihn auf unter EFFEKT • PFAD • KONTUR NACHZEICHNEN – entspricht in seiner Wirkung dem Befehl IN PFADE UMWANDELN, der die einzelnen Glyphen aus Textobjekten in Vektorformen konvertiert.

Pfad verschieben

Dieser Effekt hat unterschiedliche Auswirkungen, je nachdem, ob Sie ihn auf einen geschlossenen oder einen offenen Pfad anwenden – wählen Sie EFFEKT • PFAD • PFAD VERSCHIEBEN… Geschlossene Pfade werden nach allen Seiten gleichmäßig erweitert oder geschrumpft – aus offenen Pfaden entsteht bei der Anwendung des Effekts eine Fläche.

Sie können den Effekt PFAD VERSCHIEBEN z. B. einsetzen, um Schriften mit einer Kontur zu versehen. Eine weitere interessante Anwendung besteht darin, offenen Pfaden Füllungen zuzuweisen, die im Normalfall nicht auf eine Kontur anwendbar sind, wie etwa Verläufe.

Konturlinie

Mit Hilfe dieses Effekts – Sie finden ihn unter EFFEKT • PFAD • KONTURLINIE – wandeln Sie einen Pfad in eine Fläche um. Dies benötigen Sie als vorbereitenden Schritt, wenn Sie Effekte anwenden möchten, mit denen Sie nicht den Pfadverlauf verformen, sondern die durch die Kontur gebildete Fläche.

▲ **Abbildung 12.11**
PFAD VERSCHIEBEN: Mit einem Verlauf gefüllter offener Pfad

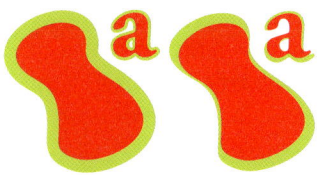

▲ **Abbildung 12.12**
Unterschied zwischen PFAD VERSCHIEBEN (links) und TRANSFORMIEREN/Skalieren (rechts)

▲ **Abbildung 12.13**
Linke Gruppe: Zusammenziehen und Aufblasen – mit Konturlinie (links), ohne (rechts); rechte Gruppe: Zickzack – mit Konturlinie (links), ohne (rechts)

Zum Effekt KONTURLINIE gibt es keine Optionen, die Breite der Kontur richtet sich nach der eingestellten Linienstärke.

Auch dieser Effekt hat seine Entsprechung unter den Funktionen – sie wird in Kapitel 9 im Abschnitt »Linien in Flächen umwandeln« besprochen.

Schnittmarken

Den Schnittmarken-Filter benötigen Sie hauptsächlich, um auf einer Seite Schnittmarken an mehreren Objekten anzulegen, daher besprechen wir den Filter in Kapitel 18.

Er ist aber auch sinnvoll für andere Operationen, ein Beispiel finden Sie in der Übung zu unregelmäßigen Mustern in Kapitel 15.

Pathfinder

Die Anwendung der Pathfinder-Funktionen werden in Kapitel 9 unter »Zusammengesetzte Formen« besprochen. Die Pathfinder-Effekte sind in vielen komplexen Objektstilen als »Bindeglied« notwendig, um aus den Ergebnissen verschiedener auf ein Objekt angewendeter Effekte eine Gesamtform zu erstellen.

Illustrator generiert eine Warnung, wenn Sie einem einzelnen Objekt einen Pathfinder-Effekt zuweisen – diese Anwendung ist nicht vorgesehen, aber trotzdem möglich – klicken Sie also einfach OK. Besitzt ein Objekt mehrere Pfade bzw. Flächen, ergibt die Anwendung einiger Pathfinder-Effekte nützliche und interessante Lösungen.

▲ **Abbildung 12.14**
Unterschied zwischen Pfeilspitzen-Filter (blau) und -Effekt (grün), siehe Kapitel 8

Pfeilspitzen

Die Anwendung des Pfeilspitzen-Effekts und -Filters und den Unterschied zwischen beiden besprechen wir in Kapitel 8 im Abschnitt »Konturen«.

12.4 Zeichnerische Effekte und Filter

Diese Gruppe von Effekten verändert die Linienführung oder – wie im Fall des Scribble-Filters – erzeugt Linien in einer Fläche. Durch allerlei Zufallsalgorithmen lässt sich mit diesen Filtern etwas »handgemachte« raue Optik in Vektorzeichnungen bringen.

Scribble-Effekt

Der Scribble-Effekt – aufzurufen unter EFFEKT • STILISIERUNGSFILTER • SCRIBBLE… – füllt die vom Objekt, seiner Fläche oder Kontur gebildete Form durch eine Linienschraffur. Eine Vielzahl von Parametern ermöglicht sehr unterschiedliche Visualisierungen vom Kinderbild bis zur technischen Zeichnung.

▲ **Abbildung 12.15**
Der Scribble-Effekt schafft einen gezeichneten Eindruck.

In den mitgelieferten Grafikstilen finden Sie eine Sammlung von Aussehen-Eigenschaften, die auf dem Scribble-Effekt basieren – rufen Sie die Grafikstil-Bibliothek unter FENSTER • GRAFIK-STIL-BIBLIOTHEKEN • SCRIBBLE EFFEKTE auf. Interessante Anwendungen ergeben sich z. B., wenn Sie den Scribble-Effekt mit Verlaufsfüllungen kombinieren.

Den Scribble-Effekt können Sie sowohl auf die Fläche als auch auf die Kontur eines Objekts anwenden. Weisen Sie den Scribble-Effekt dem Objekt insgesamt zu, wirkt er sowohl auf die Fläche als auch auf die Kontur, sofern diese vorhanden sind.

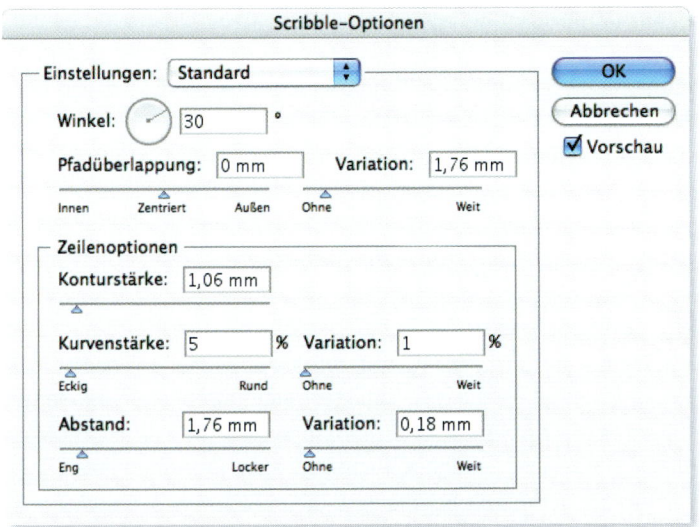

◄ **Abbildung 12.16**
Scribble-Optionen

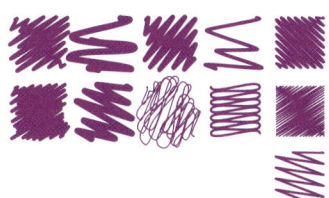

▲ **Abbildung 12.17**
Scribble-Voreinstellungen

▸ EINSTELLUNGEN: Aus diesem Menü rufen Sie komplette Einstellungssets auf. Diese Vorgaben decken eine große Bandbreite von Möglichkeiten ab, so dass Sie das Menü auch nutzen können, um auf der Basis einer Voreinstellung ein Design nach Ihren Vorstellungen zu entwickeln.

▸ WINKEL: Geben Sie die Richtung der Schraffur an. Sie können das Winkel-Symbol klicken und ziehen oder einfach auf den gewünschten Punkt klicken. Der Winkel wird in Werten von –179 bis 180 ° definiert.

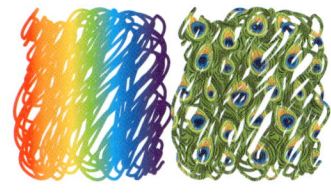

▲ **Abbildung 12.18**
Scribble-Effekt mit Verlaufs- und Muster-Füllung

▸ PFADÜBERLAPPUNG: Legen Sie fest, wie genau die Schraffur die Objektgrenzen treffen soll. Mit dem Wert 0 findet die Richtungsänderung exakt an der Begrenzung statt, ein negativer Wert bewirkt einen Abstand nach innen. Mit einem positiven Wert erlauben Sie ein »Übermalen« der Objektform.

▸ KONTURSTÄRKE: Geben Sie die Breite der Schraffurlinien an.

▸ KURVENSTÄRKE: Dieser Wert definiert den Kurvenradius bei der Richtungsänderung. Mit dem Wert 0 wird eine Ecke erzeugt, höhere Werte generieren Kurven.

▲ **Abbildung 12.19**
Pfadüberlappung

▸ ABSTAND: Hier legen Sie die Dichte der Schraffur fest, indem Sie den Abstand zwischen den einzelnen Linien angeben. Dichtere Schraffuren verursachen längere Berechnungszeiten beim Bildschirmaufbau.

▸ VARIATION: Definieren Sie für einzelne Werte im Eingabefeld VARIATION jeweils einen Toleranzbereich, innerhalb dessen der jeweilige Wert über- oder unterschritten werden darf. So wird der oft nur allzu sterile Eindruck von Vektorgrafik etwas gemildert.

▲ **Abbildung 12.20**
KURVENSTÄRKE eckig und rund

Kreuzschraffuren anlegen | Möchten Sie ein Objekt mit Schraffuren in unterschiedlichen Richtungen versehen, dürfen Sie nicht einfach den Scribble-Effekt mehrfach auf das Objekt anwenden. Stattdessen müssen Sie das Objekt mit mehreren Flächen versehen, denen Sie den Effekt zuweisen.

Schritt für Schritt: Kreuzschraffur

1 Erste Schraffur

Aktivieren Sie das Objekt und rufen die Aussehen-Palette auf. Wählen Sie die Fläche des Objekts in der Palette aus und weisen dieser den Scribble-Effekt zu, indem Sie EFFEKT • STILISIERUNGS-FILTER • SCRIBBLE… wählen. Richten Sie die Optionen ein.

Falls Sie den Effekt bereits dem Objekt zugewiesen hatten, klicken und ziehen Sie den Eintrag SCRIBBLE in der Aussehen-Palette auf den Eintrag FLÄCHE (siehe Abbildung 12.21).

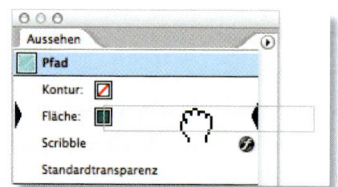

▲ **Abbildung 12.21**
Einen Effekt in der Aussehen-Palette der Fläche zuordnen

2 Schraffur duplizieren

Duplizieren Sie die mit dem Scribble-Effekt versehene Fläche in der Aussehen-Palette, indem Sie den Eintrag aktivieren und den Button AUSGEWÄHLTES OBJEKT DUPLIZIEREN 🔲 klicken.

3 Zweite Schraffur einrichten

Doppelklicken Sie den Scribble-Effekt in der Palette und editieren die Optionen – für eine Kreuzschraffur ändern Sie vor allem die Richtung der Schraffur.

Ein handskizzenähnliches Aussehen erzielen Sie, indem Sie der Fläche eine andere Farbe zuweisen und die Dichte der Schraffur ändern, indem Sie den Wert ABSTAND modifizieren. Ein Beispiel für diesen Einsatz des Scribble-Effekts finden Sie in der Datei Colascribble.ai auf der DVD.

▲ **Abbildung 12.22**
Kreuzschraffur

▲ **Abbildung 12.23**
Oben: Scribble »Kinderzeichnung«, umgewandelt
unten: mit Pinselkonturen

Scribble umwandeln | Soll Ihre Scribble-Textur eher gemalt als gezeichnet aussehen, bietet sich die Anwendung einer Pinselkontur an. Der durch den Scribble-Effekt generierten Linie können Sie jedoch keine Pinselkontur zuordnen – zunächst müssen Sie das mit dem Scribble-Effekt versehene Objekt umwandeln:

Aktivieren Sie es und wählen OBJEKT • AUSSEHEN UMWANDELN. Die Aussehen-Eigenschaften des Objekts werden in einzelne Elemente umgewandelt und gruppiert – aus der Scribble-»Füllung« entsteht dabei ein Pfad. Diesen aktivieren Sie und weisen ihm eine Pinselkontur zu.

Zickzack und Aufrauen

Während der Zickzack-Effekt regelmäßige Zacken oder Wellen in einem Pfad generiert, erzeugt der Aufrauen-Effekt unregelmäßige Zacken. Davon abgesehen gleichen sich die Optionen.

Zickzack und Aufrauen stehen sowohl als Filter als auch als Effekt zur Verfügung Sie finden beide unter Filter • Verzerrungsfilter bzw. Effekt • Verzerrungs- und Transformationsfilter.

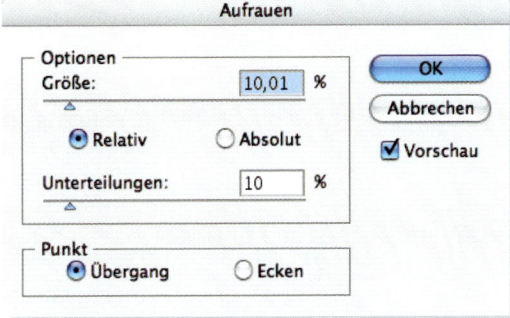

▲ **Abbildung 12.24**
Zickzack- und Aufrauen-Optionen

▶ Grösse: Wählen Sie mit dem Schieberegeler oder durch Eingeben eines Werts den Ausschlag (Zickzack) bzw. den Maximalwert des Ausschlags (Aufrauen). In beiden Fällen können Sie diesen Wert absolut oder realtiv zur Länge des betroffenen Pfads angeben.

▶ Wellen pro Segment/Unterteilungen: Hier legen Sie die Dichte der Zacken fest. Für den Zickzack-Effekt definieren Sie die Anzahl der Wellen pro Pfadsegment – hier ist auch ein Unterschied in der Dichte der Zacken erkennbar, wenn sich die Länge der einzelnen Segmente eines Pfads stark unterscheidet.

▲ **Abbildung 12.25**
Zickzack und Aufrauen

Der Wert Unterteilungen im Aufrauen-Effekt bezieht sich auf die Unterteilungen pro Zoll (Inch).

▶ Punkt: Ob Wellen oder Zacken entstehen, legen Sie mit Ihrer Entscheidung für Glatt bzw. Übergang oder Eckig fest.

Tweak

Durch Verschiebung von Ankerpunkten und/oder Grifflinien nach einem Zufallsalgorithmus innerhalb der eingegebenen Toleranzwerte wird die Form eines Pfads verändert.

Rufen Sie Tweak unter Filter • Verzerrungsfilter • Tweak… bzw. Effekt • Verzerrungs- und Transformationsfilter • Tweak… auf:

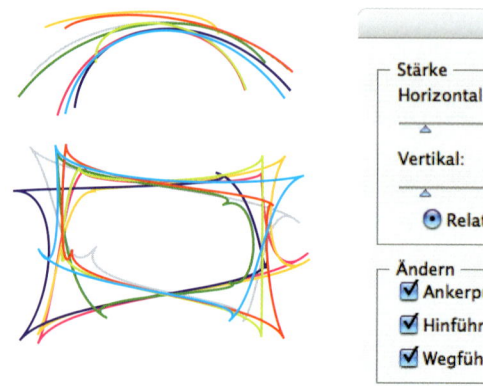

▲ **Abbildung 12.26**
Wird der Tweak-Filter mit denselben Einstellungen auf die Konturen eines Objekts angewendet, können sich die entstandenen Formen erheblich unterscheiden.

Geben Sie den Toleranzbereich relativ zur Länge des Pfadsegments ein, oder bestimmen Sie einen absoluten Wert getrennt für die horizontale und vertikale Verformung.

Möchten Sie eine senkrechte oder waagerechte Linie verformen (wie in Abbildung 12.26 oben), müssen Sie mit absoluten Werten arbeiten, um eine Wirkung zu erzielen.

Unter ÄNDERN müssen Sie mindestens eine Option aktivieren – eine Erläuterung der Optionen finden Sie in Kapitel 7 unter »Verflüssigen-Werkzeuge«.

Wirbel

Dieser Effekt hat eine ähnliche Wirkung wie das Strudel-Werkzeug aus der Gruppe der Verflüssigen-Tools. Wählen Sie ihn aus unter FILTER • VERZERRUNGSFILTER • WIRBEL… bzw. EFFEKT • VERZERRUNGS- UND TRANSFORMATIONSFILTER • WIRBEL…

Die Dialogbox akzeptiert Werte von –3600 bis 3600°. Ab einer bestimmten Stärke der Verwirbelung – etwa 600° – wird die Form der Objekte durch sichtbare Polygonpfade gebildet.

▲ **Abbildung 12.27**
Wirbel-Effekt

Zusammenziehen und aufblasen

Dieser Filter wirkt nur auf Pfade, die eine Krümmung aufweisen oder ihre Richtung an einem Eckpunkt ändern. Bei der Anwendung werden die Ankerpunkte des Pfads und die dazwischen liegenden Segmente gegeneinander verschoben.

Wählen Sie ZUSAMMENZIEHEN UND AUFBLASEN unter FILTER • VERZERRUNGSFILTER oder EFFEKT • VERZERRUNGS- UND TRANSFORMATIONSFILTER.

▲ **Abbildung 12.28**
Nicht geschlossener gekrümmter Pfad mit Zusammenziehen- (links) und
Aufblasen-Effekt (rechts)

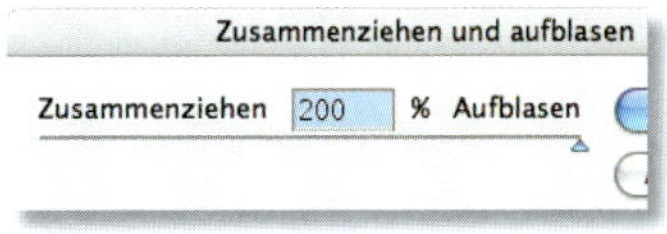

▲ **Abbildung 12.29**
Optionen ZUSAMMENZIEHEN UND
AUFBLASEN

▶ ZUSAMMENZIEHEN: Mit Werten von –200 bis 0 werden Ankerpunkte nach »außen« verschoben und Pfadsegmente nach
»innen« gezogen

▶ AUFBLASEN: Schieben Sie den Regler nach rechts oder geben
Werte von 0 bis 200 ein, zieht der Filter Ankerpunkte nach
»innen« und verschiebt Pfadsegmente nach »außen«.

Verkrümmungsfilter

Die Effekte entsprechen den »Verzerrungshüllen«. Der Vorteil
des Filters gegenüber der gleichnamigen Funktion besteht weniger in der Editierbarkeit – mit Verzerrungshüllen versehene
Objekte sind ebenfalls »live«.

Wenden Sie Verkrümmungen aber als Effekte an, können Sie
zum einen unterschiedliche Verkrümmungsarten miteinander
kombinieren. Zum anderen lassen sich die Verkrümmungsfilter in
Grafikstile einbinden (Verzerrungshüllen siehe Kapitel 9).

▲ **Abbildung 12.30**
Anwendung des Aufblasen-Effekts

12.5 Bildbearbeitungsfilter und -effekte

Etliche aus Photoshop und anderen Programmen bekannte Bildbearbeitungsroutinen stehen Ihnen sowohl als Filter als auch als
Effekte zur Verfügung. Der größte Teil dieser Operationen lässt
sich nur im Dokumentfarbmodus RGB nutzen.

Bildbearbeitungsroutinen wendet Illustrator immer auf eingebettete Bilder an – Filter lassen sich sogar nur aufrufen, wenn das
ausgewählte Bild eingebettet ist. Effekte können Sie zwar auch
verknüpften Bildern zuweisen, die Anwendung des Effekts
bewirkt jedoch, dass eine eingebettete Kopie des Bildes erzeugt
wird.

Auf Vektorobjekte, die mit Volltonfarben versehen sind, lassen
sich Photoshop-Effekte zwar anwenden, es entsteht jedoch kein
Resultat.

HINWEIS

Haben Sie im Dokumentfarbmodus RGB ein Objekt mit einem
Photoshop-Effekt versehen und
wechseln in den Modus CMYK,
bleibt der Effekt zwar in den
Aussehen-Eigenschaften des Objekts erhalten, wird aber nicht
mehr angewendet.

Filter- und Effekte-Galerie

Photoshop-Plugins sind in dieser praktischen »Galerie« zusammengefasst, so dass Sie einfach zwischen verschiedenen Filtern hin und her wechseln und die Wirkungen vergleichen können.

Die Galerie wird beim Auswählen der meisten Filter und Effekte automatisch geöffnet. Rufen Sie die Galerie direkt auf mit FILTER • FILTERGALERIE… bzw. EFFEKT • EFFEKTE-GALERIE…

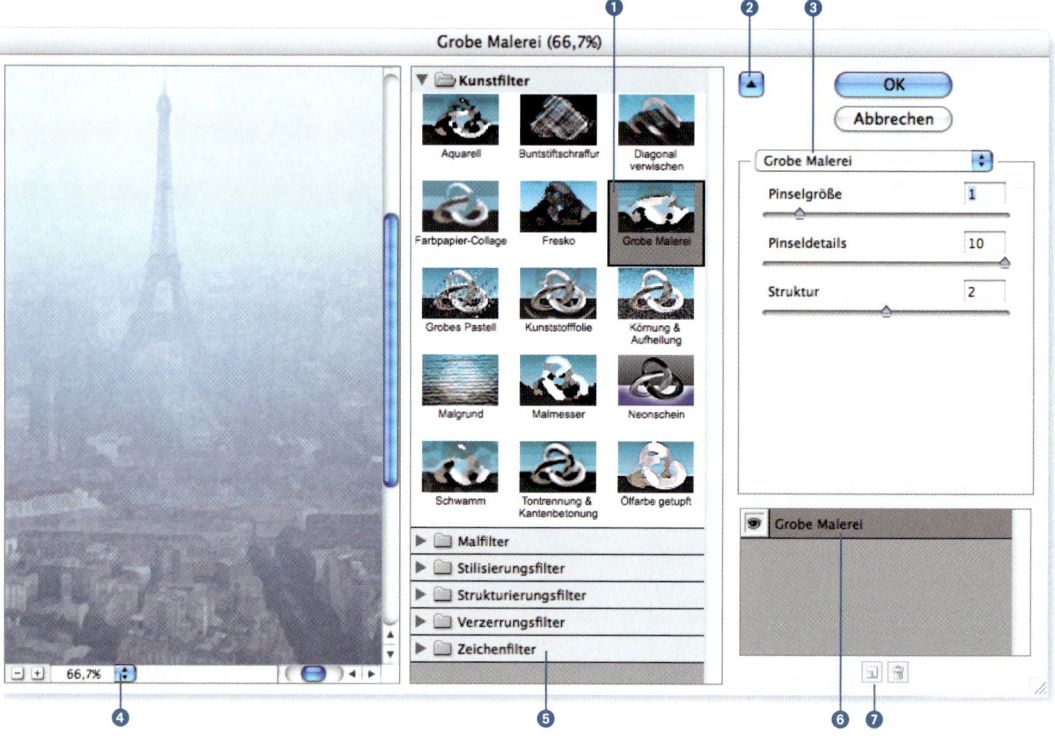

▲ **Abbildung 12.31**
Filter- und Effekt-Galerie

Im Aufklappmenü ❹ stellen Sie die Zoom-Stufe der Vorschau ein. Es ist auch möglich, die Dialogbox auf die volle Bildschirmgröße zu maximieren. Das Vorschaubild lässt sich vergrößern, indem Sie durch einen Klick auf den Pfeil-Button ❷ die Filter-Miniaturen vorübergehend ausblenden.

Den anzuwendenden Filter wählen Sie in der Mitte der Dialogbox, indem Sie auf die Vorschau-Miniaturen ❶ klicken – öffnen und schließen Sie die Filtergruppen durch einen Klick auf den Eintrag ❺.

Alternativ selektieren Sie einen Filter aus dem Menü ❸, in dem die Namen aller Filter aufgelistet sind.

Die auf das Bild angewendeten Filter werden in der Dialogbox als Ebenen ❻ angezeigt. Bei der Anwendung von Filtern – nicht bei Effekten – lassen sich Filterebenen mit einem Klick auf den Button NEUE EFFEKTEBENE ❼ hinzufügen und mit einem Klick auf den Button Effektebene löschen wieder entfernen. Durch Klicken und Ziehen der Einträge ändern Sie die Reihenfolge der Anwendung. Mit einem Klick auf das Auge legen Sie fest, ob die Filterung in der Vorschau angezeigt wird.

Photoshop-Filter anwenden
Gehen Sie wie folgt vor, um ein Pixelbild mit einem Photoshop-filter zu bearbeiten oder einen dieser Filter als Effekt zuzuweisen:

1. Stellen Sie sicher, dass Sie im Dokumentfarbmodus RGB arbeiten (Datei • Dokumentfarbmodus • RGB).
2. Platzieren Sie ein Bild und betten es ins Dokument ein (Grafikdateien importieren siehe Kapitel 17).
3. Je nachdem, ob Sie ein Bild filtern oder einem Objekt einen Effekt zuweisen, gehen Sie unterschiedlich vor:
   a. Aktivieren Sie das Bild und wählen den gewünschten Filter aus dem Menü Filter • Photoshop-Filter, oder rufen Sie Filter • Filtergalerie auf.
   b. Selektieren Sie ein Bild oder ein Vektorobjekt bzw. eine Gruppe und wählen den Effekt direkt aus dem Menü Effekt • Photoshop-Effekte oder selektieren Effekt • Effekte-Galerie.
4. Stellen Sie die Optionen des jeweiligen Filters ein.
5. In einem Bearbeitungsschritt lassen sich mehrere Filter auf ein Bild anwenden. Möchten Sie einen weiteren Filter zuweisen, klicken Sie den Button Neue Effektebene 🖿 unten rechts in der Filter-Galerie und wählen einen weiteren Filter.
   Mehrere Effekte lassen sich nicht auf diese Art zuweisen.
6. Haben Sie alle gewünschten Filter zugewiesen, klicken Sie den Button OK.

▲ **Abbildung 12.32**
Aquarell

▲ **Abbildung 12.33**
Buntglas-Mosaik

12.6 Special Effects

Bis vor kurzer Zeit waren Objekte, wie Sie die in diesem Abschnitt vorgestellten Effekte erstellen, mit Vektorgrafik-Werkzeugen nicht ohne immensen Aufwand zu erzeugen – bei Photoshop-Anwendern dagegen Routine. Tatsächlich sind die Effekte Schatten, Weiche Kante und Schein rasterbasiert. Wenn Sie diese Effekte nutzen, müssen Sie sich also auch mit den Rastereffekt-Einstellungen befassen.

Blendenflecke sind ein Phänomen, dessen Vermeidung einem Fotografen viel Arbeit verursachen kann. In Illustrator steht Ihnen ein Werkzeug zur Verfügung, um Blendenflecke zu erstellen.

Beachten Sie, dass bei den eben genannten Effekten Transparenz zum Einsatz kommt, zu deren Verarbeitung Sie für den ange-

▲ **Abbildung 12.34**
Farbpapier-Collage

strebten Weiterverarbeitungsprozess geeignete Voreinstellungen definieren müssen (Transparenz und Transparenzreduzierung siehe Kapitel 11).

Blendenflecke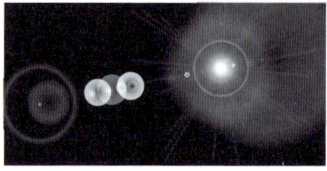

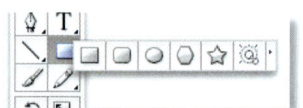

Dieser Spezialeffekt wird mit dem entsprechenden Werkzeug aufgetragen – Sie finden es bei den Konstruktionswerkzeugen in der Werkzeugpalette.

Das Werkzeug generiert ein Objekt »Blendenflecke«, das wiederum aus einer Reihe von Vektorelementen besteht, deren Eigenschaften Sie zum Teil mit Hilfe der Optionen des Blendenflecke-Werkzeugs steuern können. Aus folgenden Teilen ist das Blendenflecke-Objekt aufgebaut:

Abbildung 12.36 ▶
Schema der Blendenflecke: Mitte (orange), Lichtkranz (rot), Strahlen (blau), Ringe (hellgrün), Pfad (dunkelgrün)

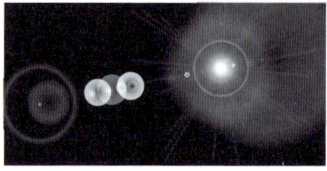 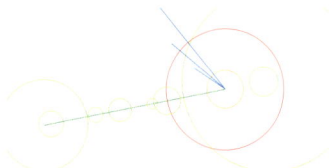

Gehen Sie wie folgt vor, um Blendenflecke anzulegen:

1. Wählen Sie das Blendenflecke-Werkzeug aus der Werkzeugpalette.
2. Falls Ihr Blendenflecke-Objekt RINGE (siehe Abbildung 12.36) enthalten soll, doppelklicken Sie das Werkzeug, um die Optionen aufzurufen. Aktivieren Sie die Einstellung RINGE, falls sie nicht ausgewählt ist, und klicken OK.
3. Klicken Sie den Mittelpunkt und ziehen die Größe des LICHT-KRANZES (siehe Abbildung 12.38) auf.
4. Klicken und ziehen Sie, um den Pfad mit den Ringen zu erstellen. Drücken Sie dabei ↑ bzw. ↓, um die Anzahl der Ringe zu erhöhen bzw. zu senken. Sind Sie mit dem Ergebnis nicht zufrieden, widerrufen Sie einen Schritt und ziehen den Pfad erneut.

▲ **Abbildung 12.37**
Blendenflecke in einer Illustration

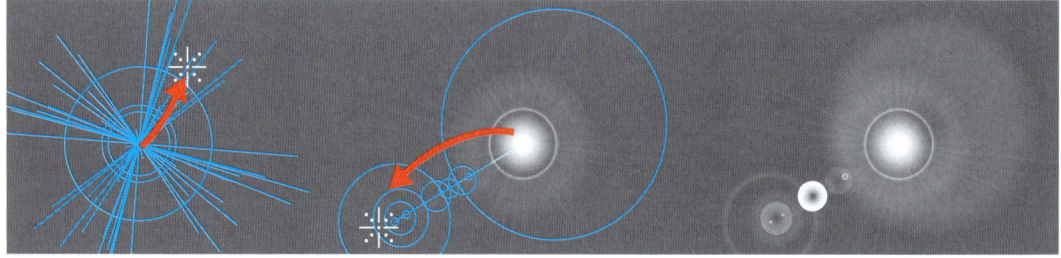

▲ **Abbildung 12.38**
Das Blendenflecke-Werkzeug wird in zwei Schritten angewendet.

Optionen | Blendenflecke

Aktivieren Sie das Blendenflecke-Objekt auf der Zeichenfläche und doppelklicken das Werkzeug, um die Optionen des Objekts einzustellen.

◄ **Abbildung 12.39**
Die Optionen-Dialogbox des Blendenflecke-Werkzeugs erreichen Sie mit einem Doppelklick auf das Werkzeug.

Unter MITTE, LICHTKRANZ und STRAHLEN legen Sie die jeweiligen Eigenschaften der Elemente fest. Falls Sie Strahlen nicht benötigen, deaktivieren Sie die Option.

RINGE definieren Sie durch die Länge des Pfads, die Anzahl der Ringe sowie die Richtung, in welcher der Pfad verläuft. Möchten Sie Ringe nachträglich für ein bestehendes Blendenflecke-Objekt erzeugen oder die Eigenschaften ändern, müssen Sie dafür die Dialogbox verwenden.

Umwandeln | Blendenflecke

Ein Blendenflecke-Objekt können Sie mit dem Befehl OBJEKT • UMWANDELN… in seine Einzelteile zerlegen – anschließend ist es möglich, diese zu untersuchen, um festzustellen, mit welchen Füllungen und Transparenz-Eigenschaften der Effekt erzeugt wird. darüber hinaus können Sie einzelne Elemente mit anderen Eigenschaften versehen.

▲ **Abbildung 12.40**
Umgewandeltes Blendenflecke-Objekt

Schlagschatten

Der Schlagschatten-Effekt dient vor allem dem Zweck, den optischen Eindruck eines Schattens der Objektform zu erzeugen – ob tatsächlich eine »Schatten«-Wirkung entsteht, wird nur durch die Wahl der Füllmethode gesteuert, die Sie in den Optionen des Effekts wählen. Der Einfachheit halber werden wir hier trotzdem weiter von einem »Schatten« schreiben.

Die Farbe des Schattens, seinen Versatz zum Objekt und den Grad der Weichzeichnung definieren Sie in den Optionen, wenn Sie einem Objekt den Effekt zuweisen – Ihre Einstellungen können Sie jedoch zu einem späteren Zeitpunkt editieren.

HINWEIS

Die Füllmethode wird in den Optionen aller Effekte als »Modus« bezeichnet. Diese Bezeichnung verwenden auch Photoshop und andere Programme für die Füllmethode.

▲ **Abbildung 12.41**
Füllmethode NEGATIV MULTIPLIZIE-
REN und FARBTON für den Schatten

Selektieren Sie das Objekt oder die Gruppe, der Sie den Effekt zuweisen möchten, oder wählen Sie die Ebene als Ziel aus. Falls Sie den Effekt nur der Fläche oder der Kontur eines Objekts zuweisen möchten, wählen Sie diese in der Aussehen-Palette aus. Rufen Sie anschließend EFFEKT • STILISIERUNGSFILTER • SCHLAG-SCHATTEN… auf.

Den Schlagschatten-Effekt können Sie mit den gleichen Einstellungsmöglichkeiten auch als Filter anwenden – der Schatten wird dann jedoch direkt als Pixelbild erzeugt.

Abbildung 12.42 ▶
Einstellungen für den Schlagschatten-Effekt

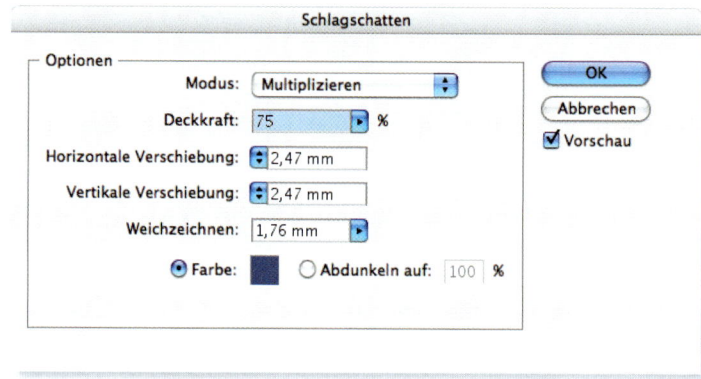

▲ **Abbildung 12.43**
Objekt mit Füllmethode NORMAL (links) und NEGATIV MULTIPLIZIEREN (rechts)

▲ **Abbildung 12.44**
Schlagschatten mit Weichzeichnen 0 mm und 1 mm

▶ MODUS: Wählen Sie aus diesem Menü die Füllmethode, mit welcher der »Schatten« in die hinter ihm liegenden Objekte gerechnet wird.
Beachten Sie außerdem die Wechselwirkungen mit der Füllmethode, die dem Objekt zugewiesen ist: Anders als in den Ebenen-Effekten von Photoshop wird diese in Illustrator auch auf den Schatten angewendet.

▶ DECKKRAFT: Bestimmen Sie die Stärke der Schattierung.

▶ HORIZONTALE/VERTIKALE VERSCHIEBUNG: Die Position des Schattens relativ zum Objekt bestimmen Sie durch Eingabe eines Abstands zwischen –352,77 und 352,77 mm. Negative Werte bewirken eine Verschiebung nach oben bzw. links.

▶ WEICHZEICHNEN: Die Option erzeugt eine weiche Kante des Schattens. Bestimmen Sie den Grad der Weichzeichnung durch Eingabe eines Werts zwischen 0 und 50,8 mm. Einen Schatten mit einer harten Kante – Wert 0 – sollten Sie jedoch nicht mit dem Schlagschatten-Effekt, sondern mit dem Transformieren-Effekt und einer geeigneten Transparenz erzeugen.

▶ FARBE: Die Farbe des Schattens können Sie mit dem Farbwähler oder durch Auswahl eines Farbfelds bestimmen.

▶ ABDUNKELN AUF: Diese Option bewirkt, dass Füllung und Kontur des Objekts im Schatten abgebildet wird – etwa wie Glasfenster, deren Muster sich auf Objekten abzeichnen, wenn

Licht durch sie fällt. Muster- oder Verlaufsfüllungen werden jedoch nicht in den Schatten übernommen.

Geben Sie einen Wert zwischen 0 und 100 % ein, um die Balance zwischen Schwarzanteil und Ursprungsfarbe zu bestimmen. Bei einem Wert von 0% wird dem Schatten kein Schwarz zugegeben, bei einem Wert von 100 % enthält der Schatten nur den Schwarzanteil.

▶ SEPARATE SCHATTEN ERSTELLEN (nur für Filter): Diese Option ist wichtig, wenn Sie den Filter auf mehrere Objekte gemeinsam oder auf eine Gruppe von Objekten anwenden. Normalerweise ist die Option aktiv, und es wird je ein Schatten direkt hinter jedem Objekt erstellt. Deaktivieren Sie die Option, um alle Schatten hinter dem untersten Objekt anzuordnen.

▲ **Abbildung 12.45**
Abdunkeln auf 30 % und 100 %

Weiche Kante

Der Effekt WEICHE KANTE erzeugt einen allmählichen Übergang eines Objekts oder einer Gruppe zum Hintergrund, indem die Deckkraft des Objekts an seiner Außenkante allmählich sinkt.

Als Außenkante wird die Grenze der Fläche betrachtet, die ein Objekt oder eine Gruppe durch seine Füllung und/oder Kontur bedeckt, d. h., Sie können auch eine Kontur mit einer weichen Kante versehen.

Die Breite des Übergangs bestimmen Sie in den Optionen des Effekts.

▲ **Abbildung 12.46**
Einstellungen für den Effekt WEICHE KANTE

Schein nach außen

Mit diesem Effekt erzeugen Sie eine schattenähnliche Fläche, die sich allerdings vom Objekt nach allen Seiten gleichmäßig ausdehnt. Ob der Eindruck eines »Scheins« entsteht, ist abhängig von der Farbe und vom Modus, den Sie auswählen – voreingestellt ist der Modus NEGATIV MULTIPLIZIEREN, der einen Schein erzeugt:

▲ **Abbildung 12.47**
Effekt WEICHE KANTE

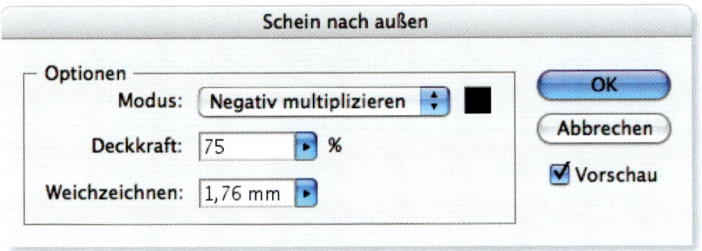

◀ **Abbildung 12.48**
Einstellungen für den Effekt
SCHEIN NACH AUSSEN

Die Optionen werden im Abschnitt »Schlagschatten« erklärt. Die Farbe des »Scheins« wählen Sie im Farbwähler aus, den Sie mit einem Klick auf das Feld neben dem Modus-Menü aufrufen.

▲ **Abbildung 12.49**
Schein nach innen

Abbildung 12.50 ▶
Einstellungen für den Schein-
nach-innen-Effekt

Schein nach innen

Dieser Effekt verursacht ein dem vorherigen entsprechendes Objekt, dieses ist jedoch ins Innere des Objekts ausgerichtet. Schein nach innen ist nicht nur für Neon-Effekte nützlich – vor allem wird er gerne verwendet, um Objekte plastisch hervortreten zu lassen. In der folgenden Übung setzen Sie den Schein nach innen zu genau diesem Zweck ein.

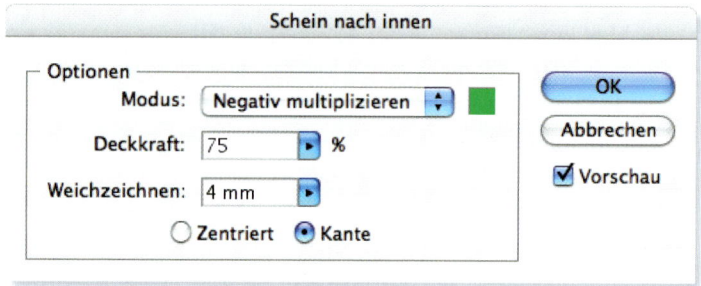

Sehen Sie die Anmerkungen zu den Optionen im vorherigen Absatz unter »Schlagschatten«.

Die Farbe des »Scheins« wählen Sie im Farbwähler aus, den Sie mit einem Klick auf das Feld hinter dem Modus-Menü aufrufen. Wählen Sie Kante, um den Schein von der Außenkante des Objekts nach innen anzulegen – Zentriert für die umgekehrte Ausrichtung.

Schritt für Schritt: ein Auge mit Effekten

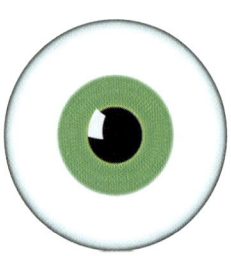

▲ **Abbildung 12.51**
Das fertiggestellte Auge

1 Der Augapfel

In dieser Übung zeichnen Sie ein Auge, das auf einer einzigen Grundform basiert – alle Details werden wir mit Hilfe von Aussehen-Eigenschaften und Effekten generieren. Erstellen Sie zunächst einen Kreis mit einem Durchmesser von 55 mm und einer weißen Füllung.

Rufen Sie die Aussehen-Palette auf. Aktivieren Sie die weiße Fläche in der Palette und weisen dieser den Effekt Schein nach innen zu.

In den Optionen des Schein nach innen rufen Sie den Farbwähler durch einen Klick auf das Farbfeld auf und geben folgende Werte unter CMYK ein: C44/M21/Y26. Wählen Sie den Modus Multiplizieren, Deckkraft 100 %, Weichzeichnen 4 mm, Kante.

Weisen Sie der weißen Fläche einen zweiten Schein nach Innen zu mit den Werten: Farbe C60/M48/Y45/K12, Multiplizieren, 1 mm, Kante.

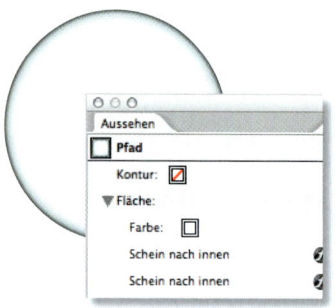

▲ **Abbildung 12.52**
Der Augapfel

2 Die Iris

Aus der Grundform generieren Sie die Iris. Aktivieren Sie den Eintrag FLÄCHE in der Aussehen-Palette und wählen NEUE FLÄCHE HINZUFÜGEN aus dem Palettenmenü. Die neue Fläche sollte über der bereits vorhandenen Fläche erstellt werden.

Richten Sie für diese Fläche die Farbe C50/M0/Y69/K25 ein. Die Fläche muss mit einem TRANSFORMIEREN-Effekt skaliert werden – geben Sie 53 % für horizontal und vertikal ein. Anschließend weisen Sie noch den Effekt WEICHE KANTE mit einem Radius von 1 mm zu.

3 Iris – Struktur

Die Struktur der Iris bilden Sie aus der bereits bestehenden, aber bisher nicht mit einer Farbe versehenen Kontur des Objekts.

Weisen Sie der Kontur die Farbe C25/M0/Y100/K0 und die Stärke 1 Pt zu. Mit dem Transformieren-Effekt erstellen Sie zunächst eine Grundform, die Sie anschließend durch einen zweiten Transformieren-Effekt vervielfältigen – das Prinzip der beiden Transformationen verdeutlicht die folgende Abbildung:

▲ **Abbildung 12.53**
Die Iris

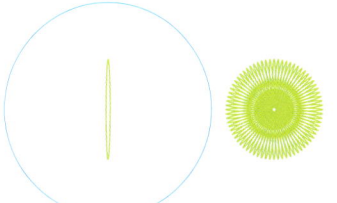 

◄ **Abbildung 12.54**
Erstellen der Iris-Struktur aus einer Kontur mit Hilfe von zwei Transformieren-Effekten

Weisen Sie der Kontur einen Transformieren-Effekt zu mit den Werten SKALIEREN HORIZONTAL 2 %, VERTIKAL 47 %. Anschließend wählen Sie einen zweiten Transformieren-Effekt und geben unter DREHEN einen Winkel von 5° sowie unter KOPIEN 35 ein. Dieser Effekt muss in der Palette unter dem ersten angeordnet sein. Die Warnung, die Illustrator Ihnen nach dem Auswählen des zweiten Transformieren-Effekts zeigt, übergehen Sie, indem Sie den Button NEUEN EFFEKT ANWENDEN klicken.

Schließlich benötigen Sie noch eine Weichzeichnung – WEICHE KANTE 0,3. Als Füllmethode verwenden Sie NEGATIV MULTIPLIZIEREN mit der Deckkraft 25 %.

▲ **Abbildung 12.55**
Iris mit Struktur

4 Die Pupille

Für die Pupille legen Sie eine neue Fläche an. Diese hat die Farbe Schwarz. Bringen Sie sie mit einem Transformieren-Effekt auf die korrekte Größe: 25 %.

▲ Abbildung 12.56
Helle Kante an der Pupille

▲ Abbildung 12.57
Transformieren-Effekt

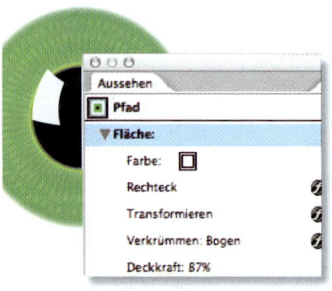

▲ Abbildung 12.58
Der Lichtreflex

Jetzt benötigen Sie noch eine etwas hellere Kante an der Grenze zwischen Pupille und Iris. Richten Sie eine neue Kontur ein, indem Sie den eben erzeugten Eintrag FLÄCHE in der Aussehen-Palette aktivieren und NEUE KONTUR HINZUFÜGEN aus dem Palettenmenü wählen.

Weisen Sie der Kontur die Farbe C25/M0/Y100/K0 und eine Stärke von 2 Pt zu. Wie die Iris-Fläche müssen Sie sie auf 25 % verkleinern. Da sie nicht wie eine harte Grenze erscheinen soll, wählen Sie den Weiche-Kante-Effekt mit einer Stärke von 0,4.

5 **Ein Lichtreflex**

Eigentlich ist das Auge jetzt fertig. Um es ein wenig lebendiger wirken zu lassen, benötigen wir aber noch einen kleinen Lichtreflex.

Für diesen Effekt erzeugen Sie eine weitere Fläche in der Farbe Weiß. Mit Hilfe des Effekts IN FORM UMWANDELN… geben Sie dieser Fläche die rechteckige Form. Geben Sie unter RELATIV für Breite und Höhe jeweils den Wert –6 ein.

Mit einem Transformieren-Effekt richten Sie die endgültige Größe, eine Verschiebung aus der Mitte heraus und eine Drehung ein. Verwenden Sie die Werte aus dem Screenshot – siehe Abbildung 12.57.

Jetzt wenden Sie noch einen Verkrümmen-Effekt an, um die »Blitzwannen-Optik« zu erzeugen (siehe Abbildung 12.58) – BOGEN mit den Einstellungen: Vertikal, Biegung 29 %, Verzerrung horizontal 14 % und vertikal 12 %.

Reduzieren Sie anschließend noch die Deckkraft des Lichtreflexes auf 87 %.

Dokument-Rastereffekt-Einstellungen

Die Einstellungen in dieser Dialogbox bestimmen die Auflösung und Qualität der von den rasterbasierten Effekten in Pixelbilder umgewandelten Vektorobjekte. Daher sollten Sie die Einstellungen vor Beginn Ihrer Arbeit überprüfen und ggf. an die Anforderungen des aktuellen Projekts anpassen.

Auf die Bearbeitung platzierter Rasterbilder haben die meisten Einstellungen keinen Einfluss – diese werden in ihrer vorliegenden Auflösung bearbeitet, die in der Steuerungspalette für ein ausgewähltes Bild angezeigt wird. Sie können jedoch durch die Auswahl des Farbmodells GRAUSTUFEN oder BITMAP ein Farbbild in einen dieser Modi umwandeln.

Lesen Sie auch Kapitel 18 über die Anforderungen an Bildauflösung und -qualität für Print- und Webproduktion.

Dokument-Rastereffekt-Einstellungen

Farbmodell:	CMYK ▾

Auflösung
- ○ Bildschirm (72 ppi)
- ○ Mittel (150 ppi)
- ◉ Hoch (300 ppi)
- ○ Andere: 300 ppi

Hintergrund
- ○ Weiß
- ◉ Transparent

Optionen
- ☐ Glätten
- ☐ Schnittmaske erstellen
- Hinzufügen: 12,7 mm um Objekt
- ☑ Volltonfarben nach Möglichkeit beibehalten

ⓘ Änderungen an diesen Einstellungen können sich auf das Aussehen derzeit angewendeter Rastereffekte auswirken.

[OK] [Abbrechen]

◄ **Abbildung 12.59**
Dokument-Rastereffekt-Einstellungen

- ▶ FARBMODELL: Hier haben Sie die Wahl, Rastereffekte in drei Farbmodellen berechnen zu lassen. Je nach gewähltem Dokumentfarbmodus in RGB bzw. CMYK, darüber hinaus kann die Pixelbildumwandlung in GRAUSTUFEN oder BITMAP (Schwarz-Weiß) erfolgen.
- ▶ AUFLÖSUNG: Bestimmen Sie die Auflösung für die Umwandlung von Vektor- in Pixelbilder. Die Auflösung bezieht sich auf die Maße der Objekte im Dokument – diese sollten Sie also in der im Layout benötigten Größe einrichten.
- ▶ HINTERGRUND: Mit den Optionsbuttons wählen Sie, wie die Transparenz der Vektorelemente – die durch die Außenbegrenzung der Objektform definiert ist – sich im Rasterbild darstellt: mit weißen Pixeln oder durch Transparenz.
  Aktivieren Sie das Transparenzraster im Menü ANSICHT, um eine Vorschau der transparenten Bereiche zu erhalten.
  - ▶ WEISS: Die ursprünglich transparenten Bereiche eines Vektorobjekts werden in deckende weiße Pixel umgerechnet.
  - ▶ TRANSPARENT: Das Pixelbild ist nur auf den Flächen deckend, die durch die Vektorform definiert sind. So sind unter dem mit einem Rastereffekt versehenen Element liegende Objekte sichtbar.
    Die Einstellung TRANSPARENT bewirkt, dass eine durch einen Effekt veränderte Außenform eines Objekts beschnitten wird, und sie kann zu Fehldarstellungen führen, wenn innerhalb der Fläche des Objekts »Löcher« entstehen.

TIPP

Die Umwandlung eines Farb- in ein Graustufen- oder Bitmap-Bild sollten Sie grundsätzlich in Bildbearbeitungsprogrammen vornehmen, da Sie dort die Möglichkeit haben, den Farbkontrast in einen entsprechenden Schwarz-Weiß-Kontrast umzusetzen.

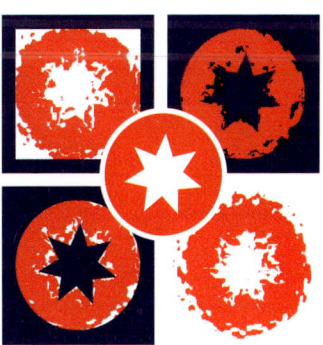

▲ **Abbildung 12.60**
Originalobjekt (Mitte) mit Effekt Ozeanwellen:
v. l. o.: Hintergrund weiß, transparent, Schnittmaske, Hinzufügen

Im Farbmodell Bɪᴛᴍᴀᴘ verwenden Sie die Einstellung Tʀᴀɴs-ᴘᴀʀᴇɴᴛ, um die weißen Pixel des Bitmaps transparent darzustellen.

▶ Gʟäᴛᴛᴇɴ: Mit dieser Option aktivieren Sie die Kantenglättung von Vektorobjekten, wenn Rastereffekte darauf angewendet werden.

▶ Sᴄʜɴɪᴛᴛᴍᴀsᴋᴇ ᴇʀsᴛᴇʟʟᴇɴ: Während mit der Option Hɪɴᴛᴇʀ-ɢʀᴜɴᴅ ᴛʀᴀɴsᴘᴀʀᴇɴᴛ die Maske direkt in der eingestellten Auflösung berechnet und ggf. geglättet wird, definiert mit der Option Sᴄʜɴɪᴛᴛᴍᴀsᴋᴇ eine Vektorform die Außenbegrenzung des Objekts.

Diese Option ist vor allem dann der Einstellung Tʀᴀɴsᴘᴀʀᴇɴᴛ vorzuziehen, wenn weitere Elemente unter dem mit dem Effekt versehenen Element liegen.

▶ Hɪɴᴢᴜꜰüɢᴇɴ: Um das Objekt wird eine Fläche in der angegebenen Größe hinzugefügt. Dies benötigen Sie vor allem, wenn Effekte die Außenform von Objekten ausdehnen.

▶ Vᴏʟʟᴛᴏɴꜰᴀʀʙᴇɴ ɴᴀᴄʜ Möɢʟɪᴄʜᴋᴇɪᴛ ʙᴇɪʙᴇʜᴀʟᴛᴇɴ: Da Sie Photoshop-Effekte nicht auf Objekte anwenden können, die mit Sonderfarben versehen sind, betrifft diese Option nur die Effekte Sᴄʜʟᴀɢsᴄʜᴀᴛᴛᴇɴ, Wᴇɪᴄʜᴇ Kᴀɴᴛᴇ und Sᴄʜᴇɪɴ.

Ist z. B. ein Schatten in einer Volltonfarbe angelegt, wird versucht, diesen nicht in CMYK umzurechnen, sondern die Farbdefinition zu erhalten und den optischen Eindruck durch Überdrucken darzustellen.

In Pixelbild umwandeln

Illustrator bietet diese Funktion sowohl als Befehl als auch als Effekt an. Sie dient dazu, Vektorelemente zu rastern.

Sie benötigen diesen Zwischenschritt zum Beispiel, wenn Ihre Objektkonstruktion so komplex ist, dass sie bei der Ausgabe auf dem Drucker Fehler verursacht oder wenn der Export in bestimmte Formate fehlschlägt, weil Elemente nicht in eine korrespondierende Form übersetzt werden können.

Typische Anwendungen sind Transparenzen – beim Ausdruck auf älteren Geräten oder beim Export in das Flash-Format. Ein anderer Einsatzbereich ist die Aufbereitung von Textelementen für das Screendesign.

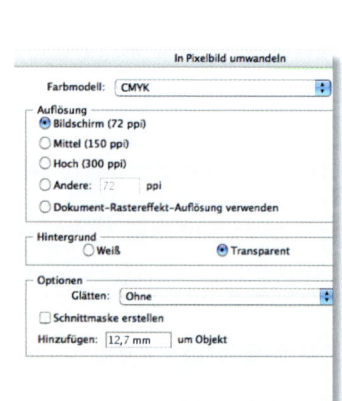

Die Optionen entsprechen den Dokument-Rastereffekt-Einstellungen, eine zusätzliche Option besteht beim Glätten, das Sie hier nicht per Kontrollkästchen aktivieren, sondern aus einem Aufklappmenü wählen.

Das Anti-Aliasing lässt sich für Bildmaterial oder für Schrift optimieren (»Von Text zu Grafik« siehe Kapitel 13.11).

Farbfilter

Diese Gruppe von Filtern verändert die Farbdefinitionen mehrerer Objekte gleichzeitig – die Anwendung besprechen wir in Kapitel 8. Einige dieser Filter lassen sich auch auf Pixelbilder anwenden.

Der Schwarz-überdrucken-Filter automatisiert das Einrichten der Überdrucken-Eigenschaft, die Sie manchmal benötigen, um Probleme in der Printprodukion zu beheben – daher finden Sie die Details in Kapitel 18.

3D

Die 3D-Effekte finden Sie in Kapitel 16.

Mosaik

Dieser Filter stellt eine ganz andere Art dar, ein Pixelbild zu vektorisieren. Er erzeugt das typische Pixelmuster zu niedrig aufgelöster Rastergrafik – gebildet aus Vektorpfaden. Damit lassen sich interessante Gestaltungselemente – z. B. für Hintergründe oder zur Ausschmückung – erstellen.

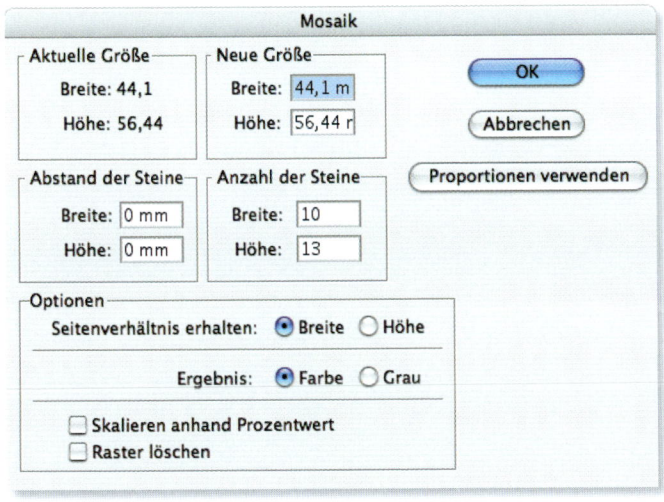

◄ **Abbildung 12.63**
Optionen des Filters MOSAIK

▶ AKTUELLE GRÖSSE: Hier wird die Größe des Bilds in der eingestellten Maßeinheit angezeigt.

▶ NEUE GRÖSSE: Möchten Sie das Mosaik in einer anderen Größe erstellen, geben Sie die Maße hier ein. Sie können den Wert auch prozentual zur alten Größe angeben, aktivieren Sie dafür die Option SKALIEREN ANHAND PROZENTWERT.

▶ ABSTAND DER STEINE: Voreingestellt stoßen die Steine direkt aneinander. Geben Sie hier einen Wert ein, der als Zwischenraum zwischen den Elementen dient.

▲ **Abbildung 12.64**
ANZAHL DER STEINE entspricht den Proportionen des Bilds.

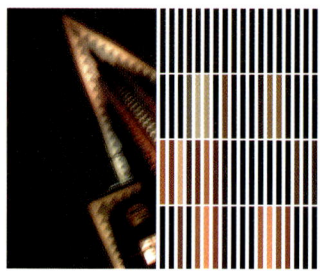

<p>▲ **Abbildung 12.65**
ANZAHL DER STEINE nicht proportional zu den Bildmaßen</p>

▶ ANZAHL DER STEINE: Mit diesen Werten bestimmen Sie indirekt die Größe der einzelnen »Pixel«.

Wenn Sie quadratische Steine erzeugen möchten, geben Sie z. B. die Anzahl der Steine für die Breite an, aktivieren die Option Breite unter SEITENVERHÄLTNIS ERHALTEN und klicken den Button PROPORTIONEN VERWENDEN.

Sie müssen übrigens keine quadratischen Steine erzeugen – wenn Sie einen der Werte ganz niedrig wählen, können Sie »Linien« anstelle von »Pixeln« generieren lassen.

▶ ERGEBNIS: Wählen Sie, ob das Ergebnis in Farbe oder Graustufen umgesetzt werden soll.

▶ RASTER LÖSCHEN: Aktivieren Sie diese Option, um das Rasterbild nach der Erstellung des Mosaiks zu löschen.

SVG-Filter

Ein SVG-Filter beschreibt einen Satz von Eigenschaften der Extended Modelling Language (XML). Diese Eigenschaften werden als mathematische Funktionen bei der Darstellung der Grafik z. B. im Browser angewendet. Durch Anpassung der Routinen in einer Voreinstellungsdatei können Sie eine andere Filterwirkung erzeugen (SVG-Export siehe Kapitel 18).

TEIL IV
Spezialobjekte

13 Text und Typografie

Illustrator hat schon in der vorigen Version einige der fortgeschrittenen Werkzeuge zur Zeichen- und vor allem Absatzformatierung erhalten, die Sie vielleicht von InDesign kennen. Aufgrund der fehlenden Mehr-Seiten-Verarbeitung ist aber speziell die Formatierung längerer Textpassagen eher ein Randthema für die Arbeit mit dem Programm.

Nichtsdestoweniger sind diese Möglichkeiten eine große Arbeitserleichterung für die Erstellung von Layouts, die auch mikrotypografisch überzeugen.

Für die Eingabe und Bearbeitung von Text stellt Illustrator mehrere Werkzeuge, einige Paletten und einen kompletten Hauptmenüpunkt zur Verfügung.

Exkurs: Zitate

Urheber der als Blindtext verwendeten Zitate in diesem Kapitel sind Paul Rand (»To design is …«, »First make it red …«), Erik Spiekermann (»The one thing …«) und Adolph Freiherr von Knigge.

▲ **Abbildung 13.1**
Text-Werkzeuge

13.1 Textobjekte erzeugen

Illustrator unterscheidet drei Arten Textobjekte: Punkttext, Flächentext und Pfadtext.

▶ **Punkttext:** Der Text in diesem Textobjekt startet an dem Punkt, den Sie mit dem Text-Werkzeug anklicken, und fließt von dort in horizontaler oder vertikaler Richtung, bis ein Umbruch eingegeben wird. .
Punkttext eignet sich aufgrund der fest eingegebenen Umbrüche nur für kurze Texte, da eine Umformatierung sehr viel Aufwand erfordert.

▶ **Flächentext:** Ein Flächentextobjekt wird durch einen äußeren »Rahmen« begrenzt. Der Rahmen wird entweder mit dem Text-Werkzeug oder durch ein Vektorobjekt definiert. Der Textumbruch erfolgt an den Begrenzungen der Fläche.
Mehrere Flächentextobjekte können miteinander verkettet werden, so dass sich Flächentexte sehr gut für längere Textabschnitte eignen.

▶ **Pfadtext:** Pfadtext läuft in einer Zeile auf einem offenen oder geschlossenen Vektorpfad in dessen Pfadrichtung, d.h. in der Richtung, in der Sie den Pfad gezeichnet haben. Auch Pfadtext-

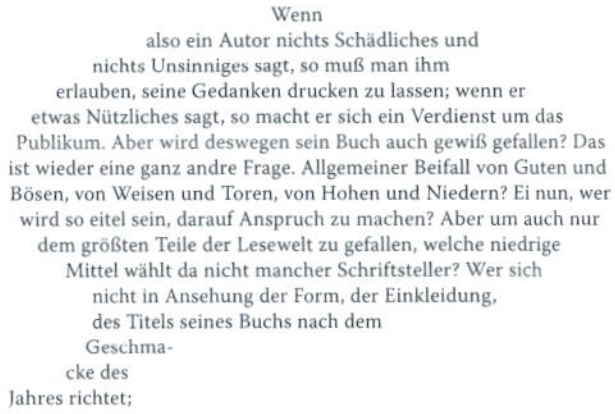

▲ **Abbildung 13.2**
Flächentext

▲ **Abbildung 13.3**
Pfadtext

objekte können Sie miteinander verketten. Diese Textobjekte bieten sehr freie Gestaltungsmöglichkeiten.

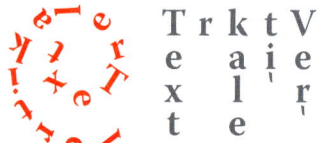

Textausrichtung

Alle Text-Werkzeuge hält Illustrator in zweifacher Ausfertigung vor: für horizontale und vertikale Textausrichtung. Horizontal ausgerichteter Text verläuft in der gewohnten westeuropäischen Schreibweise, vertikale Textausrichtung dient dem Satz ostasiatischer Sprachen.

Setzen Sie vertikal ausgerichteten Text, werden die Buchstaben übereinander gesetzt. Umbrüche erfolgen von rechts nach links. Bei vertikal ausgerichtetem Pfadtext steht die Grundlinie der Buchstaben senkrecht zum Pfad.

Die Textausrichtung können Sie jederzeit ändern. Aktivieren Sie das Textobjekt, und wählen Sie SCHRIFT • TEXTAUSRICHTUNG • HORIZONTAL bzw. VERTIKAL.

Punkttext erstellen T̲ T̲

Um Punkttext zu erstellen, wählen Sie das Text-Werkzeug – Shortcut T – oder das Vertikaler-Text-Werkzeug. Bewegen Sie es auf eine Stelle der Zeichenfläche, an der kein Vektorobjekt liegt. Der Cursor zeigt ein I oder ⬌. Die Position der Schrift-Grundlinie erkennen Sie an dem kurzen Strich im Cursor-Symbol.

Klicken Sie mit dem Text-Werkzeug, und geben Sie den Text ein, einen Umbruch erzeugen Sie mit ⏎.

Wenn Sie anschließend ein weiteres Textobjekt erstellen wollen, drücken Sie ⌘/Strg und klicken neben den Text, um ihn zu deaktivieren.

Um nach der Texteingabe das Textobjekt zu aktivieren, wählen Sie das Auswahl-Werkzeug – oder drücken Sie ⌘/Strg für einen temporären Wechsel zum Auswahl-Werkzeug – und klicken auf den Text.

Flächentext erstellen T T

Einen Flächentext können Sie auf zwei Arten erzeugen:
1. Sie erstellen eine neue Rechteckfläche.
2. Sie wandeln einen geschlossenen oder offenen Pfad in einen Flächentext um.

Textobjekt neu erstellen | Um ein rechteckiges Flächentextobjekt zu erstellen, wählen Sie das Text- T oder das Vertikaler-Text-Werkzeug T, bewegen Sie es über eine freie Stelle auf der Zeichenfläche – der Cursor zeigt das I- oder ⬌Symbol. Klicken und ziehen Sie ein Rechteck in der gewünschten Größe auf.

Nachdem Sie die Maustaste losgelassen haben, blinkt die Einfügemarke links bzw. rechts oben im neuen Flächentextobjekt und Sie können Ihren Text direkt eingeben.

Vektorobjekt in Textobjekt umwandeln | Wählen Sie das Text-Werkzeug oder eines der Flächentext-Werkzeuge ⊞ ⊞, um einen geschlossenen Pfad in ein Flächentextobjekt umzuwandeln. Möchten Sie einen offenen Pfad in ein Flächentextobjekt umwandeln, müssen Sie ein Flächentext-Werkzeug verwenden.

Bewegen Sie das Werkzeug über den Pfad des Vektorobjekts – der Cursor zeigt das ⊕- bzw. das ⊕-Symbol. Klicken Sie mit dem Werkzeug, um die Vektorform in ein Flächentextobjekt umzuwandeln. Dabei werden Füllungs- und Kontureinstellungen des Objekts gelöscht, und die Einfügemarke blinkt oben links bzw. rechts innerhalb der Form. Geben Sie Ihren Text ein.

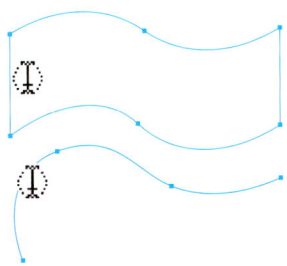

▲ **Abbildung 13.6**
Aus geschlossenen und offenen Vektorpfaden Flächentextobjekte erzeugen

Pfadtext erstellen ⊿ ⊾
Mit den Pfadtext-Werkzeugen können Sie kein neues Objekt erzeugen. Sie müssen daher zunächst den Pfad erstellen, auf dem Ihr Text laufen soll.

Anschließend wandeln Sie ihn in ein Pfadtextobjekt um. Für einen geschlossenen Pfad wählen Sie das Pfadtext-Werkzeug, einen offenen Pfad können Sie sowohl mit dem Pfadtext- als auch mit dem Text-Werkzeug in einen Textpfad umwandeln.

Bewegen Sie das Werkzeug über den Pfad – der Cursor zeigt das ⊥- bzw. ⊹-Symbol. Klicken Sie an der Stelle auf den Pfad, an welcher der Text beginnen soll – der Text lässt sich jedoch auch im Nachhinein noch auf dem Pfad verschieben. Die Einfügemarke blinkt, und Sie können den Text eingeben.

Alle Aussehen-Eigenschaften des Vektorpfads werden beim Umwandeln in ein Pfadtextobjekt gelöscht. Falls der Pfad eine Kontur oder Füllung erhalten soll, weisen Sie diese zu, nachdem Sie das Pfadtextobjekt erzeugt haben.

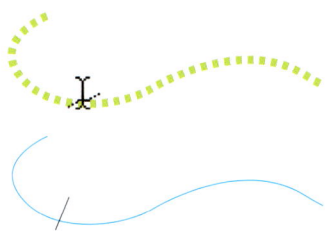

▲ **Abbildung 13.7**
Wird ein Vektorpfad in ein Textobjekt umgewandelt, verliert es seine Aussehen-Eigenschaften.

13.2 Texte und Textobjekte auswählen

Sie können verschiedene Eigenschaften von Texten, Textobjekten und Textpfaden editieren. Vor der Bearbeitung müssen Sie die Zeichen, Objekte oder Pfade jedoch auswählen.

Auswahloptionen
Zeichen | Ausgewählten Zeichen weisen Sie typografische Eigenschaften über die Zeichen-Palette, Füllungen oder Konturen sowie Transparenzeinstellungen zu.

Textobjekt | Möchten Sie Zeichen-, Absatz-, Füllungs- und Kontureinstellungen auf alle Zeichen in einem Textobjekt anwenden, wählen Sie das Textobjekt aus. Effekte – z. B. Pathfinder-Effekte (siehe Kapitel 9) – lassen sich nur auf Textobjekte anwenden.

Textpfad | Auch die Form von Textpfaden ist jederzeit editierbar, und Sie können ihnen eine oder mehrere Konturen und/oder Füllungen zuweisen.

Zeichen auswählen, Text-Cursor verwenden

Jeden bestehenden Text können Sie mit allen Text-Werkzeugen bearbeiten.

Sobald Sie ein Text-Werkzeug über ein Textobjekt bewegen, nimmt es das Text-Symbol I bzw. das Vertikaler-Text-Symbol ⊶ an, je nach Textausrichtung des Objekts. Diese Cursor zeigen Ihnen an, dass Sie mit einem Klick kein neues Textobjekt erzeugen, sondern ein bestehendes editieren.

▶ **Einfügemarke setzen:** Möchten Sie einem Text weitere Zeichen hinzufügen, klicken Sie mit dem Text-Cursor I an die gewünschte Stelle und tippen die Zeichen ein.

▶ **Zeichen auswählen:** Um eines oder mehrere Zeichen auszuwählen, klicken und ziehen Sie mit dem Text-Cursor I über die betreffenden Zeichen. Erweitern Sie die Auswahl, indem Sie ⇧ drücken und ans Ende des auszuwählenden Textes klicken. Sie können nur zusammenhängende Textbereiche auswählen. Sind Zeichen ausgewählt, wird in der Aussehen-Palette das Wort »Zeichen« angezeigt (Aussehen-Palette siehe Kapitel 10).

▲ **Abbildung 13.8**
Text aktivieren

▲ **Abbildung 13.9**
Aussehen-Palette bei der Auswahl von Zeichen

Optionen | Textauswahl

Mit einem Doppelklick wählen Sie ein Wort aus, mit einem Dreifachklick einen Absatz.

Setzen Sie den Cursor an einer Stelle in den Text und drücken ⌘/Strg + A, werden alle Zeichen des Textobjekts ausgewählt – ist das Objekt mit anderen verkettet, werden alle Zeichen in der Verkettung ausgewählt.

Textobjekt auswählen

Wählen Sie das Auswahl-Werkzeug und klicken auf das gewünschte Textobjekt, um es zu aktivieren. Drücken Sie ⇧ und klicken auf zusätzliche Textobjekte, um diese auch auszuwählen. Ziehen Sie einen Auswahlrahmen über mehrere Textobjekte, um sie zu selektieren.

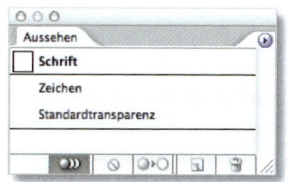

▲ **Abbildung 13.10**
Aussehen-Palette bei der Auswahl eines Textobjekts

Möchten Sie alle Textobjekte eines Dokuments aktivieren, wählen Sie Auswahl • Objekt • Textobjekte. Lesen Sie in Kapitel 10, wie Sie Textobjekte mit Hilfe der Ebenen-Palette auswählen.

Ist ein Textobjekt aktiviert, wird in der Aussehen-Palette das Wort »Schrift« angezeigt.

Textpfad auswählen

Um den Textpfad eines Pfadtextobjekts oder den Begrenzungspfad eines Flächentextobjekts auszuwählen, verwenden Sie das Direktauswahl- oder das Gruppenauswahl-Werkzeug. Mit dem Direktauswahl-Werkzeug lassen sich einzelne Punkte oder Segmente des Pfads auswählen – das Gruppenauswahl-Werkzeug dient zur Auswahl des gesamten Pfads.

Deaktivieren Sie die Auswahl, falls das Textobjekt aktiviert ist. Bewegen Sie das Direkt- oder Gruppenauswahl-Werkzeug über den Pfad.

Erleichtern Sie sich die Auswahl eines Textpfads, indem Sie in die Pfadansicht wechseln – Shortcut ⌘/Strg+Y – oder die magnetischen Hilfslinien aktivieren – Shortcut ⌘/Strg+U.

Ist ein Textpfad aktiviert, zeigt die Aussehen-Palette das Wort »Pfad« an.

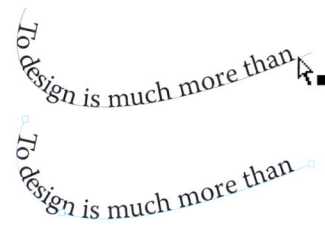

▲ **Abbildung 13.11**
Auswahl des Textpfads in der Pfadansicht

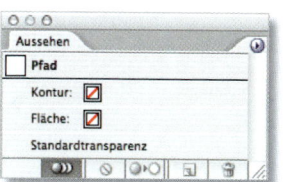

▲ **Abbildung 13.12**
Aussehen-Palette bei der Auswahl des Textpfads

13.3 Textobjekte bearbeiten

Illustrator besitzt einige Features, die auch Layoutprogramme haben. Textobjekte lassen sich nach der Erstellung auf viele Arten verändern und miteinander verbinden. Den Textfluss innerhalb des Objekts können Sie ebenfalls beeinflussen.

Textobjekte transformieren

Sie müssen je nach Art des Textobjekts anders vorgehen, um das ganze Objekt zu transformieren.

Punkttext- und Pfadtextobjekte | Diese beiden Objektarten lassen sich mit Hilfe des Begrenzungsrahmens bearbeiten. Aktivieren Sie dessen Anzeige, wählen das Textobjekt mit dem Auswahl-Werkzeug aus und führen die gewünschte Transformation durch (Begrenzungsrahmen siehe Kapitel 5).

Alternativ verwenden Sie die Transformieren-Werkzeuge – um die Objekte zu aktivieren, benutzen Sie ebenfalls das Auswahl-Werkzeug.

Flächentextobjekte | Wenn Sie ein Flächentextobjekt mit dem Begrenzungsrahmen transformieren, verformen Sie nur seine Begrenzungsfläche.

Soll die Transformation die Fläche gemeinsam mit dem Text betreffen, müssen Sie sie mit den Transformieren-Werkzeugen

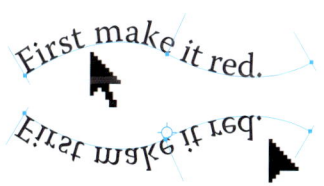

▲ **Abbildung 13.13**
Pfadtext transformieren

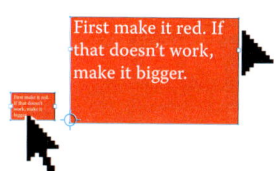

▲ **Abbildung 13.14**
Flächentext transformieren

ausführen. Aktivieren Sie das Flächentextobjekt mit dem Auswahl-Werkzeug, wählen Sie das gewünschte Transformieren-Werkzeug und führen die Formänderung durch.

Textbereich des Flächentexts skalieren

Um die Größe eines Flächentextobjekts zu verändern, müssen Sie zunächst die Anzeige des Begrenzungsrahmens aktivieren, falls er nicht bereits angezeigt wird. Wählen Sie ANSICHT • BEGRENZUNGSRAHMEN EINBLENDEN – Shortcut ⌘/Strg+⇧+B.

Aktivieren Sie das Flächentextobjekt mit dem Auswahl-Werkzeug, und ziehen den Begrenzungsrahmen mit den Anfassern in die gewünschte Größe. Alternativ wählen Sie SCHRIFT • FLÄCHENTEXT-OPTIONEN… und geben die Maße in BREITE und HÖHE ein.

Flächentextform transformieren

Meist richtet man die Vektorform ein, bevor sie in ein Flächentextobjekt umgewandelt wird. Müssen Sie trotzdem einmal die Form mit Transformationswerkzeugen bearbeiten, dann ist es nicht nötig, den Text vorher zu entfernen.

Deaktivieren Sie das Textobjekt, wählen das Gruppenauswahl-Werkzeug und klicken auf den Begrenzungspfad, wird der komplette Pfad – und nicht nur einzelne Segmente oder Punkte – ausgewählt. Wechseln Sie anschließend zum gewünschten Transformieren-Werkzeug und führen die Veränderungen durch.

Flächentextform bearbeiten

Flächentext-Begrenzungen lassen sich nachträglich bearbeiten – so können Sie z. B. die Kanten eines rechteckigen Flächentextobjekts in Kurven umwandeln. Die bessere Übersicht haben Sie, wenn Sie unter ANSICHT den Begrenzungsrahmen ausblenden.

Aktivieren Sie das Flächentextobjekt oder dessen Begrenzungspfad, wählen Sie das Zeichenstift- oder Ankerpunkt-hinzufügen-Werkzeug, und setzen Sie die benötigten Punkte auf den Pfad, der die Fläche begrenzt. Mit dem Ankerpunkt-konvertieren-Werkzeug wandeln Sie diese in Kurvenpunkte um und passen die Grifflinien an.

Punkte verschieben | Um einzelne Punkte einer Flächentext-Begrenzung zu verschieben, deaktivieren Sie das Objekt, wählen das Direktauswahl-Werkzeug und aktivieren den Pfad. Klicken und ziehen Sie dann die Punkte, die Sie verschieben wollen.

Kontur und Füllung zuweisen

Wenn Sie die Fläche mit dem Direktauswahl-Werkzeug auswählen, können Sie ihr Kontur und Füllung zuweisen und Transparenz-

▲ **Abbildung 13.15**
Die Begrenzungsfläche transformieren

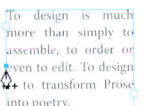

▲ **Abbildung 13.16**
Flächenform bearbeiten

▲ **Abbildung 13.17**
Transparente Fläche

einstellungen für die Fläche vornehmen, die sich nicht auf die Darstellung des Texts auswirken (siehe »Füllung, Kontur, Effekt« in Abschnitt 13.10)

Randabstände einrichten

Nur bei Flächentextobjekten können Sie einen Abstand zwischen der Flächenbegrenzung und dem Text angeben. Dies ist sinnvoll, damit z.B. Text auf farbigen Flächen nicht an den Rand stößt.

Gleichmäßiger Abstand | Aktivieren Sie das Flächentextobjekt mit dem Auswahl-Werkzeug, und rufen Sie Schrift • Flächen-text-Optionen… auf. Geben Sie den gewünschten Abstand unter Versatzabstand ein. Der Abstand wird gleichmäßig von allen Rändern des Objekts eingerichtet.

Beim Skalieren eines Textobjekts verändert der Abstand seine Breite nicht – Sie müssen sie ggf. manuell an die neuen Objektdimensionen anpassen.

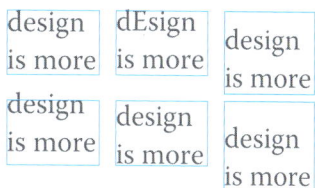

▲ **Abbildung 13.18**
Gleichmäßiger Randabstand

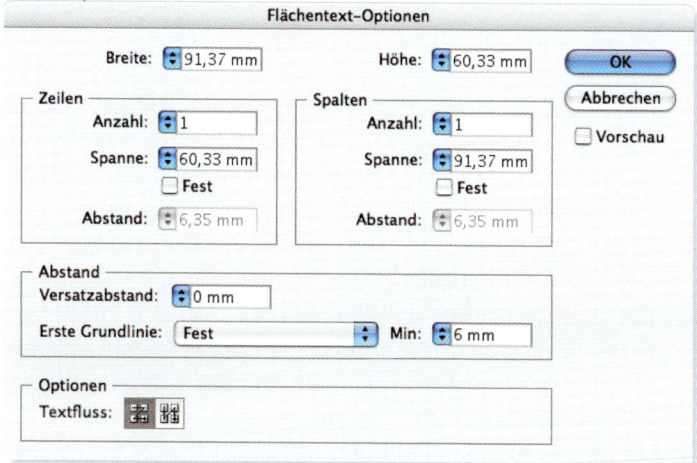

◄ **Abbildung 13.19**
Dialogbox Flächentext-Optionen

Abstand der ersten Zeile | Um nur den Abstand der ersten Zeile zur Oberkante des Objekts zu verändern, wählen Sie eine Option aus dem Auswahlmenü unter Erste Grundlinie:

▶ Oberlänge: Die Oberlängen der Schrift stoßen an die Oberkante des Textobjekts. Dies ist die Voreinstellung für neue Flächentextobjekte.

▶ Grossbuchstabenhöhe: Die Oberkante des Textobjekts berührt die Oberkante der Großbuchstaben.

▶ Zeilenabstand: Der Abstand der Grundlinie der ersten Zeile bis zur Oberkante des Textobjekts entspricht dem in der Zeichen-Palette eingestellten Zeilenabstand.

▶ x-Höhe: Die Oberkante der Kleinbuchstaben stößt an die Oberkante des Textobjekts.

design is more | dEsign is more | design is more

design is more | design is more | design is more

▲ **Abbildung 13.20**
Erste Grundlinie: (v. l. n. r.) Oberlänge, Großbuchstabenhöhe, Zeilenabstand, x-Höhe, Geviert-Höhe, Fest

- **Geviert-Höhe:** Diese Option ist vor allem für asiatische Schriften gedacht. Sie erzeugt einen Abstand in der Höhe eines Gevierts – also der eingestellten Schriftgröße – zwischen erster Grundlinie und Objekt-Oberkante.
- **Fest:** Geben Sie einen Wert in das Feld Min ein, um den Abstand zwischen der Grundlinie der ersten Zeile und der Oberkante des Textobjekts zu bestimmen.

Spalten und Zeilen einrichten

In Flächentextobjekten können Sie Textblöcke in Spalten und/oder Zeilen unterteilen lassen. Dies ist eine Alternative zu mehreren verketteten Textobjekten.

Die Spaltenbreite und Zeilenhöhe ist immer gleichmäßig und wird durch die Anzahl der Spalten und Zeilen und durch die Breite der Zwischenräume bestimmt. Um Textspalten zu definieren, rufen Sie Schrift • Flächentext-Optionen… auf.

- **Anzahl:** Hier legen Sie fest, wie viele Zeilen bzw. Spalten Sie benötigen. Ist die Option Fest nicht aktiv, wirkt sich eine Änderung der Anzahl auf die Spanne der Zeilen bzw. Spalten aus.
- **Spanne:** In diesen Feldern definieren Sie die Höhe der Zeilen bzw. die Breite der Spalten. Wenn Sie beim Einrichten von Spalten und Zeilen einen Wert in ein Spanne-Feld eingeben, wird die Größe des Textobjekts wie benötigt angepasst.
- **Abstand:** In dieses Feld geben Sie den Abstand zwischen den Zeilen bzw. Spalten ein.
  Möchten Sie ein vorhandenes Textobjekt in eine bestimmte Anzahl Spalten unterteilen, geben Sie nur die Anzahl und den Abstand ein. Die Spanne wird automatisch an die Größe des Objekts angepasst.
- **Fest:** Ist diese Option aktiviert, dann werden die Werte aller drei Optionen im Bereich Zeilen bzw. Spalten erzwungen, indem Illustrator die Größe des Objekts ändert.
- **Textfluss:** Bestimmen Sie hier, in welcher Reihenfolge der Text durch die Reihen und Spalten fließen soll: Nach Zeilen oder Nach Spalten.

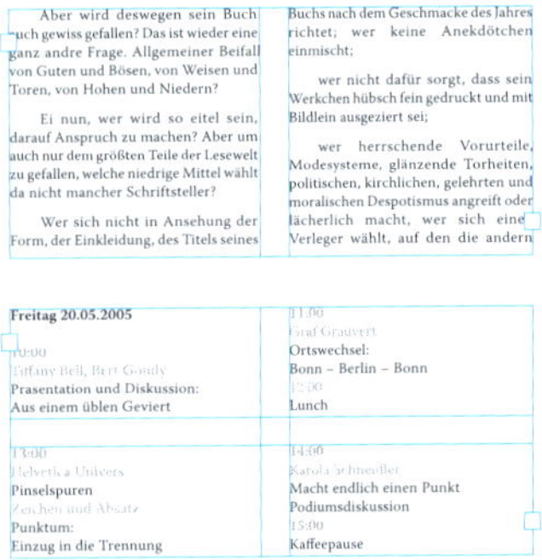

Textbreite an Flächenbreite anpassen

Möchten Sie z. B. eine Überschrift exakt an die Breite Ihres Flächentexts anpassen, müssten Sie etwas mühsam die Laufweite der Schrift einstellen, bis es passt.

Mit einem Menübefehl geht es einfacher. Der einzupassende Text kann entweder zwischen zwei Absatzschaltungen oder zwischen zwei Zeilenumbrüchen stehen.

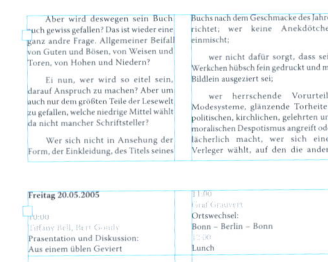

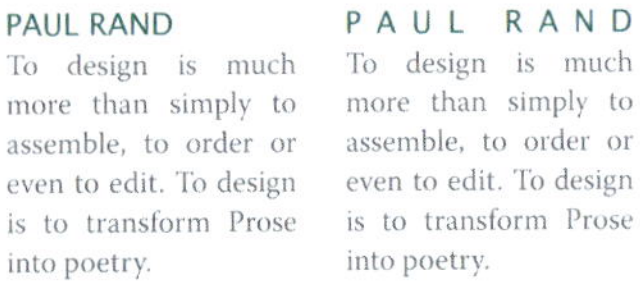

▲ **Abbildung 13.21**
Aufteilung eines Flächentexts in Spalten (oben) und in Reihen und Spalten (unten)

PAUL RAND
To design is much more than simply to assemble, to order or even to edit. To design is to transform Prose into poetry.

P A U L   R A N D
To design is much more than simply to assemble, to order or even to edit. To design is to transform Prose into poetry.

▲ **Abbildung 13.22**
Anpassen der Überschrift an die Textbreite

Aktivieren Sie den Textbereich, den Sie einpassen möchten, und wählen Sie Schrift • Überschrift einpassen. Die Funktion automatisiert lediglich die Laufweitenanpassung. Wenn Sie später Schriftformatierungen vornehmen oder die Größe des Textobjekts verändern, müssen Sie den Befehl erneut anwenden.

Objekte umfließen

Den Textfluss steuern Sie nicht nur durch die Begrenzung des Flächentextobjekts, Sie können – wie in Layout-Software – den Text um andere Objekte – wie Textobjekte, Vektorobjekte und Pixelbilder – herumfließen lassen.

▲ **Abbildung 13.23**
Auf einer Photoshop-Ebene freigestelltes Motiv

Pixelbilder | Die Kanten der in Pixelbildern dargestellten Motive erkennt Illustrator, wenn sie auf einer Ebene freigestellt sind – diese Bilder müssen im PSD-Format platziert werden.

Sind die Motivkanten sehr unregelmäßig, sollten Sie Ihre Motive besser mit Hilfe von Schnittmasken (siehe Kapitel 10) in Illustrator freistellen. Der Versatz zwischen glatten Kanten und Text ist auf die Art besser zu steuern. Da Text ohnehin nur zeilenweise um das Motiv fließen kann, benötigen Sie keine allzu exakte Freistellung.

Effekte | Die Auswirkungen von Effekten auf die Außenform eines Objekts werden in die Berechnung des Abstands zum Text einbezogen.

Stapelreihenfolge und Hierarchie | Texte, die andere Objekte umfließen sollen, dürfen nicht gruppiert sein. Richten Sie Umfliessen-Objekte und Texte so ein, dass sie sich auf derselben Ebene befinden – die Umfliessen-Objekte in der Stapelreihenfolge über den Texten (Ebenen siehe Kapitel 10).

Liegen Texte über den Umfliessen-Objekten, sind sie von deren Wirkung ausgenommen. Verlagern Sie Texte, die keine Objekte umfließen sollen, trotzdem auf andere Ebenen, um die Übersicht in Ihren Dokumenten zu vereinfachen. Um ein Umfließen-Objekt zu erzeugen, gehen Sie so vor:

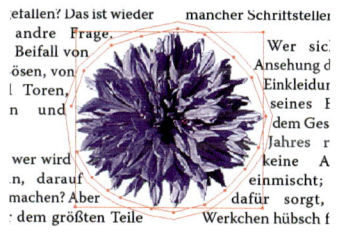

▲ **Abbildung 13.24**
Mit einer Illustrator-Schnittmaske freigestelltes Motiv

1. Positionieren Sie den Text und die Umfliessen-Objekte wie gewünscht auf der Ebene.
2. Ordnen Sie die Hierarchie und die Stapelreihenfolge der Objekte. Überprüfen Sie beides mit Hilfe der Ebenen-Palette.
3. Aktivieren Sie das oder die Umfließen-Objekte, und wählen Sie Objekt • Umfliessen • Erstellen.
4. Rufen Sie Objekt • Umfliessen • Umfliessen-Optionen… auf, und bestimmen Sie die Parameter entweder für alle Ihre

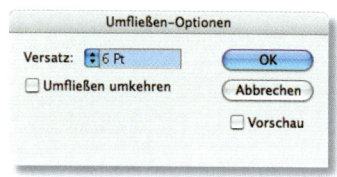

▲ **Abbildung 13.25**
Dialogbox Umfliessen-Optionen

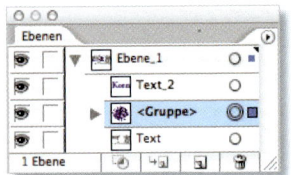

▲ Abbildung 13.26
Texte unter einem Umfließen-
Objekt (markiert) laufen um das
Element herum.

▲ Abbildung 13.27
Pfadtext mit allen Klammern

▲ Abbildung 13.28
Textbereich begrenzen

▲ Abbildung 13.29
Text auf dem Pfad verschieben

▲ Abbildung 13.30
Text um einen Pfad spiegeln

Umfliessen-Objekte identisch oder für jedes individuell – in diesem Fall müssen die Objekte einzeln aktiviert werden:

▶ Versatz: Legen Sie den Abstand zwischen Text und Umfliessen-Objekt fest.

▶ Umfliessen umkehren: Aktivieren Sie diese Option, um den Text innerhalb des Umfliessen-Objekts fließen zu lassen.

5. Möchten Sie weitere Objekte umfließen lassen, wiederholen Sie die Schritte.

Umfließen aufheben | Um die Umfließen-Eigenschaft eines Objekts aufzuheben, aktivieren Sie das Umfliessen-Objekt, und wählen Sie Objekt • Umfliessen • Zurückwandeln.

Text am Pfad verschieben

Wenn Sie einen Pfadtext mit dem Auswahl-Werkzeug aktivieren, sehen Sie drei senkrecht zum Pfad stehende Linien. Diese werden als **Klammern** bezeichnet. Bewegen Sie das Auswahl-Werkzeug über die Klammern.

Die erste Klammer markiert den Textanfang – über ihr zeigt der Cursor das ▸⊢-Symbol. Eine weitere Klammer wird bei der Erstellung des Textpfads ans Ende des Pfades gesetzt – sie markiert das Ende des Textbereichs – der Cursor zeigt ▸⊣. In der Mitte zwischen diesen beiden Klammern markiert die dritte Klammer die Textmitte, der Cursor zeigt ▸⊥.

Textbereich verändern | Bewegen Sie die Anfangs- und Endklammer, indem Sie auf der Linie klicken und ziehen, um den Textbereich auf dem Pfad zu erweitern oder einzugrenzen.

Klicken Sie in das Kästchen auf Anfangs- bzw. Endklammer, um den Pfadtext mit anderen Textobjekten zu verketten (siehe »Verkettete Textobjekte«).

Textausrichtung innerhalb des Bereichs | Die Textausrichtung steuern Sie mit den Ausrichtung-Buttons der Absatz-Palette. Wählen Sie, ob der Text linksbündig, rechtsbündig oder zentriert ausgerichtet ist.

Text verschieben | Um den Text auf dem Pfad zu verschieben, klicken und ziehen Sie die mittlere Klammer. Schränken Sie die Bewegung ein – um den Text nicht aus Versehen um den Pfad zu spiegeln –, indem Sie dabei ⌘/⟨Strg⟩ drücken.

Text um den Pfad spiegeln | Um den Text auf der anderen Seite des Pfades laufen zu lassen – als ob Sie die Pfadrichtung umkehren würden –, ziehen Sie die mittlere Klammer auf die andere

Seite des Pfads, oder wählen Sie SCHRIFT • PFADTEXT • PFADTEXT-OPTIONEN…, und aktivieren Sie die Option SPIEGELN.

Vertikale Position des Pfadtexts | Um die Position der Textgrundlinie im Verhältnis zum Pfadverlauf zu verändern, geben Sie einen Grundlinienversatz in der Zeichen-Palette ein. Oder Sie wählen SCHRIFT • PFADTEXT • PFADTEXT-OPTIONEN… und bestimmen eine andere Option unter AN PFAD AUSRICHTEN:

▶ OBERLÄNGE: Der Pfad verläuft etwas oberhalb der Oberlängen.
▶ UNTERLÄNGE: Der Pfad verläuft unterhalb der Unterlängen.
▶ MITTELPUNKT: Der Pfad verläuft in der Mitte der Schrift – zwischen Ober- und Unterkante.
▶ GRUNDLINIE: Die Grundlinie der Schrift verläuft auf dem Pfad – dies ist die Grundeinstellung.

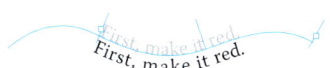

▲ **Abbildung 13.31**
Negativer Grundlinienversatz

Abstand der Zeichen eines Pfadtexts

Die Laufweite eines Pfadtexts muss fast immer angeglichen werden. Ist der Kurvenverlauf einheitlich, wie z.B. bei einem Kreis, können Sie eine einheitliche Anpassung der Laufweite in der Zeichen-Palette vornehmen.

Wenn Ihr Pfad sehr enge Kurven beschreibt, kommt es vor, dass die Zeichenabstände in der Kurve viel zu groß sind. In manchen Fällen hilft dagegen die Option ABSTAND unter SCHRIFT • PFADTEXT • PFADTEXT-OPTIONEN… Geben Sie einen Wert in das Eingabefeld ABSTAND ein, wird der Buchstabenabstand in engen Kurven angeglichen. Ein höherer Wert verringert den Buchstaben-Zwischenraum an engen Kurven.

Falls das nicht zu einem optimalen Schriftbild führt, bleibt Ihnen nur, die Laufweite individuell für die einzelnen Textbereiche über die Zeichen-Palette anzupassen.

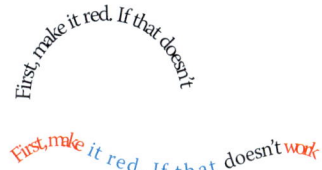

▲ **Abbildung 13.32**
Text an einem Kreis können Sie einheitlich behandeln, Text an einer Schlangenlinie nicht.

Ausrichten der Zeichen auf dem Pfad

Wie die Zeichen zum Pfad angeordnet sind, ob und wie sie verzerrt werden, steuern Sie unter SCHRIFT • PFADTEXT sowie in den PFADTEXT-OPTIONEN… Die Grundeinstellung ist REGENBOGEN.

◀ **Abbildung 13.33**
Optionen für die Ausrichtung von Text auf einem Pfad

Die Optionen gelten immer für den gesamten Pfadtext. Um sie anzuwenden, aktivieren Sie das Pfadtextobjekt oder positionieren den Cursor im Text und wählen die Option aus dem Menü unter SCHRIFT • PFADTEXT.

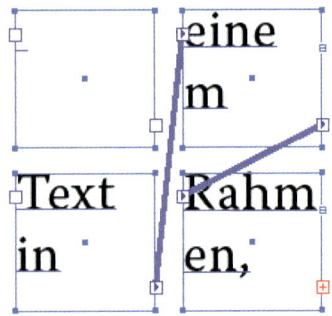

Ein einzelnes und mehrere verkettete Flächentextobjekte

▲ Abbildung 13.35
Ein mit einem Flächentext verket-
teter Pfadtext

Verkettete Textobjekte

Mehrere Flächentext- oder Pfadtextobjekte können Sie miteinander verketten. Der Text fließt dann je nach Platzbedarf in die
verketteten Objekte. Verkettete Textobjekte erlauben Ihnen
große Flexibilität bei der Arbeit an Ihren Layouts.

Wenn Sie ein Flächentext- oder ein Pfadtextobjekt mit dem
Auswahl-Werkzeug aktivieren, sehen Sie zwei Quadrate – Eingang und Ausgang genannt. Sind diese Quadrate leer □, ist der
Platz im Objekt ausreichend. Sehen Sie einen Pfeil ▶ in einem
der Quadrate, bedeutet dies, dass das Textobjekt mit einem
anderen Textobjekt verknüpft ist. Wird im Ausgang ein rotes
Pluszeichen ⊞ angezeigt, ist Text vorhanden, der nicht in die Fläche passte – Übersatz. Illustrator verwendet statt »Übersatz« den
Begriff »zusätzlicher Text«.

Verkettungen anzeigen

Besonders wenn Sie mit vielen verketteten Textobjekten arbeiten, unterstützt es die Übersichtlichkeit, die Verkettungen anzuzeigen. Wählen Sie dafür ANSICHT • TEXTVERKETTUNGEN EINBLEN-
DEN – Shortcut ⌘/Strg+⇧+Y.

Textobjekte verketten

Sie haben zwei Möglichkeiten, Textverkettungen anzulegen: Sie
verketten Textobjekte mit vorhandenen Vektorobjekten, oder Sie
erstellen die neuen Objekte beim Verketten.

Verketten vorhandener Vektorobjekte | Um Textobjekte mit
vorhandenen Vektorobjekten zu verketten, gehen Sie so vor:
1. Wählen Sie das Auswahl-Werkzeug, und aktivieren Sie ein
   Pfadtext- oder Flächentextobjekt. Klicken Sie auf den Eingang
   oder den Ausgang des Textobjekts. Das Cursor-Symbol wandelt sich in ⬚.
2. Bewegen Sie den Cursor über den Pfad des Vektorobjekts, das
   Sie mit dem Textobjekt verketten möchten. Wenn das Cursor-
   Symbol ⬚ zeigt, klicken Sie, um das Textobjekt mit dem Vektorobjekt zu verketten.
3. Falls das Vektorobjekt mit Kontur und Füllung versehen war,
   werden diese entfernt.

Verketten per Menü | Aktivieren Sie ein einzelnes – nicht bereits
verkettetes – Textobjekt und die Vektorobjekte, mit denen Sie es
verknüpfen möchten, und wählen Sie SCHRIFT • VERKETTETER TEXT
• ERSTELLEN.

Erzeugen neuer Textobjekte | Etwas anders gehen Sie vor, um beim Verketten ein neues Textobjekt zu erzeugen:

1. Wählen Sie das Auswahl-Werkzeug, aktivieren Sie ein Pfad-text- oder Flächentextobjekt, und klicken Sie auf einen Ein- oder Ausgang.

2. Mit dem neuen Cursor-Symbol ⊞ klicken Sie entweder, um ein Duplikat des vorhandenen Textobjekts – Pfadtext oder Flächentext – zu erzeugen, oder Sie klicken und ziehen ein Rechteck in der gewünschten Größe, um einen Textrahmen zu erzeugen.

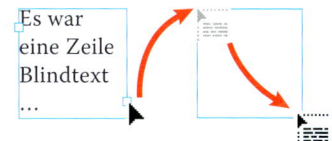

▲ **Abbildung 13.36**
Ein neues Textobjekt an ein vorhandenes anhängen

Textobjekte zwischen verkettete Objekte einfügen

Ein Textobjekt können Sie nicht nur am Anfang oder Ende einer Kette, sondern auch zwischen bereits verkettete Textobjekte einhängen. Aktivieren Sie das Objekt, vor dessen Eingang oder nach dessen Ausgang Sie ein weiteres Objekt einhängen wollen, und gehen Sie vor wie unter »Textobjekte verketten« beschrieben, um entweder vorhandene Vektorobjekte einzuhängen oder beim Verketten ein neues Textobjekt zu erzeugen.

Alle Textobjekte einer Kette auswählen

Müssen Sie alle Textobjekte einer Kette zusammen bewegen oder bearbeiten, nehmen Sie das Auswahl-Werkzeug, aktivieren Sie eines der zur Kette gehörenden Textobjekte, und wählen Sie Aus-wahl • Gleich • Verknüpfungsblockreihen.

Verkettungen lösen

Sie haben drei Möglichkeiten, Verkettungen zu lösen:

1. Wenn Sie die Verkettung unterbrechen möchten, aktivieren Sie eines der Objekte an einer Seite der zu lösenden Verkettung mit dem Auswahl-Werkzeug. Doppelklicken Sie dann auf dessen Ein- oder Ausgang. Die Verkettung wird gelöst, und der Text verbleibt in dem Objekt, das sich vor der jetzt gelösten Verkettung befand.

2. Um ein Objekt aus der Verkettung herauszulösen und den Text in das folgende Objekt weiterfließen zu lassen, aktivieren Sie das herauszulösende Objekt und wählen Schrift • Verket-teter Text • Auswahl zurückwandeln.

3. Möchten Sie alle Verkettungen lösen und den Text in den Objekten behalten, aktivieren Sie ein Objekt aus der Kette mit dem Auswahl-Werkzeug, und wählen Sie Schrift • Verket-teter Text • Verkettung entfernen.

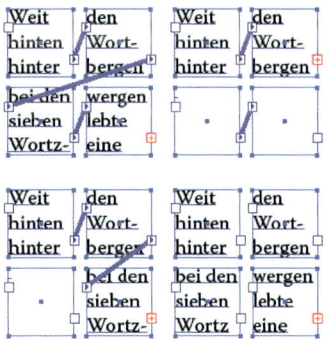

▲ **Abbildung 13.37**
Original (l. o.), Verkettung unterbrechen (r. o.), Objekt herauslösen (l. u.), Verkettung entfernen (r. u.)

13.4 Texte importieren

In den meisten Fällen erfassen Sie Texte nicht direkt in Illustrator, sondern müssen sie aus anderen Anwendungen importieren. Illustrator interpretiert die gängigen Dateiformate – darüber hinaus lassen sich Texte auch über die Zwischenablage einfügen.

Kopieren/Einsetzen

Wenn Sie Texte aus anderen Anwendungen kopieren und in Illustrator einsetzen, wird ein Punkttextobjekt erzeugt. Benötigen Sie ein Flächentextobjekt, erstellen Sie zuerst das Textobjekt und fügen den Text an der Einfügemarke ein.

Textformatierung kopieren | Stellen Sie innerhalb Ihres Dokuments komplette Absätze mit »kopieren« und »einfügen« um, werden Absatz- und Zeichenformatierungen von der Quelle mit übertragen und bleiben erhalten, auch wenn am Einfügeziel eine andere Formatierung eingerichtet ist.

Text laden

Illustrator kann Texte aus Dateien der Formate Microsoft Word (DOC) 97 bis 2002, RTF und TXT in verschiedenen Kodierungen importieren – anders als z.B. InDesign importiert Illustrator jedoch nicht in Word-Dokumente eingebundene Bilder.

Beim Importieren von DOC- und RTF-Dateien ist es möglich, deren Textformatierungen zu erhalten – achten Sie aber darauf, dass die verwendeten Schriften in identischen Font-Formaten auf Ihrem System installiert sind, um Darstellungsprobleme zu vermeiden.

Möchten Sie einen Text importieren, rufen Sie DATEI • PLATZIEREN… auf und wählen die Textdatei in der Dialogbox aus. Klicken Sie den Platzieren-Button – anschließend werden die Importoptionen angezeigt.

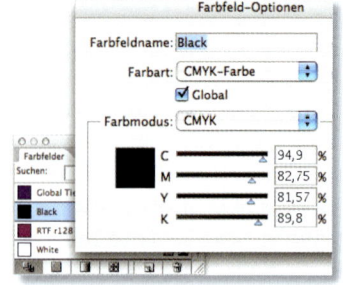

▲ **Abbildung 13.38**
Schwarz in einer importierten RTF-Datei

DOC und RTF | Für DOC- und RTF-Dateien können Sie hier u.a. bestimmen, ob Textformatierungen erhalten bleiben sollen. Behalten Sie Textformatierungen bei, werden auch die Farben übernommen.

Importieren Sie Texte in CMYK-Dokumente, entstehen Probleme durch die importierte Farbe »Schwarz« oder »Black«. Die importierte Farbe ist kein reines Schwarz, sondern aus allen Druckfarben zusammengesetzt. Ändern Sie die Farbfeld-Definition – da das Farbfeld global ist, werden alle Objekte aktualisiert (Farbe siehe Kapitel 8).

TXT | Importieren Sie eine TXT-Datei, haben Sie folgende Optionen:

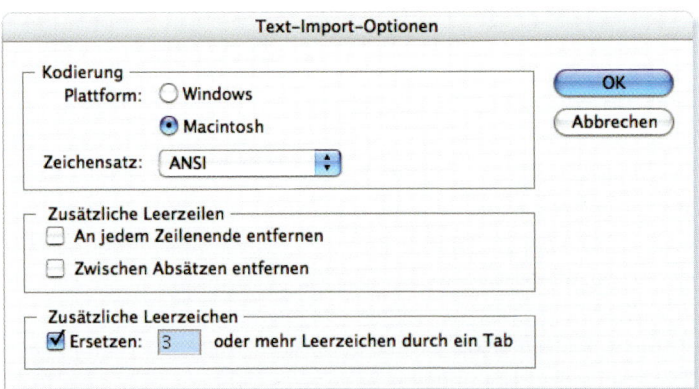

◄ **Abbildung 13.39**
Optionen für den Import von TXT-Dateien

▶ KODIERUNG: Geben Sie hier die Plattform und den Zeichensatz an, mit denen der Text erstellt wurde.

▶ ZUSÄTZLICHE LEERZEILEN: In TXT-Dateien werden Leerzeilen verwendet, um Absätze deutlicher herauszustellen. In Illustrator können Sie Abstände zwischen Absätzen anders erzeugen, daher ist es beim Import von TXT-Dateien möglich, die zusätzlichen Absätze zu entfernen.

▶ ZUSÄTZLICHE LEERZEICHEN: Das TXT-Format speichert keine Tabulator-Steuerzeichen. Beim Speichern in diesem Format werden Tabulatoren daher in ein bestimmte Anzahl Leerzeichen umgewandelt. Aktivieren Sie die ZUSÄTZLICHE LEERZEICHEN-Option, um die Leerzeichen in Tabulatoren zurückzuwandeln (Tabulatoren siehe Abschnitt 13.8).

[Zeichensatz]
Der Zeichensatz ist u.a. abhängig von der Sprache des Textes – er definiert den Umfang der Zeichen, die in einem Text verwendet werden können, und deren computergerechte Codierung.

Textdateien öffnen

Die dritte Möglichkeit, Texte in Illustrator zu übernehmen, besteht darin, die Dateien zu öffnen. Die Formate Microsoft Word (DOC) 97 bis 2002, RTF und TXT werden geöffnet.

Beachten Sie bitte, dass die Dateien anschließend im RGB-Farbmodus vorliegen, und konvertieren Sie den Modus, falls nötig.

HINWEIS

Beim Platzieren oder Öffnen von Word-Dokumenten werden eingebundene Bilder ignoriert.

Texte aus alten Illustrator-Dateien – Legacy Text

Illustrator 10 und frühere Versionen haben Text anders behandelt als Illustrator ab Version CS. Illustrator CS2 kann Texte aus alten Dateien problemlos darstellen und ausgeben. Möchten Sie Text aus alten Dateien in Illustrator CS oder CS2 jedoch editieren oder umformatieren, müssen Sie ihn in die neue Version konvertieren – Textobjekte konvertierter Illustrator 10-Dateien werden »alter Text« oder in der englischen Version »Legacy Text« genannt.

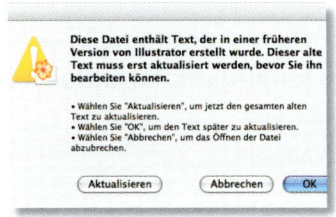

▲ **Abbildung 13.40**
»Alter-Text«-Warnung

Wenn Sie eine alte Datei öffnen, die Text enthält, zeigt Illustrator einen Warnhinweis. Sie können alle Textobjekte aktualisieren, indem Sie den Button AKTUALISIEREN drücken. Klicken Sie auf OK, um den alten Text in der Datei zu belassen.

Text aktualisieren | Zu einem späteren Zeitpunkt haben Sie die Möglichkeit, entweder den gesamten oder ausgewählten alten Text zu aktualisieren. Wählen Sie dazu entweder SCHRIFT • ALTER TEXT • GANZEN ALTEN TEXT AKTUALISIEREN, oder aktivieren Sie die zu aktualisierenden Textobjekte, und wählen Sie SCHRIFT • ALTER TEXT • AUSGEWÄHLTEN ALTEN TEXT AKTUALISIEREN.

Kopie des alten Texts | Nach dem Aktualisieren können je nach Textmenge und Komplexität des Satzes Veränderungen im Textfluss auftreten. Um die aktualisierten Objekte an das Originallayout anzupassen, gibt es die Möglichkeit, automatisch beim Aktualisieren eine Kopie des alten Texts zu erstellen. Dafür müssen Sie jedoch beim Aktualisieren anders vorgehen:

Verwenden Sie das Auswahl-Werkzeug, und doppelklicken Sie den alten Text. In der Dialogbox klicken Sie den Button TEXTOBJEKT KOPIEREN, um eine Kopie zu erstellen.

▲ Abbildung 13.41
Kopie des alten Texts unter dem aktualisierten Objekt

Kopien anzeigen und verstecken | Die Kopien blenden Sie über das Menü aus und ein. Wählen Sie SCHRIFT • ALTER TEXT • KOPIEN AUSBLENDEN bzw. KOPIEN EINBLENDEN, um die Kopien anzuzeigen oder zu verstecken.

Kopien löschen | Aktivieren Sie die Kopien mit SCHRIFT • ALTER TEXT • KOPIEN AUSWÄHLEN, und löschen Sie sie mit dem Befehl SCHRIFT • ALTER TEXT • KOPIEN LÖSCHEN.

13.5 Texte editieren

Illustrator ist kein Textverarbeitungsprogramm – daher sind einige Funktionen etwas umständlich. Für den Feinschliff der Typografie bietet es dafür etwas mehr.

Nicht druckbare Zeichen

Nicht druckbare Zeichen sind z. B. Absatzmarken, Zeilenumbrüche, Tabulatoren und Leerzeichen. Auch wenn sie im Ausdruck nicht sichtbar sind, haben sie einen Einfluss auf das Layout – vor allem auf den Textumbruch. Daher ist es für die Anpassung der Typografie sinnvoll, sich diese Zeichen anzeigen zu lassen.

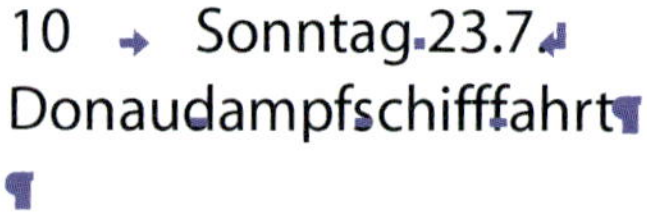

▲ Abbildung 13.42
Nichtdruckende Zeichen: Tabulator, Leerzeichen, Zeilenumbruch, bedingte Trennstriche, Absatzmarken

Aktivieren Sie SCHRIFT • VERBORGENE ZEICHEN EINBLENDEN – Shortcut ⌘+⌥+I bzw. Strg+Alt+I –, um die Zeichen anzuzeigen.

Sprachen zuweisen

Illustrator arbeitet mit Wörterbüchern für verschiedene Sprachen, auf denen sowohl die Rechtschreibprüfung als auch die Trennregeln basieren.

Welches Wörterbuch jeweils benutzt wird, bestimmen Sie, indem Sie Ihren Texten neben der Formatierung eine Sprache zuordnen. Da grammatische vor typografischen Trennregeln in den Umbruch eines Textes eingreifen, sollten Sie die Sprache immer zuordnen, bevor Sie die Silbentrennung-Einstellungen in der Absatz-Palette vornehmen.

Die Sprache können Sie auf drei Ebenen zuweisen:

1. **Generell für die Arbeit mit Illustrator:** Rufen Sie VOREINSTEL-LUNGEN • SILBENTRENNUNG… auf, und wählen Sie die Sprache aus, die für alle Ihre Dokumente voreingestellt sein soll.
2. **Für ein Dokument:** Möchten Sie für einzelne Dokumente eine andere als die voreingestellte Sprache verwenden, wählen Sie DATEI • DOKUMENTFORMAT… und stellen auf der Seite SCHRIFT eine Sprache für das Dokument ein.
3. **Für einzelne Wörter oder Absätze:** Sollen Ausnahmen für einzelne Wörter oder Absätze gelten, aktivieren Sie die betreffenden Zeichen – oder das gesamte Textobjekt, – und wählen Sie die Sprache aus dem Menü in der Zeichen-Palette.

Anführungszeichen definieren

Typografisch korrekte Anführungszeichen sind eines von vielen Zeichen für die Qualität gestalterischer Arbeit – sie sind aber per Tastatur nicht einfach einzutippen. Großer Beliebtheit erfreut sich die Methode, einfach ⇧+2 zu verwenden. Illustrator kann diese Zeichen automatisch beim Eintippen in die typografischen Anführungen einer Reihe von Sprachen umwandeln.

Wählen Sie DATEI • DOKUMENTFORMAT…, und rufen Sie die Seite SCHRIFT aus dem Menü auf. Aktivieren Sie TYPOGRAFISCHE ANFÜHRUNGSZEICHEN VERWENDEN, und wählen Sie aus den Menüs DOPPELTE und EINFACHE ANFÜHRUNGSZEICHEN die korrekten Zeichen aus.

Wenn Typografische Anführungszeichen aktiviert sind, können Sie keine Zoll-Zeichen mehr tippen. Verwenden Sie entweder die Glyphen-Palette, um Zoll-Zeichen einzugeben, oder deaktivieren Sie die Option TYPOGRAFISCHE ANFÜHRUNGSZEICHEN und geben die typografischen Anführungszeichen per Tastatur ein.

Formatierung eine Sprache zuordnen. Da grammatische vor typografischen Trennregeln in den

Formatierung eine Sprache zuordnen. Da grammatische vor typografischen Trennregeln in den

Formatierung eine Sprache zuordnen. Da grammatische vor typografischen Trennregeln in den

Formatierung eine Sprache zuordnen. Da grammatische vor typografischen Trennregeln in den

▲ **Abbildung 13.43**
Spracheinstellung (v. l. o.): Französisch, Deutsch, Englisch, Griechisch

„Deutsch" »Deutsch«
"Englisch" «Französisch»
"Schwedisch" »Schwedisch»
„Holländisch" "Holländisch"

▲ **Abbildung 13.44**
Gebrauch von Anführungszeichen in unterschiedlichen Sprachen

Eingabe Mac	Zeichen
⌥+⇧+W	„
⌥+2	"
⌥+⇧+Q	»
⌥+Q	«

Eingabe Windows	Zeichen
Alt+Num 0132	„
Alt+Num 0147	"
Alt+Num 0187	»
Alt+Num 0171	«

▲ **Tabelle 13.1**
Typografische Anführungen unter Mac OS und Windows

Groß- und Kleinschreibung ändern

Um die Groß- und Kleinschreibung von Texten zu ändern, müssen Sie diese nicht neu tippen. Aktivieren Sie die betreffenden Textstellen, und wählen Sie eine der Optionen aus dem Menü Schrift • Gross-/Kleinschreibung ändern. Die Untermenü-Begriffe sind selbsterklärend.

Satz- und Sonderzeichen

HINWEIS

Wenn Sie OpenType-Schriften verwenden, nutzen Sie für die Umwandlung von Ligaturen und Bruchzahlen die OpenType-Palette.

Das Eintippen der meisten Sonderzeichen stört den Schreibfluss, und wenn Ihnen Texte angeliefert werden, enthalten diese in den wenigsten Fällen typografische Satzzeichen. Daher können Sie Texte nachträglich über den Befehl Schrift • Satz-/Sonderzeichen... automatisch mit typografischen Sonderzeichen ausstatten lassen, falls diese in der verwendeten Schrift vorhanden sind.

Abbildung 13.45 ▸
Dialogbox Satz-/Sonderzeichen

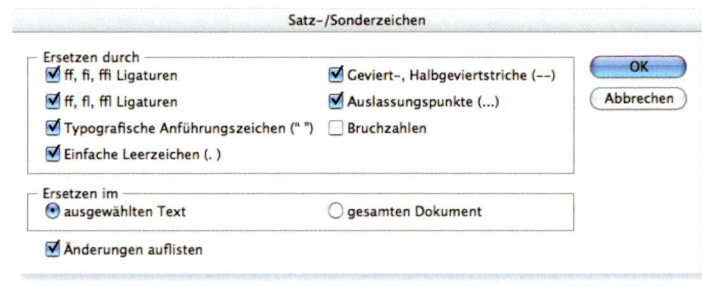

Wählen Sie in der Dialogbox, welche Zeichen ersetzt werden sollen:

Streiflicht
Schilfinsel

▴ **Abbildung 13.46**
In diesen Fällen dürften keine Ligaturen verwendet werden.

- ff, fi, ffi bzw. ff, fl, ffl Ligaturen: Kommen diese Buchstabenkombinationen im Text vor, werden sie durch die entsprechenden Ligaturen ersetzt.
  Die Satzregeln des deutschen Sprachraums definieren etliche Ausnahmen, in denen keine Ligaturen verwendet werden dürfen – diese Fälle berücksichtigt Illustrator nicht.
- Typografische Anführungszeichen: Diese Option wandelt Zoll-Zeichen in Anführungszeichen um. Die Einstellungen unter Dokumentformat werden nicht berücksichtigt, so dass die Option für den deutschen Sprachraum nicht brauchbar ist, da immer angelsächsische Anführungszeichen erzeugt werden.
- Einfache Leerzeichen: Sind nach einem Punkt mehrere Leerzeichen vorhanden, werden sie bis auf eines gelöscht.
- Geviert-, Halbgeviertstriche: Diese Option transformiert zwei Bindestriche -- in einen Halbgeviertstrich – und drei Bindestriche --- in einen Geviertstrich — .
- Auslassungszeichen: Das Auslassungszeichen – auch Dreipunkt oder Ellipse genannt – einer Schrift unterscheidet sich

Ende ...
Ende …

▴ **Abbildung 13.47**
Auslassungspunkte (unten)

zum Teil erheblich von drei hintereinander gesetzten Punkten, z. B. im Abstand zwischen den Punkten, manchmal sogar in deren Form. Die Option AUSLASSUNGSZEICHEN ersetzt drei Punkte durch ein Auslassungszeichen.

▶ BRUCHZAHLEN: Mehrere Ziffern, die durch einen Schrägstrich getrennt sind, werden durch das entsprechende Bruchzeichen ersetzt, wenn es in der Schrift vorhanden ist.

▶ ERSETZEN IN: Sie haben die Wahl, ob Sie den ausgewählten Text oder den Text des gesamten Dokuments korrigieren möchten.

▶ ÄNDERUNGEN AUFLISTEN: Aktivieren Sie diese Option, dann meldet Illustrator nach Durchführung des Befehls die erfolgten Änderungen.

Glyphen-Palette

Viele Sonderzeichen lassen sich über Tastaturkürzel eintippen. Die meisten Schriften enthalten jedoch Zeichen, die entweder nicht über die Tastatur zugänglich sind oder die Sie so selten verwenden, dass Sie sich die Kürzel nicht merken.

Bei reinen Ornament-Schriften ist es zudem nützlich, einen Überblick über die enthaltenen Formen zu bekommen.

Damit Sie alle Zeichen einer Schrift einsehen und anwenden können, gibt es die Glyphen-Palette. Sie rufen sie auf, indem Sie FENSTER • SCHRIFT • GLYPHEN oder SCHRIFT • GLYPHEN wählen.

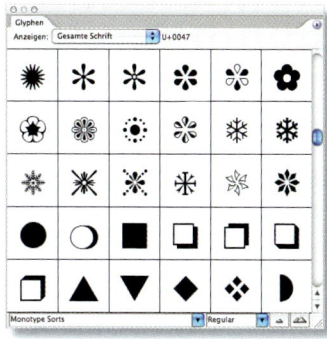

▲ **Abbildung 13.48**
Symbol-Zeichensatz

▲ **Abbildung 13.49**
Alternative Glyphen für w, t, g der WarnockPro

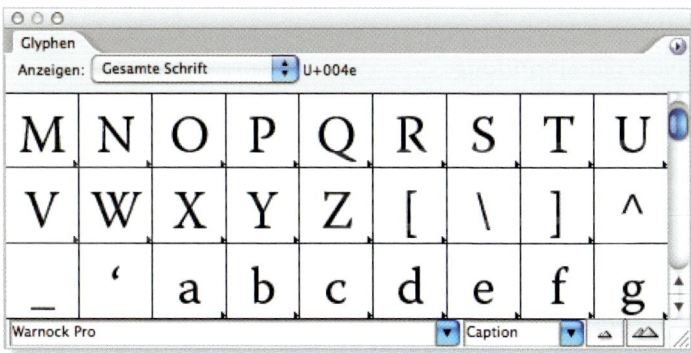

▲ **Abbildung 13.50**
Glyphen-Palette

Im Schriftart-Menü am unteren Rand der Palette wird die eingestellte Schrift angezeigt. Hier können Sie jedoch auch eine neue Schriftart auswählen – diese wird als Voreinstellung für neuen Text übernommen bzw. verändert die Formatierung ausgewählter Zeichen.

Die Darstellung der Glyphen der ausgewählten Schrift beeinflussen Sie durch die Steuerungen der Palette.

ffi ffl ffj
ct sp st
123456789

▲ **Abbildung 13.51**
Layout-Features: Standardligaturen, bedingte Ligaturen, Mediävalziffern

▲ **Abbildung 13.53**
Kontextbedingte Varianten/For-
matvarianten (Caflish Script Pro)

▲ **Abbildung 13.54**
Kontextbedingte und stilistische
Varianten (Bickham Script Pro)

► Kleiner-Größer-Buttons ⬛ ⬛: Klicken Sie auf den jeweiligen
  Button, um die Darstellung der einzelnen Zeichen in der
  Palette in festgelegten Schritten zu vergrößern oder zu verklei-
  nern.
► ANZEIGEN: Der Funktionsumfang des Menüs am oberen Rand
  der Palette variiert je nach eingestellter Schriftart. Ist eine
  OpenType-Schrift mit »Layout-Features« ausgestattet, so kön-
  nen Sie die zu einzelnen Features gehörenden Zeichen in der
  Palette anzeigen lassen, indem Sie die entsprechende Option
  aus dem Menü wählen (OpenType siehe Abschnitt 13.4).

Zeichen auswählen | Um mit der Glyphen-Palette ein Zeichen
zu setzen, platzieren Sie den Text-Cursor an die gewünschte Stelle
im Textobjekt und doppelklicken auf das Zeichen in der Glyphen-
Palette.

Alternativen | Aktivieren Sie einen Buchstaben in Ihrem Text, so
wird dieses Zeichen in der Glyphen-Palette hervorgehoben. Ein
kleines Dreieck rechts unten in einem Glyphen-Feld deutet an,
dass für dieses Zeichen alternative Formen vorhanden sind – das
Feature ist OpenType-Schriften vorbehalten. Klicken Sie lange auf
das Glyphen-Feld, um ein Auswahlfeld mit den Alternativen für
die Glyphe anzuzeigen.

Wählen Sie das gewünschte alternative Zeichen aus dem Auswahlfeld, um den aktivierten Buchstaben zu ersetzen.

Rechtschreibprüfung

Illustrator kann die Rechtschreibung Ihrer Texte nach seinen Wörterbüchern in mehreren Sprachen prüfen. Um zu bestimmen,
welches Wörterbuch zur Prüfung herangezogen wird, wird die
Einstellung SPRACHE verwendet, die Sie in der Zeichen-Palette
vorgenommen haben.

Rufen Sie die Rechtschreibprüfung auf, indem Sie BEARBEITEN
• RECHTSCHREIBUNG PRÜFEN wählen – Shortcut ⌘/Strg + I.
Klicken Sie auf den Pfeil-Button OPTIONEN, um zu bestimmen,
welche Kriterien in die Prüfung eingeschlossen werden sollen:
► SUCHEN: Geben Sie hier an, ob Illustrator die genannten Opti-
  onen als Fehler erkennen soll.
  ► WORTWIEDERHOLUNGEN: Nur wenn diese Option aktiviert
    ist, erkennt Illustrator zwei identische Wörter in Folge, die
    korrekt geschrieben sind, als Fehler.
► IGNORIEREN: Aktivieren Sie die Optionen in diesem Block,
  wenn Illustrator diese Inhalte nicht als Fehler erkennen soll.

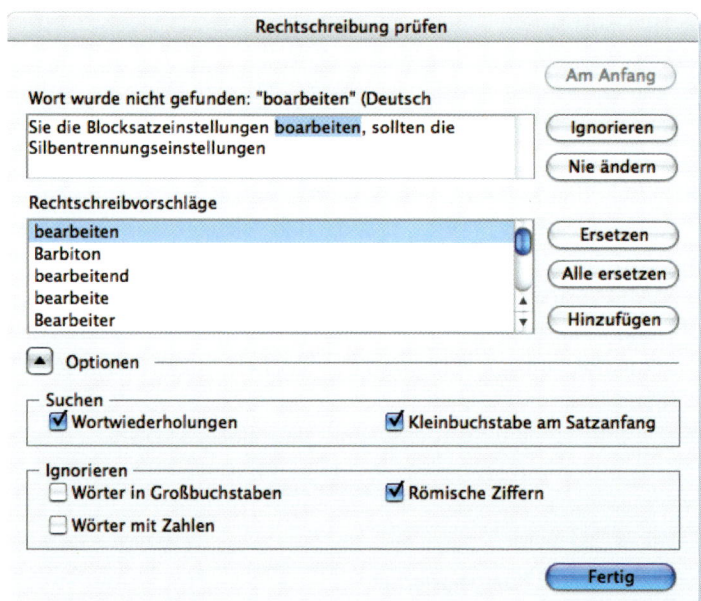

Starten Sie die Überprüfung, indem Sie den Button AM ANFANG
klicken. Illustrator hebt fehlerhafte Wörter hervor und zeigt den
Satzzusammenhang an. Sie haben folgende Möglichkeiten:

▶ Klicken Sie IGNORIEREN, um die Prüfung fortzusetzen, ohne
das Wort zu ändern.

▶ Klicken Sie NIE ÄNDERN, um dieses Wort während dieses Prü-
fungsdurchgangs nicht mehr als Fehler anzeigen zu lassen. Bei
einer erneuten Prüfung wird es wieder bemängelt.

▶ Wählen Sie eine der vorgeschlagenen Schreibweisen unter
RECHTSCHREIBVORSCHLÄGE, oder korrigieren Sie die Rechtschreibung des hervorgehobenen Wortes im oberen Eingabefeld, und klicken Sie auf ERSETZEN, um dieses eine Vorkommen
des Wortes zu berichtigen.

▶ Korrigieren Sie das Wort, und klicken Sie ALLE ERSETZEN, um
alle Vorkommen des Wortes auf einmal durch Ihre Schreibweise zu ersetzen.

▶ Wenn die Rechtschreibung korrekt ist und Sie das Wort häufiger verwenden, nehmen Sie es in Ihr EIGENES WÖRTERBUCH
auf, indem Sie HINZUFÜGEN klicken. Damit wird das Wort nicht
mehr bemängelt.

▶ Klicken Sie FERTIG, um die Prüfung zu beenden.

Wörterbuch bearbeiten

Das EIGENE WÖRTERBUCH können Sie editieren, um z. B. eine größere Anzahl Begriffe im Voraus aufzunehmen oder die während
einer Rechtschreibprüfung versehentlich hinzugefügten Wörter

HINWEIS

Weiche Trennzeichen werden als
Fehler angemerkt. Da Sie die
Zeichen in den meisten Fällen
brauchen, hilft nur, IGNORIEREN
zu klicken.

wieder zu löschen. Rufen Sie dazu Bearbeiten • Eigenes Wörterbuch bearbeiten… auf:

▶ Um ein Wort in das Eigene Wörterbuch einzutragen, geben Sie das Wort unter Eintrag ein, und klicken Sie auf Hinzufügen.

▶ Vorhandene Wörter wählen Sie aus, indem Sie in der alphabetischen Liste im unteren Feld darauf klicken.

▶ Aktivieren Sie ein Wort, und klicken Sie Löschen, um es aus dem Wörterbuch zu entfernen.

▶ Falsche Einträge können Sie korrigieren, indem Sie das Wort aktivieren, im Feld Eintrag die Fehler berichtigen und anschließend Ersetzen klicken.

▶ Beenden Sie die Bearbeitung mit dem Button Fertig.

Abbildung 13.56 ▶
Dialogbox Eigenes Wörterbuch bearbeiten

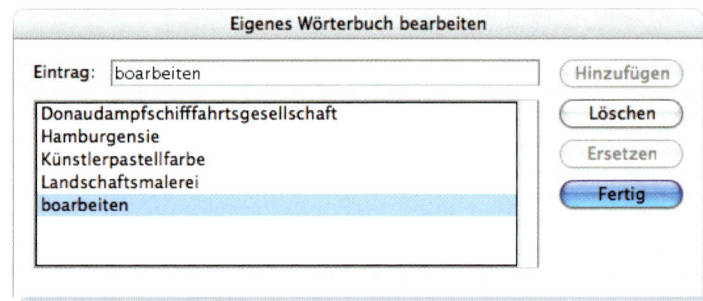

Suchen und ersetzen

Illustrator lässt Sie nach Texten suchen und bei Bedarf gefundene Texte durch andere ersetzen. Um Text im gesamten Dokument zu suchen, heben Sie alle Auswahlen auf. Möchten Sie ein Textobjekt durchsuchen, aktivieren Sie es. Die Suche lässt sich auch auf eine Zeichenkette beschränken – wählen Sie dazu nur die betreffenden Zeichen aus. Rufen Sie anschließend Bearbeiten • Suchen und ersetzen auf.

Abbildung 13.57 ▶
Dialogbox Suchen und ersetzen

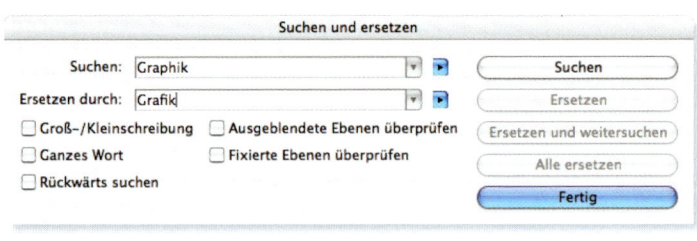

HINWEIS

Nicht alle der im Menü aufgeführten Sonderzeichen lassen sich in der deutschen Mac-Version verwenden.

Geben Sie den gesuchten Text sowie den Text, durch den Sie gefundene Stellen ersetzen möchten, in die Eingabefelder ein. Alternativ wählen Sie ein Sonderzeichen aus dem Aufklappmenü, das Sie mit dem Pfeil neben dem Eingabefeld aufrufen.

Klicken Sie den Button Suchen, um die erste Fundstelle anzuzeigen. Erst dann sind die weiteren Buttons aktiv:

- ► ERSETZEN: Ersetzt den gefundenen Text durch den eingege-
benen.
- ► ERSETZEN UND WEITERSUCHEN: Ersetzt den gefundenen Text
und sucht die nächste Stelle.
- ► ALLE ERSETZEN: Ersetzt alle Fundstellen auf einmal.
- ► FERTIG: Klicken Sie den Button, um die Suche zu beenden.

Optionen | Suchen und ersetzen
- ► GROSS-/KLEINSCHREIBUNG: Die Groß- und Kleinschreibung
muss exakt mit dem Suchbegriff übereinstimmen.
- ► GANZES WORT: Sucht die eingegebene Zeichenfolge nur als
eigenständiges Wort, nicht als Wortbestandteil.
- ► RÜCKWÄRTS SUCHEN: Illustrator beginnt die Suche unten in der
Stapelreihenfolge der Objekte.
- ► AUSGEBLENDETE EBENEN ÜBERPRÜFEN: Aktivieren Sie die
Option, um auch in ausgeblendeten Ebenen nach dem Text zu
suchen. Die Textobjekte werden während der Suche vorüber-
gehend eingeblendet, jedoch die zugehörigen Ebenen in der
Ebenen-Palette nicht hervorgehoben.
- ► FIXIERTE EBENEN ÜBERPRÜFEN: Mit dieser Option können Sie
auch fixierte Ebenen durchsuchen und ändern. Die Fixierung
wird nicht gelöst.

▲ **Abbildung 13.58**
Darstellung von fixierten
und ausgeblendeten Ebenen –
Ebenen siehe Kapitel 10

HINWEIS

Dass eine OpenType-Schrift Zei-
chenvarianten enthalten *kann*,
bedeutet natürlich nicht, dass
diese Merkmale in jeder Open-
Type-Schrift enthalten *sind*.
Adobe z. B. kennzeichnet diejenigen Schriften seiner Bibliothek,
die mit erweiterten Zeichensät-
zen versehen sind, durch den
Zusatz »Pro«.

13.4 OpenType

OpenType ist ein plattformübergreifendes Schriftenformat, das
Merkmale der bisher gebräuchlichen Formate PostScript Type1
und TrueType vereinigt. Da OpenType auf dem Unicode-Standard
basiert, um die Zeichenkodierungen und ihre grafische Repräsen-
tation – die Glyphen – im Font zu verbinden, können in einer
OpenType-Schrift über 65.000 Zeichen – statt 256 in einer her-
kömmlichen Schrift – enthalten sein.

Dies vereinfacht vor allem Fremdsprachensatz, aber auch wenn
Sie auf typografische Feinheiten wie Ligaturen, Kapitälchen,
Mediävalziffern und Zierbuchstaben Wert legen, profitieren Sie
von OpenType. Selbstverständlich stellten »Expert-Schriften« alle
diese Merkmale auch bisher schon zur Verfügung, das Besondere
an OpenType ist, dass alle Zeichen in einer plattformunabhän-
gigen Datei zusammengefasst sind. Die typografischen Sonder-
formen bilden die »Layout-Features«, mit denen die Schrift ausgestattet ist.

Wenn eine Applikation OpenType unterstützt, können Sie auf
alle alternativen Glyphen einer OpenType-Schrift in einer sehr
bequemen Form zugreifen. Illustrator stellt Ihnen zu diesem

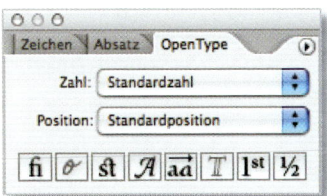

▲ **Abbildung 13.59**
OpenType-Palette

Zähler/Nenner: ¹⁄₁₀₀₀ ⁷⁄₉
Brüche: ¾ ½ ⅔

▲ **Abbildung 13.60**
OpenType-Optionen »Position«

191	24	35	567
33	897	348	111
191	24	35	567
33	897	348	111
191	24	35	567
33	897	348	111
191	24	35	567
33	897	348	111

▲ **Abbildung 13.61**
Tabellenziffern (schwarz) haben eine einheitliche Breite.

[Schriftschnitte]

Als Schriftschnitte bezeichnet man Varianten einer Schriftart. Nach rechts geneigte Schriftschnitte werden »kursiv« oder »italic« genannt. Bei Serifen-Schriften sind die kursiven Schnitte Handschriften nachempfunden.

Eine andere Schriftschnittvariable ist die Strichstärke, die je nach Schriftart von »extra light« über »normal«, »heavy« oder »halbfett« und »fett/bold« bis »black« reichen kann.

Die dritte Variante wird durch die Buchstabenbreite definiert, für einige Schriften sind »condensed« und »extended« Schnitte erhältlich.

[Multiple Master]

Adobes Weiterentwicklung des Type1 Font-Formats. In einer Font-Datei sind bis zu vier »Design-Achsen« angelegt, mit deren Hilfe sich Schriftschnitte variieren lassen.

Das Format ging in der Entwicklung von OpenType auf. In Illustrator 9 konnten MM-Variationen noch erzeugt werden – in CS2 müssen Variationen im Font gespeichert sein, damit sie zur Verfügung stehen.

Zweck die OpenType-Palette zur Verfügung. Wählen Sie FENSTER • SCHRIFT • OPENTYPE – Shortcut: ⌘+⌥+⇧+T bzw. Strg+Alt+⇧+T, um die Palette aufzurufen.

Aktivieren Sie das Textobjekt oder die Zeichen, deren OpenType-Optionen Sie anwenden möchten. Wählen Sie anschließend aus der OpenType-Palette die passende Option aus den Gruppen.

▶ ZAHL: Hier finden Sie die Alternativen für die Darstellung von Ziffern und Zahlen – Mediäval- und Tabellenziffern.

▶ POSITION: Diese Varianten enthalten hoch- und tiefgestellte Zahlen sowie Bruchziffern.

▶ SCHRIFTVARIANTEN-BUTTONS: Mit den Buttons rufen Sie die gleichen Varianten auf, die auch über das Palettenmenü zugänglich sind. Es handelt sich dabei um Standardligaturen fi, kontextbedingte Varianten, bedingte Ligaturen ſt, Schwungschriften 𝒜, stilistische Varianten ad, Titelschriftvarianten T, Ordinalzeichen 1st und Brüche ½. Buttons, deren Funktion in der ausgewählten Schrift nicht verfügbar ist, sind grau – inaktiv – dargestellt.

13.5 Mit Schrift arbeiten

Buchstabenwüsten, die sich ohne Überschrift, ohne Leittext, ohne Absätze und ohne die Heraushebung einzelner Wörter oder Sätze präsentieren, sind sehr schwer zu lesen.

Absätze teilen den Text in Sinnabschnitte, die dem Auge des Lesers Halt geben, und sie tragen dazu bei, dass der Leser den Text in sinnvollen Happen konsumieren kann.

Absätze werden durch einen Absatzabstand oder, wie in diesem Buch, durch einen Texteinzug am Beginn einer Zeile gekennzeichnet. In seltenen Fällen dienen auch Trennlinien zur Unterteilung eines Textes.

Die **Auszeichnung von Wörtern** oder Textpassagen dagegen bietet – wie in Überschriften oder Leittexten – Zusammenfassungen an oder signalisieren dem Leser das, was dem Verfasser des Textes als wichtig erschien. Zum »Querlesen« oder »Überfliegen« sind dem Leser Abschnitte und Hervorhebungen wichtige Zwischenstationen, um das gewünschte Ziel schneller zu erreichen.

Fonts: Schriften

Eine Schriftart kennzeichnet sich durch nach einem Grundmuster gestaltete Buchstaben, Ziffern und Satzzeichen. Von einer Schriftart kann es Varianten geben, die in Neigung, Strichstärke und

Zeichenbreite variieren. Die unterschiedlichen Schriftschnitte einer Schriftart bilden eine Schriftfamilie.

Schriften werden als »Fonts« in verschiedenen Formaten gespeichert. Illustrator zeigt das Schriftformat in den Schriftauswahlmenüs unter SCHRIFT • SCHRIFT und in der Zeichen-Palette vor dem Namen der Schrift an: OpenType *O*, PostScript Type 1 *a*, TrueType **T**, MultipleMaster **MM**, Composite 🔠.

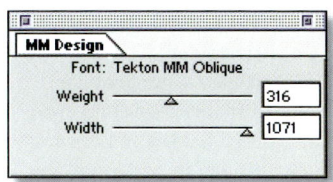

Schriften vermessen

Höhe und Breite von Schriften werden in unterschiedlichen Einheiten gemessen.

Höhen messen | Die gebräuchliche Maßeinheit für die Schriftgröße – oder den »Schriftgrad« – ist der Punkt. Diese »Maßeinheit« verdient die Bezeichnung genau genommen nicht – sie ist alles andere als einheitlich.

Illustrator verwendet den DTP-Punkt. Er ist aus der Einheit Zoll/Inch abgeleitet, und 1 Punkt entspricht 1/72 Zoll, also gerundet 0,353 mm. Falls Sie typografische Maße lieber in einer anderen Maßeinheit bestimmen möchten, rufen Sie VOREINSTELLUNGEN • EINHEITEN UND ANZEIGELEISTUNG auf und wählen aus dem Menü unter TEXT die gewünschte Einheit.

Unterschiedliche Schriften sehen häufig unterschiedlich groß aus, obwohl Sie den gleichen Schriftgrad eingestellt haben. Das hat jedoch nichts mit Illustrator zu tun – die Zuordnung einer bestimmten dargestellten Größe zu einem Punktwert wird im Font festgelegt.

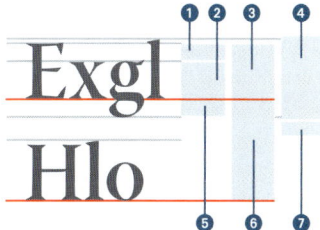

▲ **Abbildung 13.63**
Oberlänge ❶, Mittellänge ❷, Unterlänge ❺, Versalhöhe ❸, Zeilenabstand ❻, Schriftkegel ❹, Durchschuss ❼

Breiten messen | Die Breite des Abstands zwischen Buchstaben misst Illustrator in 1/1000 Geviert. Die Einheit Geviert bezieht sich auf die Schriftgröße – das Geviert hat bei einer 10-Punkt-Schrift eine Breite von 10 Punkt, also 10 x 0,353 mm = 3,53 mm.

Zeilenabstand

Der Zwischenraum zwischen den Textzeilen trägt maßgeblich zur Lesbarkeit eines Textes bei. Im Bleisatz ist bereits dadurch ein Abstand vorgegeben, dass der Schriftkegel höher ist als die druckende Form. Soll der Abstand zwischen den Zeilen erhöht werden, fügt der Setzer Bleistücke ein, den »Durchschuss«. Verringern kann man den Abstand zwischen den Zeilen nur mit hohem Aufwand. Im DTP-Satz erfolgt sowohl das Erhöhen als auch das Verringern des Abstands mit wenigen Mausklicks.

Der Begriff Zeilenabstand – ZAB – bezeichnet den Abstand von einer Grundlinie zur nächsten. Der Zeilenabstand wird üblicherweise wie der Schriftgrad in Punkt gemessen.

▲ **Abbildung 13.64**
Schriftkegel: Die Grundfläche des Blocks, auf dem die druckende Buchstabenform liegt.

Laufweite und Kerning

Horizontale Abstände zwischen Buchstaben und Worten beeinflussen Sie auf zweierlei Weise: Die Laufweite ist einem Zeichen
zugeordnet und bestimmt den Abstand dieses Zeichens zu seinen
Nachbarn.

Das Kerning ist eine Distanzanpassung, die zwischen Buchsta-
benpaaren angewendet wird, deren Abstände nicht automatisch
definiert werden können. Schrifthersteller, die auf Qualität achten, erstellen für ihre Schriften »Kerning-Tabellen«, die Einstellungen für die problematischen Buchstabenpaare enthalten.

Schriftdarstellung – Blindtextbalken

Illustrator stellt Schrift am Bildschirm normalerweise so dar, wie
sie im Ausdruck aussehen wird. So können Sie das Layout gut
beurteilen und – da Sie alles lesen können – auf den Textinhalt
genau abstimmen. Ab einer bestimmten Verkleinerungsstufe ist
es jedoch aufgrund der Geschwindigkeit des Bildschirmaufbaus
sinnvoller, Schrift nicht mehr WYSIWYG anzuzeigen – stattdessen
sehen Sie graue Balken. Die Darstellung betrifft natürlich nicht
die Ausgabe auf Druckern oder Belichtern.

Die Grenze, ab der Schrift als Balken dargestellt wird, bestimmen Sie unter VOREINSTELLUNGEN • SCHRIFT… Geben Sie den
gewünschten Wert in das Eingabefeld BLINDTEXT ein.

Der Wert bezieht sich auf die Größe, welche die Schrift bei der
aktuellen Darstellungsgröße am Bildschirm hätte – nicht auf die
eingestellte Schriftgröße. Setzen Sie also die Grenze auf 10 Punkt,
dann wird 20 Punkt-Schrift ab einer Darstellungsgröße von 50 %
als Blindtextbalken dargestellt.

Blindtext im Dokument

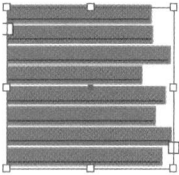

▲ **Abbildung 13.65**
Blindtextbalken in Illustrator

13.6   Zeichen formatieren

Zeichenformatierungen sind Einstellungen, die das Aussehen
einzelner Buchstaben oder Wörter durch Festlegung von Schriftart und -größe, Zeilen- und Zeichenabständen, Verzerrungen,
Drehungen und Grundlinienversatz bestimmen.

Die Zeichen-Palette

Dreh- und Angelpunkt für die Zuweisung von Zeichenformatierungen ist die Zeichen-Palette – einige Zeichenformatierungen
können Sie jedoch auch über die Kontrollleiste und über das
SCHRIFT-Menü vornehmen.

Rufen Sie die Zeichen-Palette auf, indem Sie FENSTER • SCHRIFT
• ZEICHEN – Shortcut ⌘/ Strg + T – wählen.

Falls die Zeichen-Palette nicht alle Optionen anzeigt wie in der Abbildung, wählen Sie OPTIONEN EINBLENDEN aus dem Palettenmenü ⊙.

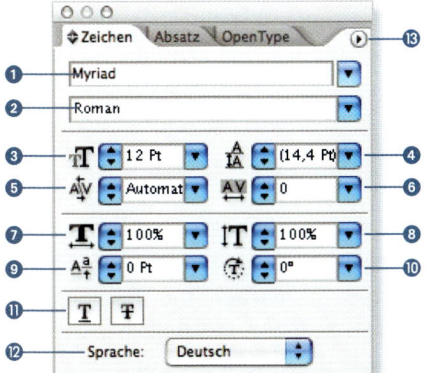

◄ **Abbildung 13.66**
Die Zeichen-Palette mit allen Optionen

Schriftart ❶ und Schriftschnitt ❷ stellen Sie getrennt ein. Ist eine Schrift technisch als Familie angelegt, dann werden im Schriftschnitt-Menü automatisch die zur Familie gehörigen vorhandenen Schnitte aufgelistet. Rechnerisches Fettsetzen oder Schrägstellen, wie es einige Textverarbeitungs- oder Layoutprogramme anbieten, ist mit der Zeichen-Palette nicht möglich.

Anschließend folgen die Größenbestimmungen Schriftgrad ❸ – Größe der Schrift – und Zeilenabstand ❹, dann die horizontalen Abstände Kerning ❺ – Abstand zwischen zwei Buchstaben – und Laufweite ❻ – Weißraum um Zeichen herum.

Illustrator erlaubt eine getrennte horizontale ❼ und vertikale ❽ Skalierung von Zeichen, Sie können die Grundlinie einzelner Zeichen verschieben ❾ und einzelne Buchstaben innerhalb eines Textobjekts drehen ❿.

Viele Screendesigner haben sehnlichst auf die Unterstreichungsfunktion gewartet, um in ihren Layouts Links zu visualisieren – zusätzlich können Sie Texte auch durchstreichen ⓫.

Die Sprachwahl ⓬ hat große Auswirkungen auf Trennregeln und die Rechtschreibprüfung.

Weitere Formatierungsoptionen finden Sie im Menü ⓭ der Zeichen-Palette. Die wichtigsten Optionen im Menü sind die Erzeugung von Kapitälchen sowie hoch- und tiefgestelltem Text und eine Option, Textumbrüche zu unterbinden.

Steuerungspalette und Schrift-Menü

Einige der Formatierungsmöglichkeiten, die Sie in der Zeichen-Palette vorfinden, stehen Ihnen in gleicher oder ähnlicher Form in der Steuerungspalette und im Menü SCHRIFT zur Verfügung. Wir beschränken uns hier auf die Beschreibung der ZEICHEN-

Echt Kursiv
Echt Schräg

▲ **Abbildung 13.67**
Kursive und schräg gestellte Schrift

Palette – wenn Optionen an anderer Stelle zur Verfügung stehen, werden sie wie in der Zeichen-Palette bedient.

Schriftfamilie

Mit dieser Einstellung weisen Sie einem Text eine in Ihrem System installierte Schriftart zu – lesen Sie gegebenenfalls in der Online-Hilfe Ihres Betriebssystems, wie Sie Schriften installieren.

Aktivieren Sie das Textobjekt oder einzelne Zeichen und wählen eine Schriftart im Schriftfamilienmenü in der Zeichen-Palette. Falls ein Pfeil ▶ rechts vom Schriftnamen ein Untermenü anzeigt, müssen Sie aus diesem auch den Schriftschnitt auswählen.

Klicken Sie alternativ in das Feld, das den Namen der Schrift anzeigt, und geben die ersten Buchstaben des Namens der gewünschten Schrift ein. Je mehr Schriften mit ähnlich lautenden Namen installiert sind, umso mehr Buchstaben müssen Sie eingeben, um die richtige Schrift auszuwählen. Während Sie tippen, werden die vorhandenen passenden Schriftnamen in dem Feld angezeigt.

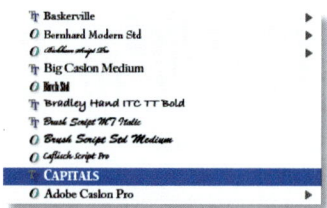

WarnockPro Light
WarnockPro Light Italic
WarnockPro Regular
WarnockPro Italic
WarnockPro Semibold
WarnockPro Semibold Italic
WarnockPro Bold
WarnockPro Bold Italic

▲ **Abbildung 13.68**
Einige Schnitte der WarnockPro

Font-Vorschau | Im Ausklappmenü der Zeichen-Palette und im Menü SCHRIFT • SCHRIFT werden die Schriftnamen in der jeweiligen Type dargestellt. Bei sehr vielen Schriften kann die Vorschau die Anzeige des Menüs verlangsamen.

Falls Sie die Darstellung der Zeichenform nicht benötigen, wählen Sie VOREINSTELLUNGEN • SCHRIFT, und deaktivieren Sie die SCHRIFTVORSCHAU. Um die Vorschau in einer anderen Größe anzuzeigen, wählen Sie diese aus dem Menü SCHRIFTGRAD.

▲ **Abbildung 13.69**
Schriftmenü

Fehlende Schriften | Öffnen Sie ein Dokument, das Schriften verwendet, die auf Ihrem Computer nicht installiert sind, so zeigt Illustrator in einer Dialogbox eine Warnung und listet die Namen der ersetzten Schriften auf. Sie können den Öffnen-Vorgang abbrechen – um die fehlenden Schriften zu installieren – oder fortsetzen, um die Schriften durch andere zu ersetzen.

Wenn Sie sehen möchten, an welcher Stelle im Dokument Schriften ersetzt wurden, wählen Sie DATEI • DOKUMENTFORMAT... – Shortcut ⌘+⌥+P bzw. Strg+Alt+P. Rufen Sie die Seite SCHRIFT auf, und aktivieren Sie die Option ERSETZTE SCHRIFTEN unter der Rubrik MARKIEREN.

TIPP

Möchten Sie die Font-Vorschau nicht deaktivieren, verwenden Sie das Schriftauswahl-Menü der Steuerungspalette – in diesem zeigt Illustrator keine Vorschau an.

So können Sie bei Bedarf jederzeit auf ein Menü mit Vorschau zurückgreifen.

Schriftgrad ᴛT

Den Schriftgrad wählen Sie entweder aus dem Menü mit gebräuchlichen Schriftgrößen aus oder tippen den Wert direkt in das Eingabefeld ein. Schriftgrößen können Sie zwischen 0,1 Punkt und 1296 Punkt in 0,001-Punkt-Schritten eingeben.

▲ **Abbildung 13.70**
Buchstabe H in 24 Punkt

Die Schriftgröße sollten Sie bestimmen, bevor Sie detaillierte Einstellungen in der Absatz-Palette vornehmen.

Zeilenabstand

Der Zeilenabstand ist eine Eigenschaft des Zeichens. Er bestimmt den Abstand der Grundlinie des betreffenden Zeichens zur Grundlinie der darüber liegenden Zeichen. Wirksam für den Abstand zweier Textzeilen ist jeweils der größte in der unteren Zeile eingestellte Zeilenabstand.

Der Abstand der ersten Zeile eines Flächentexts zu dessen oberen Rand wird nicht durch den Zeilenabstand beeinflusst (s. Abschnitt »Flächentext-Optionen«).

Illustrator verwendet für neu erstellte Textobjekte den automatischen Zeilenabstand – dies erkennen Sie daran, dass der Wert im Eingabefeld in Klammern steht. Voreingestellt beträgt der automatische Wert – wie in den meisten DTP-Programmen – 120% der Schriftgröße. Die Voreinstellung ändern Sie unter dem Eintrag Ausrichtung aus dem Menü der Absatz-Palette.

In einem Textblock mit automatischem Zeilenabstand kann der Abstand der Textzeilen variieren, wenn einzelne Zeichen unterschiedliche Schriftgrößen und damit einen unterschiedlichen ZAB besitzen.

Um den Zeilenabstand einzustellen, wählen Sie mindestens ein Zeichen, besser jedoch die ganze Zeile, den ganzen Absatz oder das Textobjekt aus und wählen einen Wert aus dem Menü oder geben ihn in das Eingabefeld ein.

TIPP

Doppelklicken Sie das Zeilenabstand-Symbol in der Zeichen-Palette, um den Zeilenabstand auf denselben Wert zu setzen wie die Schriftgröße.

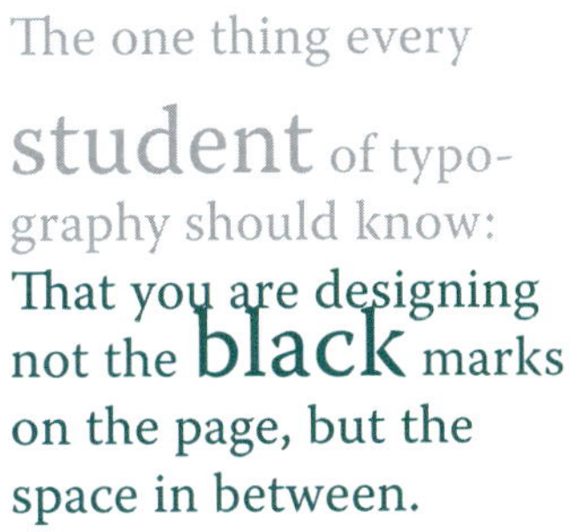
The one thing every
student of typography should know:
That you are designing not the black marks on the page, but the space in between.

▲ **Abbildung 13.71**
Automatischer (oben) und fest definierter (unten) Zeilenabstand

Kerning

Einige Standard-Kerning-Einstellungen können Sie sowohl auf das ganze Textobjekt, ausgewählte Zeichen wie auch auf ein einzelnes Buchstabenpaar anwenden. Die Eingabe bestimmter Kerning-Werte ist nur für ausgewählte Buchstabenpaare möglich. Um das Kerning eines Buchstabenpaars einzustellen, positionieren Sie die Einfügemarke zwischen die betroffenen Zeichen.

- Automatisch: Verwenden Sie die Standardeinstellung Automatisch, um die im Font gespeicherten Kerning-Tabellen zu verwenden, welche die Abstände festlegen.
- Optisch: Manche Fonts haben keine oder unzureichende Kerning-Tabellen, und wenn Sie mit extremen Schriftmischungen – verschiedene Schriften innerhalb eines Wortes – arbeiten, nützen Ihnen auch die besten Kerning-Tabellen nichts. Für diesen Fall wählen Sie die Methode Optisch. Illustrator passt dann die Buchstabenabstände nach der Form der Buchstaben an.
- Manuell: Als dritte Möglichkeit bleibt Ihnen manuelles Kerning. Platzieren Sie den Text-Cursor zwischen die problema-

Tse-Aw
Tse-Aw

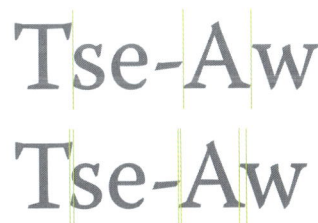

▲ **Abbildung 13.72**
Kerning zwischen problematischen Buchstabenpaaren

tischen Buchstaben, und wählen Sie einen Wert aus dem Kerning-Menü der Zeichen-Palette, oder tippen Sie den gewünschten Wert direkt in das Eingabefeld ein.

Laufweite

Passen Sie die Laufweite an, indem Sie entweder den ganzen Textblock oder einzelne Buchstaben auswählen und anschließend in der Zeichen-Palette unter LAUFWEITE einen Wert aus dem Menü wählen oder direkt in das Eingabefeld eintippen.

Die Laufweiten-Einstellung verhält sich »kumulativ« zu Kerning-Einstellungen. Wenn Sie also zuerst einige Buchstabenpaare mit eigenen Kerning-Einstellungen versehen und danach die Laufweite verändern, wirken sich die Kerning-Einstellungen zusätzlich aus.

Stauchen und Strecken

Diese beiden Einstellungsmöglichkeiten sind mit großer Vorsicht zu verwenden. Genauso wie Sie viel Mühe in die Entwicklung eines Designs investieren, haben das auch die Schriftentwerfer getan. Wenn Sie eine schmalere oder breitere Schrift benötigen, sollten Sie nach einem entsprechenden Schriftschnitt oder einer anderen Schriftfamilie suchen.

Für Typografik oder die Gestaltung von Logos können Sie natürlich zu diesen extremen Mitteln greifen. Aktivieren Sie die Schriften, die Sie verzerren möchten, und geben Sie die gewünschten Werte ein – eine vertikale Skalierung verändert selbstverständlich die Höhe der Buchstaben. Der Zeilenabstand passt sich nicht an.

Grundlinienversatz

Mit dieser Option verschieben Sie einzelne Zeichen nach oben oder unten, ohne deren Größe zu verändern. Diese Option ist nützlich, um die Positionen von Zeichen aus Symbolschriften an Texte anzupassen.

Drehung

Auch wenn Sie mehrere Zeichen aktiviert haben, werden Zeichen immer individuell um ihren jeweiligen Mittelpunkt gedreht. Das Kerning müssen Sie anschließend anpassen – je nach Drehwinkel entstehen teilweise große Lücken. Für folgende Situationen ist die Drehung nicht vorgesehen:

▶ **Ausrichtung:** Möchten Sie die Textausrichtung von horizontal auf vertikal – oder umgekehrt – ändern, aktivieren Sie das Textobjekt und wählen SCHRIFT • TEXTAUSRICHTUNG • HORIZONTAL oder VERTIKAL.

TIPP

Ohne Umweg über die Zeichen-Palette den Abstand zweier Zeichen anpassen: Platzieren Sie den Cursor zwischen die beiden Buchstaben, und drücken Sie ⌥/Alt+← zur Verringerung oder ⌥/Alt+→ zur Vergrößerung des Abstandes.

Condensed Gequetscht

▲ **Abbildung 13.73**
Condensed-Schnitt und gestauchte Schrift

▲ **Abbildung 13.74**
Grundlinienversatz eines Symbols

▲ **Abbildung 13.75**
Unterschiedliche Drehwinkel

▶ **Ganzen Text drehen:** Um das ganze Textobjekt zu drehen, aktivieren Sie es mit dem Auswahl-Werkzeug und drehen es mit Hilfe der Transformieren-Werkzeuge oder der Transformieren-Palette (Transformieren siehe Kapitel 5).

Sprache

Die Spracheinstellung bestimmt die Funktion der Rechtschreibprüfung und der Silbentrennung. Lesen Sie mehr über Spracheinstellungen im Abschnitt 13.5, »Text editieren«.

Unterstrichen T und Durchgestrichen T

Unterstreichungen waren im Schreibmaschinenzeitalter die einzige Möglichkeit, Textstellen hervorzuheben. Beim Unterstreichen wird eine Linie unter dem Text erzeugt – Sie können weder deren Farbe, Stärke noch ihren Abstand zum Text beeinflussen.

Vor allem können Sie die Linie nicht daran hindern, Unterlängen zu schneiden. Die Funktion hat einen Nutzen, um in Layouts für Webseiten Links darzustellen; möchten Sie aber einen Text hervorheben, nutzen Sie lieber den kursiven oder den fetten Schriftschnitt.

Mit der Option Durchgestrichen erzeugen Sie eine Linie, welche die Texte durchstreicht. Auch deren Stärke können Sie nicht beeinflussen. Diese Funktion könnte man zur Abstimmung von Text während der Korrekturphase gebrauchen.

To design is much more than simply to assemble, to order or even to edit. To design is to transform Prose into poetry.

▲ **Abbildung 13.76**
Unterstreichungen und Durchstreichungen haben die Farbe des Textes.

Kapitälchen

Kapitälchen sind Großbuchstaben, deren Höhe sich nach den Mittellängen richtet und deren Strichstärke der Strichstärke der Schrift angepasst ist. Deswegen lassen sich »echte« Kapitälchen nicht automatisch durch Skalierung aus Großbuchstaben erzeugen. »Falsche«, also berechnete Kapitälchen wirken im Vergleich zu den anderen Buchstaben zu mager.

Um einen Text in Kapitälchen zu setzen, aktivieren Sie ihn und wählen Kapitälchen aus dem Menü der Zeichen-Palette. Wenn Sie eine Schrift verwenden, in der Kapitälchen angelegt sind, werden diese verwendet. Ansonsten berechnet Illustrator die Kapitälchen aus den Versalien der Schrift.

Grundlage der Berechnung ist die Voreinstellung von 70% der Versalhöhe für die Größenanpassung der berechneten Kapitälchen. Entspricht das nicht der Mittellänge der verwendeten Schrift, können Sie für das gesamte Dokument eine andere Voreinstellung auf der Seite Schrift unter Datei • Dokumentformat... eingeben.

Echte Kapitälchen im Text gesetzt

Falsche Kapitälchen im Text gesetzt

▲ **Abbildung 13.77**
Echte und gerechnete Kapitälchen

$$NH_2CH_2CH_2OH$$
$$NH_2CH_2CH_2OH$$

▲ **Abbildung 13.78**
Rechnerisch tiefgestellte Index-
ziffern im Vergleich mit echten
Indexziffern

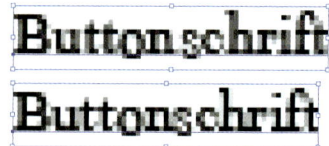

▲ **Abbildung 13.79**
Gebrochene Breiten (oben) und
Systemlayout (unten)

TIPP

Um einen Zeilenumbruch zu er-
zwingen, ohne einen Absatz zu
erzeugen, tippen Sie ⌂ + ⏎ .

Hochgestellt/Tiefgestellt – Indexziffern

Für mathematische oder chemische Formeln benötigen Sie kleinere Ziffern oder Buchstaben, deren Grundlinie außerdem verschoben ist. Setzen Sie Zahlen im Text, aktivieren sie und wählen HOCHGESTELLT bzw. TIEFGESTELLT aus dem Palettenmenü, um die Zahlen in Indexziffern umzuwandeln.

Auch Indexziffern sind in Qualitätsschriften vorhanden und werden in diesem Fall von Illustrator verwendet. Enthält eine Schrift keine Indexziffern, werden sie rechnerisch erzeugt mit denselben Nachteilen, die für Kapitälchen gelten.

Die Variablen für die rechnerische Erzeugung von Indexziffern geben Sie ebenso auf der Seite SCHRIFT unter DATEI • DOKUMENTFORMAT... ein:

▶ GRÖSSE: Mit diesem Wert bestimmen Sie die Skalierung im Verhältnis zur Versalhöhe.
▶ POSITION: Geben Sie hier ein, um wie viel Prozent der Schriftgröße Sie die Indexziffer von der Schriftgrundlinie nach oben bzw. unten verschieben wollen.

Schriftdarstellung am Bildschirm verbessern – Systemlayout

Die Einstellung SYSTEMLAYOUT bewirkt, dass Buchstabenabstände immer in ganzen Pixeln ausfallen. Wenn Sie ein Screendesign entwickeln und Schriftgrößen unter 20 Punkt verwenden, sind die Texte mit den standardmäßig verwendeten gebrochenen Zeichenbreiten eventuell nicht gut lesbar. Aktivieren Sie in diesem Fall SYSTEMLAYOUT im Menü der Zeichen-Palette. Diese Einstellung gilt im Gegensatz zu anderen für das gesamte Dokument.

Umbrüche verhindern

Möchten Sie verhindern, dass Silben oder Wortgruppen getrennt werden, z.B. ein Wert und die dazugehörige Maßeinheit, dann aktivieren Sie diese Gruppe und wählen KEIN UMBRUCH aus dem Menü der Zeichen-Palette.

Zeichenformatierungen auf andere Objekte übertragen

Um eine Formatierung einfach aus einem vorhandenen Objekt zu übernehmen, verwenden Sie das Pipette-Werkzeug.

Aktivieren Sie den Text, den Sie formatieren möchten. Wählen Sie das Pipette-Werkzeug – Shortcut I –, und bewegen Sie es über den Text, dessen Formatierung Sie übernehmen möchten. Wenn das Cursor-Symbol 🖌 angezeigt wird, klicken Sie.

Schriften suchen

Wenn Sie vor der endgültigen Wahl der Schrift direkt in Ihrem Dokument verschiedene Alternativschriften ausprobiert haben, passiert es fast zwangsläufig, dass noch Reste der Proben vorhanden sind, z. B. als formatiertes Leerzeichen. Haben Sie Dokumente von Kollegen »geerbt«, kann es vorkommen, dass Schriften verwendet wurden, die auf Ihrem Computer nicht installiert sind.

Um die verwendeten Schriften in Ihrem Dokument vor der Abgabe zu vereinheitlichen oder um nicht installierte Schriften dokumentweit einfach durch Alternativen zu ersetzen, verwenden Sie SCHRIFT • SCHRIFTEN SUCHEN…

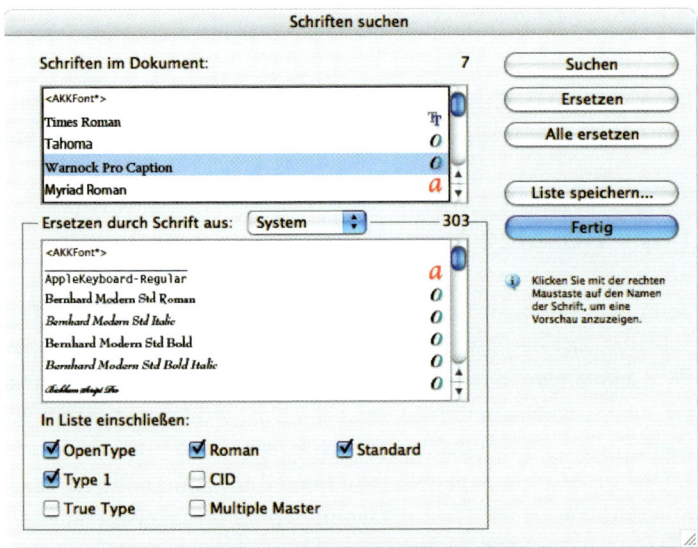

◄ **Abbildung 13.80**
Dialogbox SCHRIFTEN SUCHEN

Im oberen Feld SCHRIFTEN IM DOKUMENT werden die im Dokument verwendeten Schriften aufgelistet – jeder Schriftschnitt hat einen eigenen Eintrag in der Liste. Nicht installierte Schriften sind mit einem Stern * gekennzeichnet. Klicken Sie auf einen Schriftnamen, um das jeweils erste Vorkommen dieser Schrift im Dokument hervorzuheben.

Im unteren Feld stellen Sie sich eine Liste der potenziellen Kandidaten für das Ersetzen zusammen.

▶ Im Menü ERSETZEN DURCH SCHRIFT haben Sie die Wahl, ob nur die Schriften im aktuellen Dokument oder alle im System installierten Schriften angezeigt werden sollen.

▶ Kreuzen Sie bei IN LISTE EINSCHLIESSEN an, welche Font-Formate zum Ersetzen in Frage kommen – die Liste wird mit diesen Kriterien gefiltert.

Klicken Sie anschließend im oberen Feld auf den Namen der zu ersetzenden Schrift und im unteren Feld auf den Namen der Ersatzschrift.

Das Ersetzen führen Sie mit einem der Buttons durch:

- ERSETZEN: Mit diesem Button ersetzen Sie die Schrift an der hervorgehobenen Stelle durch die ausgewählte Ersatzschrift und suchen anschließend nach dem nächsten Vorkommen.
- ALLE ERSETZEN: Ersetzt alle Vorkommen der Schrift im Dokument.
- SUCHEN: Sucht nach anderen Vorkommen im Dokument, ohne die Schrift zu ersetzen.
- LISTE SPEICHERN: Wenn Sie eine Liste der verwendeten Schriften als Textdatei speichern möchten, klicken Sie den Button.
- FERTIG: Mit diesem Button schließen Sie die Dialogbox.

Beim Ersetzen wird nur die Schriftart geändert, andere Zeichenformatierungen bleiben erhalten.

13.7 Absätze formatieren

Beim Schreiben wird ein neuer Absatz wie bei der guten alten Schreibmaschine durch die Eingabe eines Wagenrücklaufs oder ↵ angefangen. Ein Absatz ist damit der Text, der zwischen zwei ↵ steht. Überschriften werden in Illustrator wie in gängigen Layoutprogrammen als Absätze behandelt.

HINWEIS

Wenn ein Wagenrücklauf zwischen zwei Absätzen herausgelöscht wird, geht eine eventuell abweichende Formatierung des zweiten Absatzes verloren, denn Illustrator wendet auf die gesamte Textpassage zwischen zwei Wagenrückläufen die Formatierung des ersten Absatzes an.

Absatzformatierungen können immer nur auf komplette Textpassagen zwischen zwei »Wagenrückläufen« angewendet werden, also nur auf komplette Absätze. Der Wagenrücklauf wird gelegentlich auch nach dem englischen Begriff »Carriage Return« bzw. einfach nur »CR« benannt.

Für Texte, die Sie direkt in Illustrator erstellen, wendet das Programm auch nach einem Wagenrücklauf die Formatierung des vorhergehenden Absatzes an, wenn Sie dafür keine andere Formatierung bestimmen.

Um einen Absatz zu formatieren, aktivieren Sie das Textobjekt – die Einstellung wirkt für alle enthaltenen Absätze –, oder setzen Sie den Text-Cursor in den Absatz, den Sie formatieren möchten. Formatieren Sie verkettete Textobjekte, achten Sie darauf, alle Objekte der Kette auszuwählen. Wenn nur ein Textobjekt aus einer Verkettung aktiviert ist, wirkt sich die Formatierung auf alle Absätze aus, die in diesem Textobjekt beginnen, enden oder komplett enthalten sind.

Die Absatz-Palette

Absatzformatierungen können für ein ganzes Dokument, für längere Textpassagen oder auch nur für einzelne Absätze vergeben werden.

Absatzformatierungen nehmen Sie in der Absatz-Palette vor – die Palette rufen Sie auf, indem Sie FENSTER • SCHRIFT • ABSATZ aus dem Menü wählen – oder verwenden Sie den Shortcut ⌘+⌥+T bzw. Strg+Alt+T.

◄ **Abbildung 13.81**
Die Absatz-Palette

Hauptmerkmal einer Absatzformatierung ist die Ausrichtung ❶ des Textes.

Weitere Eigenschaften eines Absatzformats sind der Abstand, der zwischen zwei Absätzen generiert wird – Sie können ihn in Illustrator sowohl vor ❺ als auch nach ❻ einem Absatz einrichten –, die Größe des Texteinzugs am Beginn eines Absatzes ❹ sowie gegebenenfalls ein genereller Einzug am linken ❷ und/oder am rechten ❸ Textrand.

Textausrichtung

Die Benennung richtet sich danach, an welchem Rand eine Zeile bündig ist.

TIPP

Wenn Sie Werte in die Eingabefelder eintragen, bestätigen Sie mit ↵ oder der Enter-Taste. Möchten Sie den Fokus auf dem eingegebenen Wert erhalten, bestätigen Sie mit ⇧+↵. Um zu bestätigen und den Fokus in das nächste Feld zu setzen, verwenden Sie ⇥.

◄ **Abbildung 13.82**
Linksbündiger, rechtsbündiger, zentrierter und Blocksatz im Layout dargestellt.
Graue Balken repräsentieren jeweils eine Zeile Text.

Bei linksbündigem ☰ bzw. rechtsbündigem ☰ Text schließt der Text am linken bzw. rechten Rand ab, auf der jeweils gegenüberliegenden Seite beginnen oder enden die Zeilen unregelmäßig.

Jede Zeile ist beim zentrierten Satz ☰ einzeln mittig zum Textrahmen ausgerichtet.

Dazu im Gegensatz steht der beliebte, aber nicht immer unproblematisch zu handhabende Blocksatz. Dabei werden die Buchstaben- und Wortzwischenräume so variiert, dass der Text beidseitig am Rand bündig ist.

In Illustrator können Sie vier Arten Blocksatzeinstellungen zuweisen, die sich durch den Umgang mit der letzten Zeile unterscheiden.

To design is much more than simply to assemble, to order or even to edit. To design is to transform Prose into poetry.

To design is much more than simply to assemble, to order or even to edit. To design is to transform Prose into poetry.

To design is much more than simply to assemble, to order or even to edit. To design is to transform Prose into poetry.

To design is much more than simply to assemble, to order or even to edit. To design is to transform Prose in p o e t r y .

Am gebräuchlichsten ist die Einstellung LETZTE ZEILE LINKSBÜNDIG 🔲, die Einstellungen LETZTE ZEILE ZENTRIERT 🔲 und LETZTE ZEILE RECHTSBÜNDIG 🔲 werden Sie eher selten verwenden. Die Option BLOCKSATZ (ALLE ZEILEN) 🔲 wird auch als »erzwungener Blocksatz« bezeichnet und findet manchmal Verwendung.

Um einen Text auszurichten, wählen Sie den Absatz aus und klicken den gewünschten Ausrichtungs-Button in der Absatz-Palette.

Einzüge

Mit Einzügen bestimmen Sie den Abstand des Texts zur Begrenzung des Textobjekts. Sie können Einzüge der ersten Zeile 🔲 sowie generelle Einzüge am linken 🔲 und rechten 🔲 Rand des Absatzes einrichten.

Die Wirkung von Einzügen ähnelt der Wirkung der Einstellung VERSATZABSTAND unter SCHRIFT • FLÄCHENTEXT-OPTIONEN... – siehe unter Abschnitt 13.3, »Flächentext«.

The one thing every student of typography should know: That you are designing not the black marks on the page, but the space in between.

The one thing every student of typography should know: That you are designing not the black marks on the page, but the space in between.

The one thing every student of typography should know: That you are designing not the black marks on the page, but the space in between.

The one thing every student of typography should know: That you are designing not the black marks on the page, but the space in between.

Um Einzüge einzurichten, geben Sie den Abstand, um den Sie die Zeile oder den Absatz einziehen wollen, in das entsprechende Eingabefeld ein.

Einen »hängenden Einzug« – also das Herausragen der ersten Zeile nach links – erreichen Sie durch das Eingeben eines negativen Werts unter EINZUG LINKS IN ERSTER ZEILE.

Abstände zwischen Absätzen

Um Absätze besser voneinander zu trennen, legen Sie Abstände fest, die zwischen den Absätzen zum Zeilenabstand addiert werden. Dieser Methode sollten Sie den Vorzug geben vor der Erzeugung der Abstände durch zusätzliche Zeilenschaltungen, da Sie

First, make it red. If that doesn't work, make it bigger.

First, make it red. If that doesn't work, make it bigger.

First, make it red. If that doesn't work, make it bigger.

mit ABSTAND VOR und NACH ABSATZ viel einfacher die Höhe des Abstands beeinflussen können.

Ob Sie die Abstände ober- oder unterhalb des Absatzes einfügen, macht optisch keinen Unterschied. Möchten Sie einen Abstand zwischen der Oberkante des Textobjekts und dem ersten Absatz einrichten, verwenden Sie dafür nicht ABSTAND VOR ABSATZ, sondern geben den gewünschten Abstand unter ERSTE GRUNDLINIE in der Dialogbox SCHRIFT • FLÄCHENTEXT-OPTIONEN... ein.

Hängende Interpunktion und optische Randausrichtung

Bindestriche, Punkte, Anführungszeichen, Sternchen – Asteriske –, Tilden und andere Satzzeichen wirken optisch weniger massiv als Buchstaben. Befinden sich diese Zeichen am bündigen Rand eines Absatzes, dann erscheint dieser Rand unruhig. Die »hängende Interpunktion« lässt den Spaltenrand optisch glatter aussehen.

Um HÄNGENDE INTERPUNKTION auf einen Absatz anzuwenden, setzen Sie den Text-Cursor in den Absatz, und wählen Sie HÄNGENDE INTERPUNKTION ROMAN aus dem Menü der Absatz-Palette. Einige Satzzeichen ragen anschließend komplett über den Absatzrand hinaus, andere zum Teil.

Hängende Interpunktion sollten Sie nicht auf nebeneinander stehende Blocksatzspalten anwenden, da die Zwischenräume dann unsauber wirken.

Die OPTISCHE RANDAUSRICHTUNG gleicht die Ränder aller Absätze eines Textobjekts aus, indem die Kanten einiger Zeichen über den Rand des Textobjekts hinausragen. Aktivieren Sie das Textobjekt mit dem Auswahl-Werkzeug, und wählen Sie SCHRIFT • OPTISCHE RANDAUSRICHTUNG.

Satz-Engine

Die Kunst des Satzes längerer Textabschnitte besteht darin, ein gleichmäßiges Schriftbild ohne Lücken und mit möglichst wenigen Worttrennungen zu erreichen. Dafür muss in jeder Zeile der optimale Punkt für den Umbruch in die nächste Zeile ermittelt werden. Was »optimal« jeweils bedeutet, wird bestimmt durch die Regeln der Silbentrennung sowie die als anzustrebend definierten Wort- und Zeichenabstände.

Adobe Einzeilen- und Alle-Zeilen-Setzer

In den meisten Fällen gibt es keinen optimalen Punkt, an dem umbrochen werden kann, sondern mehrere zweitbeste Lösungen. Mit den Optionen EINZEILEN- bzw. ALLE-ZEILEN-SETZER bestimmen Sie, wie Illustrator die Umbruchpunkte auswählen soll:

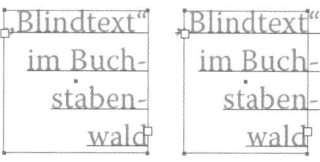

▲ **Abbildung 13.86**
Ohne und mit hängender Interpunktion

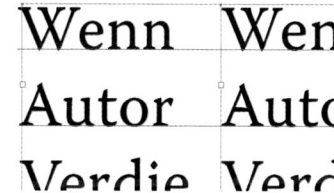

▲ **Abbildung 13.87**
Mit und ohne optischen Randausgleich

Einzeilen-Setzer | Diese Option arbeitet nach der Methode, die im Fotosatz und in den Anfangszeiten des DTP vorherrschte. Jede Zeile wird für sich betrachtet und nach den im Dialog SILBENTRENNUNG- und AUSRICHTEN festgelegten Regeln in sich ausgeglichen. Dies kann dazu führen, dass in einem an sich gut ausgeglichenen Abschnitt einzelne Zeilen durch ungünstige Abstände auffallen.

Wenn Sie die Kontrolle über den Satz selbst in der Hand behalten möchten, sollten Sie diese Option wählen.

Der Einzeilen-Setzer geht nach folgenden Regeln vor: Beim Ausgleichen der Zeile hat die Verringerung oder Vergrößerung der Wortabstände Vorrang vor der Silbentrennung. Diese wird der Verringerung oder Erhöhung der Zeichenabstände vorgezogen. Ist eine Abstandsveränderung nötig, so wird der Abstand eher verringert als erhöht.

Alle-Zeilen-Setzer | Bei dieser Methode wird ein Netz von Umbruchpunkten innerhalb eines Absatzes sowie deren Wechselwirkungen aufeinander zusammen betrachtet, und die jeweils optimalen Punkte werden herausgefiltert. Die Filterung geschieht auf der Basis von »Abwertungspunkten« für ungünstige Faktoren.

Die höchste Priorität haben gleichmäßige Wort- und Zeichenabstände, je größer die Abweichung von den gewünschten Werten, umso größere Abwertung des Umbruchpunkts. Eine zusätzliche Abwertung gibt es für Silbentrennungen.

Der Alle-Zeilen-Setzer nimmt mehr Rechenzeit in Anspruch, führt in den meisten Fällen zu besseren Ergebnissen, Sie haben jedoch weniger Kontrolle über einzelne Zeilen. Nehmen Sie Textänderungen an einer Zeile vor, werden häufig nicht nur die folgenden, sondern auch vorhergehende Zeilen neu umbrochen.

Silbentrennungswörterbücher

Wo die Rechtschreibregeln eine Trennung zulassen, ermittelt Illustrator anhand der Proximity-Wörterbücher. Wählen Sie in der Dialogbox VOREINSTELLUNGEN • SILBENTRENNUNG... unter STANDARDSPRACHE das Wörterbuch aus, das Sie standardmäßig benutzen möchten.

Trennungsausnahmen | Möchten Sie ein Wort von der Trennung ausnehmen, geben Sie es in das Eingabefeld NEUER EINTRAG ein, und klicken Sie HINZUFÜGEN. Um das Wort wieder aus der Trennungsliste zu entfernen, aktivieren Sie es und klicken LÖSCHEN.

Abweichende Sprache | In der Zeichen-Palette können Sie für einzelne Wörter oder sogar Zeichen ein eigenes Wörterbuch

Exkurs: TEX

In den 1980er-Jahren beschrieben Donald E. Knuth und Michael F. Plass als Erste den Schriftsatz als komplexes Informatikproblem und suchten nach Alternativen für den damaligen Ansatz, zeilenweise vorzugehen.

Sie entwickelten den Algorithmus für den Zeilenumbruch, der zum Kernstück von Knuths Public-Domain-Software TEX wurde.

HINWEIS

Vorrang vor den in den Proximity-Wörterbüchern definierten Trennungen haben die manuell im Text eingegebenen »bedingten Trennstriche« oder »weichen Trennungen«.

Bedingte Trennstriche setzen Sie, indem Sie an der gewünschten Stelle ⌘/Strg+⇧+- eingeben.

bestimmen, indem Sie das Wort aktivieren und eine SPRACHE aus dem Menü wählen.

Silbentrennung

Die Silbentrennungsoptionen bestimmen die ästhetischen Richtlinien für die Trennung von Wörtern. Die Optionen lassen sich in Illustrator absatzweise einstellen. Aktivieren Sie die Vorschau, damit Sie die Auswirkung Ihrer Einstellungen auf den ausgewählten Text beobachten können.

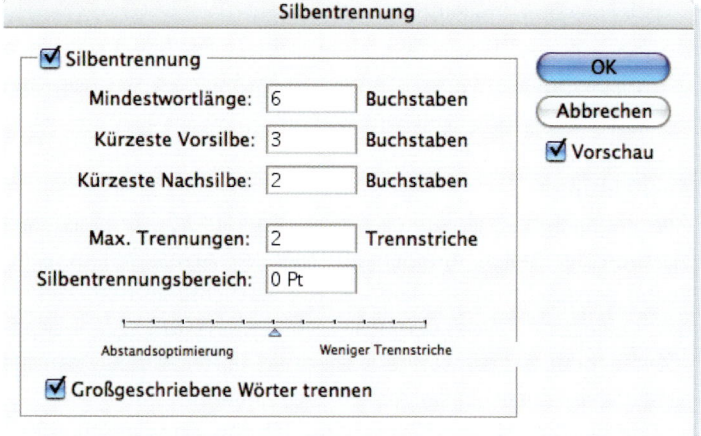

◀ **Abbildung 13.88**
Dialogbox SILBENTRENNUNG

TIPP

Stellen Sie sicher, dass Sie die korrekte Spracheinstellung für den Absatz vorgenommen haben, bevor Sie die Silbentrennung (und die Ausrichtung) detailliert einstellen.

▶ SILBENTRENNUNG: Dies ist eine Wiederholung des gleichnamigen Optionsfelds in der Absatz-Palette. Damit aktivieren Sie die Silbentrennung. Ist die Option deaktiviert, wird lediglich an im Text gesetzten Bindestrichen getrennt.

▶ MINDESTWORTLÄNGE: Ein Wort muss mindestens die hier angegebene Anzahl Zeichen lang sein, um überhaupt für eine Trennung in Betracht gezogen zu werden.

▶ KÜRZESTE VORSILBE: Geben Sie hier die Anzahl Buchstaben an, die mindestens vor dem Trennstrich stehen bleiben müssen.

▶ KÜRZESTE NACHSILBE: Dagegen bestimmt dieser Wert, wie lang der abgetrennte Teil des Wortes mindestens sein muss. Aus typografischen Gesichtspunkten kann dieser Wert um 1 niedriger sein als der vorherige. Beide KÜRZESTE SILBE-Werte sollten jeweils nicht kleiner als 2 sein.

▶ MAX. TRENNUNGEN: Hier definieren Sie, in wie vielen aufeinander folgenden Zeilen Trennungen auftreten dürfen. Da die Satz-Engine ohnehin Trennungen vermeidet, ist der voreingestellte Wert 2 nicht zu hoch.

▶ SILBENTRENNUNGSBEREICH: Diese Option betrifft nur links- und rechtsbündige sowie zentrierte Absätze, die Sie mit der Option Ein-Zeilen-Setzer versehen. Sie legen einen Bereich am jeweils

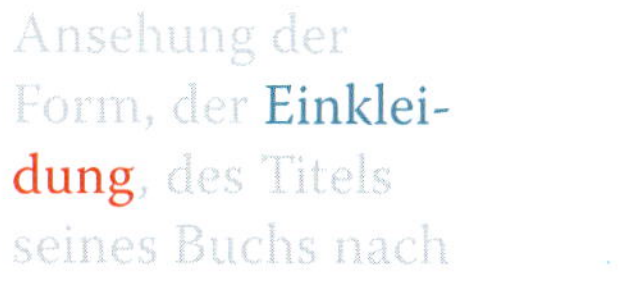

Ansehung der Form, der **Einkleidung**, des Titels seines Buchs nach

▲ **Abbildung 13.89**
Vorsilbe (blau) und Nachsilbe (rot)

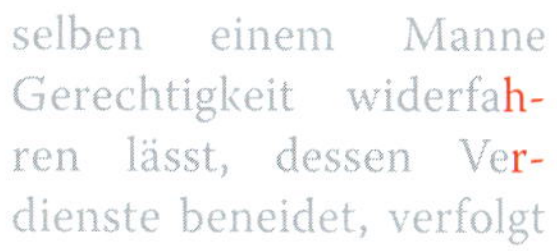

selben einem Manne Gerechtigkeit widerfahren lässt, dessen Verdienste beneidet, verfolgt

▲ **Abbildung 13.90**
Trennungen in Folge

nicht ausgeglichenen Seitenrand fest – also den rechten Rand bei linksbündigem Satz –, in dem keine Trennung mehr erfolgt. Je breiter Sie diesen Bereich definieren, umso weniger Trennungen erfolgen und umso stärker flattert der Text. Mit dem Wert 0 geben Sie keine Einschränkung vor.

▶ TRENNREGLER/HYPHENATION SLIDER: Mit diesem Regler nehmen Sie Einfluss auf die Prioritäten der Satz-Engine – also die Vergabe der »Abwertungspunkte« –, indem Sie angeben, ob Sie eher eine Veränderung der Abstände (nach rechts schieben) oder mehr Trennungen (nach links schieben) akzeptieren. Die Einstellung betrifft alle Satzarten.

▶ GROSSGESCHRIEBENE WÖRTER TRENNEN: Für den deutschen Sprachraum sollte diese Option aktiviert bleiben, da ansonsten keine Hauptwörter getrennt würden.

Ausrichtung

Hier geben Sie die Regeln vor, nach denen Illustrator beim Ausgleichen der Zeilen mit den horizontalen Abständen umgeht. Dabei entspricht die Reihenfolge der Ausrichtungsmethoden in der Dialogbox: WORTABSTAND, ZEICHENABSTAND, GLYPHENABSTAND – oder besser Glyphe-Skalierung – dem Vorrang, den die Satz-Engine ihnen bei der Ausführung einräumt.

Darüber hinaus ist die Einstellung für den automatischen Zeilenabstand in dieser Dialogbox untergebracht. Aktivieren Sie zunächst die Vorschau, damit Ihre Einstellungen im bearbeiteten Text sofort angewendet werden:

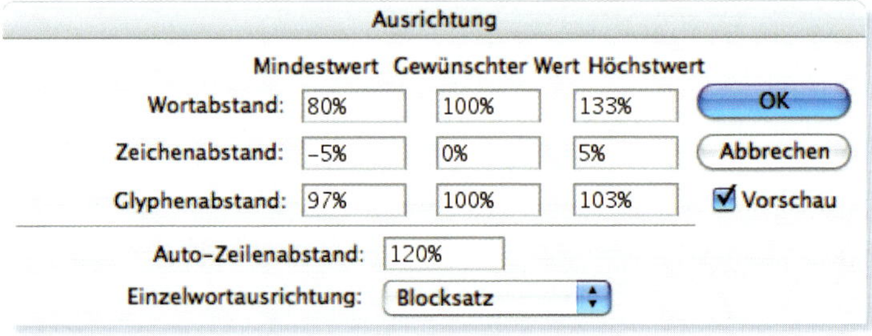

Abbildung 13.91 ▶
Ausrichtung-Dialogbox

Die horizontalen Abstände definieren Sie, indem Sie den optimalen Wert bestimmen und die Toleranz nach unten und oben begrenzen. Die prozentualen Angaben beziehen sich auf die jeweils »normalen Abstände«, die in der Font-Datei bzw. in der Zeichen-Palette vorgegeben sind.

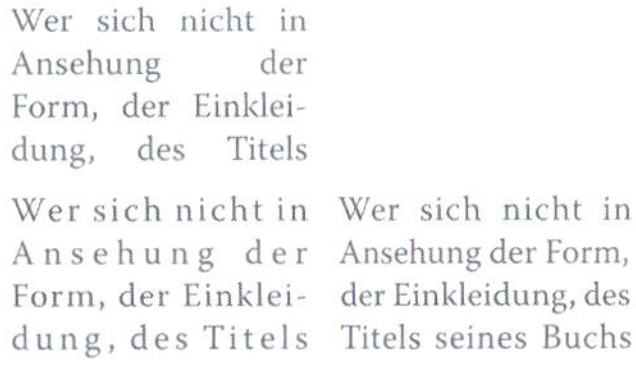

Wer sich nicht in Ansehung der Form, der Einkleidung, des Titels

Wer sich nicht in Ansehung der Form, der Einkleidung, des Titels

Wer sich nicht in Ansehung der Form, der Einkleidung, des Titels seines Buchs

▲ **Abbildung 13.92**
Oben: Voreinstellung – erzeugt große Wortabstände, u. li.: Zeichenabstände vergrößert, u. re.: Zeichenabstände reduziert

▶ WORTABSTAND: Mit diesen Werten geben Sie die erlaubten Abstände zwischen Wörtern als prozentualen Anteil des »normalen« Abstands an. Erlaubt sind Werte zwischen 0 und 1000 %, ein unveränderter Wert wird mit der Eingabe 100 % definiert.

- ZEICHENABSTAND: Bestimmt den Abstand zwischen einzelnen Buchstaben. Im Unterschied zu den anderen Optionen geben Sie hier die Höhe der Abweichung an. Um keine Abweichung vom »Normal«-Abstand zuzulassen, tragen Sie 0 ein. Zulässig sind Eingaben zwischen −100 und 500 %.

- GLYPHENABSTAND: Diese Bezeichnung ist irreführend. Eigentlich geht es um eine horizontale Skalierung der Glyphen – also der Buchstabenformen. Obwohl Ihnen alleine bei dem Gedanken an diese Option wahrscheinlich die Haare zu Berge stehen, kann sie bei hartnäckigen Satzproblemen tatsächlich hilfreich sein.

  Eine horizontale Skalierung zwischen 97 und 103 % der normalen Buchstabenbreite bemerken nur Experten, Illustrator akzeptiert Werte zwischen 50 und 200 %.

- AUTO-ZEILENABSTAND: Falls Sie in der Zeichen-Palette mit dem automatischen Zeilenabstand arbeiten, können Sie in diesem Feld definieren, wie er berechnet wird. Vorgabe ist der allgemein übliche Wert von 120%. Ein angenehm lesbarer Zeilenabstand ist jedoch von der Mittellänge der Schrift und der Anzahl der Zeichen in einer Zeile abhängig.

- EINZELWORTAUSRICHTUNG: Wählen Sie aus dem Ausklappmenü, wie Wörter ausgerichtet werden, die mitten im Absatz alleine in einer Zeile stehen – was naturgemäß nur bei sehr schmalen Spalten auftritt. Die Ausrichtung der letzten Zeile eines Absatzes im Blocksatz ist nicht davon beeinflusst.

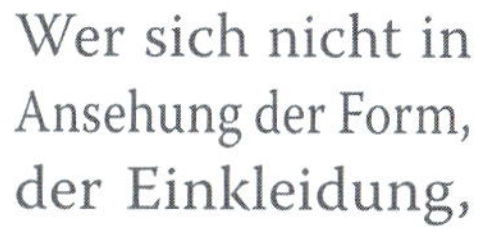

Aufgrund des komplexen Algorithmus zur Ermittlung der optimalen Umbruchpunkte ergibt sich die Situation, dass Sie bessere Ergebnisse erreichen, wenn Sie den Toleranzbereich nicht so stark einengen. Der Gewünschte Wert hat für die Satz-Engine ohnehin Priorität.

> Wer sich nicht in Ansehung der Form, der Einkleidung,

▲ **Abbildung 13.93**
Hier wurde Glyphe-Skalierung von 60 % bis 150 % erlaubt.

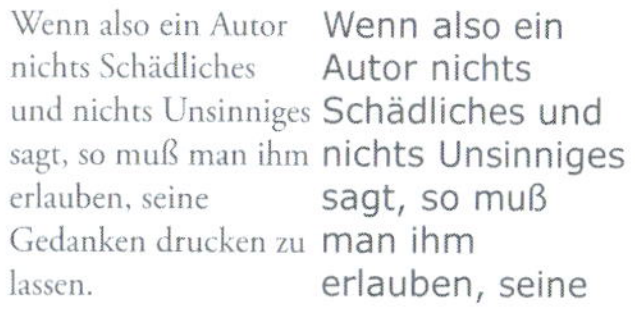

> Wenn also ein Autor nichts Schädliches und nichts Unsinniges sagt, so muß man ihm erlauben, seine Gedanken drucken zu lassen.
>
> Wenn also ein Autor nichts Schädliches und nichts Unsinniges sagt, so muß man ihm erlauben, seine

▲ **Abbildung 13.94**
Der Zeilenabstand wirkt kleiner, wenn die Mittellänge der Schrift größer ist.

13.8 Tabulatoren

Proportionalschriften – also Schriften, deren einzelne Glyphen unterschiedliche Breiten besitzen – können Sie nicht mit Hilfe von Leerzeichen exakt ausrichten. Zu diesem Zweck verwendet man stattdessen Tabulatoren.

Tabulatoren sind Steuerzeichen innerhalb des Texts, die dazu dienen, in einem Absatz senkrechte Kolonnen anzulegen. Diesen Steuerzeichen werden Positionen zugewiesen, an denen sie den folgenden Text nach definierbaren Regeln ausrichten.

Die Verwendung von Tabulatoren geschieht in zwei Schritten, die Steuerzeichen müssen mit der Tabulatortaste ⇥ in den Text

HINWEIS

Etwas Konfusion entsteht durch die Tatsache, dass man mit dem Begriff »Tabulator« sowohl das Steuerzeichen als auch die Positionsmarke bezeichnet.

In der englischen Sprache besteht ein Unterschied: Das Steuerzeichen wird als »Tab«, die Positionsmarke als »Tab Stop« bezeichnet.

gesetzt und die Positionen mit Hilfe der Tabulatoren-Palette aus-gerichtet werden. Solange Sie keine Positionen eingerichtet haben, verwendet Illustrator den Standardabstand von einem halben Zoll – ca. 13 mm.

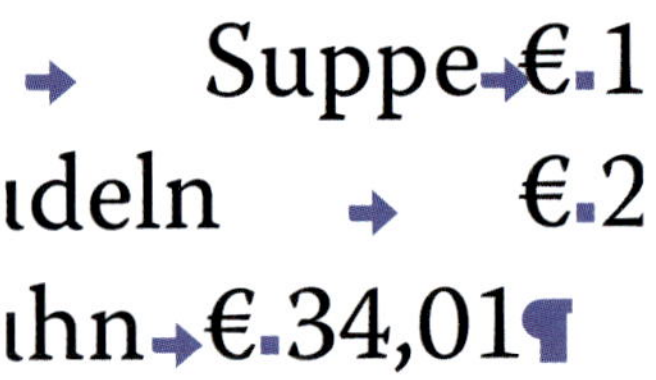

Tabulatoren setzen

Es empfiehlt sich, für das Setzen von Text mit Tabulatoren im Menü SCHRIFT die Einblendung der verborgenen Zeichen zu akti-vieren – Shortcut: ⌘+⌥+I bzw. Strg+Alt+I.

Tabulatoren werden jeweils vor die auszurichtenden Zeichen gesetzt.

Positionen der Tabulatoren definieren

Rufen Sie die Tabulatoren-Palette auf, um die Tabulatoren zu positionieren: Wählen Sie FENSTER • SCHRIFT • TABULATOREN – Shortcut: ⌘/Strg+⇧+T.

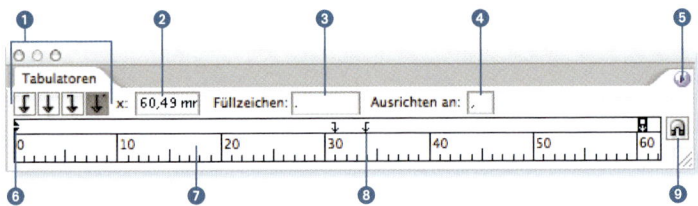

➤ **Suppe**➜**€.1**
deln ➜ **€.2**
hn➜**€.34,01**¶

▲ Abbildung 13.95
Als Kennzeichnung des Tabulators hat sich in DTP-Software ein Pfeil eingebürgert.

Abbildung 13.96 ▶
Tabulatoren-Palette

Je nach Textausrichtung hat die Tabulatoren-Palette eine horizon-tale – wie in der Abbildung – oder eine vertikale Form. Die Palette lässt sich wie jede andere frei auf dem Bildschirm platzieren – um damit exakter am jeweiligen Text arbeiten zu können, ist es jedoch möglich, sie durch einen Klick auf den Magnet-Button ❾ am aus-gewählten Textobjekt auszurichten. Dabei wird auch die Palet-tenbreite automatisch angepasst. Möchten Sie die Breite manuell regulieren, verwenden Sie das Größenänderungsfeld unter dem Magnet-Button.

Mit den beiden Dreiecken im Tabulatorlineal nehmen Sie Ein-züge vor ❻. Ziehen Sie das obere Dreieck, um die erste Zeile einzuziehen, das untere, um einen linken Einzug für den gesam-ten Absatz zu definieren. Die vorgenommenen Einstellungen werden in die Absatz-Palette übertragen.

Die Tabulator-Ausrichtungsbuttons ❶ legen fest, wie der Tabu-lator den Text anordnet:

▶ ⬇ Richtet Text an der definierten Position linksbündig aus, nach rechts »flattert« der Text. Blocksatzeinstellungen für den Absatz werden ignoriert.

▶ ⬇ An der Tabulatorposition wird der Text zentriert.

▶ ⬇ Verdrängt den Text von der Tabulatorposition nach links.

Illustrator-
Handbuch

Illustrator-
Handbuch

▲ Abbildung 13.97
Monospace- und Proportional-schrift

Nr. ➜ 123456 ➜ Suppe➜€.12,59↵
Nr. ➜ 3456 ➜Nudeln ➜ €.2,97↵
Nr. ➜ 23468➜Huhn➜€.34,01¶

Nr.➜123456➜Suppe...➜..€.12,59↵
Nr. ➜ 3456 ➜Nudeln ...➜..€.2,97↵
Nr. ➜ 23468➜Huhn ...➜..€.34,01¶

▲ Abbildung 13.98
Tabulatoren im Text, Rohfassung (oben) und ausgerichtet (unten)

▶ ⬇️ Die Ausrichtung erfolgt an einem Dezimal- oder einem anderen beliebigen definierbaren Zeichen, das Sie in das Eingabefeld AUSRICHTEN AN ❹ eintragen. Voreinstellung ist der Dezimalpunkt.

Die Position der Tabulatoren geben Sie direkt in das Tabulatorposition-Eingabefeld ❷ ein oder klicken auf das Tabulatorlineal ❼. In beiden Fällen können Sie Maße in Schritten von 0,01 mm bestimmen.

Der Raum zwischen den mit Tabulatoren ausgerichteten Texten kann mit Füllzeichen überbrückt werden, die Sie im Eingabefeld ❸ festlegen.

Optionen | Palettenmenü der Tabulatoren-Palette

▶ AN EINHEIT AUSRICHTEN: Aktivieren Sie diese Option im Palettenmenü, um den Tabulator beim Verschieben im Tabulatorlineal an den in der jeweiligen Zoom-Stufe sichtbaren Linealunterteilungen auszurichten.

▶ TABULATOR WIEDERHOLEN: Aktivieren Sie einen Tabulator im Lineal und wenden diesen Menübefehl an, um das Lineal mit gleichartigen Tabulatoren aufzufüllen. Als Abstand wird der Abstand links vom ausgewählten Tabulator bis zum Einzug oder nächsten Tabulator verwendet.

▶ TABULATOR LÖSCHEN: Möchten Sie einen Tabulator löschen, ziehen Sie ihn nach links aus dem Lineal heraus oder aktivieren ihn und verwenden diesen Befehl.

▶ ALLE TABULATOREN LÖSCHEN: Wählen Sie diesen Befehl, um alle Tabulatoren im Lineal durch die Standardtabulatoren im Abstand von ca. 13 mm zu ersetzen.

Modifizierungsmöglichkeit | Tabulatoren-Palette

▶ Drücken Sie ⌘/ Strg , um alle Tabulatoren im Lineal gemeinsam zu verschieben.

Schritt für Schritt: Tabulatoren einsetzen

1 Planung

An dem Beispiel »Theaterprogramm« werden Sie mit Tabulatoren, Einzügen und Absatzabständen arbeiten. Öffnen Sie zunächst die Datei »Programm.ai« von der DVD. Diese enthält den Text ohne Tabulatoren.

124 Pizza 🐟🐟🐟 4,95
125 Pasta 🐟🐟🐟 6,79
126 Salat 🐟🐟🐟 3,56

▲ **Abbildung 13.99**
Sonderzeichen lassen sich als Füllzeichen verwenden – Sie können die gewünschten Zeichen auch via Zwischenablage in das Eingabefeld einfügen.

Die Ausrichtung des Haupttexts erfolgt mit einem linken Einzug, das Datum ist durch Definition eines negativen Erstzeileneinzugs nach links herausgerückt. Tabulatoren positionieren das Datum und den Veranstaltungstitel – darüber hinaus dienen sie hauptsächlich zur Ausrichtung der Preise.

2 Textsatz

Ergänzen Sie die Tabulatoren und Zeilenumbrüche im Textsatz der Datei, und richten Sie die Breite des Flächentextobjekts ein:

→ **20.·März** → **20.·Uhr.·Hamlet↵**
Regie:·*J.··Müller··Darsteller:·Hansmann,·Meier,·Not-*
baum,·Kamner,·Limburg,·Drehmann↵
I → 20,50.·€ → II → 27,36.·€↵
III → 46,79.·€ → IV → 212,23.·€¶

Zeilenumbrüche – ⇧ + ↵ – sind nach dem Veranstaltungstitel und jeweils vor einer Preiszeile gesetzt. Die Namen umbrechen am Rand des Textrahmens automatisch. Eine Absatzschaltung ↵ erfolgt erst am Ende eines Veranstaltungsblocks.

3 Einzüge

Einzüge und Tabulatoren können Sie absatzweise einrichten, indem Sie den Text-Cursor in einen Absatz setzen. In diesem Fall definieren Sie die Tabulatoren jedoch für das gesamte Textobjekt.

Aktivieren Sie es und rufen die Tabulatoren-Palette auf, indem Sie FENSTER • SCHRIFT • TABULATOREN wählen. Klicken Sie den Magnet-Button in der Palette, um sie am Textobjekt auszurichten.

Zunächst richten Sie den linken Einzug und den negativen Erstzeileneinzug ein. Mit den Linealen in der Tabulatoren-Palette ist das einfach. Ziehen Sie das untere Dreieck auf dem Lineal nach rechts – so weit, dass links des Einzugs aureichend Platz für das Datum entsteht. Auf diese Weise definieren Sie beide Einzüge »in einem Rutsch«. Notieren Sie sich die Position – sie wird im Tabulatorposition-Eingabefeld angezeigt.

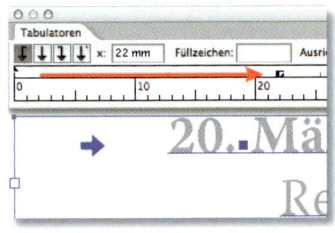

▲ **Abbildung 13.103**
Einzug definieren

4 **Datum und Titel**

Anschließend richten Sie die Daten rechtsbündig aus. Klicken Sie den Button RECHTSBÜNDIGER TABULATOR ⬇ und seine Position auf dem Lineal – 1–2 mm links von der Einzugsmarke.

Der nächste Tabulator soll den Text nicht rechts-, sondern linksbündig ausrichten. Solange der eben gesetzte Tabulator im Lineal aber noch hervorgehoben ist, ändern Sie die Ausrichtung nicht, damit würden Sie den aktiven Tabulator umdefinieren.

Die Position – direkt auf der Einzugsmarke – können Sie nicht durch Anklicken festlegen. Klicken Sie stattdessen eine Position neben der Einzugsmarke. Während die Tabulatormarke noch aktiviert ist, klicken Sie auf den Button LINKSBÜNDIGER TABULATOR ⬇ und geben die in Schritt 3 notierte Position der Einzugsmarke in das Eingabefeld ein. Bestätigen Sie die Eingabe mit ⏎.

▲ **Abbildung 13.104**
Das Datum rechtsbündig ausrichten

5 **Preise**

Die Preiskategorien und Preise richten Sie mit linksbündigen und Dezimaltabulatoren aus. Deaktivieren Sie die letzte Tabulatormarke – falls sie noch ausgewählt ist –, indem sie in die graue Fläche oberhalb des Tabulatorlineals klicken.

Wählen Sie den Dezimaltabulator ⬇ und klicken die gewünschte Position auf dem Lineal. Geben Sie ein Komma in das Feld AUSRICHTEN AN ein, und bestätigen Sie die Eingabe mit ⏎. Dezimaltabulatoren sind schwierig zu positionieren. Klicken und ziehen Sie die Marke auf dem Lineal – eine senkrechte Linie zeigt die Position des Tabulators im Textblock an.

Anschließend setzen Sie einen linksbündigen Tabulator für die Preiskategorie und einen weiteren Dezimaltabulator für die anderen Preise. ■

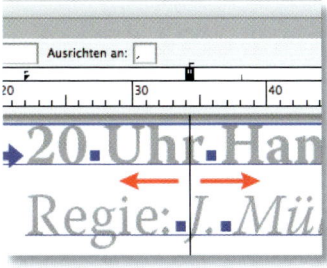

▲ **Abbildung 13.105**
Verschieben eines Tabulators

13.9 Zeichen- und Absatzformate

Die Einstellungen, die Sie in der Zeichen- und/oder Absatz-Palette vornehmen, können Sie als »Format« abspeichern und anschließend auf Texte anwenden. Dies hat mehrere Vorteile:

▶ Sie ersparen sich das erneute Eingeben der Optionen.
▶ Sie riskieren nicht, eine Einstellung zu vergessen oder zu verwechseln.
▶ Sie können Änderungen an einer Stelle – in der Formatdefinition – vornehmen, und diese wird automatisch in den Textobjekten übernommen.

Formate werden in der Zeichenformate- und der Absatzformate-Palette verwaltet. Rufen Sie die Paletten über FENSTER • SCHRIFT • ZEICHENFORMATE bzw. ABSATZFORMATE auf.

Formate anlegen

Ein Zeichenformat definiert Attribute, die Zeichen zugewiesen werden können, z. B. Schriftart und -größe, Zeilenabstand, Skalierung, OpenType-Features, Zeichenfarbe.

Ein Absatzformat enthält alle Zeichen- und zusätzlich Absatzattribute, z. B. Satzausrichtung, Einzüge und Abstände, Silbentrennung, Tabulatoren.

Um ein Format auf der Basis eines bereits formatierten Texts anzulegen, aktivieren Sie einige Zeichen, welche die gewünschte Formatierung aufweisen, und wählen NEUES ZEICHENFORMAT bzw. NEUES ABSATZFORMAT aus dem jeweiligen Palettenmenü. Geben Sie dem Format einen aussagekräftigen Namen.

Alternativ erstellen Sie ein neues Format auf der Basis eines bestehenden. Ziehen Sie den Namen des gewünschten Formats über den Button NEUES FORMAT ERSTELLEN ⊡, oder wählen Sie FORMAT DUPLIZIEREN aus dem Palettenmenü.

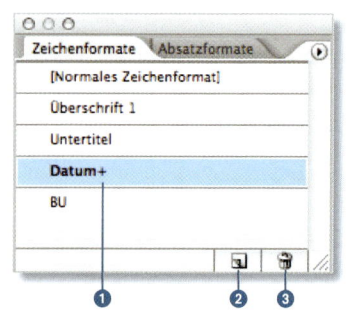

▲ **Abbildung 13.106**
Zeichenformate-Palette: Override
❶, NEUES FORMAT ERSTELLEN ❷,
AUSGEWÄHLTE FORMATE LÖSCHEN ❸

Formate editieren

Möchten Sie ein Format editieren, heben Sie alle Auswahlen auf und doppelklicken den Namen des Formats in der jeweiligen Formate-Palette. Oder aktivieren Sie das Format und wählen ZEICHEN- bzw. ABSATZFORMATOPTIONEN… aus dem Palettenmenü.

Aktivieren Sie VORSCHAU, um Änderungen an den Texten anzuzeigen, denen Sie das Format zugewiesen haben.

Formate laden

Wenn Sie Formate aus anderen Illustrator-Dokumenten benötigen, können Sie diese in Ihr aktuelles Dokument laden. Dazu wählen Sie aus dem Palettenmenü der Zeichenformate- bzw. Absatzformate-Palette den Eintrag ZEICHENFORMATE bzw. ABSATZFORMATE LADEN… Universeller einsetzbar ist der Befehl ALLE FORMATE LADEN…, mit dem Sie Zeichen- und Absatzformate gemeinsam laden.

In der Dialogbox wählen Sie das Illustrator-Dokument, das die gewünschten Formate enthält, und klicken auf ÖFFNEN. Die Formate erscheinen in den entsprechenden Paletten des aktuellen Dokuments.

Hat eines der zu importierenden Formate einen Namen, der im aktuellen Dokument bereits als Formatname verwendet wird, so importiert Illustrator dieses Format nicht.

Formate anwenden

Zeichenformate lassen sich auf einzelne Zeichen, Zeichenketten oder Textobjekte anwenden. Absatzformate können Sie Absätzen oder Textobjekten zuweisen. Voreingestellt sind für jedes Textobjekt [NORMALES ZEICHENFORMAT] und [NORMALES ABSATZFORMAT].

Weisen Sie einer Zeichenfolge ein Zeichenformat zu, indem Sie die Zeichen aktivieren und in der Zeichenformate-Palette den gewünschten Eintrag klicken.

Um einem Absatz ein Absatzformat zuzuweisen, setzen Sie die Textmarke in den Absatz und klicken auf den gewüschten Eintrag in der Absatzformate-Palette.

Override

Nehmen Sie nach der Zuweisung eines Formats über die Zeichen-, OpenType- oder Absatz-Palette Änderungen an der Formatierung eines Zeichens oder Absatzes vor, so erzeugen Sie ein »Override« des zugewiesenen Formats. Dies wird durch ein Pluszeichen hinter dem Formatnamen in der Formate-Palette angezeigt.

Möchten Sie das Override in die Formatdefinition übernehmen, aktivieren Sie das Format und wählen ZEICHENFORMAT bzw. ABSATZFORMAT NEU DEFINIEREN aus dem Palettenmenü.

Formate löschen

Bevor Sie Formate löschen, heben Sie alle Auswahlen im Dokument auf. Anschließend aktivieren Sie das oder die Formate, die Sie löschen möchten.

Die im Dokument nicht verwendeten Formate wählen Sie aus, indem Sie ALLE UNBENUTZTEN AUSWÄHLEN aus dem Palettenmenü aufrufen. Klicken Sie auf den Button AUSGEWÄHLTE FORMATE LÖSCHEN 🗑, um die Formate zu löschen. Zeichen- und Absatzformate müssen getrennt gelöscht werden.

> **TIPP**
>
> Denken Sie daran, das Format auch dem Text zuzuweisen, aus dem Sie es generiert haben. Nur dann übernimmt dieser Text Änderungen, die Sie ggf. später an dem Format vornehmen.

> **TIPP**
>
> Wählen Sie einen Namen für das Format, der sich auf die Struktur des Texts bezieht, z. B. »Bildunterschrift«. So erkennen Sie das Format auch dann noch, wenn Sie einzelne Merkmale ändern.
>
> Basieren Sie dagegen die Formatnamen auf einer Eigenschaft, wird es verwirrend, wenn Sie gerade diese Eigenschaft ändern, z. B. »Text rot« die Farbe Blau zuweisen.

13.10 Füllung, Kontur, Effekt

In einem neuen Textobjekt versieht Illustrator den eingegebenen Text ganz natürlich mit einer schwarzen Füllung und ohne Kontur, so wie wir es aus jedem Buch, aus jeder Zeitschrift und aus jeder Zeitung von den Buchstaben gewohnt sind.

Einfache Aussehen-Optionen | Textobjekte

Um Schrift in Ihrer Grafik einzufärben oder ihr eine Kontur zuzuordnen, verfahren Sie genauso einfach wie bei jedem anderen

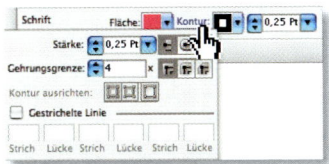

▲ **Abbildung 13.107**
Zuweisung von Füllung, Konturfarbe und -stärke über die Steuerungspalette

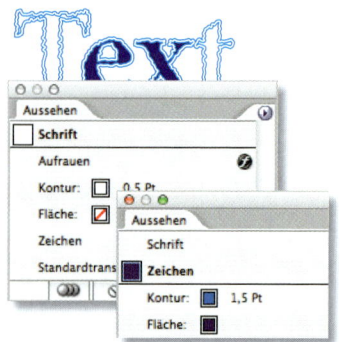

▲ **Abbildung 13.108**
Text und seine Aussehen-Eigenschaften

HINWEIS

Haben Sie bereits die »Schrift« mit Konturen und Flächen versehen, sind Kontur und/oder Fläche des Text- oder Begrenzungspfads nicht sichtbar.

▲ **Abbildung 13.109**
Voreingestelltes Aussehen von Textobjekten

Illustrator-Objekt. Aktivieren Sie das Textobjekt oder mit dem Textwerkzeug einzelne Buchstaben und bestimmen in der Steuerungspalette, in der Werkzeugpalette oder in der Farbfelder-Palette eine Farbe oder ein Muster für die Fläche bzw. für die Kontur.

Sobald Sie eine Farbe oder ein Muster auf die Kontur des Textobjekts oder auf einzelne Buchstaben anwenden, ordnet Illustrator den entsprechenden Konturen eine Stärke von 1 Punkt zu. Verwenden Sie die Kontur-Palette, um die Stärke – und andere Eigenschaften der Kontur – zu ändern.

Komplexe Aussehen-Optionen | Textobjekte
Wenn Sie Textobjekte in Illustrator nicht mit besonderen Effekten oder mit mehreren Flächen bzw. Konturen versehen wollen, sondern mit den eben beschriebenen Optionen auskommen, können Sie die folgenden Ausführungen zu den zusätzlichen Aussehen-Optionen für Textobjekte überspringen.

Hierarchie der Aussehen-Eigenschaften | Textobjekte
Die Aussehen-Eigenschaften eines Textobjekts sind in sich hierarchisch gegliedert. Dem Text eines Textobjekts, also alle Zeichen des Textobjekts zusammen – in Illustrator »Schrift« genannt –, sind in den Aussehen-Eigenschaften die einzelnen Zeichen untergeordnet.

Der Vektorpfad eines Textpfads oder eines Flächentexts gehört ebenfalls zum Textobjekt, wird aber bezüglich der Aussehen-Eigenschaften separat behandelt.

Allen diesen Elementen der Schrift, also dem Text als Ganzes, den einzelnen Zeichen und dem Pfad können eigene Aussehen-Eigenschaften zugewiesen werden, wobei Aussehen-Eigenschaften der Schrift die entsprechenden Eigenschaften der einzelnen Zeichen ganz oder teilweise überdecken.

Die Aussehen-Eigenschaften der einzelnen Hierarchieelemente sind nur erkennbar, wenn Sie dazu die Aussehen-Palette aufrufen – Shortcut: ⬆ + F6 (Aussehen-Palette siehe Kapitel 10).

Voreingestellte Aussehen-Eigenschaften | Textobjekte
Für die Schrift in einem neuen Textobjekt ist voreingestellt keine Fläche und keine Kontur definiert, das zeigt die Aussehen-Palette an, sobald Sie das Textobjekt mit einem Auswahl-Werkzeug aktivieren. Nehmen Sie das Textwerkzeug zu Hilfe und wählen damit entweder alle oder einzelne Zeichen aus, wird in der Aussehen-Palette sichtbar, dass Illustrator die oben beschriebenen Aussehen-Eigenschaften – schwarze Füllung und Kontur OHNE – jedem einzelnen Zeichen zugewiesen hat.

Aussehen-Eigenschaften ändern | Textobjekte

Wenn Sie ein Textobjekt mit dem Auswahl-Werkzeug aktivieren und mit einer der möglichen Paletten die Aussehen-Eigenschaften der Fläche oder der Kontur ändern, wird in der Hierarchie innerhalb der Textfelder nicht die Schrift, sondern jedes einzelne Zeichen mit den geänderten Eigenschaften belegt. Die Schrift hat nach wie vor keine Fläche und keine Kontur. Aussehen-Eigenschaften der einzelnen Zeichen, die den geänderten Eigenschaften entsprechen, werden dabei allerdings durch die neu definierten ersetzt.

Sollten Sie also die Flächen einzelner Buchstaben eingefärbt haben und weisen dem gesamten Textobjekt eine neue Flächenfarbe zu, zeigt die Aussehen-Palette anschließend für alle Zeichen unabhängig von ihrer ehemaligen Farbe die neue Flächenfarbe an.

HINWEIS

Den »Zeichen« können Sie keine zusätzlichen Flächen oder Konturen zuweisen.

Zusätzliche Aussehen-Eigenschaften zuweisen | Textobjekte

Um der »Schrift« Kontur- und Flächeneigenschaften zuzuordnen, müssen Sie in der Aussehen-Palette Kontur und Fläche für die »Schrift« anlegen. Aktivieren Sie dazu das Textobjekt und geben mit Hilfe des Palettenmenüs den Befehl NEUE FLÄCHE HINZUFÜGEN oder NEUE KONTUR HINZUFÜGEN.

In der Aussehen-Palette wird durch die, zwischen Schrift und Zeichen, eingefügten Zeilen FLÄCHE und KONTUR erkennbar, dass die Schrift ab sofort eine eigenes Aussehen hat, für das alle Möglichkeiten der Farben, Muster, Verläufe und Effekte bereitstehen.

Mit diesem jetzt aktiven Aussehen der Schrift werden die entsprechenden Eigenschaften der einzelnen Zeichen überdeckt, sind aber immer noch vorhanden. Und – nun kommt die eigene Logik des Programms ins Spiel – wenn Sie fortan auf das gesamte Textobjekt eine neue Aussehen-Eigenschaft anwenden, wird diese nicht wie vorher an die einzelnen Zeichen weitergereicht, sondern direkt dem Aussehen der Schrift zugeordnet. Die entsprechenden Eigenschaften der einzelnen Zeichen bleiben unangetastet.

Der Schrift können mehrere Flächen und Konturen zugeordnet werden. Sie sollten lediglich beachten, dass in der Werkzeugpalette und in der Steuerungspalette nur die Eigenschaften der in der Aussehen-Palette jeweils aktiven Fläche bzw. Kontur angezeigt werden, und zwar bei der Auswahl des gesamten Textobjekts die der Schrift und bei der Auswahl einzelner Buchstaben mit dem Text-Werkzeug die der Zeichen. Um eine hierarchisch nachgeordnete Fläche bzw. Kontur zu ändern, müssen Sie die zugehörige Zeile in der Aussehen-Palette aktivieren.

HINWEIS

Die Füllung der »Schrift« betrifft immer alle Zeichen eines Textobjekts. Sollen einzelne Zeichen abweichend gefüllt werden, müssen Sie die Eigenschaft den »Zeichen« zuweisen.

HINWEIS

Effekte stehen nur für das Aussehen der Schrift bzw. deren Fläche oder Kontur zur Verfügung, nicht für die einzelnen Zeichen.

Schrift

▲ **Abbildung 13.110**
Einen rauen »Look« erzielen Sie, wenn Sie der Schrift eine Pinselkontur zuweisen.

▲ **Abbildung 13.111**
Dem Textpfad lassen sich nachträglich Konturen (und Flächen) zuweisen

▲ **Abbildung 13.112**
Rechts: Die Kontur (orange) ist mittig auf der Outline der Glyphe (blau) ausgerichtet.

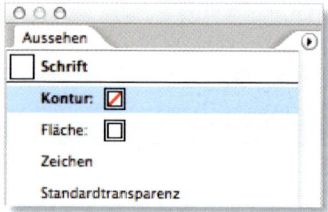

▲ **Abbildung 13.113**
Anordnung der Fläche in der Aussehen-Palette

▲ **Abbildung 13.114**
Ungenauigkeiten beim Übereinanderdrucken der einzelnen Farben sind dafür verantwortlich, dass das weiße Papier durch die bedruckte Fläche »blitzt«.

Textpfad Aussehen-Eigenschaften | Textobjekte
Obwohl Illustrator bei der Umwandlung eines Vektorpfads in einen Textpfad eigenmächtig alle vorhandenen Aussehen-Eigenschaften löscht, können Sie ihn nachträglich wieder mit allen möglichen Eigenschaften versehen.

Aktivieren Sie dazu den Textpfad mit dem Direktauswahl-Werkzeug und ordnen mit den entsprechenden Paletten die gewünschten Aussehen-Eigenschaften zu.

Flächentext Aussehen-Eigenschaften | Textobjekte
Auch auf den Begrenzungspfad eines Flächentexts können Sie Kontur- und Flächeneigenschaften sowie Effekte und Transparenzeinstellungen anwenden.

Konturschrift

Konturen werden immer von der Mitte des Pfades – in diesem Fall der Outline der Glyphen – berechnet. Eine Kontur beeinträchtigt also die Form eines Buchstabens. Sichtbar werden die Auswirkungen vor allem an Stellen, an denen die Zeichenform ohnehin schmal ist, z. B. an Serifen.

Anders als bei Vektorobjekten haben Sie leider keine Möglichkeit, die Ausrichtung der Kontur am Pfad zu ändern (vgl. Konturen siehe Kapitel 8).

Sie müssen also zu einem Trick greifen. Wählen Sie das Schrift-Objekt – nicht die Zeichen – aus und weisen ihm zunächst die gewünschte Füllung und Kontur zu. Falls Sie keines der vorhandenen Farbfelder verwenden, legen Sie von Ihrer Füllung ein neues Farbfeld an.

Anschließend rufen Sie die Aussehen-Palette auf – Shortcut: ⇧ + F6 – und weisen dem Schriftobjekt eine neue Füllung zu. Wählen Sie NEUE FLÄCHE HINZUFÜGEN aus dem Palettenmenü. Die Fläche muss in der Palette über dem Wort »Zeichen« stehen. Weisen Sie dieser Fläche die Farbe des vorher angelegten Farbfelds zu.

Überdrucken von Schwarz

Setzen Sie schwarze Schrift auf farbigen Untergrund, so ist es zur Vermeidung von »Blitzern« bei Passerungenauigkeiten eine gute Sitte, schwarze Schriften grundsätzlich zu »überdrucken«, d. h. ihre Form im Untergrund nicht auszusparen (Registerungenauigkeit siehe Kapitel 18).

Einige Programme richten das Überdrucken schwarzer Schriften automatisch ein. Illustrator dagegen »spart sie aus«. Wenn Sie schwarze Schriften auf farbigem Untergrund setzen, aktivieren Sie daher die Überdrucken-Eigenschaft manuell.

Falls Sie direkt aus Illustrator ausdrucken, haben Sie die Möglichkeit, im gesamten Dokument Schwarz generell zu überdrucken.

Eine objektbezogene Steuerung des Überdruckens stellt Ihnen die Grafikattribute-Palette – Shortcut ⌘/Strg+F11 – zur Verfügung: Um schwarze Schrift zu überdrucken, wählen Sie das Textobjekt aus und aktivieren die Option FLÄCHE ÜBERDR. Haben Sie Ihrem Text eine Kontur zugewiesen und möchten nur diese überdrucken, verwenden Sie die Option KONTUR ÜBERDR.

Spezialeffekte

Auf Textobjekte, deren Füllungen oder Konturen können Sie Effekte anwenden. So wie bei der Anwendung von Effekten Vektorformen nur »virtuell« verändert werden, bleiben auch Texte editierbar. Am interessantesten für Texte dürften die Verkrümmungs-, Verzerrungs- und Pathfinder-Filter sein.

Pathfinder | Einen eng gesetzten Text können Sie mit einer Outline versehen, indem Sie EFFEKT • PATHFINDER • HINZUFÜGEN auf das Textobjekt anwenden.

Wenn Sie mehrere Textobjekte mit einem Pathfinder-Effekt verbinden wollen, müssen Sie sie zunächst gruppieren.

Zusammengesetzte Formen | Anstelle der Pathfinder-Effekte HINZUFÜGEN, SCHNITTMENGE BILDEN, SCHNITTMENGE ENTFERNEN und SUBTRAHIEREN lassen sich zusammengesetzte Formen mit den entsprechenden Formmodi aus den Textobjekten bilden. Um eine zusammengesetzte Form aus mehreren Textobjekten zu erstellen, gruppieren Sie die Textobjekte nicht.

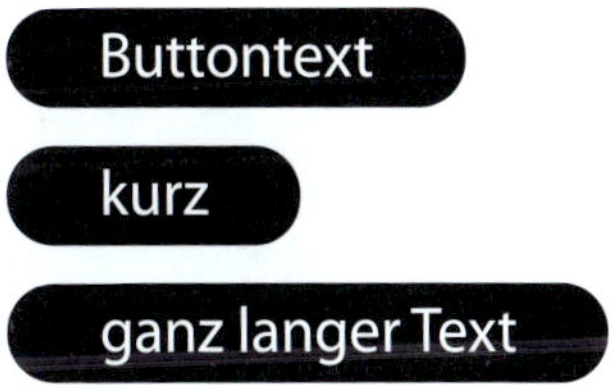

Button erstellen

Einen Button, der sich automatisch an die Textlänge anpasst, erstellen Sie mit Hilfe der Aussehen-Eigenschaften.

1. Erzeugen Sie ein Punkttextobjekt und geben eine Beschriftung für Ihren Button ein.
2. Aktivieren Sie das Textobjekt, rufen die Aussehen-Palette auf – Shortcut ⇧+F6 – und wählen NEUE FLÄCHE HINZUFÜGEN aus dem Palettenmenü. Schieben Sie die neue Fläche unter den Eintrag ZEICHEN in der Palette.
3. Falls der Eintrag Fläche in der Aussehen-Palette nicht mehr ausgewählt sein sollte, klicken Sie darauf, um ihn zu aktivieren. Weisen Sie eine Füllung zu – diese wird zunächst nicht sichtbar sein. Wählen Sie jetzt EFFEKT • IN FORM UMWANDELN • ABGERUNDETES RECHTECK... In der Dialogbox aktivieren Sie die Option RELATIV, damit sich der Button auch an unterschied-

▲ **Abbildung 13.115**
Von oben: Pathfinder-Effekt mit einem Textobjekt, mit mehreren Textobjekten, zusammengesetzte Form

▲ **Abbildung 13.116**
Ein Button, der sich veränderten Textmengen anpasst

▲ **Abbildung 13.117**
Reihenfolge der Attribute

liche Textlängen anpasst. Lassen Sie sich die VORSCHAU anzeigen, und geben Sie Ihre Optionen ein.

Die Fläche können Sie selbstverständlich mit weiteren Effekten, z. B. Schatten oder Plastizität, versehen (Aussehen siehe Kapitel 10, Effekte siehe Kapitel 12).

Schrift mit Verläufen gestalten

Zeichen können Sie nicht mit Verläufen versehen, dies ist nur möglich für die Schrift.

Möchten Sie einen Schriftzug mit Verläufen gestalten, so aktivieren Sie das Textobjekt, zeigen die Aussehen-Palette an und erzeugen eine neue Fläche, indem Sie NEUE FLÄCHE HINZUFÜGEN aus dem Palettenmenü wählen. Die neue Fläche liegt über dem Eintrag ZEICHEN. Diese Fläche gestalten Sie mit dem gewünschten Verlauf.

Komplexere Verläufe können Sie mit Hilfe einer Überblendung – »Angleichung« – oder einem Gitterobjekt erzeugen. Um einen Schriftzug mit einem solchen Verlauf zu versehen, legen Sie ihn als Schnittmaske an (Schnittmasken siehe Kapitel 10).

▲ **Abbildung 13.118**
Verlauf (oben) und Text als Schnittmaske für ein Angleichungsobjekt (unten)

Text in Masken umwandeln

Textobjekte lassen sich wie Vektorobjekte als Schnittmasken verwenden.

Platzieren Sie den Text wie gewünscht über der Vektorgrafik oder dem Pixelbild, aktivieren Sie das Textobjekt und das Bild, und wählen Sie OBJEKT • SCHNITTMASKE • ERSTELLEN – Shortcut ⌘/ Strg + 7 . Der Text ist weiterhin editierbar.

Möchten Sie die Schnittmaske auflösen, aktivieren Sie das Objekt und wählen OBJEKT • SCHNITTMASKE • ZURÜCKWANDELN – Shortcut ⌘ + ⌥ + 7 bzw. Strg + Alt + 7 (Schnittmasken siehe Kapitel 10).

▲ **Abbildung 13.119**
Text als Schnittmaske für ein Foto

13.11 Von Text zu Grafik

Text in Pfade umwandeln

Da Schriften aus Vektorpfaden erstellt sind, ist es kein Problem, sie wieder in Vektorpfade »zurückzuwandeln« – dabei geht die Bearbeitungsmöglichkeit der Textinhalte natürlich verloren.

Es gibt verschiedene Gründe, Text in Vektorpfade umzuwandeln. Zum einen haben Sie erweiterte Bearbeitungs- und Gestaltungsoptionen. Anderseits können Sie Dateien problemlos weitergeben, ohne sich darum sorgen zu müssen, dass die verwendeten Schriften auf den Empfängerrechnern installiert

▲ **Abbildung 13.120**
Bearbeiteter Schriftzug

sind oder dass – beim Austausch mit anderen Programmen – die verwendete Software sorgfältig eingerichteten Satz korrekt importiert.

Um Text in Pfade umzuwandeln, aktivieren Sie die Textobjekte und wählen SCHRIFT • IN PFADE UMWANDELN – oder verwenden Sie den Shortcut ⌘/Strg+⇧+O.

Die einzelnen Zeichen des in Pfade umgewandelten Texts sind gruppiert. Falls ein Buchstabe nicht nur eine Außen-, sondern auch eine Innenform besitzt – z.B. a, d, g –, sind beide Formen als zusammengesetzte Form verbunden. Textpfade und Begrenzungspfade werden beim Umwandeln gelöscht.

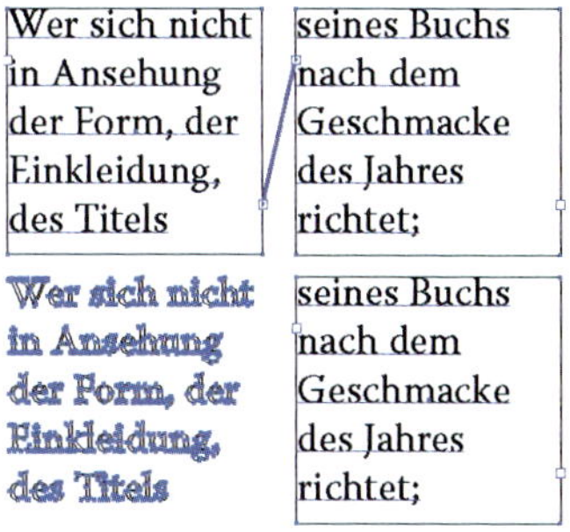

▲ **Abbildung 13.121**
Achten Sie darauf, dass Sie alle Textrahmen einer Kette aktivieren, wenn Sie sie in Pfade umwandeln.

Glättung von Text beim Speichern in Bitmap-Formate

Beim Exportieren Ihrer Grafik in ein pixelbasiertes Format wie JPG, TIF, BMP steht Ihnen die Glättungsoption – also das Anti-Aliasing – nur in einer allgemeinen Einstellung für alle Objekte zur Verfügung. Diese Glättung kann besonders bei Texten in kleinen Größen zu inakzeptablen Ergebnissen führen.

Der Befehl OBJEKT • IN PIXELBILD UMWANDELN… stellt Ihnen dagegen drei Optionen für das Anti-Aliasing zur Verfügung:

▶ OHNE: Diese Option deaktiviert die Glättung für das Objekt. Verwenden Sie diese Option z.B. für die Simulation von Fließtext in Webseiten-Layouts. Diese Einstellung führt jedoch nur dann zum gewünschten Ergebnis, wenn Sie die Datei ohne Glättung exportieren.

▶ BILDMATERIAL OPTIMIERT (SUPERSAMPLING): Das ist die »normale« Anti-Aliasing-Methode, wie sie beim Export mit aktivierter Glättungsoption erfolgt. Sie ist für Vektorobjekte geeignet.

▶ SCHRIFT OPTIMIERT (HINTED): Bei dieser Methode findet ein »Hinting« der Schrift statt, d.h., die Buchstabengröße wird vorberechnet und in einem zweiten Durchgang auf das Pixelraster optimiert. Als Ergebnis werden die »Stämme« eines Zeichens soweit möglich auf ganzen Pixeln dargestellt.
Sowohl die Lesbarkeit als auch der optische Eindruck profitieren von diesem Verfahren.

▲ **Abbildung 13.122**
Supersampling (jeweils oben) und Hinting (jeweils unten)

Die Einstellungen IN PIXELBILD UMWANDELN lassen sich auch als Effekt auf Objekte anwenden, d.h., der Text bleibt editierbar. Wählen Sie das Textobjekt aus und rufen die Dialogbox unter EFFEKT • IN PIXELBILD UMWANDELN… auf (Export siehe Kapitel 18, Effekte und Filter siehe Kapitel 12).

14 Diagramme

Auch wenn die Infografik in den großen Nachrichtenmagazinen mit Vektorgrafikprogrammen erstellt wird, brauchen Sie keine Angst zu haben, dass die Diagramm-Werkzeuge Ihnen die Arbeit wegnehmen. Die Möglichkeiten sind beachtlich, aber es bleibt noch ausreichend zu tun, um daraus eine State-of-the-Art-Infografik zu erstellen.

Mit Illustrators Diagramm-Werkzeugen können Sie neun verschiedene Diagrammtypen erstellen – die Werkzeug-Symbole zeigen den Typ an.

Das Dateneingabefeld für alle Diagrammtypen ist zwar gleich, und zwischen den meisten Diagrammtypen können Sie auch einfach wechseln, um Ihre Daten anders zu präsentieren – einige Diagrammformen haben jedoch ihre Eigenarten.

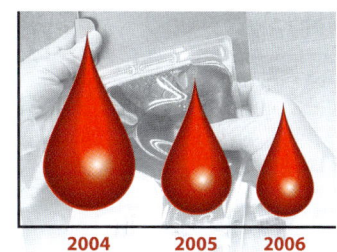

▲ **Abbildung 14.1**
Säulendiagramm mit eigenem Säulen-Design

14.1 Ein Diagramm erstellen

Wenn Sie ein Diagramm erstellen möchten, wählen Sie zunächst das passende Diagramm-Werkzeug aus der Werkzeugpalette.

Ziehen Sie anschließend ein Rechteck in der gewünschten Größe mit diesem Werkzeug auf, indem Sie eine Ecke klicken und zur schräg gegenüberliegenden ziehen. Da Sie die Größe der Diagramm-Grundfläche später nicht mehr ohne weiteres ändern können – vor allem legen Sie das Seitenverhältnis fest –, sollten Sie die Größe sorgfältig definieren.

Bei Säulen-, Balken-, Linien- und Flächendiagrammen entspricht die Grundfläche derjenigen Fläche, die durch die Koordinatenachsen begrenzt wird. Die Achsenbeschriftung und die Legende werden außerhalb des mit dem Werkzeug definierten Felds angebracht.

▲ **Abbildung 14.2**
Die Diagramm-Werkzeuge: Säulendiagramm, Gestapeltes Säulendiagramm, Balkendiagramm, Gestapeltes Balkendiagramm, Liniendiagramm, Flächendiagramm, Streudiagramm, Kreisdiagramm, Netzdiagramm

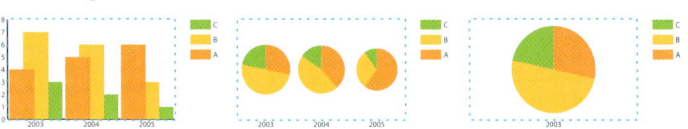

◄ **Abbildung 14.3**
Die blaugestrichelte Linie umreißt das mit dem Diagramm-Werkzeug aufgezogene Rechteck.

Nachdem Sie das Rechteck definiert haben, öffnet sich das Dateneingabefeld. Wie die Daten eingegeben werden müssen und welche Formatierungsmöglichkeiten für Ihr Diagramm bestehen, lesen Sie unter den Beschreibungen der einzelnen Diagrammarten.

Das »Arbeitsblatt« für die Dateneingabe

Die Daten für alle Diagrammtypen geben Sie in die gleiche Datentabelle ein.

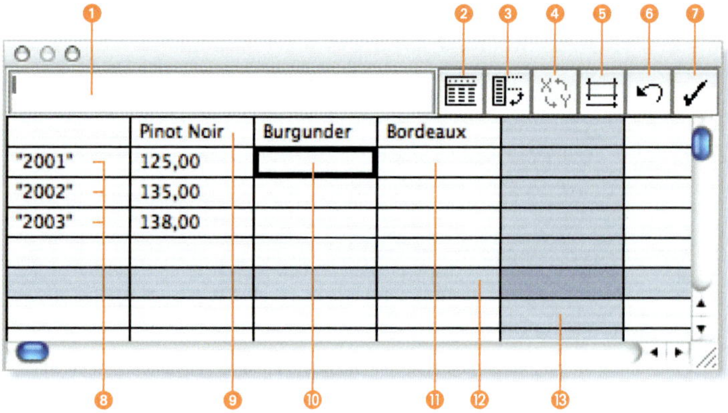

Abbildung 14.4 ▶
Datentabelle, das »Arbeitsblatt«
der Diagramm-Werkzeuge

TIPP

Viele Testdaten für alle Diagrammtypen finden Sie auf der Website des Statistischen Bundesamts: www.destatis.de

Die Datentabelle wird als eigenes Fenster geöffnet. In der oberen Leiste sind einige Buttons, dann folgt das »Arbeitsblatt«. Es besteht aus Zeilen ⑫ und Spalten ⑬ einzelner Datenfelder ⑪.

Die Bezeichnungen an der y-Achse des Diagramms werden KATEGORIEN ⑧ genannt, die Bezeichnungen an der x-Achse heißen LEGENDEN ⑨.

Um Daten einzugeben, aktivieren Sie das gewünschte Datenfeld, indem Sie darauf klicken ⑩ – die Texteinfügemarke wird in das Eingabefeld ❶ gesetzt –, anschließend geben Sie den Wert ein.

Funktions-Buttons | Datentabelle

Daten aus Tabellenkalkulationen importieren Sie mit einem Klick auf den Import-Button ❷. Der Button REIHE/SPALTE VERTAUSCHEN ❸ – bzw. bei Punktdiagrammen X/Y VERTAUSCHEN ❹ – kehrt eine achsenverkehrte Dateneingabe um. Mit einem Klick auf den ZELLFORMAT-Button ❺ öffnen Sie die Optionen-Dialogbox.

Mit dem Button ZURÜCK ❻ widerrufen Sie Ihre Dateneingabe bis zu dem Punkt, an dem Sie zuletzt den Anwenden-Button geklickt haben. Durch Betätigen des Buttons ANWENDEN ❼ wird Ihre Dateneingabe in die Diagrammdarstellung übernommen, ohne das Datenblatt zu schließen.

Optionen | Datentabelle

In der Standardeinstellung werden Dezimalzahlen auf zwei Stellen hinter dem Komma gerundet. Geben Sie einen Wert zwischen 0 und 10 in das Feld DEZIMALSTELLEN ein, um die Anzahl der Dezimalstellen zu definieren.

Der Wert im Eingabefeld SPALTENBREITE steuert die Darstellung der Spalte im »Arbeitsblatt«. Möchten Sie nur die Breite *einer* Spalte im Arbeitsblatt verändern, klicken und ziehen Sie die Trennlinie der betreffenden Spalte.

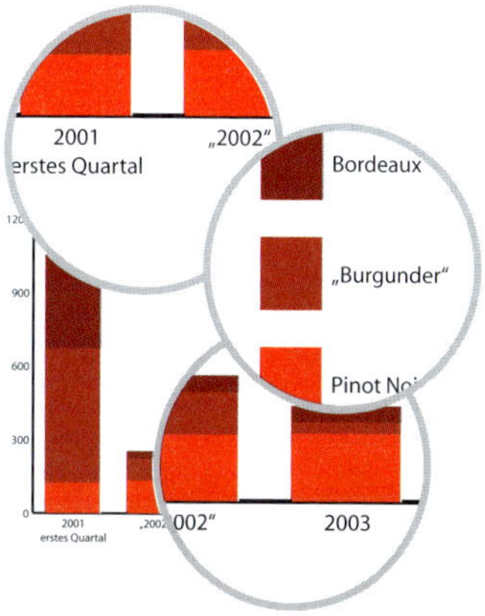

Kategorien und Legenden

Die Bezeichnungen der Kategorien und Legenden werden in der ersten Spalte bzw. Zeile des »Arbeitsblatts« eingetragen.

Möchten Sie nur Zahlen als Bezeichnungen verwenden, schließen Sie diese in Zoll-Inch-Zeichen ⟦"⟧ ein – sollen die Zahlen außerdem in Anführungszeichen stehen, umschließen Sie sie zuerst mit typografischen Anführungen (siehe Tabelle 14.1).

Wenn Sie Zahlen und Buchstaben kombinieren, müssen Sie die Bezeichnungen nicht mit Zollzeichen kennzeichnen.

Umbrüche erzwingen Sie in Bezeichnungen, indem Sie einen senkrechten Strich ⟦|⟧ an die Stelle setzen, an der Sie mit dem Text in die nächste Zeile wechseln möchten.

Dateneingabe

Wenn die Tabelle geöffnet wird, ist das Datenfeld links oben aktiviert, so dass Sie gleich mit der Eingabe beginnen können.

Mit ⟦⇆⟧ wechseln Sie zum nächsten Datenfeld der Zeile, mit ⟦↵⟧ wechseln Sie zum nächsten Datenfeld der Spalte. Mit den Pfeiltasten wechseln Sie zum nächsten Datenfeld in der jeweiligen Pfeilrichtung.

Diagrammdaten dürfen außer Deziamalkommata keine nichtnummerischen Zeichen enthalten – z.B. Punkte, um Tausender zu trennen. Insgesamt können Sie in Ihren Tabellen bis etwa 32.000 Zeilen bzw. Spalten eingeben.

Daten ändern | Um Daten zu ändern, klicken Sie auf das Feld, dessen Daten Sie ändern möchten, und ändern Sie den Wert im Eingabefeld.

Daten importieren | Aktivieren Sie die Zelle, die den ersten importierten Wert aufnehmen soll, und klicken Sie den Import-Button, um eine Datentabelle zu importieren, die Sie in einer Tabellenkalkulation oder einer Textverarbeitung erstellt haben.

▲ **Abbildung 14.5**
Zahlen, Anführungszeichen und Umbrüche in den Bezeichnungen

Eingabe Mac	Zeichen
⟦⌥⟧+⟦⇧⟧+⟦W⟧	"
⟦⌥⟧+⟦2⟧	"
⟦⌥⟧+⟦⇧⟧+⟦Q⟧	»
⟦⌥⟧+⟦Q⟧	«

Eingabe Windows	Zeichen
⟦Alt⟧+Num 0123	"
⟦Alt⟧+Num 0147	"
⟦Alt⟧+Num 0187	»
⟦Alt⟧+Num 0171	«

▲ **Tabelle 14.1**
Typografische Anführungen unter Mac OS und Windows

Zeilen und Spalten vertauschen | Wenn Sie nach dem Erzeugen des Diagramms merken, dass Sie die falschen Achsen verwendet haben, vertauschen Sie sie, indem Sie den Button REIHE/SPALTE VERTAUSCHEN ❸ bzw. bei Punktdiagrammen X/Y VERTAUSCHEN ❹ klicken.

Eingabe bestätigen | Um Ihre Dateneingabe auf die Diagramm-darstellung anzuwenden, drücken Sie Enter oder den Button ANWENDEN ❼. Das »Arbeitsblatt« wird nicht automatisch geschlossen. Schließen Sie es, indem Sie den Schließ-Button des Fensters klicken.

Eingabe widerrufen | Sie können Ihre Schritte bis zu dem Punkt widerrufen, an dem Sie das letzte Mal eine Eingabe bestätigt haben. Klicken Sie dafür den Button ZURÜCK ❻.

Datenimport

Tabellendaten, die Sie importieren möchten, müssen als Tabseparierte Textdateien (.TXT) gespeichert sein. Erzeugen Sie die Daten in Tabellenkalkulationen, so werden sie beim Export als .TXT korrekt formatiert. Wenn Sie die Dateien in Textprogrammen schreiben, müssen Sie die Zellen durch ⇥ und die Zeilen durch ↵ trennen.

Diagramm-Elemente

Wenn Sie mit Diagrammen arbeiten, ist es hilfreich zu verstehen, wie die einzelnen Elemente eines Diagramms miteinander verbunden sind. Dies benötigen Sie, um gezielt Teile eines Diagramms auszuwählen, die formatiert werden sollen.

Ein Diagramm ist ein gruppiertes Objekt – es wird nur in der Ebenen-Palette (siehe Kapitel 10) nicht als solches bezeichnet. Das Diagramm ist mit der Datentabelle verbunden und dadurch jederzeit editierbar, solange Sie die Gruppierung nicht lösen.

Die grafischen Repräsentanten der Datenreihen, also der Daten, die zu einer Kategorie gehören, sind zuerst miteinander und dann mit der zugehörigen Legende gruppiert.

Die Bezeichnungen der x- und der y-Achse bilden jeweils miteinander und darüber hinaus mit der zugehörigen Achse eine Gruppe. Die Texte in der Legende sind miteinander gruppiert. Alle bilden zusammen die Diagramm-Gruppe.

Einzelne Elemente oder Untergruppen in einem Diagramm selektieren Sie mit dem Gruppenauswahl-Werkzeug ⟨.

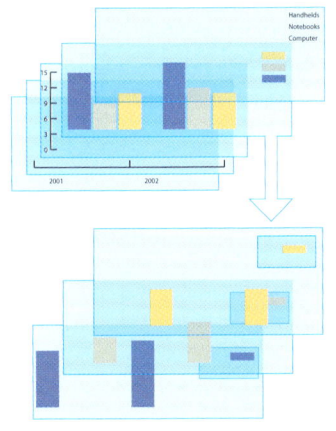

▲ **Abbildung 14.6**
Hierarchie der Diagramm-Bestandteile

14.2 Kreisdiagramme

Dieser Diagrammtyp stellt Mengenverhältnisse sehr anschaulich dar. Bei der Präsentation von Wahlergebnissen hat ihn sicher jeder schon einmal gesehen. Die Anteile einzelner Werte am Gesamtwert werden als »Tortenstücke« im Kreis abgebildet.

   Aus einer Datentabelle können Sie nicht nur eines, sondern auch mehrere zusammenhängende Kreisdiagramme erzeugen. Die Unterschiede in den Summen der Gesamtdaten werden durch Größenunterschiede der Kreise dargestellt.

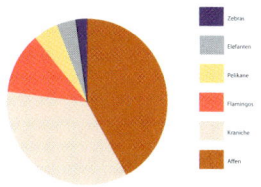

▲ **Abbildung 14.7**
Kreisdiagramm

Dateneingabe | Kreisdiagramm 🔘
Für ein einfaches Kreisdiagramm müssen Sie lediglich zwei Zeilen eingeben: die Legenden und die zugehörigen Daten.

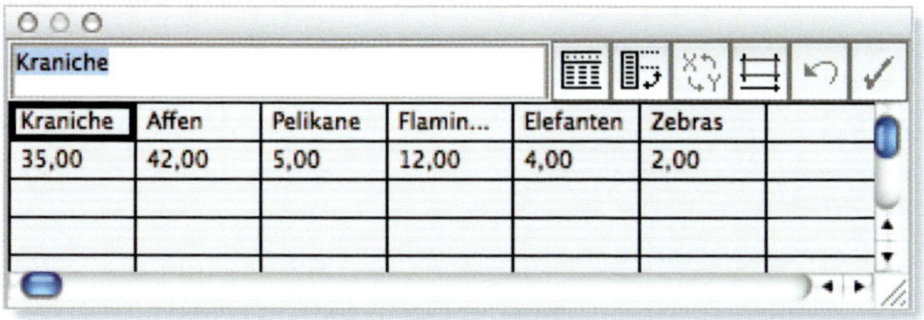

◀ **Abbildung 14.8**
Eingabe der Werte für ein Kreisdiagramm

Kraniche	Affen	Pelikane	Flamin...	Elefanten	Zebras
35,00	42,00	5,00	12,00	4,00	2,00

Beginnen Sie in der linken Spalte mit den Legenden und Werten. In Kreisdiagrammen können Sie positive und negative Werte nicht mischen.

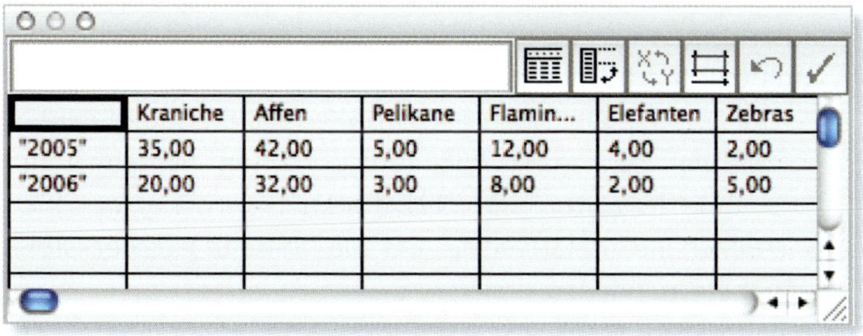

◀ **Abbildung 14.9**
Eingabe der Werte für eine
Gruppe von Kreisdiagrammen

	Kraniche	Affen	Pelikane	Flamin...	Elefanten	Zebras
"2005"	35,00	42,00	5,00	12,00	4,00	2,00
"2006"	20,00	32,00	3,00	8,00	2,00	5,00

Geben Sie Daten in weiteren Zeilen ein, werden zusätzliche Kreisdiagramme erzeugt. Wenn Sie diese weiteren Kreise jeweils mit Kategorien bezeichnen möchten, geben Sie die Namen der Kategorien in die linke Spalte ein.

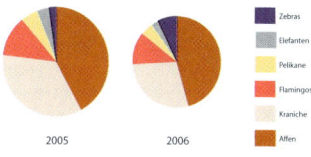

▲ **Abbildung 14.10**
Darstellung der Werte

Diagrammattribute | Kreisdiagramm
Die Anordnung der Legende sowie die Reihenfolge der Kreissegmente steuern Sie mit den Diagrammattributen. Um diese Dialogbox aufzurufen, aktivieren Sie das Diagramm und schließen das »Arbeitsblatt«. Anschließend wählen Sie OBJEKT • DIAGRAMM • ATTRIBUTE… oder doppelklicken das Diagramm-Werkzeug in

der Werkzeugpalette – dabei muss nicht das zum Diagrammtyp passende Werkzeug ausgewählt sein.

Falls Sie keine Änderungen an der Diagrammart vornehmen möchten, richten Sie zunächst die Einstellungen im Bereich OPTIONEN ein und erst anschließend im Bereich STIL.

Abbildung 14.11 ▸
Diagrammattribute für Kreisdiagramme

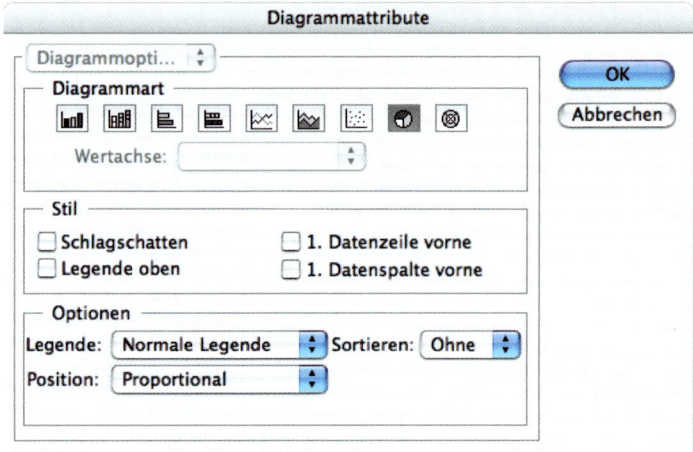

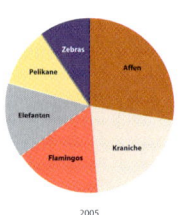

▲ **Abbildung 14.12**
Legende in Segmenten

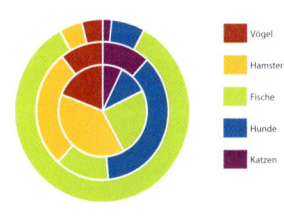

▲ **Abbildung 14.13**
Position GESTAPELT

▸ DIAGRAMMART: Klicken Sie einen der Buttons, um die Daten mit einem anderen Diagrammtyp zu formatieren.

▸ LEGENDE: Wählen Sie im Ausklappmenü unter LEGENDE, ob eine NORMALE LEGENDE außerhalb der Fläche des Diagramms positioniert, die LEGENDE IN DEN SEGMENTEN angezeigt oder KEINE LEGENDE dargestellt wird.

▸ POSITION: Das Menü POSITION erlaubt Ihnen die Anordnung mehrerer Kreisdiagramme.

  ▹ Die normale Option PROPORTIONAL stellt die Kreise nebeneinander dar. Ihre Größe entspricht im Verhältnis der Summe der Daten eines Diagramms.

  ▹ Wählen Sie GLEICHMÄSSIG, um alle Kreise in gleicher Größe nebeneinander zu stellen.

  ▹ Mit der Auswahl GESTAPELT werden die Kreise aufeinander gestapelt. Normalerweise liegt das Diagramm, das die letzte Datenzeile repräsentiert, vorne.

▸ SORTIEREN: Wählen Sie eine Option aus dem Ausklappmenü SORTIEREN, um die Reihenfolge der »Tortenstücke« festzulegen.

  ▹ ALLE sortiert die Segmente in jedem Kreisdiagramm jeweils im Uhrzeigersinn vom größten zum kleinsten Wert. Der größte Wert wird im ersten Segment angezeigt – rechts neben der 12-Uhr-Position (siehe Abbildung 14.14 oben).

  ▹ Mit der Option ERSTES ELEMENT werden zunächst die Segmente des ersten Diagramms nach den einzelnen Werten sortiert. Die anderen Diagramme folgen dieser Sortierung.

- ▷ Wählen Sie OHNE, um die Segmente nach der Reihenfolge der Eingabe in der Tabelle zu sortieren.
- ▶ SCHLAGSCHATTEN fügt eine einfache runde schwarze Fläche hinter dem Diagramm ein.
- ▶ LEGENDE OBEN: Wählen Sie diese Option, um die Legende oberhalb des Diagramms – anstatt rechts – zu positionieren. Es muss eine NORMALE LEGENDE ausgewählt sein.
- ▶ 1. DATENZEILE VORNE: Aktivieren Sie diese Option, um bei gestapelten Kreisen die Stapelreihenfolge umzukehren.

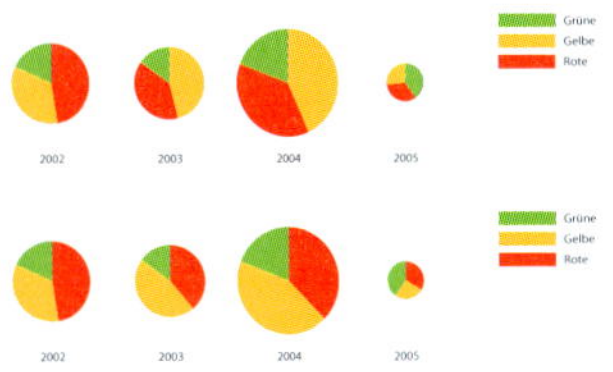

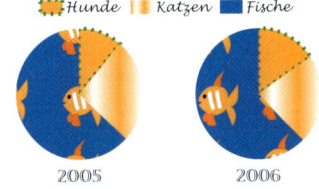

▲ **Abbildung 14.14**
Sortierungsoption ALLE (oben) und OHNE (unten)

Farben und Schriften ändern

Farben | Wenn Sie ein neues Diagramm erstellen, werden die Segmente, Beschriftungen und die Legende automatisch mit Farben und Schriften versehen – diese entsprechen wahrscheinlich in den wenigsten Fällen Ihren Vorstellungen. Sie können jedoch neue Füllfarben, Verläufe, Muster und Konturen zuordnen.

Um einem Segment und der zugehörigen Legende eine neue Füllung und Kontur zu geben, wählen Sie das Gruppenauswahl-Werkzeug und klicken auf das zugehörige Rechteck in der Legende. Dieses Rechteck wird ausgewählt. Klicken Sie mit dem Werkzeug noch einmal auf das gleiche Symbol, und es wird die Gruppe der zugehörigen Segmente ausgewählt. Jetzt weisen Sie allen Objekten die gewünschte Füllung und Kontur zu (Füllungen und Konturen siehe Kapitel 8).

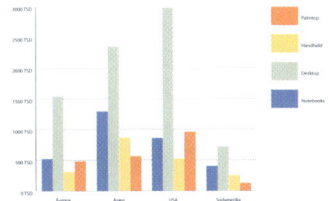

▲ **Abbildung 14.15**
Eigene Füllfarben, Verläufe, Muster und Konturen sowie Schriften

Schriften | Um alle Beschriftungen auf einmal zu ändern, aktivieren Sie das Diagramm mit dem Auswahl-Werkzeug und weisen neue Textformatierungen zu. Um nur die Beschriftungen der Legende oder der einzelnen Diagramme zu ändern, klicken Sie mit dem Gruppenauswahl-Werkzeug so oft auf einen der zugehörigen Texte, bis alle Texte in der Legende oder unterhalb der Diagramme ausgewählt sind.

> **HINWEIS**
>
> Bei der Verwendung des Gruppenauswahl-Werkzeugs müssen Sie eine kleine Pause zwischen den Klicks einhalten, damit das Betriebssystem keinen Doppelklick vermutet.

14.3   Säulen- und Balkendiagramme

Säulen- und Balkendiagramme präsentieren einen Wert durch die Höhe einer Säule bzw. die Breite eines Balkens. So lassen sich sowohl Vergleiche verschiedener Werte als auch die Entwicklung eines Werts einfach visualisieren.

Vertikales Balkendiagramm oder Säulendiagramm

Bei dieser Art Diagramm werden Werte durch Säulen unterschiedlicher Höhe repräsentiert. Alle Säulen stehen dabei nebeneinander.

▲ **Abbildung 14.16**
Darstellung der Werte als Säulendiagramm

Die Werte einer Zeile in der Datentabelle bilden eine Wertegruppe. Die Säulen, die sie abbilden, können durch Abstände von den Nachbargruppen abgegrenzt werden.

Dateneingabe | Vertikales Balkendiagramm
Tragen Sie zunächst die Bezeichnungen in die Tabelle ein. Die Kategorien werden entlang der x-Achse abgebildet. Die Werte bestimmen die Höhe der Säulen.

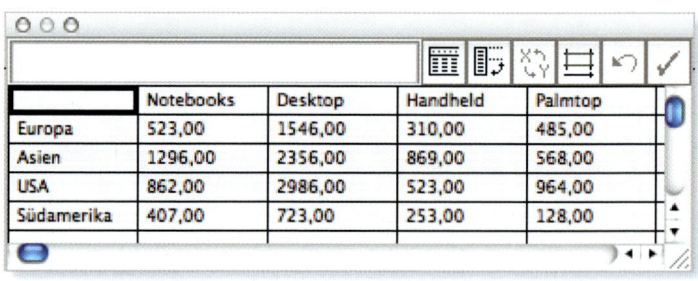

	Notebooks	Desktop	Handheld	Palmtop
Europa	523,00	1546,00	310,00	485,00
Asien	1296,00	2356,00	869,00	568,00
USA	862,00	2986,00	523,00	964,00
Südamerika	407,00	723,00	253,00	128,00

In Säulen- und Balkendiagrammen lassen sich negative und prositive Werte kombinieren.

Diagrammattribute | Vertikales Balkendiagramm
Bei dieser Diagrammart können Sie die Breite und Abstände der Säulen sowie die Darstellung der Werte auf den Achsen einstellen. Aktivieren Sie das Diagramm mit dem Auswahl-Werkzeug, schließen Sie das »Arbeitsblatt«, und wählen Sie OBJEKT • DIAGRAMM • ATTRIBUTE...

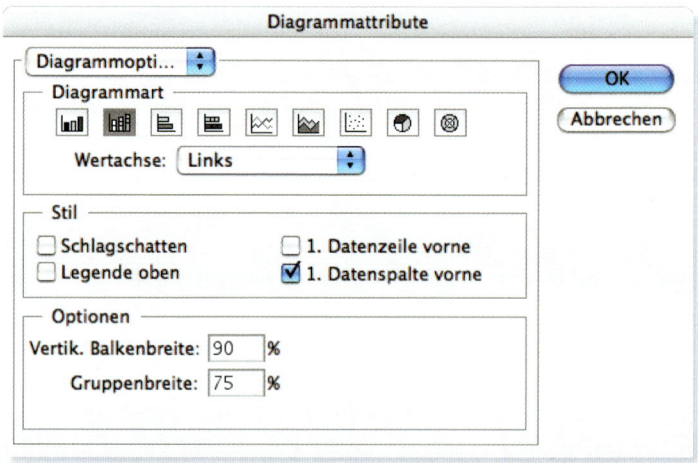

Die Dialogbox besteht aus drei Seiten, die Sie über das Ausklappmenü oben links wechseln können. Zuerst öffnet die Seite DIAGRAMMOPTIONEN.

▶ WERTACHSE: Bestimmen Sie mit dem Ausklappmenü, ob Sie die y-Achse nur links, rechts oder an beiden Seiten anzeigen lassen möchten.

Es ist möglich, auf den Skalen beider Seiten unterschiedliche Werte abzutragen. Zur Vorbereitung dieser Anzeige müssen Sie zunächst für das gesamte Diagramm die Option AUF BEIDEN SEITEN auswählen.

▶ OPTIONEN: Richten Sie hier die Breite der einzelnen Säulen ➋ in dem Feld VERTIK. BALKENBREITE sowie die Breite einer Wertegruppe ➊ in GRUPPENBREITE ein, indem Sie Werte zwischen 1 und 1000% in das Textfeld eintragen.

Bei Werten von 100% stoßen die Säulen aneinander, bei Werten unter 100% entstehen Lücken zwischen den Säulen oder Gruppen, Werte über 100% erzeugen Überlappungen.

▶ 1. DATENSPALTE VORNE: Damit durch die Überlappungen keine Säulen hinter anderen versteckt werden, aktivieren Sie unter STIL die Option 1. DATENSPALTE VORNE, um die Stapelreihenfolge der Säulen umzukehren.

▶ LEGENDE OBEN: Möchten Sie die Legende waagerecht über dem Diagramm anzeigen, wählen Sie diese Einstellung.

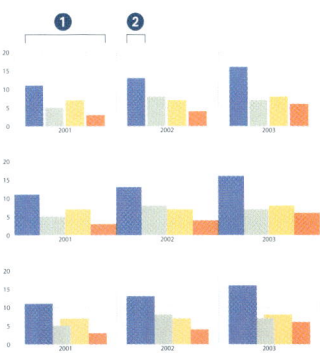

▲ Abbildung 14.20
Balkenbreite und Gruppenbreite jeweils unter 100% (oben), beide 100% (Mitte), Balkenbreite über 100% und Gruppenbreite unter 100% (unten)

Wählen Sie die Seite WERTACHSE aus dem Aufklappmenü, um die Formatierung der y-Achse vorzunehmen:

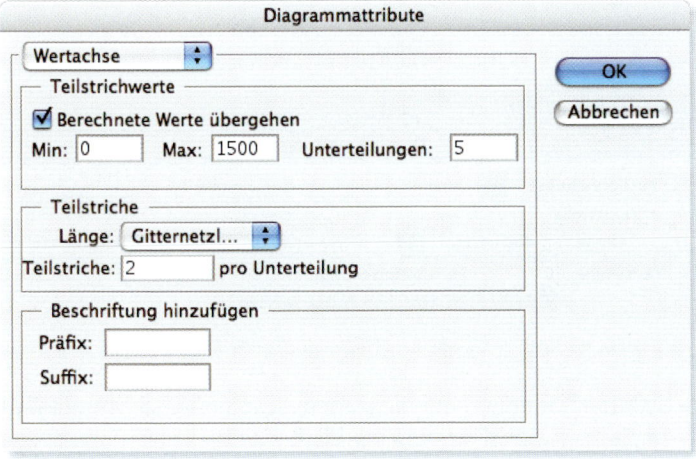

◀ Abbildung 14.21
Wertachse-Seite der Diagrammattribute eines Säulendiagramms

▶ TEILSTRICHWERTE: Normalerweise richtet Illustrator auf der Wertachse (y-Achse) die in die Datentabelle eingegebenen Werte ein. Die Skala endet also mit der nächsten geraden Zahl über dem höchsten Wert. Benötigen Sie eine andere Einteilung, aktivieren Sie zunächst die Option BERECHNETE WERTE ÜBERGEHEN.

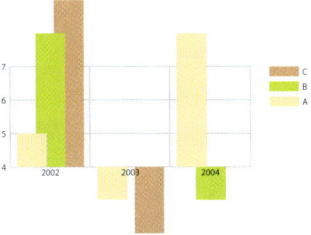

▲ Abbildung 14.22
Berechnete Werte übergehen: Der Min-Wert liegt über dem niedrigsten Tabellenwert – der Max-Wert unter dem höchsten.

Tragen Sie anschließend Ihren gewünschten Nullpunkt in das Eingabefeld MIN. ein, den höchsten Wert in das Feld MAX. Falls Sie unter MIN. einen Wert eingeben, der höher ist als der kleinste Wert in Ihrer Datentabelle, werden die unter diesem Wert liegenden Daten unterhalb der x-Achse erzeugt.

Tragen Sie in das MAX.-Feld einen Wert ein, der niedriger als der höchste Wert in Ihrer Tabelle ist, überragt die Höhe der Säulen die Wertachse.

In das Feld UNTERTEILUNGEN geben Sie die gewünschte Anzahl Zwischenräume – nicht Teilstriche – ein. An diesen Unterteilungen werden die Werte abgetragen.

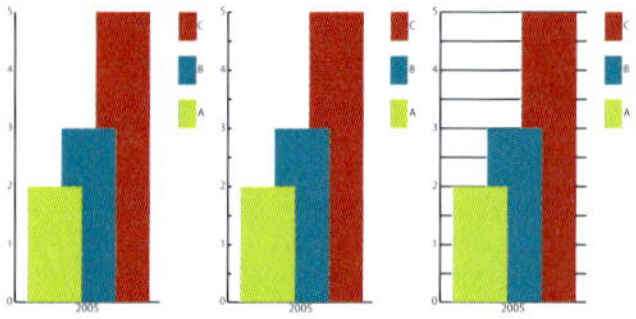

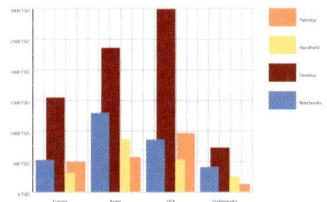

▲ **Abbildung 14.23**
Teilstriche: Keine, Hauptteilstriche, Gitternetzlinien

▶ TEILSTRICHE: Mit dem Ausklappmenü legen Sie die Länge der Unterteilungsstriche fest. Wählen Sie aus, ob Sie KEINE, kurze Striche – HAUPTTEILSTRICHE genannt – oder Linien quer über das Diagramm – GITTERNETZLINIEN – anzeigen lassen.

▶ TEILSTRICHE PRO UNTERTEILUNG: In das Eingabefeld geben Sie einen Wert ab 2 ein, um weitere Unterteilungen zu erzeugen. An diesen Strichen werden keine Werte angezeigt.

▶ BESCHRIFTUNG HINZUFÜGEN: Voreingestellt werden an der Wertachse nur die Werte ohne Maßeinheit angezeigt. Die Einheit können Sie hier ergänzen.

Geben Sie in das Feld PRÄFIX Zeichen ein, die vor dem Wert angezeigt werden sollen. In das Feld SUFFIX tragen Sie Ergänzungen ein, die hinter dem Wert stehen.

Auf der Seite KATEGORIENACHSE bestimmen Sie das Aussehen der x-Achse des Diagramms:

Abbildung 14.24 ▶
Kategorieachse-Seite der Diagrammattribute eines Säulendiagramms

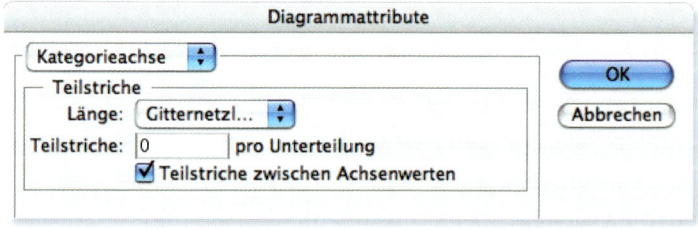

▲ **Abbildung 14.25**
Senkrechte Teilstriche

▶ Mit den Optionen für TEILSTRICHE bestimmen Sie Anzahl und Aussehen von Unterteilungen zwischen den Säulen und Gruppen. Die Option, senkrechte Unterteilungen im Diagramm zu erstellen, hat bei diesem Diagrammtyp nur eine Bedeutung für die Optik – das Verständnis fördert sie nicht unbedingt.

Die Optionen unter LÄNGE und TEILSTRICHE entsprechen denen auf der WERTACHSE-Seite.

▶ TEILSTRICHE ZWISCHEN ACHSENWERTEN: Sie haben die Wahl, ob Sie die Hauptteilstriche an den Werten anbringen oder jeweils mittig zwischen den Werten.

Möchten Sie die Wertegruppen bei Säulendiagrammen also zusätzlich durch Gitternetzlinien trennen, wählen Sie die Option Teilstriche zwischen Achsenwerten.

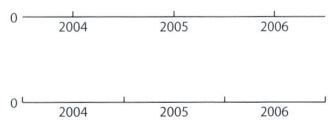

▲ Abbildung 14.26
Teilstriche an (oben) und zwischen (unten) Achsenwerten

Gestapeltes vertikales Balkendiagramm

Bei diesem Diagrammtyp werden Säulen einer Wertegruppe gestapelt. So ist es möglich, die Gesamtergebnisse besser zu vergleichen – zusätzlich haben Sie einen besseren Überblick über den Anteil einzelner Werte am Gesamtwert einer Wertegruppe.

Beim nachträglichen Stapeln eines Säulendiagramms wird die Höhe des Diagramms nicht verändert – die Höhe der Säulen wird proprtional an die Höhe des Diagramms angepasst.

Dateneingabe | Gestapeltes vertikales Balkendiagramm
Geben Sie Ihre Daten wie für das Säulendiagramm ein. Die Daten einer Zeile bilden einen Säulenstapel.

Positive und negative Werte können Sie nicht beliebig mischen. Zeilenweise müssen die Vorzeichen der Werte identisch sein.

Diagrammattribute | Gestapeltes vertikales Balkendiagramm
Die Optionen für die Darstellung von gestapelten Balkendiagrammen entsprechen denen der Balkendiagramme.

Um Verwirrungen zu vermeiden, sollten Sie auf der Seite Diagrammoptionen die Balkenbreite entweder durch die Breite des einzelnen Balkens oder die der Gruppe steuern. Setzen Sie den anderen Wert auf 100 %.

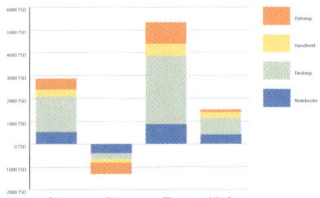

▲ Abbildung 14.27
Negative Werte in einer Zeile des gestapelten Säulendiagramms

Horizontales Balkendiagramm

Analog zum vertikalen Balkendiagramm werden hier die Längen der Balken verglichen. Die Wertachse ist bei dieser Diagrammart die x-Achse. Diesen Typ können Sie z.B. verwenden, wenn Sie direkt auf den Balken eine Beschriftung anbringen möchten.

Dateneingabe | Horizontales Balkendiagramm
Geben Sie Ihre Daten wie für das Säulendiagramm ein. Sie können positive und negative Werte mischen.

Diagrammattribute | Horizontales Balkendiagramm
Die Optionen für die Darstellung von horizontalen Balkendiagrammen entsprechen denen der Säulendiagramme. Die Höhe der Balken und die Höhe einer Balkengruppe werden durch die Optionen Horiz. Balkenbreite und Gruppenbreite auf der Seite Diagrammoptionen unter Objekt • Diagramm • Attribute... gesteuert.

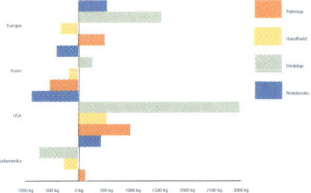

▲ Abbildung 14.28
Positive und negative Werte können beim horizontalen Balkendiagramm gemischt werden.

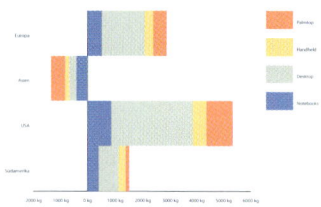

▲ **Abbildung 14.29**
Negative Werte in einer Zeile des gestapelten horizontalen Balkendiagramms

HINWEIS

Gehen Sie vor wir beim Kreisdiagramm beschrieben, um Farben und Füllungen der Säulen und Balken sowie die in den Beschriftungen verwendeten Schriftarten zu ändern.

Abbildung 14.30 ▶
Säulendiagramm mit eigenen Balkendesigns

Gestapeltes horizontales Balkendiagramm

Analog zum gestapelten Säulendiagramm werden hier die Balken aneinander gereiht.

Dateneingabe | Gestapeltes horizontales Balkendiagramm
Geben Sie Ihre Daten wie für das Säulendiagramm ein. Positive und negative Werte können Sie nicht beliebig mischen. Zeilenweise müssen die Vorzeichen der Werte identisch sein.

Diagrammattribute | Gestapeltes horiz. Balkendiagramm
Die Optionen für die Darstellung von gestapelten horizontalen Balkendiagrammen entsprechen denen der Säulendiagramme. Die Höhe der Balken und die Höhe einer Balkengruppe werden durch die Optionen Horiz. Balkenbreite und Gruppenbreite auf der Seite Diagrammoptionen unter Objekt • Diagramm • Attribute… gesteuert. Verwenden Sie nur eines der beiden Eingabefelder und setzen das andere auf 100 %.

Eigene Balkendesigns

Beim Gestalten Ihrer Säulen und Balkendiagramme sind Sie nicht auf das Zuweisen anderer Farben und Füllungen beschränkt. Sie können Formen entwerfen und diese einzelnen Datenreihen zuweisen. Balkendesigns können einfache Logos oder Symbole bis hin zu komplexeren Illustrationen mit Mustern und Text, Effekten oder Verzerrungshüllen sein.

Zunächst müssen Sie das Balkendesign erstellen – sehen Sie dazu die folgende Übung.

Anschließend können Sie entweder das gesamte Diagramm mit einem einheitlichen Balkendesign versehen oder jeweils denen zu einer Kategorie gehörenden Balken das gleiche Design zuweisen. Aktvieren Sie das gesamte Diagramm oder mit dem

Gruppenauswahl-Werkzeug die Balken einer Kategorie und rufen Sie OBJEKT • DIAGRAMM • BALKEN... auf:

Wie sich Ihre Designs an die unterschiedlichen Längen der Säulen bzw. Balken anpassen, wählen Sie aus mehreren Möglichkeiten aus.

▶ VERTIKAL SKALIERT: Für die Anpassung an die Länge der Säulen oder Balken wird das Design nur in der Höhe skaliert.

▶ GLEICHMÄSSIG SKALIERT: Die Größenanpassung erfolgt proportional in Höhe und Breite. Wenn der Abstand zwischen den Säulen nicht reicht, überlappen sich die Formen.

▶ WIEDERHOLEND: Die Grundform des Designs wird gestapelt. Dafür müssen Sie bestimmen, wie viele Einheiten durch eine Form repräsentiert werden. Außerdem legen Sie fest, ob ein Design abgeschnitten oder vertikal skaliert wird, wenn Teile einer Einheit dargestellt werden müssen.

▶ FLIESSEND: Das Design wird an einer bestimmten Stelle gestreckt. Diese Stelle bestimmen Sie bei der Erstellung des Designs.

▲ **Abbildung 14.31**
Von links: vertikal skaliert, gleichmäßig skaliert, wiederholend, fließend

Schritt für Schritt: ein Balkendesign erstellen und zuweisen

1 Das Begrenzungsrechteck
Erstellen Sie ein Rechteck, das als Referenz für die Größenanpassung Ihres Balkendesigns an die Balkengröße dient. Um das Design besser an das Diagramm anzupassen, wählen Sie das Direktauswahl-Werkzeug, aktivieren Sie den kleinsten Balken des Diagramms, kopieren ihn und verwenden ihn als Begrenzungsrechteck. Stellen Sie sicher, dass das Rechteck das hinterste Objekt ist, indem Sie OBJEKT • ANORDNEN • NACH HINTEN STELLEN... wählen.

2 Design erstellen
Setzen Sie Füllung und Kontur des Begrenzungsrechtecks auf OHNE. Die Größe des Rechtecks wird an die Größe der Balken angepasst, und das Designobjekt folgt der Anpassung nach den Regeln, die Sie später definieren. Das Design muss nicht zwingend in das Begrenzungsrechteck eingepasst werden, beziehen Sie aber in Ihre Planung ein, dass die Säule oder der Balken sehr weit über die Grundfläche hinausragen kann, wenn Sie das Design größer als das Begrenzungsrechteck gestalten.

Erstellen Sie anschließend Ihr Balkendesign oder verwenden Sie ein vorhandenes Design und passen die Größe an – die Tier-Illustrationen finden Sie auf der DVD im Dokument Zoo-Grafik.ai.

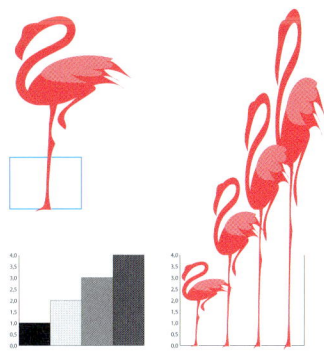

▲ **Abbildung 14.32**
Balkendesign (Begrenzungsrahmen blau), Originaldiagramm, Diagramm mit angewendetem Balkendesign

Springen Sie direkt zu Schritt 5, falls Sie keine Werte anzeigen lassen wollen und kein fließendes Design benötigen.

3   Optional: Werte anzeigen lassen

Möchten Sie in Ihrem Diagrammdesign Werte anzeigen lassen, wählen Sie das Text-Werkzeug und platzieren es an die Stelle, an welcher der Text erscheinen soll. Sie können Texte im oder neben dem Begrenzungsrechteck anzeigen lassen.

Geben Sie %00 und anschließend zwei Ziffern zwischen 0 und 9 ein. Mit der ersten Ziffer bestimmen Sie die Anzahl Stellen vor dem Komma – geben Sie hier 0 ein, dann verwendet Illustrator automatisch die benötigte Anzahl.

Mit der zweiten Ziffer steuern Sie die Anzahl Stellen nach dem Komma. Die Stellen werden immer angezeigt, d.h., dem Wert werden entweder Nullen hinzugefügt oder Nachkommastellen gerundet.

Richten Sie die Zeichenattribute nach Bedarf ein. Falls Sie Texte am Komma ausrichten möchten, richten Sie den Absatz rechtsbündig aus (Textfunktionen siehe Kapitel 13).

4   Optional: ein fließendes Design erstellen

Ein fließendes Design wird an einer Stelle gedehnt oder gestaucht. Oberhalb oder unterhalb dieser Stelle geschieht keine Größenanpassung. Den Dehnungspunkt bestimmen Sie durch eine horizontale Linie. Erstellen Sie diese Linie exakt horizontal mit dem Liniensegment- oder dem Zeichenstift-Werkzeug.

Wählen Sie das Begrenzungsrechteck, das Balkendesign und die Linie, und gruppieren sie. Aktivieren Sie anschließend mit dem Direktauswahl-Werkzeug nur die Linie innerhalb der Gruppe.

Rufen Sie ANSICHT • HILFSLINIEN • HILFSLINIEN ERSTELLEN auf. Die Linie wird in eine Hilfslinie umgewandelt und entsprechend dargestellt. Deaktivieren Sie dann ANSICHT • HILFSLINIEN • HILFSLINIEN FIXIEREN, falls es nicht bereits deaktiviert ist. Prüfen Sie, ob die Hilfslinie tatsächlich nicht mehr fixiert ist und sich mit dem Design bewegt, wenn Sie die Gruppe mit dem Auswahl-Werkzeug verschieben. Weiter geht es mit Schritt 6.

5   Gruppieren

Wählen Sie das Begrenzungsrechteck und alle Bestandteile Ihres Designs aus, und gruppieren Sie sie.

6   Ein neues Diagrammdesign anlegen

Aktivieren Sie die Gruppe Ihres Diagrammdesigns, falls sie nicht mehr ausgewählt ist. Wählen Sie anschließend OBJEKT • DIAGRAMM • DESIGNS...

▲ **Abbildung 14.33**
Text-Container, Hilfslinie, Begrenzungsrechteck (grau dargestellt)

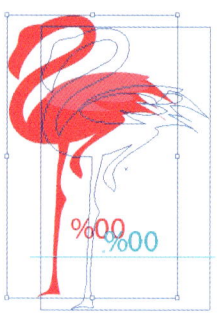

▲ **Abbildung 14.34**
Überprüfung der Hilfslinie

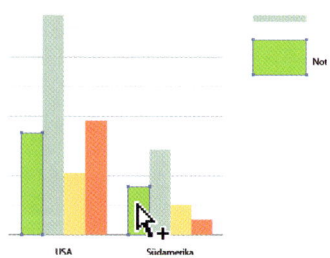

▲ **Abbildung 14.35**
Auswählen der Balken und Legende einer Datenreihe

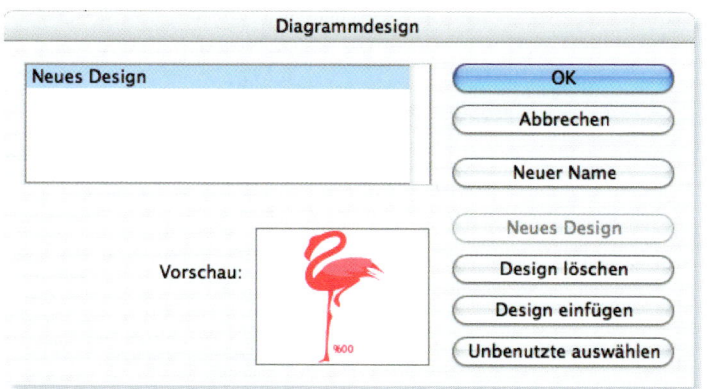

◄ **Abbildung 14.36**
Diagrammdesign neu anlegen und verwalten

Klicken Sie den Button Neues Design – Ihr Design wird im Vorschau-Feld angezeigt. Danach klicken Sie den Button Neuer Name. Geben Sie einen Namen für das Design in die Dialogbox ein. Bestätigen Sie erst den Namen, anschließend die Diagrammdesign-Dialogbox mit OK.

7 Das Design anwenden

Möchten Sie das Design allen Säulen oder Balken zuweisen, aktivieren Sie das Diagramm mit dem Auswahl-Werkzeug. Möchten Sie das Design nur einer Datenreihe zuweisen, wählen Sie das Gruppenauswahl-Werkzeug. Klicken Sie mit dem Werkzeug auf einen der Balken, denen Sie das Design zuweisen möchten. Klicken Sie erneut auf den Balken, um alle Balken auszuwählen, die zur Datenreihe gehören. Klicken Sie noch einmal, um auch das zugehörige Feld in der Legende auszuwählen.

Um das Design zuzuweisen, wählen Sie Objekt • Diagramm • Balken...

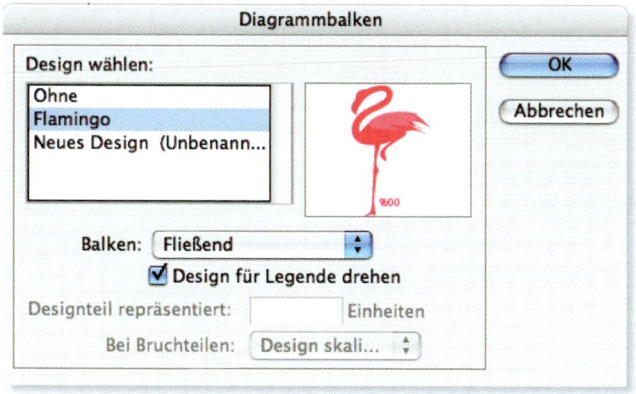

◄ **Abbildung 14.37**
Den Balken Diagrammdesigns zuweisen

Wählen Sie Ihr Design aus der Liste der vorhandenen Designs, indem Sie darauf klicken. Bestimmen Sie mit dem Ausklappmenü, wie sich Ihr Design an die Länge der Balken anpassen soll.

Falls Sie WIEDERHOLEND auswählen, tragen Sie in das Feld bei DESIGNTEIL REPRÄSENTIERT ein, wie viele Einheiten Ihr Design darstellt, und wählen Sie aus dem Ausklappmenü BEI BRUCHTEILEN, ob Ihr Design bei Bruchteilen dieser Einheit skaliert oder abgeschnitten werden soll. Bestätigen Sie Ihre Eingaben mit OK. ■

Diagrammdesigns aus anderen Dokumenten laden

Möchten Sie ein Balken- oder Punktdesign aus einer anderen Illustrator-Datei in Ihrem aktuellen Dokument verwenden, wählen Sie FENSTER • FARBFELDER-BIBLIOTHEKEN • ANDERE BIBLIOTHEK… Navigieren Sie zum gewünschten Dokument, und klicken Sie auf OK. Die Farbfelder-Bibliothek wird in einem neuen Fenster geöffnet, Sie benötigen sie jedoch nicht. Aktivieren Sie das Diagramm, dem Sie das Design zuweisen möchten, und wählen Sie OBJEKT • DIAGRAMM • BALKEN… bzw. PUNKTE… und rufen den Eintrag aus dem Menü auf.

Diagrammdesigns ändern

Falls Sie ein bestehendes Balken- oder Punktdesign ändern möchten, können Sie die Änderung einfach an der Originaldatei durchführen und ein neues Diagrammdesign anlegen.

Besteht die Original-Illustration jedoch nicht mehr, müssen Sie das Design aus den Balkenvorlagen zurückwandeln:

1. Deaktivieren Sie alle Auswahlen im Dokument – Shortcut: ⌘/Strg+⇧+A.
2. Rufen Sie OBJEKT • DIAGRAMM • DESIGNS… auf – ohne ein aktiviertes Objekt ist dieser Menüpunkt nur dann aktiv, wenn Diagrammdesigns in der Datei vorhanden sind.
3. Wählen Sie das zu bearbeitende Design aus der Liste aus.
4. Klicken Sie den Button DESIGN EINFÜGEN. Bestätigen Sie mit OK. Das Design wird als normales Vektorobjekt in Ihr Dokument eingefügt.
5. Wenn Sie die Änderungen durchgeführt haben, erzeugen Sie ein neues Diagrammdesign.

14.4 Linien- und Flächendiagramme

Mit diesem Diagrammtyp werden Entwicklungen von Werten dargestellt. Fieberkurven oder Börsenkurse sind ein typischer Anwendungsbereich.

Liniendiagramm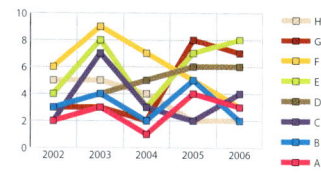

Die im Koordinatensystem aufgetragenen Werte werden durch Linien miteinander verbunden.

Dateneingabe | Liniendiagramm

Beginnen Sie auch hier mit den Achsenbeschriftungen in der ersten Zeile bzw. Spalte.

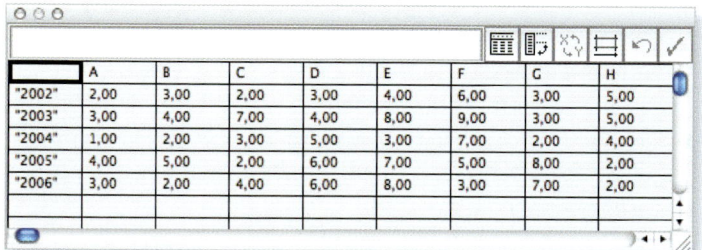

▲ **Abbildung 14.38**
Liniendiagramm

◄ **Abbildung 14.39**
Dateneingabe für das oben stehende Liniendiagramm

Eine Datenspalte in der Tabelle wird als eine Linie im Diagramm dargestellt. In diesem Diagrammtyp können Sie positive und negative Werte kombinieren.

Diagrammattribute | Liniendiagramm

Aktivieren Sie das Liniendiagramm, schließen Sie das Dateneingabe-Fenster, und wählen Sie OBJEKT • DIAGRAMM • ATTRIBUTE..., oder doppelklicken Sie das Diagramm-Werkzeug, um die Optionen für das Diagramm und die Achsen aufzurufen.

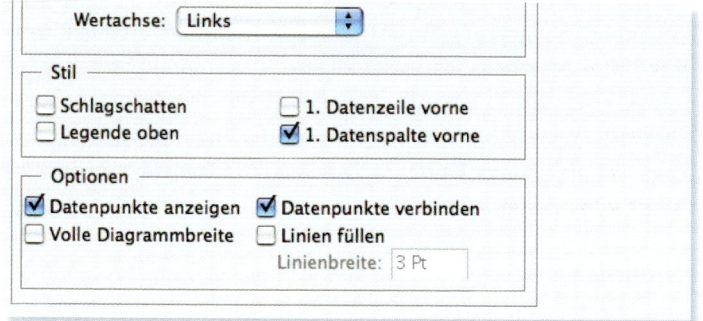

◄ **Abbildung 14.40**
Diagrammoptionen-Seite der Diagrammattribute eines Liniendiagramms

▶ DIAGRAMMART: Hier besteht die Möglichkeit, einen anderen Diagrammtyp auszuwählen und die Position der WERTACHSE – also der y-Achse – zu bestimmen.

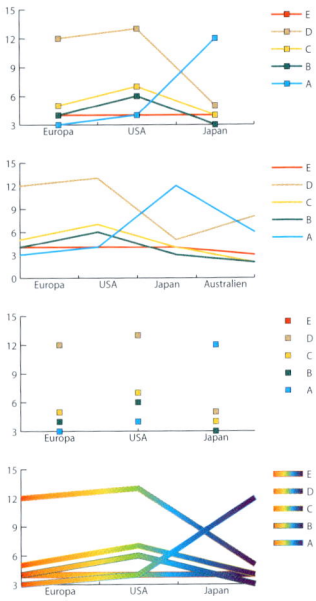

▲ Abbildung 14.41
Von oben: nur Farbänderungen,
Datenpunkte nicht angezeigt und
volle Diagrammbreite, keine Verbindungen, Linien gefüllt und
volle Diagrammbreite

▶ LEGENDE OBEN: Möchten Sie die Legende oberhalb des Diagramms anzeigen lassen, aktivieren Sie LEGENDE OBEN.

▶ 1. DATENSPALTE VORNE: Falls durch ungünstige Wertekombina-
tionen Linien versteckt sein sollten, können Sie die Stapelreihenfolge der Linien umkehren, indem Sie die Option 1. DATEN-
SPALTE VORNE aktivieren.

▶ Die Option 1. DATENZEILE VORNE hat keine Auswirkungen auf
diesen Diagrammtyp.

▶ Mit DATENPUNKTE ANZEIGEN wählen Sie, ob die eingetragenen
Werte durch Punkte dargestellt werden sollen. Diese Punkte
lassen sich mit eigenen Designs versehen.

▶ DATENPUNKTE VERBINDEN: Deaktivieren Sie diese Option, um
die Anzeige von Linien zu unterbinden.

▶ Mit der Option LINIEN FÜLLEN wandeln Sie die Linien in Flächen um – diese können Sie z. B. mit Verläufen füllen –,
bestimmen Sie die Breite der Linien, indem Sie einen Wert in
das LINIENBREITE-Feld eingeben.

▶ Die Option VOLLE DIAGRAMMBREITE erzeugt Linien, die direkt
an der linken Achse beginnen und die volle Breite der x-Achse
ausnutzen.
Da die Unterteilungen der x-Achse nicht angeglichen werden,
erzeugt diese Option etwas Verwirrung, wenn nur wenige
Daten vorhanden sind.

Die Einstellmöglichkeiten der Seiten WERTACHSE und KATEGORIE-
ACHSE entsprechen denjenigen der Säulen- und Balkendiagramme.

Farben und Schriften ändern

Farben | Im Unterschied zu Kreis- und Balkendiagrammen sind
es beim Liniendiagramm zwei Objekte, deren Farben Sie ändern
müssen: der Datenpunkt und die Linie. Verwenden Sie das Gruppenauswahl-Werkzeug, und klicken Sie zwei Mal hintereinander –
nicht in Doppelklick-Geschwindigkeit – auf einen der Punkte:
Jetzt müssen alle DATENPUNKTE auf der Linie und der Punkt in der
Legende ausgewählt sein. Anschließend wählen Sie Füllung und
Linie für den Punkt. Verfahren Sie genauso mit der Linie, wenn
Sie diese umfärben möchten.

Schriften | Gehen Sie vor, wie unter Kreisdiagramm beschrieben,
um Schriften zu ändern.

Eigene Punkte-Designs

Ähnlich wie für die Balken eines Balkendiagramms können Sie auch für die Datenpunkte eines Liniendiagramms eigene Formen entwerfen und zuweisen.

Gehen Sie wie folgt vor:

1. Entwerfen Sie das Punkte-Design – den Euro finden Sie auf der DVD im Dokument Euro.ai.
2. Aktivieren Sie in den Attributen Ihres Diagramms die Option Datenpunkte anzeigen.
3. Passen Sie die Größe des Designs an, indem Sie es vor das Diagramm schieben und so skalieren, dass es zu den vorhandenen Linien und den Abständen zwischen den Punkten passt.
4. Verschieben Sie Ihr Punkte-Design an eine freie Stelle auf der Zeichenfläche.
5. Wählen Sie das Direktauswahl-Werkzeug, aktivieren Sie einen der vorhandenen Datenpunkte in dem Diagramm und kopieren ihn in die Zwischenablage – Shortcut ⌘/Strg+C.
6. Fügen Sie den Datenpunkt an der Stelle wieder ein, an der Ihr neues Punkte-Design liegt. Legen Sie ihn mittig auf das Design, und wählen Sie Objekt • Anordnen • Nach hinten stellen. Weisen Sie Ohne für Füllung und Kontur zu.
7. Aktivieren Sie den Punkt und das neue Design, und gruppieren Sie beide.
8. Wählen Sie, während die Gruppe aktiviert ist, Objekt • Diagramm • Designs und klicken in der Dialogbox auf den Button Neues Design. Anschließend klicken Sie auf Neuer Name und geben einen aussagekräftigen Namen ein.
9. Punkte-Designs können Sie entweder einheitlich dem gesamten Diagramm oder einzelnen Kurven zuweisen.
   Um das neue Design dem gesamten Diagramm zuzuweisen, aktivieren Sie dieses mit dem Auswahl-Werkzeug.
   Möchten Sie dagegen einzelnen Kurven unterschiedliche Punkte-Designs zuweisen, aktivieren Sie die Punkte und die Legende einer Kurve mit Hilfe des Gruppenauswahl-Werkzeugs.
10. Wählen Sie Objekt • Diagramm • Punkte… Klicken Sie den Namen Ihres neuen Designs in der Auswahlliste an, und bestätigen Sie mit OK.

Flächendiagramm

Bei diesem Diagrammtyp werden die Werte durch Linien verbunden und die Flächen unterhalb der Linien gefüllt.

Um sicherzustellen, dass keine Fläche hinter einer anderen versteckt ist, wird jeder an einem Datenpunkt aufgetragene

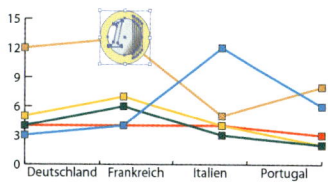

▲ **Abbildung 14.42**
Größenanpassung des Designs vor dem Diagramm

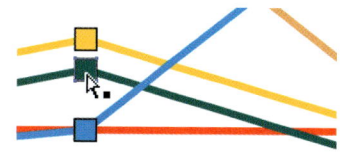

▲ **Abbildung 14.43**
»Datenpunkt« aus dem Diagramm kopieren und …

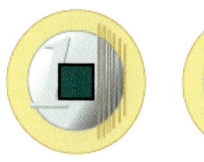

▲ **Abbildung 14.44**
… mittig auf das Design legen

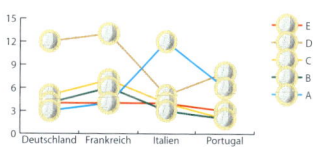

▲ **Abbildung 14.45**
Einheitliche neue Punkte im gesamten Diagramm

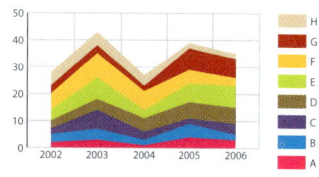

▲ **Abbildung 14.46**
Flächendiagramm

Wert – wie bei einem gestapelten Balkendiagramm – zum entsprechenden Wert der darunter liegenden Kurve addiert.

Mit Flächendiagrammen lässt sich nicht nur die Entwicklung der Werte, sondern auch die Gesamtmenge – die durch die Flächen repräsentiert wird – vergleichen.

Dateneingabe | Flächendiagramm
Geben Sie die Werte wie für ein Liniendiagramm ein – Sie dürfen positive und negative Werte in der Datentabelle mischen, das Vorzeichen muss jedoch je Zeile in der Tabelle einheitlich sein.

Diagrammattribute | Flächendiagramm
Die Auswirkungen der Optionen unter Objekt • Diagramm • Attribute… entsprechen denjenigen der Säulendiagramme.

Die Umkehrung der Stapelreihenfolge durch die Option 1. Datenzeile vorne ist wenig zielführend, da alle Flächen hinter der größten versteckt werden.

14.5 Kombinierte Diagramme

Verschiedene Diagrammtypen können Sie in einem Diagramm verbinden, d. h., alle Daten werden in einer Datentabelle verwaltet – aber unterschiedlich dargestellt.

Bis auf Streudiagramme können alle Diagrammtypen miteinander kombiniert werden. Für die Praxis von Bedeutung sind wahrscheinlich nur die Kombinationen von Säulen- oder Balkendiagrammen mit Liniendiagrammen sowie von Kreisdiagrammen mit Liniendiagrammen.

▲ **Abbildung 14.47**
Negative Werte in einer Zeile

Abbildung 14.48 ▶
Zwei Diagrammtypen in einem Diagramm mit eigenen Designs

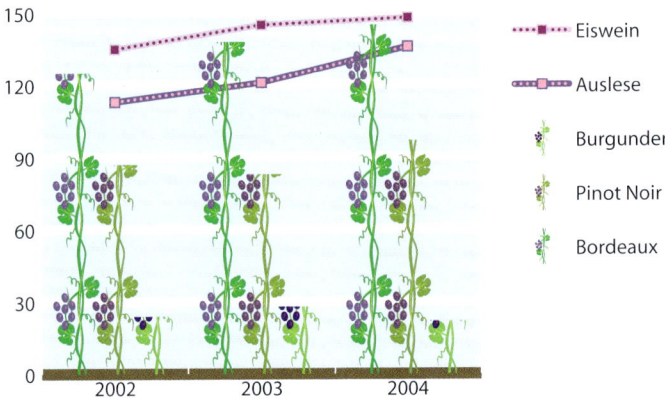

Um eine Kombination aus einem Balken- oder Kreisdiagramm mit einem Liniendiagramm zu erstellen, formatieren Sie Ihr Diagramm zunächst als Balken- bzw. Kreisdiagramm. Achten Sie darauf, dass die Daten, die Sie später als Linie darstellen möchten, an vorderster Stelle abgebildet werden.

Falls Sie für jedes Diagramm eine eigene Wertachse verwenden möchten, formatieren Sie Ihr Diagramm in den jeweiligen Diagrammoptionen mit Wertachsen an beiden Seiten. Anschließend gehen Sie wie folgt vor:

1. Wählen Sie das Gruppenauswahl-Werkzeug, und klicken Sie auf die Legende der Datenreihe, die Sie umformatieren möchten. Die Legende wird aktiviert. Klicken Sie erneut, um die zugehörigen Balken bzw. Segmente zusätzlich zur Legende zu aktivieren.

2. Rufen Sie Objekt • Diagramm • Attribute… auf, und wählen Sie Liniendiagramm als Diagrammtyp aus.

3. Wählen Sie aus dem Menü Wertachse, auf welcher Achse Sie die Werte des Liniendiagramms anzeigen möchten. Definieren Sie die Optionen für die Anzeige der Linie – mit oder ohne Datenpunkte bzw. Linien füllen. Bestätigen Sie mit OK.

▲ Abbildung 14.49
Verschiedene Diagrammkombinationen. Oben: unterschiedliche Werte auf beiden Achsen

14.6 Streudiagramme

Streudiagramme helfen dabei, Regelmäßigkeiten oder Tendenzen in Daten zu erkennen und Abhängigkeiten zwischen Wertepaaren zu entdecken. Sie werden z.B. zur Auswertung physikalischer Versuche verwendet.

Streudiagramm oder Punktdiagramm
Im Unterschied zu anderen Diagrammtypen werden bei dieser Art an beiden Achsen Werte abgetragen. An Koordinatenpaaren entstehen Datenpunkte.

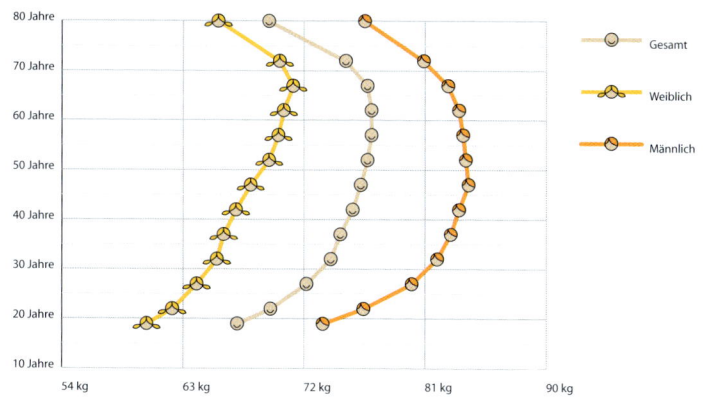

◄ Abbildung 14.50
Ein Streudiagramm hilft beim Aufspüren von Regelmäßigkeiten und Abhängigkeiten.

Dateneingabe | Streudiagramm

Die Daten für ein Streudiagramm müssen Sie grundsätzlich anders eingeben als für andere Diagrammtypen. Es ist auch nicht möglich, eine falsche Dateneingabe per Achsentausch zu korrigieren.

Abbildung 14.51 ▶
Die Datentabelle für das Diagramm aus Abbildung 14.50

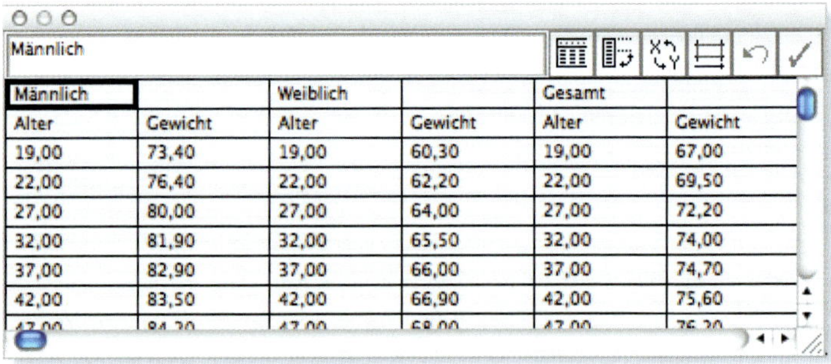

Männlich		Weiblich		Gesamt	
Alter	Gewicht	Alter	Gewicht	Alter	Gewicht
19,00	73,40	19,00	60,30	19,00	67,00
22,00	76,40	22,00	62,20	22,00	69,50
27,00	80,00	27,00	64,00	27,00	72,20
32,00	81,90	32,00	65,50	32,00	74,00
37,00	82,90	37,00	66,00	37,00	74,70
42,00	83,50	42,00	66,90	42,00	75,60
47,00	84,30	47,00	68,00	47,00	76,20

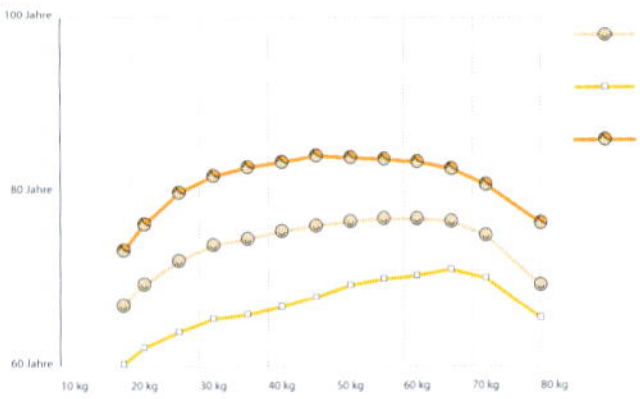

▲ **Abbildung 14.52**
Auswirkung von x/y-Vertauschen auf die Tabelle aus Abbildung 14.51

Tragen Sie zunächst in der ersten Zeile über jeder zweiten Spalte die Beschriftungen für Ihre einzelnen Datenreihen ein. Eine Datenreihe besteht jeweils aus Wertepaaren, die in Spalten nebeneinander eingetragen werden – die Werte in der linken der beiden Spalten werden an der y-Achse abgebildet. Zu einem späteren Zeitpunkt können Sie die Belegung wechseln, indem Sie den x/y vertauschen-Button klicken.

In der zweiten Zeile der Tabelle tragen Sie die Überschriften für diese Wertepaare ein – im Diagramm tauchen diese nicht auf. In den folgenden Zeilen geben Sie die Daten ein. Sie können positive und negative Werte mischen.

Diagrammattribute | Streudiagramm

Die Optionen für die Darstellung der Punkte und Linien entsprechen denjenigen der Liniendiagramme. Die Wert- und Kategorienachsen-Attribute entsprechen denen der Säulendiagramme.

Eigene Punkte-Designs

Die Standardpunkte können Sie auch bei Streudiagrammen durch eigene Designs ersetzen – lesen Sie den entsprechenden Absatz unter 14.4, »Liniendiagramme«.

14.7   Netzdiagramme

Dieser Diagrammtyp ist gut geeignet für den Vergleich von Ist-/Soll-Werten. Auch in der Marktforschung oder zur Visualisierung von Profilen – die sich als Fläche in einem Koordinatensystem von Eigenschaften abbilden – verwendet man Netzdiagramme.

Netzdiagramm oder Radardiagramm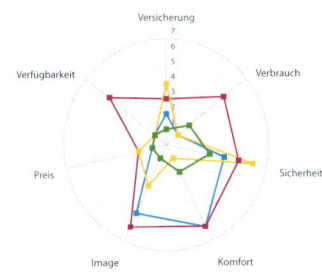

Die Achsen aller Werte werden kreisförmig im gleichen Abstand um einen Nullpunkt verteilt. Die Ergebnisse der einzelnen Datenreihen trägt man auf diesen Achsen ein und verbindet jeweils die Werte einer Datenreihe untereinander. Auf diese Weise sind die Unterschiede zwischen den Datenreihen relativ zu einem Nullpunkt gut miteinander zu vergleichen.

Dateneingabe | Netzdiagramm

Geben Sie die Daten wie für Balken- oder Liniendiagramme ein. Die zu vergleichenden Eigenschaften tragen Sie in der linken Spalte ein. Die Beschriftungen der Legende werden in der oberen Zeile eingegeben. Auf der verkehrten Achse eingegebene Daten können Sie mit dem Button REIHE/SPALTE VERTAUSCHEN jederzeit korrigieren.

▲ **Abbildung 14.53**
Eine typische Anwendung eines Netzdiagramms in der Marktforschung

◀ **Abbildung 14.54**
Dateneingabe für Netzdiagramme

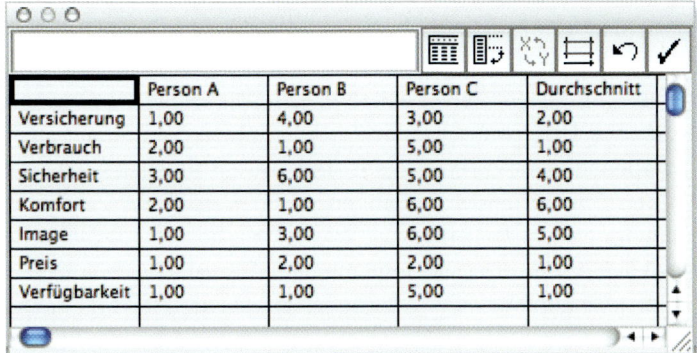

	Person A	Person B	Person C	Durchschnitt
Versicherung	1,00	4,00	3,00	2,00
Verbrauch	2,00	1,00	5,00	1,00
Sicherheit	3,00	6,00	5,00	4,00
Komfort	2,00	1,00	6,00	6,00
Image	1,00	3,00	6,00	5,00
Preis	1,00	2,00	2,00	1,00
Verfügbarkeit	1,00	1,00	5,00	1,00

Sie können positive und negative Werte mischen. Übersichtlicher und besser lesbar sind Netzdiagramme allerdings mit Werten eines Vorzeichens.

Diagrammattribute | Netzdiagramm

Die Einstellungsmöglichkeiten entsprechen denen des Liniendiagramms. Wertachsen sind bei diesem Diagrammtyp radiale Achsen vom Kreismittelpunkt nach außen. Für Kategorieachsen stehen keine Optionen zur Verfügung.

14.8 Diagramme weiter bearbeiten

Wie bereits einleitend beschrieben, fängt die eigentliche Arbeit zu dem Zeitpunkt an, wenn Illustrator aus Ihren Daten ein Diagramm erzeugt hat. Sie können alle Werkzeuge des Programms benutzen, der 3D-Effekt bietet sich aber besonders an.

HINWEIS

Nach dem Lösen der Gruppierung sind die Diagrammdaten nicht mehr editierbar.

Haben Sie die Gruppierung eines Diagramms unabsichtlich gelöst, widerrufen Sie den Arbeitsschritt mit BEARBEITEN • RÜCKGÄNGIG.

Diagramme »umwandeln«

Benötigen Sie die Teile des Diagramms als Vektorobjekte, um sie mit Optionen weiterzubearbeiten, die Ihnen für Diagramme nicht zur Verfügung stehen, so aktivieren Sie das Diagramm mit dem Auswahl-Werkzeug, und wählen Sie OBJEKT • GRUPPIERUNG AUFHEBEN – Shortcut [⌘]/[Strg]+[⇧]+[G].

Die Beschriftungen, Diagrammgitternetze und Diagrammteile sind jeweils gruppiert, lösen Sie diese weiteren Gruppierungen nach Bedarf.

Diagramm 3D

Sie können sehr einfach Tortendiagramme oder dreidimensionale Liniendiagramme erzeugen, indem Sie den 3D-Effekt auf das komplette Diagramm anwenden. Der »Clou« daran ist: Die Daten bleiben editierbar.

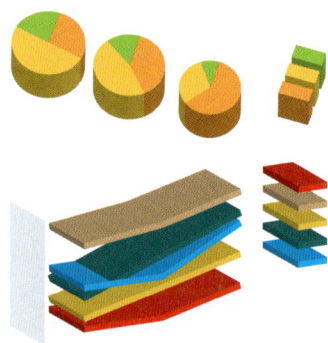

▲ **Abbildung 14.55**
3D-Effekt Extrudieren

Da der 3D-Effekt auf das komplette Diagramm angewendet wird, sind alle Beschriftungen nach Anwendung des 3D-Effekts unleserlich – diese sollten Sie also unabhängig, z. B. mit Hilfe von Verzerrungshüllen (siehe Kapitel 9), erstellen. Damit die Originaltexte des Diagramms versteckt sind, wählen Sie sie mit dem Gruppenauswahl-Werkzeug aus und weisen ihnen die Füllung OHNE zu. Auch Teilstriche können stören. Verstecken Sie sie mit Hilfe der Diagrammattribute.

Aktivieren Sie das Diagramm mit dem Auswahl-Werkzeug, und wählen Sie unter EFFEKT • 3D den passenden 3D-Effekt (3D siehe Kapitel 16).

15   Muster und Symbole

Muster und Symbole sind Mittel, um große Mengen sich gleichförmig oder unregelmäßig wiederholender Details zu illustrieren. Obendrein sparen Sie durch die Verwendung dieser Mittel Speicherplatz beim Sichern Ihrer Dokumente.

Sowohl Mustern als auch Symbolen begegnen Sie außerdem im Zusammenhang mit ganz anderen Funktionen – Muster benötigen Sie zur Herstellung von Musterpinseln, und Symbole werden beim »Mapping« von 3D-Objekten gebraucht.

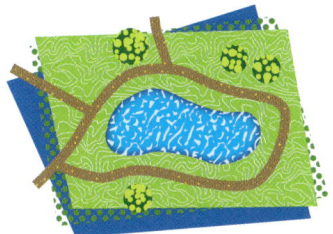  

▲ **Abbildung 15.1**
Eigene Füllmuster und Musterfelder aus Bibliotheken

15.1   Füllmuster

Ein Muster ist ein Rapport, bestehend aus mehreren Vektorobjekten, der, wie Keramik-Fliesen aneinander gelegt, eine Objekttextur ergibt. Füllmuster werden als Musterfelder in der Farbfelder-Palette des Dokuments bzw. in einer Farbfelder-Bibliothek verwaltet (Farbfelder-Palette und -Bibliothek siehe Kapitel 8.3).

Muster anwenden

Musterfelder können Sie sowohl der Fläche als auch der Kontur eines Objekts zuweisen – in der Regel bieten sich zur Gestaltung der Objektkontur aber eher Musterpinsel als Muster-Farbfelder an.

Möchten Sie eine Form mit einem Muster füllen, aktivieren Sie das Objekt, wählen Fläche oder Kontur in der Werkzeugpalette

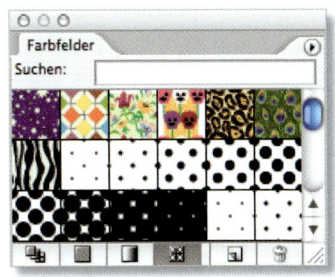

▲ **Abbildung 15.2**
Musterfelder in der Farbfelder-Palette

und klicken in der Farbfelder-Palette auf das gewünschte Muster.

Ausrichtung der Muster-Kachelung

Die Ausrichtung des Musters bezieht sich immer auf den Lineal-nullpunkt – voreingestellt die linke untere Ecke der Zeichenfläche. Von dort aus wiederholt Illustrator die Rapporte entlang der x-Achse neben- und entlang der y-Achse übereinander. Die Begrenzung eines Musterelements ergibt sich aus einem Begrenzungsrechteck – ein ungefülltes nichtkonturiertes Rechteck unten in der Stapelreihenfolge des Musterelements.

Die Ausrichtung der Musterfüllung am Objekt ergibt sich daher daraus, an welcher Stelle der Zeichenfläche es sich befindet, wenn Sie die Füllung zuweisen.

▲ **Abbildung 15.3**
Das Muster wird am Linealnull-punkt ausgerichtet.

Muster mit Objekten transformieren

Beim Transformieren eines Objekts haben Sie die Wahl, ob Sie die Musterfüllung zusammen mit dem Objekt umformen möchten. Eine Grundeinstellung für Ihre Arbeit mit Illustrator nehmen Sie in den Voreinstellungen vor. Rufen Sie VOREINSTELLUNGEN • ALLGEMEIN… auf und aktivieren oder deaktivieren Sie die Option MUSTER TRANSFORMIEREN.

▶ Option deaktiviert: Die Ausrichtung des Musters ist weiterhin an die Zeichenfläche gebunden. Wenn das Objekt transformiert wird, ist das Muster davon nicht betroffen.

▶ Option aktiviert: Das Muster ist an das Objekt gebunden und wird mit ihm zusammen transformiert – bewegt, gedreht, skaliert, gespiegelt.

Die Grundeinstellung übernimmt Illustrator in die Optionen der Transformieren-Palette und -Werkzeuge. Sie können sie dort für jede Transformation individuell einstellen (Objekte transformieren siehe Kapitel 5).

▲ **Abbildung 15.4**
Ohne (links) und mit (rechts) aktivierter Option MUSTER TRANSFOR-MIEREN

Nur Muster transformieren

Es gibt verschiedene Möglichkeiten, wenn Sie das Muster transformieren möchten, ohne das Objekt zu verändern.

Transformieren-Palette | Aktivieren Sie im Menü der Transformieren-Palette die Option NUR MUSTER TRANSFORMIEREN. Aktivieren Sie das Objekt und geben die gewünschten Werte ein.

Denken Sie daran, die Option im Palettenmenü vor der nächsten Transformation zu überprüfen – Illustrator zeigt ein kleines Warndreieck in der Palette, um Sie darauf hinzuweisen, dass NUR MUSTER TRANSFORMIEREN aktiv ist.

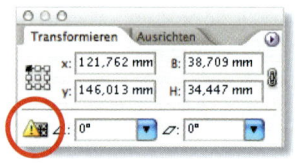

▲ **Abbildung 15.5**
Warnhinweis bei NUR MUSTER TRANSFORMIEREN

Transformieren-Werkzeuge | Aktivieren Sie das Objekt und doppelklicken das gewünschte Werkzeug in der Werkzeugpalette, um die Dialogbox aufzurufen. Deaktivieren Sie unter OPTIONEN alle bis auf Muster und geben die gewünschten Werte ein.

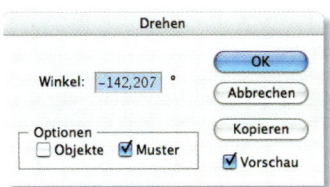

Intuitiv mit den Transformieren-Werkzeugen | Die Hilfe-Datei beschreibt, dass Sie während der intuitiven Bearbeitung eines Objekts mit einem Transformieren-Werkzeug eine Taste drücken müssen, um das Muster anstatt des Objekts zu transformieren.

Aufgrund eines Konflikts in der deutschen Tastaturbelegung funktioniert diese Taste nicht. Mit einem kleinen Umweg können Sie diese Bearbeitungsweise einsetzen:

1. Schalten Sie die Tastaturbelegung in den Einstellungen Ihres Betriebssystems auf US-Englisch.
2. Aktivieren Sie das Objekt und wählen ein Transformieren-Werkzeug. Drücken Sie die ⟨<⟩ (Mac)/⟨^⟩ (Win)-Taste, während Sie die Transformation ausführen.

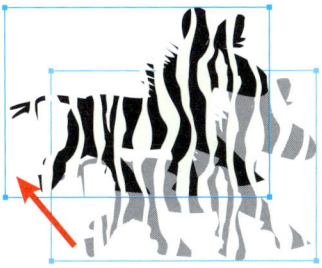

▲ **Abbildung 15.7**
Verschieben Sie das Objekt, bis Ihnen die Anordnung des Musters zusagt.

Muster-Anordnung am Objekt verändern

Um wenigstens die Anordnung des Musters auf dem Objekt intuitiv verändern zu können, gehen Sie wie folgt vor:

1. Deaktivieren Sie zunächst die Option MUSTER TRANSFORMIEREN unter VOREINSTELLUNGEN • ALLGEMEIN…
2. Anschließend transformieren Sie das Objekt auf der Zeichenfläche, bis Ihnen die Anordnung des Musters zusagt.
3. Aktivieren Sie die Option MUSTER TRANSFORMIEREN wieder.
4. Bewegen Sie das Objekt in die gewünschte Position im Layout.

Muster zurücksetzen

Möchten Sie den Originalstatus eines Musters wiederherstellen, aktivieren Sie das Objekt und weisen das Musterfeld erneut zu.

Muster und Verzerrungen

Verformen Sie ein Objekt mittels einer Verzerrungshülle – aber nicht als Verkrümmungs-Effekt –, können Sie in unter OBJEKT • VERZERRUNGSHÜLLE • HÜLLEN-OPTIONEN… vorgeben, wie Illustrator mit einem dem Objekt zugewiesenen Muster verfahren soll. So ist es möglich, das Muster gemeinsam mit dem Objekt zu verzerren.

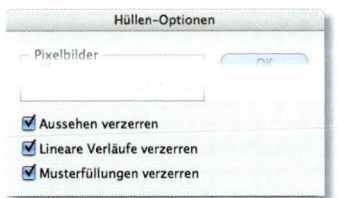

▲ **Abbildung 15.8**
Hüllen-Optionen (Ausschnitt)

Mit den Verkrümmungs-Effekten unter EFFEKT • VERKRÜMMUNGSFILTER ist es nicht möglich, Musterfüllungen zu verzerren (mehr zu Verzerrungshüllen siehe Kapitel 9.5).

3D-Effekte werden auf Musterfüllungen angewendet, als wären es Vektorformen. Daher sollten Sie ein Muster als »Mapping« auf das 3D-Objekt aufzubringen (3D-Effekte siehe Kapitel 16).

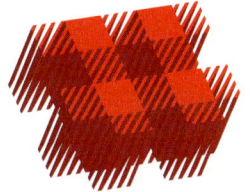

▲ **Abbildung 15.9**
Mit einem Füllmuster versehene extrudierte Form

▲ **Abbildung 15.10**
Einige der mitgelieferten Muster

▲ **Abbildung 15.11**
Musterfeld zum Editieren auf die
Zeichenfläche ziehen

▲ **Abbildung 15.12**
Musterfeld ersetzen

▲ **Abbildung 15.13**
Objekte werden aktualisiert

Musterfelder laden

Anders als in der Vorgängerversion enthält die Farbfelder-Palette des Standarddokuments von Illustrator CS 2 nur noch zwei Musterfelder. Viele weitere wurden jedoch bei der Installation als Bibliotheken auf Ihre Festplatte gespeichert. Sie finden diese im Illustrator-Ordner unter VORGABEN\MUSTER.

Um die Bibliotheken zu laden, wählen Sie FENSTER • FARB-FELDER-BIBLIOTHEKEN • ANDERE BIBLIOTHEK… und öffnen den Muster-Ordner im Dateibrowser (Mehr zu Farbfelder-Bibliotheken siehe Kapitel 8.3).

Für die meisten der Musterfelder werden Sie in alltäglichen Projekten kaum Verwendung finden. Im Ordner VORGABEN\ MUSTER\EINFACHE GRAFIKEN finden Sie jedoch Rasterpunkte und -linien à la Roy Lichtenstein sowie einige für Landkarten geeignete Muster.

Muster bearbeiten

Die Farbe eines Musters lässt sich nicht – wie es beispielsweise bei Pinselkonturen möglich ist – unabhängig vom Musterfeld steuern. Sie müssen also, wenn Sie etwa die oben genannten Rasterpunkte in anderen Farben benötigen, diese in der Mustergrafik umfärben und ein neues Musterfeld erstellen.

Um ein Musterfeld zu bearbeiten, gehen Sie folgendermaßen vor:

1. Deaktivieren Sie alle Objekte auf der Zeichenfläche.
2. Ziehen Sie das Musterfeld aus der Farbfelder-Palette auf die Zeichenfläche. Die zum Musterfeld gehörenden Objekte sind gruppiert. Doppelklicken Sie die Gruppe, um in den Isolierte-Gruppe-Modus zu gelangen. Alternativ lösen Sie die Gruppierung auf.
3. Nehmen Sie die gewünschten Änderungen vor. Beenden Sie den Isolierte-Gruppe-Modus, indem Sie den Button ⊞ in der Steuerungspalette klicken.
4. Sie können jetzt entweder ein neues Musterfeld erstellen oder das bearbeitete Musterfeld durch die neue Version ersetzen. Möchten Sie ein neues Musterfeld erstellen, ziehen Sie das Musterelement auf die Farbfelder-Palette.
   Um ein Musterfeld zu ersetzen, drücken Sie ⌥/ Alt und ziehen das Musterelement auf das Feld, das Sie ersetzen möchten.
5. Wenn Sie ein Musterfeld ersetzt haben, aktualisiert Illustrator die Füllungen aller geöffneten Dokumente, die das Feld verwenden.

Muster planen

In einem Musterdesign dürfen Sie mit Farbfläche und Kontur versehene Pfade, zusammengesetzte Pfade oder zusammengesetzte Formen verwenden. Ein Muster kann Transparenzeinstellungen, Pinselkonturen, Effekte, Verläufe, Pixelbilder und Überblendungen – Angleichungen – enthalten. Ein Objekt, das selbst mit einer Musterfüllung versehen ist, darf jedoch nicht Bestandteil eines Musterfelds sein.

Pinselkonturen, mit Effekten versehene Objekte und Überblendungen wandelt Illustrator automatisch um, sobald Sie davon ein Musterfeld erstellen. Falls Sie überlegen, die Originalformen weiterzubearbeiten, sollten Sie sie gesondert abspeichern.

Ein Muster wird auf der Basis einer Rechteckform wiederholt, daher müssen Sie Ihr Design so entwickeln, dass die Formen an den jeweils gegenüberliegenden Seiten dieses Rechtecks aneinander anschließen.

Muster und Transparenz | Ein Muster deckt nur an den Stellen, an denen es opake Objekte enthält. Andere Bereiche sind transparent. Daher können Sie in Ihren Illustrationen mit überlagerten Mustern und »Löchern« arbeiten.

Möchten Sie, dass die Musterfüllung eines Objekts darunter liegende Bereiche der Grafik abdeckt, müssen Sie eine deckende Grundfläche in Ihrem Muster anlegen. Nichtsdestoweniger ist das unterste Objekt eines Musterelements immer das Begrenzungsrechteck, das keine Füllung und Kontur besitzt.

Musterfelder-Optimierung | Die programmtechnische Verarbeitung von Musterfüllungen ist von zwei Faktoren abhängig: der Anzahl und Komplexität der zum Musterfeld gehörenden Elemente und der Anzahl der für die Füllung des Objekts benötigten Musterwiederholungen. Weniger Vektorobjekte mit möglichst wenigen Ankerpunkten und eine geringe Anzahl Wiederholungen des Musterfelds auf dem Objekt sind effizienter. In die Musterfelder einfacher Füllungen können Sie daher mehrere Rapporte integrieren, um die optimale Balance zu finden.

Eine weitere Optimierung erreichen Sie, wenn Objekte mit gleichen Aussehen-Attributen an aufeinander folgender Position in der Stapelreihenfolge der Objekte liegen – gruppieren Sie sie zu diesem Zweck.

Muster erstellen

Beim Design eines Rapports kann grob unterschieden werden zwischen eher strengen geometrischen Mustern – aus denen sich relativ leicht ein Musterfeld entwickeln lässt – und komplexen

▲ **Abbildung 15.14**
Musterfelder

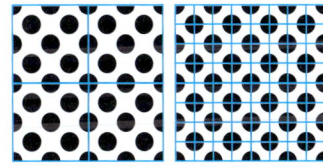

▲ **Abbildung 15.15**
Je kleiner der Rapport, desto mehr Musterfelder sind nötig, um eine Fläche zu füllen.

▲ **Abbildung 15.16**
Muster mit sehr einfachem Rapport

unregelmäßigen Strukturen – bei deren Erstellung der kreative und der konstruktive Prozess enger miteinander verwoben sind.

In der folgenden Übung werden Sie ein typografisches Muster erstellen. Falls Ihnen der Ablauf zu kompliziert vorkommt: Das Erstellen der Wiederholungen in Schritt 3 ist natürlich nicht nötig, wenn das Muster so einfach ist, dass Sie von Anfang an nur einen Rapport erstellen müssen. Dies gilt vor allem für Musterelemente, die exakt senkrecht und waagerecht zu unterteilen sind.

Schritt für Schritt: ein geometrisches Muster erstellen

1 Vorbereitung

Zunächst bereiten Sie Ihre Arbeitsumgebung vor. Damit bei der Anwendung des Musterfelds wirklich alles nahtlos passt, ist es sinnvoll, die Einrastfunktionen von Illustrator zu verwenden, mindestens das Einrasten am Punkt sollte aktiviert sein: Wählen Sie ANSICHT • AN PUNKT AUSRICHTEN – Mac-Shortcut ⌘ + ⌥ + ⇧ + 2 , der Windows-Shortcut funktioniert nicht.

Die magnetischen Hilfslinien können bei einigen Arbeiten eventuell stören, probieren Sie es einfach aus: Wählen Sie ANSICHT • MAGNETISCHE HILFSLINIEN – Shortcut ⌘ / Strg + U .

Je nach der Art Ihres Entwurfs kann auch die Arbeit mit dem Raster hilfreich sein: ANSICHT • RASTER EINBLENDEN – Mac-Shortcut ⌘ + ⇧ + 2 , auch hier kein Windows-Shortcut.

2 Grundformen

Erstellen Sie die Grundformen Ihres Musters. Unser Muster besteht aus typografischen Elementen. Erzeugen Sie ein Textobjekt mit einem Buchstaben, und formatieren Sie diesen in einer Schriftart und -farbe, die Ihnen zusagt. Erstellen Sie eine Kopie des Textobjekts und färben diesen zweiten Buchstaben weiß (Typografie siehe Kapitel 13).

Drehen Sie den weißen Buchstaben ein wenig und legen ihn versetzt über den schwarzen. Aktivieren Sie beide Textobjekte und wählen SCHRIFT • IN PFADE UMWANDELN – Shortcut ⌘ / Strg + ⇧ + O . Gruppieren Sie die beiden Vektorpfade.

Im Beispielmuster haben wir die Gruppe anschließend um 45° gedreht.

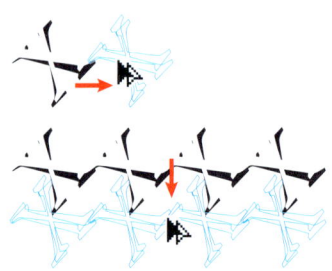

3 Musterdesign

Um das Muster zu entwerfen, halten Sie ⌥ / Alt und ⇧ und verschieben das Grundobjekt. Die Tasten bewirken, dass eine Kopie erstellt wird und die Bewegung auf 45°-Winkelungen eingeschränkt ist. Verwenden Sie für Ihre ersten Muster diese Winkelungen – damit geht es am einfachsten.

Beim Verschieben der Kopie müssen Sie im »ersten Anlauf« den gewünschten Abstand erzielen – dies benötigen wir für die weitere Vorgehensweise. Falls Ihnen die Position nicht gefällt, widerrufen Sie den Schritt und probieren es noch einmal.

Erzeugen Sie fünf bis sechs weitere Kopien, indem Sie mehrfach ⌘/Strg+D drücken. Aktivieren Sie die ganze Reihe Objekte, drücken wieder ⌥/Alt und ⇧ und verschieben die Reihe senkrecht zu der Richtung, in der Sie das Grundobjekt verschoben haben. Erzeugen Sie auch hier fünf bis sechs weitere Kopien.

4 Ein Objekt ergänzen

Erstellen Sie ein weiteres typografisches Objekt und platzieren es in Ihrem Muster. Um die Entfernung für die Verschiebung zu ermitteln, wählen Sie das Mess-Werkzeug 🖊 und messen den horizontalen Abstand anhand eines markanten Punkts im Grundmuster. Es ist sehr hilfreich, dass das Mess-Werkzeug an Ankerpunkten einrastet.

Aktivieren Sie anschließend das neue Element und drücken ⌘/Strg+D so oft, bis die benötigte Anzahl Kopien entstanden ist – der gemessene Wert wurde für die Verschiebung übernommen.

Messen Sie anschließend den Wert für die vertikale Verschiebung, aktivieren die eben erzeugten Objekte und duplizieren diese ebenfalls.

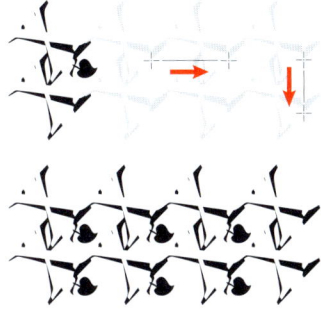

▲ **Abbildung 15.20**
Ausmessen der Distanz, um die ein weiteres Element verschoben werden muss

5 Rapport auswählen

Wählen Sie das Rechteck-Werkzeug und erstellen ein Rechteck über einem Rapport des Musters – ein Rapport ist der kleinste Bestandteil des Musters, aus dem sich durch Aneinanderreihung die komplette Mustertextur herstellen lässt. Hier benötigen Sie die anfangs eingestellten Einrastmechanismen – das Rechteck muss den Rapport punktgenau definieren.

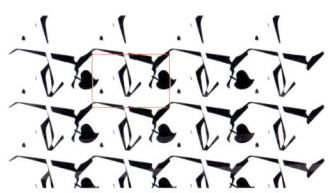

▲ **Abbildung 15.21**
Auswählen des Rapports

6 Formen optimieren

Löschen Sie alle Formen, die nicht in das Begrenzungsrechteck des Rapports hineinragen. Verwenden Sie die Formmodi-Buttons in der Pathfinder-Palette, um Ihre Vektorobjekte zu optimieren, indem Sie z. B. die weißen Objekte von den schwarzen subtrahieren. Falls Sie verschieden farbige Formen verwenden, gruppieren Sie jeweils die Objekte mit gleichen Aussehen-Eigenschaften.

Lassen Sie jedoch das Begrenzungsrechteck für das Musterfeld intakt. Sie müssen auch nicht die über den Rahmen reichenden Objekte beschneiden.

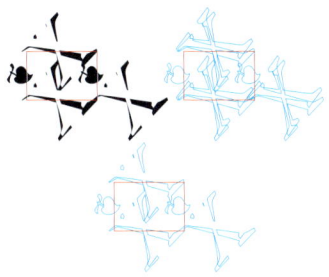

▲ **Abbildung 15.22**
Optimieren der Grafik

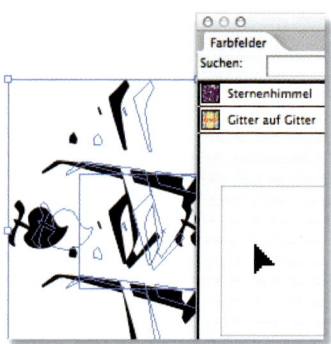

▲ **Abbildung 15.23**
Musterfeld erzeugen

7 Musterfeld erstellen

Weisen Sie dem Begrenzungsrechteck Fläche und Kontur OHNE zu. Stellen Sie das Rechteck anschließend ganz nach hinten im Objektstapel – rufen Sie das Kontextmenü auf und wählen ANORDNEN • NACH HINTEN stellen.

Aktivieren Sie alle Objekte des Musters sowie das Rechteck und ziehen alles in die Farbfelder-Palette. Deaktivieren Sie die Objekte auf der Zeichenfläche. Doppelklicken Sie den neuen Eintrag in der Farbfelder-Palette und geben ihm einen aussagekräftigen Namen.

8 Musterfeld testen

Erstellen Sie eine Vektorform und weisen dieser das neue Musterfeld als Fläche zu. ▪

▲ **Abbildung 15.24**
Eckenelemente, Anfang, Ende und Kantenelement

Pinsel-Muster

Auch Musterpinsel basieren auf Musterfeldern. Anders als eine Musterfüllung besteht ein Musterpinsel aus bis zu fünf verschiedenen Mustern für Kanten, Ecken, Anfang und Ende.

Ein weiterer Unterschied zwischen Füll- und Pinselmustern besteht darin, dass bei den zu einem Pinsel gehörenden Musterfeldern kein Element über den Begrenzungsrahmen hinausragen darf. Für die Erstellung von Musterfeldern zur Verwendung in Musterpinseln beachten Sie folgende Richtlinien:

▶ Die obere Kante der Musterelemente zeigt immer nach außen.
▶ Während Kantenelemente rechteckig sein können, müssen Eckenelemente eine quadratische Form besitzen.
▶ Die Kantenlängen der Elemente müssen an den aneinander grenzenden Seiten identisch sein, damit eine nahtlose Kontur entsteht.
▶ Beim Erstellen einer Kontur, die durch alle Musterelemente durchlaufende Elemente besitzt, achten Sie darauf, dass diese an den Seiten aneinander anschließen.

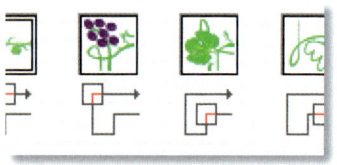

▲ **Abbildung 15.25**
Die Icons unterhalb der Elemente in den Musterpinsel-Optionen zeigen den Unterschied zwischen den Eckenelementen.

In der Illustrator-Hilfe werden die beiden Eckenformen als »äußere« und »innere« Ecke bezeichnet – es geht jedoch um die Richtung, nach welcher der Pfad »abbiegt«. Dies hat auch zur Folge, dass ein anderes Eckenelement verwendet werden kann, wenn Sie die Pfadrichtung umkehren. Belegen Sie in der Konturpinsel-Optionen-Dialogbox immer beide Ecken mit einem Muster – verwenden Sie dasselbe Musterfeld für beide Ecken, falls Sie nur ein Design vorbereitet haben (zur Erstellung von Pinseln siehe Kapitel 8.5).

In der folgenden Übung erstellen Sie ein Muster in einem freieren Design, wie es zum Beispiel für Stoffdrucke oder Geschenkpapiere gebraucht werden könnte. Hier können Sie die Reihenfolge »erst Design erstellen, dann Rapport definieren« nicht einhalten, sondern müssen zwischen beiden wechseln.

Schritt für Schritt: ein unregelmäßiges Muster erstellen

1 Vorbereitung

Entwerfen Sie die Bestandteile des Musters und eine ungefähre Anordnung einiger Bestandteile in einem Grundelement, also einem Rapport. Legen Sie sich ergänzende Elemente zurecht, die Ihre Grafik ausschmücken können.

Oder öffnen Sie die Datei Unregelmaessiges-Muster.ai von der DVD, wenn Sie das Beispiel-Muster bearbeiten möchten.

▲ **Abbildung 15.26**
Der Grobentwurf des Musters mit ergänzenden Elementen

2 Begrenzungsrechteck

Erstellen Sie ein Begrenzungsrechteck für das Grundelement Ihres Musters. Wählen Sie die Größe ruhig so, dass einige Elemente über den Rand hinausragen, damit erreichen Sie eine gleichmäßige Dichte der Textur, wenn die Musterfüllung später auf ein Objekt aufgebracht wird. Deaktivieren Sie das Begrenzungsrechteck nicht.

▲ **Abbildung 15.27**
Begrenzungsrechteck

3 Ausrichtungshilfen

Musterelemente, die den Rand an einer Seite überragen, müssen dupliziert und an die andere Seite verschoben werden. Zur passgenauen Ausrichtung lassen sich Schnittmarken sehr gut gebrauchen.

Während das Begrenzungsrechteck noch aktiviert ist, wählen Sie FILTER • ERSTELLUNGSFILTER • SCHNITTMARKEN. Lösen Sie die Gruppierung der Schnittmarken.

Erstellen Sie eine neue Ebene unter Ihrer Arbeitsebene, und verschieben Sie das Begrenzungsrechteck auf diese Ebene. Fixieren Sie die Ebene.

▲ **Abbildung 15.28**
Schnittmarken auf Basis des Begrenzungsrechtecks

4 Duplizieren der Randobjekte

Wählen Sie das Auswahl-Werkzeug und aktivieren alle Objekte Ihres Grundelements, die über den linken Rand des Rechtecks ragen, sowie eine der Schnittmarken, die den linken Rand markieren.

Klicken Sie die Schnittmarke, drücken ⌥/Alt und ⇧ und ziehen die Objekte horizontal nach rechts, bis der Cursor auf der Schnittmarke einrastet, die den rechten Rand markiert. Lassen Sie zunächst die Maus, dann die Tasten los.

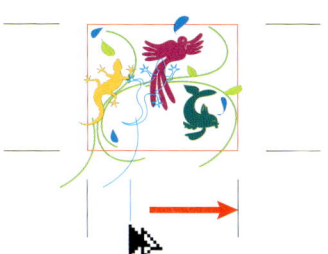

▲ **Abbildung 15.29**
Duplizieren der Randelemente

Verfahren Sie ebenso mit den Objekten, die den unteren, rechten und linken Rand überragen, und schieben sie jeweils an die gegenüberliegende Seite des Rechtecks.

5 Ergänzen des Musters

Positionieren Sie jetzt, wo nötig, die ergänzenden Elemente, und arbeiten Sie die Grafik aus. Es ist nicht einfach, anhand dieses Grundelements die gleichmäßige Verteilung der Bestandteile zu realisieren. In den meisten Fällen werden Sie einige Versuche mit Ihrem Muster durchführen und Details korrigieren müssen, bis die Wirkung »stimmt«.

Wir haben die Linien mit Pinselkonturen versehen und einige kleine schmückende Elemente gleichmäßig verstreut.

Falls weitere Elemente den Rand überragen sollten, müssen Sie auch von diesen wieder eine Kopie auf die gegenüberliegende Seite verschieben.

Legen Sie ein deckendes Objekt hinter den Musterformen an, wenn Sie nicht möchten, dass das Muster transparent ist. Wenn der Hintergrund weiß sein soll, benötigen Sie eine weiße Fläche. Das Hintergrundobjekt darf selbstverständlich keine Kontur haben.

Alternativ haben Sie natürlich bei der späteren Anwendung Ihres Musters die Möglichkeit, dem gemusterten Objekt eine weitere Farbfläche hinter der Musterfüllung zuzuweisen – verwenden Sie dazu die Aussehen-Palette.

▲ **Abbildung 15.31**
Deckende Hintergrundfläche

6 Erstellen des Musterfelds

Wenn Sie mit dem Muster zufrieden sind, lösen Sie die Fixierung der unteren Ebene – auf der das Begrenzungsrechteck liegt. Weisen Sie dem Rechteck Fläche und Kontur OHNE zu.

Aktivieren Sie alle Bestandteile des Musterelements sowie das Begrenzungsrechteck – aber nicht die Schnittmarken –, und ziehen Sie die Objekte in die Farbfelder-Palette.

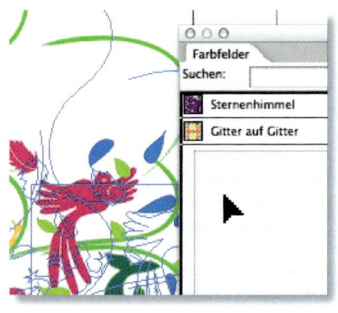

▲ **Abbildung 15.32**
Musterfeld erzeugen

Heben Sie die Auswahl auf der Zeichenfläche auf – löschen Sie jedoch nicht das Grundelement, Sie könnten es benötigen, um Korrekturen daran vorzunehmen. Doppelklicken Sie den eben erzeugten Eintrag in der Farbfelder-Palette und geben ihm einen Namen.

7 Testen des Musters

Erstellen Sie ein Objekt, das groß genug ist, um Ihr Muster einige Male zu wiederholen, und weisen Sie diesem Objekt das Musterfeld als Füllung zu. Sind Sie mit der Wirkung nicht zufrieden, erstellen Sie die nötigen Änderungen an Ihrem Grundelement.

Um das Musterfeld durch die aktualisierte Fassung zu ersetzen, gehen Sie wie bei der Definition des Musterfelds vor, drücken aber ⎸⌥⎹/⎸Alt⎹, während Sie die Objekte in die Farbfelder-Palette ziehen.

Sobald Sie das Musterfeld angelegt haben, benötigen Sie die Grundelemente, mit denen Sie das Muster entwickelt haben, eigentlich nicht mehr, da Sie diese jederzeit wieder aus dem Musterfeld generieren können. Bewahren Sie sie jedoch vor allem dann auf, wenn Sie darin Pinselkonturen oder Effekte verwendet haben – bei der Erstellung des Musterfelds wandelt Illustrator nämlich alle darin angewendeten Pinselkonturen und Effekte in Vektorformen um.

▲ **Abbildung 15.33**
Anwendung des Musters

Musterfüllung umwandeln

Möchten Sie die Musterfüllung eines Objekts in Pfade umwandeln, aktivieren Sie das Objekt und wählen Objekt • Umwandeln… Aktivieren Sie in der Dialogbox die benötigten Optionen – voreingestellt sind alle auf die Objekteigenschaften zutreffenden Optionen – und klicken OK.

Illustrator erzeugt die für die Füllung benötigten Musterelemente als Vektorformen, auf welche die Form des Objekts als Schnittmaske angewendet ist. Rufen Sie die Ebenen-Palette auf, um die Gruppe zu analysieren (Ebenen-Palette siehe Kapitel 10).

Muster und Speicherplatz

Nicht verwendete Muster-Farbfelder tragen nicht unwesentlich zur Dateigröße eines Dokuments bei. Ganz unbemerkt werden Musterfelder aus Bibliotheken Ihrer Farbfelder-Palette hinzugefügt, sobald Sie sie auf ein Objekt anwenden, z.B. während Sie die Muster ausprobieren.

Wenn Sie also Speicherplatz einsparen wollen oder müssen – z.B. für die Weitergabe der Datei –, löschen Sie alle nicht verwendeten Musterfelder aus der Farbfelder-Palette.

Wählen Sie im Palettenmenü den Eintrag ALLE UNBENUTZTEN AUSWÄHLEN, und klicken Sie anschließend den Button FARBFELD LÖSCHEN 🗑.

15.2 Symbole

Symbole stellen eine konsequente Fortführung der objektorientierten Arbeitsweise von Vektorgrafik-Software dar. Sie erstellen und speichern eine Grafik einmal, dann vereinfachen Spezialwerkzeuge die mehrfache Verwendung der Grafik. Wo diese im Dokument eingesetzt ist, wird nur noch auf das zentral gespeicherte Original verwiesen oder im Programmierer-Jargon »eine Instanz erzeugt«.

Bei dieser Arbeitsweise schlagen Sie zwei Fliegen mit einer Klappe: Die Illustration großer Mengen gleichartiger Objekte wird wesentlich erleichtert und darüber hinaus sparen Sie kostbaren Speicherplatz. Letzterer Vorteil kommt Ihnen vor allem dann zugute, wenn Sie Ihre Illustrator-Dateien in Flash weiterverwenden oder als SVG exportieren. Sowohl das .SWF- als auch das .SVG-Format können Illustrators Symbole nutzen.

Symbole verwenden

Die Anwendung von Symbolen geschieht mit Hilfe der Symbole-Palette – in der die Grafikobjekte verwaltet werden – und von Symbol-Werkzeugen, mit denen Sie Instanzen der Symbole auf die Zeichenfläche platzieren und auf verschiedene Arten verändern.

Ein Symbol platzieren Sie als einzelne Instanz oder zusammen mit weiteren Instanzen in einem Symbolsatz. Ein Symbolsatz ist ein Objekt, dessen einzelne Bestandteile Sie nicht – wie bei einer Gruppe – individuell selektieren können. Der Symbolsatz kann Instanzen unterschiedlicher Symbole enthalten. Obwohl Sie die einzelnen Instanzen eines Symbolsatzes nicht auswählen können, sind sie mit Hilfe der Symbol-Werkzeuge sehr einfach zu bearbeiten – einfacher als gruppierte Objekte.

Es gehört zur Natur der Instanzen, dass sie die Verbindung zum Symbol in der Symbole-Palette behalten – daher erfolgt eine Aktualisierung der Grafik auf der Zeichenfläche, sobald Sie das Symbol verändern.

Einzeln platzierte Symbolinstanzen und ganze Symbolsätze können Sie mit Transformations-Werkzeugen bearbeiten, mit Transparenzeinstellungen, Aussehen-Eigenschaften, Grafikstilen und Effekten versehen.

▲ **Abbildung 15.34**
Als Einzelobjekte nicht handhabbar

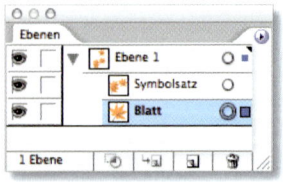

▲ **Abbildung 15.35**
Darstellung von Symbolsatz und einzelner Instanz in der Ebenen-Palette

Symbole-Palette

Die zu einem Dokument gehörenden Symbole verwalten Sie in der Symbole-Palette. Wählen Sie FENSTER • SYMBOLE – Shortcut ⌘/Strg+⇧+F11 –, um die Palette aufzurufen.

▶ **Anzeigeoptionen:** Die Symbole lassen sich als Miniaturen oder in Listenform anzeigen – wählen Sie den entsprechenden Eintrag aus dem Palettenmenü aus.

▶ **Symboloptionen:** Rufen Sie die Symboloptionen auf, um ein Symbol umzubenennen.

▶ **Nach Name sortieren:** Verwenden Sie in Ihrem Dokument sehr viele Symbole, ist die Option interessant, sie nach ihren Namen sortieren zu lassen.

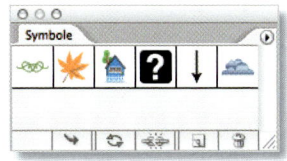

▲ **Abbildung 15.36**
Symbole-Palette in der Miniaturen-Ansicht

Symbole auswählen

Klicken Sie auf eine Miniatur oder den Namen eines Symbols in der Palette, um es auszuwählen.

▲ **Abbildung 15.37**
Symbole-Palette in der Listen-Ansicht

Modifikationsmöglichkeiten | Symbole auswählen

▶ ⇧: Um aufeinander folgende Symbole auszuwählen, klicken Sie das erste Symbol der auszuwählenden Reihe, drücken ⇧ und klicken das letzte.

▶ ⌘/Strg: Möchten Sie mehrere Symbole auswählen, drücken Sie ⌘/Strg und klicken zusätzliche Symbole.

Alle unbenutzten auswählen | Symbole auswählen

Symbole tragen zwar zur Reduzierung der Datenmenge bei, unbenutzte Symbole jedoch nicht. Daher ist es sinnvoll, unbenutzte Symbole aus der Symbole-Palette zu entfernen. Die unbenutzten Symbole ermitteln Sie mit dem Befehl ALLE UNBENUTZTEN AUSWÄHLEN aus dem Palettenmenü.

Symbol duplizieren

Wählen Sie ein Symbol aus und klicken den Button NEUES SYMBOL ⬚ oder rufen den Befehl SYMBOL DUPLIZIEREN aus dem Palettenmenü auf, um eine Kopie des Symbols zu erzeugen.

Symbol löschen

Aktivieren Sie einen oder mehrere Einträge in der Palette, und wählen Sie den Befehl SYMBOL LÖSCHEN aus dem Palettenmenü oder klicken den Button SYMBOL LÖSCHEN 🗑 am unteren Palettenrand, um die Symbole zu löschen.

Existieren Instanzen der zu löschenden Symbole auf der Zeichenfläche, müssen die Instanzen entweder gelöscht oder umgewandelt werden. Bestehende Symbolinstanzen erkennt Illustrator selbsttätig und warnt Sie mit einer Dialogbox – Sie können den

HINWEIS

Jedes Symbol aus einer Bibliothek, das Sie ausprobieren, wird automatisch in die Symbole-Palette übernommen und bleibt dort, auch wenn Sie die Instanz löschen.

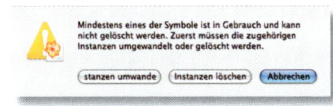

▲ **Abbildung 15.38**
Warnung beim Löschen benutzter Symbole

Löschvorgang in diesem Fall abbrechen, die Instanzen löschen oder umwandeln lassen.

Symbol auf der Zeichenfläche platzieren

Um eine der Symbol-Grafiken in Ihrer Illustration zu benutzen, aktivieren Sie das Symbol in der Palette und klicken den Button SYMBOLINSTANZ PLATZIEREN ❧ oder wählen den Befehl aus dem Palettenmenü.

Wählen Sie diesen Weg anstatt das Symbol aufsprühen-Werkzeug, wenn Sie exakt eine Instanz platzieren möchten.

Einer Instanz ein neues Symbol zuordnen

Möchten Sie die Instanz eines Symbols mit einem anderen Symbol verbinden, aktivieren Sie die Instanz auf der Zeichenfläche und wählen das neue Symbol in der Symbole-Palette aus. Anschließend klicken Sie entweder den Button SYMBOL ERSETZEN ⟳ oder wählen den Befehl aus dem Palettenmenü.

Verknüpfung mit Symbol aufheben

Nicht alle Werkzeuge können Sie auf Symbolinstanzen anwenden, so ist z. B. das »Verflüssigen« oder die Bearbeitung der Pfade nicht möglich. Möchten Sie die kompletten Bearbeitungsmöglichkeiten herstellen, müssen Sie die Instanz vom Symbol lösen und sie damit in ein editierbares Objekt umwandeln.

Wählen Sie die Instanz auf der Zeichenfläche aus und klicken den Button VERKNÜPFUNG MIT SYMBOL AUFHEBEN ❖ oder wählen den Befehl aus dem Palettenmenü. Alternativ wählen Sie den Befehl OBJEKT • UMWANDELN…

Symbolsatz | Bitte beachten Sie, dass bei der Anwendung des Befehls VERKNÜPFUNG AUFHEBEN alle in einem Symbolsatz enthaltenen Symbolinstanzen umgewandelt werden.

Möchten Sie nur *eine* Instanz aus dem Symbolsatz editieren und die restlichen als Instanzen erhalten, wenden Sie auf einen Symbolsatz zunächst den Befehl OBJEKT • UMWANDELN… an – aktivieren Sie nur die Option OBJEKT. So erzeugen Sie eine Gruppe von Instanzen. Wählen Sie aus dieser Gruppe die Instanz aus, die Sie umwandeln möchten, und heben erst dann die Verknüpfung mit dem Symbol auf.

Instanzen eines bestimmten Symbols auswählen

Die Instanzen eines Symbols aktivieren Sie, indem Sie das Symbol in der Symbole-Palette auswählen und anschließend den Befehl ALLE INSTANZEN AUSWÄHLEN aus dem Menü der Symbole-Palette

TIPP

Alternativ können Sie eine Symbolinstanz auch platzieren, indem Sie ihre Miniatur aus der Symbole- oder einer Bibliothek-Palette auf die Zeichenfläche ziehen.

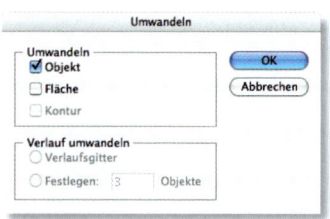

▲ **Abbildung 15.39**
Dialogbox Umwandeln

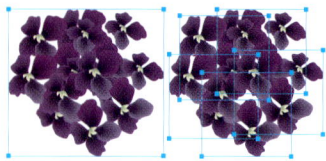

▲ **Abbildung 15.40**
Umgewandelter Symbolsatz

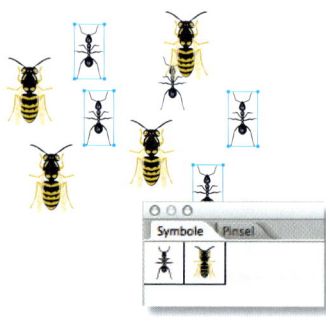

▲ **Abbildung 15.41**
ALLE INSTANZEN AUSWÄHLEN aktiviert keine Symbolsätze.

anwenden. Illustrator aktiviert jedoch nicht die Symbolsätze, in denen Instanzen des Symbols enthalten sind.

Alternativ aktivieren Sie eine Symbolinstanz – keinen Symbolsatz – auf der Zeichenfläche und wählen aus dem Menü AUSWAHL • GLEICH • SYMBOLINSTANZ.

Neues Symbol erstellen

Symbole lassen sich aus fast allen Illustrator-Objekten erzeugen – ausgenommen sind verknüpfte Pixelbilder und Grafiken sowie Diagramme. Sind die in Symbolen enthaltenen Objekte mit Live-Effekten, Pinselkonturen, Überblendungen versehen oder selbst Symbole, bleiben diese aktiven Eigenschaften erhalten.

Erstellen Sie zunächst die Grafik, die Sie als Symbol verwenden möchten. Wählen Sie anschließend alle zur Grafik gehörenden Objekte aus und klicken den NEUES SYMBOL-Button ⬚ oder wählen den Befehl aus dem Palettenmenü. Alternativ ziehen Sie die Grafik in die Palette.

TIPP

Betten Sie platzierte Pixelbilder und Grafiken ein – anschließend lassen sich davon Symbole erzeugen.

Wählen Sie BILD EINBETTEN aus dem Menü der Verknüpfungen-Palette.

Modifikationsmöglichkeiten | Symbol erstellen

▶ ⌥/Alt: Drücken Sie ⌥/Alt und klicken den Button ⬚, um die Symboloptionen aufzurufen. In den Symboloptionen lässt sich der Name des Symbols bestimmen.

▶ Drücken Sie ⌥/Alt und ziehen die Grafik auf die Miniatur eines bestehenden Symbols, um dieses Symbol zu ersetzen. Alle Instanzen dieses Symbols werden aktualisiert.

▶ ⇧: Drücken Sie ⇧ beim Erzeugen eines neuen Symbols, um die Grafik auf der Zeichenfläche in eine Instanz des neuen Symbols umzuwandeln.

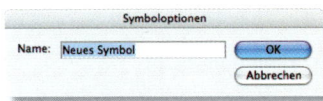

▲ **Abbildung 15.42**
Symboloptionen

Bestehendes Symbol bearbeiten

Möchten Sie ein existierendes Symbol bearbeiten, platzieren Sie eine Instanz davon auf der Zeichenfläche. Heben Sie die Verknüpfung zwischen der Instanz und dem Symbol auf. Die zum Symbol gehörenden Elemente sind gruppiert. Heben Sie ggf. die Gruppierung auf und nehmen anschließend die gewünschten Änderungen vor.

Um das ursprüngliche Symbol zu ersetzen, können Sie auch einen Befehl aus dem Menü der Symbole-Palette verwenden: Aktivieren Sie dafür die Grafik auf der Zeichenfläche sowie das zu ersetzende Symbol in der Symbole-Palette, und wählen Sie SYMBOL NEU DEFINIEREN aus dem Palettenmenü. Alle Instanzen des Symbols werden aktualisiert.

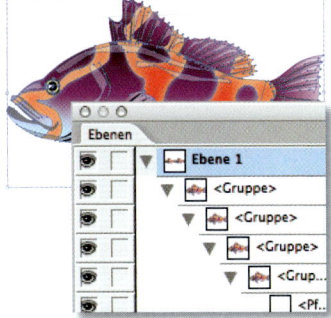

▲ **Abbildung 15.43**
Nach Aufheben der Verknüpfung sind die Objekte gruppiert.

Symbol-Bibliotheken laden

In den Illustrator-Standarddateien finden Sie nur wenige der mit Illustrator ausgelieferten Symbole.

Abbildung 15.44 ▶
Beispiele aus mitgelieferten Symbol-Bibliotheken: Die meisten dieser Grafiken wären in ClipArt-Sammlungen gut aufgehoben, sind aber nicht typisch für die Anwendung von Symbolen.

Es werden jedoch bei der Installation einige Symbol-Bibliotheken auf Ihrer Festplatte gespeichert. Rufen Sie diese im Untermenü von FENSTER • SYMBOL-BIBLIOTHEKEN auf. Wählen Sie den Menüpunkt ANDERE BIBLIOTHEK..., wenn Sie Symbole aus anderen Illustrator-Dateien oder Bibliotheken außerhalb des Programmordners öffnen möchten.

Möchten Sie eine der Bibliotheken bei jedem Programmstart anzeigen lassen, wählen Sie GLEICHE POSITION aus dem Palettenmenü der Bibliothek.

▲ **Abbildung 15.45**
Bibliotheken-Palette

Symbol in die Symbole-Palette übernehmen

Sobald Sie ein Symbol in einer Bibliothek anklicken, wird es der Symbole-Palette des aktuellen Dokuments hinzugefügt. Mehrere Symbole aus einer Bilbiothek übernehmen Sie, indem Sie die gewünschten Symbole auswählen und im Menü der Bibliothek-Palette den Befehl DEN SYMBOLEN HINZUFÜGEN aufrufen.

Symbol-Bibliotheken speichern

Aus der Symbole-Palette Ihres Dokuments können Sie auch eine eigene Symbol-Bibliothek erzeugen. Stellen Sie dafür die gewünschten Symbole in der Palette zusammen, und löschen Sie nicht benötigte Symbole.

Anschließend wählen Sie SYMBOL-BIBLIOTHEK SPEICHERN... aus dem Menü der Symbole-Palette. Illustrator bietet Ihnen den Speicherort ADOBE ILLUSTRATOR CS 2\VORGABEN\SYMBOLE im Dialog an. Speichern Sie die Bibliothek dort, wird sie in das Symbol-Bibliotheken-Untermenü aufgenommen – Sie können jedoch einen anderen Ort wählen.

▲ **Abbildung 15.46**
Symbole aus einer Bibliothek übernehmen

Symbolsätze und Symbol-Werkzeuge

Mit den Mitteln der Symbole-Palette können Sie nur jeweils eine Symbolinstanz auf der Zeichenfläche platzieren.

▲ **Abbildung 15.47**
Symbolsatz transformieren

Mit den Symbol-Werkzeugen – die englische Bezeichnung lautet übrigens »Symbolism Tools« – erzeugen Sie Symbolsätze aus mehreren Symbolinstanzen und bearbeiten die in einem Symbolsatz enthaltenen einzelnen Instanzen. Möchten Sie den kompletten Symbolsatz modifizieren, verwenden Sie dazu die Transformations-Werkzeuge, oder verwenden Sie die Funktionen der Aussehen-, Grafikstile- und Transparenz-Palette.

Gemischter Symbolsatz | Die Instanzen in einem Symbolsatz müssen nicht zum selben Symbol gehören. Gehören sie zu verschiedenen Symbolen, bezeichnet man den Satz als »gemischten Symbolsatz«.

Beachten Sie beim Arbeiten mit gemischten Symbolsätzen, dass die Symbol-Werkzeuge nur jeweils die Instanzen derjenigen Symbole bearbeiten, die in der Symbole-Palette aktiviert sind. Sie können also in der Illustration einer Blumenwiese, die aus Symbolinstanzen eines Grashalms sowie verschiedener Blumenarten besteht, gezielt die Instanzen einer Blumenart verändern.

▲ **Abbildung 15.48**
Gemischter Symbolsatz

Symbol-Werkzeuge

Die Symbol-Werkzeuge sind in der Werkzeugpalette unter der »Sprühdose« angeordnet. Auch dieses Werkzeugmenü lässt sich »abreißen« und frei auf der Zeichenfläche positionieren.

Verwenden Sie das Werkzeug SYMBOL AUFSPRÜHEN zum Erstellen der Symbolsätze, und beeinflussen Sie mit den Bearbeitungswerkzeugen die Position, die Stapelreihenfolge, die Dichte, die Skalierung, Drehung, Farbe, Transparenz und den Grafikstil einzelner oder mehrerer Symbolinstanzen in einem Symbolsatz.

▲ **Abbildung 15.49**
Symbol-Werkzeuge als Palette

Werkzeug-Auswahl | Alternativ zum Ausklappen des Werkzeug-Untermenüs und zum »Abreißen« der Palette haben die Entwickler sich noch eine besondere Methode des Werkzeugwechsels ausgedacht: Ist eines der Symbol-Werkzeuge ausgewählt und der Cursor über der Zeichenfläche, drücken Sie am Mac ⌘ + ⌥ und halten die Maustaste. Unter Windows verwenden Sie Alt und die rechte Maustaste. Die Werkzeug-Symbole werden kreisförmig um den Cursor angezeigt. Ziehen Sie den Cursor in Richtung eines Werkzeug-Symbols, wird dieses ausgewählt – das Cursor-Symbol wechselt entsprechend.

▲ **Abbildung 15.50**
Auswahl der Symbol-Werkzeuge direkt auf der Zeichenfläche.

Optionen | Symbol-Werkzeuge

Die Symbol-Werkzeuge besitzen eine gemeinsame Optionen-Dialogbox, in der Sie die Einstellungen für alle Tools vornehmen. Doppelklicken Sie eines der Werkzeuge, um die Optionen aufzurufen.

Abbildung 15.51 ▶

Optionen des Symbol-aufsprühen-Werkzeugs

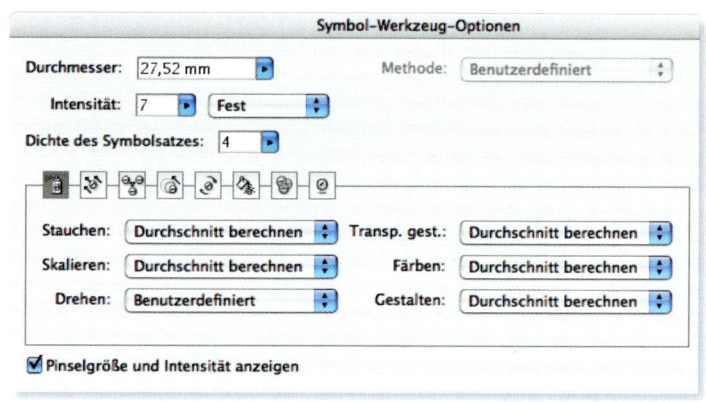

Im oberen Bereich finden Sie einige Optionen, die für alle Symbol-Werkzeuge eingestellt werden.

Die zuletzt an einem Symbolsatz verwendeten Einstellungen
für Durchmesser, Intensität und Dichte des Symbolsatzes sind
in diesem Satz gespeichert und werden bei seiner erneuten Bearbeitung als Werkzeug-Voreinstellung verwendet:

▶ Durchmesser: Mit einer Eingabe in diesem Dialogfeld steuern
Sie den Werkzeugdurchmesser. Klicken Sie auf den Pfeil und
verwenden den Schieberegler, oder geben Sie Werte zwischen
0,36 und 352,42 mm (1 bis 999 Pt) ein.

Der Durchmesser lässt sich auch regulieren, ohne die Optionen-Dialogbox zu öffnen: Drücken der Taste ⊞ (Mac) bzw.
⇧+< (Win) vergrößert den Durchmesser – mit Ü (Mac)
bzw. < (Win) reduzieren Sie die Werkzeuggröße wieder.

▲ Abbildung 15.52

»Aufsprühen« der Instanzen und
Anwendung des Färben-Werk-
zeugs – unten: Darstellung der
Werkzeugführung und des Drucks
auf das Grafiktablett

▶ Intensität: Mit diesem Wert legen Sie den Wirkungsgrad des
Werkzeugs fest; für die »Sprühdose« das Tempo, in dem
Instanzen erzeugt werden oder für das Werkzeug Symbol-Fär-
ben die Intensität einer Farbveränderung. Ein höherer Wert
verursacht eine schnellere und damit stärkere Wirkung.

Sie haben die Wahl, die Intensität Fest mit einer Eingabe zwi-
schen 1 und 10 oder durch die Verwendung des Stifts auf dem
Grafiktablett zu steuern. Wählen Sie in diesem Fall aus dem
Menü, mit welcher Grafiktablett-Option – Druck, Stylus-Rad,
Neigung etc. – Sie die Intensität steuern möchten (Mehr zum
Einsatz des Grafiktabletts unter »Pinsel-Werkzeug« sie-
he Kapitel 7.1).

▶ Dichte des Symbolsatzes: Dieser Wert beeinflusst, wie eng
die Instanzen im Symbolsatz platziert sind. Geben Sie einen
Wert von 1 bis 10 ein – ein höherer Wert rückt die Instanzen
näher zusammen.

Symbolsätze, die Sie neu erstellen, erhalten den aktuell eingestellten Dichte-Wert. Um die Dichte zu verändern, aktivieren

▲ Abbildung 15.53

Dichte-Wert 1 und 10

Sie den Symbolsatz, rufen die Symbol-Werkzeug-Optionen auf und stellen einen anderen Wert ein.

▶ PINSELGRÖSSE UND INTENSITÄT ANZEIGEN: Aktivieren Sie dieses Kontrollkästchen, dann zeigt Illustrator den Durchmesser des Werkzeugs mit einem Kreis um den Cursor an, dessen Farbe die Intensität widerspiegelt – von Hellgrau für wenig bis Schwarz für starke Intensität.

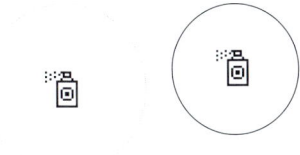

In der Button-Reihe darunter wählen Sie das Werkzeug aus, dessen individuelle Optionen Sie einstellen möchten. Die jeweiligen Optionen werden bei den einzelnen Werkzeugen besprochen.

▲ **Abbildung 15.54**
Anzeige von Werkzeug-Dimension und -Stärke durch den Cursor

Symbol-aufsprühen-Werkzeug

Mit der »Sprühdose« erstellen Sie Symbolsätze oder fügen weitere Symbole zu bestehenden Sätzen hinzu.

Wählen Sie das Werkzeug SYMBOL-AUFSPRÜHEN in der Werkzeugpalette – Shortcut ⇧+S – und ein Symbol in der Symbole-Palette oder einer Bibliothek aus. Klicken oder klicken und ziehen Sie den Cursor 🎨 auf der Zeichenfläche, um die Instanzen des Symbols aufzutragen.

▲ **Abbildung 15.55**
Bei längerem Klick auf einen Punkt »fließen« die Instanzen auseinander

Das Werkzeug ist nur bedingt geeignet, um exakt eine Instanz eines Symbols zu erzeugen – verwenden Sie zu diesem Zweck lieber den Button SYMBOLINSTANZ PLATZIEREN ↘ in der Symbole-Palette.

Beim »Sprühen« der Instanzen ordnen sich diese selbstständig zueinander, um eine gleichmäßige Flächendeckung im Rahmen des Grenzwerts für die DICHTE zu erreichen.

Optionen | Symbol-aufsprühen-Werkzeug

Neben den allgemeinen Optionen geben Sie für das Symbol-aufsprühen-Werkzeug an, wie die veränderbaren Eigenschaften einer Symbolinstanz jeweils definiert werden sollen. Mit Hilfe der Symbolbearbeitungswerkzeuge können Sie dieselben Eigenschaften zu einem späteren Zeitpunkt ändern.

◀ **Abbildung 15.56**
Optionen des Symbol-aufsprühen-Werkzeugs (Ausschnitt)

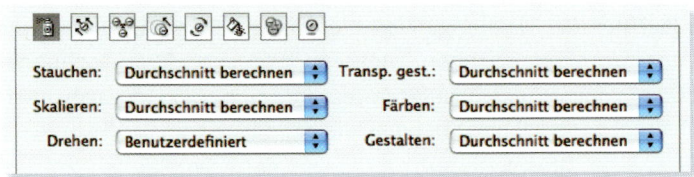

Sie haben zwei Möglichkeiten, wie stauchen, skalieren, drehen, transparent gestalten (Transp. gest.), färben und gestalten von Symbolen definiert werden kann.

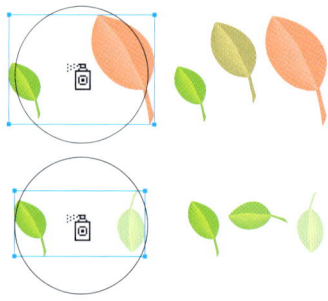

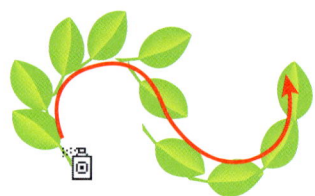

▲ **Abbildung 15.57**
Durchschnitt berechnen – jeweils links: Anwendung des Werkzeugs zwischen bestehenden Instanzen; jeweils rechts: Ergebnis

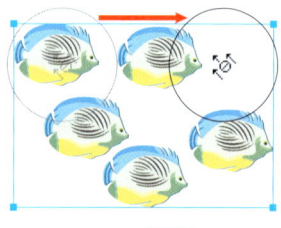

▲ **Abbildung 15.58**
So passt sich die Drehung der Instanzen an die Bewegungsrichtung des Cursors an, wenn Sie BENUTZERDEFINIERT einstellen.

▲ **Abbildung 15.59**
Instanzen bewegen mit dem Symbol-verschieben-Werkzeug

▶ DURCHSCHNITT BERECHNEN: Um den Wert der jeweiligen Eigenschaft zu ermitteln, wird ein Durchschnitt aus den Eigenschaften bereits im Symbolsatz vorhandener Symbolinstanzen ermittelt. Den Durchschnitt bildet das Programm aus den im Werkzeug-Durchmesser liegenden Instanzen des in der Symbole-Palette ausgewählten Symbols.

▶ BENUTZERDEFINIERT: Mit dieser Option werden die Parameter für die Eigenschaften durch verschiedene Einstellungen definiert.

  ▶ STAUCHEN (Dichte) und SKALIEREN: Dichte und Größe der Instanzen basieren auf der Größe der Symbolgrafik.

  ▶ DREHEN: die Ausrichtung der Symbolinstanzen richtet sich nach der Bewegung, die Sie mit dem Cursor ausführen. Bewegen Sie die Maus nicht, entspricht die Ausrichtung der des Symbols.

  ▶ TRANSPARENZ: Die Instanzen werden 100 % deckend angelegt.

  ▶ FÄRBEN: Illustrator verwendet die aktuell eingerichtete Füllfarbe zum Einfärben der Grafik.

  ▶ GESTALTEN: Die Instanzen werden mit dem in der Grafikstile-Palette ausgewählten Stil versehen.

Symbol-verschieben-Werkzeug 🎯

Mit diesem Werkzeug verschieben Sie Symbolinstanzen und verändern die Stapelreihenfolge innerhalb eines Symbolsatzes.

Gehen Sie wie folgt vor, um Instanzen zu verschieben:

1. Aktivieren Sie einen Symbolsatz und wählen in der Symbole-Palette das oder die Symbole aus, deren Instanzen Sie bearbeiten möchten.

2. Wählen Sie das Werkzeug SYMBOL-VERSCHIEBEN 🎯 in der Werkzeugpalette.

3. Bewegen Sie den Cursor 🎯 über die Symbole, deren Position Sie verändern möchten, und klicken und ziehen Sie den Mauszeiger in die gewünschte Richtung.

Beachten Sie, dass in gemischten Symbolsätzen zwar primär die Instanzen ausgewählter Symbole, aber zum Ausgleichen der Dichte auch andere Instanzen verschoben werden, die sich innerhalb des Werkzeug-Durchmessers befinden.

Stapelreihenfolge ändern | Um Symbolinstanzen in der Stapelreihenfolge nach vorne zu holen, drücken Sie ⇧ und klicken mit dem Cursor 🎯 auf die gewünschte Instanz. Drücken Sie ⌥/Alt + ⇧ und klicken eine Instanz, um sie nach hinten zu verschieben.

Symbol-stauchen-Werkzeug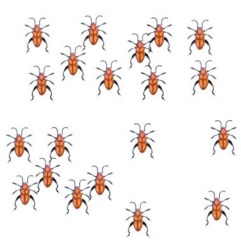

Das Symbol-stauchen-Werkzeug verwenden Sie, um die Dichte der Instanzen innerhalb eines Symbolsatzes zu bearbeiten, also die Grafikelemente voneinander weg- oder aufeinander zuzubewegen. Um die Dichte der Instanzen zu bearbeiten, gehen Sie wie folgt vor:

1. Aktivieren Sie einen Symbolsatz und wählen in der Symbole-Palette das oder die Symbole aus, deren Instanzen Sie bearbeiten möchten.

2. Wählen Sie das SYMBOL-STAUCHEN-WERKZEUG in der Werkzeugpalette. Doppelklicken Sie das Werkzeug, um seine Wirkungsweise in den Optionen einzustellen.

3. Um die Instanzen zueinander zu ziehen, bewegen Sie den Cursor über die Symbole, deren Position Sie verändern möchten, und klicken und ziehen in die gewünschte Richtung.
   Möchten Sie die Instanzen voneinander wegbewegen, halten Sie ⎇/Alt und klicken und ziehen.

Optionen | Symbol-stauchen-Werkzeug

Neben den allgemeinen Werkzeug-Optionen stellen Sie ein, auf welche Art die Dichteänderung ermittelt wird.

Die ausgewählte Option wird automatisch ebenso für die Werkzeuge SYMBOL-SKALIEREN, -DREHEN, TRANSPARENT-GESTALTEN und GESTALTEN übernommen.

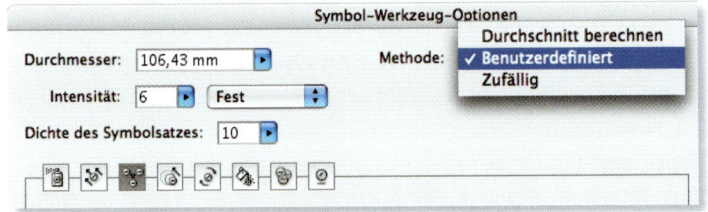

Wählen Sie im Menü METHODE eine Option:

▶ DURCHSCHNITT BERECHNEN: Mit dieser Option erzielen Sie ein an die Umgebung angepasstes Ergebnis. Wählen Sie DURCH-SCHNITT, z. B. zum nachträglichen Glätten von Übergängen zwischen bearbeiteten und nicht bearbeiteten Bereichen.
Mit dem Symbol-stauchen-Werkzeug und dieser Methode erzielen Sie jedoch kaum sichtbare Ergebnisse.

▶ BENUTZERDEFINIERT: Die Wirkung der Bearbeitung ist mit dieser Option am besten zu steuern und in der Regel stärker als mit der Option DURCHSCNITT BERECHNEN – da nur die Werkzeugbewegung berücksichtigt wird.

▲ **Abbildung 15.60**
Instanzen zusammen- und auseinander geschoben durch mehrfache Anwendung des Symbol-stauchen Werkzeugs

◀ **Abbildung 15.61**
Auswahl der Methode in den Werkzeug-Optionen

▲ **Abbildung 15.62**
Skalieren mit der Option DURCH-SCHNITT BERECHNEN – rechts: Ergebnis

▲ **Abbildung 15.63**
Skalieren mit der Option ZUFÄLLIG
– rechts: Ergebnis

▲ **Abbildung 15.64**
Originalsymbole (links oben), An-
wenden des Symbol-skalieren-
Werkzeugs

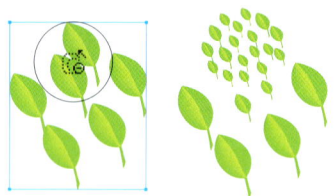

▲ **Abbildung 15.65**
Verkleinern von Instanzen unter
Beibehaltung der Dichte

Abbildung 15.66 ▶
Symbol-Werkzeug-Optionen des
Symbol-skalieren-Werkzeugs

Wählen Sie BENUTZERDEFINIERT vor allem dann, wenn Sie die Eigenschaften färben, transparent gestalten und gestalten wieder komplett von Symbolinstanzen entfernen möchten.

▶ ZUFÄLLIG: Mit dieser Option steuert ein Zufallswert die Veränderung der Instanzen innerhalb des Werkzeug-Durchmessers.

Symbol-skalieren-Werkzeug ⟨icon⟩

Dieses Werkzeug setzen Sie ein, um die Größe von Symbolinstanzen nachträglich anzupassen. Gehen Sie dabei wie folgt vor:

1. Aktivieren Sie einen Symbolsatz und wählen in der Symbole-Palette das oder die Symbole aus, deren Instanzen Sie bearbeiten möchten.
2. Wählen Sie das Symbol-skalieren-Werkzeug ⟨icon⟩ aus. Doppelklicken Sie das Werkzeug, um seine Wirkungsweise in den Optionen einzustellen.
3. Klicken und ziehen Sie den Werkzeug-Cursor ⟨icon⟩ über die Symbole, die Sie vergrößern möchten.

Modifikationsmöglichkeiten | Symbol-skalieren-Werkzeug

▶ ⟨⎇⟩/⟨Alt⟩: Drücken Sie ⟨⎇⟩/⟨Alt⟩, klicken und ziehen, um die Instanzen zu verkleinern.

▶ ⟨⇧⟩: Möchten Sie die Dichte der Instanzen beim Skalieren erhalten, drücken Sie ⟨⇧⟩, während Sie die Bearbeitung vornehmen. Beim Verkleinern werden zusätzliche Instanzen erzeugt, um die Dichte aufrechtzuerhalten. Beim Vergrößern werden Instanzen gelöscht – dies kann bei Symbolsätzen mit nur wenigen Instanzen sehr schnell vor sich gehen.

Optionen | Symbol-skalieren-Werkzeug

Für das Symbol-skalieren-Werkzeug können Sie neben den allgemeinen Optionen und der Methode – lesen Sie dazu die Beschreibung unter Symbol-stauchen-Werkzeug – zwei weitere Optionen definieren:

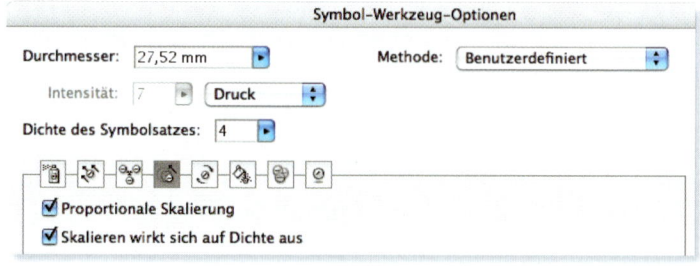

▶ PROPORTIONALE SKALIERUNG: Wählen Sie diese Option, wenn Sie die Proportionen der Formen erhalten möchten. Deaktivieren Sie die Option, wenn Sie die Richtung der Skalierung durch die Mausbewegung bestimmen möchten – bei diagonalen Bewegungen werden die Instanzen darüber hinaus verbogen.

▶ SKALIEREN WIRKT SICH AUF DICHTE AUS: Aktivieren Sie diese Option, verändert sich beim Skalieren auch die Position der Instanzen. Ist die Option deaktiviert, werden die Instanzen jeweils bezogen auf ihren Mittelpunkt skaliert.

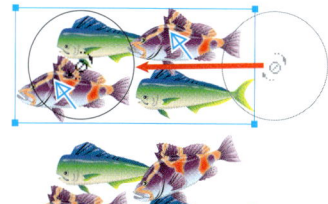

▲ **Abbildung 15.67**
Nichtproportionale Skalierung

Symbol-drehen-Werkzeug

Mit diesem Werkzeug drehen Sie die Ausrichtung von Symbolinstanzen in Richtung der Cursor-Bewegung. Kleine Pfeile über den Grafikelementen zeigen wie Kompassnadeln die Richtung an, während Sie den Cursor darüber bewegen. Um Symbolinstanzen zu drehen, gehen Sie folgendermaßen vor:

1. Aktivieren Sie einen Symbolsatz und wählen in der Symbole-Palette das oder die Symbole aus, deren Instanzen Sie bearbeiten möchten.
2. Wählen Sie das Symbol-drehen-Werkzeug und stellen die gewünschten Optionen unter Methode sowie die allgemeinen Optionen ein.
3. Klicken und ziehen Sie den Cursor ⌀ in der Richtung über die Instanzen, in der Sie diese ausrichten möchten.

▲ **Abbildung 15.68**
Anwendung des Symbol-drehen-Werkzeugs

Symbol-färben-Werkzeug

Mit dem Symbol-färben-Werkzeug kolorieren Sie Symbolinstanzen in der aktuell eingestellten Flächen-Farbe. Die Farbanpassung geschieht schrittweise in der Form, dass die Luminanz-Werte der Grafik erhalten bleiben, während der Farbton (Hue) der Flächenfarbe angepasst wird (siehe zum HSB-Farbmodell auch Kapitel 8).

Schwarze und weiße Flächen der Symbolinstanzen werden nicht verändert, die Färbung sehr heller bzw. sehr dunkler Flächen ist naturgemäß nicht sehr auffällig.

Sie erhalten als Ergebnis CMYK-Farben, auch wenn Sie eine Volltonfarbe ausgewählt haben. Um Instanzen einzufärben, gehen Sie wie folgt vor:

1. Stellen Sie die Flächenfarbe in einer der entsprechenden Paletten ein.
2. Aktivieren Sie eine Instanz oder einen Symbolsatz und wählen in der Symbole-Palette das oder die Symbole aus, deren Instanzen Sie bearbeiten möchten.
3. Wählen Sie das Symbol-färben-Werkzeug , und richten Sie die allgemeinen Werkzeug-Optionen sowie die Methode ein – lesen Sie unter Symbol-stauchen-Werkzeug zur Methode. Eine

HINWEIS

Das Färben von Symbolen erzeugt deutlich größere Dateien – ist die Dateigröße wichtig – z. B. bei Webprojekten –, verwenden Sie die Funktion nicht.

▲ **Abbildung 15.69**
Von links oben: Graduelle Anwendung der Farbe Magenta auf eine Symbolinstanz

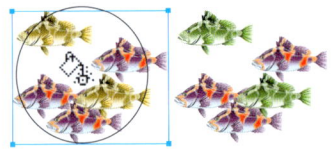

▲ Abbildung 15.70
Bereits gelb gefärbte Instanzen werden grün umgefärbt – einzelnes Anklicken ersparen Sie sich mit Hilfe der ⟨⇧⟩-Taste.

▲ Abbildung 15.71
Anwendung des Transparent-gestalten-Werkzeugs

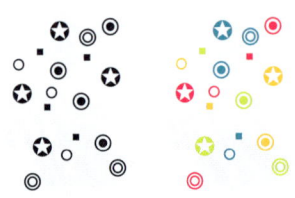

▲ Abbildung 15.72
Die Instanzen schwarz gefüllter Symbole lassen sich einfärben, indem Sie einen Grafikstil zuweisen.

bessere Kontrolle über die Färbung haben Sie, wenn Sie mit kleinen Intensitätswerten arbeiten und das Werkzeug dafür öfter anwenden.

4. Klicken oder klicken und ziehen Sie mit dem Cursor ⟨⟩ über die Bereiche, die Sie färben möchten.

Modifikationsmöglichkeiten | Symbol-färben-Werkzeug

▶ ⟨⌥⟩/⟨Alt⟩: Drücken Sie ⟨⌥⟩/⟨Alt⟩ und klicken oder klicken und ziehen, um die Färbung wieder zu reduzieren.

▶ ⟨⇧⟩: Haben Sie in einem Symbolsatz bereits einzelne Instanzen gefärbt und möchten nur auf diese Instanzen eine andere Farbe in derselben Intensität anwenden, drücken Sie ⟨⇧⟩ und bewegen den Cursor über den Symbolsatz – nur die bereits eingefärbten Instanzen erhalten die neue Farbe.

Symbol-transparent-gestalten-Werkzeug

Mit Version CS2 wurde das SYMBOL-RASTERN-WERKZEUG in SYMBOL-TRANSPARENT-GESTALTEN-WERKZEUG umbenannt. Der Name ist zwar umständlicher, trifft die Funktion des Werkzeugs dafür umso genauer. Mit dem Symbol-transparent-gestalten-Werkzeug stellen Sie die Deckkraft der Instanzen ein und gestalten sie damit durchscheinend. Wenden Sie das Werkzeug folgendermaßen an:

1. Aktivieren Sie einen Symbolsatz und wählen in der Symbole-Palette das oder die Symbole aus, deren Instanzen Sie bearbeiten möchten.

2. Wählen Sie das Symbol-transparent-gestalten-Werkzeug aus und stellen die Methode sowie die allgemeinen Werkzeug-Optionen ein.

4. Klicken oder klicken und ziehen Sie mit dem Cursor ⟨⟩ über die Bereiche, deren Deckkraft Sie reduzieren möchten.

Modifikationsmöglichkeit | Symbol-transp.-gestalten-Werkzeug

▶ ⟨⌥⟩/⟨Alt⟩: Drücken Sie ⟨⌥⟩/⟨Alt⟩ und klicken oder klicken und ziehen, um die Deckkraft wieder zu erhöhen.

Symbol-gestalten-Werkzeug

Das Symbol-gestalten-Werkzeug ermöglicht es, einer Instanz Grafikstile in definierbarer Intensität zuzuweisen. Wie alle Eigenschaften kann auch die Intensität innerhalb eines Symbolsatzes variieren. Gehen Sie wie folgt vor, um Instanzen mit Grafikstilen zu versehen:

1. Aktivieren Sie eine Instanz oder einen Symbolsatz und wählen in der Symbole-Palette das oder die Symbole aus, deren Instanzen Sie bearbeiten möchten.

2. Wählen Sie das Symbol-gestalten-Werkzeug , und richten Sie die allgemeinen Werkzeug-Optionen sowie die Methode ein – lesen Sie unter Symbol-stauchen-Werkzeug zur Methode. Wählen Sie eine niedrige Intensität des Werkzeugs, wenn Sie die graduelle Anpassung exakter steuern möchten.

3. Wählen Sie einen Grafikstil in der Grafikstile-Palette. Achtung: Haben Sie eines der Symbol-Werkzeuge ausgewählt, wenn Sie einen Grafikstil anklicken, wechselt Illustrator automatisch zum Symbol-gestalten-Werkzeug. Ist jedoch irgendein anderes Werkzeug aktiv, wenn Sie einen Grafikstil anklicken, wird der Stil sofort auf den kompletten ausgewählten Symbolsatz angewendet.

4. Klicken oder klicken und ziehen Sie den Cursor ⊙ über die Instanzen, denen Sie den Grafikstil zuweisen möchten.

Modifikationsmöglichkeiten | Symbol-gestalten-Werkzeug

▶ ⌥/Alt: Drücken Sie ⌥/Alt während der Anwendung, um die Grafikstile wieder von den Instanzen zu entfernen.

▶ ⇧: Haben Sie in einem Symbolsatz bereits einzelne Instanzen mit einem Grafikstil versehen und möchten nur auf diese Instanzen einen weiteren Grafikstil in derselben Intensität anwenden, drücken Sie ⇧ und bewegen den Cursor über den Symbolsatz – nur die bereits mit einem Stil versehenen Instanzen erhalten den neuen Grafikstil.

Aufbau eines für Symbole geeigneten Grafikstils

Weisen Sie einer Instanz oder einem Symbolsatz den Grafikstil auf dem Weg über die Grafikstile-Palette zu – also indem Sie das Objekt aktivieren und den Grafikstil anklicken –, erfolgt die Anwendung des Stils wie auf eine Gruppe (Aussehen siehe Kapitel 10).

Je nach Position des INHALT-Eintrags im Attribut-Stapel während der Definition des Grafikstils werden die Eigenschaften auf das Symbol angewendet.

▲ **Abbildung 15.73**
Anwenden eines Grafikstils (Schlagschatten) auf Symbole

◀ **Abbildung 15.74**
Einfache Aussehen-Attribute und ihre Wirkung an einer Symbolinstanz

Wenden Sie einen Grafikstil dagegen mit dem Symbol-gestalten-Werkzeug an, legt Illustrator die für Kontur und Fläche definierten Attribute immer über und Effekte unter den Eintrag INHALT.

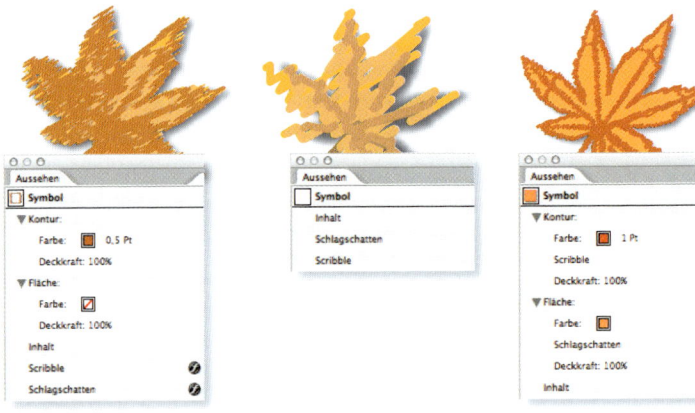

▲ **Abbildung 15.75**
Mit dem Symbol-gestalten-Werkzeug angewendete Grafikstile – der Eintrag »Deckkraft« kennzeichnet die Intensität, die das Werkzeug erzeugt hat.

Beim »Aufsprühen« von Grafikstilen haben Sie also nur einen geringen Einfluss auf die Stapelreihenfolge der Aussehen-Attribute.

Schritt für Schritt: Symbole erstellen und anwenden

1 Vorbereitung
In der Übung werden Sie die Illustration eines Baums durch Hinzufügen einiger Blätter etwas lebendiger gestalten. Zeichnen Sie einen Baum oder öffnen die Datei Baum.ai von der DVD.

▲ **Abbildung 15.76**
Anfangssituation

2 Grafik für Symbol erstellen
Als nächsten Schritt erstellen Sie ein einzelnes Blatt aus wenigen einfachen Formen: dem Umriss und einem Verlauf. Falls Sie wie abgebildet das Blatt aus den beiden Formen Blattfläche und Stiel erstellen, fügen Sie diese Formen anschließend zu einer zusammen. Den Verlauf bilden Sie als Überblendung zwischen zwei Pfaden.

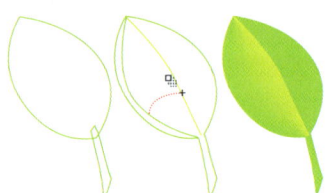

▲ **Abbildung 15.77**
Aufbau des Blatts aus Umriss und Überblendung

3 Symbol in Symbole-Palette einrichten
Rufen Sie die Symbole-Palette auf und bereinigen sie um die nicht benötigten Standardsymbole, indem Sie alle auswählen und den Button LÖSCHEN 🗑 klicken.

Aktivieren Sie alle Elemente, die zu Ihrem Blatt gehören und ziehen alles auf die Symbole-Palette. Anschließend doppelklicken Sie den eben erzeugten Eintrag und geben Ihrem Symbol einen aussagekräftigen Namen.

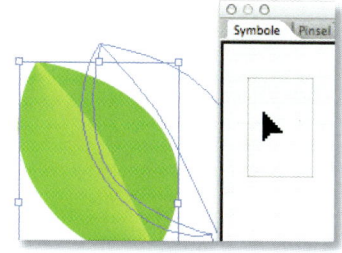

▲ **Abbildung 15.78**
Symbol erstellen

4 Symbol-aufsprühen-Werkzeug einstellen

Wählen Sie das SYMBOL-AUFSPRÜHEN-WERKZEUG aus der Werkzeugpalette – Shortcut ⌂+S. Doppelklicken Sie das Werkzeug, um die Optionen einzurichten. Wenn Sie die Baum-Illustration von der DVD verwenden, geben Sie folgende Werte ein: DURCHMESSER: 70–80 mm, INTENSITÄT: 6 (Fest), DICHTE: 7, DREHEN: Benutzerdefiniert, alle anderen Eigenschaften: Durchschnitt berechnen.

5 Blätter auftragen

Wählen Sie das Blatt-Symbol in der Symbole-Palette aus. Bewegen Sie das Sprüh-Werkzeug auf die Mitte des Baums, und klicken und ziehen Sie von innen nach außen entlang der Äste, um die Blätter aufzutragen. Die Ausrichtung des Symbols richtet sich nach der Bewegungsrichtung des Werkzeugs. Falls zu wenig oder zu viele Blätter erstellt werden, bewegen Sie das Werkzeug entweder in einer anderen Geschwindigkeit, oder ändern Sie die Option INTENSITÄT.

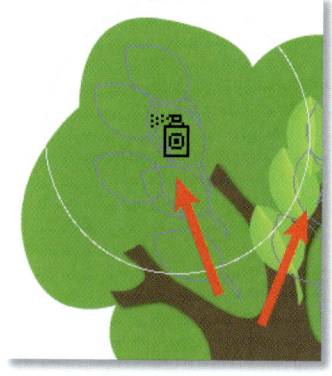

▲ **Abbildung 15.79**
Symbol aufsprühen

Deaktivieren Sie den Symbolsatz, indem Sie ⌘/Strg drücken und mit dem Cursor auf die Zeichenfläche klicken. Tragen Sie anschließend noch am Fuß des Baums einige heruntergefallene Blätter auf.

6 Blätter editieren

Aktivieren Sie den Symbolsatz der Blätter in der Baumkrone. Wählen Sie das Symbol-verschieben-Werkzeug mit einem Durchmesser von etwa 30–40. Bewegen Sie damit die zu weit hinausragenden Blätter auf die grüne Fläche: Klicken Sie etwas außerhalb des Blatts und ziehen in die gewünschte Richtung.

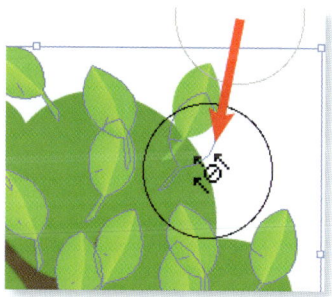

▲ **Abbildung 15.80**
Verschieben der Symbolinstanzen

Wählen Sie anschließend das Symbol-drehen-Werkzeug und korrigieren die Ausrichtung der Blätter.

Wählen Sie jetzt den Symbolsatz der Blätter am Boden aus. Bewegen Sie das Symbol-drehen-Werkzeug einige Male hin und her, um die Ausrichtung unordentlicher zu gestalten.

Wählen Sie anschließend noch das Symbol-skalieren-Werkzeug, und stellen Sie die Intensität auf 3. Aktivieren Sie einen Symbolsatz und klicken an einigen Stellen, um die Symbole zu vergrößern. Beobachten Sie die Vorschau – lassen Sie die Maustaste los, wenn Ihnen die Größe zusagt. Die Blätter am Rand ver-

▲ **Abbildung 15.81**
Nach dem Skalieren

▲ **Abbildung 15.82**
Herbstliche Färbung

kleinern Sie etwas – halten Sie ⌥/Alt beim Arbeiten mit dem Symbol-skalieren-Werkzeug.

7   **Blätter färben**

Richten Sie die Farbe »Kürbis hell« aus der Farbfelder-Palette als Flächenfarbe ein. Wählen Sie das Symbol-färben-Werkzeug 🖌 mit einer Intensität von 5–6 und einem Durchmesser von etwa 35 mm. Aktivieren Sie den Symbolsatz am Fuß des Baums.

Klicken Sie mit dem Werkzeug kurz auf verschiedene Stellen innerhalb des Symbolsatzes. Mit jedem Klick nehmen die Blättern mehr Farbe an.

Wechseln Sie die Flächenfarbe auf »Sonnenschein« und färben damit ebenfalls einige Stellen. Achten Sie darauf, den Symbolsatz nicht zu einheitlich zu färben. Setzen Sie zum Abschluss einige Farbtupfer mit der Farbe »Rubin«. ◼

16   3D-Live-Effekte

Die 3D-Live-Effekte gibt es seit der Version CS. Sie sind leider nur ein schwacher Trost dafür, dass Adobe die Entwicklung des 3D-Vektorprogramms »Dimensions« eingestellt hat.

Illustrators 3D-Effekte ermöglichen es, einfache 3D-Operationen auf Grundformen anzuwenden, diese mit Oberflächentexturen zu versehen und mit Lichtquellen zu beleuchten. Da die 3D-Operationen als »Live«-Effekte angewendet werden, sind sowohl die Grundobjekte als auch die Parameter der Effekte selbst jederzeit editierbar.

Es lassen sich sogar einfache Animationen herstellen, wenn Sie Angleichungen – Überblendungen – zwischen Objekten bilden, auf die 3D-Effekte in unterschiedlichen Einstellungen angewendet sind (zum Shockwave-Flash-Export siehe Kapitel 18).

Anders als in »echten« 3D-Programmen sind in Illustrator einzelne Objekte, auf die 3D-Effekte angewendet wurden, unabhängig voneinander – die dreidimensionalen Formen haben jeweils eigene Lichtquellen, und Sie können sie nicht im Raum kombinieren, sondern nur auf der Fläche anordnen.

 Exkurs: Dimensions

Das PostScript-basierte 3D-Programm Adobe Dimensions kam Ende 1992 auf den Markt und wurde bis zur Version 3.01 weiterentwickelt. Adobe hat den Support 2005 endgültig eingestellt.

◄ **Abbildung 16.1**
Von links: Textobjekt, mit Hülle verzerrt; Diagramm; Pinselkontur; interaktive Malgruppe; Objekt mit Scribble-Effekt. Alle Grundobjekte sind editierbar.

Als Grundformen können Sie einfache Pfade oder bereits mit anderen Illustrator-Funktionen erstellte oder verformte Objekte – wie Verzerrungshüllen oder Diagramme – verwenden.

16.1 3D-Objekte erzeugen

Für die Konstruktion dreidimensionaler Objekte bietet Illustrator im Menü EFFEKT • 3D drei Operationen: Extrudieren, Kreiseln und Drehen. Die Effekte Extrudieren und Kreiseln generieren dreidimensionale Körper, deren Lage im Raum frei bestimmt werden kann. Der Drehen-Effekt rotiert zweidimensionale Objekte im Raum und erzeugt eine perspektivische Ansicht.

▲ Abbildung 16.2
Geschlossenes und offenes Objekt (oben), Grundform Kontur bzw. Fläche (unten)

Grundformen

Die der Grundform zugewiesenen Füllungen und Konturen übernimmt das dreidimensionale Objekt. Besitzt eine Grundform nur eine Füllung, bildet diese die Oberflächenfarbe des Körpers.

Ist darüber hinaus eine Kontur definiert, entsteht ein zusätzliches Objekt, denn Illustrator wandelt Konturen vor der Anwendung eines 3D-Effekts intern in Flächen um. Daher dauert die Berechnung eines konturierten Objekts länger und kann zu unerwünschten Ergebnissen führen. Verwenden Sie deswegen Grundformen ohne Kontur.

Gruppen | Auf gruppierte Objekte wirkt sich ein zugewiesener 3D-Effekt aus, als wären sie ein Gesamtobjekt. Sie können also eine korrekte räumliche Anordnung mehrerer Körper erzielen, wenn Sie die Grundformen vor der Anwendung des 3D-Effekts gruppieren. Allerdings lassen sich nur gemeinsame Einstellungen für alle in der Gruppe zusammengefassten Objekte vornehmen.

Dasselbe Ergebnis erhalten Sie, wenn Sie den Effekt auf die Ebene anwenden, der die Objekte zugeordnet sind.

▲ Abbildung 16.3
Einzeln (links) und als Gruppe (rechts) extrudiert

Transparenz | Um ein transparentes Material zu simulieren, legen Sie die Deckkrafteinstellung und ggf. eine abweichende Füllmethode für das Grundobjekt an.

Beachten Sie die Anmerkung zu transparenten Objekten im Abschnitt 16.3, »Schattierung und Beleuchtung«.

Muster | Ist ein Objekt mit Musterfüllungen versehen, kann die Berechnung des 3D-Körpers einige Zeit in Anspruch nehmen, vor allem, wenn Sie gleichzeitig Profilkanten zugewiesen haben.

Weisen Sie das Muster stattdessen als Grafik-Mapping der Oberfläche zu.

▲ Abbildung 16.4
Eine Musterfüllung wird mit dem Objekt extrudiert.

HINWEIS

Die englische Originalbezeichnung dieses Filters – »Bevel« – hätte man vielleicht zutreffender mit »Profilkante« übersetzt.

Extrudieren und abgeflachte Kante

Dieser Effekt verwendet die Grundform als Profil, das entlang der z-Achse in die Tiefe gezogen wird. Die z-Achse verläuft immer senkrecht zur Objektoberfläche, d. h. senkrecht zur Zeichenfläche.

Die Form der beim Tiefziehen entstehenden Kante können Sie bestimmen. Der Effekt heißt zwar »abgeflachte Kante«, diese Bezeichnung trifft jedoch auf die allerwenigsten der zur Verfügung stehenden Formen zu. Die Palette der Kantenformen lässt sich außerdem durch eigene Formen ergänzen.

Den Effekt können Sie auf offene und geschlossene Pfade, gruppierte Objekte, zusammengesetzte Pfade, zusammengesetzte Formen oder Ebenen anwenden.

Um ein Objekt zu extrudieren, aktivieren Sie es bzw. wählen es als Ziel aus und wählen Effekt • 3D • Extrudieren und abgeflachte Kante… aus dem Menü. Die Optionen, mit denen Sie das Extrusionsobjekt erstellen, finden Sie in der Dialogbox unter dem Drehpositionsregler:

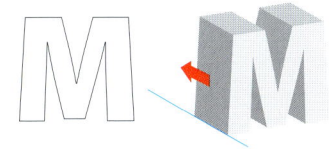

▲ **Abbildung 16.5**
Grundform und extrudiertes Objekt

◄ **Abbildung 16.6**
Extrudieren und abgeflachte Kante – Optionen (Ausschnitt)

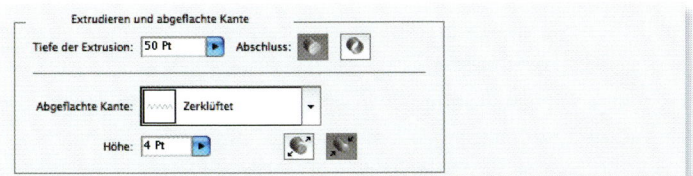

▶ Tiefe der Extrusion: Geben Sie die Tiefe des Objekts mit einem Wert zwischen 0 und 2000 Pt bzw. 705,5 mm ein. Um die Tiefe in Millimeter festzulegen, tippen Sie die Einheit mm nach dem Wert.

▶ Abschluss: Mit den Abschluss-Buttons definieren Sie, ob das Objekt geschlossen ⊙ oder offen ⊙ ist.
Offene Körper sollten Sie aus Grundobjekten erzeugen, die keine Kontur besitzen. Besitzt die Grundform eine Kontur, wird je ein Extrusionsobjekt auf beiden Seiten der Kontur angelegt.

▶ Abgeflachte Kante: In dem Menü bestimmen Sie das Profil des Objekts entlang der z-Achse.

▶ Höhe: Geben Sie hier ein, auf welche Höhe das ausgewählte Profil skaliert werden soll. Geben Sie einen Wert zwischen 0 und 100 Pt – oder 35,2 mm – ein.
Beachten Sie, dass Darstellungs- und Berechnungsfehler auftreten können, wenn die Höhe des Profils den Durchmesser der Grundfläche des Objekts übersteigt.

▶ Nach aussen/nach innen: Die Höhe des Kantenprofils können Sie zur Objektgrundfläche hinzufügen oder innerhalb der Objektgrundfläche berechnen lassen. Wählen Sie mit den Buttons Abgeflachte Kante nach aussen 🔲 und Abgeflachte Kante nach innen 🔲.

▲ **Abbildung 16.7**
Grundobjekt, Profilkante, nach außen (rot) und nach innen (grün)

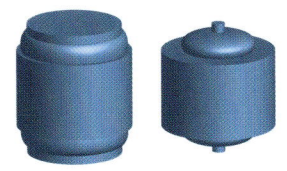

▲ **Abbildung 16.8**
Unterschiedliche Profilhöhe, Abgeflachte Kante nach innen

Eigene Kantenprofile hinzufügen und verwenden

Das Menü Abgeflachte Kante in der Dialogbox 3D-Extrudieren-Optionen enthält nur eine begrenzte Anzahl Kanten, Sie können es jedoch um eigene Kreationen ergänzen. Bei jedem Start liest Illustrator die Kantenprofile aus einer Datei im Programmordner – in dieser Datei müssen Sie Ihre eigenen Profile anlegen, damit diese beim nächsten Start des Programms im Menü zur Verfügung stehen. Gehen Sie wie folgt vor:

1. Zeichnen Sie das Profil als einzelnen offenen Pfad. Auch wenn der Hilfetext nahe legt, dass Sie den Pfad in der Kanten-Datei erstellen sollen, ist das nicht notwendig.
Legen Sie Ihre Kante horizontal an. Die Außenseite weist nach oben. Der Teil, der am Objekt nach vorne zeigen soll, ist an der rechten Seite.

2. Öffnen Sie die Datei Abgeflachte Kanten.ai aus dem Ordner Adobe Illustrator CS 2\Zusatzmodule.

3. Fügen Sie Ihr Kantenprofil über die Zwischenablage in die Kanten-Datei ein.

4. Rufen Sie die Symbole-Palette auf unter Fenster • Symbole – Shortcut ⌘/Strg+⇧+F11.
Legen Sie Ihr Kantenprofil als neues Symbol an, indem Sie das Profil aktivieren, ⌥/Alt drücken und den Button Neues Symbol ⬛ klicken. Geben Sie dem Symbol einen aussagekräftigen Namen.

5. Speichern Sie die Abgeflachte Kanten-Datei, schließen Sie sie und beenden Illustrator. Starten Sie Illustrator erneut und öffnen die Datei, in der Sie die Kante verwenden möchten.

6. Aktivieren Sie das Objekt, dem die Kante zugewiesen werden soll. Falls Sie es bereits mit dem Extrudieren-Effekt versehen haben, rufen Sie die Optionen des Effekts über die Aussehen-Palette auf. Wählen Sie das vorher eingerichtete Profil im Menü Abgeflachte Kante aus.

7. Passen Sie – falls nötig – die Höhe des Profils an, und wählen Sie mit den Buttons, ob die Kante nach außen oder innen berechnet werden soll.

Kreiseln

Diese Operation wird in vielen 3D-Programmen auch als »Rotation« bezeichnet. Der Körper entsteht, indem die Grundform um die y-Achse rotiert wird. Die Position des Grundobjekts kann rechts oder links der Achse gewählt werden. Auch den Abstand des Grundobjekts zur Achse können Sie definieren – dies benötigen Sie z. B. zum Erstellen von Ring-Objekten.

▲ **Abbildung 16.9**
Grundobjekt und Profilkante (oben), extrudiert (Mitte), gedreht und mit Bildmaterial versehen

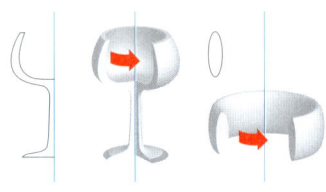

▲ **Abbildung 16.10**
Grundformen und gekreiselte Objekte

Wie die Extrusion lässt sich auch dieser Effekt auf Einzelobjekte, zusammengesetzte Pfade und Formen, Gruppen und Ebenen anwenden.

Wenden Sie den Effekt gleichzeitig auf mehrere Objekte an, rotiert jedes um eine eigene Achse. Wenn Sie mehrere Objekte um eine gemeinsame Achse rotieren möchten, gruppieren Sie sie vor Anwenden des Effekts. Alternativ wenden Sie den Effekt auf die Ebene an, der die Objekte zugeordnet sind.

Um ein Objekt, eine Gruppe oder eine Ebene mit dem Kreiseln-Effekt zu versehen, aktivieren Sie es bzw. wählen es als Ziel aus und rufen EFFEKT • 3D • KREISELN… aus dem Menü auf. Die Optionen, mit denen Sie das Rotationsobjekt erstellen, finden Sie in der Dialogbox unter dem Drehpositionsregler:

▲ **Abbildung 16.11**
Einzeln (links) und als Gruppe (rechts) rotiert

◀ **Abbildung 16.12**
Kreiseln – Optionen (Ausschnitt)

▶ WINKEL: Sie können bestimmen, ob die Grundform ganz um die Achse herum kreiselt – also 360° – oder nur teilweise. Verwenden Sie den Winkelschieber, oder geben Sie einen Wert zwischen 0 und 360° in das Eingabefeld ein.

▶ ABSCHLUSS: Mit den Abschluss-Buttons definieren Sie, ob das Objekt geschlossen 🔘 oder offen 🔘 ist. Diese Option bewirkt nur dann eine Veränderung, wenn der Kreiselwinkel kleiner als 360° ist.

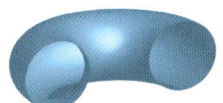

▲ **Abbildung 16.13**
Kreiselobjekt mit offenem Abschluss

▶ ABSTAND … VON: Im Dialogfeld ABSTAND bestimmen Sie die Entfernung zwischen der Drehachse und der Grundform. Geben Sie einen Wert zwischen 0 und 1000 Pt – oder 352,7 mm – ein. Mit dem Aufklappmenü legen Sie fest, auf welcher Seite der Drehachse die Grundform angeordnet wird.

16.2 Objekte im Raum ausrichten

Die Ansicht der Objekte bestimmen Sie zum einen durch ihre Ausrichtung im Raum – in Illustrator als »Position« bezeichnet, obwohl Sie eine räumliche Position nicht definieren können. Darüber hinaus legen Sie mit der Perspektive die Brennweite Ihrer virtuellen Kamera fest.

Das Verschieben eines Objekts auf der Zeichenfläche wirkt sich anders als bei »echtem 3D« nicht auf die perspektivische Darstellung aus.

TIPP

Deaktivieren Sie die Anzeige des Begrenzungsrechtecks, wenn Sie 3D-Objekte auf der Zeichenfläche verschieben.

Andernfalls passiert es nur zu oft, dass Sie die Grundform unabsichtlich transformieren, anstatt das 3D-Objekt zu verschieben.

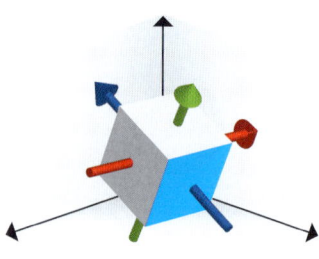

▲ Abbildung 16.14
Lokale (Objekt-)Achsen und globale (Welt-)Achsen

▲ Abbildung 16.15
Konturen und Muster werden perspektivisch angepasst.

Abbildung 16.16 ▶
Drehen-Optionen

Lokale und globale Achsen

Um die Position eines Objekts relativ zum Betrachter auszurichten, können Sie sowohl lokale – an das Objekt gebundene – als auch globale Achsensysteme verwenden. Prinzipiell funktioniert das Ausrichten wie das Positionieren eines Objekts auf einem Tisch: Sie können entweder das Objekt oder den Tisch bewegen, um das Objekt zu einer Kamera auszurichten.

Das lokale Achsensystem bewegt sich bei der Drehung mit dem Objekt, das globale Achsensystem ist selbst fixiert, bewirkt aber – wenn Sie es verwenden – eine Drehung des Objekts sowie aller seiner Achsen.

Die zwei Achsensysteme erlauben eine flexible Handhabung der Objektdrehungen: Das Bewegen mit den lokalen Achsen ist intuitiver, da es der Handhabung von Dingen in der realen Welt entspricht. Das Bewegen anhand der globalen Achsen erlaubt Ihnen die genauere Einstellung der Ansicht.

Drehen

Drehen beinhaltet die Ausrichtung der Objekte im Raum und die Einstellung der Perspektive einer virtuellen Betrachtungskamera. Eine Drehung lässt sich sowohl für Extrusions- und Kreiselobjekte als auch für zweidimensionale Formen einrichten.

Beim Drehen zweidimensionaler Formen wirkt sich die Drehung auf Musterfüllungen, Konturstärken und Pinselkonturen aus, die perspektivisch angepasst werden. Die perspektivische Darstellung von Verläufen gelingt in den wenigsten Fällen.

Um dreidimensionale Extrusions- und Rotationsobjekte zu drehen, verwenden Sie die Eingabemöglichkeiten in der Dialogbox des jeweiligen Effekts.

Ein zweidimensionales Objekt drehen Sie, indem Sie es aktivieren und EFFEKT • 3D • DREHEN… aufrufen:

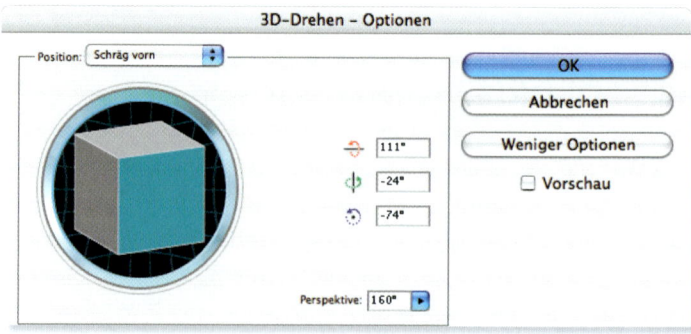

▶ VORSCHAU: Aktivieren Sie die Vorschau, um die Positionsänderungen auf der Zeichenfläche darzustellen.

- POSITION: Einige Standard-Objektpositionen sind über das Menü abrufbar. Sie enthalten sowohl die Objektausrichtung als auch die zugehörige Perspektive.
- WINKELEINSTELLUNGEN: Um die Position frei einzustellen, verwenden Sie den Würfel oder geben die gewünschte Position in die Eingabefelder für die Drehung um die x-Achse ↺, die y-Achse ↺ und die z-Achse ↺ ein.
- WÜRFEL: Der Würfel repräsentiert Ihr Objekt – die Vorderseite ist blau dargestellt, die Ober- und Unterseite hellgrau, die Seitenflächen in einem mittleren Grau, die Rückseite in Dunkelgrau.
  - Freie Drehung: Klicken und ziehen Sie eine der Würfelflächen, um das Objekt frei zu drehen.
  - Eingeschränkte Drehung auf lokale Achsen: Bewegen Sie die Maus über eine Würfelkante – der Cursor zeigt den Doppelpfeil ↗, und die Kanten werden farbig hervorgehoben; klicken und ziehen Sie, um das Objekt zu drehen. Die Hervorhebung der Kante zeigt Ihnen an, um welche Achse Sie das Objekt drehen – x-Achse: rot, y-Achse: grün, z-Achse: blau.
  - Eingeschränkte Drehung auf globale Achsen: Drücken Sie ⇧, und bewegen Sie die Maus in das Würfelfeld – der Cursor zeigt das Koordinatenkreuz ⊥. Klicken und ziehen Sie die Maus horizontal, um die Drehung auf die globale x-Achse ⇄, und vertikal, um die Drehung auf die globale y-Achse ⇕ zu beschränken. Ziehen Sie im blauen Band, welches das Feld umgibt, um das Objekt um die globale z-Achse ↺ zu drehen.
- PERSPEKTIVE: Geben Sie einen Wert zwischen 0 und 160° ein, um die Darstellungsperspektive zu definieren. Ein Wert von 0° bewirkt eine unverzerrte Darstellung, große Werte entsprechen in der Wirkung einem starken Weitwinkelobjektiv.

16.3 Schattierung und Beleuchtung

Illustrator berechnet nicht nur eine dreidimensionale Geometrie, sondern passt auch die Füllung der Objekte an die Beleuchtung und die gewählte »Schattierung« an. Mit der Schattierung bestimmen Sie die Oberflächenqualität in vier Stufen von Drahtmodelldarstellung bis Kunststoffschattierung.

Je nach gewählter Schattierung stehen unterschiedliche und unterschiedlich viele Beleuchtungsoptionen zur Verfügung.

TIPP

Wenn Sie mehrere Objekte zu einem Fluchtpunkt ausrichten wollen, konstruieren Sie sich die Perspektive einer Szene mit Hilfslinien.

▲ **Abbildung 16.17**
Drehung um die lokale x-Achse (Mitte), Drehung um die globale y-Achse (rechts)

▲ **Abbildung 16.18**
Perspektive 0° und 160°

HINWEIS

Die in diesem Abschnitt besprochenen Einstellmöglichkeiten sind erst sichtbar, wenn Sie WEITERE OPTIONEN in der Dialogbox anzeigen lassen.

Abbildung 16.19 ▶
Lichtquellen-Dialogbox

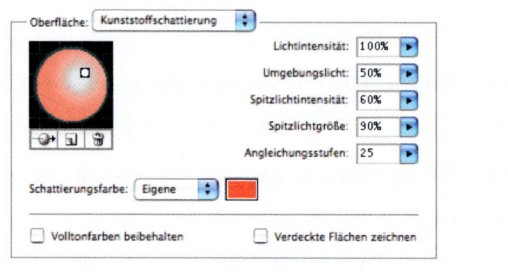

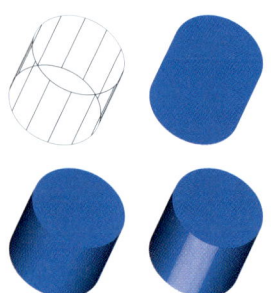

▲ **Abbildung 16.20**
Schattierungsoptionen: DRAHTMO-
DELL, KEINE, DIFFUSE, KUNSTSTOFF-
SCHATTIERUNG

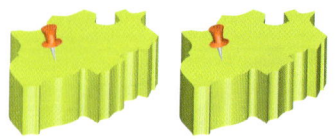

▲ **Abbildung 16.21**
Reduziertes Umgebungslicht
(rechts)

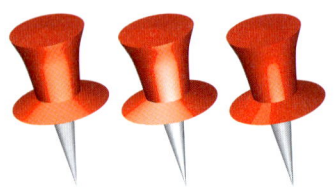

▲ **Abbildung 16.22**
Spitzlichtintensität/-größe
(v. l. n. r.): 60/100, 100/100, 100/80

▶ OBERFLÄCHE: Wählen Sie die Oberflächenqualität aus dem Menü:

  ▶ Drahtmodelldarstellung: Es werden die Konturen der Polygone dargestellt, aus denen der Körper sich zusammensetzt. Flächen sind transparent.

  ▶ Keine Schattierung: Das Objekt behält seine Farbe bei. Sie wird nicht durch die dreidimensionale Form oder die Beleuchtung moduliert.

  ▶ Diffuse Schattierung: Diese Schattierung simuliert diffuse Lichtquellen, die Objektfarbe wird entsprechend der Körperform moduliert.

  ▶ Kunststoffschattierung: Mit dieser Option nimmt das Objekt eine reflektierende Oberfläche an – die Beleuchtungsoptionen beinhalten Spitzlichter.

▶ LICHTINTENSITÄT: Mit einem Wert von 0 bis 100 % steuern Sie die Intensität – also die Helligkeit – der ausgewählten Lichtquelle.

▶ UMGEBUNGSLICHT: Mit der Eingabe in diesem Feld bestimmen Sie die globale Helligkeit der Szene um das Objekt, d. h., alle Seiten des Objekts sind gleichmäßig betroffen. Diese Einstellung lässt sich wie die folgenden nur allgemein für das Objekt vornehmen. Reduzieren Sie die Helligkeit des Umgebungslichts, und verstärken Sie das Spotlicht, um die Form Ihres Objekts herauszuarbeiten.

▶ SPITZLICHTINTENSITÄT: Mit diesem Wert steuern Sie die Stärke der von den Lichtquellen erzeugten Reflexionen am Objekt. Geben Sie einen Wert zwischen 0 und 100 % ein – ein größerer Wert verursacht ein glänzenderes Aussehen des Objekts.

▶ SPITZLICHTGRÖSSE: Mit einem Wert von 0 bis 100 % bestimmen Sie die Größe des Spitzlichts.

▶ ANGLEICHUNGSSTUFEN: Die Anzahl der Angleichungsstufen bestimmt die Glätte der Oberflächenschattierung. Geben Sie einen Wert von 1 bis 256 ein. Ein hoher Wert erzeugt glattere Übergänge, aber auch komplexere Objekte, da jede Übergangsstufe als eine Form erstellt wird.

▶ VERDECKTE FLÄCHEN ZEICHNEN: Aktivieren Sie diese Option, wenn Sie alle Flächen des Objekts darstellen lassen möchten. Die Flächen sind sichtbar, wenn für das Grundobjekt eine reduzierte Deckkraft oder eine andere Füllmethode als »Normal« eingestellt ist. Darüber hinaus werden die verdeckten Flächen berechnet, wenn Sie das Aussehen des Objekts umwandeln lassen.

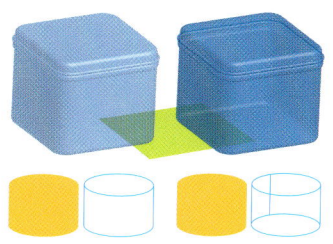

▲ **Abbildung 16.23**
Rechte Hälfte: VERDECKTE FLÄCHEN
ZEICHNEN aktiviert
oben: transparentes Objekt, unten: nach Umwandlung

Beleuchtung positionieren

Mit der Beleuchtung erzielen Sie häufig erst die dreidimensionale Wirkung des Objekts, Lichtspots betonen Profilkanten und geben einem Objekt Atmosphäre.

Falls die Beleuchtungsoptionen beim Aufrufen der Effekt-Dialogbox nicht sichtbar sind, zeigen Sie sie an, indem Sie den Button WEITERE OPTIONEN klicken.

Neben dem Umgebungslicht, das Ihr Objekt von allen Seiten gleich beleuchtet, können Sie mehrere Lichtspots einrichten, die auf bestimmte Bereiche Ihres Objekts zielen. Diese Lichtspots verursachen die Spitzlichter auf der KUNSTSTOFFSCHATTIERUNG.

Die Lichtspots erzeugen und positionieren Sie mit Hilfe der Lichtkugel – die Kugel repräsentiert das 3D-Objekt. Wenn Sie das Objekt drehen, verändern sich die Positionen der Spotlichter nicht.

▲ **Abbildung 16.24**
Lichtkugel

Jedes 3D-Objekt hat voreingestellt eine Spot-Lichtquelle. Sie können Lichtquellen hinzufügen und wieder löschen, die letzte Lichtquelle lässt sich jedoch nicht löschen. Spots werden durch Kreise auf der Kugel dargestellt. Weiße Kreise ○ zeigen Lichtquellen auf der Objektvorderseite, schwarze ● stehen für Spots auf der Rückseite des Objekts. Die Farbe der Kugel entspricht der eingestellten SCHATTIERUNGSFARBE.

Spotlicht hinzufügen | Klicken Sie den Button NEUES LICHT ▣, um eine neue Lichtquelle zu erzeugen. Die neue Lichtquelle ist aktiviert – angezeigt durch eine Umrandung ▢.

Spotlicht einrichten | Aktivieren Sie eine Lichtquelle, indem Sie darauf klicken. Geben Sie einen Wert für die Lichtintensität ein – dies ist der einzige Wert, den Sie individuell für jeden Spot einstellen können. Klicken und ziehen Sie das Licht-Symbol, um den Spot zu bewegen.

Licht zur Objektrück- oder Vorderseite verschieben | Aktivieren Sie ein vorne liegendes Spotlicht ○ und klicken den Button AUSGEWÄHLTES LICHT ZUR OBJEKTRÜCKSEITE VERSCHIEBEN ⊙+ – das Symbol wechselt zu ● und zeigt damit an, dass die Lichtquelle hinter dem Objekt liegt. Aktivieren Sie ein hinten liegendes Licht und klicken den Button AUSGEWÄHLTES LICHT ZUR OBJEKTRÜCK-SEITE VERSCHIEBEN 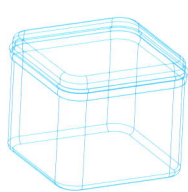", um das Licht nach vorne zu holen.

Spotlicht löschen | Möchten Sie ein Spotlicht löschen, aktivie-ren Sie es und klicken den Button LICHT LÖSCHEN 🗑, um die Lichtquelle zu entfernen.

▶ SCHATTIERUNGSFARBE: Wählen Sie aus dem Menü, mit welcher Farbe Schatten auf dem Objekt erzeugt werden.

  ▶ OHNE: Illustrator verwendet nur unterschiedliche Lumi-nanzwerte der Farbe des Grundobjekts, um den Körper dar-zustellen.

  ▶ SCHWARZ: Der Objektfarbe werden Schwarzanteile zugege-ben, um das Objekt zu schattieren. Diese Option ist vorein-gestellt.

  ▶ EIGENE: Wählen Sie Eigene, und rufen Sie durch einen Klick auf das Farbfeld den Farbwähler auf, um eine Farbe zu defi-nieren, die Illustrator für die Schattierung verwenden soll. Diese Option bewirkt, dass Volltonfarben in CMYK-Farben umgewandelt werden.

▶ VOLLTONFARBEN BEIBEHALTEN: Aktivieren Sie diese Option, falls Ihr Objekt eine Volltonfarbe besitzt, die Sie im Druck ausge-ben möchten.

Ist eine EIGENE Schattierungsfarbe eingerichtet, können Voll-tonfarben nicht erhalten werden.

Haben Sie die Schattierungsfarbe Schwarz für ein Objekt mit Volltonfarbe ausgewählt und die Option VOLLTONFARBEN BEI-BEHALTEN aktiviert, müssen Sie im Menü ANSICHT die ÜBER-DRUCKENVORSCHAU aktivieren, um die Auswirkung Ihrer Ein-stellungen am Bildschirm zu sehen.

16.4 Oberflächen-Mapping

Die Oberflächen von Extrusions- und Kreiselkörpern können Sie mit Vektorobjekten oder Pixelbildern gestalten. Haben Sie schon mit anderer 3D-Software gearbeitet, kommt Ihnen die Handha-bung des Mappings wahrscheinlich gewöhnungsbedürftig vor. Illustrator »mappt« ein Objekt nämlich nicht als Ganzes, sondern teilt es in ggf. sehr kleine Flächen auf, die einzeln mit Grafiken belegt werden müssen.

Flächenaufteilung

Die von Illustrator vorgenommene Aufteilung der Flächen ist manchmal ungünstig für das Mapping. Das wirkt sich so aus, dass

▲ **Abbildung 16.25**
Schattierungsfarben: ohne (rechts oben), Schwarz (links unten), Eigene: Gelb (rechts unten)

▲ **Abbildung 16.26**
Diese Flächen stehen bei der Dose für das Mapping zur Verfü-gung.

Sie z. B. bei extrudierten gerundeten Formen – etwa einem Flaggenobjekt – das Grafikmotiv nicht in einem Stück applizieren können.

Eine leichte Drehung des Grundobjekts auf der Zeichenfläche kann insofern Abhilfe schaffen, als dass der Körper anders konstruiert wird und die Oberfläche aus einem Stück besteht. Die Ausrichtung des Körpers im Raum nehmen Sie ohnehin in der Dialogbox des 3D-Effekts vor.

Grafikmaterial anlegen

Grafiken, die Sie auf eine Fläche applizieren möchten, können beliebige Illustrator-Objekte sein – wie Pfade, zusammengesetzte Pfade und Formen, gruppierte Objekte sowie Gitterobjekte und Pixelbilder.

Achten Sie bei der Applikation von Pixelbildern darauf, diese mit einer ausreichenden Bildauflösung vorzubereiten – vor allem wenn Sie Ihre Illustration drucken wollen. Illustrator verwendet die in der Bilddatei definierten Breiten- und Höhenangaben. Arbeiten Sie mit exakten Maßen beim Erstellen der Grundobjekte und Anwenden der 3D-Effekte, dann lassen sich Bilddateien passend dazu berechnen.

Wie bei so vielen Illustrator-Funktionen kommen auch bei der Oberflächengestaltung wieder die Symbole zum Einsatz: Grafiken, die Sie auf eine Objektoberfläche »mappen« möchten, müssen als Symbol angelegt werden (Symbole siehe Kapitel 15).

Die Verbindung zum Symbol bleibt bestehen, daher werden Aktualisierungen, die Sie an der Symbolgrafik vornehmen, auf den Objektflächen übernommen. Ist das Symbol eine Vektorgrafik, wird die Aktualisierung sofort angezeigt – Pixelbilder werden erst aktualisiert, wenn Sie die Dialogbox des 3D-Effekts einmal aufrufen und wieder schließen.

Grafiken zuweisen

Möchten Sie einem Körper Bildmaterial zuweisen, rufen Sie die Effekt-Dialogbox auf und bewegen sie an eine Stelle auf dem Bildschirm, die es erlaubt, das Objekt zu sehen.

Aktivieren Sie die Vorschau und klicken den Button BILDMATERIAL ZUWEISEN... Verschieben Sie auch diese Dialogbox so, dass Sie das Objekt auf der Zeichenfläche im Blick behalten. Aktivieren Sie in der Dialogbox BILDMATERIAL ZUWEISEN ebenfalls die Vorschau, damit Änderungen »live« auf der Zeichenfläche angezeigt werden.

▲ **Abbildung 16.27**
Dasselbe Grundobjekt verursacht keine Probleme mehr beim Mapping, nachdem es gedreht wurde (unten).

TIPP

Wenn Sie Pixelbilder auf 3D-Objekte applizieren, achten Sie darauf, unter EFFEKT • DOKUMENT-RASTEREFFEKT-EINSTELLUNGEN eine ausreichende AUFLÖSUNG einzurichten.

▲ **Abbildung 16.28**
Packungssimulation

Abbildung 16.29 ▶

Dialogbox BILDMATERIAL ZUWEISEN

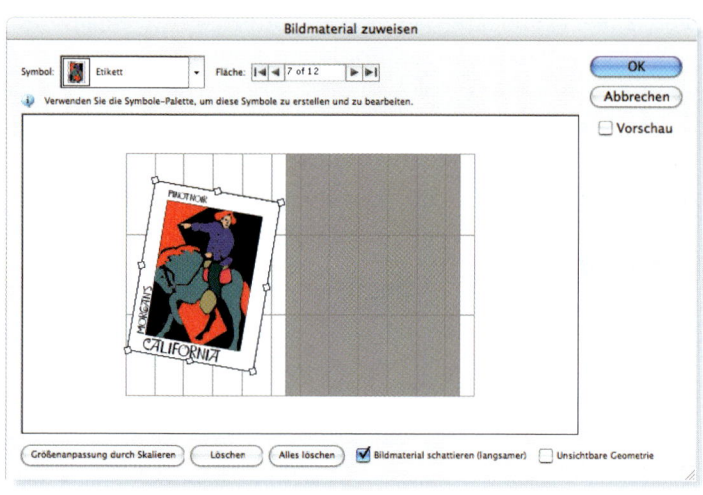

▲ **Abbildung 16.30**

Die ausgewählte Fläche wird am Objekt auf der Zeichenfläche hervorgehoben.

▲ **Abbildung 16.31**

Bildmaterial schattiert (rechts)

▶ FLÄCHE-Auswahl: Beginnen Sie mit der Auswahl der Fläche, auf welche die Grafik »gemappt« werden soll.
Die belegbaren Flächen des Objekts sind nummeriert, klicken Sie mit den Buttons ▶ ▶| ◀ |◀ durch die Flächen, oder geben Sie die Nummer der Fläche direkt ein. Im Fenster wird die Fläche dargestellt, am Objekt erkennen Sie die ausgewählte Fläche an der roten Umrandung.
Ist die Fläche in der aktuellen Drehung des Objekts sichtbar, stellt Illustrator sie im Vorschau-Fenster der Dialogbox hellgrau dar, ist sie versteckt, wird das durch eine dunkelgraue Farbe angezeigt. Flächen an Rundungen sind oft nur teilweise sichtbar, auch dies sehen Sie an der Färbung.

▶ SYMBOL-Auswahl: Das SYMBOL-Menü listet alle im Dokument angelegten Symbole. Wählen Sie das gewünschte Symbol aus. Es wird anschließend auf der grauen Fläche angezeigt.

▶ LÖSCHEN: Klicken Sie diesen Button, um die aktuell angezeigte Grafik von ihrer Fläche zu entfernen. Alternativ wählen Sie im Menü Symbol den Eintrag OHNE aus.

▶ ALLES LÖSCHEN: Löschen Sie mit diesem Button alle Grafiken gleichzeitig von ihren Flächen.

▶ BILDMATERIAL SCHATTIEREN: Aktivieren Sie diese Option, wenn die auf das Objekt applizierten Grafiken von der Schattierung und Beleuchtung des Objekts betroffen sein sollen. Die Option können Sie nur für alle Flächen zusammen aktivieren bzw. deaktivieren.
Die Berechnung des Objekts nimmt mit dieser Option mehr Zeit in Anspruch.

▶ UNSICHTBARE GEOMETRIE: Wählen Sie diese Option, um das 3D-Objekt auszublenden und nur das applizierte Grafikmaterial anzuzeigen. Auf diese Art verwenden Sie die Funktion

BILDMATERIAL-ZUWEISEN wie eine Erweiterung von Illustrators Verkrümmen-Befehl.

Grafiken auf der Fläche ausrichten und skalieren | Sobald Sie eine Grafik für eine Fläche ausgewählt haben, wird diese im Fenster mit einem Begrenzungsrahmen angezeigt. Verwenden Sie diesen Begrenzungsrahmen, um die Grafik zu positionieren, zu skalieren, zu spiegeln oder zu drehen.

Möchten Sie die Grafik an die Größe der Fläche anpassen, klicken Sie den Button GRÖSSENANPASSUNG DURCH SKALIEREN.

Modifikationsmöglichkeit | Bildmaterial zuweisen

▶ Drücken Sie ⬆, um die Grafik proportional zu skalieren oder Drehungen auf 45°-Schritte zu beschränken.

3D-Effekte auf andere Objekte übertragen

Wie alle Effekte lassen sich auch 3D-Effekte mit Hilfe der Ebenen-Palette auf andere Objekte übertragen. Wenden Sie den 3D-Effekt mit den Einstellungen für das Bildmaterial auf ein anderes Objekt an, so kann es vorkommen, dass sich Art und Anzahl der Flächen unterscheiden.

Die Zuordnung der Grafiken zu den Flächen erfolgt anhand der Nummerierung, fehlen Flächen mit bestimmten Nummern, entfallen die zugeordneten Grafiken.

Die Position der Grafiken ist relativ zum Mittelpunkt der Fläche definiert. Hat die neue Fläche eine andere Größe, erfolgt die Positionierung relativ zum neuen Mittelpunkt.

Schritt für Schritt: eine 3D-Grafik erstellen

1   Grundobjekte

Öffnen Sie die Datei Karte.ai von der DVD. Sie enthält die Landkarte und den Spezialpinsel für den gepunkteten Weg.

▲ **Abbildung 16.33**
Grundobjekte

Erstellen Sie zusätzlich die Grundformen für die Häuser und Bäume. Den Halbkreis erzeugen Sie aus einem Kreis: Aktivieren Sie einen Ankerpunkt mit dem Direktauswahl-Werkzeug und drücken ←.

Zeichnen Sie einen Pfad für die Wegbeschreibung. Weisen Sie dem Pfad die Punkt-Pinselkontur zu.

2   Extrusionsobjekt Landkarte

Versehen Sie die zur Karte gehörenden Objekte mit den gewünschten Farben, und gruppieren Sie diese Objekte.

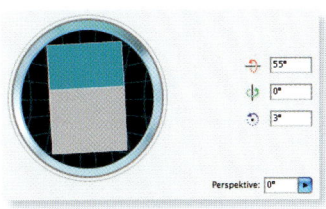

▲ **Abbildung 16.34**
Position der Landkarte

Wählen Sie Effekt • 3D • Extrudieren und abgeflachte Kante… Richten Sie Position und Perspektive nach Wunsch ein, und notieren Sie sich die Werte.

Unsere Beispielkarte ist auf die Position 55°/0°/3° und Perspektive 0° eingestellt.

3 **Drehen-Objekt Weg**

Aktivieren Sie den »Wegbeschreibungspfad« und wählen Effekt • 3D • Drehen… Wenn es Ihnen auf eine genaue Umsetzung eines bestimmten Verlaufs ankommt, geben Sie für Position und Perspektive dieselben Werte ein wie für die extrudierte Landkarte. Anderenfalls aktivieren Sie die Vorschau und passen beides intuitiv an.

Duplizieren Sie den Weg, verschieben ihn dabei einige Millimeter nach unten, und stellen Sie diese Kopie hinter den anderen Pfad. Wählen Sie Schwarz für die Kontur, reduzieren Sie die Deckkraft und wählen die Füllmethode Multiplizieren.

▲ **Abbildung 16.35**
Schatten für den Weg

4 **Extrusionsobjekte Häuser**

Stellen Sie sicher, dass das Grundobjekt für das Haus gruppiert ist, positionieren es auf der Karte und wählen Effekt • 3D • Extrudieren und abgeflachte Kante… Aktivieren Sie die Vorschau und passen die Position und Perspektive intuitiv an.

Richten Sie die Position des Lichtspots aus, und erzeugen Sie einen zweiten Lichtspot als Aufheller. Regeln Sie dessen Helligkeit niedriger als die des Hauptlichts.

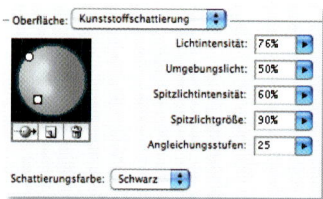

▲ **Abbildung 16.36**
Aufhell-Lichtspot

Anschließend erstellen Sie ein Duplikat des Hauses und positionieren es. Aktivieren Sie das Begrenzungsrechteck und passen die Größe des Grundobjekts an – der extrudierte Körper folgt der Anpassung.

Rufen Sie den 3D-Effekt in der Aussehen-Palette auf und verändern Sie die Position des Objekts, indem Sie es um seine lokale y-Achse drehen. Erstellen Sie weitere Kopien nach Bedarf.

5 **Rotationsobjekte Bäume**

Gruppieren Sie die Grundobjekte des Baums und wählen Effekt • 3D • Kreiseln… Aktivieren Sie die Vorschau, wählen Sie die Position der Achse aus dem Aufklappmenü unter den Optionen linke Kante oder rechte Kante.

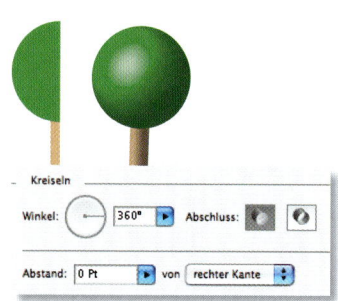

▲ **Abbildung 16.37**
Kreiseln-Optionen für Baum

Positionieren Sie das Spotlicht und stellen die Parameter ein. Duplizieren Sie den ersten Baum, verschieben das Objekt auf der Karte und passen die Größe des Grundobjekts an. Erstellen Sie weitere Kopien nach Bedarf.

Anordnen

Falls nötig, passen Sie die Stapelreihenfolge der Objekte mit Hilfe der Ebenen-Palette an.

16.5 3D-Effekte in Vektorpfade umrechnen

Möchten Sie 3D-Objekte weiterbearbeiten, wandeln Sie sie in Vektorpfade um. Aktivieren Sie das Objekt und wählen OBJEKT • AUSSEHEN UMWANDELN.

▲ **Abbildung 16.38**
Die fertige Karte

Die Verbindung der auf der Objektoberfläche applizierten Grafiken zu den Symbolen geht dabei verloren.

Auch wenn Sie die Option UNSICHTBARE GEOMETRIE in den Optionen eingestellt haben, werden trotzdem einige eigentlich ausgeblendete Teile des Objekts als Vektorform erstellt.

Schattierungen erzeugt Illustrator nicht als Verläufe, sondern stellt Übergänge mit Hilfe aneinander gereihter einfarbiger Flächen dar. Die Objekte sind also kaum mit vertretbarem Aufwand umzufärben. Dem begegnen Sie auf zwei verschiedene Arten:

1. Speichern Sie eine nicht umgewandelte Version der Grafik, an der Sie Veränderungen einfacher durchführen können.
2. Falls Sie die 3D-Effekte nur benutzen, um sich das Konstruieren dreidimensionaler Objekte zu vereinfachen, verwenden Sie die Option KEINE SCHATTIERUNG und färben das Objekt nach der Umwandlung mit Verläufen.

▲ **Abbildung 16.39**
Objekt nach Umwandlung

17 Dateien platzieren und mit Pixeldaten arbeiten

In Illustrator lassen sich Daten aus verschiedenen Programmen weiterverarbeiten. Sie können verschiedene Vektor-Austauschformate – allen voran EPS –, aber natürlich auch pixelbasierte Daten importieren.

Während Sie Vektordateien in fast allen Fällen zur Weiterbearbeitung mit Illustrators Werkzeugen öffnen, ist diese Möglichkeit für pixelbasierte Daten natürlich eingeschränkt.

Illustrator bietet zwar etliche aus Photoshop bekannte Filter zur Weiterbearbeitung pixelbasierter Daten – Bildbearbeitung, wie Sie sie aus den einschlägigen Programmen kennen, ist aber nicht möglich.

Die beiden typischen Anwendungsbereiche für Bilddaten sind:
- Ein Foto oder eine Skizze dient als Vorlage für eine Vektorzeichnung – das Pixelbild wird anschließend gelöscht.
- Das Bild wird – kaum verändert – als Teil eines Layouts oder einer Illustration verwendet.

▲ **Abbildung 17.1**
Bilddaten in Vektorgrafikprogrammen: Vorlage zum Nachzeichnen, Layout-Skizze, Teil einer Illustration (von links)

Bildauflösung

Anders als objektorientierte Vektorgrafikdateien sind pixelbasierte Grafikformate auf einem Raster aus Bildpunkten aufgebaut. Jeder dieser Punkte kann eine andere Farbe annehmen. Pixelbilder werden durch Scanner und Digitalkameras erzeugt oder in Bildbearbeitungssoftware erstellt.

Das Punktraster, das die Pixel eines Bildes aufnimmt, kann gröber oder feiner sein. Je höher aufgelöst dieses Raster – also je mehr Rasterpunkte auf einer Fläche liegen –, umso mehr Details sind darstellbar. Für bestimmte Anwendungszwecke müssen Ihre Bilddaten eine Mindestauflösung besitzen. Daher ist es notwendig, Bilder, die Sie in Ihre Illustrator-Datei platzieren, dem Anwendungszweck entsprechend vorzubereiten.

Wenn Bilder eine zu geringe Auflösung haben, sehen Sie den »Pixeleffekt« – eine deutliche Mosaikbildung im Ausdruck. Zu hoch aufgelöste Bilder können jedoch auch Probleme bereiten, vor allem in der Verarbeitungszeit auf dem Drucker oder Belichtungsgerät. Sprechen Sie die benötigte Bildauflösung mit den Weiterverarbeitungsbetrieben ab, bevor Sie beginnen.

Illustrator zeigt Ihnen die effektive Auflösung eines ausgewählten Bilds in der Steuerungspalette an. Diese Auflösung berechnet sich aus der Anzahl der Bildpixel und der auf der Zeichenfläche eingerichteten Abbildungsgröße. Diese Information hilft Ihnen zu beurteilen, ob Sie die Bilddatei in den gewünschten Maßen verwenden können.

▲ **Abbildung 17.2**
Auflösung 304 ppi (links) und 72 ppi (rechts)

Abbildung 17.3 ▶
Anzeige der Bildauflösung in der Steuerungspalette

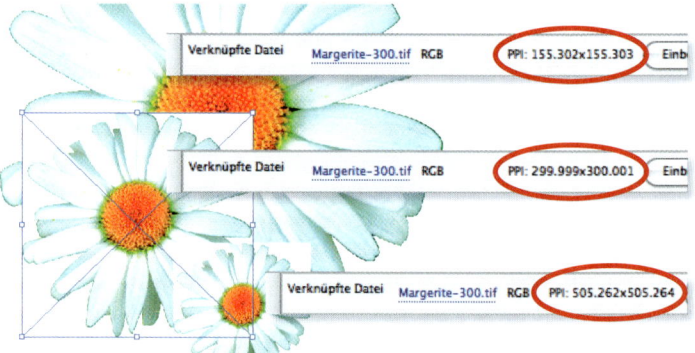

Achtung: Auch platzierte EPS- oder PDF-Dateien können Pixeldaten enthalten. Denken Sie daran, dass Sie die Auflösung dieser Bilder beim Skalieren der platzierten Dateien beeinflussen.

Farbe

Solange Sie in Illustrator nur mit Vektorobjekten im korrekten Dokument-Farbmodus arbeiten und Farbdefinitionen nach Tabellen anlegen (Farbe definieren siehe Kapitel 8), ist es möglich, diese Farbdefinitionen im Layoutprogramm exakt zu erhalten.

Wenn Sie Grafik aus anderen Programmen – vor allem pixelbasierte Dateien – in Illustrator importieren, müssen Sie jedoch auf die Farbeinstellungen – sowohl in Illustrator als auch im Ursprungsprogramm der eingebundenen Dateien – achten.

Beim Platzieren von Dateien, deren eingebettetes Farbprofil sich vom Farbprofil Ihres Illustrator-Dokuments unterscheidet, ist die Behandlung der Abweichung davon abhängig, ob Sie die Datei einbetten oder verknüpfen. Eingebettete Dateien unterliegen immer dem Farbprofil, das die Illustrator-Datei verwendet. Verknüpfen Sie Dateien, haben Sie die Wahl, das eingebettete Profil zu erhalten oder das Farbprofil Ihres Illustrator-Dokuments zu verwenden.

17.1 Externe Dateien integrieren

Wie Sie beim Importieren von Daten aus anderen Programmen vorgehen, ist nicht nur abhängig vom Verwendungszweck des Illustrator-Dokuments oder den Bearbeitungsmöglichkeiten, auch die Optionen, die Illustrator für den Umgang mit den Quellformaten bietet, unterscheiden sich.

Verknüpfen oder einbetten?

Externe Dateien können Sie in Illustrator entweder verknüpfen oder einbetten. Beide Vorgehensweisen haben ihre Anwendungsbereiche.

Verknüpfte Dateien bieten Ihnen zwei Vorteile: Da sie unabhängig von der Illustrator-Datei sind, addieren sie sich nicht zur Dateigröße, und Illustrator überwacht für Sie, ob die verknüpfte Datei aktualisiert wurde. Die platzierte Grafik kann so immer aktuell gehalten werden. Die Bearbeitungsmöglichkeiten sind allerdings begrenzt – verknüpfte Dateien können Sie lediglich mit den Transformieren-Werkzeugen skalieren, drehen, verschieben etc.

Eingebettete Dateien ermöglichen Ihnen dagegen den Zugriff auf die enthaltenen Elemente, z.B. Ebenen und Vektordaten – so ist es auch möglich, Beschneidungspfade aus Photoshop-Dateien mit den Illustrator-Werkzeugen zu bearbeiten.

Wenn Dateien durch viele Hände gehen, ist das Einbetten darüber hinaus eine Möglichkeit, das Projekt zusammenzuhalten.

Öffnen, Einfügen, Platzieren, Drag & Drop

Sie haben vier Möglichkeiten, externe Grafikdateien in Illustrator zu importieren: Öffnen der Dateien, Einfügen über die Zwischenablage, Platzieren in eine bereits geöffnete Illustrator-Datei und per Drag & Drop aus dem Quelldokument »ziehen« – vor allem bei den Programmen der Creative Suite.

Dateien öffnen | Illustrator kann nicht nur seine nativen Formate – AI, EPS, PDF, SVG – sondern zusätzlich die Speicherformate von Programmen anderer Hersteller zur Bearbeitung öffnen. Eine Übersicht der zahlreichen Speicherformate, die Illustrator öffnet, erhalten Sie, indem Sie im Öffnen-Dialog – Shortcut ⌘/Strg+O – das Menü AKTIVIEREN aufklappen. Beachten Sie

▲ **Abbildung 17.4**
Menü AKTIVIEREN

vor allem die Versionsnummern – meistens können Sie nicht die aktuellsten Ausgaben verwenden.

Copy/Paste | Kopieren Sie die Grafikelemente – Pixelbilder oder Vektorformen – zunächst im Erstellungsprogramm in die Zwischenablage. In der Regel finden Sie den Befehl unter BEARBEITEN • KOPIEREN – Shortcut ⌘/Strg + C. Anschließend wechseln Sie in Ihre Illustrator-Datei und fügen die Elemente mit BEARBEITEN • EINFÜGEN – Shortcut ⌘/Strg + V – bzw. DAVOR oder DAHINTER EINFÜGEN ein.

Die auf diese Art importieren Elemente werden in Ihre Illustrator-Datei eingebettet.

Drag & Drop | Per Klicken und Ziehen lassen sich Elemente vor allem innerhalb der Creative Suite austauschen. Aktivieren Sie das Element im Quellprogramm – in Bilddateien außerdem die betreffende Ebene – und ziehen es in das geöffnete Illustrator-Dokument. Aus Bilddateien können Sie auf diese Art nur jeweils eine Ebene importieren.

Die Grafikelemente werden beim Drag & Drop eingebettet – es sei denn, Sie klicken und ziehen eine Datei aus Adobe Bridge in Ihr Illustrator-Dokument.

Platzieren | Die Platzieren-Funktion unterstützt alle Fremdformate, die auch geöffnet werden können. Nur wenn Sie Grafiken über den Platzieren-Befehl importieren, ist es bei vielen Dateiformaten möglich, diese alternativ zu verknüpfen oder einzubetten.

Wählen Sie DATEI • PLATZIEREN..., um eine Verknüpfung zu einer Grafikdatei zu erstellen oder diese einzubetten:

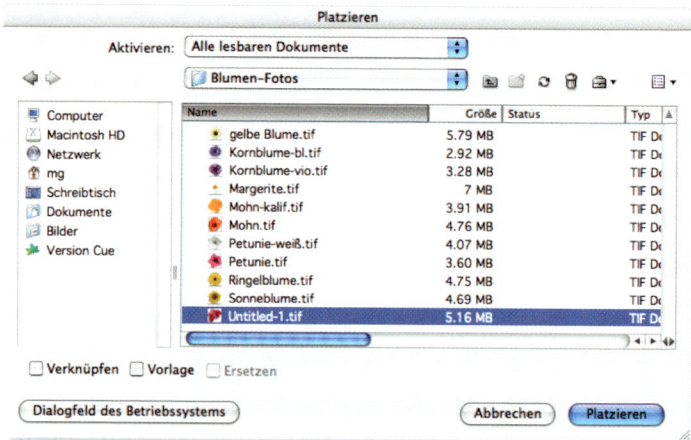

TIPP

Verwenden Sie in FreeHand den Befehl BEARBEITEN • SPEZIELL • KOPIEREN SPEZIAL mit der Option EPS, um ein Objekt zu kopieren, das Sie in Illustrator einfügen wollen.

TIPP

Vor allem vektorbasierte Formate wie FH, CDR, SVG, EMF/WMF, AI, DXF/DWG sowie die Rasterformate PCT und WBMP lassen sich nur einbetten, nicht verknüpfen.

Abbildung 17.5 ▶
Platzieren-Dialogbox: Unten links befindet sich ein Button, mit dem Sie zwischen den Dialog-Boxen von Adobe und dem Betriebssystem wechseln können.
Aus der Adobe-Dialogbox haben Sie Zugriff auf Version Cue.

- VERKNÜPFEN: Ist diese Option nicht aktiviert, wird die Datei eingebettet. Wählen Sie die Option, um Ihre Grafik als Verknüpfung zu platzieren.
- VORLAGE: Möchten Sie den Inhalt der importierten Datei als Vorlage für eine Vektorgrafik verwenden, können Sie mit dieser Option direkt beim Importieren eine Vorlagenebene dafür einrichten und die Grafik darauf platzieren (Ebenen siehe Kapitel 10)
- ERSETZEN: Soll eine platzierte Grafik durch eine andere Datei ersetzt werden, selektieren Sie die zu ersetzende Datei, rufen den Platzieren-Befehl auf und aktivieren die Ersetzen-Option.

Schmuckfarben in platzierten Dateien

Illustrator unterstützt unter bestimmten Bedingungen Schmuckfarben in platzierten Rasterformaten (Pixelbildern). Sonderfarben – wie Pantone oder HKS – können z. B. in Duplex- oder Mehrkanal-Bildern enthalten sein.

Möchten Sie mit Duplex- oder Mehrkanal-Bildern arbeiten, sollten Sie diese im Bildbearbeitungsprogramm als DCS (EPS) speichern und verknüpft platzieren, PSD-Dateien mit Sonderfarben können Sie nicht platzieren.

Es ist auch möglich, dass zu platzierende PDFs Duplex-Bilder enthalten. Illustrator kann diese eingebetteten Schmuckfarbenbilder als GRAFIK AUS DRITTPROGRAMMEN ohne Bearbeitungsmöglichkeit erhalten und korrekt ausgeben.

Die in den Bildern definierten Sonderfarben legt Illustrator als Farbfelder an, so dass Sie diese Farben in Ihrem Layout anwenden können.

Damit DCS-Dateien korrekt gedruckt werden, dürfen Sie keine Wechselwirkungen dieser Bilder mit transparenten Objekten anlegen. Unbeabsichtigt angelegte Transparenzinteraktionen von DCS-Bildern lassen sich aber mit Hilfe der Verknüpfungen-Palette aufspüren.

Eine Illustrator-Datei, die Duplex-Bilder enthält, können Sie als PDF speichern oder das PDF mit dem Distiller erzeugen. Für den Druck von Mehrkanal-Dateien müssen Sie die hostbasierte Separation wählen (Ausdrucken siehe Kapitel 18).

Photoshop-Dateien importieren

Photoshop-Dateien müssen Sie nicht in einem der verbreiteten Austauschformate speichern – Illustrator kann PSD-Dateien direkt platzieren.

Das Photoshop-Format findet dann Anwendung, wenn Sie die Bildebenen erhalten möchten oder ein transparent freigestelltes Motiv in Illustrator benötigen.

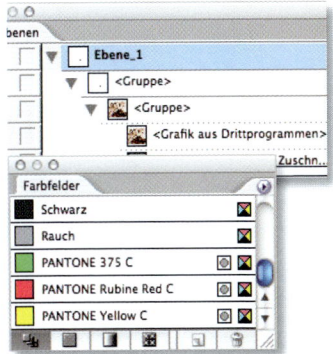

▲ **Abbildung 17.6**
Anzeige eines Duplex-Bilds, das in einer PDF-Datei enthalten war, Aufnahme der Sonderfarben in die Farbfelder-Palette

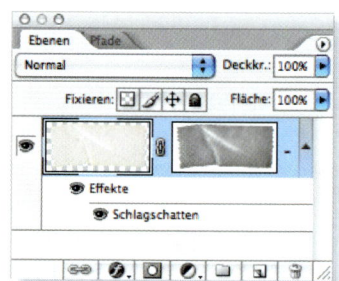
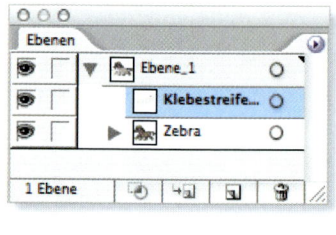

▲ **Abbildung 17.7**
Ebenentransparenzen, die Sie in Photoshop angelegt haben – z.B. in Bildebenen oder als Ebenenmasken (Mitte) – bleiben in Illustrator erhalten und
wirken im Zusammenhang mit Vektorobjekten (rechts und links).

Wählen Sie eine Photoshop-Datei im Platzieren-Dialog, wählen
die Importoptionen und klicken den Button PLATZIEREN. Anschließend wählen Sie die Optionen für das PSD-Format.

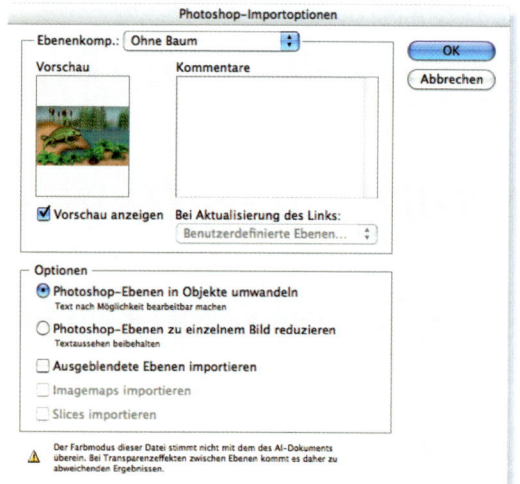
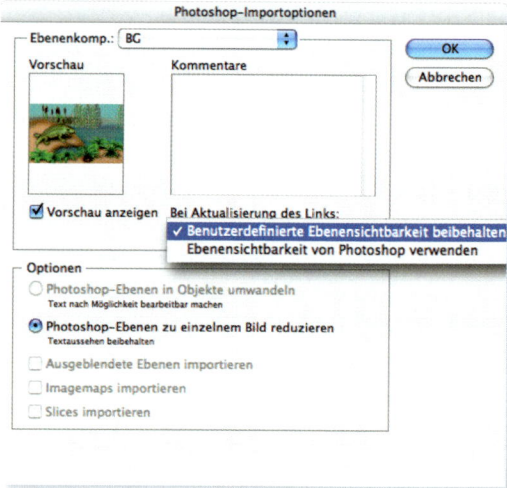

▲ **Abbildung 17.8**
Photoshop-Importoptionen für eingebettete (links) und verknüpfte Dateien
(rechts)

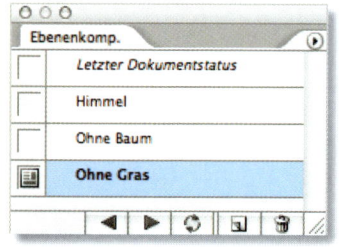

▲ **Abbildung 17.9**
Ebenenkompositionen-Palette in
Photoshop

Importoptionen | PSD-Dateien

▶ EBENENKOMPOSITION: Sind in der Photoshop-Datei Ebenenkompositionen zusammengestellt, können Sie auf diese im
Aufklappmenü zugreifen. Wenn Sie die Vorschau aktivieren,
sehen Sie eine Anzeige der ausgewählten Komposition.

▶ BEI AKTUALISIERUNG DES LINKS (nur beim Verknüpfen): Wenn
Sie beim Bearbeiten einer verknüpften Datei die Ebensicht-
barkeit verändern, wendet Illustrator die hier definierte Regel
bei der Aktualisierung der Verknüpfung an:

- ▶ Benutzerdefinierte Ebensensichtbarkeit beibehalten: Die bei der erstmaligen Platzierung des Bildes vorliegende Ebensensichtbarkeit wird erhalten.

- ▶ Ebensensichtbarkeit von Photoshop verwenden: So wie die Ebenen nach der Bearbeitung in Photoshop angezeigt werden, sind sie nach dem Aktualisieren der Verknüpfung in Illustrator sichtbar.

▶ Photoshop-Ebenen in Objekte konvertieren (nur beim Einbetten): Soweit möglich, importiert Illustrator jede Ebene als einzelne Grafik – Textebenen als Textobjekte.
Einige Füllmethoden sowie Einstellungsebenen, Aussparungen und Ebeneneffekte werden beim Einbetten mit den jeweils darunter liegenden Ebenen reduziert.

▶ Photoshop-Ebenen zu einzelnem Bild reduzieren: Alle Ebenen werden beim Import auf eine einzige reduziert.

▶ Ausgeblendete Ebenen importieren (nur beim Einbetten): Wählen Sie diese Option, um auch Ebenen zu platzieren, die in der Originaldatei ausgeblendet sind – dieser Status bleibt in Illustrator erhalten.

▶ Imagemaps importieren (nur beim Einbetten): In ImageReady angelegte Imagemaps lassen sich mit dieser Option erhalten – allerdings nur in Form von Pfaden, die Sie in Illustrator wieder als Imagemap definieren müssen.

▶ Slices importieren (nur beim Einbetten): Mit dieser Option können Sie Slices importieren – ebenso wie Imagemaps jedoch nur als Pfade.

▲ **Abbildung 17.10**
Ebenen in Objekte konvertiert – Textebene ist in Illustrator editierbar

Einige Bilddateien konvertiert Illustrator vor dem Einfügen – so z. B. Dateien mit 16-Bit Farbtiefe in den Kanälen oder Dateien, deren Pixel-Seitenverhältnis nicht quadratisch ist. Dies kann neben Photoshop-Dateien auch Bilder aus Video-Schnittprogrammen betreffen.

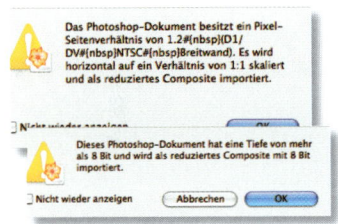

▲ **Abbildung 17.11**
Warnhinweise beim Konvertieren von Dateien

PDF importieren

Illustrator kann fast jedes nicht passwortgesicherte PDF-Dokument so öffnen, dass sich die enthaltenen Elemente bearbeiten lassen. Nach der Auswahl der PDF-Datei bestimmen Sie in einer zweiten Dialogbox die Platzierungsoptionen. Handelt es sich um ein mehrseitiges PDF, navigieren Sie zunächst mit den Pfeiltasten zur gewünschten Seite.

Anschließend wählen Sie aus dem Aufklappmenü, welcher Bereich des PDF in Illustrator eingefügt werden soll. Die Einträge beziehen sich auf die »Boxen« in einer PDF-Datei, die z. B. das Endformat, die Grafikelemente und den gesamten druckenden Bereich definieren.

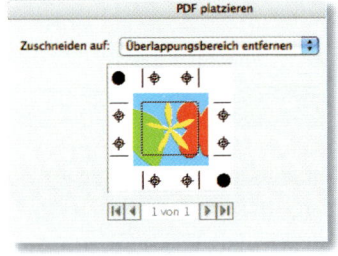

▲ **Abbildung 17.12**
Optionen PDF platzieren

Die ausgewählte »Box« zeigt das Vorschaubild durch einen gestrichelten Rahmen an.

Bezeichnung in der Dialogbox	»Box«
Begrenzungsrahmen	Bounding Box
Bildmaterial	Art Box
Zuschneiden	Crop Box
Überlappungsbereich entfernen	Trim Box
Anschnitt	Bleed Box
Medien	Media Box

▲ Tabelle 17.1
Optionen PDF PLATZIEREN

EPS importieren

EPS können Sie in eine Illustrator-Datei sowohl einbetten als auch verknüpfen.

Beim Einbetten werden die enthaltenen Objekte in native Illustrator-Objekte umgewandelt, soweit das möglich ist. Sie sollten EPS nur dann einbetten, wenn Sie Objekte bearbeiten wollen – Objekte, die Illustrator nicht erkennt, gehen ansonsten bei der Konvertierung verloren. Um EPS einzubetten, öffnen Sie sie oder verwenden den Platzieren-Befehl und deaktivieren die Option VERKNÜPFEN.

In verknüpften EPS bleiben alle Objekte und Sonderfarben erhalten. Der größte Vorteil verknüpfter EPS ist, dass Ihr Illustrator-Dokument bei Änderungen an der verknüpften Datei aktualisiert wird. Verwenden Sie DATEI • PLATZIEREN… mit der Option VERKNÜPFEN, um ein EPS verknüpft zu platzieren.

FreeHand-Dateien importieren

Illustrator öffnet FreeHand-Dateien der Versionen 4 bis 9. Die wichtigsten Merkmale – Ebenen, Hilfslinien, Verläufe, Konturen, Texte auf Pfaden und in Formen, überblendete Formen und »innen eingesetzte« Elemente – werden beim Öffnen korrekt in die entsprechenden bzw. vergleichbare Illustrator-Eigenschaften übertragen. Eine Dialogbox listet anschließend diejenigen Features auf, die Illustrator nicht direkt oder gar nicht übernehmen konnte.

Die gleichzeitige Verwendung von CMYK- und RGB-Farben unterstützt Illustrator nicht. Sie müssen sich daher beim Öffnen des Dokuments entscheiden, in welchem Farbraum Sie arbeiten möchten. Farben des anderen Farbraums werden konvertiert. Problematisch ist, dass Illustrator auch die Farbe Schwarz behandelt, als wäre es eine RGB-Farbe, und sie daher in ein »tiefes

▲ Abbildung 17.13
FreeHand-Dateiicons

Schwarz« konvertiert, was bei der Ausgabe feiner Linien zu massiven Registrationsproblemen führen kann.

Nur an Objekten verwendete Farben übernimmt Illustrator in die Farbfelder-Palette – alle Farbfelder sind GLOBAL.

Sind in einer Datei mehrere Seiten angelegt, legt Illustrator die Größe der letzten Seite als Dokumentformat an, importiert aber alle im Dokument vorhandenen Grafikobjekte und platziert sie an ihren Originalpositionen auf der Montagefläche.

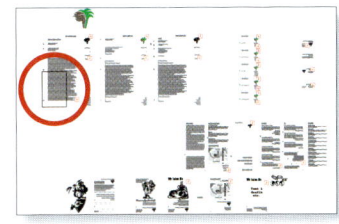

▲ **Abbildung 17.14**
Mehrseitiges FreeHand-Dokument in Illustrator geöffnet – Seitenformat (Kreis)

CorelDraw-Dateien importieren

Illustrator liest CDR-Dateien der Versionen 5 bis 10. Wie beim Öffnen von FreeHand-Dateien können auch hier viele Eigenschaften erhalten werden, z. B. zusammengesetzte Pfade, Überblendungen, Pfadtexte, Konturen und Verläufe.

Verzerrungshüllen müssen Sie bereits in CorelDraw umwandeln lassen, da die verzerrten Formen ansonsten nicht erhalten bleiben. An Objekten verwendete Farben legt Illustrator in der Farbfelder-Palette an.

▲ **Abbildung 17.15**
CorelDraw-Dateiicon

Objekte aus Flash-Dateien importieren

Illustrator kann keine Flash-Dateien öffnen, falls Sie aber Vektorelemente aus Flash-Dateien benötigen, exportieren Sie die Grafik aus Flash.

Flash exportiert Einzelbilder aus Animationen in älteren Illustrator-Formaten – Flash MX z.B. bis Illustrator Version 6. Bei der Formatumwandlung bleiben Verlaufsfüllungen erhalten. Pfade, die Sie in Flash mit dem Pinsel-Werkzeug erstellt haben, werden in Flächen umgewandelt, und leider haben alle Pfade nach dem Export mehr Ankerpunkte als nötig.

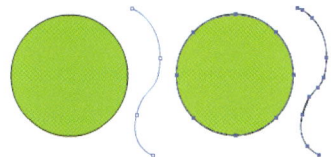

▲ **Abbildung 17.16**
Die Grafik in Flash (links) hat weniger Punkte als in der exportierten .AI-Datei.

17.2 Grafikdaten verwalten

Damit Sie bei vielen verknüpften Grafikdateien sowie eingebetteten Bildern nicht den Durchblick verlieren, stellt Illustrator als Verwaltungszentrum die Verknüpfungen-Palette zur Verfügung.

Der Status der importierten Dateien ist dort auf einen Blick anhand von Symbolen zu erkennen, weitere Informationen lassen sich einfach aufrufen. Die Palette bildet aber auch die Verbindung zu Adobe Bridge und zu den Ursprungsprogrammen der verknüpften Bilder.

TIPP

Voreingestellt werden Bilder in der Pfadansicht nur durch einen Rahmen dargestellt. Möchten Sie stattdessen das Motiv anzeigen lassen, rufen Sie DATEI • DOKUMENTFORMAT auf und aktivieren auf der Seite ZEICHENFLÄCHE die Option BILDER IN PFADANSICHT ANZEIGEN.

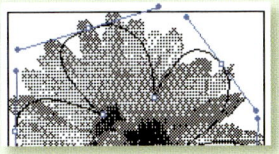

▲ Abbildung 17.17
Verknüpfungen-Palette

[DCS]
Das DCS-Format – Abkürzung für Desktop Color Separation – ist eine Variante des EPS-Formats. Duplex- und Mehrkanal-Bilder werden in diesem Format gespeichert.

Verknüpfungen-Palette

Die Verknüpfungen-Palette listet alle verknüpften Dateien sowie eingebettete Pixelbilder auf und ermöglicht deren komfortable Verwaltung. Rufen Sie die Palette auf, indem Sie FENSTER • VERKNÜPFUNGEN aus dem Menü wählen.

Symbole | Verknüpfungen-Palette
Jeder Eintrag in der Palette entspricht einem verknüpften bzw. eingebetteten Bild. Symbole zeigen den Status der Verknüpfung an, falls besondere Maßnahmen erforderlich sind.

▶ EINGEBETTETE PIXELBILDER : Während Vektordateien nach dem Einbetten aus der Verknüpfungen-Palette entfernt werden, listet Illustrator eingebettete Pixelbilder weiterhin auf.

▶ FEHLENDE GRAFIK : Findet Illustrator die platzierte Datei nicht mehr an ihrem Speicherort vor, signalisiert es das mit dem Stoppschild – ist ein Bild bereits beim Öffnen einer Datei nicht mehr auffindbar, erhalten Sie eine Warnmeldung.
Verwenden Sie den Befehl ERNEUT VERBINDEN… aus dem Menü der Verknüpfungen-Palette oder den gleichnamigen Button, und verweisen Sie auf den neuen Speicherort oder eine andere Datei.

▶ GEÄNDERTE GRAFIK : Haben Sie eine Grafik außerhalb Illustrator bearbeitet und gespeichert, muss die Verknüpfung aktualisiert werden, da es anderenfalls beim Druck zu unerwarteten Ergebnissen kommen kann.
Verwenden Sie dazu die Funktion VERKNÜPFUNG AKTUALISIEREN aus dem Palettenmenü oder den entsprechenden Button, und passen Sie anschließend ggf. die Position des Bildes auf der Zeichenfläche an.

▶ TRANSPARENZINTERAKTION EINER DCS-DATEI : DCS-Dateien, die mit transparenten Objekten interagieren, drucken möglicherweise nicht korrekt, daher zeigt das Symbol eine Wechselwirkung an. Die Warnanzeige müssen Sie jedoch in den Paletten-Optionen aktivieren.

▶ VERSION CUE STATUS: Falls Sie verknüpfte Dateien mit Version Cue verwalten, zeigen zusätzliche Symbole deren Status an: z. B. Stock Photo-Komposition , Alternativen , Synchronisiert , Geöffnet . Eine Übersicht dieser Symbole finden Sie in der Illustrator-Hilfe.

Funktions-Buttons | Verknüpfungen-Palette

▶ ERNEUT VERBINDEN…: Findet Illustrator eine Grafik nicht oder möchten Sie einer Verknüpfung eine andere Datei zuordnen, rufen Sie den Befehl ERNEUT VERBINDEN… am unteren Rand oder aus dem Menü der Palette auf.

▶ GEHE ZU VERKNÜPFUNG: Um eine Grafik innerhalb Ihres Dokuments zu finden, wählen Sie diesen Befehl aus dem Palettenmenü, oder verwenden Sie den Button →. Illustrator setzt den Fokus des Dokumentfensters auf die Grafik.

▶ ORIGINAL BEARBEITEN: Aktivieren Sie eine Grafik und wählen ORIGINAL BEARBEITEN aus dem Palettenmenü oder durch einen Klick auf den Button ✐, um die Grafik im Erstellungsprogramm zu bearbeiten. Falls es nicht geöffnet ist, löst Illustrator den Programmstart aus. Nachdem Sie die Datei gespeichert und Illustrator wieder aufgerufen haben, erhalten Sie eine Warnung, dass eine Datei geändert wurde. Bestätigen Sie die Meldung, um die Datei in Illustrator zu aktualisieren.

▶ VERKNÜPFUNG AKTUALISIEREN: Diese Funktion dient dazu, Dateien, die als geändert in der Verknüpfungen-Palette markiert sind, auf den neuesten Stand zu bringen. Sie rufen die Aktualisierung für aktivierte Grafiken mit dem Button ⊞→ oder über das Palettenmenü auf.

Palettenmenü | Verknüpfungen-Palette

▶ PLATZIERUNGS-OPTIONEN…: Mit den Platzierungs-Optionen bestimmen Sie, wie sich die Grafik im Verhältnis zum Begrenzungsrahmen verhalten soll. Die Optionen wirken dann, wenn Sie den Begrenzungsrahmen nicht proportional skalieren oder mit dem Befehl ERNEUT VERBINDEN… eine Grafik mit anderen Proportionen zuweisen.

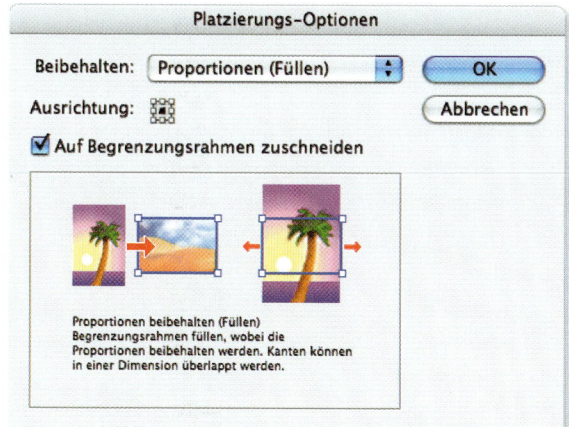

Wählen Sie eine Option aus dem Aufklappmenü. Bei vielen Optionen können Sie mit dem AUSRICHTUNGSSYMBOL ▦ einen Referenzpunkt für die Ausrichtung definieren. Klicken Sie dazu auf eines der Kästchen des Symbols.

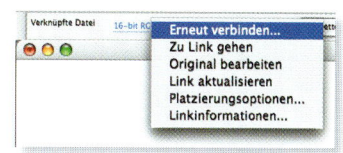

▲ **Abbildung 17.18**
Wichtige Befehle für Verknüpfungen finden Sie auch in der Steuerungspalette: Klicken Sie auf den Dateinamen, um das Menü aufzuklappen.

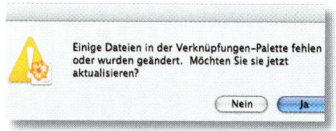

▲ **Abbildung 17.19**
Warnhinweis bei geänderten verknüpften Dateien

◀ **Abbildung 17.20**
Platzierungs-Optionen-Dialogbox

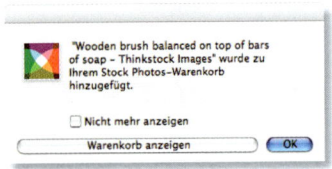

XMP™
Adding Intelligence to Media

> **HINWEIS**
>
> Haben Sie Bilddateien eingebet-
> tet, bezieht sich die Angabe der
> Skalierung auf eine Bildauflösung
> von 72 dpi. Falls Ihre Datei eine
> andere Auflösung hat, sagt diese
> Angabe also nichts über vorge-
> nommene Skalierungen aus.

Soll die Grafik nicht über den Begrenzungsrahmen hinausragen, aktivieren Sie die Option Auf Begrenzungsrahmen
zuschneiden.

▶ **Versionen**: Sind von einer mit Version Cue verwalteten Datei
mehrere Versionen gespeichert, wählen Sie diesen Befehl, um
eine Übersicht der Versionen mit den Dateiinformationen und
Kommentaren aufzurufen. In dieser Versionen-Dialogbox
haben Sie die Möglichkeit, ältere Versionen einer Datei ohne
Umweg über Version Cue hochzustufen.
Wurde eine neue Version einer platzierten Datei gespeichert,
markiert Illustrator diese Datei als geändert ⚠.

▶ **Linkversion speichern**: Wenn Sie eine versionierte Datei mit
der Funktion Original bearbeiten 🖊 aus Illustrator heraus
im Erstellungsprogramm editiert, die Bearbeitung dort jedoch
nicht als neue Version gespeichert haben, können Sie dies in
Illustrator nachholen, indem Sie diesen Befehl aufrufen.

▶ **Alternativen**: Haben Sie einer Datei mit Hilfe von Version
Cue Alternativen zugeordnet – die Verknüpfungen-Palette
signalisiert dies mit dem Symbol 🗐 –, rufen Sie eine Übersicht
auf, indem Sie Alternativen aus dem Palettenmenü wählen.
In der Alternativen-Dialogbox lassen sich ebenfalls Statusän-
derungen ausführen, ohne Version Cue bemühen zu müssen.

▶ **Bild einbetten**: Aktivieren Sie ein Grafikobjekt und wählen
diesen Befehl, um die Grafikdaten in die Illustrator-Datei zu
integrieren – die Dateigröße kann beträchtlich zunehmen.
Einige Operationen können Sie jedoch nur mit eingebetteten
Daten vornehmen – darüber hinaus kann es manchmal nützlich sein, alles in einer Datei zu verwalten.

▶ **Dieses Bild kaufen…**: Aktivieren Sie eine Stock Photo-Komposition 🖼 in der Palette und wählen diese Funktion, um den
Stock Photo-Dienst in Adobe Bridge aufzurufen und das zugehörige Bild in den Warenkorb zu legen.

▶ **In Bridge anzeigen…**: Der Befehl öffnet die verknüpfte Datei
in Adobe Bridge.

▶ **Dateiinfo verknüpfen…**: Die XMP-Metadaten (eXtensible
Metadata Platform) einer verknüpften Grafikdatei können Sie
hier nicht editieren, nur einsehen.

▶ **Verknüpfungsinformationen…**: Mit diesem Befehl oder
einem Doppelklick auf den Eintrag in der Palette rufen Sie
Angaben zur verknüpften Datei auf wie den Speicherort,
Größe, Dateiformat – ein Teil der Informationen wird auch für
eingebettete Dateien angezeigt. Besonders interessant sind die
Informationen über angewandte Transformationen – so lässt
sich z. B. erkennen, ob die Grafik proportional skaliert ist.

Paletten-Anzeige | Mit den folgenden Optionen steuern Sie die Darstellung der Palette.

▶ EINBLENDEN: Vor allem, wenn Sie mit vielen platzierten Bildern und Grafiken arbeiten, kann es sinnvoll sein, sich nur eine bestimmte Gruppe dieser Objekte in der Verknüpfungen-Palette anzeigen zu lassen, z. B. die problematischen.
Sie haben die Wahl, ALLES, FEHLENDE, GEÄNDERTE oder EINGE-BETTETE einblenden zu lassen.

▶ SORTIEREN: Die Einträge in der Palette können Sie zwar nicht wie in anderen Paletten verschieben, sie lassen sich jedoch nach Name, Art oder Status sortieren.

▶ PALETTEN-OPTIONEN…: In den Paletten-Optionen bestimmen Sie die Größe des Miniaturbilds und aktivieren die Anzeige der Transparenz-Interaktion mit DCS-Bildern.

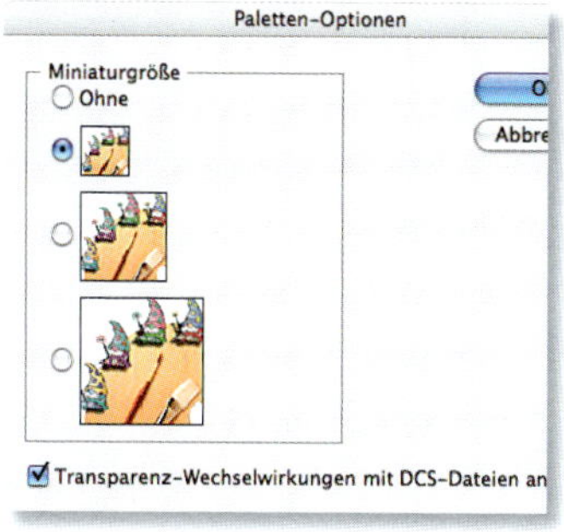

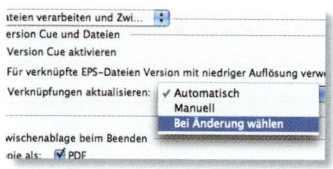

▲ **Abbildung 17.25**
Optionen der Verknüpfungen-Palette

Verknüpfungen automatisch aktualisieren

Voreingestellt weist Illustrator beim Öffnen einer Datei oder beim Wechseln aus einem anderen Programm zu einer geöffneten Illustrator-Datei auf geänderte Verknüpfungen hin.

Dieses Verhalten können Sie jedoch ändern. Rufen Sie VOREIN-STELLUNGEN • DATEIEN VERARBEITEN UND ZWISCHENABLAGE… auf, und wählen Sie eine Option unter VERKNÜPFUNGEN AKTUALISIE-REN:

▲ **Abbildung 17.26**
Verknüpfungen aktualisieren-Voreinstellung

▶ AUTOMATISCH: Die Warnung wird unterdrückt, Illustrator aktualisiert die Verknüpfungen in geöffneten Dateien selbsttätig.

▶ MANUELL: Auch hier erhalten Sie keine Warnung – dafür müssen Sie die Verknüpfungen-Palette beachten, um geänderte Dateien zu bemerken, und diese dann »von Hand« zu aktualisieren.

▶ BEI ÄNDERUNG WÄHLEN: Die Voreinstellung – Illustrator zeigt die Dialogbox.

17.3 Bilddaten bearbeiten

Neben dem umfangreichen Werkzeugkasten zur Vektorisierung von Pixelgrafik bietet Illustrator auch einige Funktionen zur Bildbearbeitung, die es – in Kombination mit den typografischen Werkzeugen – ermöglichen, das Programm auch für kleinere Layoutaufgaben zu verwenden.

Pixelgrafik mit Vektorwerkzeugen bearbeiten
Platzierte Bilder können Sie mit den Transformieren-Werkzeugen drehen, skalieren, verbiegen und spiegeln.

▲ **Abbildung 17.27**
Pixelbild als Map eines 3D-Objekts

Möchten Sie Pixelgrafik mit einer Verzerrungshülle oder den **Verflüssigen**-Werkzeugen bearbeiten, müssen Sie die Bilder zunächst einbetten. Extreme Verzerrungen erzeugen jedoch sehr schnell ein »pixeliges« Aussehen.

Eingebettete Bilder lassen sich auch als **Symbol** ablegen, so dass Sie das Bildmaterial u. a. auf die Oberfläche eines 3D-Körpers »mappen« können.

Graustufen und Bitmaps kolorieren

Falls Sie nur Graustufen- oder 1-Bit-Bilder zur Verfügung haben oder Ihre Grafik mit zwei oder drei Farben gedruckt wird, gibt es die Möglichkeit, den Bildern in Illustrator eine Farbe zuzuweisen. Neu in Illustrator CS2 ist, dass Sie zu diesem Zweck auch eine Schmuck- oder Volltonfarbe verwenden können.

Aktivieren Sie dazu das Bild auf der Zeichenfläche und weisen die gewünschte Farbe als Fläche zu.

Mit dieser Methode erzeugen Sie keine Duplex-Bilder – dies müssen Sie nach wie vor im Bildbearbeitungsprogramm vornehmen, Sie können Duplex-Bilder aber in Illustrator importieren (siehe Abschnitt »Schmuckfarben in platzierten Dateien«).

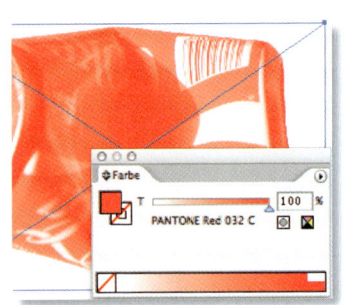

▲ **Abbildung 17.28**
Einem Graustufen-Bild wurde eine Volltonfarbe zugewiesen.

Bilder maskieren

Das Beschneiden von Bildern auf das endgültige Format sollten Sie selbstverständlich im Bildbearbeitungsprogramm vornehmen, das reduziert zum einen die Dateigröße und spart zum anderen Rechenzeit auf dem RIP, da die Berechnung einer Maske entfällt. Möchten Sie jedoch freigeformte Masken anwenden, steht es Ihnen frei, diese bereits in Photoshop als Beschneidungspfad oder in Illustrator als Schnitt- bzw. Deckkraftmaske anzulegen.

▲ **Abbildung 17.29**
Schnittmaske und Deckkraftmaske für platzierte Pixelbilder

In Photoshop angelegte Beschneidungspfade werden beim Einbetten von Bildern in Schnittmasken konvertiert (Schnittmasken siehe Kapitel 10, Deckkraftmasken siehe Kapitel 11).

Filter

Etliche Bildbearbeitungsfilter, deren Namen Ihnen aus Photoshop bekannt vorkommen, finden Sie in Illustrator sowohl im Filter- als auch im Effekt-Menü wieder. Die Filter stehen Ihnen zum größten Teil nur im Dokumentfarbmodus RGB zur Verfügung.

Als Filter lassen sich die Operationen nur auf eingebettete Bilder anwenden. Effekte können Sie zwar auch verknüpften Bildern zuweisen, Illustrator erzeugt aber automatisch eine eingebettete Kopie des Bilds (Filter und Effekte siehe Kapitel 12).

TIPP

Illustrator nutzt die Schnittstelle für Photoshop-Filter, so dass Sie die vorhandenen Filter mit zusätzlichen ergänzen können, soweit diese zu der Schnittstelle kompatibel sind.

Pixeldaten vektorisieren

Beim Vektorisieren von Pixeldaten erstellen Sie Bézierpfade aus Flächen oder Linien, die mit Bildpixeln aufgebaut sind. Sie wandeln das pixelbasierte Bild in eine objektorientierte Grafik um.

Illustrator bietet Ihnen zwei Möglichkeiten, das zu tun: Sie können, wie in Kapitel 5, 6 und 7 gelernt, die Objekt-, Zeichen- und Malwerkzeuge verwenden, um die benötigten Formen manuell zu konstruieren.

Oder Sie nutzen die Autotrace-Funktion, die in Illustrator »Live Trace« – oder deutsch »Interaktiv abpausen« – heißt. Das automatische Nachzeichnen hat einen unschlagbaren Vorteil: Es geht sehr schnell. Allerdings arbeitet die Funktion nur auf der Basis einer nicht sehr intelligenten Flächenerkennung anhand der Farb- und Helligkeitsunterschiede einzelner Pixel. Sie ist nicht in der Lage, diese Flächen Bildobjekten zuzuordnen.

Daher gleicht das Ergebnis im prinzipiellen Aufbau einer Pixelgrafik, denn es liegen einzelne Farbflächen nebeneinander – nur dass deren Form eben durch Pfade begrenzt ist. Weil die Software nicht »weiß«, welche Flächen zusammengehören, kann sie auch keine Verläufe erstellen.

Das automatische Nachzeichnen hat also den meisten Nutzen, wenn die Vorlage möglichst wenige, klar abgegrenzte Farbtöne enthält.

Beim manuellen Vektorisieren dagegen beschreiben die Farbflächen nicht nur Bereiche, deren Pixel eine bestimmte Farbe haben, sondern abgebildete Objekte. Die Flächen müssen nicht stur nebeneinander gelegt werden, und Sie können an vielen Stellen einen realistischeren dreidimensionalen Eindruck durch Verläufe erstellen.

Ein weiterer Vorteil des manuellen Nachzeichnens besteht in der Erkennung geometrischer Formen – z.B. ein Kreis oder eine

▲ **Abbildung 17.30**
Prinzip Autotrace

▲ **Abbildung 17.31**
Prinzip manuelles Vektorisieren

Gerade – diese kann ein Mensch in einer Vorlage klar identifizieren und in der Vektorgrafik entsprechend konstruieren, selbst wenn die Vorlage durch Verzerrungen oder Ungenauigkeiten die Geometrie nicht mehr korrekt darstellt.

Welche Vektorisierung ist für mein Motiv geeignet?

Die Art des Bildmotivs, die Qualität der Vorlage und der Verwendungszweck der Vektorgrafik bestimmen darüber, mit welcher Methode Sie es vektorisieren – per Autotrace oder von Hand konstruiert.

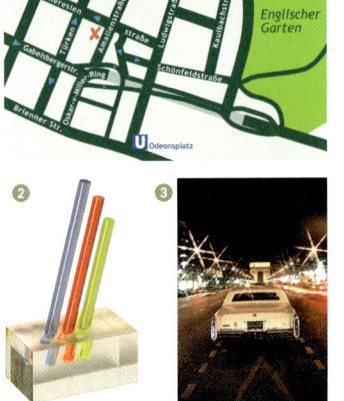

▲ **Abbildung 17.32** ▶
Vorlagenarten: Plan ❶, Layout-Foto ❷, Fotografie ❸, Logo (konstruierte und freie Elemente) ❹, Comic ❶

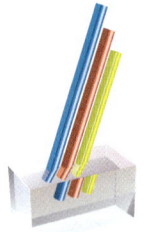

▲ **Abbildung 17.33**
Fotorealistische Illustration ist zum großen Teil Handarbeit.

▲ **Abbildung 17.34**
Ein wenig Nachkonstruktion ist bei der automatischen Nachzeichnung nötig.

Pläne ❶ sind ein typisches Anwendungsgebiet für Vektorgrafik – häufig existiert bereits eine Vorlage, jedoch nicht in digitaler Form. Liegt ein sauberer Scan vor, lassen sie sich erstaunlich gut automatisch vektorisieren – die Schriftelemente sollten Sie trotzdem setzen. Einfache Pläne sind aber – etwas Übung vorausgesetzt – genauso schnell von Hand nachgezeichnet.

Die fotorealistische Illustration ❷ ist kein geeignetes Feld für das automatische Nachzeichnen – mit Ausnahme kleinerer Details –, vor allem da Autotrace-Funktionen keine Verlaufsflächen anlegen können. Aus Fotos ❸ oder anderen künstlerischen Vorlagen lassen sich mit Hilfe der Abpaus-Funktion zum Teil eigenständige Kreationen erstellen.

Liegen Logos oder Symbole ❹ als Vorlage vor, ist die Wahl der Mittel abhängig von deren Art. Geometrische Formen wie Kreise, regelmäßige Polygone oder regelmäßige Linien sollten Sie konstruieren. Schriftelemente bilden Sie in der besten Qualität nach, wenn Sie die Schriftart identifizieren und die Elemente neu setzen. Unregelmäßige oder handgezeichnete Elemente lassen sich automatisch vektorisieren.

Comic- und andere handgezeichnete Elemente ❺ sind ebenfalls ein ideales Anwendungsgebiet für automatische Abpaus-Funktionen.

17.4 Live Trace – interaktiv Abpausen

Mit der Live Trace- oder auf Deutsch »Interaktiv-abpausen«-Funktion wurde die im Oktober 2005 eingestellte Vektorisierungs-Software »Streamline« in Illustrator integriert. Darüber hinaus ersetzt Live Trace das aus alten Illustrator-Versionen bekannte, nicht sehr leistungsfähige Pausstift-Werkzeug.

Im Gegensatz zum Pausstift steht Ihnen eine Vielzahl von Optionen und Parametern zur Verfügung, um eine große Bandbreite von Vorlagenarten in Vektorgrafik umzuwandeln. Und – das Stichwort »Live« deutet es schon an: Solange das Objekt nicht in Pfade umgewandelt wird, bleibt die Verbindung zwischen der Vorlage und dem Abpausergebnis bestehen, so dass zum einen Änderungen am Originalbild in der Abpausung ausgeführt werden und zum anderen jederzeit Änderungen der Abpausoptionen eingerichtet werden können.

Abpaus-Objekte erstellen

Platzieren Sie zunächst eine Bilddatei – sowohl verknüpft oder eingebettet ist möglich. Aktivieren Sie das Bild auf der Zeichenfläche, und wählen Sie zwischen drei Möglichkeiten, ein Bild abzupausen:

▶ Mit einer gespeicherten Vorgabe: Haben Sie bereits Abpaus-Vorgaben gespeichert oder wollen Sie eine der installierten Abpaus-Vorgaben nutzen, wählen Sie die gewünschte Einstellung aus dem Aufklappmenü in der Steuerungspalette.

▶ Mit vorherigem Aufrufen der Optionen: Rufen Sie OBJEKT • INTERAKTIV ABPAUSEN • ABPAUSOPTIONEN… auf, oder wählen Sie ABPAUSOPTIONEN… aus dem Aufklappmenü ▼ in der Steuerungspalette. Richten Sie Ihre Optionen in der Dialogbox ein, und klicken Sie den Button ABPAUSEN.

▶ Mit der Standardvorgabe: Klicken Sie den Button INTERAKTIV ABPAUSEN in der Steuerungspalette. Als Ergebnis erhalten Sie eine Schwarz-Weiß-Umsetzung, die gut geeignet ist zur Abpausung von Plänen und Zeichnungen mit hohem Kontrast.

Steuerungspalette | Die Steuerungspalette bietet die Interaktivabpausen-Funktionen des Objekt-Menüs als praktische Buttons an. Je nach Objektart zeigt die Steuerungspalette eine andere Zusammensetzung.

▲ **Abbildung 17.35**
Das Pausstift-Werkzeug aus Illustrator CS und früheren Versionen

▲ **Abbildung 17.36**
Adobe Streamline

▲ **Abbildung 17.37**
Die Standardvorgabe lässt sich gut auf kontrastreiche Farbfotos anwenden.

▲ **Abbildung 17.38**
Steuerungspalette bei aktiviertem Bild

Haben Sie ein Bild aktiviert, drücken Sie entweder den Button INTERAKTIV ABPAUSEN ❶, um mit der Standardeinstellung ein Abpaus-Objekt zu erzeugen, oder wählen eine der Abpaus-Vorgaben aus dem Aufklappmenü ❷.

▲ **Abbildung 17.39**
Steuerungspalette bei aktiviertem Abpaus-Objekt

Ist ein Abpaus-Objekt aktiviert, können Sie es durch Auswahl aus dem Aufklappmenü ❸ mit einer anderen Vorgabe berechnen lassen oder mit einem Klick auf den Button ❹ die Dialogbox OPTIONEN aufrufen. Je nach Farbtiefe werden unterschiedliche wichtige Abpausoptionen ❺ ❻ direkt zur Verfügung gestellt. Die Anzeige-Optionen für RASTER ❼ und VEKTOR ❽ lassen sich aus den beiden Menüs auswählen. Auch die Befehle UMWANDELN ❾ und FÜR INTERAKTIVES MALEN KONVERTIEREN ❿ finden Sie als Buttons vor.

▲ **Abbildung 17.40**
Zeichnungen und Grafik sind das Einsatzgebiet für die Standardvorgabe.

Optionen

Die Abpausoptionen für bestehende Abpaus-Objekte rufen Sie auf, indem Sie das Abpaus-Objekt aktivieren und OBJEKT • INTERAKTIV ABPAUSEN • ABPAUSOPTIONEN… wählen oder den Abpausoptionen-Button 🔳 in der Steuerungspalette klicken.

Das Abpausen erfolgt in zwei Schritten – zunächst optimiert Illustrator das Bildmaterial nach den vorgenommenen Einstellungen, im zweiten Schritt wird das optimierte Bild unter Berücksichtigung der eingegebenen Parameter vektorisiert.

Die Aufteilung des Optionen-Dialogs bildet die zwei Schritte durch die beiden Optionen-Gruppen ANPASSUNGEN (links) und ABPAUSEINSTELLUNGEN (rechts) ab.

Abbildung 17.41 ▶
Abpausoptionen für den Modus FARBE

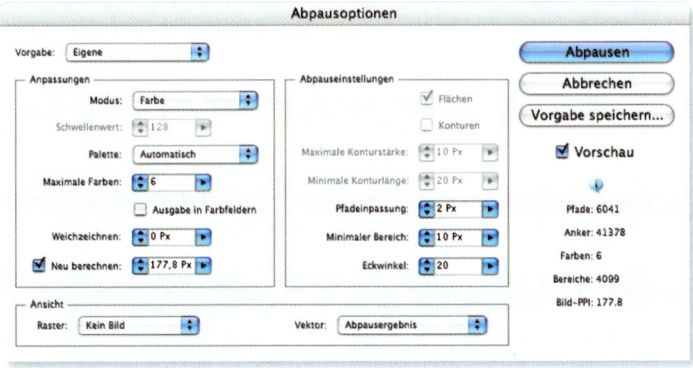

▶ VORGABE: Wählen Sie hier eine der Vorgaben des Programms oder eine Ihrer eigenen abgespeicherten Vorgaben.

▶ VORSCHAU: Aktivieren Sie diese Option, damit jede Änderung eines Parameters am Objekt auf der Zeichenfläche dargestellt wird. Je nach Komplexität Ihrer Bilddatei, den verwendeten Einstellungen und der Rechenleistung Ihres Computers kann das Generieren der Vorschau Ihre Geduld mehr oder weniger strapazieren.

Legen Sie in der Optionen-Gruppe ANSICHT fest, was als Vorschau generiert werden soll.

▶ INFORMATIONEN: Rechts in der Dialogbox führt Illustrator in einer Statistik auf, wie viele Pfade, Ankerpunkte und Farben mit den vorgenommenen Einstellungen entstehen würden. Der Wert BEREICHE bezeichnet die Anzahl der Vektorobjekte – er unterscheidet sich von der Anzahl der Pfade, da zusammengesetzte Pfade als ein »Bereich« gezählt werden.

TIPP

Wenn Illustrator geöffnet ist, lässt sich das Abpausen mit Hilfe von Adobe Bridge automatisieren. Aktivieren Sie bis zu zehn Bilder in Bridge und wählen WERKZEUGE • ILLUSTRATOR • INTERAKTIV ABPAUSEN…

Anpassungen | In dieser Gruppe von Reglern geben Sie Parameter zur Optimierung des Bildmaterials vor dem Vektorisieren an.

▶ MODUS: Der Farbmodus bestimmt die Farben des Ergebnisses sowie die zur Verfügung stehenden Einstellungsparameter. Der gewählte Modus muss nicht dem Farbmodus der Vorlage entsprechen – Sie können ihn frei wählen.

   ▶ Schwarz-Weiß: Verwenden Sie diesen Modus für technische Zeichnungen und Comics. Sie erhalten eine Umsetzung in schwarzen und weißen Flächen bzw. schwarzen Konturen oder einer Kombination aus Konturen und Flächen
Nur im Schwarz-Weiß-Modus besteht die Möglichkeit, Ihre Vorlage in Konturen umzusetzen.

   ▶ Graustufen: Im Graustufenmodus setzt sich das Ergebnis aus Tonwerten von Schwarz zusammen.

   ▶ Farbe: Bis zu 256 Farben werden bei der Umsetzung Ihres Bildes verwendet.

▶ SCHWELLENWERT (nur Modus Schwarz-Weiß): Der Schwellenwert ist die Helligkeitsstufe im Originalbild, an der unterschieden wird, ob schwarze und weiße Flächen entstehen. Flächen, die heller sind als der Schwellenwert, werden weiß gefüllt, dunklere Flächen schwarz.

▶ PALETTE (nur Modus Graustufen/Farbe): Sie können die Farben von Illustrator anhand der Farbtöne des Originalbilds AUTOMATISCH generieren lassen. Alternativ können Sie auch die in einer beliebigen Farbfelder-Bibliothek vorliegenden Farben verwenden.

Speichern Sie dafür zunächst eine Farbfelder-Bibliothek (siehe Kapitel 8) und rufen diese aus dem Menü FENSTER • FARB-

▲ **Abbildung 17.42**
Modus Schwarz-Weiß, Graustufen, Farbe

▲ **Abbildung 17.43**
Mit vorgegebener Palette

▲ **Abbildung 17.44**
Auch mit 256 Farben sind Verläufe
stufig.

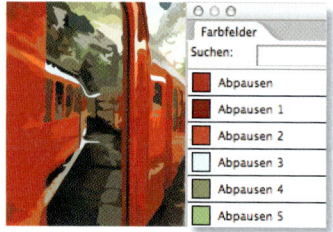

▲ **Abbildung 17.45**
Ausgabe in Farbfeldern

▲ **Abbildung 17.46**
Verschiedene Grade der Weichzeichnung

Abbildung 17.47 ▶
Abpausoptionen – Konturen

FELDER-BIBLIOTHEKEN auf. Geöffnete Farbfelder-Bibliotheken
listet Illustrator automatisch im Menü PALETTE. Dort wählen
Sie Ihre Bibliothek anstatt des Eintrags AUTOMATISCH.

▶ MAXIMALE FARBEN (nur Modus Graustufen/Farbe): Wählen Sie
aus einem Bereich von 2–256, in wie vielen Farbabstufungen
die Abpausung umgesetzt werden soll.
Die Umrechnung der im Bild vorhandenen in die maximalen
Farben führt Illustrator durch, indem eine Tontrennung im
Pixelbild vorgenommen wird.

▶ AUSGABE IN FARBFELDERN (nur Modus Graustufen/Farbe): Lassen Sie die in der Abpausung verwendeten Farben als GLOBALE
FARBFELDER generieren und in der Farbfelder-Palette ablegen.
Achtung: Bei einer erneuten Berechnung des Abpaus-Objekts
mit geänderten Einstellungen werden nicht mehr benötigte
Farbfelder nicht automatisch gelöscht, d.h., mit jeder Änderung erhalten Sie zusätzliche Farbfelder.

▶ WEICHZEICHNEN: Die Weichzeichnung gleicht im Bild vorhan-
dene Störungen aus und bewirkt so eine Umsetzung mit
glatteren Formen. Stellen Sie mit einem Wert von 0–20 den
Grad von Weichzeichnung ein, der vor der Abpausung auf das
Bild angewendet wird.
Die Auswirkung der Weichzeichnung ist abhängig von der
Neuberechnung der unter NEU BERECHNEN eingestellten Auf-
lösung.

▶ NEU BERECHNEN: Lassen Sie die Auflösung des Bilds neu
berechnen, indem Sie einen Wert von 1–600 eingeben. Es ist
möglich, die Auflösung eines Bilds sowohl zu erhöhen als auch
zu senken. Beim ersten Aufrufen der Abpausoptionen für ein
Abpaus-Objekt oder Pixelbild zeigt Illustrator in dem Eingabefeld die effektive Bildauflösung an, d.h. die Bildauflösung unter
Einbeziehung der Größe des Bildes auf der Zeichenfläche.
Eine niedrigere Auflösung beschleunigt die Berechnung des
Ergebnisses. Die Auflösung beeinflusst jedoch auch die Qualität der Abpausung. Dieser Wert wird nicht in Vorgaben gespeichert.

Abpauseinstellungen | Diese Einstellungen setzen die Richtli-
nien für das Nachzeichnen der Formen.

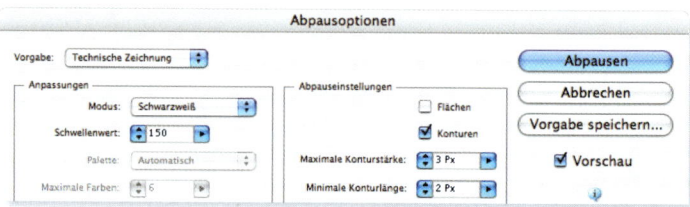

- FLÄCHEN/KONTUREN (nur Modus Schwarz-Weiß): Bei manchen Vorlagen – z.B. Konstruktionszeichnungen – ist es nicht erwünscht, Linien als Flächen erstellen zu lassen.

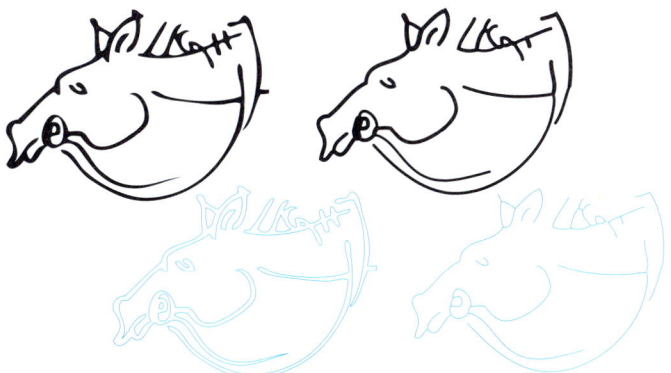

◀ **Abbildung 17.48**
Umsetzung als Flächen und als Konturen – blau: Pfadansicht

Daher können Sie bei einer Schwarz-Weiß-Umsetzung auswählen, ob Sie diese in Konturen und/oder Flächen umsetzen möchten. Die unterschiedlichen Linienstärken der Zeichnung übersetzt Illustrator in Konturstärken.

Passen Sie die maximale Konturstärke und die minimale Konturlänge an, wenn Sie Konturen erstellen lassen.

- MAXIMALE KONTURSTÄRKE (nur Konturen): Mit diesem Grenzwert legen Sie fest, bis zu welcher Linienstärke Illustrator eine Kontur erzeugen soll. Stärkere Linien werden als Flächen erzeugt – jedoch nicht gefüllt, wenn Sie FLÄCHEN nicht aktiviert haben.
- MINIMALE KONTURLÄNGE (nur Konturen): Diese Option dient der Reduzierung von Bildstörungen – legen Sie fest, wie lang eine Linie mindestens sein muss, damit eine Kontur entsteht. Kürzere Linien werden ignoriert.
- PFADEINPASSUNG: Mit diesem Wert bestimmen Sie die Genauigkeit der Abpausung, die sich durch den Abstand des berechneten Pfads von der Begrenzung der Fläche im Bild definiert. Das Eingabefeld akzeptiert Werte von 0–10, höhere Werte bedeuten eine geringere Genauigkeit.
- MINIMALER BEREICH: Geben Sie einen Wert von 0–3000 ein, um das kleinste zu erzeugende Bildelement zu definieren. Der Wert gibt die Anzahl Pixel an, die eine Fläche im Bild haben muss, damit Illustrator daraus eine Form generiert. Geben Sie z.B. 4 ein, dann werden nur Flächen abgepaust, die mindestens 2 x 2 Pixel groß sind.

▲ **Abbildung 17.49**
Von oben: Original, maximale Konturstärke zu niedrig, minimale Konturlänge zu hoch

▲ **Abbildung 17.50**
Eckwinkel 0 (links), 180 (rechts)

▶ ECKWINKEL: Geben Sie hier mit einem Wert von 0–180 den Winkel ein, den eine Ecke haben muss, damit an der Stelle ein Eckpunkt gesetzt wird (Eck- und Kurvenpunkte s. Kapitel 6). Mit einem höheren Wert erreichen Sie weniger Eckpunkte und damit weniger Detailzeichnung, also glattere Kurven.

Abbildung 17.51 ▶
Ein höherer Eckwinkelwert
(rechts: 180) erzeugt weniger
Details als ein niedriger (links: 0).

▲ **Abbildung 17.52**
Angepasstes Bild (oben), Abpausergebnis (unten)

Ansicht | Richten Sie sich in diesem Bereich der Abpausoptionen die Bildschirmanzeige ein. Dies hilft Ihnen, Ihre Einstellungen für die Aufbereitung des Pixelbilds getrennt von den Einstellungen für die Abpausung zu kontrollieren.

Die gleichen Auswahlmöglichkeiten haben Sie mit den beiden Aufklappmenüs ANSICHTEN DES RASTERBILDS 🔺 und ANSICHTEN DES VEKTORERGEBNISSES 🔺 in der Steuerungspalette.

▶ RASTER: In dieser Gruppe wählen Sie aus, ob und wie die Bild-vorlage angezeigt wird.

  ▶ KEIN BILD: Die Abpausvorlage wird nicht dargestellt.

  ▶ ORIGINALBILD: Darstellung des Rasterbilds ohne Anwen-dung der Einstellungen, die Sie in den Abpausoptionen vor-genommen haben.

  ▶ ANGEPASSTES BILD: Wählen Sie diese Darstellung, um die Auswirkungen der Optimierungsoptionen zu beobachten. Dazu müssen Sie gleichzeitig in der Vektor-Ansicht die Option KEIN ABPAUSERGEBNIS aktivieren.

  ▶ TRANSPARENTES BILD: Das Bild wird gedimmt dargestellt – mit dieser Anzeige lassen sich Vorlage und Abpausergebnis gut voneinander unterscheiden, wenn Sie Ihr Bild in Kon-turen umrechnen lassen.

▲ **Abbildung 17.53**
Transparentes Bild, Konturen

▶ VEKTOR: Dieses Menü stellt verschiedene Optionen zur Anzeige der Abpausung zur Verfügung.

  ▶ KEIN ABPAUSERGEBNIS: Die Vektorumsetzung wird nicht dargestellt.

  ▶ ABPAUSERGEBNIS: Mit dieser Option zeigt Illustrator die Vek-torumsetzung an.

- ▶ KONTUREN: Wählen Sie Konturen, um die Zeichenwege der Formen darzustellen, die nach der Umwandlung des Abpaus-Objekts entstehen.
- ▶ KONTUREN MIT ABPAUSUNG: In dieser Darstellungsform wird das Abpaus-Objekt gedimmt, und darüber werden die entstehenden Vektorpfade angezeigt.

Einstellungen als Abpausvorgabe speichern

Ihre Einstellungen können Sie als Vorgabe speichern, um sie anschließend aus dem Aufklappmenü einfacher aufzurufen.

Klicken Sie den Button VORGABE SPEICHERN... in der Abpausoptionen-Dialogbox. Anschließend tragen Sie einen Namen für die Vorgabe ein. Ihre Vorgabe steht programmweit zur Verfügung.

Unter BEARBEITEN • ABPAUSVORGABEN... können Sie Ihre Abpausvorgaben verwalten. Überflüssige Einträge lassen sich hier löschen. Es besteht aber auch die Möglichkeit, Einstellungen zu editieren oder neu anzulegen.

Die Vorgaben lassen sich als Textdatei für den Austausch speichern. Aktivieren Sie eine oder mehrere Vorgaben in der Liste und klicken den Button EXPORTIEREN... Möchten Sie selbst eine solche Vorgabendatei hinzufügen, klicken Sie IMPORTIEREN... und wählen die Datei aus.

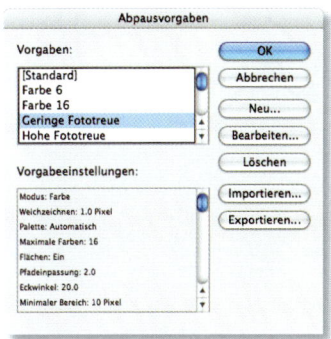

Original bearbeiten

In der Bildoptimierung der Live Trace-Funktion lassen sich einige nützliche Bearbeitungsfunktionen durchführen – es ist jedoch nicht möglich, Kontrastveränderungen vorzunehmen oder nur einen bestimmten Bereich der Vorlage zu editieren. Für diese Operationen müssen Sie das Bild in einem Bildbearbeitungsprogramm öffnen.

Ist das Abpaus-Objekt aus einem verknüpften Bild erstellt worden, verwenden Sie den Button ORIGINAL BEARBEITEN in der Verknüpfungen-Palette, um die Quelldatei in Photoshop oder einem anderen Programm zu öffnen. Führen Sie Ihre Änderungen durch, speichern und schließen die Datei.

Beim Wechseln zu Illustrator zeigt es die Warnung an, dass eine verknüpfte Datei geändert wurde. Aktualisieren Sie die Verknüpfung, dann erfolgt auch ein Update des Abpaus-Objekts.

Auch wenn Sie einem Abpaus-Objekt über die Verknüpfungen-Palette eine andere Vorlage zuweisen, wird die Vektorumsetzung neu berechnet.

Aktualisieren Sie ein geändertes Bild nicht in Illustrator, wird der alte Dateistatus für das Abpaus-Objekt verwendet, und es ist trotzdem möglich, das Live Trace-Objekt »umzuwandeln«.

Empfehlungen zur Aufbereitung der Bilder

Achten Sie schon bei der Erstellung des Quellmaterials darauf, dass es sich ohne Bildstörungen und -rauschen digitalisieren lässt. Verwenden Sie möglichst glattes, helles Papier, und arbeiten Sie mit dunklen Farben bzw. harten Bleistiften.

Falls sich raues Papier nicht vermeiden lässt, machen Sie eine Fotokopie auf weißes Papier und scannen diese – dabei entsteht ein höherer Kontrast, und Fotokopierer können die Papierstruktur meist nicht erfassen.

Umwandeln – Live-Verknüpfung lösen

Ein Abpaus-Objekt ermöglicht Ihnen zwar, jederzeit durch Änderungen an den Optionen das Ergebnis zu beeinflussen, es lassen sich jedoch weder die entstandenen Pfade noch die Füllfarben der Flächen gezielt verändern. Wenn Sie detailliert einzelne Pfade oder Flächen bearbeiten möchten, müssen Sie das Abpaus-Objekt in Vektorobjekte umwandeln.

Dabei geht die »Live«-Eigenschaft verloren – das Pixelbild wird aus Ihrer Illustrator-Datei gelöscht, und nur die Vektorobjekte bleiben erhalten. Falls Sie das Pixelbild eingebettet haben, prüfen Sie vor dem Umwandeln, ob die Originaldatei noch besteht.

Um ein Abpaus-Objekt umzuwandeln, aktivieren Sie es und klicken den Button UMWANDELN in der Steuerungspalette. Alle Flächen werden als geschlossene bzw. offene Pfade oder zusammengesetzte Pfade erstellt. Die Objekte sind mehrfach gruppiert.

Beachten Sie beim Nachbearbeiten weniger komplexer Objekte, dass häufig mehrere Kopien einer Form direkt übereinander liegen. Dies kann zu Irritationen führen, wenn Sie zusammengesetzte Formen erstellen. Verwenden Sie unbedingt die Ebenen-Palette, um Ihre Objekte zu analysieren.

Möchten Sie »in einem Rutsch« ein Bild mit der Standardeinstellung abpausen und umwandeln, wählen Sie den Befehl OBJEKT • INTERAKTIV ABPAUSEN • ERSTELLEN UND UMWANDELN.

Verbindung mit Live Paint

Eine vektorisierte Grafik lässt sich anschließend mit der Live Paint-Funktion – interaktiv malen – einfärben, jedoch nur, nachdem sie umgewandelt wurde. Aktivieren Sie das Live Trace-Objekt und klicken den Button INTERAKTIV MALEN in der Steuerungspalette oder wählen Sie OBJEKT • INTERAKTIV ABPAUSEN • FÜR INTERAKTIVES MALEN KONVERTIEREN, um das Abpaus-Objekt in einem Schritt umzuwandeln und ein Live Paint-Objekt daraus zu erzeugen (Interaktiv Malen siehe Kapitel 9).

▲ **Abbildung 17.56**
Warum an einigen Stellen keine Löcher im zusammengesetzten Pfad sind, sehen Sie nach der Analyse des Objekts: Die Formen existieren doppelt.

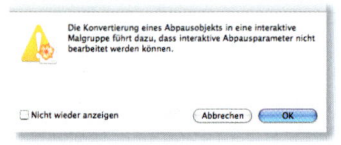

▲ **Abbildung 17.57**
Warnung beim Umwandeln eines Live Trace-Objekts in eine interaktive Malgruppe

Schritt für Schritt: Logo vektorisieren

1 Bilddatei vorbereiten

Dieses Logo müssen Sie in exakt zwei Farben umsetzen. Um spätere unnötige Arbeit zu vermeiden, wäre das Abpausen im Schwarz-Weiß-Modus wünschenswert.

Die im Logo verwendeten Farben trennen Sie bereits in Photoshop auf zwei Ebenen auf. Die beiden Ösen sind identisch, also setzen Sie die beiden »halben« Teile so zusammen, dass eine komplette Form entsteht. Diese wird dupliziert.

Die Vorlage im PSD-Format sollte drei Ebenen haben: das Original, eine Ebene mit den roten und eine mit den blauen Formen – beide für einen maximalen Kontrast in Schwarz-Weiß umgewandelt. Die auf diese Art vorbereitete Datei befindet sich auf der DVD: Logo-Abpausen.psd

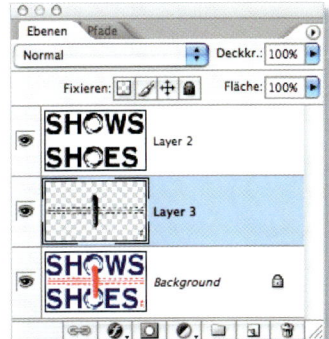

▲ **Abbildung 17.58**
Aufbau der Photoshop-Datei

2 Photoshop-Datei in Illustrator platzieren

Erstellen Sie ein neues Illustrator-Dokument, und wählen Sie Datei • Platzieren… Selektieren Sie die PSD-Datei, deaktivieren die Verknüpfen-Option und bestätigen.

In den PSD-Optionen wählen Sie Photoshop-Ebenen in Objekte umwandeln und Ausgeblendete Ebenen importieren.

Die Ebenen der Photoshop-Datei werden als gruppierte Objekte in Ihrem Dokument platziert. Lösen Sie die Gruppe auf. Achten Sie im Folgenden jedoch darauf, die Objekte nicht einzeln zu verschieben.

▲ **Abbildung 17.59**
PSD-Datei in Illustrator

3 Interaktiv abpausen

Beginnen Sie mit dem Bild, das die Schrift enthält. Aktivieren Sie es und klicken den Button Interaktiv abpausen in der Steuerungspalette.

Das erste Ergebnis ist akzeptabel, lässt sich aber noch verbessern. Rufen Sie die Abpausoptionen auf. Insgesamt rundere Formen erreichen Sie, wenn Sie den Eckwinkel etwa auf 180 erhöhen. Wählen Sie einen etwas niedrigeren Wert für den minimalen Bereich – ca. 5 – sowie für die Pfadeinpassung – ca. 1,5. Die Schriftelemente leiden zwar darunter, Sie setzen diese Elemente später aber ohnehin ganz neu. Wenn Sie mit dem Ergebnis zufrieden sind, blenden Sie das Abpaus-Objekt aus.

Anschließend aktivieren Sie das Objekt, das Schnürsenkel und Nähte enthält, und pausen es ab. Diese Vektorisierung muss detailreicher ausgeführt werden. Rufen Sie ebenfalls die Abpausoptionen auf. Tragen Sie niedrigere Werte für die Pfadeinpassung – ca. 1 – und den minimalen Bereich – ca. 2 – ein.

SHOWS

SHOES

▲ **Abbildung 17.60**
Abpausung der Schriftelemente

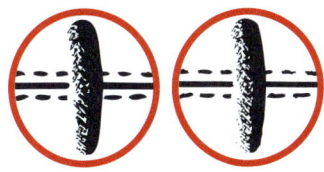

▲ **Abbildung 17.61**
Vergleich der Genauigkeit: Standardvorgabe und eigene Werte

Blenden Sie das zuerst erstellte Objekt wieder ein. Sie können Ihre Objekte besser verwalten, wenn Sie für jedes Objekt eine eigene Ebene erstellen. Wandeln Sie anschließend beide Objekte um, und löschen Sie überflüssige Objekte, wie die weiße Hintergrundfläche und alle Schriftformen.

4 Kreis nachkonstruieren

Die Außenbegrenzung der Ösen soll einen Kreis darstellen. Daher müssen Sie die Form nachkonstruieren. Ziehen Sie einen Kreis mit dem Ellipse-Werkzeug auf.

Trennen Sie den Kreis und die Außenbegrenzung der nachgezeichneten Öse mit dem Schere-Werkzeug an den Stellen, an denen sie sich berühren, und löschen die nicht benötigten Pfadsegmente. Bewegen Sie die Endpunkte des Ösen-Objekts auf die Endpunkte des kreisförmigen Segments.

Fügen Sie die Pfade zusammen: Aktivieren Sie die jeweiligen Endpunkte und wählen OBJEKT • PFAD • PFAD ZUSAMMENFÜGEN.

▲ **Abbildung 17.62**
Konstruktion einer kreisförmigen Außenbegrenzung

5 Text setzen

Blenden Sie das Bild mit der Originalgrafik ein. Eines der Probleme beim Nachkonstruieren von Logos ist die Identifizierung der Schrift. Es existieren wenige Bücher sowie webbasierte Services zu dem Thema. In unserem Fall handelt es sich um AG Old-Face in der Adobe-Version.

Ziehen Sie zwei Hilfslinien auf die Schrift-Grundlinien und setzen die Texte auf die Hilfslinien. Passen Sie die Schriftgröße an, und wandeln Sie den Text in Outlines um. In dieser Form ist es einfacher, die Abstände der Buchstaben nachzurichten. Anschließend setzen Sie den kleinen Text unten rechts.

▲ **Abbildung 17.63**
Textsatz

6 Aussparungen in O

Unter dem Schnürsenkel müssen Sie Aussparungen in den Ösen anlegen. Blenden Sie zunächst die Ebenen aller Vektorobjekte aus. Zeichnen Sie anhand der Vorlage zwei Flächen, welche die linke Seite des Schnürsenkels begrenzen.

Blenden Sie die Ösen wieder ein und stanzen diese Aussparungen mit dem Button VOM FORMBEREICH SUBTRAHIEREN der Pathfinder-Palette – drücken Sie dabei ⌥/Alt.

Um die andere Seite zu stanzen, verwenden Sie das Schnürsenkel-Objekt. Blenden Sie seine Ebene ein und kopieren es in die Zwischenablage. Blenden Sie die Ebene danach wieder aus.

Wählen Sie OBJEKT • DAVOR EINFÜGEN. Aktivieren Sie eine Öse und das eben eingefügte Objekt, und stanzen Sie die Aussparung, Fügen Sie das Objekt erneut DAVOR ein und stanzen die zweite Öse.

▲ **Abbildung 17.64**
Stanzen der Öse

TEIL V
Ausgabe
und Optimierung

18 Austausch, Weiterverarbeitung, Druck

Kein Programm ist eine Insel, die meisten mit Grafiksoftware erstellten Arbeiten werden in anderen Programmen weiterverarbeitet. Vor allem in Layout-Software, aufgrund der guten Komprimierungseigenschaften flächiger Grafik und der Beliebtheit des Shockwave-Flash-Formats, jedoch auch auf Webseiten.

Und auch wenn Illustrator sich nur begrenzt zum Seitenlayout einsetzen lässt, verfügt es doch über umfangreiche Optionen für den Druck und PDF-Export.

18.1 Farbmanagement

Farbe wird von jedem Ein- oder Ausgabegerät auf eine andere Weise erfasst oder wiedergegeben. Dabei kommen unterschiedliche Farbmodelle zur Anwendung. Sowohl die technischen Fähigkeiten der Geräte als auch die verwendeten Farbmodelle schränken den darstellbaren Farbumfang (Gamut) ein. Durch das Farbmanagement sollen nun die einzelnen Farbmodelle und der Farbumfang der beteiligten Geräte und Prozesse in Einklang gebracht werden. Farbmanagement hat die Aufgabe, Farbe konstant und vorhersehbar zu reproduzieren.

Die Optimierung der Bilddaten anhand drucktechnischer Kennlinien – wie es in der Vergangenheit üblich war – setzt voraus, dass die für Erfassung, Verarbeitung und Wiedergabe der Farbinformationen benutzten Geräte dasselbe Farbmodell verwenden. Durch den Einsatz offener, digitaler und modularer Systeme ist das aber nicht mehr sichergestellt. Farben müssen also unabhängig von gerätespezifischen Farbmodellen definiert werden. Mit dem ICC-Profil können die Steuersignale der Geräte mit einem Farbort im farbmetrischen Referenzfarbraum (XYZ oder LAB) verknüpft werden und damit den Gamut eines Geräts beschreiben.

Der erste Schritt ist die **Kalibrierung Ihres Monitors**. Verwenden Sie dazu unter Mac OS die Funktion KALIBRIEREN…, die Sie unter SYSTEMEINSTELLUNGEN • MONITORE • FARBEN finden. Unter

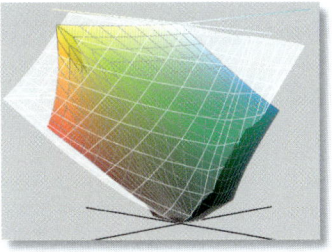

▲ **Abbildung 18.1**
Vergleich der Farbräume »Adobe RGB« und »Europe ISO Coated FOGRA 27« in Apples ColorSync-Dienstprogramm

HINWEIS

Ihr Monitor sollte etwa eine halbe Stunde in Betrieb sein, bevor Sie mit der Kalibrierung beginnen.

Da ein Farbeindruck immer von der Umgebungsfarbe beeinflusst wird, richten Sie einen neutral grauen Bildschirmhintergrund ein.

Zu den Kalibrierungsfunktionen beider Betriebssysteme stehen Online-Hilfen zur Verfügung.

Abbildung 18.2 ▶
Dialogbox FARBEINSTELLUNGEN

Windows verwenden Sie ADOBE GAMMA aus der SYSTEMSTEUERUNG. Noch besser ist der Einsatz externer Messtechnik und Profilierungssoftware, die Sie von verschiedenen Anbietern erhalten.

Um die Voreinstellungen für das Farbmanagement in Illustrator einzurichten, rufen Sie BEARBEITEN • FARBEINSTELLUNGEN auf – Shortcut ⌘/Strg+⇧+K.

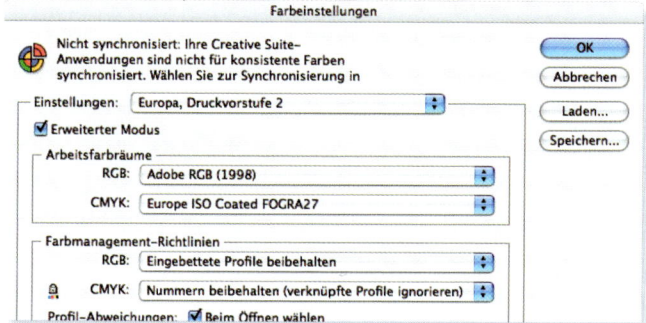

Wählen Sie eine der vorkonfigurierten EINSTELLUNGEN aus dem Aufklappmenü. Falls Sie wenig Erfahrungen mit Farbmanagement haben, sollten Sie keine Änderungen an den Optionen der Einstellungen vornehmen.

Farbprofile zuweisen | Beim Speichern können Sie das in den Farbeinstellungen für den Dokumentfarbraum passende Profil in das Dokument einbetten. Wurde dem Dokument ein Farbprofil zugewiesen, so ist die Option ICC-PROFIL SPEICHERN aktiv. Deaktivieren Sie sie, um kein Profil einzubetten.

Möchten Sie einer Datei zu einem späteren Zeitpunkt ein anderes Profil zuweisen oder ein eingebettetes Profil löschen, wählen Sie BEARBEITEN • PROFIL ZUWEISEN...

Abbildung 18.3 ▶
Dialogbox PROFIL ZUWEISEN

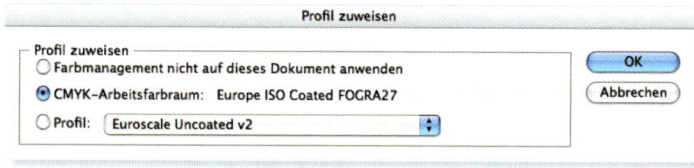

Wählen Sie FARBMANAGEMENT NICHT AUF DIESES DOKUMENT ANWENDEN, um ein eingebettetes Profil zu entfernen, oder RGB- bzw. CMYK-ARBEITSFARBRAUM, um den in den Illustrator-Farbeinstellungen derzeit eingerichteten Farbraum zuzuweisen. Alternativ wählen Sie ein Profil aus dem Aufklappmenü.

Sicherer CMYK-Workflow | Möchten Sie sicherstellen, dass Bild- und Grafikdateien im CMYK-Farbmodus nicht durch das Farbmanagement konvertiert werden, bietet Adobe für Illustrator und InDesign den »sicheren CMYK-Workflow« an. Unter Farb-management-Richtlinien für CMYK sollte die Einstellung Nummern beibehalten (Verknüpfte Profile ignorieren) bzw. Werte erhalten (Verknüpfte Profile ignorieren) ausgewählt sein.

18.2 Export für Layout und Bildbearbeitung

Die Im- und Exportmöglichkeiten potenzieller Austauschpro-gramme unterscheiden sich aufgrund ihrer Art – Vektorgrafik, Bildbearbeitung, Layout –, aber selbst gleiche Funktionen wer-den auf andere Art programmiert und entstehende Formen ggf. anders gespeichert.

Wenn Sie auf den Austausch zwischen Programmen angewie-sen sind, ist es sinnvoll, die Möglichkeiten der Programme genau zu kennen, so lassen sich Probleme z. B. dadurch vermeiden, dass Sie bestimmte Objekte vor dem Exportieren umwandeln.

HINWEIS

Details zum Import von Free-Hand- und CorelDraw-Dateien finden Sie in Kapitel 17.

Layoutprogramme | Die klassische Weiterverarbeitung von Illus-trator-Grafik geschieht in Layout-Software, z.B. in der Zeitschrif-tenproduktion. Illustrationen werden üblicherweise nicht mehr nachbearbeitet, sondern im Layout platziert. Das gängige Aus-tauschformat ist EPS bzw. das Illustrator-Format innerhalb der Creative Suite.

Da Layout-Software mittlerweile grundlegende Vektorbearbei-tungsfunktionen bietet, sind aber auch weitergehende Aus-tauschmöglichkeiten gefragt.

Bildbearbeitung/Photoshop | Aufgrund der objektorientierten Arbeitsweise eignet sich Illustrator gut für die Vorbereitung umfangreicher Illustrationen, selbst wenn deren Ausarbeitung pixelbasiert in der Bildbearbeitung erfolgt.

Photoshops Möglichkeiten bei der direkten Bearbeitung von Vektorpfaden wurden mit jeder Version optimiert, noch wich-tiger ist aber die eine Verbesserung des Imports von Vektorgrafik.

Zusätzlich zu Formebenen führte Adobe mit Version CS2 Smart Objects ein, die es ermöglichen, Vektorgrafik nativ – aber mit eingeschränkten Bearbeitungsoptionen – in Photoshop-Dateien zu speichern.

▲ **Abbildung 18.4**
Photoshop-Illustration und Vek-torgrafik-Vorarbeit

EPS

Das Publishing-Austauschformat ist EPS – Encapsulated Post-Script-Format. Dieses Format wird von allen wichtigen Layout- und Vektorgrafikprogrammen sowie von Photoshop unterstützt.

▲ Abbildung 18.5
EPS-Export-Optionen

▲ Abbildung 18.6
Transparente und deckende EPS-Vorschau

Speichern | Um eine EPS-Datei zu erstellen, rufen Sie DATEI • SPEICHERN UNTER... auf – Shortcut ⌘/Strg+⇧+S – und wählen im Menü FORMAT bzw. unter Windows DATEITYP • ILLUSTRATOR EPS. Nach der Bestätigung mit OK bzw. SPEICHERN geben Sie die Optionen in eine zweite Dialogbox ein:

▶ VERSION: Wählen Sie aus, mit welcher Illustrator-Version das EPS kompatibel sein soll. Die Versionen unterstützen unterschiedliche Features und Werkzeuge, daher entscheiden Sie mit Ihrer Wahl darüber, ob Objekte im EPS editierbar sind. Speichern Sie, wenn möglich, EPS als Illustrator CS2 EPS.

Wählen Sie eine Version größer oder gleich 10, werden eigentlich zwei Dateien in einer gespeichert: eine »native« mit Illustrator editierbare Version und ein Standard-EPS, in dem alle Objekte umgewandelt sind. Bearbeiten Sie diesen Standard-EPS-Part mit einer geeigneten Software, kann es inhaltlich zu Versionskonflikten kommen, da der »native« Teil nicht entsprechend aktualisiert wird.

Ab dem Illustrator 10-Format bleiben fast alle Illustrator-Objekte editierbar – wie Angleichungen, Pinselkonturen, Transparenz, Symbole, Verzerrungshüllen. Textobjekte werden jedoch in Legacy-Text umgewandelt, und Sie müssen platzierte Photoshop-Dateien auf eine Ebene reduzieren.

Das Warn-Icon ⚠ neben dem Versionsmenü zeigt Probleme, die im unteren Bereich der Dialogbox beschrieben sind.

▶ VORSCHAU: Damit Sie das Layout auch in Programmen beurteilen können, die EPS nicht darstellen, lässt sich ein Vorschaubild in die Datei speichern. Wählen Sie hier das Format aus.

Falls Sie 8-Bit-TIFF auswählen, müssen Sie außerdem angeben, ob das Vorschaubild deckend sein soll. Wählen Sie DECKEND, wenn Sie das EPS in Microsoft Office verwenden.

▶ TRANSPARENZ: Mit den Optionen in diesem Bereich definieren Sie, wie transparente und überdruckende Objekte beim Export behandelt werden sollen. Je nach gewählter EPS-Version stehen Ihnen unterschiedliche Einstelloptionen zur Verfügung.

  ▶ Version 3 oder 8: Sie haben die Wahl, das Aussehen von Transparenzen und überdruckenden Objekten oder die Pfade ohne Transparenz beizubehalten. Erhalten Sie die Transparenzen, müssen Sie die Reduzierungsoptionen einstellen.

  ▶ Version 10 und höher: Wählen Sie die Transparenzreduzierungsoptionen (Transparenzen siehe Kapitel 11).

▶ SCHRIFTEN EINBETTEN: Ab Version 8 lassen sich Schriften in EPS-Dateien einbetten. Das bedeutet, dass die richtige Schrift beim Platzieren der Datei in anderen Anwendungen verwendet wird. Öffnen Sie die Datei in Illustrator, muss die Schrift trotz Einbettung auf Ihrem Computer installiert sein.

- VERKNÜPFTE DATEIEN EINSCHLIESSEN: Mit dieser Option werden alle platzierten Dateien in das EPS eingebettet.
- DOKUMENTMINIATUREN: Wenn Sie in Öffnen- und Platzieren-Dialogen und im Windows-Explorer eine Vorschau der Datei anzeigen lassen wollen, aktivieren Sie die Miniaturen.
- CMYK-POSTSCRIPT IN RGB-DATEIEN: Platzieren Sie eine RGB-Datei in einer Anwendung, die nur im CMYK-Modus arbeitet, kann das Layout trotzdem ausgedruckt werden, wenn Sie diese Option aktivieren. Die RGB-Daten bleiben für das erneute Bearbeiten in Illustrator erhalten.
- VERLÄUFE UND VERLAUFSGITTER KOMPATIBEL DRUCKEN: Ältere Drucker können Verläufe und Verlaufsgitter nicht immer problemlos ausgeben. Aktivieren Sie diese Option, um eine JPEG-Version der Verläufe in der Datei zu speichern.
- PostScript: Wählen Sie die PostScript-Version für das EPS. Level 3 bietet mehr Optionen, z. B. können Sie damit Verlaufsgitterobjekte ohne vorherige Umwandlung in Bitmaps auf PostScript 3-fähigen Druckern ausgeben.

▲ **Abbildung 18.7**
Icons kennzeichnen die EPS-Version der Datei (v. l.: 10, CS, CS2).

HINWEIS

Die JPEG-Verläufe verlangsamen die Ausgabe der Datei auf neueren Druckern, verwenden Sie diese Option also nur, wenn Sie sie brauchen.

FreeHand

Möchten Sie Ihre Illustrator-Dateien in FreeHand weiterbearbeiten, bleibt Ihnen nur der Weg über eine Illustrator 8- oder EPS-Version 8-Datei. Hier werden bereits beim Exportieren der Datei einige Objekte umgewandelt – z. B. Text auf einem Pfad und in einer Form –, die restlichen beim Öffnen in FreeHand – z. B. Verläufe und Überblendungen.

CorelDraw

Illustrator kann keine CDR-Dateien exportieren. Sie können jedoch Illustrator-Dateien bis zur Version 7 in CorelDraw öffnen.

TIPP

Lassen sich Spezialobjekte wie Verzerrungshüllen oder Überblendungen nicht von einem in ein anderes Programm übertragen, haben Sie zwei Möglichkeiten: in normale Vektorobjekte umwandeln oder in die Ursprungsformen zurückwandeln und im Zielprogramm aus den Originalobjekten ein vergleichbares Objekt erstellen.

WMF/EMF

Das Windows Metafile- und das Enhanced Metafile-Format sind Vektorgrafikformate. Allerdings werden beim Speichern als WMF alle Kurven als Näherungen in Polygone umgerechnet. Das EMF-Format speichert zwar Kurven, diese entsprechen jedoch nicht dem Original.

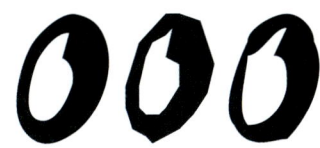

▲ **Abbildung 18.8**
Original, WMF, EMF

AutoCAD DWG/DXF

Die beiden Formate DWG und DXF werden üblicherweise beim Austausch von Vektorgrafiken und Zeichnungen in CAD- und 3D-Programmen sowie für die Weitergabe von Daten in der Maschinensteuerung – z. B. Laserschneider – verwendet. Der Datenaustausch über diese Formate erfordert gegebenenfalls umfangreiche Tests und Absprachen.

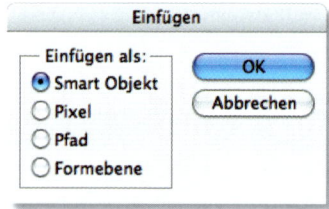

▲ **Abbildung 18.9**
Einfügen-Optionen in Photoshop

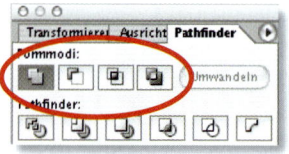

▲ **Abbildung 18.10**
Zusammengesetzte Formen erstellen Sie mit den Formmodi-Buttons der Pathfinder-Palette.

InDesign – Copy/Paste

Pfade und zusammengesetzte Pfade mit Farbfüllungen und -konturen können Sie aus Illustrator in die Zwischenablage kopieren und in InDesign einfügen. Musterfüllungen werden dabei allerdings in Vektorpfade umgewandelt.

Photoshop – Copy/Paste

Die einfachste Form der Übergabe von Illustrator-Elementen an Photoshop-Dateien besteht im Transport über die Zwischenablage.

Zunächst müssen Sie eine Option in den Voreinstellungen überprüfen und ggf. ändern. Rufen Sie VOREINSTELLUNGEN • DATEIEN VERARBEITEN UND ZWISCHENABLAGE… auf. Unter ZWISCHENABLAGE BEIM BEENDEN aktivieren Sie AICB – Adobe Illustrator ClipBoard – falls die Option nicht bereits angekreuzt ist.

Kopieren Sie die Illustrator-Objekte, wechseln Sie zu Photoshop und fügen die Elemente in Ihre Datei ein – BEARBEITEN • EINFÜGEN oder per Shortcut ⌘/Strg+V – eine Dialogbox fragt anschließend, in welcher Form Sie den Inhalt der Zwischenablage einfügen möchten.

Mit der Option SMART OBJEKT bleiben die Vektoreigenschaft sowie alle Illustrator-Bearbeitungsmöglichkeiten erhalten, in Photoshop steht Ihnen jedoch nur ein kleiner Teil der Werkzeuge zur Verfügung. Weitere Informationen zu Smart-Objekten finden Sie in der Photoshop-Hilfe.

Die Einstellung PIXEL rastert die Illustrator-Objekte, dafür können Sie alle Photoshop-Funktionen anwenden.

PFAD bzw. FORMEBENE übernimmt nur die Vektorform, diese können Sie jedoch ebenfalls mit allen entsprechenden Photoshop-Optionen bearbeiten.

Photoshop – PSD

Speichern Sie Ihre Dateien als PDF oder EPS, ist es nur möglich, sie beim Öffnen in Photoshop rastern zu lassen, also als Pixelgrafik zu öffnen. Über die Zwischenablage haben Sie die Wahl, ob Sie Pixel oder Pfade in Photoshop einfügen. Möchten Sie in einer Datei jedoch einen Teil der Objekte rastern und einen anderen Teil als Pfade für Photoshop speichern, verwenden Sie den PSD-Export von Illustrator.

Optional bleibt die Ebenenstruktur erhalten – möchten Sie Formen in der Photoshop-Datei auf unterschiedlichen Ebenen speichern, müssen Sie sie aber bereits in Illustrator auf diese Ebenen verteilen.

Objekte, die als Vektorformen übertragen werden sollen, müssen in einer genau definierten Weise erstellt werden.

Nur zusammengesetzte Formen – die Sie mit Hilfe der oberen Button-Reihe der Pathfinder-Palette erstellen – werden in der PSD-Datei als Formebenen gespeichert, wenn Sie sich in der obersten Hierarchiestufe des Dokuments befinden – also in Ebenen, nicht in Unterebenen.

Falls Sie die zusammengesetzten Formen mit einer Kontur versehen, muss diese in einem geraden Wert in der Einheit Punkt definiert sein und die runde Eckenform verwenden. Verwenden Sie keine Muster- oder Verlaufsfüllungen.

PSD-Exportoptionen | Wählen Sie in der Exportieren-Dialogbox PSD als Exportformat, geben der Datei einen Namen und bestimmen den Speicherort. Nachdem Sie mit OK bestätigt haben, legen Sie die Optionen fest:

▶ FARBMODELL: Sie haben die Wahl, Ihre Dateien im RGB, CMYK oder Graustufen-Farbraum zu speichern. Voreingestellt ist der Dokumentfarbraum.

▶ AUFLÖSUNG: Da einige Objekte gerastert werden, müssen Sie hier die Auflösung der Datei bestimmen – wählen Sie nach dem Bestimmungszweck der Grafik. Drei gebräuchliche Werte können Sie anklicken oder einen abweichenden Wert unter ANDERE eingeben. Die Bildgröße richtet sich nach den Maßen der Zeichenfläche.

▶ EXPORTIEREN ALS: Wählen Sie hier die Photoshop-Version aus, für die Sie die Datei speichern möchten. Die Option Photoshop CS2 ist für Photoshop-Versionen ab CS geeignet. Für niedrigere Versionen verwenden Sie Photoshop 5.5 – dieses Format enthält keine Textebenen, alle Texte werden stattdessen gerastert.

▶ REDUZIERTES BILD: Mit dieser Option werden alle Objekte auf eine Bildebene reduziert.

▶ EBENEN MIT EXPORTIEREN: Aktivieren Sie diese Option, um in Illustrator eingerichtete Ebenen zu erhalten. Setzen Sie zusätzlich die Option TEXTBEARBEITBARKEIT, um Textobjekte in Textebenen zu konvertieren. Die Option MAXIMALE BEARBEITBARKEIT erhält nach Möglichkeit auch die ersten Unterebenen und dient dazu, zusammengesetzte Formen in Formebenen umzuwandeln.

▶ GLÄTTEN: Mit dieser Option wird beim Rastern der Objekte mit Anti-Aliasing gearbeitet. Im Normalfall sollten Sie die Option verwenden.

▶ ICC-PROFIL EINBETTEN: Arbeiten Sie in einem Farbmanagement-Workflow, aktivieren Sie diese Option, um das eingestellte Farbprofil in die Datei einzubetten.

▲ **Abbildung 18.11**
Nötige Einstellungen für Konturen

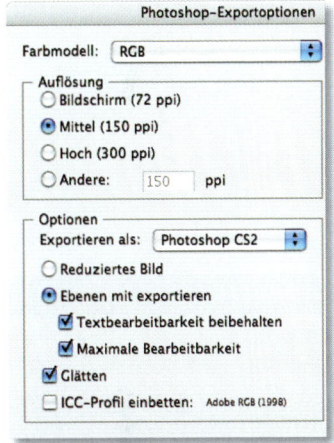

▲ **Abbildung 18.12**
Optionen beim Export von Photoshop-Dateien

HINWEIS

Auch Pfadtexte und nicht rechteckige Flächentexte bleiben in Photoshop editierbar erhalten.

▲ **Abbildung 18.13**
Ohne (links) und mit (rechts) Glätten – Darstellung vergrößert

▲ Abbildung 18.14
TIFF-Export-Optionen

▲ Abbildung 18.15
Die Icons der pixelbasierten Dateiformate zeigen die gleichen Figuren

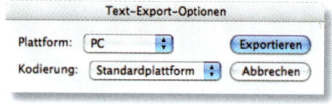

▲ Abbildung 18.16
Export-Optionen für das TXT-Format

TIFF (Tagged Image File Format)

Das TIFF-Pixelformat wird von allen in der Druckvorstufe verbreiteten Programmen unterstützt. Die von Illustrator erstellten TIFF-Dateien sind auf die Hintergrundebene reduziert.

Neben der Auflösung, der Glätten- und Farbprofil-Einstellung lassen sich als spezifische Optionen die LZW-Komprimierung – eine verlustfreie Datenreduzierung – sowie die Byte-Reihenfolge angeben. Die meisten Programme können sowohl die IBM- als auch die Macintosh-Reihenfolge lesen. Falls Sie sich jedoch nicht sicher sind, wählen Sie die Ziel-Plattform aus, auf der die Datei eingesetzt werden soll.

BMP

Das Bitmap-Format ist ein Windows-Standard-Pixelformat. Beim Export dieses Formats werden alle Ebenen und Objekte auf die Hintergrundebene reduziert – bei der Rasterung der Füllmethoden können Fehler entstehen.

Nach Eingabe von Speicherort und Namen der Datei müssen Sie in zwei aufeinander folgenden Dialogboxen diverse Optionen definieren.

Macintosh PICT

Dieses Format ist nicht mehr allzu gebräuchlich. Da die Qualität des exportierten Bilds noch dazu ziemlich schlecht ist, sollten Sie die Verwendung von Macintosh-PICT vermeiden oder es zumindest nicht direkt aus Illustrator exportieren, sondern z. B. in Photoshop speichern.

TARGA

Von der Firma Truevision für ihre Grafikkarten entwickeltes Pixelformat, das nur die Farbmodelle RGB und Graustufen unterstützt. Alle Ebenen und Objekte werden beim Export auf die Hintergrundebene reduziert.

Microsoft Office

Die Funktion FÜR MICROSOFT OFFICE SPEICHERN… ist ein um die Formatoptionen reduzierter PNG-Export. PNG ist nicht das einzige zum Import in Office geeignete Format, das Illustrator unterstützt.

TXT

In Illustrator gesetzte Texte lassen sich als ASCII-Text exportieren. Dabei haben Sie die Wahl, den Text für die Windows oder Mac-Plattform in Unicode oder der für den Arbeitsrechner eingestellten Kodierung zu speichern.

Aktivieren Sie Texte mit dem Textcursor oder Textrahmen mit dem Auswahlwerkzeug, um nur diese Inhalte in der Textdatei zu speichern. Ist kein Text oder Rahmen ausgewählt, werden alle Textrahmen in der Stapelreihenfolge exportiert. Der im Stapel unten liegende Rahmen steht am Beginn der Textdatei.

18.3 Ausgabe als PDF

Das Portable Document Format ist ein offenes Austauschformat. In PDF-Dateien bleiben die Präsentationselemente des Ursprungsdokuments – Layout, Schrift, Bilder – erhalten und können mit dem Acrobat Reader betrachtet werden, unabhängig davon, welche Anwendung auf welcher Plattform zur Erstellung der Datei eingesetzt wurde.

Auch aus der Druckvorstufe ist das PDF-Format inzwischen nicht mehr wegzudenken. Es wird sowohl in kostengünstigen Online-Druckereien als auch für die Ausgabe hochwertiger Qualitätsdrucke verwendet. Für Illustrator-Anwender bietet es darüber hinaus die Unterstützung der Spezialobjekte und -funktionen, wie z. B. Verlaufsgitter und Transparenzen, allerdings abhängig von der gewählten PDF-Version.

▲ **Abbildung 18.17**
Im Adobe Print Resource Center finden Sie viele Anleitungen – auch zu PDF: http://www.adobe. de/studio/print/

PDF erstellen
PDF-Dateien können Sie aus Illustrator auf zwei Arten erstellen: Zum einen lässt sich ein PDF über den **Drucken-Dialog** erzeugen mit Adobe PDF als Druckertreiber. Auf diese Art haben Sie die Möglichkeit, Job-Options, z. B. von Dienstleistern angebotene Acrobat-Voreinstellungen, zu verwenden. Darüber hinaus stehen Ihnen mehr Ausgabe-Optionen zur Verfügung.

Der andere Weg führt über das **Speichern**. Wählen Sie DATEI • SPEICHERN UNTER… und geben Speicherort und Namen der Datei sowie das Speicherformat ADOBE PDF (PDF) ein. Anschließend stellen Sie die Optionen für die Erzeugung der PDF-Datei ein. Sie haben die Möglichkeit, einen der mitgelieferten Einstellungssätze auszuwählen oder die Optionsbereiche aus der Liste aufzurufen und Ihre eigenen Einstellungen vorzunehmen.

▶ ADOBE PDF-VORGABE: In diesem Menü finden Sie die mitgelieferten Einstellungen sowie Options-Sets, die Sie selbst speichern. Wählen Sie ILLUSTRATOR-STANDARD, um alle Bearbeitungsmöglichkeiten in Ihrem PDF zu erhalten. Die beiden PDF/X-Einstellungen erzeugen jeweils standardkonforme PDFs, bei denen aber die Bearbeitungsmöglichkeit zum großen Teil verloren geht. Mit der Option KLEINSTE DATEIGRÖSSE speichern Sie weboptimierte Dateien.

HINWEIS

Lesen Sie mehr zum Acrobat Distiller im Handbuch und in den Hilfe-Funktionen von Adobe Acrobat.

HINWEIS

Gerade wenn Sie PDF für die Druckvorstufe erstellen, erkundigen Sie sich vorher bei Ihrem Dienstleister nach den benötigten Einstellungen.

▶ STANDARD: Wählen Sie die angestrebte PDF/X-Version oder OHNE aus, um Ihre Einstellungen auf Standardkonformität überprüfen zu lassen.

▶ KOMPATIBILITÄT: In diesem Menü stellen Sie ein, mit welcher Acrobat-Version Ihre Datei kompatibel sein soll. Mit dieser Option wird außerdem die PDF-Version festgelegt. Um Probleme bei der Belichtung oder dem Druck zu vermeiden, sollten Sie Acrobat 4 (PDF 1.3) einstellen.

Allgemein

Die Optionen dieser Gruppe betreffen Illustrator-Features.

Abbildung 18.18 ▶
Dialogbox PDF-OPTIONEN

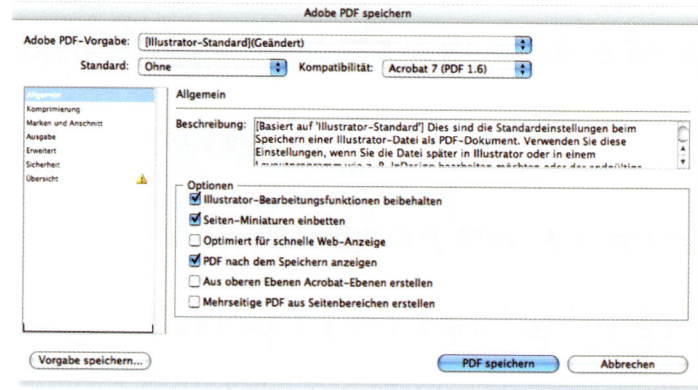

HINWEIS

BEARBEITUNGSFUNKTIONEN BEIBE-HALTEN ist kontraproduktiv, wenn Sie eine starke Komprimierung erreichen wollen, da zusätzliche Daten – »Private Data« genannt – gespeichert werden, die dazu dienen, die Transparenz editierbar zu erhalten.

Darüber hinaus kann es zu inhaltlichen Versionskonflikten kommen, wenn Sie den Standard-PDF-Part einer solchen Datei mit geeigneter Software – wie z. B. Enfocus PitStop – editieren, da in diesem Fall der Private-Data-Part nicht aktualisiert wird.

▶ ILLUSTRATOR-BEARBEITUNGSFUNKTIONEN BEIBEHALTEN: Möchten Sie das PDF später erneut in Illustrator editieren, wählen Sie diese Option. Sie ist nicht konform zu PDF/X.

▶ SEITEN-MINIATUREN EINBETTEN: Seiten-Miniaturen dienen zur Vorschau einzelner Seiten in Öffnen-Dialogen.

▶ OPTIMIERT FÜR SCHNELLE WEB-ANZEIGE: Das PDF wird so strukturiert, dass es seitenweise vom Server geladen werden kann. Außerdem wird die Datei nicht mehr binär, sondern ASCII-kodiert. Je nach Inhalt kann es zu einer Vergrößerung der Datei führen. Da aber die Anzeige der ersten Seiten bereits erfolgt, während die restlichen vom Server geladen werden, ist das nicht störend.

▶ AUS OBEREN EBENEN ACROBAT-EBENEN ERSTELLEN: Die Option steht nur für Acrobat 6 und 7 (PDF 1.5 und 1.6) zur Verfügung. Ebenen der obersten Hierarchiestufe bleiben im PDF als Ebenen erhalten.

▶ MEHRSEITIGE PDF AUS SEITENBEREICHEN ERSTELLEN: Mehr zu dieser Option s. u.

Komprimierung

Bilder in PDF-Dateien können komprimiert werden. Beim Speichern haben Sie außerdem noch die Möglichkeit, dokumentweit die Auflösung der Bilder zu verringern – per Downsampling. Dabei werden Bilder nach den Farbmodi Farbbilder, Graustufenbilder und monochrome Bilder (1-Bit-Bilder) unterschieden. Für jede dieser drei Gruppen können Sie individuelle Methoden des Downsamplings sowie Komprimierungsoptionen definieren.

```
┌─ Graustufen–Bitmapbilder ──────────────────────────────────┐
│  Bikubisches Downsampling auf  ▼  300   ppi für Bilder über  450   ppi   │
│  Komprimierung:  Automatisch (JPEG)  ▼   Teilgröße: 128   Pixel          │
│     Bildqualität:  Maximum  ▼                                            │
└────────────────────────────────────────────────────────────┘
┌─ Monochrome Bitmapbilder ──────────────────────────────────┐
│  Bikubisches Downsampling auf  ▼  1200  ppi für Bilder über  1800  ppi   │
│  Komprimierung:  CCITT Group 4  ▼                                        │
└────────────────────────────────────────────────────────────┘
☑ Text und Strichgrafiken komprimieren
```

◄ **Abbildung 18.19**
PDF-Optionen KOMPRIMIERUNG

▶ DOWNSAMPLING: Wählen Sie aus dem Aufklappmenü, mit welcher Methode die Bildauflösung angepasst werden soll. Mit der Option BIKUBISCHES DOWNSAMPLING erreichen Sie die weichsten Übergänge, die Berechnung dauert aber auch am längsten.

▶ KOMPRIMIERUNG: Die Komprimierungsmethode und deren Stärke sind für die Darstellungsqualität der platzierten Bilder verantwortlich.

  ▶ OHNE: Es findet keine Komprimierung statt. Wählen Sie diese Option für die Druckausgabequalität.

  ▶ ZIP: ZIP eignet sich am besten für flächige, grafische Bilder. Mit der Bildqualität-Einstellung 8-Bit arbeitet ZIP verlustfrei. Wählen Sie jedoch die 4-Bit-Kompression, wird bei jedem Bild zunächst die Anzahl der Farben pro Kanal auf 16 reduziert und erst dann verlustfrei komprimiert.

  ▶ JPEG: Wählen Sie JPEG für fotografische Motive, die Stärke der Komprimierung stellen Sie mit dem Auswahlmenü BILDQUALITÄT ein.

  ▶ JPEG2000: JPEG2000 ist ein internationaler Standard, der viele Verbesserungen gegenüber JPEG bietet. Zusätzlich zur BILDQUALITÄT bestimmen Sie hier mit dem Regler TEILGRÖSSE Optionen für die progressive Anzeige der Bilder, d. h., die Bildanzeige baut sich in mehreren Durchgängen auf. Dieses Verfahren können Sie nur bei einer KOMPATIBILITÄT-Einstellung ab ACROBAT 6 (PDF 1.5) auswählen.

  ▶ CCITT: Dieses Verfahren stammt aus der Faxübertragung. Sie können die Option nur für monochrome Bilder auswählen.

TIPP

Da Downsampling immer eine Weichzeichnung verursacht, sollten Sie Ihre Bilder im Bildbearbeitungsprogramm auf die richtige Größe skalieren und anschließend schärfen.

Verwenden Sie Downsampling ausschließlich, um Dateien für das Web zu erstellen.

▲ **Abbildung 18.20**
Anwendungsbeispiele für LZW, JPEG, CCITT, Run-Length

▶ RUN-LENGTH: Auch Run-Length steht nur bei monochromen Bildern zur Verfügung. Es eignet sich eher für Motive mit großen einheitlichen Flächen.

Marken und Anschnitt

Die Optionen in diesem Bereich entsprechen den gleich lautenden Optionen im Drucken-Dialog (Ausdrucken siehe Abschnitt 18.5).

Ausgabe

In diesem Bereich nehmen Sie die Einstellungen für das Farbmanagement vor. Diese Optionen sind in Version CS2 neu hinzugekommen.

Abbildung 18.21 ▶
PDF-Optionen AUSGABE

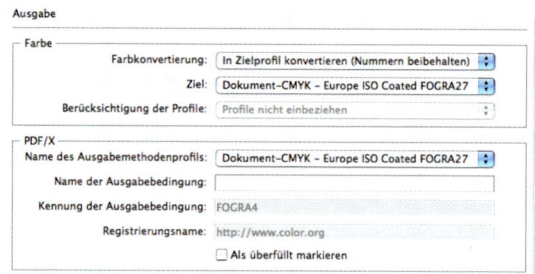

Ein Zielprofil können Sie auswählen, sobald Sie eine Farbkonvertierung selektiert haben. Die Gruppe der PDF/X-Optionen ist erst verfügbar, wenn Sie eines der PDF/X-Formate als Ausgabeformat einstellen.

Wählen Sie einen Menüpunkt aus und bewegen anschließend die Maus darüber, um Informationen zu erhalten, was mit den im Dokument verwendeten Farben und den Farben in platzierten Bildern geschieht.

Erweitert

Hier entscheiden Sie, ob der gesamte Zeichensatz einer Schrift oder nur Untergruppen in Ihr Dokument eingebettet werden. Untergruppen bildet Illustrator dann, wenn der Anteil verwendeter Zeichen kleiner ist als der im Feld eingegebene Wert.

Wenn Sie möchten, dass eine Schrift komplett eingebettet wird, geben Sie 0 ein.

Die Optionen ÜBERDRUCKEN und TRANSPARENZREDUZIERUNG entsprechen denen im Drucken-Dialog bzw. der Menü-Option Transparenzreduzierung (Transparenz siehe Kapitel 11).

Mehrseitiges PDF

In Illustrator können Sie zwar keine mehrseitigen Dokumente anlegen, mit einer List lässt sich das Programm aber dazu bringen, mehrseitige PDF zu exportieren. Dabei machen Sie sich die Tatsache zunutze, dass Dokumente, die nicht auf die eingestellte Papiergröße passen, auf mehrere Seiten aufgeteilt werden. Gehen Sie wie folgt vor, um ein mehrseitiges PDF auszugeben:

1. Erstellen Sie Ihr Dokument so, dass alle benötigten Seiten auf die Zeichenfläche passen.
2. Rufen Sie DATEI • DRUCKEN… auf.
   Richten Sie das Format, das eine einzelne Seite Ihres PDF erhalten soll, unter ALLGEMEIN • MEDIEN als Größe ein. Wählen Sie eine der Vorgaben aus dem Menü oder den Eintrag EIGENE, um ein abweichendes Format zu definieren.
   Wählen Sie aus dem Aufklappmenü unter EINRICHTEN • BILD ZUSCHNEIDEN auf die Option ZEICHENFLÄCHE.
   Im Aufklappmenü unter EINRICHTEN • AUFTEILUNG wählen Sie FLÄCHE BESTEHT AUS GANZEN SEITEN.
   Schließen Sie die Dialogbox, indem Sie den Button FERTIG klicken.
3. Lassen Sie sich die Seitenaufteilung auf dem Dokument anzeigen, indem Sie ANSICHT • SEITENAUFTEILUNG EINBLENDEN aufrufen.
4. Erstellen Sie das Layout der einzelnen Seiten.
5. Speichern Sie die Datei im PDF-Format.
6. Aktivieren Sie in der Dialogbox ADOBE PDF SPEICHERN unter ALLGEMEIN die Option MEHRSEITIGE PDF AUS SEITENBEREICHEN ERSTELLEN.

▲ **Abbildung 18.22**
Seitenaufteilung eingeblendet

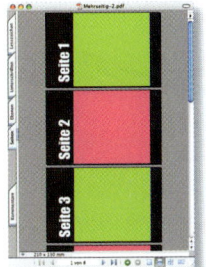

▲ **Abbildung 18.23**
Mehrseitiges PDF

> **HINWEIS**
>
> Anschnitt wird beim Speichern mehrseitiger PDFs nicht korrekt generiert, so dass die Option für die Print-Produktion nicht generell geeignet ist.

18.4 Grafiken für den Druck vorbereiten

Bei der Erstellung von Grafiken für den Druck sind einige spezielle Gegebenheiten des Verarbeitungsprozesses zu beachten. Die Übersetzung digitaler Daten in die analoge Darstellung und die verwendeten Bedruckstoffe stellt Anforderungen an die Vorbereitung einer Datei.

Bildauflösung

Die Auflösung eines Bildes gibt die Anzahl der Pixel bezogen auf eine Längeneinheit an. Solange Sie in Illustrator nur mit Vektorformen arbeiten und keine Effekte oder Objekte einsetzen, die auf Rastergrafik basieren, müssen Sie sich um die Auflösung nur wenige Gedanken machen.

Achten müssen Sie aber auf Linienstärken. Eine Linie unter 0,25 Pt Stärke wird u. U. nicht sauber gedruckt. Bedenken Sie, dass Konturen beim Verkleinern einer Grafik im Layoutprogramm ebenfalls dünner werden.

> **HINWEIS**
>
> Viele Laserdrucker haben eine weit geringere Auflösung als Belichter. Sie stellen also Linien nur in der für sie kleinstmöglichen Auflösung dar. Ein Laserbelichter verwendet jedoch die eingestellte Linienstärke, die dann bei der Ausgabe auf einer Druckmaschine »abreißt«.

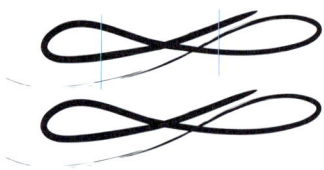

▲ **Abbildung 18.24**
Aufteilen von Formen mit OBJEKT • PFAD • DARUNTER AUFTEILEN

▲ **Abbildung 18.25**
Verdeckte Elemente löschen

▲ **Abbildung 18.26**
Detailansicht einer Bilddatei

Integrieren Sie Halbtonbilder in Ihre Illustrator-Dateien oder arbeiten mit pixelbasierten Effekten, müssen Sie die Auflösung natürlich beachten. Für Ihre Arbeit mit Illustrator bedeutet das vor allem, dass Sie Ihre Datei in den endgültigen Maßen anlegen und in den entsprechenden Dialogboxen – für TRANSPARENZREDUZIERUNG und IN PIXELBILD UMWANDELN… – die korrekte Auflösung für die jeweils beabsichtigte Ausgabeform einstellen (Transparenzen siehe Kapitel 11, Pixelbilder siehe Kapitel 17).

Komplexität

Eine hohe Komplexität Ihrer Grafik führt möglicherweise zu Problemen beim Ausdrucken. Das kann vom erhöhten Zeitaufwand – und damit höheren Kosten beim Dienstleister – bis zu Fehlern reichen. Typisch ist die »Limitcheck«-Fehlermeldung von PostScript-Geräten, z. B. bei komplexen Pfaden, die aufgrund ihrer Länge oder Form zu viele Punkte aufweisen.

Halten Sie die Anzahl der Punkte auf einem Pfad gering. **Vereinfachen** Sie Pfade, wenn möglich (Vereinfachen siehe Kapitel 7). Eine Alternative ist das Aufteilen von Formen auf mehrere Pfade, wenn es zu Problemen kommt. Speichern Sie aber eine Kopie der ursprünglichen Form.

Löschen Sie Elemente, die in der Vorschau von anderen Objekten **verdeckt** sind. Beim Ausdrucken oder Belichten werden alle Elemente verarbeitet, auch wenn sie letztendlich nicht sichtbar sind.

Der Raster-Image-Prozessor wandelt Vektorpfade in einer **Kurvennäherung** für die Ausgabe auf einem PostScript-Gerät in Polygone mit vielen kurzen geraden Segmenten um. Die Anzahl der Geraden, aus denen eine Kurve besteht, bestimmt über die »Rundheit« der Kurve, engl. Flatness. Je mehr Geraden aber für die Umsetzung eines Kurvenverlaufs eingesetzt werden müssen, umso länger dauert der Druckprozess und umso mehr Speicher benötigt das Ausgabegerät für die Verarbeitung der Datei. Zur Einstellung der Drucken-Optionen lesen Sie weiter unten.

Beschränken Sie die Anzahl der verwendeten **Schriftarten** und -schnitte. Davon profitiert Ihr Layout insgesamt.

Registerungenauigkeit/Passerungenauigkeit

Beim mechanischen Vorgang des Druckens können, während das Papier die Druckmaschine durchläuft, kleinste Ungenauigkeiten auftreten, die dafür verantwortlich sind, dass die Druckfarben nicht exakt übereinander drucken (siehe Abbildung 18.27). Ungenauigkeiten sind zum einen durch den mechanischen Vorgang, zum anderen durch das Material bedingt, das sich z. B. ausdehnt, wenn es durch den Farbauftrag feucht wird.

Pixelgrafik | Die Farbe der einzelnen Bildpunkte wird aus der Mischung der Primärfarben erzielt. Daher bestehen im gesamten Bild gemeinsame Farben. Haben Sie sich ein Halbtonbild – also ein pixelbasiertes Bild – einmal in hoher Vergrößerung angesehen, ist Ihnen darüber hinaus sicher aufgefallen, dass keine scharf abgegrenzten Flächen darin vorkommen. Durch die in Halbtonbildern vorhandene Unschärfe entstehen an den Begrenzungen von Farbflächen Mischtöne. Sowohl die gemeinsamen Farben des Bilds als auch die Mischtöne an Rändern bedingen, dass kleine Passerungenauigkeiten nicht auffallen.

▲ **Abbildung 18.27**
Passerungenauigkeit (übertriebene Darstellung)

Vektorgrafik | In Vektorgrafik-Dateien sind Objektkanten scharf abgegrenzt. Kommt dann erschwerend hinzu, dass benachbarte Flächen keine gemeinsamen Druckfarben enthalten, sind schon bei kleinen Registerungenauigkeiten »Blitzer« zu sehen: unbedruckte Stellen.

Lösungsansätze | Mit unterschiedlichen Maßnahmen können Sie erreichen, dass keine »Blitzer« entstehen:

▶ **Gemeinsame Druckfarben:** Der einfachste Weg, das Problem zu lösen, ist, dafür zu sorgen, dass aneinander grenzende Flächen ausreichend gemeinsame Druckfarben besitzen – in einem Anteil von mindestens 5%. So erreichen Sie, dass die bei Ungenauigkeiten entstehenden Mischfarben sich nicht auffällig von den Objektfarben unterscheiden.

▶ **Überdrucken:** Besonders kritisch ist die Passerungenauigkeit für in kleinen Punktgrößen gesetzte Texte und feine Umrandungen. Gäbe es an derartigen Formen Blitzer beim Drucken, wären die meisten Texte nur noch mit Mühe lesbar.
Um Probleme mit diesen Objekten zu vermeiden, verwendet man die Option ÜBERDRUCKEN, d.h., in der darunter liegenden Fläche wird die betroffene Form nicht ausgespart. Mehr zum Überdrucken lesen Sie weiter unten in diesem Kapitel.

▶ **Umrisslinien:** Überdruckende schwarze Konturen an den Objektgrenzen – wie z.B. in Comics – lassen sich auch verwenden, um Ungenauigkeiten zu überdecken.

▶ **In Pixelbild umwandeln:** Es gibt natürlich auch die Möglichkeit, die Vektorgrafik vor dem Drucken zu rastern, also in ein Halbtonbild zu konvertieren. Dafür können Sie Illustrators Werkzeuge oder Exportfunktionen benutzen – bessere Ergebnisse erhalten Sie jedoch, wenn Sie ein EPS oder Ihre Illustrator-Datei in Photoshop öffnen und die Rasterung dort vornehmen.

▲ **Abbildung 18.28**
Gemeinsame Druckfarben (links nicht ausreichend, rechts ausreichend)

HINWEIS

Die Optionen des Befehls sowie des Effekts IN PIXELBILD UMWANDELN… besprechen wir in Kapitel 12 und 13.

Achtung: Sie müssen die exakte Größe und die benötigte Auflösung einstellen und natürlich die Anti-Aliasing-Option aktivieren.

▲ **Abbildung 18.29**
Vektorgrafik-Original (links), in Photoshop gerastert (rechts): Die Vergrößerung zeigt die Mischtöne, die beim Rastern mit aktiviertem Anti-Aliasing entstehen. Vektorformen weisen dagegen immer hart abgegrenzte Kanten auf.

▲ **Abbildung 18.30**
Überfüllung (links) und Unterfüllung (rechts)

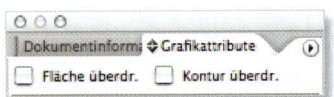

▲ **Abbildung 18.31**
Grafikattribute-Palette

▶ **Über- und Unterfüllen/Trapping:** Beim Über- und Unterfüllen erzeugt man an den Objektgrenzen Überlappungen, so dass keine Blitzer mehr auftreten können. Da der sichtbare Rand zwischen zwei Objekten meist durch die dunklere der beiden Flächen bestimmt ist, geht man so vor, dass die hellere Fläche erweitert wird, während die dunklere ihre Form behält. Die Bezeichnungen Über- und Unterfüllen trennen danach, ob ein helles Objekt seinen dunklen Hintergrund überlappt oder ein heller Hintergrund unter ein dunkles Objekt ragt.

Überdrucken

Um die Füllung oder/und Kontur eines aktivierten Objekts zu überdrucken, rufen Sie zunächst FENSTER • GRAFIKATTRIBUTE auf – Shortcut ⌘/Strg+F11. Aktivieren Sie anschließend die gewünschte Option FLÄCHE ÜBERDRUCKEN bzw. KONTUR ÜBERDRUCKEN. Für eine Bild-, Spezial- oder Musterpinselkontur können Sie die Option KONTUR ÜBERDRUCKEN zwar aktivieren, sie hat jedoch nicht die gewünschten Auswirkungen beim Druck.

Farben überdrucken | Überdrucken Sie zwei verschiedene Druckfarben, setzt sich die Farbe der Schnittfläche aus den addierten Farbwerten der übereinander liegenden Objekte zusammen. Beim Überdrucken zweier gleicher Druckfarben bestimmt die überdruckende Farbe das Ergebnis. Dies sollten Sie beachten, wenn Sie ein helleres Objekt eine dunklere Fläche überdrucken lassen (siehe Abbildung 18.32).

Im Vorschaumodus ist die Auswirkung Ihrer Einstellung nicht sichtbar. Wählen Sie Ansicht • Überdruckenvorschau – Shortcut ⌘+⌥+⇧+Y bzw. Strg+Alt+⇧+Y, um die Farbwirkung dieser Einstellung am Bildschirm zu sehen.

Drucken-Option »Schwarz überdrucken« | Da sowohl Texte als auch feine Linien häufig in der Farbe schwarz erstellt werden, haben Sie in den Drucken-Optionen eine Einstellmöglichkeit, Elemente in der Farbe 100 % Schwarz generell zu überdrucken. Möchten Sie nur einzelne Objekte mit einem Schwarzanteil in Füllung oder Kontur überdrucken, verwenden Sie den Filter Schwarz überdrucken, um die Eigenschaft für mehrere Objekte gleichzeitig zu definieren.

Schwarz-überdrucken-Filter | Wenn Sie nur einzelne schwarze Objekte bzw. deren Konturen oder Füllungen überdrucken möchten, hilft Ihnen dieser Filter, die Überdrucken-Eigenschaft für Objekte abhängig von deren Schwarzanteil zu setzen. Gehen Sie wie folgt vor, um mit dem Filter bestimmte Objekte zu überdrucken:

1. Aktivieren Sie die Objekte, aus denen die überdruckenden Elemente ausgewählt werden sollen – ggf. sind das alle in Ihrem Dokument enthaltenen Objekte.
2. Wählen Sie Filter • Farbfilter • Schwarz überdrucken…
3. Im Aufklappmenü selektieren Sie Schwarz hinzufügen. Geben Sie den Prozentanteil Schwarz ein, den zu überfüllende Objekte enthalten sollen. Der Filter sucht leider nicht nach dem Kriterium »Mindestens«, sondern exakt den eingegebenen Prozentwert.
   ▶ Wählen Sie unter Anwenden auf, ob Konturen und/oder Füllungen überdrucken sollen.
   ▶ Möchten Sie auch Objekte überdrucken, die – neben anderen Farben – einen Schwarzanteil enthalten, aktivieren Sie Schwarz bei CMY einschliessen.
   ▶ Sollen Volltonfarben überdrucken, deren CMYK-Definition einen bestimmten Schwarzanteil enthält, wählen Sie Vollton-Schwarz einschliessen.
4. Klicken Sie OK.

Denselben Filter verwenden Sie, wenn Sie die Überdrucken-Eigenschaft schwarzer Objekte wieder aufheben möchten. Wählen Sie dazu aus dem Aufklappmenü Schwarz entfernen.

▲ **Abbildung 18.32**
Ausgespart (links), Überdrucken (rechts): ❶ C70, ❷ M20/Y70, ❸ M50/Y50, ❹ C40/M20/Y70, ❺ M20/Y70

▲ **Abbildung 18.33**
Schwarz ausgespart (oben), Schwarz überdruckt (unten)

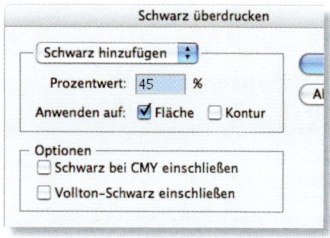

▲ **Abbildung 18.34**
Schwarz-überdrucken-Filter

Überfüllungen anlegen

Verschiedene Druckverfahren verlangen nach unterschiedlichen Stärken, Formen und Lage der Überfüllungen. Daher sollte das Überfüllen unmittelbar vor der Ausgabe – der Belichtung des Films oder der Druckplatte – erfolgen. Bevor Sie also manuell überfüllen, sprechen Sie mit Ihren Dienstleistern.

Überfüllungen lassen sich auf mehrere Arten erzeugen. Sehr bewährt hat sich die Methode, Überfüllungen mit Hilfe von Konturen anzulegen. Eine andere Möglichkeit ist die Verwendung der Überfüllen-Funktion. Eine Spezialbehandlung erfordert die Überfüllung von Verlaufsflächen und Konturen.

Überfüllen mit einer Kontur | Legen Sie eine Kontur um die zu überfüllende Fläche in der Stärke der Überfüllung an und richten diese Kontur nach außen ☐ aus. Verwenden Sie die Farbe des Objekts für die Kontur.

Rufen Sie die Grafikattribute-Palette auf und aktivieren die Option KONTUR ÜBERDRUCKEN – achten Sie darauf, dass FLÄCHE ÜBERDRUCKEN nicht aktiviert ist.

▲ Abbildung 18.35
Über- und Unterfüllen mit einer Kontur

Unterfüllen mit einer Kontur | Beim Unterfüllen verwenden Sie für die Kontur statt der Objekt- die Hintergrundfarbe und richten die Kontur nach innen ▣ aus. Aktivieren Sie für diese Kontur ebenfalls die Überdrucken-Option in der Grafikattribute-Palette.

Verläufe überfüllen | Da Sie Konturen nicht mit Verläufen füllen können, müssen Sie einen weiteren Schritt einfügen, wenn Sie eine Verlaufsfläche überfüllen möchten.

Abbildung 18.36 ►
Verlauf überfüllen:
Schritt ❸ ist nur nötig, wenn die Fläche zugeschnitten werden muss.

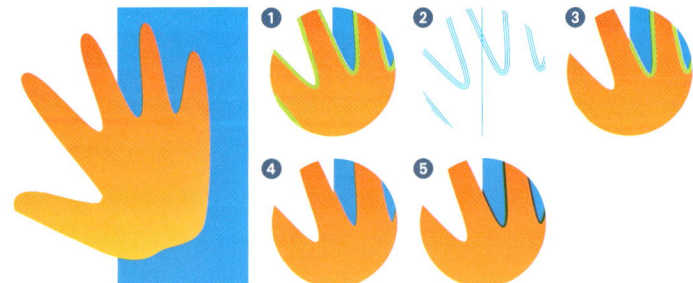

1. Erstellen Sie zunächst eine Kontur in der Stärke der Überfüllung für das Verlaufsobjekt ❶.
2. Wandeln Sie anschließend die Kontur in eine Fläche um – OBJEKT • AUSSEHEN UMWANDELN… Wandeln Sie nur die Kontur, nicht die Fläche um – Pfadansicht: ❷. Die bei der Umwandlung entstandenen Objekte sind gruppiert – lösen Sie die Gruppierung.

3. Die Kontur ist in eine Fläche umgewandelt worden – füllen Sie diese Fläche mit einem identischen Verlauf wie die zu überfüllende Form ❹.
4. Rufen Sie die Grafikattribute-Palette auf und aktivieren die Option FLÄCHE ÜBERDRUCKEN ❺ für die Kontur.

Überfüllen-Effekt | Einfach gefüllte Flächen lassen sich in Illustrator mit einem Befehl in der Pathfinder-Palette oder dem Überfüllen-Effekt versehen. Letzterer hat wie alle Effekte den Vorteil, dass er erst bei der Ausgabe angewendet wird und Sie die Einstellungen daher jederzeit editieren können. Die Optionen für beide Anwendungen sind identisch.

Der Effekt lässt sich nur auf Gruppen anwenden – gruppieren Sie daher zunächst die zu überfüllenden Objekte. Wählen Sie anschließend EFFEKT • PATHFINDER • ÜBERFÜLLEN…

Überfüllungseinstellungen
☑ Vorschau
Stärke: 1 Punkt
Höhe/Breite: 100
Tonwerte verringern: 40
☐ Überfüllen mit CMYK
☐ Überfüllungen umkehren

Erweiterte Optionen
Genauigkeit: 0,0283 Punkt
☐ Überflüssige Ankerpunkte entfernen
☑ Ungefüllte Objekte bei "Fläche/Kontur aufteilen" entfernen

◄ **Abbildung 18.37**
Optionen des Überfüllen-Effekts

▶ STÄRKE: Geben Sie in diesem Feld die Breite der Überfüllung an. Sie ist abhängig vom Druckprozess und der Genauigkeit der Druckmaschine.

▶ HÖHE/BREITE: Normalerweise – mit der Einstellung 100 – erstellt Illustrator für horizontale und vertikale Linien eine identische Überfüllung. Sie können mit der Eingabe eines Werts in diesem Feld die Balance steuern und damit unregelmäßige Abweichungen ausgleichen. Erfragen Sie diesen Wert von Ihrer Druckerei.

Für vertikale Linien wird eine Überfüllung in der von Ihnen angegebenen Stärke erstellt, die Überfüllung horizontaler Linien wird schmaler, wenn Sie einen Wert unter 100, und breiter, wenn Sie einen Wert über 100 verwenden.

▶ TONWERTE VERRINGERN: Mit dieser Einstellung nehmen Sie Einfluss auf die Farbwerte der Überfüllungsfläche, indem Sie den Tonwert der helleren Farbe abschwächen. Beim Überfüllen können ohne das Abschwächen unerwünschte dunkle

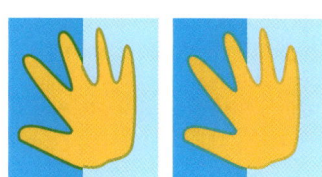

▲ **Abbildung 18.38**
Tonwerte verringern, 100 und 40

Kanten entstehen. Der Mindestwert für Ihre Eingabe ist abhängig von den betroffenen Farben – Höchstwert ist 100.

▶ ÜBERFÜLLEN MIT CMYK: Ist mindestens eine der betroffenen Farben eine Volltonfarbe, können Sie mit dieser Option die Überfüllung in CMYK-Farben anlegen. Ist die Option nicht aktiviert, erstellt Illustrator eine überdruckende Volltonfläche in der helleren der beiden Farben.

▶ ÜBERFÜLLUNGEN UMKEHREN: Illustrator ermittelt anhand der Farbwerte, welches die hellere Farbe ist. Falls Ihnen das Ergebnis nicht zusagt, verwenden Sie diese Option, um die Überfüllung umgekehrt anzuwenden.

▶ GENAUIGKEIT: Mit diesem Wert steuern Sie die Exaktheit der Berechnung der Überfüllungsfläche. Ein höherer Wert verursacht nicht nur eine exaktere Ausführung, sondern auch mehr Zeitaufwand bei der Erstellung und Verarbeitung der Form.

▶ ÜBERFLÜSSIGE ANKERPUNKTE ENTFERNEN: Punkte, die den Pfadverlauf der Überfüllungsform nicht beeinflussen, werden gelöscht.

Beschnittzugabe/Druckerweiterung

Falls Ihre Grafik bis an den Rand der Papierfläche gedruckt werden soll, müssen Sie eine Beschnittzugabe anlegen. Dieser zusätzlich bedruckte Bereich wird beim Beschneiden der Druckbogen benötigt, um ein »Hervorblitzen« des Bedruckstoffs an der Schnittkante zu vermeiden. Den benötigten Toleranzbereich erfragen Sie bei Ihrem Dienstleister – üblicherweise sind es Werte um 2–3 mm.

Natürlich kann die Ungenauigkeit in beide Richtungen auftreten – halten Sie daher in Ihrem Layout auch einen Abstand zum Rand ein, so dass nicht etwa ein wichtiger Bestandteil nach dem Schneiden fehlt. Und – achten Sie darauf, dass Elemente so positioniert sind, dass es »gewollt« aussieht, wenn sie beschnitten sind.

▲ **Abbildung 18.39**
Rechte Seite: Beschnitt und Abstände passend eingerichtet

Tiefschwarz

Größere schwarze Flächen sollten Sie als »Tiefschwarz« – auch »fettes Schwarz« genannt – anlegen, da schwarze Druckfarbe alleine nicht ausreichend deckt und daher nur dunkelgrau wirkt. »Tiefschwarz« ist 100% Schwarz mit CMY-Beimischungen. Je nachdem, welche Farben Sie zugeben, wirkt Tiefschwarz eher kalt, warm oder neutral. Unterschiedliche Dienstleister geben dazu verschiedene Empfehlungen, gebräuchlich für ein kaltes gesättigtes Schwarz ist eine Zugabe von ca. 60 % Cyan.

Aussehen von Schwarz | Neu in Illustrator CS2 ist die Auswahl bei der Bildschirmdarstellung von Schwarztönen. Unter VOREIN-STELLUNGEN • AUSSEHEN VON SCHWARZ… haben Sie die Möglichkeit, normales Schwarz und Tiefschwarz am Monitor entweder identisch oder unterschiedlich darzustellen – damit Sie die Verwendung unterschiedlicher Schwarztöne in Ihrem Dokument besser kontrollieren können.

▲ **Abbildung 18.40**
Schwarz und Tiefschwarz – um Registerproblemen zu begegnen, sollten Sie die CMY-Anteile nicht bis zum Rand der Fläche anlegen.

Wählen Sie im Ausklappmenü unter AM BILDSCHIRM die gewünschte Einstellung:

▶ ALLE SCHWARZTÖNE GENAU ANZEIGEN: Der Unterschied zwischen Schwarz und Tiefschwarz wird deutlich – mit dieser Option berechnet Illustrator die RGB-Werte der Farben aus den CMYK-Werten, stellt also 100 % Schwarz als dunkles Grau und Tiefschwarz je nach Mischungsanteilen dunkler dar.

▶ ALLE SCHWARZTÖNE ALS TIEFSCHWARZ ANZEIGEN: Hier entspricht die Anzeige von 100 % Schwarz sowie aller Farbmischungen, die einen 100%-Schwarz-Anteil enthalten, der dunkelsten möglichen Schwarzanzeige – also RGB 0/0/0.

Tiefschwarz ausgeben | Ebenfalls in den Voreinstellungen steuern Sie, wie Schwarz ausgegeben werden soll. Dies ist vor allem für den Export von RGB-Bilddaten aus CMYK-Dokumenten interessant.

▶ ALLE SCHWARZTÖNE GENAU AUSGEBEN: Mit dieser Option bleiben beim Export eines CMYK-Dokuments in RGB-Bilddaten die Farbwerte erhalten und werden nur entsprechend den Farbprofilen in RGB-Werte konvertiert.

▶ ALLE SCHWARZTÖNE ALS TIEFSCHWARZ AUSGEBEN: Wählen Sie diese Option, um beim Export von RGB-Daten 100 % Schwarz bzw. alle Farbmischungen, die einen Anteil von 100 % Schwarz enthalten, in RGB 0/0/0 umzuwandeln.

> **HINWEIS**
>
> Keine der Tiefschwarz-Einstellungen ändert die Farbwerte in der Illustrator-Datei.

Gesamt-Farbauftrag

Den Gesamt-Farbauftrag an einer bestimmten Stelle Ihres Dokuments erhalten Sie, wenn Sie die einzelnen Farbwerte zusammenzählen – für den Wert CMYK 40/30/100/10 erhalten Sie also einen Gesamt-Farbauftrag von 180 %. Je nach Druckprozess und verwendetem Papier sollten Sie einen bestimmten Höchstwert nicht überschreiten – meist zwischen 250 % und 350 % –, da ansonsten die Gefahr besteht, dass das Papier sich zu stark dehnt, aufwirft oder reißt. Darüber hinaus kann es beim Drucken leichter zu Farbverschiebungen und Registerungenauigkeiten kommen, die Farbe schmiert, schlägt sich an der Rückseite des folgenden Bogens ab, und der Trocknungsprozess dauert länger.

> **HINWEIS**
>
> Wenn Sie Grafik oder Anzeigen für Magazine oder Zeitungen gestalten, erkundigen Sie sich vorher nach dem maximalen Gesamt-Farbauftrag.
>
> Normalerweise können Sie ihn auch den Media-Unterlagen entnehmen.

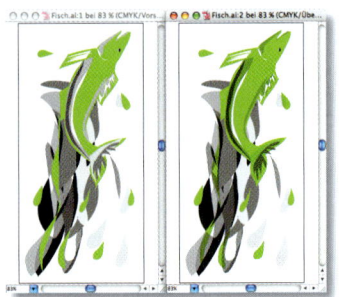

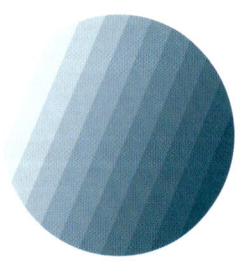

▲ Abbildung 18.42
»Banding« – simuliert

Soft-Proof

Gerade bei hochwertigen Produktionen ist ein Proofdruck unmgänglich, um das Ergebnis Ihrer Arbeit beurteilen zu können. In alltäglichen Arbeiten oder den frühen Phasen wichtiger Projekte ist ein Soft-Proof, also eine mit Hilfe des Farbmanagements simulierte Vorschau der Druckergebnisses am Monitor, eine schnelle und kostengünstige Möglichkeit, Veränderungen der Farbe beurteilen zu können.

In Illustrator wählen Sie zunächst ANSICHT • PROOF EINRICHTEN und die gewünschte Menüoption oder den Eintrag ANPASSEN…, um eine Einstellung zu konfigurieren.

Arbeiten Sie in Ihrer Datei mit gemischten Inhalten – z. B. RGB-Bilder in einem CMYK-Dokument, ist der Soft-Proof mit großer Vorsicht zu betrachten.

Möchten Sie den Soft-Proof mit der normalen Ansicht vergleichen, rufen Sie Ihre Datei mit dem Befehl FENSTER • NEUES FENSTER in einem zweiten Fenster auf. Aktivieren Sie anschließend für eines der beiden Fenster ANSICHT • FARBPROOF. Verwenden Sie in Ihrem Dokument Schmuckfarben oder haben Sie die Überdrucken-Eigenschaft für einzelne Objekte aktiviert, wählen Sie zusätzlich ANSICHT • ÜBERDRUCKENVORSCHAU – oder verwenden Sie den Shortcut ⌘ + ⌥ + ⇧ + Y bzw. Strg + Alt + ⇧ + Y.

Die Überdrucken-Vorschau kostet Zeit, wenn die Ansicht neu generiert werden muss, z. B. beim Scrollen im Dokument. Deaktivieren Sie sie also, wenn Sie sie nicht benötigen.

Transparenzen

Live-Transparenz, also reduzierte Deckkrafteinstellungen, Füllmethoden und die Effekte SCHATTEN, WEICHE KANTE und SCHEIN, muss »reduziert« werden, wenn Sie Dateien, die Transparenz enthalten, drucken möchten. Soll die Datei in einem anderen Programm platziert werden, kann Live-Transparenz erhalten werden, sofern das Programm PDF 1.4 unterstützt.

Verwenden Sie die Reduzieren-Vorschau, um zu überprüfen, ob Ihr Dokument Transparenz enthält (siehe Kapitel 11).

Effekte, Filter

Beachten Sie bei der Ausgabe von Effekten, dass die Dokument-Rastereffekt-Einstellungen für die im Druck verwendete Rasterweite geeignet ist (Effekte und Filter siehe Kapitel 12).

Verläufe

Beim Drucken von Verläufen kann es passieren, dass »Banding« – sichtbare Streifenbildung – auftritt. Dies kann mehrere Ursachen haben: Einerseites sind Verläufe mit einer größeren Übergangslänge und Verläufe zwischen dunklen Farben und Weiß anfällig für das Banding.

Andererseits tritt das Problem auch auf, wenn die Druckerauflösung in Verbindung mit der gewählten Rasterweite nicht ausreicht, um die im Verlauf vorhandenen Abstufungen darzustellen.

In der Illustrator-Hilfe finden Sie eine Datei mit einer Übersicht sicherer Kombinationen von Rasterweite und Belichterauflösung. Eine weitere Datei hilft bei der Berechnung der Übergangslänge.

Schnittbereich

Illustrator druckt standardmäßig die gesamte Zeichenfläche aus. Sie können den druckbaren Bereich jedoch durch die Definition eines Schnittbereichs eingrenzen – dies hat übrigens nicht nur Auswirkungen auf den Ausdruck (siehe weiter unten in diesem Kapitel), sondern auch beim Export in verschiedene Formate.

▲ **Abbildung 18.43**
Schnittbereich

Schnittbereich erstellen | Wählen Sie das Rechteck-Werkzeug und erstellen einen Rahmen in der gewünschten Größe. Rufen Sie anschließend mit aktiviertem Rechteck-Objekt den Befehl OBJEKT • SCHNITTBEREICH • ERSTELLEN auf. Der Schnittbereich wird durch Schnittmarken auf der Zeichenfläche angezeigt – er ist an seiner Position fixiert und bewegt sich nicht zusammen mit Objekten.

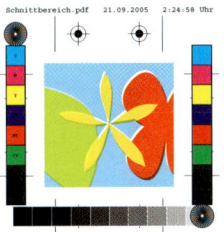

▲ **Abbildung 18.44**
Druckermarken am Schnittbereich generiert

Schnittbereich löschen | Ihr Dokument kann nur einen Schnittbereich enthalten. Sobald Sie einen neuen definieren, wird der bestehende ersetzt. Benötigen Sie mehrere Schnittmarkensätze, um z.B. eine Seite mit mehreren Visitenkarten zu erstellen, verwenden Sie den Schnittmarken-Filter (s. u.).

Möchten Sie den Schnittbereich entfernen, ohne einen neuen zu definieren, wählen Sie OBJEKT • SCHNITTBEREICH • ZURÜCKWANDELN. Die ursprüngliche Rechteckform wird anstelle des Schnittbereichs auf die Zeichenfläche platziert.

Schnittmarken

Auch wenn sie am Bildschirm ziemlich ähnlich aussehen, sind Schnittmarken etwas ganz anderes als der Schnittbereich. Während Sie über den Drucken-Dialog an den Begrenzungen des Schnittbereichs alle benötigten Druckermarken, Farbkontrollstreifen etc. generieren lassen können, ist dies bei Schnittmarken nicht möglich. Dafür können Sie auf einer Seite beliebig viele Schnittmarkensätze anlegen.

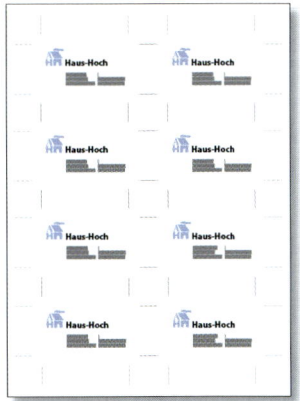

▲ **Abbildung 18.45**
Schnittmarken für einen Nutzen Visitenkarten

Schnittmarken erstellen | Ziehen Sie ein Rechteck auf und wählen FILTER • ERSTELLUNGSFILTER • SCHNITTMARKEN. Sie erhalten Linien in 6 mm Abstand zur ursprünglichen Rechteckform, die mit einer Kontur der Stärke 0,3 Pt in der Passermarkenfarbe versehen sind. Die Schnittmarken sind gruppiert, jedoch nicht mit dem Rechteck verbunden, das nach Anwendung des Filters erhalten bleibt.

Schneid-Plotten und Gravieren – Pfade in Flächen wandeln

Das Ausschneiden einer Form aus Klebefolie wie das Gravieren in Metall und anderen Materialien ist eine gebräuchliche Weiterbearbeitung für Vektorgrafik, z.B. zum Zweck der Beschriftung von Schaufenstern, LKW-Planen oder Schildern.

Die dafür eingesetzten Geräte – Schneid-Plotter, Fräsen und Laser-Schneider – können jedoch nur den reinen Vektorpfad interpretieren. Damit nicht genug: Plotter schneiden entlang jedem in der Datei angelegten Pfad.

Wenn Sie also vorhaben, Ihre Grafiken aus Folie zu schneiden, müssen Sie nicht nur alle Pfade und Schriften in Flächen wandeln, sondern auch sicherstellen, dass jede Fläche nur durch einen einzigen Pfad definiert ist, damit sie nicht zerschnitten wird.

Während das Umwandeln von Texten in Pfade für den Verwendungszweck »Druck« optional angewendet werden kann, ist es für das Schneiden notwendig.

Illustrator-Funktionen für die Vorbereitung von Grafik für das Plotten werden in Kapitel 9 besprochen.

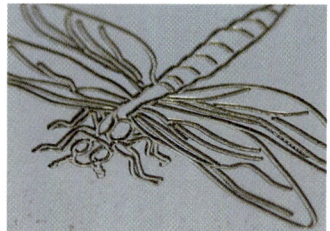

▲ **Abbildung 18.46**
In Metallblech gefräste Vektorgrafik

▲ **Abbildung 18.47**
Vektorgrafik ist nicht automatisch auch zum Schneiden geeignet (oben: ungeeignet).

18.5 Ausdrucken

Wählen Sie DATEI • DRUCKEN… – Shortcut ⌘/Strg+P –, um das aktuelle Dokument auszudrucken, als PDF auszugeben oder eine PostScript-Datei zu schreiben.

Der Drucken-Dialog ist in mehrere Seiten unterteilt, die Sie im Menü links per Klick auf einen der Einträge aufrufen. Die allgemeinen Einstellungen des Druckers und zu verwendenden Treibers stehen Ihnen auf jeder Seite zur Verfügung. Da Auswahlen, die Sie dort treffen, aber andere Einstellungen beeinflusen können, sollten Sie Drucker und Druckertreiber zu Beginn bestimmen.

▶ DRUCKVORGABE: In diesem Menü listet Illustrator Drucken-Einstellungen auf, die Sie gespeichert haben.

▶ DRUCKER/PPD: Wählen Sie im Menü DRUCKER einen der in Ihrem System angemeldeten Drucker bzw. Acrobat Distiller und unter PPD den Druckertreiber aus.

▲ **Abbildung 18.48**
Vorschau einer Seite und mehrerer überlappender Seiten

▶ VORSCHAUBILD: Im Vorschaubild stellt Illustrator alle Seiten dar, die sich aus Ihren Einstellungen ergeben, sowie die Position des im Dokument definierten Druckbereichs auf dem Ausdruck. So haben Sie vor allem die Kontrolle, ob die Verteilung eines Dokuments auf mehrere gedruckte Seiten korrekt eingerichtet ist.

Allgemein

Auf dieser Seite geben Sie an, welche Bereiche des Dokuments Sie drucken möchten.

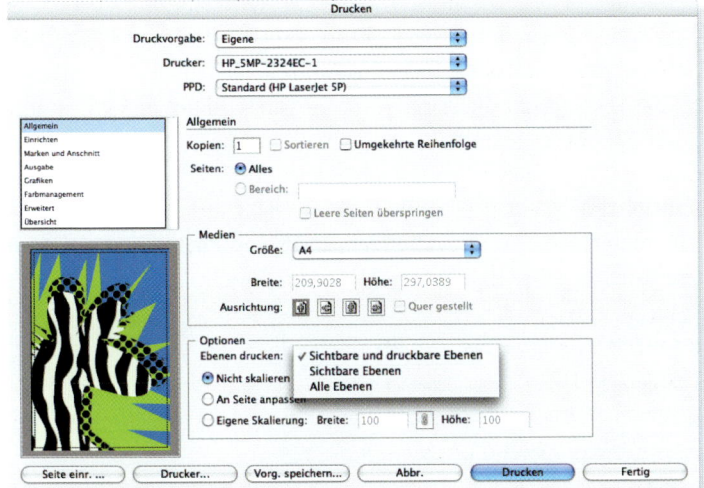

◀ **Abbildung 18.49**
Allgemeine Optionen im Drucken-Dialog

▶ ALLGEMEIN: Geben Sie die Anzahl der Ausdrucke und die Reihenfolge der Seiten an. Falls Ihr Dokument auf mehreren Seiten gedruckt wird, können Sie durch Angabe von Zahlen im Eingabefeld BEREICH gezielt bestimmte Seiten ausdrucken. Trennen Sie einzelne Seiten mit einem Komma und verbinden die erste und letzte Seite eines Bereichs mit einem Bindestrich.

▶ MEDIEN: Wählen Sie die im Drucker verwendete Papiergröße aus dem Aufklappmenü oder geben sie direkt ein.

▶ AUSRICHTUNG: Klicken Sie einen der Buttons 🔲, 🔲, 🔲, 🔲, um den Ausdruck auf dem gewählten Papierformat zu drehen. Wenn Sie ein neues Dokument als Querformat anlegen, passt Illustrator die Formatlage automatisch an, verändern Sie das Dokumentformat nachträglich, müssen Sie diese Einstellungen im Drucken-Dialog vornehmen.

▶ OPTIONEN: Mit der Illustrator-spezifischen Einstellung EBENEN DRUCKEN haben Sie die Möglichkeit, je nach Sichtbarkeit der Ebenen diese zu drucken. Wählen Sie mit den Options-Buttons, ob Sie das Motiv für den Ausdruck skalieren möchten –

▲ **Abbildung 18.50**
Seiten werden von links nach rechts und oben nach unten nummeriert.

HINWEIS

Die Auswahl im Menü MEDIEN richtet sich nach dem gewählten Druckertreiber. Wenn Ihr Drucker mehrere Einzugsschächte besitzt, lesen Sie bitte im Handbuch, wie Sie diese auswählen.

entweder angepasst an die bedruckbare Papierfläche oder durch Eingabe prozentualer Werte zwischen 1 und 1000 %.

▶ SKALIERUNG: Mit diesen Optionen können Sie das Dokumentformat an das Papierformat anpassen. Wählen Sie NICHT ANPASSEN, um Ihre Grafik 1:1 auszudrucken. Je nach gewählter Einstellung werden in diesem Fall Teile, die über das Papierformat reichen, abgeschnitten oder auf mehrere Seiten gedruckt. Einen an das Papierformat angepassten Ausdruck erhalten Sie mit der Einstellung AN SEITE ANPASSEN. Beachten Sie, dass dabei nicht nur große Formate verkleinert, sondern ebenso kleine Formate vergrößert werden.

Wählen Sie EIGENE SKALIERUNG, um Werte frei einzugeben. Eine asymmetrische Skalierung erreichen Sie, indem Sie auf das Kettensymbol klicken – der Button wird mit hellem Hintergrund dargestellt.

Einrichten

Definieren Sie den Druckbereich und seine Platzierung auf dem Ausdruck.

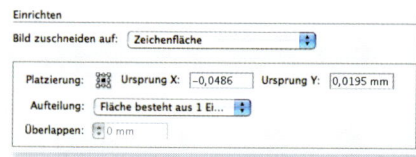

▶ BILD ZUSCHNEIDEN AUF: Standardmäßig druckt Illustrator die gesamte ZEICHENFLÄCHE aus. Sie können den Druckbereich aber einschränken:

▷ BEGRENZUNGSRAHMEN UM BILDMATERIAL: Mit dieser Option wird der Bereich ausgedruckt, der von Objekten bedeckt ist.

▷ SCHNITTBEREICH: Wählen Sie diese Option, wenn Sie einen Schnittbereich angelegt haben, um nur diesen auszudrucken.

▶ PLATZIERUNG: Nehmen Sie die Platzierung des Druckbereichs auf der Seite vor, indem Sie im Vorschaubild links unten im Drucken-Dialogfenster klicken und ziehen.

▷ PLATZIERUNG PER EINGABE: Klicken Sie im Platzierungssymbol den Bezugspunkt für Ihre Positionsangabe. Anschließend tragen Sie die gewünschten Werte in die Eingabefelder ein.

▷ PLATZIERUNG AUF DER ZEICHENFLÄCHE: Wählen Sie das Seitenpositionierer-Werkzeug und klicken und ziehen damit die Position des druckbaren Bereichs. Das Werkzeug repräsentiert die linke untere Ecke der Papierfläche. Mit einem Doppelklick auf das Werkzeug in der Werkzeugpalette setzen Sie die Einstellung zurück.

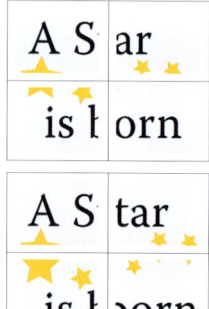

- ▶ AUFTEILUNG: Wählen Sie FLÄCHE BESTEHT AUS 1 EINZELSEITE, um eine Aufteilung auf mehrere Seiten zu unterdrücken.

  Wollen Sie ein Motiv auf mehrere Seiten aufteilen, wählen Sie eine der beiden anderen Optionen. Da die wenigsten Drucker ein Blatt bis zum Rand bedrucken können, haben Sie die Wahl, ob die Verteilung nach dem druckbaren Bereich oder alleine nach dem Papierformat vorgenommen wird.

  - ▷ FLÄCHE BESTEHT AUS GANZEN SEITEN: Die Verteilung erfolgt auf Basis des Papierformats. Sie können jedoch durch Angabe eines Werts im Eingabefeld ÜBERLAPPUNG die nicht bedruckbaren Greifränder kompensieren.
  - ▷ FLÄCHE BESTEHT AUS DRUCKBEREICHEN: Der bedruckbare Bereich einer Seite ist Grundlage der Verteilung.

- ▶ ÜBERLAPPEN: Haben Sie FLÄCHE BESTEHT AUS GANZEN SEITEN ausgewählt, geben Sie hier einen Wert ein, um den sich benachbarte Seiten überdecken sollen.

Marken und Beschnittzugabe/Druckererweiterung

Auf dieser Seite erzeugen Sie die für den Druck benötigten Schnitt- und Passermarken.

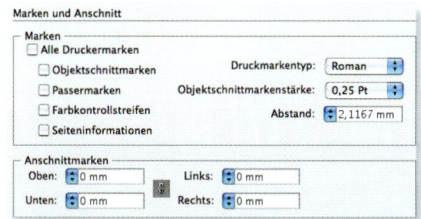

◀ **Abbildung 18.54**
Marken- und Beschnittzugabe-Optionen im Drucken-Dialog

- ▶ OBJEKTSCHNITTMARKEN: Diese Marken ❶ kennzeichnen die Außengrenze der bedruckten Fläche und dienen in den meisten Fällen auch zum Zuschneiden. Haben Sie im Dokument andere Schnittmarken oder eine eigene Stanzform, z. B. für ein Packungsdesign, erstellt, benötigen Sie die Marken nicht.
- ▶ PASSERMARKEN: Mit Hilfe der Passermarken ❸ können die Auszüge exakt übereinander ausgerichtet und gedruckt werden.
- ▶ FARBKONTROLLSTREIFEN: In diesen Streifen ❹ sind Standardfarben definiert, anhand derer der Drucker einen Farbabgleich vornehmen und danach die Menge der Farbe in der Druckmaschine korrigieren kann.
- ▶ SEITENINFORMATIONEN: Mit dieser Option wird auf jeden Farbauszug eine Zeile ❷ mit dem Datei- und Auszugsnamen platziert, außerdem Datum und Uhrzeit.
- ▶ DRUCKMARKENTYP: Andere Länder, andere Sitten. Wählen Sie aus dem Menü lateinische oder japanische Schriften und Objektschnittmarken aus.

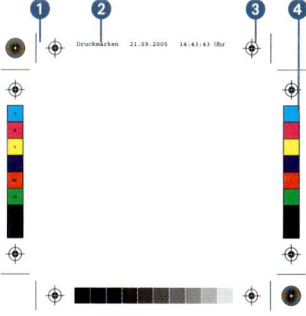

▲ **Abbildung 18.55**
Alle Druckermarken – Druckmarkentyp »Roman«

▶ OBJEKTSCHNITTMARKENSTÄRKE: Bestimmen Sie durch Auswahl aus dem Aufklappmenü die Konturstärke der Objektschnittmarken – stimmen Sie den Wert mit Ihrem Drucker ab.

▶ ABSTAND: In diesem Eingabefeld bestimmen Sie den Abstand der Druckermarken zum Motiv. Normalerweise sollten Sie vermeiden, dass die Marken in eine Beschnittzugabe hineinreichen, erhöhen Sie in diesem Fall den Abstand. Sie können den Wert jedoch nicht beliebig erhöhen, da die Marken auf die bedruckbare Papierfläche passen müssen.

▶ ANSCHNITTMARKEN: Legen Sie in diesen Feldern die Beschnittzugabe global oder für alle Seiten individuell fest.

Ausgabe

Auf der Seite AUSGABE stellen Sie ein, wie im Dokument verwendete Druckfarben verarbeitet werden.

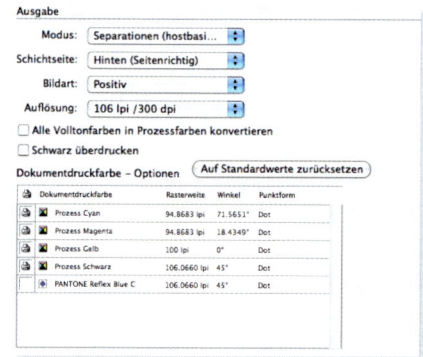

▶ MODUS: Wählen Sie, ob alle Druckfarben zusammen auf einer Seite (markieren Sie dafür COMPOSITE) oder die Farbauszüge jeweils auf einer Seite ausgegeben werden sollen (SEPARATIONEN). Separationen können Sie entweder von Illustrator oder von einem PostScript-RIP vornehmen lassen (markieren Sie dafür IN-RIP-SEPARATIONEN). Die Option ist allerdings nur verfügbar, wenn Sie einen PostScript Level 3-Drucker verwenden, dessen Druckertreiber In-RIP-Separationen unterstützt.

▶ SCHICHTSEITE: Abhängig vom Druckverfahren benötigen Sie unterschiedliche Kombinationen dieser Einstellungsarten. Die Bezeichnung der Schichtseite-Optionen bezieht sich auf die Belichtung von Film: VORNE ist die Trägerschicht – HINTEN bezeichnet die lichtempfindliche Schicht, also die Seite, auf der »gedruckt« wird. Während Sie mit HINTEN (SEITENRICHTIG) einen auf Papier seitenrichtigen Ausdruck erzeugen, bewirkt VORNE (SEITENRICHTIG) von der Trägerschicht aus betrachtet eine seitenrichtige Ausgabe, ist also auf Papier seitenverkehrt gedruckt.

- BILDART: Das Aufklappmenü ist nur aktiv, wenn Sie Separationen ausgeben. Composite-Druck erfolgt immer positiv.

- AUFLÖSUNG: Die in diesem Menü enthaltenen Werte gibt der Druckertreiber vor. Der dpi-Wert bestimmt die Druckerauflösung, mit dem lpi-Wert geben Sie an, welche Rasterweite gedruckt werden soll.

- VOLLTONFARBEN IN PROZESSFARBEN: Sie können mit dieser Option alle Volltonfarben in Prozessfarben umwandeln oder dies für jede Volltonfarbe einzeln festlegen (siehe unter DOKUMENTDRUCKFARBE-OPTIONEN).

- SCHWARZ ÜBERDRUCKEN: Möchten Sie generell Schwarz überdrucken, aktivieren Sie diese Option. Es werden jedoch nicht generell alle Schwarzanteile, sondern nur Objekte mit 100 % Schwarzdeckung überdruckt. Die Einstellung betrifft auch nicht die Objekte, die aufgrund einer Füllmethode oder eines Grafikstils schwarz sind oder erscheinen.
  Wenn Sie das Überdrucken von Schwarz mit dieser Option anstatt der Überdrucken-Eigenschaft durchführen und Ihr Dokument zur Belichtung an einen Dienstleister geben, denken Sie daran, in Ihrer Bestellung entsprechende Vorgaben zu definieren.

- DOKUMENTDRUCKFARBE-OPTIONEN (nur bei hostbasierter oder In-RIP-Separation aktiv): In der Liste sehen Sie alle im Dokument verwendeten Druckfarben und können für jede dieser Farben individuelle Einstellungen vornehmen.
  Das DRUCKERSYMBOL 🖨 kennzeichnet die Farben, für die ein Auszug gedruckt wird. Klicken Sie auf das Symbol – das Feld wird leer dargestellt –, wenn Sie für die Farbe keinen Auszug erstellen möchten.
  Das Farbsymbol zeigt den Modus an, in dem eine im Dokument angelegte Volltonfarbe verarbeitet wird. Das VOLLTONFARBEN-SYMBOL ⦿ ist voreingestellt – Illustrator druckt einen Auszug für diese Farbe. Klicken Sie darauf, um die Farbe zu separieren – dies zeigt das VIERFARB-SYMBOL ⬛ an. Klicken Sie erneut, um den Ursprungszustand wieder herzustellen.
  Klicken Sie auf einen der Einträge unter RASTERWEITE oder WINKEL, um andere Werte einzugeben (siehe Abbildung 18.58). Klicken Sie auf einen Eintrag unter PUNKTFORM, um ein Aufklappmenü anzuzeigen, aus dem Sie eine alternative Punktform wählen (siehe Abbildung 18.59). Sprechen Sie die notwendigen Einstellungen auf jeden Fall mit Ihrer Druckerei ab. Verwenden Sie den AUF STANDARDWERTE ZURÜCKSETZEN-Button, um Ihre Änderungen zu widerrufen.

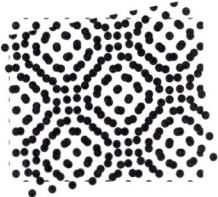

▲ **Abbildung 18.57**
Die Rasterwinkelungen der einzelnen Druckfarben sind sehr genau aufeinander abgestimmt. Kleinste Abweichungen vom Idealwert können zur Bildung von Moirée führen (monochrome Darstellung zur Verdeutlichung des Effekts).

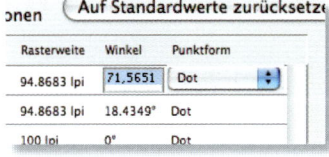

▲ **Abbildung 18.58**
Die Winkeleinstellung sollten Sie nicht ohne Grund und Rücksprache mit Ihrer Druckerei ändern.

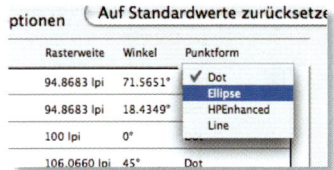

▲ **Abbildung 18.59**
Auswahl der Punktformen – Punktform und Winkeleinstellung sind voneinander abhängig.

Grafiken

In dieser Gruppe von Einstellungen steuern Sie viele Faktoren, welche die Geschwindigkeit des Ausdrucks beeinflussen.

Abbildung 18.60 ▸
Grafiken-Optionen im Drucken-Dialog

- Pfade: Mit dem Kurvennäherungsregler steuern Sie die Umsetzung von Kurven in gerade Segmente. Falls es Probleme bei der Ausgabe gibt – und der Drucker etwa den PostScript-Fehler »Limitcheck« meldet –, deaktivieren Sie die Option Automatisch und stellen mit dem Regler einen Wert ein. Bewegen Sie den Regler nach rechts für eine sicherere Verarbeitung – aber eine ggf. deutliche Eckenbildung – oder nach links für eine höhere Genauigkeit in der Kurvennäherung.
- Schriften: Einige druckereigene – oder druckerresidente – Schriften sind auf PostScript-Druckern installiert. Meist verwenden Sie wahrscheinlich andere in Ihrem Dokument, darüber hinaus können sich auch Schriften mit gleichem Namen in wichtigen Details voneinander unterscheiden – z. B. der Laufweite. Daher ist es nötig, Schriften an den Drucker zu senden (oder in eine »gedruckte« PostScript- bzw. PDF-Datei einzubetten). Mit diesem Menü bestimmen Sie, wie Schriften an den Drucker gesendet werden.
  - Ohne: Wählen Sie die Option, wenn die verwendete Schrift auf dem Drucker gespeichert ist. Meiden Sie die Option, falls Sie mit TrueType-Schriften gearbeitet haben – diese können nicht auf Druckern installiert sein.
  - Untergruppe: Für Dokumente mit wenig Text, die im Internet veröffentlicht werden sollen, empfiehlt sich diese Option. Es werden für jede Seite des Dokuments nur die jeweils vorkommenden Zeichen der eingesetzten Schriften im PDF gespeichert bzw. an den Drucker gesendet.
  - Vollständig: Wählen Sie diese Option, werden alle Schriftzeichen der verwendeten Schriftdateien in die PostScript- oder PDF-Datei eingebettet. Beim Ausdrucken erhält der Drucker am Beginn des Dokuments alle Schriften.
- Optionen: Normalerweise bestimmt der Druckertreiber hier die richtigen Einstellungen. Falls Sie die Einstellungen ändern,

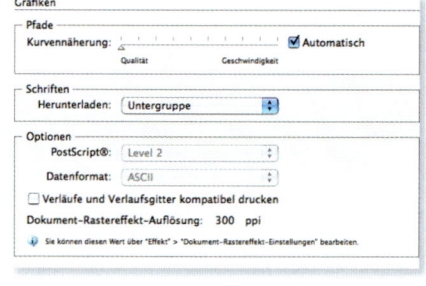

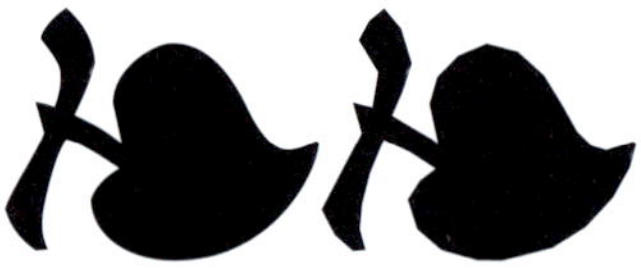

▴ Abbildung 18.61
Kurvennäherung: automatisch (links), maximale Geschwindigkeit (rechts) – für viele Zwecke ausreichend

HINWEIS
Eine Liste der druckerresidenten Fonts können Sie von Ihrem Drucker ausgeben lassen. Lesen Sie im Handbuch, wie das bei Ihrem Gerät funktioniert.

HINWEIS
Das teilweise Einbetten von Schriften schränkt die Bearbeitbarkeit eines PDF ein – in der Druckvorstufe hat sich daher die vollständige Einbettung etabliert.

achten Sie darauf, dass der PostScript-Level von Ihrem Gerät unterstützt wird.

Für die Erstellung einer PostScript-Datei ist die Option DATEIFORMAT wichtig. Sie bestimmt das PostScript-Format. Die Option BINÄR erzeugt sehr kompakte Dateien, die aber nicht immer mit älteren Geräten und Netzwerken kompatibel sind – wählen Sie in diesen Situationen ASCII.

Farbmanagement

Das Dokumentprofil beschreibt, für welche Ausgabesituation die Farben im Dokument optimiert wurden. Mit Einstellungen dieser Gruppe lässt sich diese Ausgabesituation auf einem Proof simulieren oder für eine alternative Umgebung umsetzen.

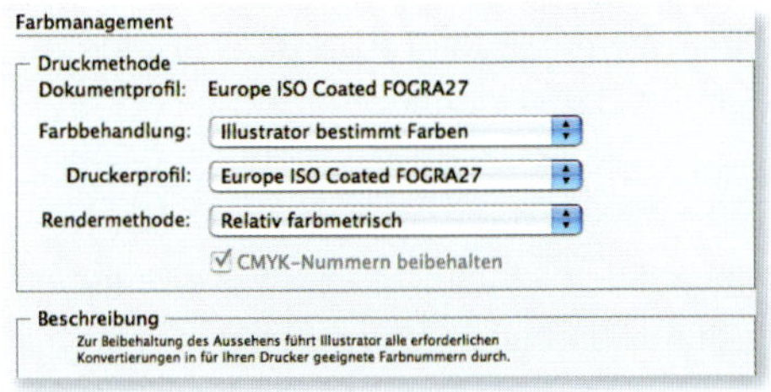

◀ **Abbildung 18.62**
Farbmanagement-Optionen im Drucken-Dialog

▶ Farbbehandlung: Wählen Sie, ob Illustrator oder der Raster-Image-Prozessor des PostScript-Geräts das Farbmanagement vornehmen soll.

   ▷ ILLUSTRATOR BESTIMMT FARBEN: Illustrator konvertiert die im Dokument eingesetzten Farben unter Berücksichtigung der Farbprofile und nach der ausgewählten Rendermethode in die Farben des angegebenen Druckerprofils.

   ▷ POSTSCRIPT-DRUCKER BESTIMMT FARBEN: Die Daten werden mit den zur Konvertierung notwendigen Informationen an das Ausgabegeräte gesendet. Nutzen Sie diese Option nicht, wenn Sie Transparenzen verwenden.

▶ DRUCKERPROFIL: Wenn Sie das Farbmanagement in Illustrator durchführen, wählen Sie hier das Farbprofil des Druckers.

▶ RENDERMETHODE: Die Rendermethode bestimmt, auf welche Art die Farbpositionen in unterschiedlichen Farbräumen ineinander umgerechnet werden.

   ▷ PERZEPTIV: Farben werden so im Zielfarbraum abgebildet, dass das Verhältnis der Abstände der Farben zueinander erhalten bleibt. Die absoluten Farben können sich dabei verändern. Diese Wiedergabeabsicht eignet sich gut, wenn viele Farben signifikant außerhalb des Zielfarbraums liegen.

   ▷ SÄTTIGUNG: Die Sättigung der Farben bleibt erhalten, die Farbtöne können sich ändern. Die Methode wird vor allem für Geschäftsgrafiken empfohlen.

HINWEIS

Beachten Sie, dass Sie bei Verwendung der Option ILLUSTRATOR BESTIMMT FARBEN das Farbmanagement in Ihrem Druckertreiber ausschalten müssen. Umgekehrt müssen Sie es aktivieren und einrichten, wenn Sie das Farbmanagement im Drucker vornehmen lassen.

> ▶ RELATIV FARBMETRISCH: Bezugspunkt für die Verschiebung der Farben von den Quell- in den Zielfarbraum ist der Weißpunkt des jeweiligen Farbraums. Farben, die außerhalb des Zielfarbraums liegen, werden auf den nächstreproduzierbaren Buntton abgebildet.
>
> ▶ ABSOLUT FARBMETRISCH: Die Ausgabe verhält sich wie mit der Option RELATIV FARBMETRISCH. Es wird aber der Weißpunkt des Quellfarbraums erhalten. Diese Wiedergabeabsicht eignet sich ausschließlich für das Proofen.

▶ CMYK-/RGB-NUMMERN BEIBEHALTEN: Unterscheiden sich Dokument- und Druckerprofil, entscheiden Sie mit dieser Option, ob die Definition von Farben, denen kein Profil zugewiesen ist, erhalten bleibt oder konvertiert wird. In den meisten Fällen sollten Sie CMYK-Nummern beibehalten – eine Transformation zwischen zwei CMYK-Farbprofilen ist besonders kritisch für die Farbe Schwarz.

Erweitert

Live-Transparenzen können Sie nicht an Drucker weitergeben, sondern müssen sie vor dem Ausdruck »reduzieren«.

Des Weiteren stellen Sie hier ein, wie Überdrucken-Einstellungen behandelt werden sollen.

Abbildung 18.63 ▶
Erweitert-Optionen im Drucken-Dialog

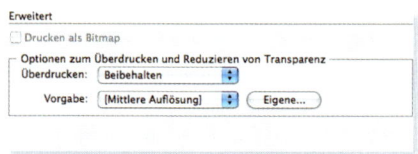

▶ ÜBERDRUCKEN: Wählen Sie aus dem Aufklappmenü, wie die Überdrucken-Eigenschaft beim Ausdruck behandelt werden soll.

> ▶ BEIBEHALTEN: Die Farben werden wie eingestellt überdruckt. Die Überdrucken-Eigenschaft kann jedoch nur von PostScript-fähigen Geräten ausgegeben werden.
>
> ▶ LÖSCHEN: Die Grafik wird ausgegeben, ohne Objekte zu überdrucken.
>
> ▶ SIMULIEREN: Die Überdrucken-Eigenschaft wird in CMYK umgerechnet und mit den Möglichkeiten des angeschlossenen Druckers dargestellt. Für Proofausdrucke ist diese Option zuweilen unumgänglich, für die Produktion dagegen nicht zu empfehlen, da Schmuckfarben in CMYK umgerechnet werden.

▲ **Abbildung 18.64**
Überdrucken, Löschen (links) und Beibehalten (rechts)

Wählen Sie eine Transparenzreduzierungsvorgabe aus dem Menü Vorgabe, oder klicken Sie den Button Eigene… und stellen die Optionen direkt ein (mehr zu Transparenzen siehe Kapitel 11).

Übersicht

Auf der Seite Übersicht stellt Illustrator Ihnen noch einmal alle Ihre gewählten Optionen zusammen. Hier erscheinen auch Warnungen, falls das Programm Fehlerquellen entdeckt hat.

Druckvorgaben speichern

Falls Sie wiederholt identische Einstellungen benötigen, können Sie diese speichern. Klicken Sie den Button Vorgaben speichern in der Drucken-Dialogbox und geben einen Namen für die Einstellung ein. Die Einstellung wird in der Illustrator-Voreinstellungendatei gespeichert.

▶ **Vorgaben aufrufen:** Ihre Vorgaben werden im Menü Druckvorgabe ganz oben im Drucken-Dialog aufgelistet.

▶ **Vorgaben editieren:** Möchten Sie Ihre Vorgaben bearbeiten, wählen Sie Bearbeiten • Druckvorgaben… Aktivieren Sie eine der Vorgaben in der Liste, und klicken Sie den Button Bearbeiten…

▶ **Vorgaben exportieren:** Eine aktivierte Vorgabe lässt sich als Textdatei außerhalb der allgemeinen Voreinstellungendatei speichern. So haben Sie eine Sicherungskopie, falls Sie die Illustrator-Voreinstellungen einmal löschen müssen. Außerdem lässt sich die Textdatei an Kollegen weitergeben.

▶ **Einstellungen im aktuellen Dokument speichern:** Die Einstellungen im Drucken-Dialog speichert Illustrator, wenn Sie das Dokument drucken. Möchten Sie die Einstellungen im Dokument speichern, ohne gleich zu drucken, klicken Sie den Button Fertig.

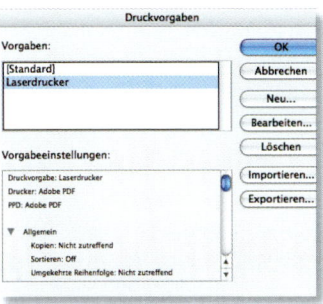

▲ **Abbildung 18.65**
Druckvorgaben bearbeiten

Problemanalyse

Stoßen Sie beim Drucken auf Probleme, gilt es, diese zu analysieren. Dafür können Sie Illustrators Paletten einsetzen. Viele Schwierigkeiten rühren von fehlenden oder nicht auf dem letzten Stand befindlichen Bilddateien – zur Analyse dient Ihnen die Verknüpfungen-Palette (Arbeit mit Pixeldaten siehe Kapitel 17).

Überprüfen Sie Anzahl und Verschachtelungstiefe der Ebenen mit Hilfe der Ebenen-Palette.

Eine Universal-Palette listet Ihnen viele Dokument- und Objekteigenschaften gemeinsam auf – die Palette Dokumentinformationen. Rufen Sie sie aus dem Menü Fenster auf. In der Standardansicht der Info-Palette finden Sie Statistik zum Dokument. Im Palettenmenü selektieren Sie, welche Informationen Sie in der

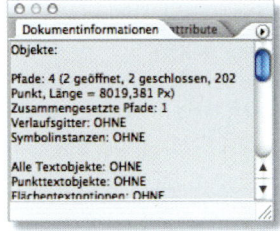

▲ **Abbildung 18.66**
Details zu einem Objekt in der Dokumentinformationen-Palette

Palette anzeigen möchten. Möchten Sie z. B. die Anzahl der Punkte eines Pfads wissen, wählen Sie OBJEKTE aus dem Paletten-menü und aktivieren das betreffende Objekt.

18.6 Webgrafik

Illustrator-Dateien können Sie auf verschiedene Arten für das Web aufbereiten. Zum einen lässt sich gerade die flächige Vektor-grafik besonders gut im GIF-Format komprimieren, und Illustra-tor besitzt eine komfortable Exportfunktion für Webgrafik, zwei-tens können Sie Grafik für Flash-Anwendungen konstruieren, und drittens ist Illustrator in der Lage, SVG-Dateien zu exportieren.

Datei einrichten

Um ein Webseiten-Layout zu erstellen, erzeugen Sie Ihre Datei im Dokumentfarbmodus RGB und wählen die Maßeinheit Pixel. So können Sie die Größe und Position Ihrer Objekte nummerisch auf ganze Pixel positionieren.

Geben Sie ein für das Web geeignetes Seitenformat ein – bedenken Sie bei der Wahl des Formats den Platzbedarf der Browser für Menüleiste, Scrollbalken und Funktionsleisten.

Erstellen Sie Screendesigns, sollten Sie selbstverständlich keine Linienstärken unter der kleinsten darstellbaren Einheit, also 1 Pixel, anlegen.

Aktivieren Sie ANSICHT • PIXELVORSCHAU – Shortcut ⌘ + ⌥ + Y bzw. Strg + Alt + Y, um Ihre Grafik so anzuzeigen, wie sie beim Exportieren in rasterbasierte Formate umgerechnet wird. Falls Sie den Linealnullpunkt verschieben möchten, sollten Sie dies nur einmal vor Beginn Ihrer Arbeit vornehmen, denn dessen Position bestimmt das generierte Pixelraster.

Voreingestellt mit der Pixelvorschau verbunden ist die Einstel-lung AN PIXEL AUSRICHTEN, Sie finden diese Option im Menü ANSICHT.

Abbildung 18.67 ▶
Mit (links) und ohne (rechts) die Option AN PIXEL AUSRICHTEN posi-tionierter Button

Diese Ausrichtung bewirkt, dass Sie beim intuitiven Transformie-ren von Objekten diese nur exakt im Pixelraster positionieren können. So werden horizontale und vertikale Objektkanten immer in optimaler Schärfe generiert.

Slices

Slices definieren in einer Grafik einzelne Bereiche, denen Sie beim Export als Webgrafik individuelle Exportoptionen und Links zuweisen können. Auf der HTML-Seite werden die einzelnen Bilder anschließend positioniert – bisher verwendete man dafür die einzelnen Zellen einer Tabelle, seit einiger Zeit vermehrt Cascading Style Sheets oder »CSS«. Slices sind selbstverständlich nur virtuelle Schnitte, die Ihre Vektorobjekte völlig intakt lassen. Slices lassen sich auf zwei Arten erstellen – mit dem Slice-Werkzeug und über das Menü OBJEKT.

In einzelnen Slices der Grafik können Sie zusätzlich Imagemaps anlegen und die gesamte Grafik »in einem Rutsch« für das Web speichern. Mehr zu Imagemaps finden Sie weiter unten.

Anzeige | Die Optionen für die Anzeige der Slices definieren Sie unter VOREINSTELLUNGEN • MAGNETISCHE HILFSLINIEN UND SLICES... Stellen Sie eine Linienfarbe ein, und aktivieren Sie die Anzeige der Slice-Nummerierung. Um Slices ein- oder auszublenden, wählen Sie die entsprechende Option im Menü ANSICHT.

Dort können Sie auch mit dem Menüpunkt SLICES FIXIEREN die von Ihnen definierten Slices gegen unbeabsichtigtes Verändern schützen.

Mit dem Slice-Werkzeug erstellen | Um ein Slice mit dem Werkzeug anzulegen, wählen Sie es aus der Werkzeugpalette – Shortcut ⇧ + K – und klicken und ziehen ein Rechteck, das Ihren Slice definiert.

Auf diese Art erzeugte Slices sind an ihrer Position auf der Zeichenfläche festgelegt. Wenn Sie darunter liegende Objekte verschieben, verändert sich das Slice nicht.

Über das Menü erstellen | Aktivieren Sie ein Objekt, über dem Sie ein Slice anlegen möchten, und wählen Sie OBJEKT • SLICE • ERSTELLEN.

Ein über das Menü definiertes Slice ist an das Objekt gebunden, bewegt sich mit ihm und wird entfernt, sobald Sie das Objekt löschen.

Auto-Slices | Illustrator ergänzt immer automatische Slices ❺ (siehe Abbildung 18.69 auf der folgenden Seite), so dass sich insgesamt eine Rechteckfläche ergibt, die alle Objekte in der Datei umfasst. Bewegen oder verändern Sie Slices, aktualisiert Illustra-

TIPP

Die Maßeinheit des Dokuments lässt sich auch umstellen, ohne DOKUMENTFORMAT... aufzurufen. Auf dem Mac halten Sie dafür Ctrl und klicken auf eines der Lineale. Unter Windows klicken Sie mit der rechten Maustaste auf das Lineal.

Wählen Sie dann die gewünschte Maßeinheit aus dem aufklappenden Menü.

HINWEIS

Optimieren Sie Schriften ggf. mit Hilfe des Effekts IN PIXELBILD UMWANDELN und der Einstellung SCHRIFT OPTIMIERT (Hinted) (SCHRIFT IN PIXELBILD UMWANDELN siehe Kapitel 13).

▲ **Abbildung 18.68**
Slice-Werkzeuge

tor die Auto-Slices. Auto-Slices sind durch eine hellere Farbe gekennzeichnet.

Unter-Slices | Falls Sie ein Slice definieren, das ein anderes überlappt, muss das untere Slice aufgeteilt werden, da Slices nur nebeneinander liegend generiert werden. Die dabei entstehenden Unter-Slices ❹ sind nicht eigenständig zu aktivieren oder zu bearbeiten.

Auf Zeichenfläche beschränken | Normalerweise ergänzt Illustrator Auto-Slices so, dass alle Objekte in der Datei eingeschlossen sind. Möchten Sie die Definition von Slices auf die Zeichenfläche beschränken, wählen Sie OBJEKT • SLICE • GANZE ZEICHENFLÄCHE EXPORTIEREN.

Slices bearbeiten

Auswählen | Slices, die Sie anpassen möchten, wählen Sie mit dem Slice-Werkzeug aus, indem Sie in das gewünschte Slice klicken. Drücken Sie ⇧ und klicken weitere Slices an, um diese zur Auswahl hinzuzufügen. Mit dem Objekt-Menü erzeugte Slices wählen Sie aus, indem Sie das Objekt auswählen, zu dem die Slices gehören. Alternativ verwenden Sie die Ebenen-Palette, um Slices auszuwählen. Auto-Slices können Sie nicht auswählen.

Optionen | Aktivieren Sie ein Slice und wählen OBJEKT • SLICE • SLICE-OPTIONEN…, um den Slice-Typ festzulegen und weitere Einstellungen vorzunehmen. Drei Slice-Typen stehen zur Auswahl, Bild ⊠, Kein Bild ⊠ und Text-Slices ⊡ – die Art zeigt Illustrator auf der Zeichenfläche mit dem abgebildeten Symbol an:

▶ BILD ❶: Mit diesem Typ wird eine Bilddatei erzeugt. In der Slice-Optionen-Dialogbox geben Sie unter URL die Adresse für den Link ein, wenn das Bild klickbar sein soll. Im Feld NAME können Sie einen Namen für die beim Speichern erzeugte Datei definieren.
Die Komprimierungsoptionen legen Sie in der Dialogbox FÜR WEB SPEICHERN fest.

▶ KEIN BILD ❷: Diesen Typ wählen Sie, um einfarbige Flächen durch eine Hintergrundfarbe in der Tabellenzelle oder dem CSS-Container darzustellen. In das Eingabefeld können Sie HTML-formatierten Text eingeben, der in dem Bereich angezeigt werden soll.

▶ HTML-TEXT ❸: Diesen Typ können Sie nur auswählen, wenn das Slice an einem Textobjekt definiert wurde. Der Inhalt des Textobjekts und seine Formatierung wird als HTML-Text generiert. Möchten Sie die Ausgabe der Formatierung unterdrü-

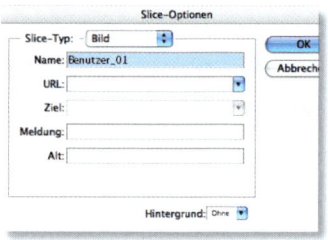

▲ **Abbildung 18.70**
Optionen für Bild-Slice

▲ **Abbildung 18.71**
Optionen für Kein Bild-Slice

▲ **Abbildung 18.69**
Slice-Typen: Bild ❶, Kein Bild ❷, HTML-Text ❸, Slice mit Unter-Slice ❹, Auto-Slice ❺

cken, empfiehlt Adobe, am Beginn des Texts im Textobjekt `<unformatiert>` einzugeben. Diese Vorgehensweise kann zu Abstürzen führen.

Möchten Sie den Text (oder den generierten HTML-Code) editieren, wählen Sie den Slice-Typ Kein Bild aus – dies bewirkt, dass die Verbindung zum Textobjekt getrennt wird – und führen die gewünschten Änderungen aus.

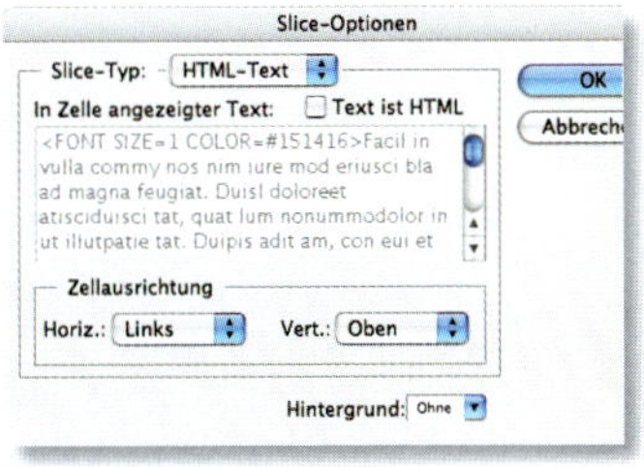

▲ **Abbildung 18.72**
Optionen für Text-Slice

Begrenzungen anpassen | Klicken und ziehen Sie Slices mit dem Slice-Auswahl-Werkzeug an die gewünschte Position.

Sie haben folgende Modifizierungsmöglichkeit: Halten Sie ⇧, um die Bewegung auf 45°-Schritte einzuschränken.

Aktivieren Sie ein Slice, und klicken und ziehen Sie eine Seite oder Ecke seines Begrenzungsrahmens, um die Größe zu verändern. Um Slices aneinander auszurichten oder zu verteilen, aktivieren Sie die betreffenden Slices und verwenden die Funktionen der Ausrichten-Palette (Ausrichten-Palette siehe Kapitel 5).

Die Stapelreihenfolge von Slices verändern Sie mit Hilfe der Ebenen-Palette – diese Option ist wichtig für die Erstellung von Unter-Slices (Ebenen-Palette siehe Kapitel 10).

Möchten Sie ein mit dem Slice-Werkzeug angelegtes Slice aufteilen, aktivieren Sie es und wählen Objekt • Slice • Slices aufteilen...

Umgekehrt lassen sich auch mehrere Slices zu einem zusammenfügen. Aktivieren Sie die betreffenden Slices und wählen Objekt • Slice • Slices kombinieren.

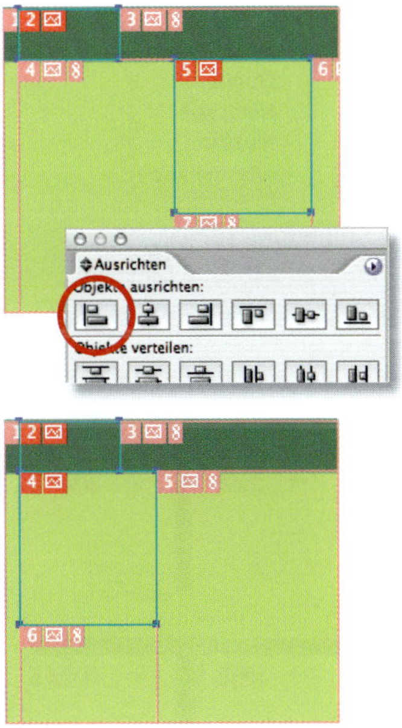

▲ **Abbildung 18.73**
Slices mit der Ausrichten-Palette exakt positionieren

Löschen | Mit dem Werkzeug erstellte Slices aktivieren Sie und drücken die Löschtaste. Haben Sie ein Slice über das Objekt-Menü generiert, aktivieren Sie es und wählen Objekt • Slice • Zurückwandeln. Beim Entfernen mit der Löschtaste würde in diesem Fall auch das Vektorobjekt gelöscht. Um alle Slices zu löschen, wählen Sie Objekt • Slice • Alle löschen.

Für Web speichern

Die Funktion Für Web speichern... beherrscht neben der Grafikoptimierung auch die Erzeugung des HTML-Codes. Der generierte Code entspricht jedoch nicht mehr den aktuellen Anforderungen, daher ist eine Verwendung über das schnelle Präsentationsmuster hinaus nicht zu empfehlen.

Für die Generierung optimierter Webgrafikdateien ist die Funktion jedoch gut geeignet. Wählen Sie Datei • Für Web speichern... – falls Sie Photoshop oder ImageReady verwenden, wird Ihnen die Dialogbox bekannt vorkommen.

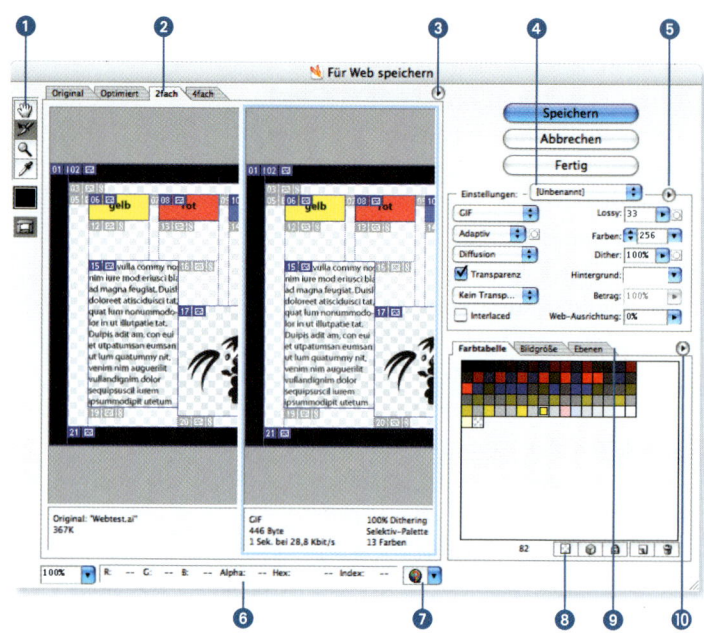

Abbildung 18.74 ▶
Für Web speichern mit den Optionen für das GIF-Format

▲ **Abbildung 18.75**
Hier lässt sich eine Liste von
Browsern als Menü einrichten.

▲ **Abbildung 18.76**
4fach-Vorschau zum Vergleichen
unterschiedlicher Komprimierungseinstellungen

Die Werkzeug-Buttons ❶ dienen zur Navigation in den Vorschaubildern: Mit dem Hand-Werkzeug 🖐 schieben Sie die
Ansicht im Fenster, verwenden Sie das Slice-Auswahl-Werkzeug
🖊, um Slices zu aktivieren, für die Sie Einstellungen vornehmen
möchten. Das Zoom-Werkzeug 🔍 vergrößert die Ansicht der
Grafik, und mit dem Pipetten-Werkzeug 📌 nehmen Sie Farben
aus den Vorschaubildern auf. Klicken Sie den Slices-einblenden/
ausblenden-Button 🔳, um die Anzeige der Slices zu steuern.

Mit den Reitern ❷ stellen Sie die Anzahl der Vorschaubilder
ein. Sie können sich nur die Originalgrafik, nur die optimierte
Version, eine Gegenüberstellung von Original und optimierter
Version oder einen Vergleich des Originals mit drei verschiedenen
Vorschauen anzeigen lassen. Einstellungen, die Sie vornehmen,
werden jeweils auf das durch einen Rahmen hervorgehobene
Vorschaufenster angewendet.

Verwenden Sie das Aufklappmenü ❸, um die Modemge-
schwindigkeit auszuwählen, auf deren Basis Illustrator die Down-
load-Zeit berechnen soll.

Einige mitgelieferte sowie eigene Komprimierungseinstellungen, die Sie speichern, wählen Sie im Voreinstellungsmenü ❹
aus.

Im Optimierungsmenü ❺ finden Sie verschiedene Befehle, die
Grundeinstellungen oder den Umgang mit Slices betreffen. Mit
einem dieser Befehle lassen sich z. B. Ihre Einstellungen speichern, so dass sie im Voreinstellungsmenü angezeigt werden.

Darüber hinaus finden Sie in diesem Menü die Optionen für die Generierung der HTML-Datei.

Die Statusleiste ❻ zeigt die RGB- und HEX-Werte des unter dem Cursor befindlichen Pixels sowie seine Position in der Farbpalette (für GIF und PNG-8).

Im Browser-Menü ❼ können Sie Links zu verschiedenen auf Ihrem Computer installierten Browsern einrichten. Um eine Vorschau in einem der Browser aufzurufen, wählen Sie den Browser später einfach aus dieser Liste aus.

Zur Optimierung der Farbpalette von GIF und PNG-8 finden Sie unter der Paletten-Anzeige eine Buttonleiste ❽. Weitere Funktionen und Sortierungsoptionen finden Sie im Menü ❿.

Möchten Sie eine Größenanpassung der Grafik für die Ausgabe vornehmen oder Ihre Illustration nicht als Slices, sondern mit Hilfe von durch CSS positionierten Ebenen generieren, wählen Sie den entsprechenden Reiter ❾ aus.

In der folgenden Übung werden Sie die Webexport-Funktionen ein wenig näher kennen lernen.

▲ Abbildung 18.77
Übungsdatei

Schritt für Schritt: Slices für Web speichern

1 Objekte auf Ebenen verteilen

Öffnen Sie die Datei Slices.ai auf der DVD. Diese Datei soll für das Web gespeichert werden – die Grafiken werden wir jedoch nicht mit Hilfe einer Tabelle, sondern mit CSS-Ebenen positionieren. Auf dieser Seite befinden sich Grafikelemente, die auf unterschiedliche Arten komprimiert werden müssen.

Ihre erste Aufgabe besteht darin, die Elemente auf mehrere Ebenen zu verteilen. Eine einzelne Ebene richten Sie für Elemente ein, die sich überlappen – dies betrifft hier den Hintergrund und den Bereich hinter dem Logo. Richten Sie also folgende Ebenen ein: Hintergrundfläche, Titelbereich, Grafikelemente, Text.

▲ Abbildung 18.78
Ebenen für den Webexport dieses Dokuments

2 Slices erstellen

Ohne Slices würde Illustrator mehrere Ebenen ausgeben, die jeweils die gesamte Zeichenfläche enthalten. Außerdem benötigen Sie Slices für die unterschiedlichen Komprimierungseinstellungen.

Die Slices müssen über das Objekt-Menü definiert werden. Beginnen Sie mit dem Anlegen der Außenbegrenzung – wählen Sie OBJEKT • SLICE • GANZE ZEICHENFLÄCHE EXPORTIEREN.

Anschließend erstellen Sie die einzelnen Slices. Aktivieren Sie ein Objekt und rufen OBJEKT • SLICE • ERSTELLEN auf. Verfahren Sie so für alle Objekte außer der Hintergrundfläche.

▲ **Abbildung 18.79**
Einstellung der Farbe für Hintergrundobjekt und Titelbereich.

▲ **Abbildung 18.79**
Einstellung der Farbe für Hintergrundobjekt und Titelbereich.

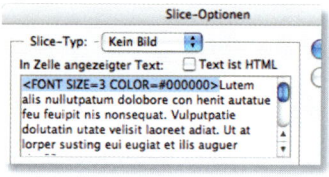

▲ **Abbildung 18.80**
Die Font-Tags können Sie aus dem Text herauslöschen.

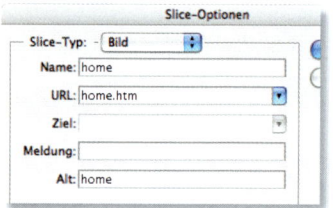

▲ **Abbildung 18.81**
Links auf den Menü-Buttons

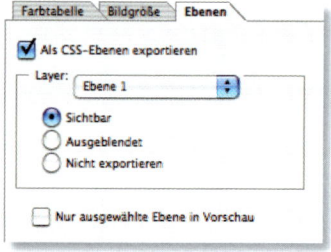

▲ **Abbildung 18.82**
CSS-Ebenen exportieren

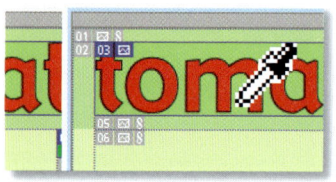

▲ **Abbildung 18.83**
Farbe mit der Pipette aufnehmen

3   Slice-Optionen

Den Hintergrund wollen wir nicht als Grafik, sondern per HTML mit einer Farbe füllen, außerdem soll der Text echter ASCII-Text sein.

Aktivieren Sie das Hintergrundobjekt und öffnen den Farbwähler mit einem Doppelklick auf das Feld FLÄCHE in der Werkzeugpalette. Kopieren Sie den Hex-Farbcode der Fläche in die Zwischenablage.

Selektieren Sie jetzt das Textobjekt und rufen OBJEKT • SLICE • SLICE-OPTIONEN… auf. Wählen Sie KEIN BILD als SLICE-TYP und rufen im Menü HINTERGRUND den Eintrag ANDERE… auf. Fügen Sie den Wert aus der Zwischenablage ein (siehe Abbildung 18.79). Löschen Sie die Font-Tags aus dem Text-Feld, und ändern Sie den Text nach Ihren Wünschen (siehe Abbildung 18.80).

Für das Slice des Titelbereichs bestimmen Sie ebenfalls den Typ KEIN BILD. Verfahren Sie wie eben, um die Hintergrundfarbe dafür zu definieren.

Aktivieren Sie einen Menü-Button und rufen die Slice-Optionen auf. Geben Sie dem Slice einen Namen und ein passendes Alt-Attribut, und tragen Sie unter URL die Adresse der Seite ein, die mit einem Klick auf den Button aufgerufen werden soll. Verfahren Sie ebenso mit den anderen Buttons.

4   Ebenenexport einrichten

Rufen Sie DATEI • FÜR WEB SPEICHERN… auf – Shortcut ⌘+⌥+⇧+S bzw. Strg+Alt+⇧+S. Richten Sie sich zunächst die Ansicht ein, indem Sie den Reiter 2FACH anklicken.

Klicken Sie auf den Reiter EBENEN. Aktivieren Sie die Option ALS CSS-EBENEN EXPORTIEREN. Um in den folgenden Schritten die Komprimierungsoptionen einzurichten, wählen Sie zunächst aus dem Aufklappmenü die Ebene mit den Grafikelementen aus. Wechseln Sie dann wieder zum Reiter FARBTABELLE.

5   Komprimierungsoptionen einstellen

Aus den Werkzeug-Buttons links oben im Dialogfenster verwenden Sie die Hand, um zum gewünschten Slice zu scrollen, falls es nicht bereits sichtbar ist. Wir beginnen mit dem Logo.

Nehmen Sie mit dem Pipetten-Werkzeug die Farbe des Titelbalkens auf. Klicken Sie anschließend das Logo-Slice mit dem Slice-Auswahl-Werkzeug an. Wählen Sie das GIF-Format, 16 oder 32 Farben bei etwa 50% Dither und aktivieren die Transparenz-Option. Als Hintergrund bestimmen Sie die eben aufgenommene Pipettenfarbe.

Jetzt nehmen Sie mit der Pipette die Hintergrundfarbe auf. Aktivieren Sie mit dem Slice-Auswahl-Werkzeug einen der Buttons. Diesen komprimieren Sie ebenfalls als GIF mit 8 oder 16 Farben, 50 % Dither und der neuen Pipettenfarbe als Hintergrund – ebenso die anderen Buttons.

Klicken Sie auf das Foto-Slice. Wählen Sie für dieses eine JPEG-Komprimierung in Qualitätsstufe 50–60.

Das Grafikelement komprimieren Sie mit ähnlichen Einstellungen wie das Logo.

Klicken Sie wieder auf den Reiter EBENEN und wählen die Ebene mit dem Textelement aus. Aktivieren Sie das Textelement mit dem Slice-Werkzeug und wählen für dieses aus dem Einstellungen-Menü den Eintrag ORIGINAL. Verfahren Sie ebenso mit der Titelbalken-Ebene.

TIPP

Wenn Sie verschiedene Einstellungen vergleichen möchten, wählen Sie den Reiter 4FACH, um die Ansicht umzustellen.

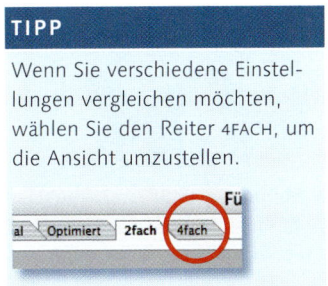

6 Speicher-Optionen einrichten

Klicken Sie den Button SPEICHERN. Bestimmen Sie einen Speicherort. Aus dem Format-Menü wählen Sie HTML UND BILDER, und unter EINSTELLUNGEN rufen Sie ANDERE… auf.

HINWEIS

Die Option XHTML können Sie links liegen lassen. Sie bewirkt kaum Veränderungen – diese wenigen Auswirkungen bringen jedoch mehr Durcheinander als Nutzen.

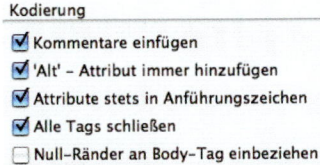
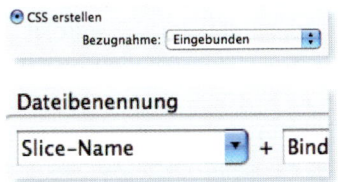

▲ Abbildung 18.84
Einstellungen unter HTML (links), Slices (rechts oben), Dateien speichern (rechts unten)

Wichtig ist die Einstellung EINGEBUNDEN unter CSS ERSTELLEN – anderenfalls kann die Darstellung in Browsern variieren. Richten Sie die weiteren Optionen nach Ihren Bedürfnissen ein.

7 Webseite Validieren

Das sollten Sie mit jeder Seite machen, ganz egal ob Sie diese mit Hilfe von Illustrator oder einem anderen Programm erstellen. Starten Sie einen Browser und rufen http://validator.w3.org auf. Unter VALIDATE BY FILE UPLOAD laden Sie Ihre HTML-Datei auf den Server und lassen sie validieren. Die Fehler im Code werden auf einer Folgeseite aufgelistet, und Sie können sie korrigieren.

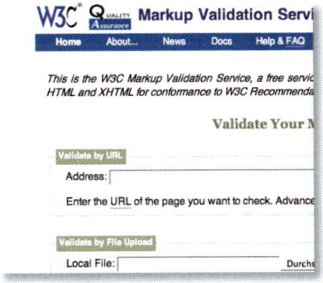

▲ Abbildung 18.85
Online-Validator des W3C

▲ **Abbildung 18.86**
Rasterungsmethoden: Keine,
Diffusion, Muster, Störungsfilter

 [LZW]
Nach den Entwicklern Lempel, Ziv
und Welch benannter Algorithmus, der eine effektive Speicherung sich wiederholender Zeichen
oder Zeichenketten gestattet. Der
Algorithmus ist an die Art der Daten anpassbar, so dass er nicht nur
für Grafikdateien Verwendung findet.

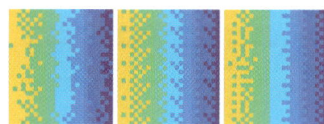

▲ **Abbildung 18.87**
Vergleich Störungsfilter-, Muster-,
Diffusion-Dither

WBMP – Wireless Bitmap

Unter dem WAP – Wireless Application Protocol – sind einige Spezifikationen zusammengefasst, wie Inhalte für Mobiltelefone zu erstellen sind. Bestandteil dessen sind die Sprache WML – Wireless Markup Language – zur Seitenbeschreibung und das Dateiformat WBMP – Wireless Bitmap –, mit dem Bilder in WAP-Seiten integriert werden können.

Illustrator unterstützt die Ausgabe von Grafik in diesem 1-Bit-Format, das Bilder mit schwarzen und weißen Pixeln darstellt.

Optionen | WBMP

Wählen Sie die Rasterungsmethode im Ausklappmenü aus den Optionen KEINE, DIFFUSION, MUSTER, STÖRUNGSFILTER. Sie bestimmt, wie Mitteltöne der Grafik in ein Pixelmuster umgesetzt werden.

GIF – Graphics Interchange Format

Bei flächiger Grafik mit wenigen Farben entfaltet das GIF-Format seine volle Wirksamkeit. Die Kompression geschieht mit Hilfe des verlustfreien LZW-Algorithmus und aufgrund einer reduzierten Farbpalette. Im GIF-Format lassen sich Transparenzen definieren.

Optionen | GIF

▶ FARBREDUKTIONSMETHODE: Die Auswahl der Farben für die Farbpalette der GIF-Datei erfolgt nach unterschiedlichen Methoden, die Sie aus dem Menü wählen.

▶ ANZAHL FARBEN: Bestimmen Sie, wie viele Farben die Palette des Bildes enthalten soll.
Die Eingabe anderer als der aufgelisteten Werte bewirkt keine Änderung der Dateigröße im Vergleich zum nächsthöheren Menü-Eintrag.

▶ DITHER: Wählen Sie eine Rasterungsmethode für die Darstellung von Zwischentönen aus dem Menü. Stellen Sie die Stärke des Diffusions-Ditherings durch die Eingabe eines Werts zwischen 0 und 100 % ein. Ein höherer Wert vermeidet sichtbare Stufen in Verläufen und erzeugt bessere Zwischentöne, aber führt auch zu größeren Dateien.

▶ WEB-AUSRICHTUNG: Stellen Sie einen Schwellenwert für die Veränderung der Farbdefinition in Richtung der Websafe-Palette ein. Ein höherer Wert verändert mehr Farben (Web-safe-Palette siehe Kapitel 8).

▶ LOSSY: Die Lossy-Funktion optimiert das Pixelmuster der Grafik, um die Datei besser komprimieren zu können. Höhere Werte erzeugen eine stärkere Komprimierung, aber auch deutliche Störungen in der Grafik. Lossy können Sie nur in Verbindung mit Diffusions-Dithering verwenden.

▶ TRANSPARENZ: Im GIF-Format wird Transparenz dadurch hergestellt, dass die Anzeige bestimmter Farben durch einen entsprechenden Eintrag in der Farbpalette des Bildes unterdrückt ist.

Wählen Sie im Menü HINTERGRUND die Farbe der Webseite aus, auf der Sie das Bild einsetzen wollen. Illustrator erzeugt an den Rändern des Motivs die passenden Übergänge.

▶ TRANSPARENZ-DITHER: Aufgrund der Arbeitsweise des Formats ist es nicht möglich, reduzierte Deckkraft herzustellen. Daher bedient man sich eines Tricks, indem ein Raster aus transparenten und nicht transparenten Pixeln angelegt wird. Analog dem Farbdithering bestimmen Sie hier eine Methode, nach der das Transparenzraster erstellt wird. Wählen Sie die Stärke des Diffusions-Ditherings durch eine Eingabe unter BETRAG.

▶ INTERLACED: Aktivieren Sie diese Option, um das Bild in mehreren Schritten immer detaillierter auf der Webseite anzuzeigen – diese Option erhöht die Dateigröße.

▲ **Abbildung 18.88**
Transparenz-Dither: Der transparente Verlauf ist mit Deckkraftmaske erzeugt. Rechts: Ergebnis

JPG – Joint Photographic Expert Group

Dieses Bildformat wurde im Hinblick auf die Speicherung von Fotos entwickelt. Die Datenreduktion beruht auf einer verlustbehafteten Kompression. Für flächig angelegte Grafik ohne Verläufe oder Muster ist das JPG-Format nicht geeignet.

▲ **Abbildung 18.89**
Rechts und links: GIF mit an die Seite angepasster Hintergrundfarbe, Mitte: falsche Hintergrundfarbe des GIF

Optionen | JPEG

▶ QUALITÄT: Wählen Sie eine voreingestellte Stufe im Aufklappmenü, oder definieren Sie einen Wert von 1 bis 100 im Eingabefeld. Der Wert bestimmt die Stärke der Kompression – ein höherer Wert erzeugt eine größere Datei in besserer Darstellungsqualität.

▶ MEHRERE DURCHGÄNGE: Aktivieren Sie diese Option, um das Bild in mehreren Schritten immer detaillierter auf der Webseite anzuzeigen – das zeigen nicht alle Browser an.

▶ WEICHZEICHNEN: Geben Sie einen Wert zwischen 0 und 2 ein, um die Grafik weichzuzeichnen – dies ermöglicht eine bessere Wirksamkeit der Komprimierung.

▶ ICC-PROFIL: Mit dieser Option betten Sie das in den Farbeinstellungen definierte RGB-Farbprofil in die JPEG-Datei ein.

▶ HINTERGRUND: Definieren Sie eine Farbe, die Illustrator in die nicht deckenden Bereiche der Grafik rechnen soll.

▶ OPTIMIERT: Mit dieser Option erzeugen Sie eine »Baseline optimierte« JPEG-Datei. Ältere Browser unterstützen dieses Format nicht.

▲ **Abbildung 18.90**
Hintergrund in einem JPEG (rechts), Original (links)

▲ **Abbildung 18.91**
Das PNG-Format erlaubt die Definition von Transparenz mit Alpha-Kanälen auch in der Webgrafik.

▲ **Abbildung 18.92**
PNG mit Alpha-Kanal

HINWEIS

Imagemaps können serverseitig oder clientseitig gespeichert werden – eine bessere Performance und Zugänglichkeit erreichen Sie mit clientseitigen Imagemaps. Beim Speichern für Web erstellt Illustrator Imagemaps immer clientseitig.

PNG – Portable Network Graphics

PNG ist ein verlustfreies Grafikformat, das als Nachfolger des GIF-Formats entwickelt wurde. Es unterliegt keinen Patentbeschränkungen. In diesem Format können Sie Bilder bis zu 16 Bit Farbtiefe pro Farbkanal speichern. Transparenzen lassen sich entweder für einzelne Farben einer Farbpalette (wie beim GIF-Format) oder als Alpha-Kanal im Bild anlegen.

Die Browser-Unterstützung des PNG-Formats ist jedoch nicht einheitlich gegeben.

Optionen | Die Optionen des 8-Bit-PNG entsprechen denen des GIF-Formats. Beim Speichern eines 24-Bit-PNG haben Sie die Wahl, in transparente Bereiche der Grafik eine Hintergrundfarbe hineinrechnen zu lassen oder einen Alpha-Kanal in der Datei speichern zu lassen.

▶ TRANSPARENZ: Aktivieren Sie die Option, dann speichert Illustrator einen Alpha-Kanal in die Datei. Alle Bereiche der Grafik, die nicht von Objekten bedeckt sind oder an denen die Deckkraft reduziert ist, sind damit ganz oder teilweise durchscheinend.

▶ HINTERGRUND: Wenn die Transparenz-Option deaktiviert ist, wählen Sie mit Hilfe des Aufklappmenüs eine Farbe aus. Illustrator rechnet diese in den Hintergrund der Grafik – Sie müssen daher nicht erst ein Objekt in der gewünschten Farbe im Hintergrund erzeugen.

Imagemaps

Mit Hilfe einer Imagemap ist es möglich, in einer Bilddatei auf einer Webseite Hotspots zu definieren, an denen durch Benutzereingabe eine Aktion ausgelöst wird – meist der Aufruf einer anderen Webseite. Die Bilddatei muss nicht zerschnitten werden, damit einzelne Bereiche anklickbar sind.

Als Hotspots lassen sich einzelne Vektorpfade oder zusammengesetzte Pfade verwenden, keine Gruppen.

Um eine Imagemap zu erstellen, gehen Sie wie folgt vor:

1. Rufen Sie die Grafikattribute-Palette auf – Shortcut ⌘/Strg +F11.

2. Aktivieren Sie den Pfad, dem Sie einen Link zuweisen möchten.

3. Wählen Sie in der Grafikattribute-Palette im Auswahlmenü IMAGEMAP die Form des Hotspots.

   ▶ Rechteck: Der Hotspot hat die Form des Begrenzungsrahmens. Für zusammengesetzte Pfade wird immer diese Form des Hotspots generiert.

- ▶ Polygon: Die Fläche des Hotspots wird so genau wie möglich an den Objektkanten entlang geführt – diese Form kann sehr komplex werden, die Genauigkeit lässt sich nicht steuern.
4. Geben Sie unter URL einen Link oder einen Skriptaufruf ein. Falls Sie bereits Einträge an anderer Stelle vorgenommen haben, wählen Sie diese zur erneuten Anwendung aus dem Menü. Wiederholen Sie die Schritte 1 bis 4 für alle Objekte, denen Sie Links zuweisen möchten.
5. Wenn Sie Ihre Eingaben beendet haben, rufen Sie DATEI • FÜR WEB SPEICHERN… auf, wählen die Optionen für die Grafik und speichern als HTML UND BILDER.

▲ **Abbildung 18.93**
Hotspot-Attribute einrichten

18.7 SVG

Die auf XML basierende Sprache SVG – Scalable Vector Graphics – beinhaltet weitere Standards wie Cascading Style Sheets, das DOM – Document Object Model – und SMIL, die Synchronous Multimedia Integration Language. In SVG lassen sich drei Arten grafischer Objekte integrieren: Vektorformen, Pixelgrafik und Schriften. In SVG-Dateien können dynamische und interaktive Elemente integriert und Verbindungen zu anderen XML-Elementen hergestellt werden, z. B. zur Bereitstellung von Geografischen Informations-Systemen (GIS).

Die Mobiltelefon-Industrie hat zwei Unterstandards entwickelt – SVG Tiny (SVG-t) und SVG Basic (SVG-b) – die weitere Anwendungsfelder öffnen.

Die Unterstützung durch Webbrowser ist immer noch uneinheitlich – in der Regel wird das SVG-Viewer-Plugin benötigt.

Illustrator gehörte zu den ersten Programmen, die das SVG-Format unterstützten – es ist möglich, nicht bewegte Grafik mit einfachen Interaktionen und Variablen für die Anbindung an Datenbanken zu erstellen.

SVG-Dateien sind wie auch HTML les- und editierbare Textdateien.

Datei einrichten
Größe, Farbmodus | Beim Einrichten Ihrer Illustrator-Datei achten Sie darauf, diese in der endgültigen Größe und im RGB-Farbmodus anzulegen – zu empfehlen ist die Auswahl des Arbeitsfarbraum sRGB in den Farbmanagementeinstellungen. Arbeiten Sie mit der Maßeinheit Pixel.

HINWEIS

Eine bekannte SVG-Anwendung ist der ONLINE-ATLAS ZUR BUNDESTAGSWAHL des Bundeswahlleiters unter http://www.bundeswahlleiter.de/wahlen/bundestagswahl2005/onlineatlas/btwClient.htm

Viele weitere Beispiele sowie Tutorien finden Sie unter http://www.adobe.com/svg/examples.html

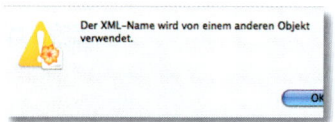

Objekt-ID | Jedes Objekt in Ihrer Grafik – Pfade, Gruppen, Ebenen – muss eindeutig durch einen Namen identifizierbar sein.

Aktivieren Sie unter VOREINSTELLUNGEN • EINHEITEN UND ANZEIGELEISTUNG die Option OBJEKTE ERKENNEN ANHAND VON XML-ID. Nach Einstellung dieser Option ist es nicht möglich, gleiche oder ungültige Namen für Objekte zu vergeben.

Um einem Objekt einen Namen zu geben, doppelklicken Sie seinen Eintrag in der Ebenen-Palette.

Struktur | Wenn der Code Ihrer Datei zu einem späteren Zeitpunkt nachbearbeitet werden muss, z.B. um Interaktivität oder dynamische Elemente zu programmieren, ist es wichtig, dass die Elemente gut strukturiert und mit aussagekräftigen Namen versehen sind. Strukturieren Sie Ihre Datei, indem Sie Objekte auf Ebenen zusammenstellen (Ebenen siehe Kapitel 10).

Symbole | Objekte, die Sie wiederholt in Ihrer Datei verwenden, speichern Sie als Symbole, um Bandbreite zu sparen (Symbole siehe Kapitel 15).

Transparenz, Filter, Effekte

Legen Sie Deckkrafteinstellungen immer für Objekte, nicht für Ebenen an.

Viele Illustrator-Effekte und einige Objekte, wie z.B. Verlaufsgitter, werden beim Speichern als SVG-Grafik in Pixelbilder umgewandelt. Diese sind nicht mehr skalierbar und benötigen mehr Speicherplatz. Vermeiden Sie daher die Verwendung dieser Funktionen. Einige Spezialeffekte stehen als SVG-Filter bereit, zu finden unter EFFEKT • SVG-FILTER. Diese Filter sind XML-Anweisungen, die auflösungsunabhängig arbeiten.

SVG-Filter anwenden | Aktivieren Sie ein Objekt und wählen einen SVG-Filter direkt aus dem Untermenü aus oder, falls Sie die Wirkung erst in einer Vorschau sehen möchten, wählen Sie EFFEKT • SVG-FILTER • SVG-FILTER ANWENDEN. In der Liste finden Sie alle Filter aus dem Menü.

Interaktivität

Die Elemente in SVG-Grafiken können auf Benutzereingaben reagieren. Diese Interaktionen legen Sie als Hyperlinks oder in Form von JavaScript an.

Hyperlinks | Einen Hyperlink – also einen Verweis auf ein externes Dokument – legen Sie mit der Grafikattribute-Palette an. Aktivieren Sie das Objekt, dem Sie den Link zuweisen möchten,

und rufen die Grafikattribute-Palette auf. Wählen Sie im Aufklappmenü IMAGEMAP, ob der klickbare Bereich der Außenbegrenzung des Objekts folgen – Polygon – oder ein Rechteck bilden soll. Tragen Sie dann einen relativen oder absoluten Hyperlink
in das Feld URL ein.

JavaScript | Um Skripte zu erstellen, benötigen Sie die Palette
SVG-INTERAKTIVITÄT. Mit Skripten können Sie komplexe Interaktionen mit Objekten innerhalb eines Dokuments und dokument-
übergreifend erstellen. Rufen Sie die Palette mit dem Befehl FEN-
STER • SVG-INTERAKTIVITÄT auf.

Umfangreiche JavaScript-Funktionen sollten Sie in externe
Dateien auslagern und an die SVG-Datei anbinden. Wählen Sie
JAVASCRIPT-DATEIEN… aus dem Menü der Grafikattribute-Palette,
und klicken auf HINZUFÜGEN… Befinden sich die Skript-Dateien
nicht im selben Ordner wie die SVG-Datei, müssen Sie einen
relativen Pfad angeben.

Um einen JavaScript-Befehl oder einen Funktionsaufruf anzulegen, aktivieren Sie das Objekt, das auf die Benutzeraktion reagieren soll, und wählen einen »Event« aus dem Menü EREIGNIS.
Geben Sie anschließend den Befehl in das Eingabefeld JAVASCRIPT
ein und bestätigen mit ⏎.

▲ **Abbildung 18.97**
Das JavaScript ruft eine Funktion
in einer externen Datei auf.

Speicheroptionen

SVG-Dateien lassen sich mit dem Befehl FÜR WEB SPEICHERN…
erstellen, mehr Optionen haben Sie aber mit SPEICHERN UNTER…

18.8 Flash

Flash ist ein im Web verbreitetes vektorbasiertes Grafik- und Ani-
mationsformat. Eine Skriptsprache ermöglicht darüber hinaus das
Erstellen interaktiver Elemente sowie die Kommunikation mit
Datenbanken.

Flash-Filme werden mit der gleichnamigen Software hergestellt und bearbeitet. Da dieses Programm jedoch seinen Schwer-
punkt auf die Erzeugung von Animation und Interaktion – nicht
auf die Konstruktion von Objekten – setzt, sind die Grafik-Werk-
zeuge rudimentär und reichen Ihnen wahrscheinlich nicht aus,
wenn Sie in Flash intensiver mit Vektorgrafik arbeiten möchten.

Illustrator bietet – wie andere Programme – viele Funktionen
zur Aufbereitung der erstellten Vektorelemente für die Weiterverarbeitung in Flash.

▲ **Abbildung 18.98**
Bei installiertem Flash hat eine
SWF-Datei ein Flash-Icon (rechts).

TIPP

Sie können Illustrator-Formen
auch über die Zwischenablage in
Flash einfügen. In den Voreinstellungen müssen Sie als Format
für die Zwischenablage jedoch
PDF einrichten, nicht AICB.

▲ **Abbildung 18.99**
Konturen in Illustrator (oben) und
in Flash MX

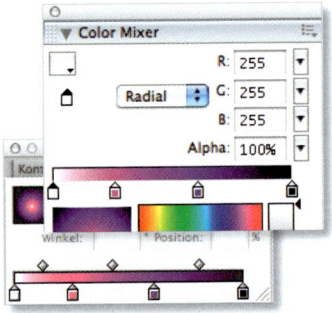

▲ **Abbildung 18.100**
Verlauf in Flash (oben) und Illustrator

▲ **Abbildung 18.101**
Angleichung von Objekten, die
mit 3D-Effekt versehen sind –
mehrere »Keyframes«

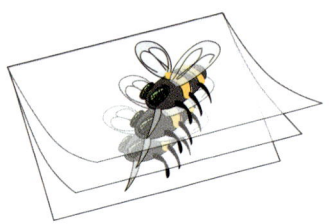

▲ **Abbildung 18.102**
In der traditionellen Animations-
technik erstellen Zeichner jeden
Frame auf einer Folie, dem »Cel«.

Datei einrichten

Um den geringen Speicherbedarf des vektorbasierten Flash-For-
mats voll auszunutzen, sollten Sie bereits bei der Erstellung Ihrer
Illustrator-Objekte darauf achten, Formen zu verwenden, die
Flash auch beherrscht und die daher beim Exportieren nicht in
Pixel-Elemente konvertiert werden müssen.

Flash interpretiert viele **Kontur**-Strichelungen halbwegs korrekt, beherrscht jedoch bis zur Version MX nur abgerundete Linienenden und Ecken. Wenn Sie bestimmte »eckige« Strichelungen
benötigen, wenden Sie diese lieber als Musterpinsel an. Pinselkonturen wandelt Illustrator beim SWF-Export in Flächen um
(Konturen siehe Kapitel 8).

Eine Umwandlungsmöglichkeit für in den Kontur-Optionen
eingestellte Strichelungen besteht über die Transparenzreduzierung (siehe Tipp in Kapitel 11).

Flash kann sowohl lineare als auch kreisförmige **Verläufe** interpretieren. Besteht Ihr Verlauf aus bis zu acht Verlaufsstops, bleibt
er als Verlauf erhalten. Komplexere Verläufe werden – wie auch
Verlaufsgitter – beim Export in Pixelbilder umgewandelt.

Illustrator wandelt **Muster** beim Export ins Shockwave-Flash-
Format in Pixelbilder um.

Auf Objekte angewendete **Füllmethoden** werden beim Export
ignoriert. **Deckkrafteinstellungen** übernimmt Flash als »Alpha«-
Einstellung für Symbolinstanzen.

Die Umwandlung von Hüllen- und Interaktiv-malen-Objekten
in Vektorformen nimmt Illustrator beim Export automatisch vor.

Exportieren Sie AI-EBENEN IN SWF-FRAMES, dann lassen sich
die einzelnen Stufen einer **Angleichung** automatisch in einzelne
Frames einer Animation exportieren (Angleichungen siehe Kapitel 9).

Bilden Sie zum Beispiel eine Überblendung zwischen Objekten,
die mit unterschiedlichen Einstellungen eines 3D-Effekts versehen sind, so können Sie einfache 3D-Animation mit Illustrator
herstellen.

Auch **Schnittmasken** lassen sich in Flash importieren. Dafür
müssen Sie jedoch beim Export die Option AI-DATEI IN SWF-
DATEI verwenden.

Text bleibt beim Export zwar erhalten, Textobjekte werden
jedoch in kleine »Schnipsel« zerteilt, die mit vertretbarem Aufwand in Flash nicht mehr editierbar sind.

Flash kann die **Illustrator-Symbole** übernehmen – die Sym-
bolnamen gehen allerdings verloren. Vor allem für die Bandbrei-
ten-Optimierung Ihrer Dateien sind Symbole sehr wichtig. Erstellen Sie daher Symbole von allen Elementen, die Sie in Ihrer
Animation einzeln bewegen möchten.

Die Verwendung der Symbol-Werkzeuge ist bis auf das Symbol-färben- und das Symbol-gestalten-Werkzeug unproblematisch. Die Anwendung dieser beiden Werkzeuge erhöht die Datenmenge aber beträchtlich (Symbole siehe Kapitel 15).

Beim Exportieren haben Sie die Option, **Ebenen** der obersten Hierarchiestufe in einzelne Frames einer Animation umzuwandeln. Verwenden Sie Ebenen daher wie »Cels« in der traditionellen Animationstechnik.

Im Menü der Ebenen-Palette finden Sie zwei Befehle, um auch nachträglich automatisch mehrere Objekte auf einzelne Ebenen verteilen zu lassen (Ebenen siehe Kapitel 10).

SWF speichern

Um die SWF-Datei zu erstellen, verwenden Sie entweder den Befehl FÜR WEB SPEICHERN… oder EXPORTIEREN…

Die Dialogbox EXPORTIEREN bietet Ihnen zusätzliche Optionen – betreffend die Animations-Reihenfolge und Bildkomprimierung – FÜR WEB SPEICHERN ermöglicht es dagegen, die SWF-Datei zusammen mit anderen Grafikelementen als ganze Webseite zu erzeugen.

Als Einstellungen für den Export von Bildern und die Reihenfolge verwendet FÜR WEB SPEICHERN Ihre Einstellungen in der Exportieren-Dialogbox.

▲ **Abbildung 18.103**
Illustrator-Symbole werden in Flash übernommen.

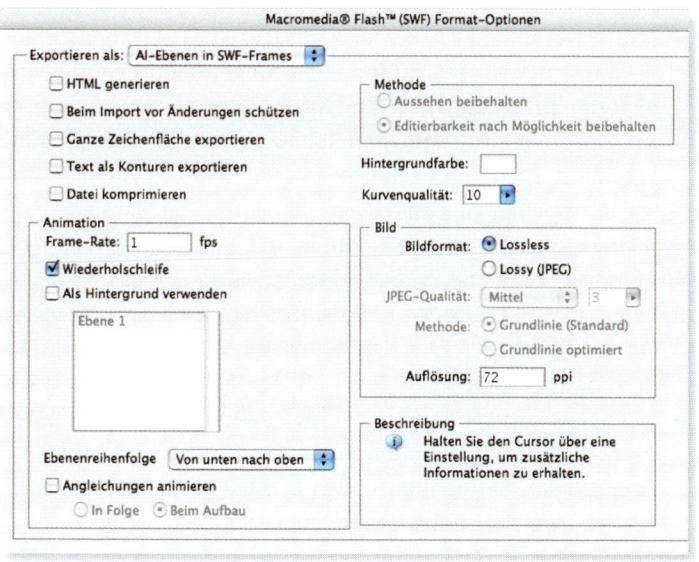

◀ **Abbildung 18.104**
SWF-Format-Optionen

▶ EXPORTIEREN ALS: Die Bezeichnungen sind selbsterklärend. Die Option AI-DATEI IN SWF-DATEI müssen Sie verwenden, wenn Sie Schnittmasken erhalten wollen. Möchten Sie eine Anima-

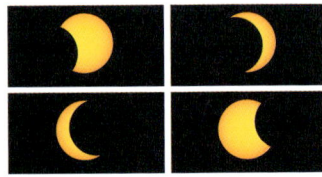

▲ **Abbildung 18.105**
Animation einer Angleichung

tion erstellen, müssen Sie AI-EBENEN IN SWF-FRAMES exportieren.

▶ HTML GENERIEREN: Mit dieser Option erstellt Illustrator beim Export den HTML-Code zum Einbinden der Datei auf einer Webseite. Da Sie selbst einfache Animationen in der Regel in Flash weiterbearbeiten müssen, werden Sie die Funktion nur selten benötigen.

▶ BEIM IMPORT VOR ÄNDERUNGEN SCHÜTZEN: Mit dieser Option generierte SWF sind vor einer Weiterbearbeitung gesichert. Sie können nicht in Flash importiert oder geöffnet werden.

▶ GANZE ZEICHENFLÄCHE EXPORTIEREN: Das SWF hat die Maße der Zeichenfläche. Objekte, die teilweise über den Rand hinausragen, sind jedoch komplett in der Datei enthalten.

▶ TEXT ALS KONTUREN EXPORTIEREN: Texte werden beim Export in Zeichenwege umgewandelt.

▶ DATEI KOMPRIMIEREN: Diese Option bewirkt eine Verringerung der Dateigröße. Die Dateien können nur mit einem Flash Player ab Version 6 abgespielt werden.

▶ HINTERGRUND: Hier bestimmen Sie eine Hintergrundfarbe. Sie wird jedoch nur im Flash Player angezeigt. Beim Import in Flash kommt die Hintergrundfarbe des Flash-Dokuments zum Tragen. Möchten Sie einen Hintergrund aus Illustrator ins Flash-Dokument übernehmen, benutzen Sie dazu die Option ALS HINTERGRUND VERWENDEN (s.u.).

▶ METHODE (nur bei AI-DATEI IN SWF-DATEI): Mit der Option bestimmen Sie, ob Schnittmasken umgewandelt werden sollen oder ihre Editierbarkeit erhalten bleibt.

▶ KURVENQUALITÄT: Bestimmen Sie mit dem Regler die Genauigkeit der Kurven in Schritten von 0–10.

Sie erreichen eine effektive Optimierung der Dateigröße bei relativ geringen Qualitätseinbußen, die sich aber vor allem bei besonders regelmäßigen Objekten auswirken, z.B. Kreise.

▶ FRAME-RATE (nur bei AI-EBENEN IN SWF-FRAMES): Hier geben Sie die Abspielgeschwindigkeit Ihres SWF-Dokuments in Bildern pro Sekunde vor.

▶ WIEDERHOLSCHLEIFE (nur bei AI-EBENEN IN SWF-FRAMES): Aktivieren Sie diese Option, um einen Loop in der SWF-Datei zu erzeugen. Sie benötigen diese Option nicht, wenn Sie Ihr SWF in einen Flash-Film integrieren.

▶ ALS HINTERGRUND VERWENDEN (nur bei AI-EBENEN IN SWF-FRAMES): Wählen Sie eine oder mehrere Ebenen im Dialogfeld aus, die als statischer Hintergrund hinter jedem Frame liegen.

▶ EBENENREIHENFOLGE (nur bei AI-EBENEN IN SWF-FRAMES): Hier legen Sie fest, mit welcher Ebene Illustrator die Animation beginnen soll.

- ANGLEICHUNGEN ANIMIEREN (nur bei AI-EBENEN IN SWF-FRA-MES): Aktivieren Sie diese Option, um die Stufen aller Überblendungen als Frames einer Animation auszugeben.
Sie haben die Möglichkeit, in einem Frame ein einzelnes Objekt unterzubringen – Option IN FOLGE – oder in jedem Frame ein Objekt hinzuzufügen – Option BEIM AUFBAU.
- BILDFORMAT: Bestimmen Sie die Qualitätsstufe der JPEG-Kompression platzierter Pixelbilder (siehe »JPEG« im Abschnitt 18.6). Falls Sie Ihre SWF in Flash weiterbearbeiten, sollten Sie Lossless wählen, da Flash ebenfalls Bilder komprimieren kann.
- AUFLÖSUNG: Geben Sie hier an, in welcher Auflösung Pixelbilder exportiert werden sollen – die Einstellung gilt für *alle* Bilder im Dokument. Es ist *nicht* zu empfehlen, die Auflösung der Bilder durch diese Funktion umrechnen und schon gar nicht erhöhen zu lassen.
Verwenden Sie am besten von vorne herein Bilder in einer Auflösung von 72 ppi und optimieren diese in einem Bildbearbeitungsprogramm, bevor Sie sie in Illustrator platzieren.
Eine höhere Bildauflösung benötigen Sie nur dann, wenn Sie vorhaben, in Flash in Bilder »hineinzuzoomen«.

▲ **Abbildung 18.106**
Die Biene finden Sie als Beispiel auf der DVD.

SWF in Flash verwenden

Erstellen Sie ein neues Dokument in Flash und importieren die von Illustrator erstellte SWF-Datei.

Enthaltene Symbole finden Sie in der Bibliothek des Flash-Dokuments. Andere Objekte werden als Gruppen im ersten Frame platziert.

Wenn Sie Ihr SWF-Dokument in die Bibliothek Ihrer Flash-Datei importieren lassen, liegt es automatisch als Symbol vor.

19   Personalisieren und Erweitern

Wie Sie in den vergangenen Kapiteln erfahren haben, ist Illustrator ein sehr mächtiges Werkzeug – zu Beginn vielleicht auch ein wenig unübersichtlich. Seinen Funktionsumfang können Sie durch Hinzufügen von PlugIns und Skripten sogar weiter steigern. Illustrators Oberfläche lässt sich aber auch auf verschiedene Art und Weise an Ihre Bedürfnisse anpassen, so dass Sie das Überangebot an Funktionen besser handhaben können.

19.1   Anpassen

Wie in allen Programmen enthalten die Voreinstellungen die wichtigsten Optionen, Illustrator an die eigenen Bedürfnisse anzupassen, wie Maßeinheiten, Sprache, Raster und Werkzeuggrundeinstellungen. Sie können aber weiter gehende Einstellungen vornehmen, um die Programmoberfläche komfortabler zu gestalten.

Benutzerdefinierte Arbeitsbereiche

Diese Funktion wurde neu in Illustrator CS2 eingeführt. Wie in anderen Programmen schon länger möglich, können Sie sich das »Layout« der Paletten auf Ihrem Bildschirm als »Arbeitsbereich« speichern und über das Menü wieder aufrufen.

Das ist praktisch, wenn Sie einen Arbeitsplatz mit Kollegen teilen, aber auch wenn Sie selbst für verschiedene Aufgaben – Illustration, Konstruktion oder Typografie – andere Paletten oder unterschiedliche Anordnungen der Paletten benötigen.

Arbeitsbereich speichern | Richten Sie die Position der Paletten wie gewünscht ein. Rufen Sie anschließend FENSTER • ARBEITSBEREICH • ARBEITSBEREICH SPEICHERN… auf, und geben Sie dem Bildschirmlayout einen passenden Namen.

Arbeitsbereich aufrufen | Um einen gespeicherten Arbeitsbereich aufzurufen, wählen Sie den Namen des Bildschirmlayouts aus dem Untermenü von FENSTER • ARBEITSBEREICH.

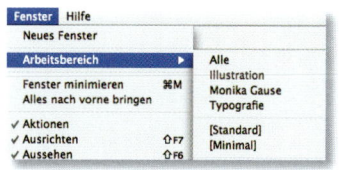

▲ **Abbildung 19.1**
Gespeicherte Arbeitsbereiche

TIPP

Die Position »abgerissener« Werkzeugpaletten wird im Arbeitsbereich gespeichert.

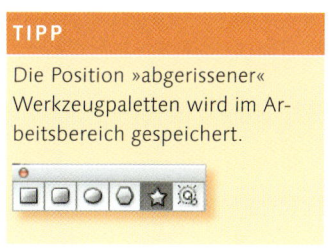

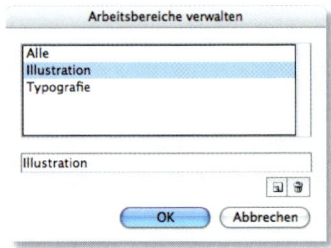

▲ **Abbildung 19.2**
Arbeitsbereiche verwalten Dialogbox

▲ **Abbildung 19.3**
Datei-Icon Vorlagendatei

Arbeitsbereiche verwalten | Möchten Sie gespeicherte Arbeits-
bereiche umbenennen, duplizieren oder löschen, rufen Sie Fenster • Arbeitsbereich • Arbeitsbereiche verwalten… auf.

▶ Umbenennen: Aktivieren Sie einen der Einträge in der Liste
und tragen den neuen Namen in das Eingabefeld ein. Bestätigen Sie mit OK.

▶ Duplizieren: Wählen Sie einen Eintrag aus und klicken den
Button Neuer Arbeitsbereich .

▶ Löschen: Aktivieren Sie den Eintrag und klicken den Button
Arbeitsbereich löschen .

Vorlagen

Vorlagendateien sind wie ein Zeichenblock, von dem Sie ein Blatt
abreißen. Falls Sie häufig mit wiederkehrenden Dokumentfor-
maten, Farben, Mustern, Formen oder Druckeinstellungen arbeiten müssen, können Sie sich die benötigten Vorgaben in einer
Vorlagendatei speichern und für ein neues Projekt von dieser
Datei »ein Blatt abreißen«, um sich die gleichzeitig langweilige
und aufwändige Arbeit des Einrichtens der benötigten Grundla-
gen, Erstellens und Importierens von Mustern und Farbfeldern zu
ersparen. Wenn Sie z. B. regelmäßig CD-Cover für ein bestimmtes
Label entwerfen, erstellen Sie sich eine Vorlage mit den entsprechenden Spezifikationen, Logos, Farbfeldern und Druckvorgaben.
Für einen neuen Entwurf erstellen Sie keine neue Datei, sondern
verwenden die Vorlage »CD-Cover«.

Vorlagen erstellen | Beginnen Sie mit einem neuen Dokument,
oder öffnen Sie ein vorhandenes Dokument, das bereits einige
der benötigten Elemente enthält. Richten Sie die gewünschten
Optionen ein:

▶ Dokumentformat: Definieren Sie das Format, Maßeinheiten,
Sprache und Transparenzeinstellungen.

▶ Ansicht: Legen Sie z.B. den Linealnullpunkt, die Zoom-Stufe,
Hilfslinien und die Bildschirmansicht fest.

▶ Farbfelder, Pinsel, Symbole: Löschen Sie alle nicht benötigten
Farbfelder, Stile, Pinsel, Symbole etc. und richten die benötigten ein, z.B. Corporate-Design-Elemente.

▶ Diagrammdesigns: Fügen Sie Balken- und Punkte-Designs der
Dialogbox Objekt • Diagramm • Designs… hinzu.

▶ Druckvorgaben: Definieren Sie die Optionen für den Ausdruck
des Dokuments im Drucken-Dialog.

Vorlagen speichern | Rufen Sie nach dem Einrichten der Vorlage
den Befehl Datei • Als Vorlage speichern… auf. Wählen Sie im
Dateibrowser den Speicherort und klicken Speichern.

Vorlagen öffnen | Möchten Sie eine neue Datei auf Basis einer Vorlage erstellen, wählen Sie DATEI • NEU AUS VORLAGE... – Shortcut ⌘/Strg+⇧+N. Illustrator öffnet den Vorlagenordner im Dateibrowser.

Startdateien

Ein neues Dokument, das Sie mit dem Befehl DATEI • NEU... erstellen, basiert auf einer von zwei Startdateien – eine für jeden Dokumentfarbmodus.

Entsprechen die Standarddateien nicht Ihren Bedürfnissen, können Sie sich Startdateien mach Ihrem Bedarf zusammenstellen und im Ordner ADOBE ILLUSTRATOR CS 2\ZUSATZMODULE unter dem Namen Adobe Illustrator Start_RGB.ai bzw. Adobe Illustrator Start_CMYK.ai ablegen.

Tastaturbefehle

Voreingestellt sind viele Funktionen mit Tastaturbefehlen – Shortcuts – belegt. Falls Ihnen die verwendeten Befehle nicht zusagen oder Sie gerne weitere Funktionen mit Shortcuts versehen würden, ist es möglich, die Belegung zu bearbeiten.

So wie Sie unterschiedliche Bildschirmlayouts abspeichern, ist dies auch mit Belegungssätzen möglich, so dass Sie zwischen unterschiedlichen Sätzen von Tastatur-Shortcuts umschalten können.

Um die Tastaturbelegungen zu bearbeiten, rufen Sie BEARBEITEN • TASTATURBEFEHLE... auf – Shortcut ⌘+⌥+⇧+K bzw. Strg+Alt+⇧+K. Die Tastatur-Shortcuts für WERKZEUGE und MENÜBEFEHLE bearbeiten Sie getrennt.

▲ **Abbildung 19.4**
Startdateien für CMYK- und RGB-Dokumente (oben)

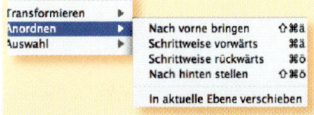

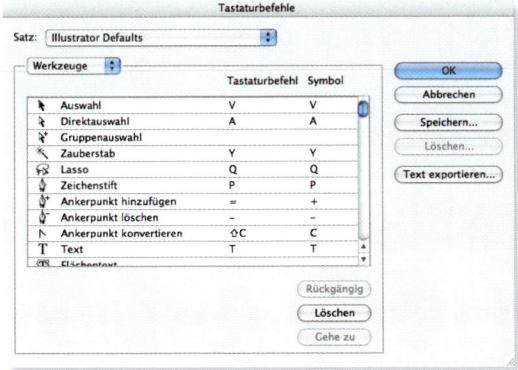

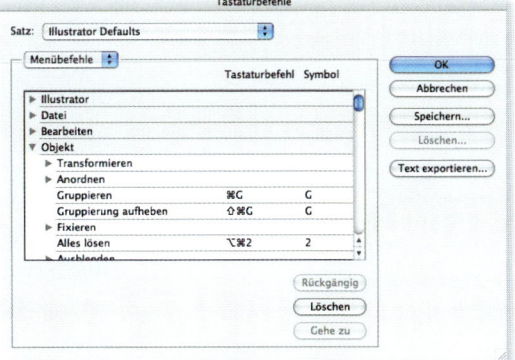

▶ Befehlssatz auswählen: Wählen Sie den Belegungssatz aus dem Aufklappmenü SATZ und klicken OK, um diesen anzuwenden.

▶ Befehlssatz löschen: Um einen Satz Tastaturbefehle zu löschen, wählen Sie ihn im Aufklappmenü SATZ aus und klicken den Button LÖSCHEN... (in der Dialogbox rechts).

▲ **Abbildung 19.5**
Tastaturbefehle-Dialogbox: Editieren der Kurzbefehle zum Bedienen der Werkzeuge (links) und der Menübefehle (rechts)

▲ Abbildung 19.6
Der Tastaturbefehle-Dialog enthält zwei Löschen-Buttons: Mit dem einen Button (rechts) löschen Sie einen ganzen Satz, mit dem anderen Button (unten) nur den aktivierten Shortcut.

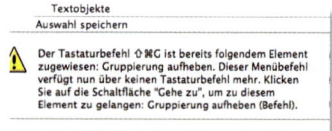

▲ Abbildung 19.7
Warnung bei Doppelbelegung

▲ Abbildung 19.8
Darstellung im Menü

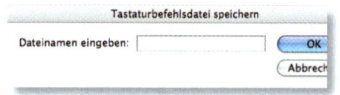

▲ Abbildung 19.9
Belegung speichern

▶ Als Text exportieren: Eine Liste aller Werkzeuge und Menüeinträge sowie der zugewiesenen Kurzbefehle können Sie als Textdatei exportieren, indem Sie den gleichnamigen Button klicken.

Befehlssatz ändern | Gehen Sie wie folgt vor, um einen Befehlssatz zu ändern – Änderungen am Standardbefehlssatz können Sie nur als neuen Satz abspeichern – siehe Schritt 6:

1. Wählen Sie einen Belegungssatz aus dem Menü SATZ und die Tastaturbefehlsart aus dem Aufklappmenü darunter – WERKZEUGE bzw. MENÜBEFEHLE.

2. Aktivieren Sie einen der Einträge und klicken in die Spalte unter TASTATURBEFEHL. Ein Rahmen hebt ein Eingabefeld hervor. Geben Sie in dieses Feld den gewünschten Befehl samt Modifizierungstasten ein. Sobald Sie den ersten Befehl editiert haben, ändert sich der Name des Satzes im Menü in EIGENE.

3. Ist der eingegebene neue Befehl bereits vergeben, wird das Tastaturkürzel an der ursprünglichen Stelle entfernt – Illustrator zeigt eine entsprechende Warnung. Sie haben zwei Möglichkeiten:
   ▶ Widerrufen Sie die letzte Zuweisung und stellen die vorherige Belegung wieder her, indem Sie den Button RÜCKGÄNGIG klicken.
   ▶ Rufen Sie den Befehl auf, dessen Tastaturbelegung geändert wurde, und weisen diesem einen anderen Shortcut zu. Klicken Sie dafür den Button GEHE ZU.

4. Haben Sie einen Shortcut zugewiesen, können Sie außerdem einen Eintrag bestimmen, der hinter dem Menübefehl angezeigt wird. Automatisch werden an der Stelle das eingegebene Zeichen und ggf. die Modifizierungstasten angezeigt – Sie können jedoch ein anderes Zeichen bestimmen.

5. Um einen Shortcut von einem Befehl zu entfernen, aktivieren Sie den Eintrag und klicken den Button LÖSCHEN (unten).

6. Haben Sie alle gewünschten Befehle eingetragen, bestätigen Sie den Dialog mit OK.
   Haben Sie Ihre Änderung am Standardbelegungssatz durchgeführt, werden Sie aufgefordert, die Änderungen als einen neuen Satz zu speichern.
   Haben Sie einen bereits gespeicherten Satz editiert, fragt Illustrator, ob Sie diesen überschreiben möchten.

19.2 Automatisieren

Viele wiederkehrende Befehlsabfolgen lassen sich zu Aktionen kombinieren und in einer Stapelverarbeitung sogar automatisch auf mehrere Dokumente in Folge anwenden, ohne dass Sie eingreifen müssen.

Darüber hinaus können Sie Illustrator mit AppleScript bzw. VisualBasic oder mit JavaScript programmieren. Die Skript-Fähigkeit bietet nicht nur Automatisierungspotenzial, sondern auch Möglichkeiten für den kreativen Einsatz.

Aktionen

Als Aktionen können Sie sich Befehlsabfolgen speichern, die Sie wiederholt an Objekten oder Dokumenten anwenden müssen. Das Erstellen einer Aktion ist so einfach wie das Aufnehmen mit dem Videorekorder – Sie drücken eine Taste, um die Aufzeichnung zu beginnen, führen alle Arbeitsschritte aus und drücken einen anderen Button, um die Aufzeichnung zu stoppen.

▲ **Abbildung 19.10**
Datei-Icon ACTION

Sie sind aber nicht darauf angewiesen, Aktionen selbst erstellen zu müssen – da Sätze von Aktionen als Textdateien gespeichert werden können, finden Sie in vielen Illustrator-Foren Aktionen zum Download.

Aktionen-Palette

Die Erstellung, Anwendung und Verwaltung von Aktionen nehmen Sie mit Hilfe der Aktionen-Palette vor. Wählen Sie FENSTER • AKTIONEN, um die Palette aufzurufen.

Anzeige | Aktionen-Palette

Wie alle Paletten hat auch diese ein Menü, das Sie mit dem Pfeil-Button ⊙ aufrufen – in diesem Palettenmenü finden Sie u. a. die Stapelverarbeitung.

Aktionen sind in Sätzen ❹ zusammengestellt, zu erkennen an dem Ordnersymbol 🗀. Nur Sätze lassen sich als externe Datei speichern. Klicken Sie den Pfeil ▶, um die zu einem Satz gehörenden Aktionen anzuzeigen.

Die einzelnen Aktionen ❸ bestehen aus einer Abfolge von »Aufgaben«. Zeigen Sie die Aufgaben der Aktionen an, indem Sie den Pfeil ▶ links neben dem Namen der Aktion klicken.

Die Aufgaben tragen den Namen des Illustrator-Befehls. Auch den Eintrag vieler Aufgaben können Sie öffnen, um die in Dialogboxen eingegebenen Parameter einzusehen. Ändern lassen sich die Parameter allerdings in dieser Auflistung nicht.

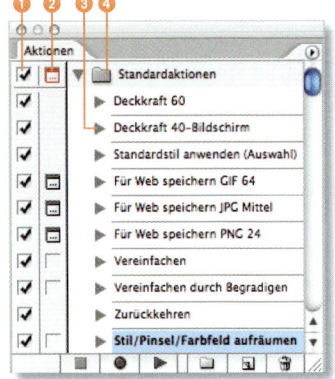

▲ **Abbildung 19.11**
Aktionen-Palette in der Listen-Darstellung

Wird beim Abspielen der Aktion eine Dialogbox geöffnet ❸, zeigt die Aktionen-Palette dies mit dem entsprechenden Symbol ▦ an. Klicken Sie auf das Symbol, um das Öffnen der Dialogbox zu unterdrücken und die Aufgabe stattdessen mit den aufgezeichneten Werten auszuführen.

Das Häkchen ❶ zeigt an, ob ein Schritt ausgeführt wird. Möchten Sie die Ausführung eines einzelnen Befehls oder aller Befehle innerhalb einer Aktion unterdrücken, deaktivieren Sie den Schritt, indem Sie das Häkchen ☑ vor dem Eintrag der Aufgabe bzw. der Aktion klicken.

Mit den Buttons am unteren Rand der Palette steuern Sie das Abspielen und Aufzeichnen von Aktionen sowie deren Verwaltung.

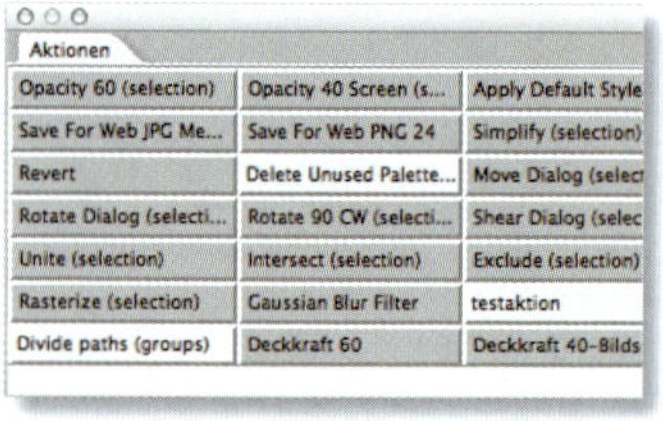

Paletten-Modus | Aktionen-Palette

Wählen Sie SCHALTFLÄCHENMODUS aus dem Palettenmenü, um die Aktionen anstatt in Listendarstellung als einzelne Buttons anzuzeigen. Die Größe der Palette und damit die Anzahl der Button-Spalten können Sie frei einstellen.

Aktionen abspielen | Aktionen-Palette

Beim Abspielen einer Aktion werden die enthaltenen Befehle von Illustrator an Ihren Objekten ausgeführt. Wenn Sie eine Aktion das erste Mal ausprobieren, sollten Sie zunächst eine Kopie Ihrer Datei erstellen, um sich vor unangenehmen Überraschungen zu sichern.

Zum Abspielen eines Satzes, einer Aktion oder eines Teils einer Aktion aktivieren Sie den Eintrag in der Aktionen-Palette, ab dem Sie die Befehle ausführen möchten, und wählen ABSPIELEN aus dem Palettenmenü oder klicken den Button AKTUELLE AUSWAHL ABSPIELEN ▶ – das Symbol des Buttons wechselt zu ▶. Die Aktion spielt bis zum Schluss.

Je nach Einstellung werden während des Abspielens Dialogboxen geöffnet, in denen Sie Optionen eingeben müssen. Stehen in der Aktion enthaltene Befehle nicht zur Verfügung, weil eine vom Ersteller der Aktion angenommene Bedingung nicht eingetreten ist, erhalten Sie eine entsprechende Warnung und können die Ausführung der Aktion an der Stelle abbrechen.

Möchten Sie die Wiedergabe vor dem Durchlaufen aller Aufgaben beenden, klicken Sie dazu auf den Button WIEDERGABE BEENDEN ▪.

Einzelne Aufgaben können Sie aus einer Aktion ausschließen, indem Sie das Kontrollkästchen ☑ neben dem Namen der Aktion anklicken und das Häkchen deaktivieren.

▲ **Abbildung 19.12**
Aktionen-Palette in der Schaltflächen-Darstellung

HINWEIS

Denken Sie daran, die Voreinstellungen wie bei der Aufnahme zu konfigurieren.

Verwenden Sie Aktionen aus dem amerikanischen Raum, müssen Sie ggf. mit anderen Maßeinheiten arbeiten, um die gewünschten Ergebnisse zu erhalten.

Abspielen-Optionen | Zur Fehlersuche kann es nötig sein, die Abspielgeschwindigkeit zu regulieren. Sie haben folgende Möglichkeiten:

▶ BESCHLEUNIGT: Dies ist die Standardeinstellung – die Befehle werden so schnell wie möglich abgespielt.

▶ SCHRITTWEISE: Nach dem Ausführen eines Befehls wird die Bildschirmdarstellung aktualisiert, bevor die Aktion den nächsten Schritt startet.

▶ ANHALTEN FÜR: Wählen Sie diese Option, um die Aktion für einen festgelegten Zeitraum nach dem Ausführen jedes Schritts anzuhalten.

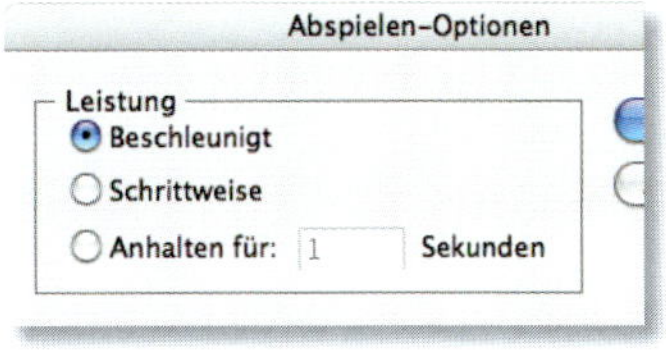

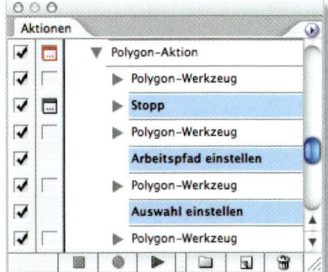

▲ **Abbildung 19.13**
Abspielen-Optionen

Aktion aufzeichnen | Aktionen-Palette

In einer Aktion lassen sich fast alle Menübefehle, Palettenoptionen und Werkzeugfunktionen aufzeichnen – einige Befehle können Sie zwar nicht aufzeichnen, aber mit Hilfe von Befehlen des Palettenmenüs in eine Aktion einfügen.

Die Aufzeichnung einer Aktion sollten Sie in einer Kopie Ihrer Datei vornehmen, z.B. indem Sie zu Beginn Ihrer Aufzeichnung den Befehl DATEI • KOPIE SPEICHERN UNTER... ausführen. Gehen Sie bei der Aufzeichnung wie folgt vor:

1. Erstellen Sie eine neue Aktion, indem Sie den Button NEUE AKTION ERSTELLEN 🔲 klicken. In der Dialogbox AKTIONS-OPTIONEN sollten Sie der Aktion vor allem einen aussagekräftigen Namen geben. Sie können Ihre Einstellungen zu einem späteren Zeitpunkt editieren.

2. Klicken Sie den Button AUFZEICHNUNG BEGINNEN ⚫. Der Button zeigt durch die rote Farbe 🔴 die Aufzeichnung an.

3. Führen Sie die gewünschten Aufgaben aus – Sie können sich Zeit dabei lassen, die Abspielgeschwindigkeit ist unabhängig von der Aufnahmegeschwindigkeit.

4. Haben Sie die gewünschten Befehle ausgeführt, stoppen Sie die Aufzeichnung, indem Sie den Button AUFZEICHNUNG BEENDEN ⬛ klicken. Die Aktion wird automatisch in der Voreinstellungsdatei gespeichert. Da diese Datei beschädigt werden kann, sollten Sie Aktionen dauerhaft speichern (siehe unter »Aktionen verwalten«).

▲ **Abbildung 19.14**
Aufgaben, die nicht aufgezeichnet werden können (siehe folgende Seite): Unterbrechung, Pfadauswahl einfügen, Objekt auswählen (von oben)

Aktionen editieren | Aktionen-Palette

Um Aktionen zu editieren, schalten Sie die Palette in die Listendarstellung.

▶ DIALOGBOXEN AKTIVIEREN/DEAKTIVIEREN: Für die Ausführung von Aktionen verwendet Illustrator Ihre bei der Aufzeichnung eingegebenen Werte. Möchten Sie die Optionen einzelner Befehle individuell bei jedem Abspielen definieren, aktivieren

Sie die Dialogboxen – im Handbuch wird dies als MODALSTEU-ERUNG bezeichnet –, indem Sie bei dem betreffenden Befehl die Anzeige des Dialogsymbols ⊞ aktivieren. Klicken Sie neben dem Eintrag der Aktion, um die Modalsteuerung für alle Aufgaben zu aktivieren oder deaktivieren.

▶ OPTIONEN EINES SCHRITTS EDITIEREN: Möchten Sie nur die Optionen eines einzelnen Befehls ändern, aktivieren Sie – falls zur Ausführung des Schritts erforderlich – ein passendes Objekt auf der Zeichenfläche, und doppelklicken Sie den zu ändernden Eintrag in der Aktionen-Palette.

▶ OPTIONEN IN EINER AKTION EDITIEREN: Möchten Sie den Ablauf einer Aktion erhalten, aber einzelne oder alle Einstellungen und Optionen neu einrichten, aktivieren Sie die Aktion in der Palette und wählen ERNEUT AUFZEICHNEN… aus dem Paletten-menü. Das Abspielen der Aktion wird sofort gestartet – geben Sie an den gewünschten Stellen Ihre Änderungen in die Dialogboxen ein und bestätigen diese.

▶ ABFOLGE ÄNDERN: Möchten Sie einen Befehl an eine andere Stelle in der Abfolge einordnen, klicken und ziehen Sie den Eintrag an den gewünschte Platz – die Trennlinie zwischen den bestehenden Befehlen wird hervorgehoben – und lassen die Maustaste los.

▶ BEFEHLE EINFÜGEN: Um weitere Befehle in eine Aktion einzu-fügen, aktivieren Sie den Schritt, dem die zusätzlichen Aufga-ben folgen sollen, und wählen AUFZEICHNUNG BEGINNEN aus dem Palettenmenü oder klicken den Button ●. Führen Sie die Schritte aus und beenden die Aufzeichnung.

▶ EINTRAG DUPLIZIEREN: Eine Aufgabe, eine Aktion oder einen Satz duplizieren Sie, indem Sie den Eintrag aktivieren und DUPLIZIEREN aus dem Palettenmenü wählen. Alternativ ziehen Sie den Eintrag einer Aufgabe oder einer Aktion über den But-ton NEUE AKTION ERSTELLEN ⬜. Den Eintrag eines Satzes zie-hen Sie über den Button NEUEN SATZ ERSTELLEN ▢.

▶ EINTRAG LÖSCHEN: Wenn Sie einen Schritt, eine Aktion oder einen Satz löschen möchten, aktivieren Sie den Eintrag in der Aktionen-Palette und klicken den Button AUSWAHL LÖSCHEN 🗑 oder ziehen den Eintrag auf diesen Button.

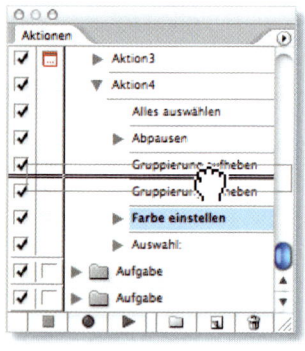

▲ **Abbildung 19.15**
Verändern der Reihenfolge von Aufgaben durch Verschieben

Aufgaben per Menü hinzufügen | Aktionen-Palette
Einige Aufgaben lassen sich nicht »live« aufzeichnen, Sie können diese Schritte nur mit Hilfe von Befehlen des Menüs der Akti-onen-Palette in eine Aktion integrieren.

Die betreffenden Aufgaben – z.B. die Auswahl eines be-stimmten Pfads, Verwenden der Freihand-Werkzeuge Pinsel, Buntstift, Schere oder Verlauf, das Zuweisen von Effekten und das Einstellen der Ansicht – können Sie mit Hilfe des Menüs der Aktionen-Palette während der Live-Aufzeichnung in die Aktion integrieren oder beim späteren Bearbeiten einer Aktion hinzufügen. Im letzteren Fall aktivieren Sie den Schritt, dem die Aufgabe folgen soll, und wählen den gewünschten Befehl aus dem Palettenmenü.

▶ **Menübefehl, der nicht aufgezeichnet werden kann:** Um einen Menübefehl einzufügen, der nicht aufgezeichnet werden kann, wählen Sie Menübefehl einfügen aus dem Palettenmenü.

Den Befehl können Sie anschließend entweder durch Auswahl aus dem Menü bestimmen oder in der Dialogbox danach suchen lassen, indem Sie die Anfangsbuchstaben eingeben.

▶ **Unterbrechung:** Möchten Sie an einem Punkt im Ablauf der Aktion eine Dialogbox mit einem Hinweis anzeigen oder eine individuelle Benutzereingabe zulassen, wählen Sie Unterbrechung einfügen aus dem Palettenmenü.

Geben Sie den gewünschten Hinweistext in die Dialogbox ein. Soll der Text vom Benutzer nur zur Kenntnis genommen werden, aktivieren Sie die Option Fortfahren zulassen.

Falls ein Eingreifen des Benutzers – z. B. das Zeichnen mit einem Werkzeug – erforderlich ist, darf das Fortfahren nicht zugelassen werden. Nach Durchführung der erforderlichen Eingabe muss der Benutzer das Weiterspielen der Aktion über die Aktionen-Palette manuell veranlassen.

▶ **Einen Pfad einfügen:** Benötigen Sie im Ablauf der Aktion einen oder mehrere Pfade, erzeugen Sie diese an der gewünschten Position auf der Zeichenfläche. Dies können Sie während der Aufzeichnung der Aktion vornehmen, da die Benutzung des Zeichenstift-, Pinsel- oder Buntstift-Werkzeugs nicht aufgezeichnet wird.

Haben Sie den Pfad erstellt, aktivieren Sie ihn und wählen Pfadauswahl einfügen aus dem Palettenmenü.

Es ist möglich, offene oder geschlossene Pfade innerhalb einer Aktion in das Dokument einzufügen. Alle Pfade können nur eine gemeinsame Kontur und Füllung erhalten. Besitzen sie ursprünglich unterschiedliche Farben, werden die des obersten Objekts übernommen.

▶ **Ein Objekt auswählen:** Ein bestimmtes Objekt kann innerhalb einer Aktion nur dann ausgewählt werden, wenn es eine Bezeichnung besitzt. Wird das Objekt in der Abfolge der Aktion erstellt, müssen Sie also sofort nach der Erzeugung des Elements eine Bezeichnung in das Notizfeld der Grafikattribute-Palette eintragen.

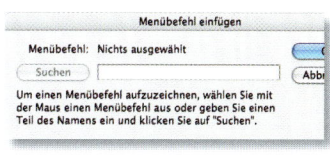

▲ **Abbildung 19.16**
Menübefehl einfügen

▲ **Abbildung 19.17**
Dialogbox Unterbrechung einfügen (oben), Hinweisbox (unten)

▲ **Abbildung 19.18**
Notiz in Grafikattribute-Palette (oben), Dialogbox Objekt auswählen (unten)

Ein mit dem Notiz-Attribut versehenes Objekt können Sie anschließend jederzeit wieder auswählen. Wählen Sie Objekt auswählen aus dem Palettenmenü, um den Auswahlschritt in die Aktion einzufügen.

Geben Sie die Objektbezeichnung in die Dialogbox ein.

Aktions-Optionen | Aktionen-Palette

Möchten Sie den Namen einer Aktion ändern oder der Aktion einen Kurzbefehl zuweisen, rufen Sie die Aktions-Optionen mit einem Doppelklick auf den Namen der Aktion in der Palette auf oder indem Sie die Aktion aktivieren und Aktions-Optionen… aus dem Palettenmenü wählen. Neben dem Namen können Sie folgende Optionen in die Dialogbox eingeben:

Abbildung 19.19 ►
Dialogbox Aktions-Optionen

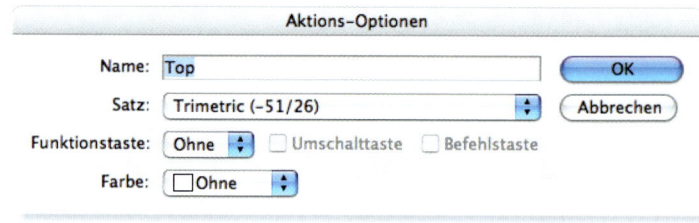

- ► Satz: Das Aufklappmenü listet die vorhandenen Aktions-Sätze auf. Wählen Sie aus dem Menü, welchem Satz Sie die Aktion zuweisen möchten.
- ► Funktionstaste: Den Aktionen können Sie Tastaturkombinationen aus einer Funktionstaste [F1] bis [F15] und den Tasten [⌘]/[Strg] und [⇧] zuweisen. Innerhalb der Aktionen ist es nicht möglich, Shortcuts doppelt zu vergeben. Falls Sie aber eine Aktion mit einem Kurzbefehl versehen, der bereits für einen Menübefehl Verwendung findet, hat die Ausführung der Aktion Vorrang vor dem Menü.
- ► Farbe: Wählen Sie eine Farbe für die Darstellung des Aktions-Buttons im Schaltflächenmodus der Aktionen-Palette.

Aktionen verwalten | Aktionen-Palette

- ► Neuen Satz erstellen ▭: Erstellen Sie einen neuen Satz, indem Sie diesen Befehl aus dem Palettenmenü wählen.
- ► Satz-Optionen: Möchten Sie den Namen eines Satzes von Aktionen editieren, doppelklicken Sie seinen Eintrag oder wählen Satz-Optionen… aus dem Palettenmenü.
- ► Aktionen laden: Aktionen, die als externe Dateien auf Ihrem Computer gespeichert sind, müssen in Illustrator geladen werden, damit sie zur Verfügung stehen.
  Wählen Sie aus dem Menü der Aktionen-Palette den Eintrag Aktionen laden… und wählen die Aktion im Dateibrowser

aus. Falls die Aktion nicht sichtbar ist, überprüfen Sie, ob die korrekte Dateiendung .aia vorhanden ist.

Die Verbindung zur Aktion bleibt nicht bestehen – wenn Sie die geladene Aktion also ändern, werden diese Änderungen nicht in der Datei gespeichert, und Sie können die Aktion jederzeit neu laden, um den Originalzustand wiederherzustellen.

▶ Aktionen zurücksetzen: Möchten Sie Illustrators Standardaktionen erneut laden, wählen Sie Aktionen zurücksetzen aus dem Palettenmenü. In der Dialogbox wählen Sie eine von zwei Möglichkeiten:

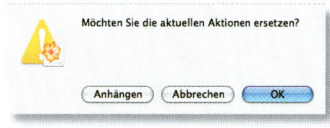

▲ **Abbildung 19.20**
Aktionen zurücksetzen

  ▷ Ersetzen: Klicken Sie OK, um die aktuell in der Palette angezeigten Aktionen durch die Standardaktionen zu ersetzen.

  ▷ Anhängen: Wählen Sie Anhängen, um den Satz der Standardaktionen zusätzlich zu allen vorhandenen Aktionen zu laden. Er wird als letzter Eintrag in der Palette angezeigt.

▶ Aktionen ersetzen: Möchten Sie alle in der Palette geladenen Aktionen durch einen auf Ihrem Computer gespeicherten Satz ersetzen, wählen Sie Aktionen ersetzen… aus dem Palettenmenü und öffnen die Datei im Dateibrowser.

Ihre vorhandenen Aktionen werden ohne weitere Nachfrage ersetzt – Sie können diesen Schritt jedoch mit ⌘/[Strg]+[Z] widerrufen. Speichern Sie die vorhandenen Aktionen vorher, falls Sie sie später wieder benötigen.

▶ Aktionen speichern: Einzelne Aktionen lassen sich nicht speichern – mit diesem Befehl aus dem Palettenmenü können Sie jedoch einen Satz speichern. Aktivieren Sie den gewünschten Satz und rufen den Befehl auf.

▶ Aktionen löschen: Um alle Aktionen zu löschen, wählen Sie Aktionen löschen aus dem Palettenmenü. Sicherheitshalber fragt Illustrator noch einmal nach, ob Sie wirklich alle Aktionen löschen möchten. Bestätigen Sie mit Ja.

Stapelverarbeitung

In der Stapelverarbeitung – auch »Batch« genannt – können Sie eine Aktion auf ein komplettes Verzeichnis von Illustrator-Dokumenten anwenden und so z. B. alle Dateien eines Ordners in ein bestimmtes Format exportieren.

Wählen Sie Stapelverarbeitung… aus dem Menü der Aktionen-Palette, um die Batch-Optionen einzurichten – diesen Befehl können Sie auch dann wählen, wenn keine Datei geöffnet ist.

Abbildung 19.21 ▶
Dialogbox STAPELVERARBEITUNG

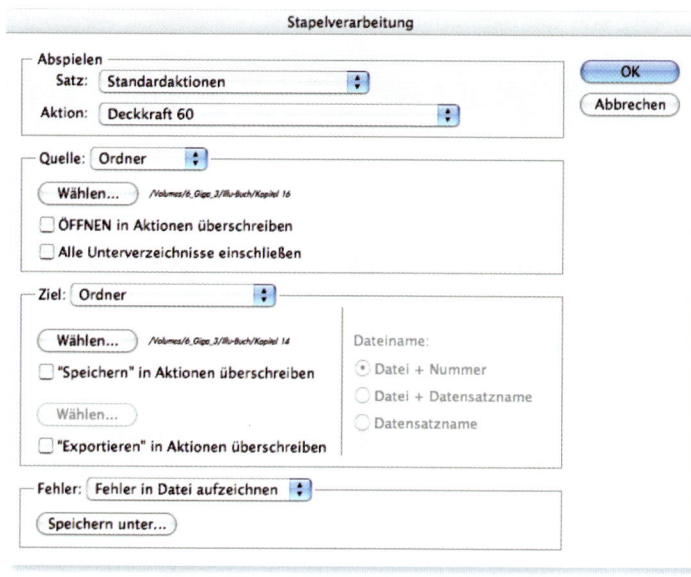

▶ ABSPIELEN: Wählen Sie den Satz und die Aktion, die Sie auf die Dateien anwenden möchten.

▶ QUELLE: Als Quelle können Sie entweder ein Verzeichnis mit Illustrator-Dokumenten oder Datensätze wählen, die Sie für dynamische Objekte im aktuellen Dokument angelegt haben.

▶ ÖFFNEN IN AKTIONEN ÜBERSCHREIBEN: Aktivieren Sie diese Option, falls in der Aktion Öffnen-Befehle aufgenommen wurden. Das Überschreiben bewirkt, dass Illustrator das in der Stapelverarbeitung angegebene Verzeichnis als Quelle verwendet.

▶ ALLE UNTERVERZEICHNISSE EINSCHLIESSEN: Wählen Sie diese Einstellung, um auch die Dateien in Unterverzeichnissen zu bearbeiten.

▶ ZIEL: Wählen Sie ein Verzeichnis, in das die geänderten Dokumente abgelegt werden.

▶ SPEICHERN/EXPORTIEREN IN AKTIONEN ÜBERSCHREIBEN: Sind in der Aktion Speicher- oder Export-Befehle, aktivieren Sie diese Option, um den in der Stapelverarbeitung definierten Zielordner zu verwenden.

▶ DATEINAME: Die Optionen stehen Ihnen bei der Verarbeitung von Datensätzen zur Verfügung. Sie bestimmen darin, wie sich der Name der generierten Dateien zusammensetzt.

▶ FEHLER: Legen Sie hier fest, wie die Fehlerbehandlung erfolgen soll. Falls Sie beabsichtigen, die Stapelverarbeitung während Ihrer Abwesenheit durchführen zu lassen, sollten Sie Fehler in eine Datei speichern. Bestimmen Sie in diesem Fall einen Speicherort und einen Dateinamen.

> **TIPP**
>
> Legen Sie Alias-Dateien bzw. Verknüpfungen mit Verzeichnissen in den zu bearbeitenden Ordner, um Verzeichnisse einzuschließen, die an anderen Orten gespeichert sind.

Schritt für Schritt: Aktion aufzeichnen und Stapelverarbeitung einrichten

1 Neuen Satz anlegen

In dieser Übung werden Sie eine Reihe von Illustrator-Dateien für eine Clipart-Sammlung aufbereiten. Die Dateien enthalten je ein Live Trace-Objekt, das (in Pfade) umgewandelt, farblich angepasst und als TIFF exportiert werden soll. Die bearbeiteten Illustrator-Dokumente werden in einen neuen Ordner gespeichert.

Die Aktion nehmen Sie in einem der betreffenden Dokumente auf. Öffnen Sie die Datei Blume.ai aus dem Ordner Aktion auf der DVD – den Öffnen-Befehl lassen Sie später über die Stapelverarbeitung durchführen, er muss also nicht aufgezeichnet werden.

Rufen Sie die Aktionen-Palette auf und richten einen neuen Satz ein, indem Sie auf den Button NEUEN SATZ ERSTELLEN 🗀 klicken. Geben Sie dem Satz einen Namen.

2 Bearbeitung aufzeichnen

Eine Aktion sollten Sie zumindest grob planen, bevor Sie mit der Aufzeichnung beginnen. Bei der Planung ist es wichtig, dass Sie Arbeitsschritte wählen, die allgemein für alle Dateien zutreffen.

Bei der Planung Ihrer Aktion ergibt sich auch die Verwendung verschiedener Paletten – rufen Sie diese auf und platzieren sie so auf dem Bildschirm, dass Sie den Überblick behalten.

Für unsere Aktion benötigen Sie neben der Werkzeugpalette die Farbfelder- und die Ebenen-Palette – zeigen Sie den Inhalt der Bildebene an (siehe Abbildung 19.23). Wählen Sie das Auswahl-Werkzeug in der Werkzeugpalette.

Legen Sie innerhalb des eben erzeugten Satzes eine neue Aktion an, indem Sie den entsprechenden Button verwenden. Sobald Sie der Aktion einen Namen gegeben und die Dialogbox geschlossen haben, startet Illustrator die Aufzeichnung:

1. Auswählen des Objekts: Jede der zu bearbeitenden Dateien enthält nur ein Objekt, dieses aktivieren Sie mit dem Befehl AUSWAHL • ALLES AUSWÄHLEN – Shortcut ⌘/Strg+A.
2. In Pfade umwandeln: Sie können leider nicht den praktischen Button aus der Steuerungspalette verwenden – dieser Befehl würde nicht aufgezeichnet. Wählen Sie stattdessen aus dem Menü OBJEKT • INTERAKTIV ABPAUSEN • UMWANDELN.
3. Gruppierung aufheben: Zur Weiterbearbeitung ist die Gruppierung der Objekte hinderlich. Lösen Sie die Gruppe auf – da es sich um verschachtelte Gruppen handelt, müssen Sie den Befehl zweimal geben. Achten Sie darauf, dass in der Ebenen-Palette einzelne bzw. zusammengesetzte Pfade angezeigt werden (siehe Abbildung 19.25).

▲ **Abbildung 19.22**
Die Beispiel-Datei

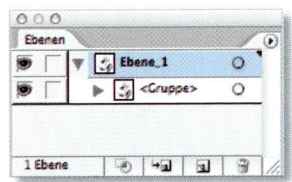

▲ **Abbildung 19.23**
Inhalt der Ebene angezeigt

▲ **Abbildung 19.24**
Objekt umgewandelt

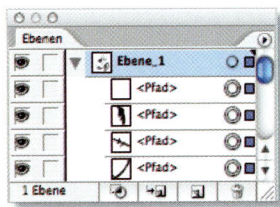

▲ **Abbildung 19.25**
Gruppierung aufgehoben

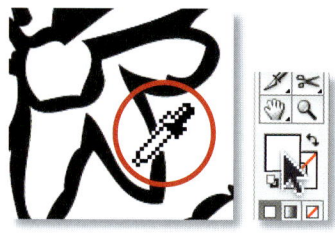

▲ **Abbildung 19.26**
Aufnehmen der Farbe und Aufrufen des Farbwählers

▲ **Abbildung 19.27**
Die fertig gestellte Aktion

Heben Sie die Auswahl auf – Shortcut ⌘/Strg + ⇧ + A.

4. Umfärben: Beim Abpausen wurde die Illustration in schwarze und weiße Flächen umgewandelt. Die weißen Flächen benötigen Sie nicht, und die schwarzen sollen umgefärbt werden. Stellen Sie für das Feld FLÄCHE in der Werkzeugpalette die Farbe Weiß ein, indem Sie mit der Pipette auf eines der weißen Objekte klicken. Diese Aktion wurde nicht aufgezeichnet, daher doppelklicken Sie in der Werkzeugpalette das Feld FLÄCHE mit der aufgenommenen Farbe (siehe Abbildung 19.26) und bestätigen im Farbwähler mit OK.

Auf Basis dieser Farbe erstellen Sie die nächste Objektauswahl. Rufen Sie AUSWAHL • GLEICH • FLÄCHENFARBE auf und löschen Sie die ausgewählten Elemente. Als Resultat sind nur noch schwarze Objekte auf der Zeichenfläche.

Wählen Sie erneut ALLES aus, und stellen Sie über die Farbfelder-Palette eine neue Flächenfarbe für die Objekte ein.

5. Exportieren: Wählen Sie DATEI • EXPORTIEREN... und stellen das TIFF-Format ein. Speichern Sie die Datei an einem beliebigen Ort – den Speicherort legen Sie in der Stapelverarbeitung neu an – und richten die Optionen für die exportierte Datei im folgenden Dialog ein. Bestätigen Sie diesen mit OK.

6. Beenden Sie die Aufzeichnung der Aktion.

3 Aktion speichern und testen

Bevor Sie fortfahren, sollten Sie die eben fertig gestellte Aktion speichern. Aktivieren Sie den Satz in der Aktionen-Palette und wählen AKTIONEN SPEICHERN... aus dem Palettenmenü.

Möchten Sie den korrekten Ablauf der Aktion noch einmal testen, schließen Sie die bearbeitete Datei nicht, sondern wählen DATEI • ZURÜCK ZUR LETZTEN VERSION.

Anschließend spielen Sie die Aktion ab. Wenn der Ablauf zum gewünschten Ergebnis führte, richten Sie die Stapelverarbeitung ein.

4 Stapelverarbeitung einrichten

Beginnen Sie mit der Einrichtung zweier Verzeichnisse auf Ihrer Festplatte für die exportierten TIFF-Dateien und die bearbeiteten Illustrator-Dokumente.

Anschließend rufen Sie STAPELVERARBEITUNG... aus dem Menü der Aktionen-Palette auf – diesen Befehl können Sie ohne ein geöffnetes Illustrator-Dokument ausführen.

Wählen Sie den neu erstellten Satz und die darin abgelegte Aktion aus. Als Quelle bestimmen Sie den Ordner Aktion auf der DVD – alternativ kopieren Sie diesen vorher auf Ihre Festplatte.

Die Aktion enthält keinen Öffnen-Befehl, daher bleibt die Option ÖFFNEN ÜBERSCHREIBEN deaktiviert.

Als Ziel wählen Sie den eben erstellten Ordner für die Illustrator-Dokumente. Für den Export wählen Sie den anderen Ordner, aktivieren Sie die Option EXPORTIEREN ÜBERSCHREIBEN.

Fehler sollten Sie in eine Datei schreiben lassen, da es anderenfalls nicht möglich ist, die Aktion unbeaufsichtigt ablaufen zu lassen. ■

Skripte

Skripte bieten Ihnen wie Aktionen eine Möglichkeit, wiederkehrende Aufgaben zu automatisieren. Skripte stellen Ihnen jedoch erweiterte Funktionen zur Verfügung, denn anders als bei Aktionen sind Sie nicht nur auf die Optionen angewiesen, die Ihnen die Benutzeroberfläche mit ihren Werkzeugen, Menüs und Dialogboxen bietet.

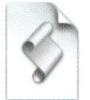

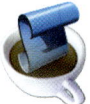

▲ **Abbildung 19.28**
Datei-Icons AppleScript, JavaScript

Skripte können Informationen und Zustände direkt aus dem Programm und dem Dokument abfragen und damit anhand von Bedingungen Befehle auf eine bestimmte Art ausführen. Einige – häufig sogar frei verfügbare Skripte – haben daher einen großen Funktionsumfang.

Da Skripte nicht über den Umweg der Benutzeroberfläche abgespielt werden, sind sie schneller auszuführen als Aktionen – und mit Hilfe von Skripten sind Sie in der Lage, die Funktionalität anderer Programme in die Abläufe einzubinden, z. B. Inhalte aus Datenbanken abzufragen und in Textobjekte einzusetzen.

Um Skripte in den Sprachen AppleScript, VisualBasic und JavaScript zu schreiben, müssen Sie kein Informatiker sein – etwas Einarbeitung ist natürlich trotz allem nötig.

HINWEIS

Für die Anwendung von Skripten müssen in Ihrem Betriebssystem die entsprechenden »Engines« installiert sein.

Möchten Sie selbst Skripte in den Sprachen VisualBasic und AppleScript programmieren, benötigen Sie darüber hinaus einen entsprechenden Editor sowie ggf. einen Debugger, falls Sie Skripte schreiben, die komplexere Bedingungen auswerten.

Skripte laden, installieren, anwenden | Einige Beispielskripte – getrennt nach den Scriptsprachen JavaScript und AppleScript bzw. VisualBasic – finden Sie auf der Illustrator-Installations-CD-ROM bzw. im Paket der CreativeSuite auf der CD-ROM »Resources and extras« im Ordner Technische Informationen\Illustrator CS2\Skripterstellung\Beispielskripten.

Legen Sie die Skriptdateien in den Ordner Illustrator CS2\Vorgaben\Skripte. In diesem Ordner gespeicherte Skripte rufen Sie aus dem Untermenü von DATEI • SKRIPTEN auf.

In welchem Zusammenhang und unter welchen Bedingungen das jeweilige Skript aufgerufen werden kann, sollten Sie der Dokumentation entnehmen.

TIPP

Strukturieren Sie das Skripten-Menü, indem Sie Ihre Skripte in Unterverzeichnisse sortieren.

Unter MacOS lassen sich höchstens vier Unterverzeichnisse anlegen.

Skripte erstellen | Auf der oben genannten CD-ROM finden Sie umfangreiche Dokumentationen für die zu Ihrem Betriebssystem passenden Skriptsprachen sowie Beispielskripte.

19.3 Erweitern

Die Zahl der externen PlugIns für Illustrator ist im Gegensatz zu Photoshop überschaubar. Nichtsdestotrotz gibt es neben etlichen praktischen Ergänzungen wie Separationsvorschau, Mehr-Seiten-Unterstützung oder Generierung von Mustern auch Lösungen für Spezialanwendungen, z. B. zusätzliche Funktionen aus dem CAD-Bereich.

▲ **Abbildung 19.29**
Datei-Icons FILTER, PLUG-IN

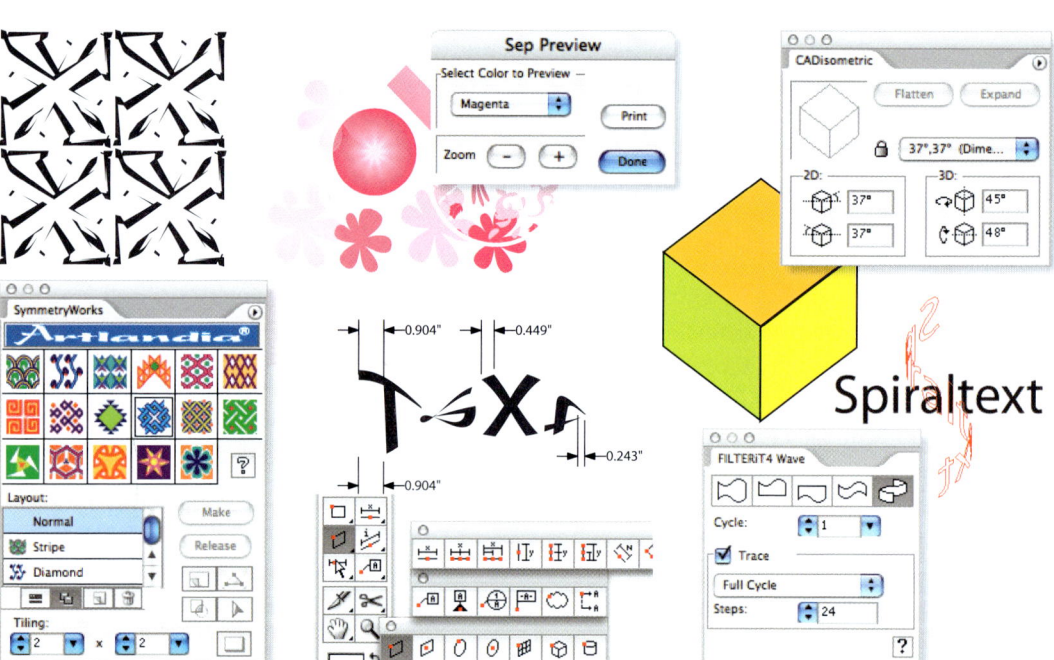

▲ **Abbildung 19.30**
Illustrator-PlugIns: SymmetryWorks, Separation Preview, CADTools, FilteriT

PlugIns installieren
Die meisten Filter werden mit einem Installer ausgeliefert. Zeigen Sie diesem den Programm- oder PlugIn-Ordner, erfolgt die Installation aller benötigten Module automatisch.

Bei einer manuellen Installation kopieren oder verschieben Sie die PlugIns sowie ggf. notwendige Setup-Dateien in den Ordner Adobe Illustrator CS2\Zusatzmodule\Illustrator-Filter, seltener auch in den Ordner Adobe Illustrator CS2\Zusatzmodule\Erweiterungen. Photoshop-Filter installieren Sie in Adobe Illustrator CS2\Zusatzmodule\Photoshop-Filter.

PlugIns anwenden

Während Photoshop-Filter über die Menüs FILTER • PHOTOSHOP-FILTER bzw. EFFEKTE • PHOTOSHOP-FILTER aufgerufen werden, finden Sie PlugIns an den unterschiedlichsten Orten. Einige generieren einen Menüeintrag unter FILTER oder anderen Menüs, z. B. OBJEKT. Einige Filter haben eigene Paletten zur Definition von Optionen – diese Paletten wählen Sie aus dem Menü FENSTER.

Andere Filter erweitern die Werkzeugpalette um etliche Einträge.

PlugIns programmieren

PlugIns werden in höheren Programmiersprachen für eine bestimmte Plattform als in sich abgeschlossener Code geschrieben, der von Illustrator aufgerufen wird.

Möchten Sie selbst Filter programmieren, um Illustrators Funktionalität zu erweitern, so benötigen Sie Adobes Software Development Kits (SDK), die Sie samt Dokumentation auf der Adobe Website unter http://partners.adobe.com/public/developer/illustrator/sdk/topic.html herunterladen können.

▲ **Abbildung 19.31**
Durch diverse PlugIns erweiterte Werkzeugpalette

20 Werkzeuge und Kurzbefehle

20.1 Die Werkzeugpalette

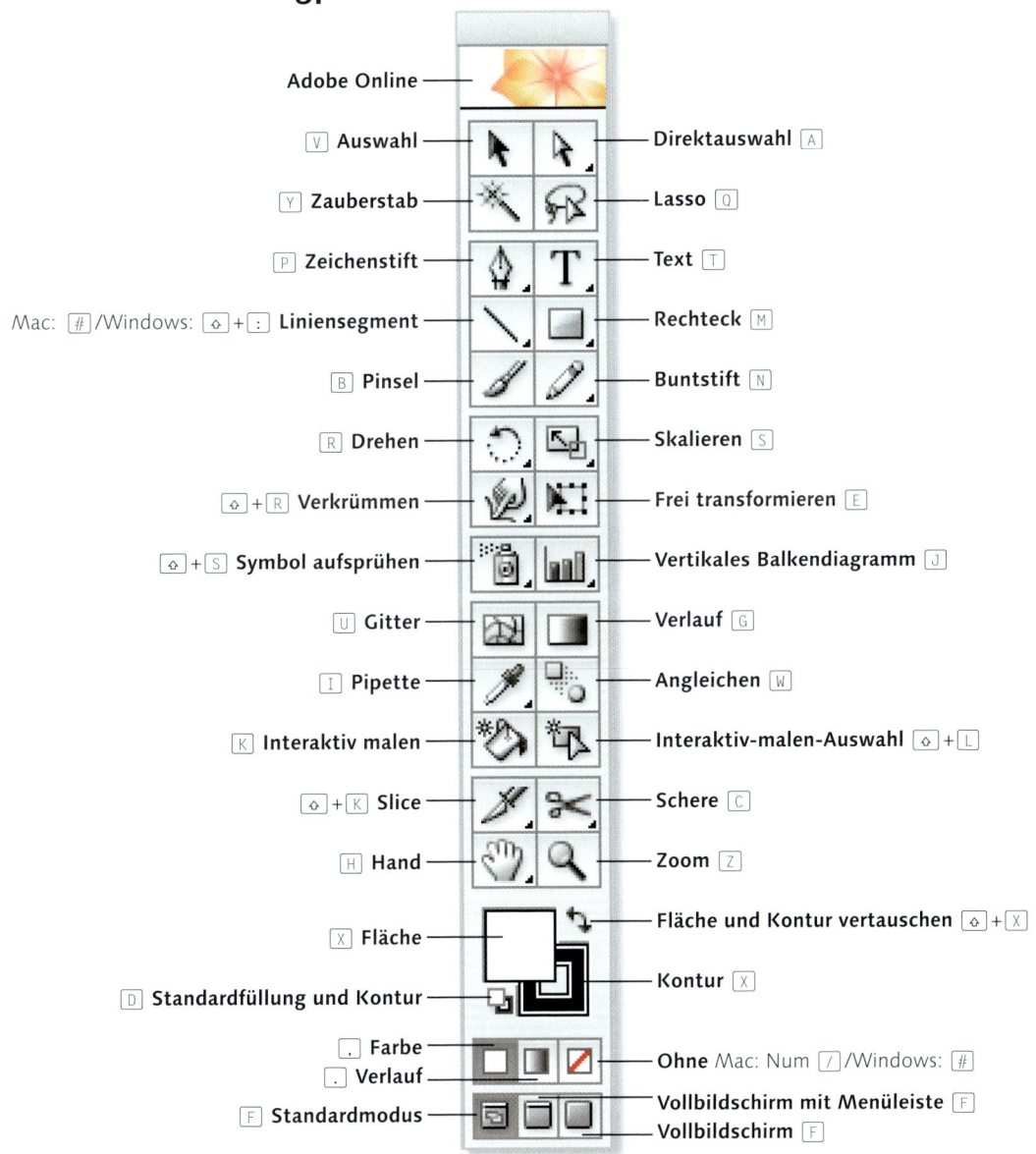

Adobe Online

V Auswahl — Direktauswahl A

Y Zauberstab — Lasso Q

P Zeichenstift — Text T

Mac: ⌘/Windows: ⇧+: Liniensegment — Rechteck M

B Pinsel — Buntstift N

R Drehen — Skalieren S

⇧+R Verkrümmen — Frei transformieren E

⇧+S Symbol aufsprühen — Vertikales Balkendiagramm J

U Gitter — Verlauf G

I Pipette — Angleichen W

K Interaktiv malen — Interaktiv-malen-Auswahl ⇧+L

⇧+K Slice — Schere C

H Hand — Zoom Z

X Fläche — Fläche und Kontur vertauschen ⇧+X

D Standardfüllung und Kontur — Kontur X

. Farbe

. Verlauf — Ohne Mac: Num //Windows: #

F Standardmodus — Vollbildschirm mit Menüleiste F

Vollbildschirm F

20.2 Verborgene Werkzeuge

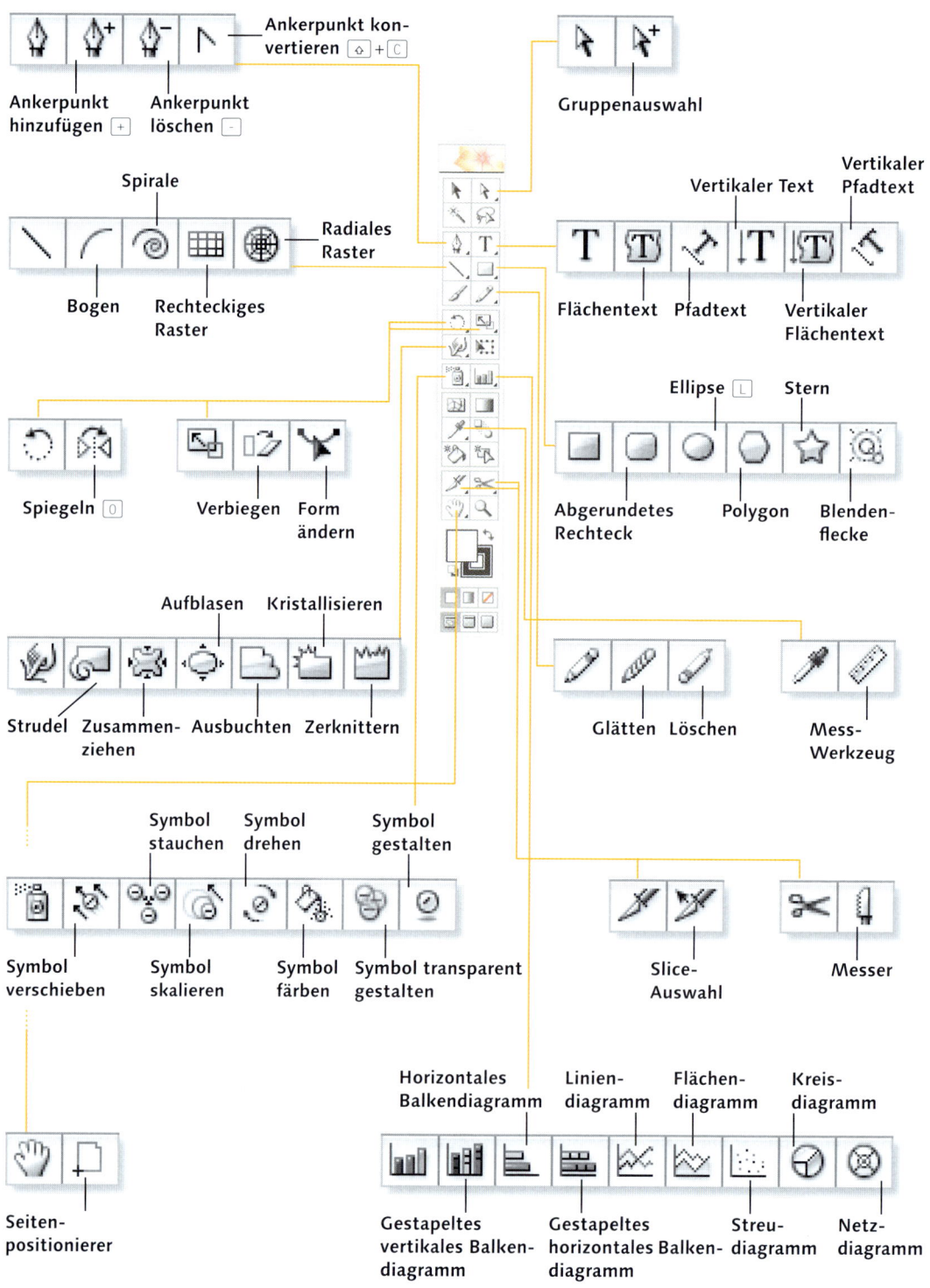

Ankerpunkt hinzufügen ⊕

Ankerpunkt löschen ⊖

Ankerpunkt konvertieren ⊙ + C

Spirale

Bogen

Rechteckiges Raster

Radiales Raster

Gruppenauswahl

Vertikaler Text

Vertikaler Pfadtext

Flächentext

Pfadtext

Vertikaler Flächentext

Spiegeln ○

Verbiegen

Form ändern

Ellipse L

Stern

Abgerundetes Rechteck

Polygon

Blendenflecke

Strudel

Zusammenziehen

Aufblasen

Ausbuchten

Kristallisieren

Zerknittern

Glätten

Löschen

Mess-Werkzeug

Symbol verschieben

Symbol stauchen

Symbol skalieren

Symbol drehen

Symbol färben

Symbol gestalten

Symbol transparent gestalten

Slice-Auswahl

Messer

Seitenpositionierer

Horizontales Balkendiagramm

Liniendiagramm

Flächendiagramm

Kreisdiagramm

Gestapeltes vertikales Balkendiagramm

Gestapeltes horizontales Balkendiagramm

Streudiagramm

Netzdiagramm

20.3 Tastatur-Kurzbefehle

Menübefehle

Datei	Mac-Shortcut	Windows-Shortcut
Neu…	⌘ + N	Strg + N
Neu mit gleichen Einstellungen (ohne Dialog)	⌘ + ⌥ + N	Strg + Alt + N
Neu aus Vorlage…	⌘ + ⇧ + N	Strg + ⇧ + N
Öffnen…	⌘ + O	Strg + O
Durchsuchen… (Adobe Bridge öffnen)	⌘ + ⌥ + O	Strg + Alt + O
Schließen	⌘ + W	Strg + W
Alle Schließen	⌘ + ⌥ + W	Strg + Alt + W
Speichern	⌘ + S	Strg + S
Speichern unter…	⌘ + ⇧ + S	Strg + ⇧ + S
Kopie speichern unter…	⌘ + ⌥ + S	Strg + Alt + S
Für Web speichern…	⌘ + ⌥ + ⇧ + S	Strg + Alt + ⇧ + S
Zurück zur letzten Version	F12	F12
Skripten		
Anderes Skript…	⌘ + F12	Strg + F12
Dokumentformat…	⌘ + ⌥ + P	Strg + Alt + P
Dateiinformationen…	⌘ + ⌥ + ⇧ + I	Strg + Alt + ⇧ + I
Drucken…	⌘ + P	Strg + P
Beenden		Strg + Q

Bearbeiten	Mac-Shortcut	Windows-Shortcut
Rückgängig	⌘ + Z	Strg + Z
Wiederherstellen	⌘ + ⇧ + Z	Strg + ⇧ + Z
Ausschneiden	⌘ + X oder F2	Strg + X oder F2
Kopieren	⌘ + C oder F3	Strg + C oder F3
Einfügen	⌘ + V oder F4	Strg + V oder F4
Davor einfügen	⌘ + F	Strg + F
Dahinter einfügen	⌘ + B	Strg + B
Rechtschreibung prüfen	⌘ + I	Strg + I
Farbeinstellungen	⌘ + ⇧ + K	Strg + ⇧ + K
Tastaturbefehle	⌘ + ⌥ + ⇧ + K	Strg + Alt + ⇧ + K
Voreinstellungen Allgemein		Strg + K

Objekt	Mac-Shortcut	Windows-Shortcut
Transformieren		
Erneut transformieren	⌘ + D	Strg + D
Verschieben	⌘ + ⇧ + M	Strg + ⇧ + M
Einzeln transformieren	⌘ + ⌥ + ⇧ + D	Strg + Alt + ⇧ + D
Anordnen		
Nach vorne bringen		Strg + ⇧ +)
Schrittweise vorwärts		Strg + Alt + ⇧ + V
Schrittweise rückwärts		Strg + Alt + ⇧ + R
Gruppieren	⌘ + G	Strg + G
Gruppierung aufheben	⌘ + ⇧ + G	Strg + ⇧ + G
Fixieren-Auswahl	⌘ + 2	Strg + 2
Alles lösen	⌘ + ⌥ + 2	Strg + Alt + 2
Ausblenden-Auswahl	⌘ + 3	Strg + Num 3
Alles einblenden	⌘ + ⌥ + 3	Strg + Alt + Num 3
Zusammenfügen	⌘ + J	Strg + J
Durchschnitt berechnen	⌘ + ⌥ + J	Strg + Alt + J
Durchschnitt berechnen und zusammenfügen	⌘ + ⌥ + ⇧ + J	Strg + Alt + ⇧ + J
Angleichung		
Erstellen	⌘ + ⌥ + B	Strg + Alt + B
Zurückwandeln	⌘ + ⌥ + ⇧ + B	Strg + Alt + ⇧ + B
Verzerrungshülle		
Mit Verkrümmung erstellen	⌘ + ⌥ + ⇧ + W	Strg + Alt + ⇧ + W
Mit Gitter erstellen	⌘ + ⌥ + M	Strg + Alt + M
Mit oberstem Objekt erstellen	⌘ + ⌥ + C	Strg + Alt + C
Inhalt bearbeiten	⌘ + ⇧ + V	Strg + ⇧ + V
Interaktiv malen		
Erstellen	⌘ + ⌥ + X	Strg + Alt + X
Schnittmaske		
Erstellen	⌘ + 7	Strg + 7
Zurückwandeln	⌘ + ⌥ + 7	
Zusammengesetzter Pfad		
Erstellen	⌘ + 8	Strg + 8
Zurückwandeln	⌘ + ⌥ + ⇧ + 8	Strg + Alt + ⇧ + 9

Schrift	Mac-Shortcut	Windows-Shortcut
In Pfade umwandeln	⌘ + ⇧ + O	Strg + ⇧ + O
Verborgene Zeichen einblenden	⌘ + ⌥ + I	Strg + Alt + I

Auswahl	Mac-Shortcut	Windows-Shortcut
Alles	⌘ + A	Strg + A
Auswahl aufheben	⌘ + ⇧ + A	Strg + ⇧ + A
Neu auswählen	⌘ + 6	Strg + Num 6
Nächstes Objekt darüber		Strg + Alt + 9
Nächstes Objekt darunter		Strg + Alt + 7

Filter	Mac-Shortcut	Windows-Shortcut
Letzten Filter anwenden	⌘ + E	Strg + E
Letzten Filter	⌘ + ⌥ + E	Strg + Alt + E

Effekt	Mac-Shortcut	Windows-Shortcut
Letzten Effekt anwenden	⌘ + ⇧ + E	Strg + ⇧ + E
Letzten Effekt	⌘ + ⌥ + ⇧ + E	Strg + Alt + ⇧ + E

Ansicht	Mac-Shortcut	Windows-Shortcut
Vorschau	⌘ + Y	Strg + Y
Überdrucken-Vorschau	⌘ + ⌥ + ⇧ + Y	Strg + Alt + ⇧ + Y
Pixelvorschau	⌘ + ⌥ + Y	Strg + Alt + Y
Einzoomen	⌘ + +	Strg + ⇧ + =
Auszoomen	⌘ + -	Strg + -
Ganze Zeichenfläche	⌘ + 0	Strg + 0
Originalgröße	⌘ + 1	Strg + 1
Ecken ausblenden	⌘ + H	Strg + H
Vorlage einblenden	⌘ + ⇧ + W	Strg + ⇧ + W
Lineale einblenden	⌘ + R	Strg + R
Begrenzungsrahmen einblenden	⌘ + ⇧ + B	Strg + ⇧ + B
Transparenzraster einblenden	⌘ + ⇧ + D	Strg + ⇧ + D
Textverkettungen einblenden	⌘ + ⇧ + Y	Strg + ⇧ + Y
Hilfslinien		
Hilfslinien ausblenden		Strg + .
Hilfslinien fixieren		Strg + Alt + .
Hilfslinien erstellen	⌘ + 5	Strg + Num 5
Hilfslinien zurückwandeln	⌘ + ⌥ + 5	Strg + Alt + Num 5
Magnetische Hilfslinien	⌘ + U	Strg + U
Raster einblenden	⌘ + ⇧ + 2	
An Punkt ausrichten	⌘ + ⌥ + ⇧ + 2	

Fenster	Mac-Shortcut	Windows-Shortcut
Fenster minimieren	⌘ + M	
Ausrichten	⇧ + F7	⇧ + F7
Aussehen	⇧ + F6	⇧ + F6
Ebenen	F7	F7
Farbe	F6	F6
Grafikattribute	F11	F11
Grafikstile	⇧ + F5	⇧ + F5
Informationen	F8	F8
Kontur	F10	F10
Pathfinder	⌘ + ⇧ + F9	Strg + ⇧ + F9
Pinsel	F5	F5
Schrift		
Absatz	⌘ + ⌥ + T	Strg + Alt + T
OpenType	⌘ + ⌥ + ⇧ + T	Strg + Alt + ⇧ + T
Tabulatoren	⌘ + ⇧ + T	Strg + ⇧ + T
Zeichen	⌘ + T	Strg + T
Symbole	⇧ + F11	⇧ + F11
Transformieren	⇧ + F8	⇧ + F8
Transparenz	⇧ + F10	⇧ + F10
Verlauf	F9	F9

Hilfe	Mac-Shortcut	Windows-Shortcut
Illustrator-Hilfe	F1	F1
Debugging-Palette	⌘ + ⌥ + ⇧ + F12	Strg + Alt + ⇧ + F12

Illustrator	Mac-Shortcut
Voreinstellungen Allgemein	⌘ + K
Andere ausblenden	⌘ + ⌥ + H
Illustrator beenden	⌘ + Q

Paletten-Funktionen

Werkzeugpalette	Mac-Shortcut	Windows-Shortcut
Auswahl-Werkzeuge wechseln	⌘ und/oder ⌥ halten	Strg + ⇄

Pathfinder-Palette	Mac-Shortcut	Windows-Shortcut
Formmodus od. Pathfinder erneut anwenden	⌘ + 4	Strg + 4

Aussehen-Palette	Mac-Shortcut	Windows-Shortcut
Neue Fläche hinzufügen	⌘ + ⇧ + 7	Strg + ⇧ + 7
Neue Kontur hinzufügen	⌘ + ⌥ + ⇧ + 7	Strg + Alt + ⇧ + 7

Ebenen-Palette	Mac-Shortcut	Windows-Shortcut
Neue Ebene	⌘ + L	Strg + L
Neue Ebene mit Dialog	⌘ + ⌥ + L	Strg + Alt + L

Absatz-Palette	Mac-Shortcut	Windows-Shortcut
Text linksbündig ausrichten	⌘ + ⇧ + L	Strg + ⇧ + L
Text zentrieren	⌘ + ⇧ + C	Strg + ⇧ + C
Text rechtsbündig ausrichten	⌘ + ⇧ + R	Strg + ⇧ + R
Blocksatz, letzte Zeile linksbündig	⌘ + ⇧ + J	Strg + ⇧ + J
Absoluter Blocksatz	⌘ + ⇧ + F	Strg + ⇧ + F
Auto-Silbentrennung aktivieren/deaktivieren	⌘ + ⌥ + ⇧ + H	Strg + Alt + ⇧ + H
Zeilen-Setzer aktivieren/deaktivieren	⌘ + ⌥ + ⇧ + C	Strg + Alt + ⇧ + C

Zeichen-Palette	Mac-Shortcut	Windows-Shortcut
Schrift um 2 Pt vergrößern	⌘ + ⇧ + .	Strg + ⇧ + .
Schrift um 2 Pt verkleinern	⌘ + ⇧ + ,	Strg + ⇧ + ,
Schrift um 10 Pt vergrößern	⌘ + ⌥ + ⇧ + .	Strg + Alt + ⇧ + .
Schrift um 10 Pt verkleinern	⌘ + ⌥ + ⇧ + ,	Strg + Alt + ⇧ + ,
Kerning um 100 vergrößern		Strg + Alt + ⇧ + 9
Kerning um 100 verkleinern		Strg + Alt + ⇧ + 8
Laufweite um 20 vergrößern	⌥ + →	Alt + →
Laufweite um 20 verkleinern	⌥ + ←	Alt + ←
Laufweite um 100 vergrößern	⌘ + ⌥ + →	Strg + Alt + →
Laufweite um 100 verkleinern	⌘ + ⌥ + ←	Strg + Alt + ←
Fokus auf Laufweite	⌘ + ⌥ + K	Strg + Alt + K
Laufweite löschen	⌘ + ⌥ + Q	Strg + Alt + Q
Fokus auf Schrift	⌘ + ⌥ + ⇧ + F	Strg + Alt + ⇧ + F

Textbearbeitung

Cursor in Texten bewegen	Mac-Shortcut	Windows-Shortcut
An den Anfang des Textobjekts	⌘ + ↑	Strg + ↑
Ans Ende des Textobjekts	⌘ + ↓	Strg + ↓
An den Anfang des Textobjekts (vertikaler Text)	⌘ + →	Strg + →
Ans Ende des Textobjekts (vertikaler Text)	⌘ + ←	Strg + ←
An den Zeilenanfang	↖	Pos1
Ans Zeilenende	↘	Ende
Gleiche Position in nächster Zeile	↓	↓
Gleiche Position in voriger Zeile	↑	↑
Gleiche Position in nächster Zeile (vertikal)	←	←
Gleiche Position in voriger Zeile (vertikal)	→	→
Ein Wort vor	⌘ + →	Strg + →
Ein Wort zurück	⌘ + ←	Strg + ←
Ein Wort vor (vertikaler Text)	⌘ + ↓	Strg + ↓
Ein Wort zurück (vertikaler Text)	⌘ + ↑	Strg + ↑
Ein Zeichen vor	→	→
Ein Zeichen zurück	←	←
Ein Zeichen vor (vertikaler Text)	↓	↓
Ein Zeichen zurück (vertikaler Text)	↑	↑

Texteingabe	Mac-Shortcut	Windows-Shortcut
Bedingter Trennstrich	⌘ + ⇧ + -	Strg + ⇧ + -
Zeilenumbruch	⇧ + ↵	⇧ + ↵
„ (öffnende Anführungszeichen)	⌥ + ⇧ + W	Alt + Num 0 1 3 2
" (schließende Anführungszeichen)	⌥ + 2	Alt + Num 0 1 4 7
‚ (öffnende einfache Anführungszeichen)	⌥ + S	Alt + Num 0 1 3 0
' (schließende einfache Anführungszeichen)	⌥ + #	Alt + Num 0 1 4 5
' (Apostroph)	⌥ + ⇧ + #	Alt + Num 0 1 4 6
» (öffnende Guillemets)	⌥ + ⇧ + Q	Alt + Num 0 1 8 7
« (schließende Guillemets)	⌥ + Q	Alt + Num 0 1 7 1
› (öffnende einfache Guillemets)	⌥ + ⇧ + N	Alt + Num 0 1 5 5
‹ (schließende einfache Guillemets)	⌥ + ⇧ + B	Alt + Num 0 1 3 9
© (Copyright)	⌥ + G	Alt + Num 0 1 6 9
® (eingetragene Marke)	⌥ + R	Alt + Num 0 1 7 4
• (Listenpunkt)	⌥ + Ü	Alt + Num 0 1 4 9
… (Auslassungspunkte)	⌥ + .	Alt + Num 0 1 3 3

Objektbearbeitung

Objekte bewegen	Mac-Shortcut	Windows-Shortcut
nach oben, unten, links, rechts verschieben	↑, ↓, ←, →	↑, ↓, ←, →
um das Zehnfache verschieben	⇧+↑, ↓, ←, →	⇧+↑, ↓, ←, →

Den Abstand, um den Sie Objekte mit den Pfeiltasten verschieben, stellen
Sie ein unter VOREINSTELLUNGEN • ALLGEMEIN • SCHRITTE PER TASTATUR.

Symbol-Werkzeuge	Mac-Shortcut	Windows-Shortcut
Durchmesser erhöhen	+	⇧+<
Durchmesser verringern	Ü	<
Intensität erhöhen		⇧+)
Intensität verringern		⇧+(

Sonstige

	Mac-Shortcut	Windows-Shortcut
Maßeinheiten wechseln	⌘+⌥+⇧+U	Strg+Alt+⇧+U
Alle Paletten ausblenden	⇥	⇥
Alle außer WZ- und Steuerungspal. ausblenden	⇧+⇥	⇧+⇥
Werkzeug-Spitze als Fadenkreuz-Cursor	⇪	⇧

21 Die DVD zum Buch

Beispieldateien

In diesem Ordner finden Sie – nach Kapiteln geordnet – Materialien zum Buch, z. B. Beispieldateien der Abbildungen, deren Aufbau Sie studieren können. Darüber hinaus sind die Übungsdateien für die Schritt-für-Schritt-Anleitungen dort abgelegt.

Kapitel 5		Seite
Ausrichten.ai	Schritt-für-Schritt-Anleitung »Objekte ausrichten«	97
Isometrie.ai	Schritt-für-Schritt-Anleitung »Isometrie eines Packungsdesigns«	90
Objektstapel.ai	Schritt-für-Schritt-Anleitung »Stapelreihenfolge«	79

Kapitel 6		Seite
Arbeiten mit Grundformen.ai	Beispiel zur Verwendung der Form-Werkzeuge	125
Endpunkte zusammenfuegen.ai	Beispieldatei	122
Fuellregel.ai	Anwendung der Füllregel bei sich selbst überschneidenden Pfaden	124
Punkte gemeinsam transformieren.ai	Beispieldatei »Abgeknicktes Bein«	114
Vorlage-Vogel.ai	Schritt-für-Schritt-Anleitung »Eine Form konstruieren«	106

Kapitel 7		Seite
Lassoauswahl.ai	Beispieldatei für die Auswahl von Objekten mit dem Lasso	142
Vereinfachen.ai	Beispielform aus dem Buch für die Funktion OBJEKT • PFAD • VEREINFACHEN	141

Kapitel 8		Seite
Buntstift-Vorlage.ai	Schritt-für-Schritt-Anleitung »Illustration mit Verläufen«	193
Farbfelder-global.ai	Umfärben eines Objekts mit Hilfe globaler Farbfelder	161
konischer-Verlauf.ai	Schritt-für-Schritt-Anleitung »konischer Verlauf«	200
Musterpinsel.ai	Beispiele für Musterpinsel	181
Paprika.ai	Illustration mit Verlaufsgittern »Paprika«	195

PlugIn-Demoversionen

Illustrators Funktionsumfang lässt sich durch PlugIns erweitern. Einige interessante PlugIns möchten wir Ihnen vorstellen und konnten Demoversionen für Sie beschaffen.

CValley FilterIT 4.1
Eine Sammlung verschiedener Funktionen und Werkzeuge zur Bearbeitung von Pfaden und Objekten.
▶ Unterstützte Version: Illustrator CS2
▶ Windows und Mac

Cvalley Xtream Path 1.1.2
Mit Zeichen- und Bearbeitungswerkzeugen vereinfacht XTream Path die Pfad-Bearbeitung.
▶ Unterstützte Version: Illustrator CS2
▶ Windows und Mac

CADtools
Werkzeuge für das Erstellen von 2D-CAD-Zeichnungen und Isometrien sowie die Bearbeitung und Bemaßung von Zeichnungen.
▶ Unterstützte Version: Illustrator CS2
▶ Windows und Mac

SymmetryWorks
Erstellung von Mustern nach verschiedenen Regeln aus einfachen Grundformen.
▶ Unterstützte Version: Illustrator CS2
▶ Windows und Mac

CADpatterns
134 nahtlose Vektormusterfelder für CAD-Zeichnungen, z.B. Schraffuren, Baumaterial, Holz, Stein, natrüliche Strukturen.
▶ Unterstützte Version: Illustrator CS2
▶ Windows und Mac

CValley Silhouette
Als PlugIn oder eigenständiges Programm erhältliches Tool zur Vetkorisierung von Bitmaps und anschließenden Bereinigung der Vektorpfade.
▶ Unterstützte Version: Illustrator CS
▶ Windows und Mac

Adobe Tryouts

In diesem Verzeichnis finden Sie eine deutsche 30-Tage-Vollversion von Adobe Illustrator CS2. Dazu 30-Tage-Vollversionen von Adobe-Programmen, die typischerweise zusammen mit Illustrator verwendet werden.

▶ Photoshop CS2 für Mac und Windows
▶ InDesign CS2 für Mac und Windows
▶ GoLive CS2 für Mac und Windows

Video-Lektionen auf der DVD

Einleitung	0:20
Grundeinstellungen	0:54
Grundeinstellungen: Allgemein	4:21
Grundeinstellungen: Schrift	1:16
Grundeinstellungen: Einheiten und Anzeigeleistung	1.19
Grundeinstellungen: Hilfslinien und Raster	0:49
Grundeinstellungen: Magnetische Hilfslinien und Slices	0:35
Grundeinstellungen: Silbentrennung	0:43
Grundeinstellungen: Plugins und virtueller Speicher	1:15
Grundeinstellungen: Dateien verarbeiten/Zwischenablage	0:49
Grundeinstellungen: Aussehen von Schwarz	0:37
Einfache Grundelemente erstellen	8:59
Komplexe Objekte mit dem Pathfinder	7:44
Bézierkurven, Ankerpunkte und Kurvenpunkte	4:25
Pfade mit Pinsel, Zeichenstift und Buntstift zeichnen	6.49
Farbmanagement	6:16
Dateiverwaltung mit Adobe Bridge	7:03
Druckvorbereitung	3:04
Farbprofile	4:10
Werkzeuge per Klick erklärt	diverse
Ostereier	1:39

aus:
Adobe Illustrator CS2 – Das Video-Training auf DVD
von Karl Bihlmeier, Galileo Design, ISBN 3-89842-741-2,
Euro 39,90

Danke schön!

Ohne die Unterstützung und die tatkräftige Mithilfe vieler Menschen wäre dieses Buch nicht möglich gewesen. Ganz besonders möchte ich mich bei meiner Lektorin Ruth Wasserscheid bedanken, für ihre Unterstützung in diesem für mich völlig neuen Feld des Bücherschreibens. Es hat viel Spaß gemacht und ich habe eine Menge neuer Erfahrungen gesammelt.

Die Firma WACOM stellte kurzfristig ein Testgerät des Intuos3-Grafiktabletts zur Verfügung und Adobe eine Vorabversion von Illustrator.

Danke auch an Dr. Roland Potthast, Heiner Schäfer und die Diskutanden der Mailingliste i-worker. Ganz besonders herzlichen Dank an Michael Sens, der sein umfangreiches Wissen über den technischen Background von PostScript, PDF und der Print-Produktion mit mir geteilt hat.

Danke an Helga Uphoff und Sibylle Mühlke für aufmunternde Worte zum richtigen Zeitpunkt. Vielen Dank auch meinen Kunden für ihr Verständnis, wenn es in den letzten Monaten mal etwas länger gedauert hat.

Meine Familie hat mich während der ganzen Zeit bei vielen Dingen unterstützt und manche Laune geduldig ertragen. Und last – not least – vielen Dank, Klaus. Für alles und noch mehr.

komplett in Farbe

Vorsicht, Profiwissen!

füllt Wissenslücken

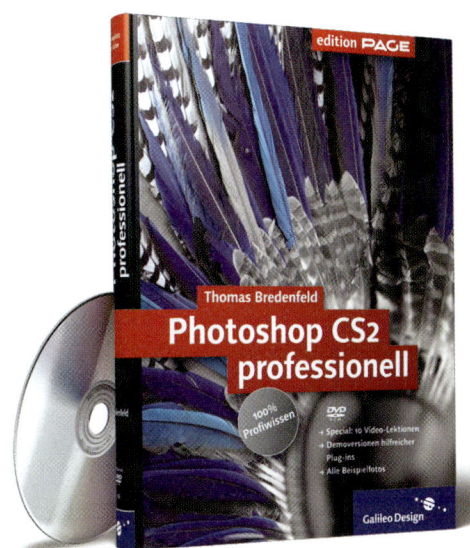

512 S., 2006, komplett in Farbe, mit DVD, 49,90 Euro
ISBN 3-89842-700-5

Adobe Photoshop CS2 professionell

www.galileodesign.de

Thomas Bredenfeld

Adobe Photoshop CS2 professionell

100% Profiwissen

Sie kennen sich mit Photoshop gut aus, suchen aber noch Insidertipps für einen produktiveren Einsatz? Im Fokus stehen hier Techniken für Profis, Hilfestellungen für einen effektiven Workflow und Tipps zur Automatisierung und Optimierung. Profitricks finden Sie z.B. zu den Themen Auswahlen, Dritthersteller-Tools, Druckausgabe, Farbmanagement, Workflow, Screendesign ... Grundlagenwissen wird hier nicht mehr erläutert! Ein Buch, das zum Schmökern einlädt und wie nebenbei hilft, Zeit zu sparen.

>> www.galileodesign.de/1098

NEU!
edition PAGE
Mit DVD zum Buch:
Beispielbilder zu allen 88 Workshops
12 Video-Lektionen
30-Tage-Vollversion Photoshop CS2
Maike Jarsetz
Das Photoshop-Buch für digitale Fotografie
Aktuell zu Photoshop CS2
Galileo Design
Das Lösungsbuch
Die Fundgrube für Digitalfotografen
416 Seiten in Farbe, mit DVD, 39,90 Euro
>> www.galileodesign.de/1095
100% Lösungen!
Video-Training
Adobe Photoshop CS2
für digitale Fotografie
Video-Training
Canon EOS 350D
»anschauen
live mitmachen
verstehen«
Lernkurse der neuen Generation
Trailer
Kostenlose Video-Trailer im Web ...
>> www.galileodesign.de/video-trainings/
Galileo Design
Know-how für Kreative

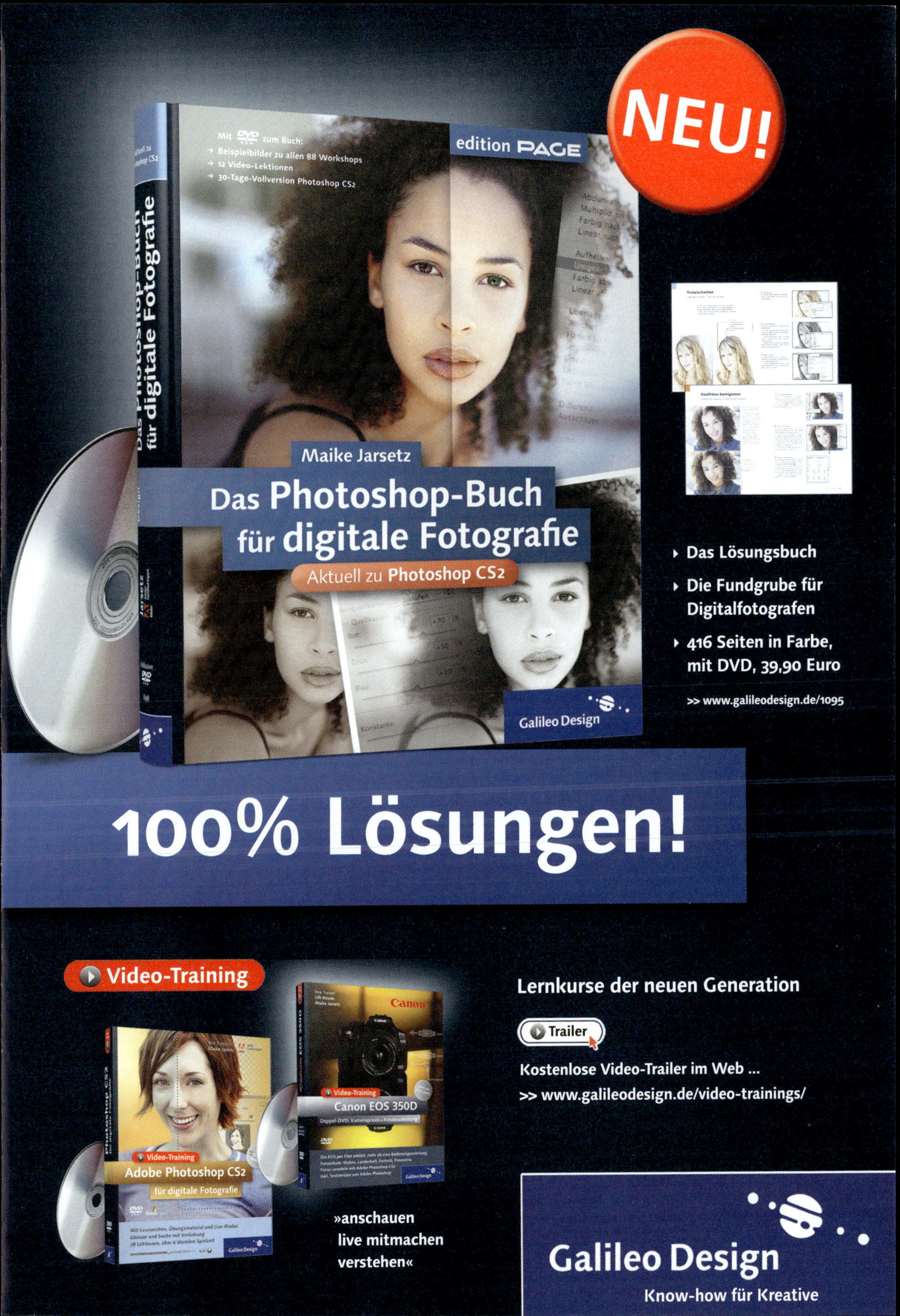

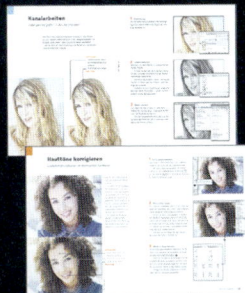

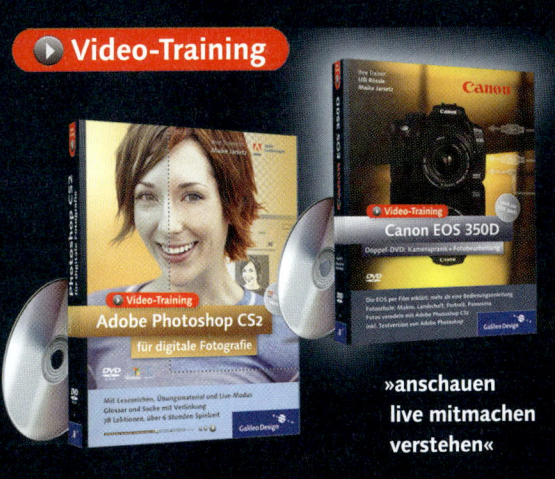

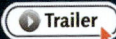

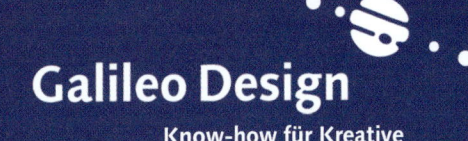

Bibliografische Information Der Deutschen Bibliothek
Die Deutsche Bibliothek verzeichnet diese Publikation in der Deutschen
Nationalbibliografie; detaillierte bibliografische Daten sind im Internet über
http://dnb.de abrufbar.

ISBN 3-89842-487-1

ISBN 13 978-3-89842-487-5

© Galileo Press GmbH, Bonn 2006
1. Auflage 2006, 1., korrigierter Nachdruck 2006

Der Name Galileo Press geht auf den italienischen Mathematiker und Philosophen Galileo Galilei (1564–1642) zurück. Er gilt als Gründungsfigur der
neuzeitlichen Wissenschaft und wurde berühmt als Verfechter des moder-
nen, heliozentrischen Weltbilds. Legendär ist sein Ausspruch Eppur se
muove (Und sie bewegt sich doch). Das Emblem von Galileo Press ist der
Jupiter, umkreist von den vier Galileischen Monden. Galilei entdeckte die
nach ihm benannten Monde 1610.

Lektorat Ruth Wasserscheid,
Korrektorat Sandra Gottmann, Münster
Herstellung Vera Brauner
Einbandgestaltung Hannes Fuß, www.exclam.de
Typografie und Layout Vera Brauner
Satz Monika Gause, mediawerk, Hamburg
Druck Kösel GmbH, Altusried-Krugzell

Dieses Buch wurde gesetzt aus der Linotype Syntax (9,25pt/13 pt) in Adobe
InDesign CS2.
Gedruckt wurde es auf mattgestrichenem Bilderdruckpapier (100 g/m²).

Gerne stehen wir Ihnen mit Rat und Tat zur Seite:
ruth.wasserscheid@galileo-press.de
bei Anmerkungen zum Inhalt des Buches
service@galileo-press.de
für versandkostenfreie Bestellungen und Reklamationen
ralf.kaulisch@galileo-press.de
für Rezensions- und Schulungsexemplare

Hat Ihnen dieses Buch gefallen?
Hat das Buch einen hohen Nutzwert?

Wir informieren Sie gern über alle
Neuerscheinungen von Galileo Design.
Abonnieren Sie doch einfach unseren
monatlichen Newsletter:

www.galileodesign.de

Die Marke für Kreative.